北京市教育委员会文件选编

2017

北京市教育委员会办公室　编

方志出版社
Publishing House of Local Records
2018 年 · 北京

五、该书采用分门别类和“先级后类”的编辑体例，设有27个大类。每一大类中的文件以发文时间为序排列，个别重要文件置于该类文件前。

六、该书在编辑过程中，对原文的标题和公文格式作了必要的修订和调整，省略了发文印章等。

七、该书设有分类目录和文件目录。为方便读者使用，在附录中设有文件字拼音索引。

分 类 目 录

文 件 目 录

行政规范

编辑说明

一、为全面贯彻党的教育方针，依法治教，实现教育管理的科学化、规范化，北京市教育委员会办公室于1996年开始编辑《北京市教育委员会文件选编》，并逐年出版。该书是一部面向北京市教育管理机构、北京地区各级各类学校及教育事业单位的资料性工具书，也是图书馆、资料室收藏的综合性文献资料。

二、《北京市教育委员会文件选编》（2017）编辑工作遵循重要性、指导性和实用性原则，共收录2017年1月1日至12月31日的各类教育工作文件200余份。

三、该书收录的文件以下行文件为主，对于部分上行文件根据需要也作了必要的收录，并附有上级或主管单位的批复或复函。

四、为方便读者使用，该书对于国务院、教育部以及北京市人大常委会、北京市人民政府及有关部门当年颁发的有关教育工作文献也作必要的收录。

综　　合

法治建设

发展规划

学前教育

基础教育

高等教育

职业教育

继续教育

学习型城市建设

民办教育

德 育

体育·卫生

科技与艺术教育

校外教育

国防教育

教学研究

科研管理

招生·考试

学生管理

人事·师资

财 务

学校后勤

安全·保卫

交流合作

语言文字

教育督导

行政规范

北京市教育委员会文件选编

（2017）

北京市教育委员会

关于加强中小学室内装修改造管理工作的通知

京教建〔2017〕1号

各区教委：

为加强本市中小学校（含中职，幼儿园以及民办中小学、幼儿园，以下简称学校）室内装修改造管理工作，为广大师生创造安全、舒适、环保的学习工作环境，根据《北京市中小学校办学条件标准》等文件精神，现就有关要求通知如下：

一、切实增强对学校室内装修改造管理重要性认识

近年来，学校装修改造工程取得较大进展，为学校教育教学改革提供了保障，同时也存在“重美观、轻环保”“注重装饰性、轻视功能性”“管理粗放”等现象，出现过度装修和室内空气污染等问题。各区教委和学校要高度重视室内装修改造工作，将师生身体健康和安全环保放在更加突出的位置，要切实加强领导、组织和管理，强化责任，严格执行国家和北京市有关规定和标准，坚决防控因室内装修改造导致的环境污染问题。

区教委要全面统筹和协调学校装修改造工作，建立健全工作机制，明确牵头部门和配合部门、相关职责和任务，指派专人负责。根据形势和任务变化，不断规范装修改造项目的立项、方案审核、预算核准、组织实施、验收使用等各环节的管理流程，有计划、高质量实施装修改造项目。学校要坚持以人为本、健康第一、朴素实用的原则，认真负责提出年度装修改造计划和实施方案，并按照相关法定职责，依据国家有关规定，对装修改造项目实行全过程监管。

二、切实抓好关键环节与重点工作管理

（一）严把项目入库和设计关

1. 学校装修改造工程应以满足功能需要、消除安全隐患为前提，实行项目库管理。大规模或整体装修改造工程间隔时间科学合理，小规模局部装修改造工程不得重复进行。

2. 区教委应成立专家论证组，加强入库项目论证，避免装修改造项目的随意性；应对学校装修改造内容和实施方案的必要性与可行性进行论证，同时对装修材料、装修周期、施工条件、环境污染评估等进行把关。

3. 实施主体（包括区教委、区校舍修缮管理部门或学校，以下简称实施主体）对入库项目做好年度实施计划，提前启动装修改造方案设计等前期工作，按照“安全环保、朴素实用、完善功能”的要求，不得现场制作学生贮物柜等家具，音乐教室、舞蹈教室、书法教室、多功能厅等专用教室在满足使用功能的前提下，杜绝复杂、过度装修。

（二）严把招标文件和合同管理关

1. 要重视招标文件和合同管理。区教委应结合本区和学校实际情况，研究提供实用且有针对性的招标文件和合同参考性文本，加强招标文件和合同内容的严谨性和完备性，在附加条款中明确材料采购的技术指标、环保指标、责任条款等有关要求。区教委在实施主体签订文件时应做好“事前审查、事后备案”管理。

2. 强化合同履约管理。实施主体在装修改造过程中，要严格依据招投标文件及合同约定的内容进行检查和监管，严格履行合同约定，减少变更洽商，严格控制质量和投资，切实保障工程质量，维护学校合法权益。

（三）严把装修材料采购和入场检验关

1. 重视材料的选购和使用。应选择市场上信誉好、品牌强、质量优、资质全的正规厂家的环保产品，特别是油漆、涂料及胶粘剂类材料。应选择有资质、信誉好的施工、监理等参建单位，防止施工中使用假冒、伪劣材料。

2. 强化材料入场检验程序和记录。要发挥现场监管作用，对进场的原材料要严格执行进场登记验收、见证检验、抽样复检等各项规定，做好相关记录备案，出现问题倒查责任。

（四）严把项目竣工验收关

1. 装修改造工程完成后，必须严格按照国家有关法律、法规的要求及时组织竣工验收，验收合格后方可投入使用。应按照国家有关规范和标准，选取由国家质监部门备案的、具有 CMA 资质认证的第三方检测机构进行室内空气质量检测，并采用见证检测。

2. 委托单位要与检测单位签订检测合同，同时，学校、施工单位、监理单位应全程参与检测。要将检测合同和检测报告归入工程档案管理，并在区教委备案。对装修后室内空气质量检测不合格的项目，不得通过验收，对超标的学校，要立即整改并按有关规范治理。

3. 要关注室内装修与新家具叠加后对室内空气质量整体影响，要科学统筹两者关系，防止单一检测合格，两者叠加后室内空气质量检测不合格现象。

三、切实加强监督和管控，完善并严格执行制度

（一）健全制度，实现装修改造的制度化、规范化管理

1. 区教委要把学校装修改造工作纳入长效机制管理，研究制定相关工作规范性、指导性文件。加强监督检查，相关业务部门设专人负责，随机进行材料监督抽查和施工现场巡查。

2. 实施主体要加强对装修改造工程质量和安全的全过程监督管理，明确各环节监管责任，督促参建单位认真履行质量安全职责。建立健全风险评估体系，定期自查自纠安全与质量隐患，建立

风险预警和问题上报工作制度。

（二）完善机制，形成职责明确、管理有序的工作模式

1. 建立责任追查机制。区教委承担管理责任，实施主体承担主体责任，实施主体法人为第一责任人，必要时，区教委应与实施主体法人签订装修改造工程履责承诺书。对违法违规人员依法依规严肃追究责任。

2. 建立审核和控制机制。区教委业务主管部门要对装修改造计划和标准进行审核，做好事前控制，对不符合相关规定和要求的项目不列入预算安排；实施主体做好事中控制；区教委财务、审计部门应对完成装修改造项目的结算进行审核，做好事后控制，对学校擅自扩大装修范围和内容、提高标准、违规装修等情况不予下达资金。

3. 建立公众参与监督机制。学校在装修改造项目实施过程中，要发挥家长委员会的作用，主动做好家长沟通工作，将重要信息有效告知，促进“家校”良性互动。

4. 建立定期培训机制。区教委应加强队伍建设，开展有关装修改造工作业务培训，提高区教委相关负责人、学校主管领导和管理人员、参建单位工作人员业务水平和管理能力。

本通知自 2017 年 3 月 5 日起实施。

2017 年 2 月 4 日

北京市教育委员会
北 京 市 财 政 局

关于印发《北京市民办教育机构参与中小学学科教学改革项目管理办法（修订）》的通知

京教财〔2017〕3号

各区教委、财政局，各有关单位：

现将《北京市民办教育机构参与中小学学科教学改革项目管理办法（修订）》印发给你们，请遵照执行。

2017年2月16日

北京市民办教育机构参与中小学学科教学改革项目管理办法（修订）

第一章 总则

第一条 为落实党中央、国务院和市委市政府关于“深化教育领域综合改革”的精神，按照全市教育综合改革的总体部署，不断扩大优质教育资源覆盖面，促进义务教育优质均衡发展，2017 年至 2019 年继续实施北京市民办教育机构参与中小学学科教学改革项目。

第二条 为确保民办教育机构参与中小学学科教学改革项目的顺利实施，根据首都基础教育综合改革目标任务和财税体制改革相关要求，按照本市教育管理、预算管理相关规定，结合工作实际，制定本办法。

第三条 本办法适用于民办教育机构参与中小学学科教学改革项目涉及的民办教育机构、区教委和相关部门，以及中小学校（以下简称“项目学校”）。

第二章 项目内容

第四条 民办教育机构参与中小学学科教学改革项目旨在充分发挥民办教育机构在师资、教学、课程、资源、管理等方面的优势，引进其参与中小学学科教学改革，激发中小学办学活力，改进教学方式，提高师资水平和教育质量，促进学校办学水平整体提升，实现协同创新，合作共赢。

第五条 参与中小学学科教学改革的服务内容包括开展学科教学、组织专题辅导、参与社团活动、课程开发建设、提供课程教学资源、开展师资培训、开展教研和科研、组织教学成果交流、介入学校管理等。

第六条 项目实施中，市教委通过部门集中采购的方式确定一批社会信誉度好、适应学科教学改革需求、参与积极性高的民办教育机构，相关区教委根据教育发展需求选择具有一定工作基础、规模适宜、有自主发展需求、有较大发展潜力的中小学校作为项目学校，项目学校在区教委统筹下自行选择纳入项目的民办教育机构，开展业务合作。具体参与的民办教育机构和项目学校名单，以市教委每年实施方案中公布的名单为准。

第三章　组织与管理

第七条　市教委负责统筹协调市级各有关部门、区教委、民办教育机构推进项目实施，牵头制定项目管理办法，会同市财政局于项目开展前一年度 9 月中旬前确定年度项目实施方案；履行部门集中采购程序，确定民办教育机构，做好项目的标后管理工作；委托成立项目实施办公室，制定民办教育机构提供服务及派遣教师资质的指导性意见，指导、监督和检查区教委项目管理和执行。市财政局负责审核项目经费预算，会同市教委对项目经费使用管理情况实施监督检查和绩效考核。

第八条　区教委负责按照全市部署，做好区域统筹协调管理工作，明确主责部门和责任人，确定项目学校及引进民办教育资源的方式，推进本区项目实施，重点做好指导项目学校选定民办教育机构、签订协议、学习培训、交流研讨、跟踪调研、绩效评估等项目管理工作。区财政局负责审核项目经费预算，加强对预算执行全过程的监督和绩效评价工作。

第九条　民办教育机构负责派出有资质的优秀教师（均为中国籍教师），在合同期内保证派出教师的任职资质、工作时间和人员的相对稳定，制定派出教师管理办法，加强对派出教师的业务指导与绩效管理。经政府采购招标程序入围的民办教育机构与区教委确定的项目学校签订合同，履行服务职责。合同期限一般为一年。

第十条　项目学校是项目服务的受益方，同时是项目实施主体，应落实主体责任。项目学校应按照市、区总体安排，将项目纳入学校整体发展、年度工作和教学计划，明确项目工作目标，细化并落实项目计划和实施方案；结合教育教学工作需求，在市级公布的民办教育机构中标目录中选择合适的一个或多个机构；加强组织领导和经费管理，指定专人负责，建立项目档案管理制度，落实重点任务并接受绩效评估检查；加强对参与学科教学改革的民办教育机构派出教师和教育质量的绩效管理。

第四章　经费预算管理

第十一条　市级经费支持项目实施，所需经费纳入市对区教育转移支付预算。各区可根据区域教育发展需求，在市级经费基础上，自行安排区级经费，用于开展民办教育机构参与中小学学科教学改革。

第十二条　参与中小学学科教学改革经费以课时费、综合管理费的形式支付。其中，课时费标准为小学每课时 240 元、中学每课时 300 元，学校可根据派出教师的实际教学绩效实行弹性管理，在课时费标准上下浮动 15%的区间内进行支付；综合管理费标准为 5 万元/校。受托民办教育机构应按照合同约定派遣符合项目学校要求的教师参与项目学校教育教学工作，将课时费严格用于提高教育教学工作水平和派出教师的职业素质，加强项目综合管理。

第十三条　对纳入本项目范围内的郊区中小学校，按每校每年不高于 100 万元的标准予以经费支持，项目实施采取以一校为重点深度支持，同时向周边学校辐射模式，具体金额根据合同确定。受托民办教育机构应按照合同约定派遣教师参与项目学校教育教学、对项目学校教师开展培训、参与项目学校课程开发建设、参与项目学校综合管理等工作。对纳入本项目范围内的城六区中小学校，根据学校实际需求情况予以支持。

第十四条　区教委、项目学校根据工作实际编制预算，市、区财政局根据年度项目实施方案审核下达预算。项目经费支付方式由区教委确定，区教委应加强对经费使用和绩效情况的考核。

第十五条　区教委、项目学校要建立健全经费管理制度，严格执行国家和北京市预算管理、财务会计管理规定。项目经费要单独建账管理，确保专款专用，不得截留和挪用，不得用于各类罚款、捐款、赞助、设备购置、基本建设和各种福利性支出。

第十六条　区教委、区财政局要加强对项目经费使用情况的跟踪监测，及时反馈项目实施中遇到的问题。每年 6 月底前，区教委将上年度项目实施的总体情况、资金使用和管理情况以书面形式报市教委。市教委将有关情况汇总函告市财政局。

第十七条 区教委负责监督指导所属项目学校严格按照预算批复执行预算。项目预算一经批复，不得自行调整。预算执行过程中，因项目终止、撤销、变更，确需预算调整的，根据预算管理要求履行报批程序。

第十八条 项目结余资金按照我市有关规定执行。

第五章 监督检查

第十九条 市教委要加强对项目的绩效管理，将项目纳入年度部门绩效评价范围，开展绩效评价。定期指导区教委、项目学校报告活动的进展情况。对民办教育机构提供的服务情况开展调研、评估、检查和督导，保证教育教学质量达到相应的课程标准要求。对服务评价较差的民办教育机构，根据协议约定中止服务。

第二十条 区教委和项目学校要加强对民办教育机构派遣教师的日常监管和集中考评，并接受财政、审计、纪检、监察等部门的检查与监督。市教委和市财政局适时对区教委和项目学校的项目执行情况进行检查或抽查。

第二十一条 对于弄虚作假、截留、挪用项目经费等违反财经纪律的行为，财政部门会同相关部门按照《中华人民共和国预算法》《财政违法行为处罚处分条例》（国务院令第 427 号）等法律、法规处理，依法追究相关责任人的行政责任。

第六章 附则

第二十二条 本办法由市教委、市财政局按照各自职责分工解释。

第二十三条 本办法自 2017 年 3 月 17 日起施行。

北京市教育委员会
北 京 市 财 政 局

关于印发《北京市高校、教科研部门支持中小学发展项目管理办法（修订）》的通知

京教财〔2017〕4号

各区教委、财政局，各有关单位：

现将《北京市高校、教科研部门支持中小学发展项目管理办法（修订）》印发给你们，请遵照执行。

2017年2月16日

北京市高校、教科研部门支持中小学发展项目管理办法（修订）

第一章 总则

第一条 为落实党中央、国务院和市委市政府关于“深化教育领域综合改革”的精神，按照全市教育综合改革的总体部署，不断

扩大优质教育资源覆盖面，促进义务教育优质均衡发展，2017 年至 2019 年继续实施北京市高校、教科研部门支持中小学发展项目。

第二条 为保障高校、教科研部门支持中小学发展工作的顺利实施，根据首都基础教育综合改革目标任务和财税体制改革相关要求，按照本市教育管理、预算管理相关规定，结合工作实际，制定本办法。

第三条 本办法适用于参与高校、教科研部门支持中小学发展工作的普通高等学校、北京教育科学研究院、北京教育学院等市教委直管、直属专业部门，区教委及其所属教科研部门（以下简称“高校、教科研部门”）和相关中小学校（以下简称“项目学校”）。

第二章 项目内容

第四条 高校、教科研部门支持中小学发展旨在充分发挥首都高校资源优势和市、区两级教科研力量，帮助项目学校整体提升办学水平和育人质量，进一步扩大优质教育资源，促进基础教育均衡发展。

第五条 项目实施中，选择专业力量较强、教科研优势明显、优质教育资源集中、支持意愿较高的高校、教科研单位作为支持单位。选择办学规模适中、具备工作条件和基础、具有一定发展空间和提升潜力且主动发展意愿强的项目学校作为接受支持学校。各年度具体参与项目的高校、教科研部门和中小学校名单以市教委每年制定的实施方案为准。

第六条 高校支持中小学发展工作的主要内容：帮助中小学提升办学理念、加强品牌建设、优化学校管理、开发学校课程、推进学科建设、深化教学研究、助力师资培养、开展特色活动、开放资源共享等。教科研部门支持中学发展的主要内容：教研员在中小学兼课、做示范课和研究课、组织教师培训、加强骨干培养、协助健全研修制度、指导校本教研和科研、开展教育教学改革实验等。

第三章　组织与管理

第七条　市教委牵头负责协调高校和市、区两级教科研部门支持中小学发展，制定项目管理办法和年度实施方案，指导、监督高校、教科研部门、区教委的项目实施，开展政策落实情况调研、检查和评估。市财政局负责对市级项目经费预算审核，安排项目经费，并对经费使用情况会同主管部门实施监督检查。

第八条　区教委是项目实施的管理责任主体，负责区域内统筹协调，确立专门部门和人员负责有关项目工作，并制定实施方案，协调高校和教科研部门开展工作，指导推进中小学项目实施，对项目执行的进度和效果进行监督检查。区财政局会同区教委做好项目预算审核工作，加强对资金的监管。

第九条　高校、教科研部门根据市教委整体部署要求，结合各区、项目学校发展需求和工作实际，确定支持或合作内容，统筹协调内部人财物等资源，按照签订的合作协议推进项目实施，帮助项目学校提升整体办学水平，确保每年工作任务和质量达到预定绩效目标要求。按照市和区预算管理相关规定，提高资金使用效益。

第十条　项目学校指定专人负责，积极主动做好与高校、教科研部门的对接，与高校、教科研部门共同制定合作方案和实施细则。通过合作办学，主动谋求学校发展，进一步明确学校发展规划，凝练办学特色，切实提高学校办学品质和育人质量。

第四章　经费管理

第十一条　高校、教科研部门支持中小学发展所需经费由市级财政承担，经费纳入年度预算。

第十二条　经费支持标准分为每年每支持一所学校 100 万元、150 万元、200 万元三个等级。市教委、市财政局联合开展项目绩效跟踪和评价工作，确定下一年度经费支持等级。

第十三条 高校支持中小学发展经费主要用于高校支持人员劳务、师资培养培训、课程建设及资源开发、教育教学实践研究、资源设施共享、学生社团活动、与项目相关的必要的基本耗材购置以及其他与项目实施密切相关的工作支出。具体支出内容包括劳务费、专家咨询费、印刷费、培训费、材料费、市内交通费、差旅费和租赁费。

第十四条 教科研部门支持中小学发展经费主要用于教科研部门支持人员劳务、教科研指导与实践活动、教师培训、教师工作室、教改实验等。具体支出内容包括劳务费、专家咨询费、印刷费、培训费、材料费、市内交通费、差旅费和租赁费。北京教育学院、北京教育科学研究院的支持经费纳入到单位部门预算，由各单位根据年度工作任务统筹安排具体预算额度，充分保障其对口支持工作质量；区级教科研部门的支持经费纳入市对区教育转移支付预算，由各区教委结合工作实际将经费拨付区级教科研部门或项目学校。

第十五条 项目经费中用于人员劳务费的额度不得超过经费总额的60%，用于差旅费不超过项目总经费的15%。其中涉及印刷费、培训费、差旅费等一般性支出应严格执行市级和相关区有关政策规定。要按照厉行节约的原则，统筹、调剂高校、教科研部门和项目学校的存量资产及其他资源支持项目实施。项目经费不得用于各类罚款、捐款、赞助、基本建设和单位员工福利性支出。

第十六条 市教委应于项目开展前一年度9月中旬前编制下一年项目实施方案，市、区教委根据年度项目实施方案编制预算，经市、区财政局审核后下达预算。

第十七条 接受经费拨付的高校、教科研部门、区教委、中小学校等单位要建立健全经费管理制度，严格执行国家和北京市有关预算管理、财务会计管理规定，按照预算批复内容执行预算，项目经费要单独建账管理，确保专款专用，不得截留和挪用。

第十八条 项目预算一经批复，不得自行调整。预算执行过程中，因项目发生终止、撤销、变更，确需预算调整的，根据预算管理要求履行报批程序。

第十九条　高校、市级教科研部门、区教委要加强对项目经费使用情况的跟踪监测，及时反馈项目实施中出现的资金管理问题。每年 6 月底前，将项目实施的总体情况、资金使用和管理情况以书面形式报市教委。市教委将有关情况汇总函告市财政局。

第二十条　符合政府采购条件的，项目单位要严格按照政府采购相关规定，履行政府采购程序，实施政府采购。

第二十一条　使用项目经费形成的资产，要纳入接受拨款单位的会计核算与资产管理。相关单位要健全财务管理制度，严格按照国家和北京市国有资产管理有关规定加强管理，防止国有资产流失。

第二十二条　项目结余资金按照我市有关规定执行。

第五章　监督检查

第二十三条　市教委、市财政局要加强对项目的绩效管理，将项目纳入年度部门绩效评价范围，开展绩效评价。定期调研进展情况，指导高校、区教委、学校项目实施，保证教育教学质量达到课程标准要求。

第二十四条　高校、区教委、市和区教科研部门、中小学校应加强项目过程管理，强化部门自我监督，建立项目实施资料档案，并主动接受教育、财政、审计、纪检、监察等部门的检查与监督。

第二十五条　对项目单位弄虚作假、截留、挪用专项经费等违反财经纪律的行为，财政部门会同相关部门按照《中华人民共和国预算法》《财政违法行为处罚处分条例》（国务院令第 427 号）等法律、法规进行严肃处理，依法追究相关责任人的行政责任。

第六章　附则

第二十六条　本办法由市教委、市财政局按照职责分工解释。

第二十七条　本办法自 2017 年 3 月 17 日起施行。

北京市教育委员会
北 京 市 财 政 局

关于印发《北京市外籍教师参与中小学英语教学改革项目管理办法（修订）》的通知

京教财〔2017〕5号

各区教委、财政局，各有关单位：

现将《北京市外籍教师参与中小学英语教学改革项目管理办法（修订）》印发给你们，请遵照执行。

2017年2月16日

北京市外籍教师参与中小学英语教学改革项目管理办法（修订）

第一章　总则

第一条　为落实党中央、国务院和市委、市政府关于“深化教育领域综合改革”的精神，按照全市教育综合改革的总体部署，不断扩大优质教育资源覆盖面，促进义务教育优质均衡发展，切实改进中小学英语教学，积极回应社会和家长的需求，2017 年至 2019 年继续实施北京市外籍教师参与中小学英语教学改革项目。

第二条 为保障外籍教师参与中小学英语教学改革项目顺利实施，根据首都基础教育综合改革目标任务和财税体制改革相关要求，按照本市教育管理、预算管理相关规定，结合工作实际，制定本办法。

第三条 本办法适用于外籍教师参与中小学英语教学改革项目涉及的外教协助引进单位（包括高校、直属直管单位、社会力量等）、区教委和聘用外教的中小学校（以下简称“项目学校”）。乡村学校配备外籍教师参照执行。

第二章 项目内容

第四条 外籍教师参与中小学英语教学改革项目由市教委委托有关单位和社会力量协助聘请，或由项目学校自行聘请外籍教师。外籍教师以带班授课、辅导英语社团等课外活动、开发英语校本课程、参与教师培训等方式，助力项目学校深化课程教学改革，提高英语师资水平，切实改进英语教学方式和学习方式，着力培养学生英语的听说综合应用能力，以英语教学特色带动学校整体办学水平提升。

第五条 市教委选择外籍教师资源丰富、社会信誉度好、有参与积极性的在京高校、市教委直属直管单位等机构协助项目学校聘请外籍教师；通过政府采购程序选择社会信誉度好、有丰富外籍教师资源和聘请经验、适应教学改革需求、参与积极性高的社会力量作为供应商协助项目学校聘请外籍教师；鼓励有条件的项目学校自行聘请外教。高校、直属直管单位、社会力量协助中小学聘请的外籍教师以及项目学校自行聘请的外籍教师必须具备外国人来华工作相关法律法规要求、承担中小学英语教学任务所需以及本项目要求的相应条件。

第六条 项目学校由市教委在项目实施上一年度确定，一般为具备一定工作条件和基础、有实际教学需求并有较大提升潜力和发展空间的学校，以小学为主，兼顾中学。配合基础教育综合改革总体部署，重点为高校支持中小学发展、教科研部门支持中小学发展、民办教育机构参与中小学学科教学改革、高校支持小学音体美特色发展等改革项目涉及的学校配备外籍教师。

第七条 按照就近就便、有利管理的原则，一所高校或直属直管单位集中对接1至2个区；在市、区教委统筹下，项目学校自行选择社会力量。原则上每所项目学校配备1名外籍教师，部分规模较大的项目学校以及高校的附中附小可适当增加外籍教师人数。

第三章 组织与管理

第八条 市教委负责统筹推进项目，牵头制定项目管理办法和年度实施方案，建立项目保障机制，协调市公安局、市财政局、市人力社保局、市政府外办等相关单位协同推进；负责确定项目学校名单和外籍教师分配方案；履行部门集中采购程序，确定社会力量供应商，做好项目的标后管理工作；督促协调各单位和社会力量按照相关规定和要求协助聘请外籍教师；协调市教科研部门，加强对外教参与英语教学改革的研究和指导；指导区教委、项目学校落实项目实施方案，并就项目推进情况进行调研、检查和评估。市财政局负责对项目经费预算进行审核，会同主管部门对经费使用管理情况实施监督检查绩效考核。

第九条 区教委负责统筹区域内项目实施，对区域内项目执行和经费使用的绩效负总责。加强组织管理，安排专门部门和专人负责有关项目工作，协调区外事管理相关部门共同推进项目实施；组织协调项目学校和聘请单位做好对接，按照职责分工共同开展工作；加强对项目学校的培训，指导项目学校做好外籍教师的教育教学管理、日常管理和生活服务；搭建项目交流平台，组织区内项目学校进行研讨交流；对项目学校项目实施效果进行调研和监督检查；协调区教科研部门，加强对项目实施的研究指导。区财政局负责做好项目预算审核下达工作，加强对经费使用的监管。

第十条 高校、直属直管单位、社会力量发挥外籍教师聘请渠道和平台的优势，按照项目确定的条件，协助聘请适合的外籍教师服务于中小学，确保按照年度实施方案聘请的外籍教师全部到岗并履行合同约定。指导、协助中小学做好外教聘请手续办理、培训、日常管理、考核评估等工作。按照相关管理办法，依法依规、经济有效地使用好项目经费。

第十一条 项目学校负责指定专人负责，积极主动做好与有关单位的对接，或在市级确定的社会力量中标供应商目录中按照招投标确定的价格选定合适的机构签订合同。落实外籍教师管理和服务的主体责任，与外籍教师签订聘用合同，合同期一般为一年。依照国家和北京市对外国人来华工作管理的相关政策规定，加强对外籍教师的管理，为外籍教师开展工作提供必要的工作、生活保障；为外籍教师安排相应的教育教学任务，充分利用外籍教师资源积极开展英语教学改革，切实提高学校英语教学质量。自行聘请外籍教师的项目学校严格按照相关法律法规和项目管理要求做好聘请和后续管理服务相关工作。

第十二条 建立项目档案管理制度，确保工作过程留有痕迹。

第四章 经费管理

第十三条 支持外籍教师参与中小学英语教学改革项目实施所需经费由市级财政承担，经费纳入年度财政预算。

第十四条 市级财政资金按照每名外籍教师每人每年 40 万元的标准给予支持，含外教薪酬福利和管理费，其中管理费不高于 8 万元。外籍教师薪酬福利费用纳入市对区教育转移支付预算。管理费按照外籍教师聘请渠道拨付至相关单位。

第十五条　外籍教师薪酬福利在遵照有关法律法规要求的前提下，根据合同约定，可含来华交通补贴、住房补贴、缴纳社保、办理相关手续的费用补贴等。建立激励性和约束性机制，根据外教的教学资历、承担课时、教学效果、持续工作时间等进行弹性管理。

第十六条　管理费主要用于支付外籍教师招聘（含中介费、参加招聘会、组织面试等）、外籍教师日常管理服务（含日常联络、生活服务、应急处理等）、外籍教师管理培训（含外籍教师培训、开展调研、考核评估等）、对中小学指导服务（含办理聘请手续、外籍教师使用和管理培训、组织交流研讨、指导英语教学改革）等方面的支出，包括出国招聘费用、劳务费、专家咨询费、印刷费、培训费、专用材料费、市内交通费、通讯费、邮电费、委托业务费、手续费。其中涉及“三公经费”、印刷费、培训费等一般性支出应严格执行市级和区有关政策规定。已包含在外籍教师薪酬的支出事项，不得在管理费中重复列支。支付社会力量的管理费用根据政府采购价格确定。

第十七条　市教委应在项目开展上一年度 9 月中旬前确定参与项目的高校、直属直管单位、项目学校名单，并抄送市财政局。市、区教委及其相关单位根据年度项目实施方案，编制项目预算，经市、区财政局审核后下达预算。

第十八条　高校、直属直管单位、区教委、项目学校等单位要建立健全经费管理制度，严格执行国家和北京市有关预算管理规定和财务会计管理规定，严格按照预算批复执行，项目经费要单独建账管理，确保专款专用，不得截留和挪用。

第十九条　项目预算一经批复，不得自行调整。预算执行过程中，因项目终止、撤销、变更，确需预算调整的，根据预算管理要求履行报批程序。

第二十条　高校、直属直管单位、区教委要加强对项目经费使用情况的跟踪监测，及时反馈项目实施中出现的资金使用管理问题。区教委应于每年 6 月底前，将上年度项目实施的总体情况、资金使用和管理情况以书面形式报送市教委。市教委负责将有关情况汇总后函告市财政局。

第二十一条 项目结余资金按照我市有关规定执行。

第五章 监督检查

第二十二条 市教委、市财政局负责对项目实施绩效管理，将项目实施情况纳入年度部门预算绩效评价范围，开展绩效评价。市教委牵头会同市级相关部门定期对高校、直属直管单位、社会力量、区教委及其所属项目学校工作开展情况进行调研、指导和监督检查，保证外籍教师的教育教学质量达到约定的质量要求，尤其是在学生英语听说能力方面要有明显改进。

第二十三条 高校、直属直管单位、社会力量、区教委及其所属项目学校应接受教育、财政、审计、纪检、监察等部门的检查与监督。

第二十四条 对高校、直属直管单位、区教委、项目学校弄虚作假、截留、挪用专项经费等违反财经纪律的行为，财政部门会同相关部门按照《中华人民共和国预算法》《财政违法行为处罚处分条例》（国务院令第 427 号）等法律、法规进行严肃处理，依法追究相关责任人的行政责任。

第六章 附则

第二十五条 本办法由市教委、市财政局按照职责分工解释。

第二十六条 本办法自 2017 年 3 月 17 日起施行。

北京市教育委员会
北京市人民政府教育督导室

关于印发《北京市人民政府教育督导室教育评估监测项目委托实施管理办法》等四个文件的通知

京教督〔2017〕4号

各区教委、区政府教育督导室，各高等学校，各直属单位：

为进一步规范委托第三方机构实施教育评估监测工作，根据北京市教育委员会、北京市人民政府教育督导室印发的《北京市人民政府教育督导室关于委托第三方机构开展教育评估监测工作暂行办法》（京教督〔2016〕10号），结合实际需要，我们研究制定了《北京市人民政府教育督导室教育评估监测项目委托实施管理办法》《北京市人民政府教育督导室教育评估监测第三方机构库管理办法》《北京市人民政府教育督导室教育督导评估与质量监测专家委员会管理办法》《北京市人民政府教育督导室教育评估监测委托实施项目成果验收办法》，现印发给你们，请遵照执行。

附件：1. 北京市人民政府教育督导室教育评估监测项目委托实施管理办法

2. 北京市人民政府教育督导室教育评估监测第三方机构库管理办法

3. 北京市人民政府教育督导室教育督导评估与质量监测专家委员会管理办法

4. 北京市人民政府教育督导室教育评估监测委托实施项目成果验收办法

2017 年 3 月 21 日

附件 1

北京市人民政府教育督导室教育评估监测项目委托实施管理办法

第一章　总则

第一条　为规范实施委托第三方机构开展教育评估监测工作，加强对教育评估监测项目的监督和管理，依据《中华人民共和国政府采购法》《中华人民共和国招标投标法》以及财政部印发的《政府采购非招标采购方式管理办法》等有关规定，制定本办法。

第二条　北京市人民政府教育督导室（以下简称市政府教育督导室）委托第三方机构实施教育评估监测、预算金额单项或批量达到 50 万元以上（含 50 万元）的项目，依据《中华人民共和国政府采购法》《中华人民共和国招标投标法》及北京市有关规定，实行政府采购，按相关规定执行；预算金额单项或批量小于 50 万元的项目，按本办法规定执行。

第三条　教育评估监测项目采取竞争性委托实施的方式，严格遵循公平、公正、竞争、择优的原则。

第二章　委托实施项目公告

第四条　市政府教育督导室是依照本办法进行教育评估监测项

目委托实施工作的委托人（以下简称委托人）。

第五条 市政府教育督导室通过官方网站向社会公告教育评估监测委托实施项目，第三方机构库入库机构可申请承担委托实施项目。

第六条 委托实施项目公告至少包括下列内容：

（一）委托人的名称、地址和联系方式；

（二）委托实施项目的类别和名称；

（三）委托实施项目的主要内容和目标要求；

（四）获取项目申请文件的办法、地点和时间。

第七条 委托人按委托实施项目公告规定的时间、地点发布相关文件。在相关文件发布后，委托人如对文件进行修改、补充或澄清，应在文件要求提交的截止时间至少十日前再次发布公告或以书面形式告之，并作为文件的组成部分；不足十日的，委托人应当顺延提交相关文件的截止时间。

第八条 第三方机构对相关文件内容有异议的，应当在截止时间十日前以书面形式提出。委托人自收到异议之日起五日内做出答复。

第九条 从委托实施项目公告发布之日到提交最终文件截止之日，不得少于十五日。

第三章 委托实施项目申请

第十条 第三方机构是指市政府教育督导室第三方机构库的入库机构。第三方机构申请承担教育评估监测项目委托实施工作，须按照委托人发布的委托实施项目公告要求，提交委托实施项目申请文件，申请文件必须加盖机构公章及其法定代表人的签字或印章，并对项目委托实施文件提出的实质性要求和条件做出响应。

第十一条 提出申请的第三方机构应在提交委托实施项目申请文件的截止时间前将相关文件送达指定地点。

第十二条 提出申请的第三方机构可以对已提交的文件进行补充和修改，必须在截止时间前以书面形式送达委托人，作为委托实施项目申请文件的组成部分，否则不予受理。

第十三条 委托人必须对第三方机构的项目申请文件内容保密，不得以任何方式泄露。

第四章 受托人的确定

第十四条 受托人是依照本办法确定的承担教育评估监测项目的第三方机构。

第十五条 委托人负责遴选评定专家，组建评定委员会，制定综合评定标准。

（一）评定专家应当有良好的职业道德，遵守纪律，从事相关领域工作满五年并具有高级职称或者具有同等专业水平。

（二）评定委员会由委托人和邀请的教育、财政等方面的专家组成，总人数为五人以上的单数，教育评估监测领域专家不得少于成员总人数的三分之二。

（三）制定综合评定标准，应充分考虑教育评估监测项目实施方案的可行性、创新性和承担第三方机构的研究实施条件、人员素质、资信等级、管理能力等因素，并考虑经费使用的合理性。

第十六条 评定委员会按照综合评定标准，对提出申请的第三方机构提交的委托实施项目申请文件进行综合评审。

第十七条 评定委员会可以要求提出申请的第三方机构对申请文件中不明确的地方进行必要的澄清、说明或答辩，但不得超过申请文件的范围，不得改变申请文件的实质性内容，不得阐述与问题无关的内容，未经允许申请人不得向评定委员会提供新的材料。

第十八条 评定委员会依据评审结果，提出书面评定报告，向委托人推荐拟入选第三方机构名单并注明排序。评定报告包括以下主要内容：

（一）对项目申请人的教育评估监测项目实施方案评价；

（二）对项目申请人的项目承担能力与工作基础评价；

（三）推荐满足综合评定标准的第三方机构；

（四）需进一步协商的问题和其它要求；

（五）对拟入选第三方机构进行综合排名。

第十九条 委托人根据评定委员会提交的书面评定报告，综合研究确定受托人。

第二十条 确定后，委托人应发布委托实施公告，同时向受托人发送教育评估监测项目委托实施通知书。委托实施公告至少包含下列内容：

（一）委托人的名称、地址和联系方式；

（二）委托实施项目的类别及名称；

（三）受托人名称。

第二十一条 评定委员会实行专家回避制度。委托人和评定委员会成员应当遵守工作纪律，不得扩散综合评审第三方机构的有关情节、资料等情况，不得泄露第三方机构的工作秘密。

第五章 签订委托合同

第二十二条 委托人与受托人签订委托实施教育评估监测项目合同。

第二十三条 签订委托实施合同注意事项：

（一）对委托事务的基本信息及委托事务具体要求进行准确、详细约定；

（二）对合同执行期限进行明确的约定；

（三）对合同双方的权利、义务和违约责任，予以全面、准确的界定；

（四）对委托实施项目经费的支付时间、支付方式等进行明确的约定；

（五）应根据实际具体委托实施事项对违约责任、争议解决方式等进行约定，以降低合同履行风险和保证合同顺利履行，保障合同双方的合法、合理利益。

第六章 附则

第二十四条 对于违反本办法的行为，可向有关行政监督部门投诉，一经查实，将根据有关规定进行处理。情节严重并构成犯罪的，将依法追究刑事责任。

第二十五条 本办法由市政府教育督导室负责解释。

第二十六条 本办法自 2017 年 5 月 1 日起施行。

附件 2

北京市人民政府教育督导室
教育评估监测第三方机构库管理办法

第一章 总则

第一条 为支持保障和规范实施委托第三方机构开展教育评估监测工作，根据《北京市人民政府教育督导室关于委托第三方机构开展教育评估监测工作暂行办法》及相关法律制度规定，制定本办法。

第二条 本办法适用于第三方机构的资格认定及第三方机构库（以下简称机构库）的建立、使用和管理。

第三条 北京市人民政府教育督导室（以下简称市政府教育督导室）坚持标准公开、严格准入、动态管理的原则，建立、使用和管理机构库，接受社会监督。

第二章 第三方机构的资质

第四条 申请入库的第三方机构，应当具备如下条件：

（一）依法设立并具有独立的法人资格；

（二）具有开展教育评估监测的专业能力；

（三）具有一定规模且结构合理的专业团队；

（四）在教育评估监测及相关领域具有良好的业绩和信誉，近三年内无不良记录；

（五）具有相关法律法规对资质规定的其它条件。

第五条 第三方机构入库，采取机构自愿申请的方式。

申请入库机构应提出书面入库申请，提交相关证明材料。入库申请书及相关证明材料存档备查。

第六条 申请入库的第三方机构应当提交下列材料：

（一）入库申请书原件（加盖公章）及电子版；

（二）法人资质文件；

（三）机构基本情况文件；

（四）其它证明材料。

第三章 机构库的建立

第七条 市政府教育督导室根据委托实施教育评估监测工作需要建立机构库，负责发布建立机构库的公告、受理第三方机构的申请、资质核准、机构入库及机构库的运行管理。

第八条 市政府教育督导室直接受理入库机构申请，及时接收第三方机构入库申请文件，做好相关工作。

第九条 市政府教育督导室依据资质准入条件，对提出入库申请的第三方机构资质进行审查核准，核准结果在市政府教育督导室官方网站公示，公示期为七天。

第十条 公示期满、无异议的第三方机构，经市政府教育督导室主任办公会审定后登记入库。入库名单在市政府教育督导室官方网站向社会公告。

第四章 机构库的使用

第十一条 机构库入库机构具有承担教育评估监测项目的资格。

第十二条 市政府教育督导室依据《北京市人民政府教育督导室教育评估监测项目委托实施管理办法》，委托入库机构实施教育评估监测项目。

第五章 机构库的管理

第十三条 市政府教育督导室实施对机构库的日常管理，建立机构库管理信息化平台，及时进行相关信息的录入、统计、维护与更新等。

第十四条 市政府教育督导室实施对委托开展教育评估监测项目的过程管理，加强对第三方机构履行合同责任的行为监督。

第十五条 市政府教育督导室加强对入库机构的资信管理，定期维护机构库，及时更新入库机构的基本情况，公布第三方机构承担委托实施项目执行情况和项目合同完成情况。

第十六条 入库机构发生以下事项的，应在三十个工作日内以书面形式向市政府教育督导室报告并提交相关材料，作出相关信息变更：

（一）机构注册登记、资质等信息发生变更的；

（二）机构人员发生重大变动，对完成承担委托实施项目的能力产生影响的；

（三）法人授权经办人变动的；

（四）办公场所、联系电话发生变化的；

（五）涉及其它重大事项的。

第十七条 市政府教育督导室实施对第三方机构的综合监管，对接受委托实施项目的入库机构组织实施、职业道德、服务质量、工作绩效等进行综合评价。

第十八条 市政府教育督导室对机构库实行动态管理。入库机构存在以下情形的，市政府教育督导室有权将其从机构库中除名。

（一）违反有关法律法规，被司法机关、政府行政部门、行业自律组织处罚或处理的；

（二）依据委托项目成果验收有关规定，对第三方机构提供的教育评估监测服务质量进行评鉴，评鉴结果为“较差”的；

（三）不再符合本办法第四条规定的条件的；

（四）其它已不适宜承担教育评估监测项目委托任务的。

第十九条 机构库入库机构原则上每年进行一次名录更新。更新名录在市政府教育督导室官方网站进行公告。

第六章 附则

第二十条 本办法由市政府教育督导室负责解释。

第二十一条 本办法自 2017 年 5 月 1 日起施行。

附件 3

北京市人民政府教育督导室
教育督导评估与质量监测专家委员会管理办法

第一章 总则

第一条 为充分发挥专家作用，有效开展各级各类教育的督导评估与质量监测，提升教育督导评估与质量监测的工作质量和专业化水平，成立北京市教育督导评估与质量监测专家委员会（以下简称专家委员会），特制定本办法。

第二条 本办法适用于专家的遴选、聘用，以及专家委员会的运行管理。

第三条 专家委员会是北京市人民政府教育督导室（以下简称市政府教育督导室）根据教育督导评估与质量监测工作需要，组建的专业工作机构。

第四条 市政府教育督导室负责专家委员会的组建、工作指导和条件保障，日常管理由北京市教育督导学术团体负责。

第二章 专家委员会的组建

第五条 市政府教育督导室依据“择优遴选、分类聘任、动态管理”的原则，遴选聘任专家，分别组建基础教育、职业教育、高等教育和民办教育专家委员会。

各专家委员会设主任委员一名，副主任委员两名，委员五十名。

第六条 专家委员会专家应具备以下基本条件：

（一）政治立场坚定，热心教育事业，具有良好的职业道德；

（二）熟悉教育方针政策、法律、法规和教育督导评估与质量监测评价工作，具有较高的政策理论水平、教学科研管理能力和综合分析评价能力；

（三）原则上具有正高级专业技术职称；

（四）具有五年以上从事本领域教育教学、科研、管理及相关工作经历，实践经验丰富；

（五）身体健康，年龄原则上不超过七十周岁。

第七条 专家的推荐与遴选：

（一）市政府教育督导室统筹负责专家委员会专家的推荐与遴选工作，负责发布专家委员会专家推荐遴选工作通知。

（二）本地区各级各类学校（教育机构）及相关单位根据专家条件向市政府教育督导室推荐；市政府教育督导室根据工作需要，可邀请境内外相关单位协助推荐；符合条件的境内外专家个人可以自荐。

（三）市政府教育督导室对单位推荐和自荐的专家人选进行资格审核，研究确定专家委员会专家名单。名单经市政府教育督导室主任办公会、市教委主任办公会审定后，在市政府教育督导室官方网站公布。

（四）符合资格条件未入选专家委员会的专家列入教育督导评估与质量监测专家库，动态支持专家委员会的工作。

第八条 聘任与聘期：

（一）专家委员会专家由市政府教育督导室聘任并颁发聘书。

（二）专家委员会主任委员、副主任委员由各专家委员会内部研究讨论决定。

（三）专家委员会专家实行聘期制，每一届专家委员会专家聘期三年，每位专家聘期原则上不超过三届。

第三章 专家委员会及专家的职责

第九条 专家委员会工作职责：

（一）接受市政府教育督导室的委托或指派组织实施教育督导评估与质量监测工作；

（二）在北京市教育督导学术团体指导下，组织业务学习、研讨交流，负责专家成员管理；

（三）按照教育督导评估与质量监测的有关法律、法规的规定和工作规程，科学的组织开展工作；

（四）根据工作需要开展研究、咨询和相关专业服务工作；

（五）配合北京市教育督导学术团体做好日常管理工作。

第十条 专家委员会专家工作职责：

（一）为教育督导评估和质量监测工作提供专业支持和咨询服务；

（二）参加教育督导评估与质量监测政策、规划、标准、规范、工具的研制工作；

（三）参加教育督导评估与质量监测实施工作；

（四）参加市级教育督导评估与监测项目的评审、评定工作；

（五）参加其它教育督导评估与质量监测工作。

第四章 专家委员会专家的权利和义务

第十一条 专家主要权利：

（一）受托开展督导评估与质量监测工作时，应享有相应的条件保障和工作支持；

（二）在开展教育督导评估与质量监测工作时，自主发表专家个人意见；

（三）获得参与教育督导评估与质量监测活动的劳动报酬；

（四）对教育督导评估与质量监测工作及专家委员会工作提出意见和建议；

（五）参加教育督导评估与质量监测的业务培训及相关工作会议。

第十二条 专家主要义务：

（一）严格遵守有关法律、法规、制度和规定，接受委托和指派参加指定工作，做到公正、客观、严谨、高效；

（二）严格执行保密制度，不得擅自披露教育督导评估与质量监测工作中获得的相关信息；

（三）遵守专家回避制度，接受教育督导评估与质量监测对象提出的正当回避要求；

（四）自觉接受专家委员会的日常管理和相关工作。

第五章 专家委员会的运行管理

第十三条 专家委员会实行市政府教育督导室统筹指导下的主任委员负责制。市政府教育督导室负责业务指导和工作任务的委托和指派，专家委员会按受托工作各项要求相对独立开展工作。

第十四条 专家委员会根据工作需要，可内设若干学科专业委员会，分工负责，统筹实施教育督导评估与质量监测工作。

第十五条 专家委员会任期届满，市政府教育督导室负责组织换届工作。任期内因各种原因不能履行专家职责的，可由市政府教育督导室解聘。根据工作需要，也可补充聘任。

第十六条 市政府教育督导室负责为专家委员会开展教育督导评估与质量监测工作提供充分条件保障。

第六章 附则

第十七条 本办法由市政府教育督导室负责解释。

第十八条 本办法自 2017 年 5 月 1 日起施行。

附件 4

北京市人民政府教育督导室
教育评估监测委托实施项目成果验收办法

第一条 为规范实施委托第三方机构开展教育评估监测，加强对委托第三方机构开展教育评估监测项目实施情况的管理，保证委托开展教育评估监测项目质量和效果，依据《北京市人民政府教育督导室关于委托第三方机构开展教育评估监测工作暂行办法》，制定本办法。

第二条 对按照《中华人民共和国政府采购法》《中华人民共和国招标投标法》及北京市有关规定，实施政府采购的教育评估监测项目，在第三方机构完成委托任务后，按相关规定组织验收工作；对依据《北京市人民政府教育督导室教育评估监测项目委托实施管理办法》管理的教育评估监测项目，按照本办法规定执行。

第三条 市政府教育督导室负责委托实施项目的验收组织工作。

第四条 项目验收以委托方与第三方签订的委托合同确定的委托任务和要求为依据。执行过程中有变动的项目，以双方协商确定的调整方案为准。

第五条 验收工作坚持依法依规、实事求是、客观公正、注重结果的原则，保证验收工作的严肃性、科学性和公允性。

第六条 第三方机构应当在委托实施项目结束后两周内向委托方书面提出验收申请，提交以下书面资料并加盖单位公章：

（一）项目验收申请书；

（二）委托实施项目合同（任务）书；

（三）完成委托实施项目总结报告；

（四）委托实施项目合同规定的成果；

（五）其它相关佐证或辅助性资料。

第三方机构和项目负责人对提供的验收材料的真实性负责。

第七条 委托方在第三方机构提交评估监测成果后一个月内，组织专家组对委托实施项目进行评审验收。

第八条 委托方在收到验收申请书、相关文件资料后，进行初步审查，并向第三方机构作出是否同意验收的书面回复。

第九条 对于通过初步审查的验收项目，委托方结合验收工作计划，与第三方机构项目负责人商定具体验收的日程安排，发出组织验收的通知。

第十条 对于项目成果明显不符合验收要求，未通过初步审查的验收项目，委托方应将相关文件资料退回第三方机构，不予验收。

第十一条 项目验收实行专家组负责制，以票决形式实施。委托方组织专家组实施对项目验收。验收专家组由项目涉及领域内的专家组成，设组长一人。对于重大重点项目，验收专家组成员一般为七人；一般性委托实施项目，验收专家组成员一般为五人。

委托方根据委托实施项目验收要求，向验收专家组移交相关文件资料。由验收专家组组长主持验收工作，经专家组充分讨论，依据专家组专家三分之二及以上多数票决结果，出具验收意见。

第十二条 项目验收实行回避制度。

（一）第三方机构的专家和以咨询专家身份参与该委托实施项目的专家，不能作为验收专家组成员参加项目验收工作；

（二）验收专家组成员在项目验收时，认为与第三方机构或项目组成员存在直接利害关系的，应主动申请回避；

（三）第三方机构认为验收专家组成员与其存在直接利害关系的，可向委托方提出申请回避。

第十三条 项目合同验收的主要内容包括：

（一）项目合同规定内容、目标和考核指标的完成情况；

（二）项目合同的完成质量和水平；

（三）项目成果的应用价值和综合效果。

第十四条 委托实施项目验收采取会议验收的方式进行。验收会议由验收专家组组长主持。一般包括以下程序：

（一）项目负责人汇报项目执行情况和项目成果；

（二）专家组针对项目成果进行质询和讨论；

（三）专家组讨论并形成验收结论。

第十五条 验收专家应以科学的态度和方法，严格依照项目验收的程序和办法，实事求是，独立、客观、公正地给出验收评价意见。专家组讨论形成验收意见，出具委托实施项目验收意见书。

第十六条 验收结论分为“通过”“不予通过”两种：

（一）通过：完成委托协议中确定的各项委托任务，达到项目预期目标。

对通过验收的项目，委托方可以要求第三方机构依据专家组具体验收意见，对相关文件资料进行有针对性的修改完善。

（二）不予通过：凡有下列情况之一者，不能通过验收：

1. 未完成委托实施项目委托任务的；

2. 委托实施项目完成过程中，有违法违规内容的；

3. 委托实施项目研究过程中，有抄袭、作假等行为，或者存在其它重大问题的。

第十七条 市政府教育督导室负责审核、确认验收专家组的验收结论，在委托实施项目验收意见书签署意见，并书面送达第三方机构及项目负责人。

第十八条 第三方机构对验收结果有异议的，应当自收到验收结果七个工作日内向委托方书面申请复评。

第十九条 委托方在收到第三方机构申请复评的一个月内，应重新组织专家组对评估监测报告进行验收。专家组的复评结论为终评结果。

第二十条 完成验收的项目，第三方机构负责将所有验收书面材料装订成册，连同电子材料报市政府教育督导室备案。

第二十一条 委托方在验收工作结束后的一个月内，对第三方机构提供的教育评估监测综合工作质量进行综合评鉴。评鉴结果分为“优良”“一般”“较差”三个等级。

（一）优良：按计划完成委托任务，达到预期目标，综合工作质量较高；

（二）一般：基本按计划完成委托任务，达到预期目标，综合工作质量一般；

（三）较差：未按计划和预期目标完成委托任务，综合工作质量较差。

第二十二条 建立第三方机构信誉信用制度。评鉴结果为“较差”的第三方机构，取消其入选本市教育评估监测第三方机构库的资格。

第二十三条 项目验收实行公示制度。验收项目的名称、承担单位、完成人员、验收意见和验收专家组名单于验收后十日内在市政府教育督导室门户网站上公示，接受社会监督。

第二十四条 在项目验收过程中，对未通过验收申请初步审查的，以及委托实施项目验收结果为“不予通过”的，委托方有权依据有关法律法规规定和委托合同的约定，终止委托业务的开展，追回已拨付的委托实施项目经费，并依据相关法律规定对第三方机构进行责任追究。

第二十五条 在验收过程中，如发现验收专家组成员存在徇私舞弊、违背职业道德、有失公允或未经允许擅自披露、使用或者向他人提供被验收项目成果的，委托方将视情节轻重做出责令改正、取消验收专家资格等处理。如有违反国家法律法规行为的，按有关法律法规处理。

第二十六条 本办法由市政府教育督导室负责解释。

第二十七条 本办法自2017年5月1日起施行。

北京市教育委员会

关于做好2017年高级中等学校考试招生工作的意见

京教计〔2017〕4号

各区教委，有关委办局（总公司），有关高等学校、中专学校：

为贯彻落实《北京市“十三五”时期教育改革和发展规划》确定的目标和任务，促进教育公平，提高教育质量，积极探索高中阶段教育考试招生制度改革，现就做好2017年本市高级中等学校考试招生工作提出如下意见。

一、指导思想

深入贯彻党的十八大、十八届三中、四中、五中、六中全会和习近平总书记系列重要讲话精神，落实《北京市深化考试招生制度改革的实施方案》，主动适应首都城市战略定位对多样化高素质人才的需求，以推进教育公平优质发展为出发点，坚持稳中求进，注重内涵发展，不断完善考试招生制度改革，保证招生工作规范有序进行，努力办好人民满意的教育，让教育为每个人的终身发展与美好人生奠定坚实基础。

二、招生计划编制和招生政策

（一）2017 年本市各类高级中等学校招生规模为 8.1 万人，其中普通高中招生规模约 5.5 万人，中等职业教育招生规模约 2.6 万人。中等职业教育招生规模中，五年制高等职业教育和贯通培养项目招生规模 0.9 万人，普通中等专业学校招生规模 0.7 万人，职业高中招生规模 0.5 万人，技工学校招生规模 0.5 万人。

（二）高级中等学校招生计划的编制按市、区两级管理权限和工作程序进行。市教委负责对全市各类高级中等学校招生计划的宏观管理、统筹和指导；市教委和市发展改革委联合下达普通中等专业学校和有关高等学校分学校分专业招生计划；市人力社保局负责安排技工院校分学校招生计划；区教委负责安排本区普通高中和职业高中分学校招生计划。各类学校招生计划需经市区教育部门或相关部门审核后以文件形式下达，并刊登招生简章。

（三）普通高中招生要统筹安排，适度规模。公办普通高中计划要依据《北京市中小学校办学条件标准》（京教策〔2005〕8 号），每班不超过 45 人。同时，要适应我市高考综合改革要求，结合国家课程方案和课程标准的调整，进一步完善课程计划，推进走班制教育，满足学生自主选课需求，保障学校教室、设施设备等教学资源配置，加强师资队伍培养和培训等条件保障。

（四）各区要加强对普通高中中外合作办学机构和项目、艺术、体育、科技特长生招生项目、特色高中改革试验项目的管理，不得随意增加项目招生规模和变更项目招生方式。

（五）2017 年继续开展优质高中“名额分配”“市级统筹”“校额到校”“乡村计划”等方式统筹优质教育资源配置，促进城乡和区域内义务教育优质均衡发展，名额分配批次计划占优质高中招生计划比例不低于50%，一般公办初中升入优质高中比例达到35%。

（六）部分示范高中可适当编制跨区招生计划，跨区招生计划重点向优质高中教育资源比较短缺的区和一般初中学校倾斜。城乡一体化学校可申请在资源输出区适当编制跨区招生计划。民办高中可在全市范围招生，并根据学校实际情况编制不分区计划指标。普通中等专业学校、技工院校和获得“国家级、省部级重点中等职业学校”称号的职业高中可根据学校办学实际在全市范围招生，不对各区分配计划指标。

（七）为适应首都经济社会发展和产业转型升级需要，按照首都功能定位，积极推进我市现代职业教育体系建设，提升本市职业教育发展重心。逐步调减中等职业教育规模，支持有条件的中等职业学校向外疏解，加大中高职衔接（3+2）实验规模，基本稳定高端技术技能人才贯通培养试验规模，打造中等职业教育、高等职业教育和本科层次职业教育贯通式培养立交桥。

（八）按照《北京市人民政府办公厅关于转发市教委等四部门制订的〈进城务工人员随迁子女接受义务教育后在京参加升学考试工作方案〉的通知》（京政办发〔2012〕62号）精神，认真做好进城务工人员随迁子女报考我市中等职业学校的资格审查工作。在规定时间内提出升学申请且通过资格审核的随迁子女考生，可参加2017年北京市中等职业学校的考试录取。

（九）各区招生计划管理部门负责编制普通高中和职业高中分学校招生计划，市人力社保局编制技工院校的分学校招生计划，各有关高等学校、中等专业学校根据市教委下达的招生计划建议规模编制分省分专业招生计划。请各相关部门和学校将编制的招生计划于2017年4月12日前报市教委和北京教育考试院。

三、考试工作

2017年本市继续将初中毕业会考和高级中等学校招生考试分开进行。所有高级中等学校招收的学生必须参加2017年北京市高级中等学校招生考试。

（一）高级中等学校招生文化课考试由北京教育考试院统一命题。文化课考试科目为语文、数学、外语、物理和化学。其中，语文、数学、外语满分均为120分，物理满分为100分，化学满分为80分。

（二）2017年体育考试成绩满分40分，按照市教委《关于做好2017年初中毕业升学体育考试工作的通知》（京教体艺〔2016〕23号）文件执行。

（三）高级中等学校招生文化课考试时间安排按北京教育考试院相关文件执行。

四、评卷工作

2017年北京市高级中等学校招生考试坚持“统一命题、统一制卷、统一考试、分区评卷”的原则并继续采取网上评卷方式，评卷工作由各区负责组织实施。各区教委要高度重视，加强对本区评卷工作的组织领导和管理，统一协调安排评卷教师和服务人员，从资金设备、技术保障等多方面给予支持，确保2017年全市网上评卷工作的顺利进行。

五、招生录取

2017年高级中等学校继续实行考后知分填报志愿。招生录取分为提前招生录取、“名额分配”录取和统一招生录取三个阶段进行录取。

（一）提前招生录取。经市教委批准的中外合作办学机构和项目、贯通培养试点项目等按照批复文件的精神，可参加提前招生录取。中等职业学校按照本校专业设置和招生要求，可将本校招生总规模的30%列入提前招生。任何学校未经允许不得擅自进行提前招生录取。

（二）“名额分配”录取。“名额分配”具体志愿填报和录取办法按北京教育考试院相关文件执行。

（三）统一招生录取。按照考试成绩，从高分到低分，依照志愿顺序，择优录取。凡被提前招生录取和“名额分配”录取的考生，不再参加统一招生录取。

（四）在统一招生录取结束后，未完成招生计划的各类高级中等学校可按照市中招办规定的程序进行补录工作。补录只录取参加全市高级中等学校招生考试且未被任何学校录取的考生。

（五）按照《北京市深化考试招生制度改革实施方案》的相关规定，从2017年起，少数民族加分考生范围调整为从边疆、山区、牧区、少数民族聚居地区在初级中等教育阶段转学到本市就读的少数民族考生，加分分值为5分；其他加分项目和加分分值保持不变。

六、组织管理

（一）高级中等学校考试招生工作涉及广大人民群众的切身利益，各区有关部门和招生学校要高度重视，统筹兼顾高中阶段各类学校的发展，切实加强对中考中招工作的领导，精心组织、严格程序、严肃纪律，确保中考中招工作平稳顺利进行。

（二）市教委将继续加强对全市各类高级中等学校招生计划的宏观管理、统筹和指导，切实加大信息公开力度。严格依照北京教育考试院中招办备案后的新生名册为新生建立学籍，有关部门将以招生简章和市教委的批文为依据进行监督检查。

（三）各区要本着对人民群众和教育事业高度负责的精神，加强对所属招生学校和初中学校的管理，认真做好中考中招工作，维护广大考生权益。各区要维护招生计划的严肃性，不得擅自调整招生计划和变更招生方式。各初中学校要规范办学行为，尊重学生的志愿选择，杜绝出现强迫或代替学生填报志愿的情况。

（四）各高级中等学校要按照招生工作有关规定，实事求是地做好招生宣传工作，引导考生从首都经济社会发展和个人实际出发，合理选择升学目标。严禁各高级中等学校违规提前到初中校进行各种招生及宣传活动。对于违规招生、影响招生秩序的学校，经查证核实后在全市进行通报，情节严重的按照有关规定严肃处理。各类中等职业学校要按照《教育部办公厅关于进一步完善招生工作机制规范中等职业学校招生秩序的通知》（教职成厅〔2014〕4号）的要求规范招生行为，按照招生计划在规定范围内开展招生工作。

2017年3月29日

北京市教育委员会

关于2017年义务教育阶段入学工作的意见

京教基二〔2017〕7号

各区教委，燕山教委：

根据教育部关于义务教育免试就近入学工作总体部署，为依法保障本市适龄儿童少年接受义务教育权利，经市政府批准，现就2017年本市义务教育阶段入学工作提出如下意见，请各区结合实际认真贯彻执行。

一、指导思想

全面贯彻党的教育方针，深入贯彻落实党的十八大、十八届三中、四中、五中、六中全会精神，依据相关法律法规，落实《国务院关于深入推进义务教育均衡发展的意见》（国发〔2012〕48号），继续坚持巩固成果、完善制度、推进改革的总体思路，加大市级统筹力度，提高教育治理水平，深化义务教育领域综合改革，大力促进教育公平，着力完善义务教育入学规则。继续推行学区制和九年一贯制对口招生，积极稳妥探索单校划片和多校划片相结合，保持政策连续性和稳定性，确保本市义务教育阶段入学工作有序推进。

二、工作原则

（一）坚持政府统筹，将义务教育阶段入学工作作为政府行为予以保障。

（二）坚持区级为主，组织实施本区义务教育阶段入学工作。

（三）坚持免试、就近，确保每一个适龄儿童少年接受义务教育。

（四）坚持程序规范，把义务教育阶段入学工作作为规范办学的重要环节，做到公平、公正、公开。

三、入学条件及工作要求

（一）坚持免试就近入学。凡年满6周岁（2011年8月31日以前出生）的本市户籍适龄儿童均须参加学龄人口信息采集，免试就近入学。根据学位供给情况和户籍、房产、居住年限等因素，积极稳妥探索单校划片和多校划片相结合的入学方式，形成更加公平完善的就近入学规则。

强化部门联动审核，区教委要联合相关部门共同审核入学资格。特别是对实际居住的审核，重点对过道房、车库房、空挂户等情况进行核查，凡不符合实际居住条件的，均不得作为入学资格条件。

（二）完成小学教育的学生，应当进入初中继续接受并完成义务教育。各区教委要根据适龄学生人数、学校分布、学校规模等因素，按相对就近原则，合理划定学校服务范围，根据学生志愿进行派位入学。对报名人数少于招生人数的初中，学生就近登记入学；对报名人数超过招生人数的初中，在学区内随机派位入学，保证每位小学毕业生免试就近升入初中。

全市使用统一的小学和初中入学服务系统，将每一个学生入学途径和方式全程记录，教育行政部门依据权限进行查询和监控。

（三）做好非本市户籍适龄儿童少年入学工作。持有区教委开具的《台胞子女就读批准书》、全国博士后管理部门开具的《博士后研究人员子女介绍信》及其父（或母）的《进站函》、部队师（旅）级政治部开具的随军家属证明及现役军人证件、区侨务部门开具的《华侨子女来京接受义务教育证明信》等证明的适龄儿童少年按本市户籍对待。

非本市户籍的适龄儿童少年，因父母或其他法定监护人在本市工作或居住，需要在本市接受义务教育的，由其父母或其他法定监护人持本人在京务工就业证明、在京实际住所居住证明、全家户口簿、北京市居住证（或有效期内居住登记卡或暂住证）、户籍所在地街道办事处或乡镇人民政府出具的在当地没有监护条件的证明等相关材料，到居住地所在街道办事处或乡镇人民政府审核，通过审核后参加学龄人口信息采集，并到居住地所在区教委确定的学校联系就读；学校接收有困难的，可申请居住地所在区教委协调解决。各区政府按照北京市非本市户籍适龄儿童少年接受义务教育证明证件材料审核指导要求，结合实际制定并公布实施细则。各区应建立非本市户籍适龄儿童少年接受义务教育证明证件材料联合审核机制。

（四）进一步规范特长生入学工作。除市教委批准的可招收体育、艺术和科技特长生的学校原则上面向本区招收特长生以外，其他学校一律不得以特长生的名义招收学生。特长生招生项目和数量要向中华优秀传统文化、非物质文化遗产方向倾斜。各区教委要向社会公布特长生招生计划并统一组织特长生入学。2017 年各区招收特长生比例要降到本区初中招生总人数的 4%以内。

（五）凡属区级以上人民政府引进人才子女入学，按相关规定由区教委协调解决。

对持有烈士子女、台籍学生、华侨子女、现役军人子女、全国劳动模范子女身份证明的学生，按相关规定，在同等条件下给予照顾。

（六）加大市级统筹力度，指导做好区域间和区域内统筹，进一步扩大优质资源覆盖范围。两三年内城六区新增一批优质学校；支持城六区帮助远郊区一批学校提升办学水平；在城近郊区、重点项目和人才引进密集地区新建一批优质学校。

（七）实行计划管理。义务教育阶段入学实行计划管理。各区要加强入学需求前瞻预测，按照学龄人口数量、小学毕业生数量和中小学校办学规模等制定小学、初中招生计划并报市教委备案，各学校未经批准不得擅自调整招生计划。

（八）加强学籍管理。北京市中小学管理信息系统将依据小学和初中入学服务系统建立新生学籍。

（九）杜绝违规操作。各区教委严格执行市教委统一规定的时间表和入学工作程序。坚决治理乱收费；坚决禁止任何学校及社会培训机构举办各类以选拔生源为目的的培训班；坚决禁止学校私自招生；坚决禁止在义务教育阶段入学工作中组织任何形式的考试、测试和面试选拔学生，严禁将各种考试成绩、奖励证书作为入学依据；坚决禁止初中校违规在小学非毕业年级提前招生。认真接受群众监督，认真对待群众来信来访，依法严肃处理违规违纪事件。对违规违纪事件在依法处理前要及时通报。

各区教委是本区义务教育阶段入学工作的主责单位，要统一组织入学工作，加强对本区义务教育学校入学工作的指导、监督和检查，会同乡镇人民政府、街道办事处组织和督促适龄儿童少年在新学年开学时入校就读，防止义务教育阶段学生辍学。

市区教委和教育督导室将继续对义务教育阶段入学工作开展重点督导检查。

（十）各区教委要依据本意见精神制定本区义务教育阶段入学工作实施细则，报区政府批准后向社会公布实施。要及时公布当年义务教育学校（含民办）学校性质、办学规模、经费来源、服务片区、招生计划及接收学生的结果等信息。做好入学政策宣传，让学生家长了解一般公办初中升入优质高中校额到校政策。义务教育入学工作期间，各区要建立特殊情况会商机制和突发事件报告制度，平稳推进入学工作。

本意见自 2017 年 4 月 20 日起实施。

附件：2017 年义务教育阶段入学工作时间安排表

2017 年 4 月 14 日

附件

2017年义务教育阶段入学工作时间安排表

时间	工作内容
4月29日前	完成本市小学毕业生信息核对工作
5月1日起	开通义务教育入学服务平台入学政策宣传门户
5月8日至5月31日	完成小学和初中入学信息采集工作
5月8日至5月12日	区教委受理回户口所在区和到家庭实际居住地所在区初中入学申请、审核、登记工作
5月13日至5月23日	完成初中特长生招生工作
6月10日前	民办学校在小学和初中入学服务系统中完成跨区招生工作
6月17日至6月18日	小学审核入学相关材料
7月初	统一使用市级小升初派位系统进行派位
7月上旬	各小学和初中发放新生入学通知书
9月1日至9月15日	建立小学和初中新生学籍

北京市教育委员会

关于印发《北京市“十三五”时期中小学教师培训学分管理办法》的通知

京教人〔2017〕20号

各区教委，市教委有关直属单位：

为做好“十三五”时期中小学教师的培训工作，根据《教育部关于大力推行中小学教师培训学分管理的指导意见》（教师〔2016〕12号）和《中共北京市委教育工作委员会、北京市教育委员会关于“十三五”时期中小学干部教师培训工作的意见》（京教工〔2016〕41号），我们制定了《北京市“十三五”时期中小学教师培训学分管理办法》。现印发给你们，请遵照执行。

2017年4月21日

北京市“十三五”时期中小学教师培训学分管理办法

为进一步加强北京市中小学教师培训制度化、规范化建设，促进教师终身学习，根据《教育部关于大力推行中小学教师培训学分管理的指导意见》（教师〔2016〕12 号）和《中共北京市委教育工作委员会、北京市教育委员会关于“十三五”时期中小学干部教师培训工作的意见》（京教工〔2016〕41 号）的精神和要求，制定本办法。

第一章　总则

第一条　适用范围。本办法适用于具有中小学教师资格的各级各类中小学在职教师，包括各级各类中小学（含民办学校）、幼儿园、中等职业学校、特殊教育机构、校外教育机构、区教师培训机构、教科研机构等学校和机构的在职教师（以下简称“教师”）。

第二条　培训学分。指教师参加由教育行政部门认定资质的教师培训机构组织的各种不同类型的提高培训、进修学习、教研、科研，以及由所在学校举办的、经教育主管部门审核的校本研修等所获得的学时折算而成的学分。所有教师在五年内必须完成累积不少于 36 学分或特定要求学分的培训。

教师五年内完成的总学分由三个部分构成：必修课程 16 学分，选修课程 10 学分，校本研修课程 10 学分。三类学分的具体认定与计算根据本办法相关要求确定。三类学分之间，专业必修课程学分可折抵一定量的选修课程学分，但选修课程和校本研修课程学分不能折抵必修课程学分。

各类培训项目在立项时，由市、区教师培训管理机构设定课程类别、学时和学分，培训机构按照规定的课程类别、学时和学分设计培训方案，并严格按方案执行。

第三条　学分认定。教师参加培训获得的学分，须依据本办法，由各级培训机构和所在学校通过“北京市中小学教师培训管理系统”（以下简称“培训管理系统”）上报，区教师培训办公室（以下简称“区师训办”）审核，北京市中小学中等职业学校教师培训中心（以下简称“市师训中心”）对“培训管理系统”上报的学分进行认定和达标审核，到 2020 年 12 月底完成规定学分的教师，由市教委统一核发教师培训结业证书。

第四条 学分的计算办法。各类培训原则上按 10 学时折合 1 学分计算，实践类课程、教研、科研、研讨交流、观摩诊断、追踪指导、网络学习、校本研修等原则上按 20 学时折合 1 学分计算。此外，教师所参与的培训级别、学习成效、在培训中承担培训任务等要素在上述学时学分转换原则的基础上，通过增加权重加以体现。各类学分的具体计算办法按第二章至第四章的规定执行。

第二章 必修课程学分

第五条 必修课程包括公共必修课和专业必修课两个部分，总计 16 学分，其中公共必修课 6 学分、专业必修课 10 学分。

第六条 公共必修课。包括“社会主义核心价值观与中华优秀传统文化”“法治教育”“信息技术应用能力”“教师专业标准”“招生考试制度改革”“学科教学改革”“课程教材改革”7 个主题。

“北京市中小学教师信息技术应用能力提升工程”培训，参训教师计 50 学时，2.5 学分，辅导教师计 58 学时，3 学分。“社会主义核心价值观与中华优秀传统文化”主题计 2 学分。“法治教育”主题计 0.5 学分。“教师专业标准”和“教育改革专题（学科教学改革、课程教材改革、招生考试制度改革）”计 1 学分。教师按规定完成相应的学习内容即可获得相应的学分。学分由承担培训任务的各级培训机构依据各自的职责进行上报认定。

第七条 专业必修课。由市、区教委正式立项，市、区教师培训机构组织实施的，或委托京内外其他高等院校或培训机构组织实施的学科课程类培训可定为专业必修课，教师按计划修完规定课程，计入专业必修课学分。教师参加专业必修课学习，累计学分超过 10 学分的，超出部分的学分可折抵选修课学分，折抵办法参照第四条的学分计算办法。

第三章 选修课程学分

第八条 选修课程由专题选修、自主选修和教科研活动构成，其学分分配原则上自主选修课程不超过2学分、教科研活动不超过3学分。

第九条 专题选修课程为教育行政主管部门或其委托的教师培训机构针对特定培训对象开展的各种拓展性、政策性、时事类专题课程。此类课程原则上按照10学时折合1学分计算。此外，按照培训级别越高同等学时转化学分越高的原则，市级培训按照10学时折合1.5学分计算，区级培训按照10学时折合1学分计算，校级培训按照10学时折合0.5学分计算。教师在课程学习中承担培训任务，按照增加40%权重的学分计算。具体由相应培训机构或学校上报。

第十条 自主选修课程是在教师培训机构的指导下，按照一定主题，由教师个人选择学习资源或学习方式所学习的课程，其中包括网络学习、读书自学等，根据规定任务完成的情况，按20学时折合1学分计算。具体由相应培训机构或学校确定上报。

第十一条 教科研活动指各级教科研机构、培训机构单独组织的各类教科研活动。区级机构组织的教科研活动由区师训办确认，市级机构组织的教科研活动由市师训中心确认。教研按照20学时折合1学分计算；科研按照成果计算，最多不超过3学分，具体计算方式由区师训办确定。此外，按照培训级别越高同等学时转化学分越高的原则，市级组织的教科研活动按照20学时折合1.5学分计算，区级组织的教科研活动按照20学时折合1学分计算，校级组织的教科研活动按照20学时折合0.5学分计算。学分具体由培训机构或学校上报。

第四章 校本研修课程学分

第十二条 教师参加所在学校组织的校本研修活动须根据区教

师培训管理机构审定的培训方案，组织研修活动，按照 20 学时折合 1 学分计算。原则上，教师每年的校本研修课程最高计为 4 学分。

在校本研修课程的实施和学分认定过程中，校长是第一负责人，区师训办负责组织专家审定学校校本研修方案，并开展过程性检查和年度验收检查。

第五章 其他情况的学分

第十三条 新入职教师培训学分。新入职教师指 2016 年及以后新入职的教师，包括应届大学毕业参加工作的教师和从其他行业新转入教师岗位的教师。

新入职教师必须完成 120 学时的上岗培训。转正后参加其他类型的教师培训。所在区或学校不得以其他类型的教师培训代替新教师上岗培训。

教师从完成上岗培训的下一年度开始，按本办法规定参加相应的各种培训，平均每年获得不少于 7.2 学分。

第十四条 2016 年及以后从外省市或境外调入的教师，自调入年度起，按本办法规定的学分参加相应的培训，平均每年不少于 7.2 学分。如属新入职教师范围，则按第十三条的规定执行。

第十五条 教师在 2016 年及以后参加学历教育或研究生课程学习的学分认定：

1. 在“十三五”时期参加所教学科相关专业学习并取得学历或学位证书者，所学课程可按 20 学时 1 学分折抵专业必修课和选修课学分。

2. “十二五”时期参加所教学科相关专业学习，但在“十三五”时期取得学历或学位证书，以及在“十三五”时期未取得学历或学位证书；“十三五”时期参加所教学科相关专业学习，但在“十三五”时期未取得学历或学位证书者。根据“十三五”时期所学课程和学时数按 20 学时 1 学分折抵专业必修课程和选修课程学分。

3. 教师参加非所教学科类的学历教育或研究生课程学习，毕业后也不从事所修专业相关的学科教学，则根据“十三五”时期所学课程和学时数按 20 学时 1 学分折抵选修课程学分。

第十六条　由市、区教委委托中央在京高校或京外高校实施的培训，或由市、区培训机构组织实施的在教育行政主管部门立项的跨地区（国外）课程类合作培训，经市师训中心或区师训办认定，可根据规定的培训课程类型计算相应的学分。

第十七条　参加经市教委人事处组织的教育部“国培计划”项目培训的教师，按照相对应的市级培训项目计入学分，但不能顶替市级高端研修项目。参加“国培计划”非集中面授的课程类培训，按 20 学时 1 学分计入选修课程学分。改革类培训项目，按项目实际要求认定相应学分。

第十八条　教师参加北京市中小学教师开放型教学实践活动的，由市级协调小组办公室对教师参加活动的情况进行核准，核准结果作为授课教师和选课教师培训学分的依据。开放型教学实践活动每个专题按 3 小时（计 4 学时）设置，每活动 10 个学时计授课教师和选课教师各 1 个学分。

第十九条　教师参加北京市中小学教师跟岗脱产培训的，由承担培训任务的优质资源校申报，经市教委基教二处核准，由各区认定授课教师和被培训教师学分。跟岗脱产培训每天计 5 学时，学员按照专题选修计算学分，指导教师按照增加 40％权重的学分计算。

第二十条　教师参加教师发展学校（市、区级实践培训基地）培训的，由承担培训任务的学校申报培训内容和学时，由“市师训中心”、区师训办分别进行审核。在教师发展学校（市、区级实践培训基地）中开展的培训活动培训每天计 5 学时，学员按照专题选修计算学分，指导教师按照增加 40％权重的学分计算。

第二十一条　本办法未能涵盖的学分认定范畴，将视具体情况，依据国家以及市级相关文件精神，由市师训中心与区师训办研究议定，报市教委人事处审核备案，完成学分认定。

第六章 附则

第二十二条 本办法自发布之日起执行。

第二十三条 本办法由北京市教委人事处负责解释。

北京市教育委员会
关于进一步加强定向生履约管理的通知

京教学〔2017〕4号

各普通高校、研究生培养单位：

为进一步规范北京地区普通高等学校和研究生培养单位（以下简称“各高校”或“学校”）定向生的就业工作，加强履约管理，维护首都高等教育公平和毕业生合法权益，依据《普通高等学校毕业生就业工作暂行规定》，结合当前工作实际，现将有关要求通知如下，请遵照执行。

一、严格定向生管理

（一）本通知所称“定向生”是指按照国家普通高等学校招生计划和研究生招生计划招收，培养方式为定向的学生，包括单位和地区定向生。

（二）定向生计划是国家为保障民族地区、贫困落后和艰苦地区发展，以及部分单位获得优秀人才而采取的政策措施。按照教育部有关要求，各高校要加强定向生教育，严格履约管理，确保定向生计划的有效实施。

（三）定向生应按合同就业，确因特殊原因无法履约的，方可申请改派。

（四）原则上不受理少数民族高层次骨干人才研究生以及其他录取分数低于本校普通录取计划最低分的定向生的改派申请。

二、定向生改派的条件和范围

定向生如遇特殊原因确需改派的，必须符合改派条件和改派范围。

（一）改派条件。可以申请改派的特殊原因主要指：原定向单位因破产、撤并等原因无法按合同接收毕业生就业；定向生本人因患病、伤残、家庭基础变更等原因确实无法履约；其他经原定向单位和学校认可的，导致定向生确实无法履约的原因。家庭基础变更主要指父母或配偶因工作调动户籍离开原定向省（直辖市、自治区）的。

（二）改派范围。定向生改派原则上仅限定向单位和定向地区所在省（直辖市、自治区）范围内调整。因患病、伤残或者家庭基础变更导致确实无法在定向省（直辖市、自治区）就业的，可申请办理跨省（直辖市、自治区）改派。

定向生办理改派后，其定向培养身份不变。

三、定向生改派程序

（一）定向生本人向学校提出申请（附件1）。

（二）学校初审同意后在学校网站和校内显著位置公示，公示期不少于5个工作日。

（三）公示无异议的，报校长办公会（或学校毕业生就业工作领导小组）研究。

（四）由学校行校文报市教委复核（寒、暑假期间不受理）。

定向生申请跨省（直辖市、自治区）改派的，完成以上四项程序后，还须履行以下程序：

（五）市教委复核通过后进行公示（附件2）。

（六）公示无异议后，提交市教委主任办公会研究。

（七）改派结果面向社会公告（附件3）。

四、定向生改派材料

学校要认真审核、提供以下材料，并上报市教委：

（一）定向生本人签名的改派申请。

（二）定向生改派的校内公示情况说明（加盖学校公章），包括公示形式、公示日期、公示内容、公示范围。

（三）学校为该定向生办理改派手续的请示（加盖学校公章）。

（四）定向生原定向单位同意解除合同的书面意见（加盖原定向单位公章），原定向单位破产、撤并的，由上级主管部门或重组后单位出具书面意见（加盖上级主管部门或重组后单位公章）。

（五）因患病、伤残等原因申请改派的，需提供定向单位和学校认可的医疗机构证明材料，证明定向生因患病或伤残原因导致无法按照原定向合同就业；因家庭基础变更申请改派的，需提供户口本、结婚证等证明材料；按合同约定需要缴纳违约金的，需提供缴纳违约金发票或收据。以上材料原件由学校审核，复印件加盖学校公章后报市教委。

（六）其他相关证明材料。

其中，定向生申请跨省（直辖市、自治区）改派的，还须提供校长办公会（或学校毕业生就业工作领导小组）研究该定向生改派申请的会议纪要（加盖学校公章）。

五、工作要求

（一）各高校要准确把握国家和北京市相关政策，严格定向生改派管理，学校毕业生就业工作领导小组要负责政策执行到位。

（二）各高校要严格定向生管理，不得擅自修改培养方式，并在北京高校毕业生就业平台及资源管理系统准确维护定向生信息。

（三）各高校要主动接受纪检监察部门的监督，严格规范定向生改派工作，对弄虚作假、徇私舞弊行为要严肃处理。

（四）各高校要结合本校实际情况制定实施细则向学生公布，并报市教委备案。市教委将在北京高校毕业生就业平台及资源管理系统公布各高校的实施细则。

六、其他事项

（一）本通知自2017年6月1日起执行。

（二）师范生的改派参照本通知执行。

（三）本通知由市教委负责解释。

附件：1. 北京地区普通高等学校定向生改派申请表（略）

2. 北京市教育委员会关于北京地区普通高等学校定向生申请改派情况的公示（模板，略）

3. 北京市教育委员会关于北京地区普通高等学校定向生申请改派结果的公告（模板，略）

2017年4月24日

北京市教育委员会

关于印发《北京市“十三五”时期幼儿园干部教师培训工作实施意见》的通知

京教人〔2017〕21号

各区教委，市教委有关直属单位：

为做好“十三五”时期幼儿园干部教师的培训工作，根据《中共北京市委教育工作委员会、北京市教育委员会关于“十三五”时期中小学干部教师培训工作的意见》（京教工〔2016〕41号），特制定《北京市“十三五”时期幼儿园干部教师培训工作实施意见》。

现印发给你们，请遵照执行。

2017年5月11日

北京市“十三五”时期幼儿园干部教师培训工作实施意见

根据《中共北京市委教育工作委员会、北京市教育委员会关于“十三五”时期中小学干部教师培训工作的意见》（京教工〔2016〕41号），结合北京市幼儿园干部教师队伍实际，制定本实施意见。

一、基本形势

“十二五”以来，在各级政府的高度重视下，在市教委领导下，全市干部教师培训工作紧密结合教育综合改革和教师教育的实际需要，充分发挥市、区干部教师培训机构和优质幼儿园的作用，有效实施分类、分层、分岗系列培训，以市级重点培训项目为依托，坚持市、区、幼儿园三级协同培训，取得显著效果，得到了广大干部教师的充分认可。各级各类干部教师培训工作质量稳步提升，有效促进了干部教师整体素质的提升，为促进北京市在全国率先实现教育现代化提供了有力的人才支持。

“十三五”时期是北京市深入贯彻“四个全面”战略布局，落实首都城市战略定位，推进京津冀协同发展，率先全面建成小康社会，建设国际一流和谐宜居之都的关键时期。首都教育要主动适应新形势、新要求，全面深化教育领域综合改革，全面提高教育质量，全面实现教育现代化等发展目标，对首都幼儿园干部教师队伍建设提出了更高的要求；牢固树立和贯彻落实创新、协调、绿色、开放、共享的发展理念，适应学龄前人口规模的快速增长，推进城乡教育一体化、促进教育公平，深化教育综合改革，提高学前教育质量，对干部教师队伍建设提出新挑战；人民群众对优质教育的需求不断增长与优质教育资源和优质教师资源的不足的矛盾还很突出；非师范毕业教师与非专业教师所占比例不断提高，新任教师专业素养提升任务艰巨，优秀干部教师整体水平还需要进一步提升、示范引领作用还需要进一步加强，干部教师履职能力与创新精神、教师专业素养与教育实践能力不足，干部教师队伍的专业化发展水平还需进一步提高；学习者的中心地位、幼儿在人才成长链条上的基础地位认识有待进一步深化，教育体制机制、教育模式、课程内容和教育方法与儿童的整体发展的要求还需要从结构上进一步研究改进；职后培训对幼儿园干部教师实际工作的促进作用有待进一步提高；对职后教育规律的研究有待进一步深入，立德树人，创新精神和实践能力培养的重点有待进一步加强。

面对新形势、新要求，构建更加科学的干部教师培训体系和完善的培训制度，进一步促进干部教师的专业化发展和队伍整体水平的提升，是北京市“十三五”期间幼儿园干部教师培训工作面临的紧迫任务。

二、指导思想与总体目标

（一）指导思想

幼儿园干部教师培训工作，按照“五位一体”总体布局和“四个全面”战略布局，牢固树立和贯彻落实创新、协调、绿色、开放、共享的发展理念，围绕国家和北京市教育改革与发展的任务，按照干部教师专业发展的规律和需求，坚持需求导向、问题导向，积极推进培训工作的供给侧结构性改革，提高干部教师培训的主动性、针对性和实效性，全面提升幼儿园干部教师的道德素养与专业能力，为首都基础教育现代化提供优质师资保障。

（二）总体目标

全面实施“人才强教”战略，以学习者为中心，坚持以德为先、能力为重的原则，整体规划、统筹管理全市幼儿园干部教师培训工作，构建分类、分层与分岗相结合的培训模式，积极探索建立适合干部教师需求的培训制度、培训课程与培训方式；着力提高培训工作的系统性、整体性、协同性，建设互联互通的幼教师资培训综合服务网络平台，开展系统精品在线开放课程、公共课、核心课程群建设；突出师德素养和教育教学实践能力的提升，加大对农村教师、新任教师、骨干教师和名园长的培养力度，努力建设一支师德高尚，业务精湛的幼儿园干部教师队伍。

三、培训对象

北京市幼儿园干部教师培训的对象是幼儿园、各区干部教师培训（研修）机构的在职干部教师。

四、主要任务

幼儿园干部教师培训工作在市教委的统一领导下，整合优质教育资源，针对幼儿园干部教师，主要完成以下培训任务：

（一）提升幼儿园干部教师队伍整体素质

进一步加强师德教育，全力促进干部教师的专业成长，全面提升干部教师队伍的整体素质。开展全员职业道德教育，提升干部教师职业素养；以推动干部教师队伍的专业化为基础，全面提高干部教师队伍的专业化水平。

（二）培养造就高层次人才队伍

立足首都优质教育资源的优势，积极搭建推动名师（园长）成长发展的平台，进一步加强特级教师、市级学科带头人和骨干教师的高端培训，推动并深化幼儿园名师（园长）的培养，培养造就干部教师中的高层次人才。

（三）提升幼儿园干部教师的实践能力

在总结以往培训经验的基础上，针对新任干部教师、非专业教师等不同培训对象的实际需求，探索更具活力、更加贴近实际的培训方式，着力加强教育实践与管理能力培训，有效地推进干部教师队伍均衡发展。

（四）完善培训机构的管理体制机制

加强培训机构的标准化建设，建设一批干部教师培训创新实验区和干部教师培训实践基地，提升培训的规范性与专业性。完善培训机构管理体制与内部治理结构，通过体制机制创新促进内涵发展。进一步加强培训者队伍专业化建设，提高培训者的课程开发能力、培训教学能力、培训组织能力、实践指导能力和科研能力；聘请优质幼儿园的优秀干部教师承担实践培训任务，建设复合型专业化培训者队伍。

五、培训内容

幼儿园干部教师培训内容按照必修、选修和园本研修三个部分进行有针对性的课程设计。

（一）必修内容

必修课内容从公共必修和专业必修两个方面进行设计与实施。

公共必修课内容本着强化幼儿园干部教师职业道德和专业发展意识，提高干部教师教育专业素养的目标，具体包括：社会主义核心价值观与中华优秀传统文化、信息技术应用能力、幼儿教师（园长）专业标准、幼儿园工作规程等。

专业必修课旨在夯实幼儿园干部教师专业基础，提高干部教师的学科专业素养和教育能力。根据干部教师成长阶段和发展需求，有针对性地设计培训课程。具体包括：幼儿园教育指导纲要、3～6岁儿童学习与发展指南、学前儿童发展（含核心素养等）、幼儿园课程与教育活动组织（管理）及评价等。

（二）选修内容

选修课内容重在开阔幼儿园干部教师视野，提升干部教师核心素养，可涵盖通识类（含教育改革形势）、学科知识类、儿童教育学与儿童教育心理学类、儿童（含特殊儿童）研究与儿童发展、教育评价、实践性类、教育研究类、专业发展类、家庭教育（含0～3岁亲子教育）类、教育管理类等领域的内容。

（三）园本研修

以幼儿园教师（园长）专业发展标准、幼儿园发展目标和干部教师队伍的实际为依据，根据幼儿园和干部教师的实际需要，以幼儿园课程资源开发与教育活动组织（管理）为主线，设计园本研修内容。

六、重点工作

（一）师德培训项目

坚持立德树人的根本任务，根据《关于建立健全北京市中小学师德建设长效机制的意见》（京教工〔2016〕4号），规范幼儿园干部教师教育行为。充分利用首都优秀教师资源，通过案例征集、个案剖析、典型宣传、师德评比等形式，加强对幼儿园干部教师的师德教育，促进幼儿园干部教师职业理想与道德的全面提升。

（二）农村幼儿园干部教师素养提升计划

以示范性园本培训为载体，以农村幼儿园教育资源开发与教育活动组织（管理）为主线，采取送训到园，开展伙伴式研修、跟岗培训、网络研修、工作坊等方式，针对农村幼儿园教师开展教育实践能力提升的专项培训。

（三）新任幼儿园教师与非专业教师培训项目

根据全市幼儿园教师队伍的现状，面对非专业教师所占比例不断提高的新情况，研究新任教师、非专业教师的特点与需求，结合《幼儿园园长专业标准》《幼儿教师专业标准》，制定相应培训课程结构体系，构建市、区、幼儿园三级各负其责、各尽其职的有效培养机制，帮助新任教师和非专业教师尽快胜任岗位要求、形成专业认同。

（四）幼儿园市级骨干和学科带头人高端研修项目

对市级骨干和学科带头人开展专项培训。充分发挥学科带头人的引领和示范作用，引领骨干教师成长。通过国际化高端研修拓展教师的国际视野，提升教师专业素养。

（五）幼儿园名师（园长）培养计划

开展“名师（园长）发展工程”和特级教师高端研修，深入研究探索“特级教师工作室（坊）”研训方式，为首都名师（园长）成长提供专业支持与发展平台，不断拓展国际视野，培养学前教育改革发展的领军人才。

（六）幼儿园管理干部培训项目

加强幼儿园新任职（副）园长、业务园长、保教主任等专业素养提升培训。坚持以德为先、幼儿为本、能力为重，根据园长专业发展阶段的不同需求，坚持分类、分层、分岗相结合。以教育部《幼儿园园长专业标准》及相关培训标准为依据，精心选择和设计培训内容，全面提升干部履职能力和创新精神，努力建设一支政治坚定、业务精湛、结构合理、区域均衡、具有国际视野、充满创新活力的高素质专业化干部队伍。

（七）培训者队伍建设计划

加强培训者队伍建设，市、区级机构组织并开展提升干部教师培训者组织实施培训的能力和水平的专项培训，提升培训者的课程整合与课程开发、教育评价、沟通协作等方面的能力；完善兼职培训者规范管理工作制度，遴选高水平专家与幼儿园优秀干部教师担任兼职培训教师。

（八）学历提升计划

以中青年骨干干部教师为重点，坚持学用一致、学以致用的原则，鼓励干部教师结合教育教学工作实际积极提升学历。重点支持表现突出的本科学历的非专业干部教师攻读在职教育硕士学历和专科毕业教师续学前教育本科学历。

（九）园本指导与示范性园本研修计划

创新培训方式与手段，丰富干部教师的教育实践体验，提升实践培训的效果。一方面，重点选派农村幼儿园干部教师、城区普通幼儿园干部教师到市级干部教师实践培训基地，在优秀教师的指导下开展伙伴式研修、跟岗培训，通过听评课、观摩、教育研究等方式强化干部教师的主体参与和学习体验，增强干部教师学习过程中与指导教师的交流互动，提升干部教师自主学习的意识和成效。另一方面，通过幼儿园干部教师培训实践基地建设，引导培训者走进幼儿园与教育活动现场，通过专题讲座、协同研究等方式，对干部教师实践进行园本指导，提升干部教师专业能力。

进一步完善干部教师园本培训机制，建立园本研修示范园，引领园本培训的开展，提升园本培训的质量。优化干部教师园本培训的管理机制，各区干部教师培训机构加强专业指导；充分利用区域优质资源，加强幼儿园之间的信息交流与资源共享，运用信息化手段跨越时空开展干部教师园本研修，进行经验分享和成果辐射。

（十）幼儿园干部教师在线研修计划

充分发挥各区自主性，在原有基础上进一步完善各区现有教师研修网络平台及资源。同时，在北京市幼教师资培训中心的统筹下，加强各区之间的交流，以北京市幼教师资培训中心网络综合服务平台为纽带，逐步打通各区教师网络研修平台，实现优质资源共建共享，构建信息技术学、用结合的培训体系，形成培训、测评、应用、研究一体化的工作机制，全力推动在线研修。

（十一）幼儿园干部教师培训基础建设计划

为强化专业引领，保障幼儿园干部教师培训的质量，进一步加强制度性基础性建设，重点推进四个方面的工作。

一是培训课程建设。依据幼儿教师（园长）专业标准，研制干部教师培训课程系列标准及开发指南，指导各级各类主体的课程开发建设，出版培训教材。积极整合幼儿园、高校与科研院所、社会机构等优质教育资源，丰富北京市幼儿园干部教师培训课程资源，建设一批具有针对性、引领性、前沿性且能够满足干部教师需求的精品课程及网络课程，加强课程管理与评价机制建设，做好课程的遴选、培训、奖励与创新工作。

二是培训基地建设。加强区级幼儿园干部教师培训机构的建设，从培训者队伍、培训条件、培训课程与资源、培训能力等方面，全面提升培训机构的办学水平。

遴选并建设 30 个左右的幼儿园干部教师培训实践基地。北京市幼教师资培训中心加强对培训基地的管理与指导；市、区、幼儿园三级联动协同，加强交流、提供展示平台，促进成果的产出与辐射。

三是培训创新平台建设。推进幼儿园干部教师培训创新平台建设，立足幼儿园和干部教师面对的教育（管理）实际问题进行创新研究，形成干部教师的教育（管理）实践、教育研究和学习进修三者有机结合的模式；建设北京市幼教师资培训中心网络综合服务平台，充分发挥网络资源优势，全面推动混合式培训。

四是幼儿园干部教师培训与专业发展研究。深化以干部教师培训为主题的研究，通过设立专项研究课题的方式，开展干部教师培训制度与政策、干部教师专业发展与干部教师学习、干部教师培训内容与模式、培训质量评估与保障等领域的研究，通过研究为干部教师培训、教师专业发展和幼儿园管理决策服务。

七、组织实施

（一）培训任务分工

市教委与北京市幼教师资培训中心负责制定全市幼儿园干部教师培训规划，设计与实施公共必修课和专业必修课，研究设计干部教师分类别、分层次、分岗位培训课程体系；负责市级重点培训工程的组织与实施，协调园本培训和远程培训的指导。

区教委与区级干部教师培训机构配合落实公共必修课和专业必修课培训，配合协同市级专项培训工作，实施本区幼儿园干部教师的岗位提高培训和适合本区教育需要的专项培训，同时负责园本培训的组织指导和管理。

各幼儿园积极配合和支持市、区级培训机构实施的各种培训，并结合市、区培训项目的内容，从幼儿园实际需求出发，制定有针对性的园本培训计划并组织有效实施。保证市、区、园三级协同培训成效落到实处。

（二）质量监控

建立培训的全过程质量管理制度。将培训方案设计、培训活动策划和组织、培训资源整合、培训绩效评估、培训信息宣传等纳入质量管理范围。市级干部教师培训管理机构要逐步建立培训质量评估信息系统和多元评价制度，探索第三方的监控评价机制，加强培训质量监控结果在培训统筹协调中的应用，提升培训效益。培训单位要加强对培训效果的自我评估，形成满意度、学习结果、行为转化等多层面的考核体系，突出干部教师行为的转化，不定期进行培训效果的追踪与调查，并不断完善幼儿园干部教师培训工作。

（三）绩效考核

“十三五”时期，参加培训的幼儿园干部教师，根据岗位要求和专业发展需求，完成不少于360课时的学习任务，获得36学分。参加培训干部教师必须在规定的时间内完成规定的培训内容，参加考核并合格后，取得相应学分。考核由培训单位自行组织，采用学分制管理，对完成规定学分的干部教师颁发由市教委统一印制的北京市“十三五”时期教师培训结业证书。

由各级培训机构和所在幼儿园通过“北京市幼儿园干部教师培训管理系统”上报培训学分，区干部教师继续教育办公室审核，北京市幼教师资培训中心对“培训管理系统”上报的学分进行认定和达标审核。各区要将幼儿园干部教师完成培训任务的情况纳入到对干部教师和幼儿园绩效考核范围，进一步完善幼儿园干部教师培训工作绩效考核体系。

中共北京市委教育工作委员会
北京市教育委员会
北京市人民政府教育督导室
首都社会治安综合治理委员会办公室
北京市高级人民法院
北京市人民检察院
北京市公安局
北京市民政局
北京市司法局
共青团北京市委员会
北京市妇女联合会

关于防治中小学生欺凌和暴力的实施意见

京教勤〔2017〕19号

各区委教工委、教委、政府教育督导室、综治办、人民法院、人民检察院、公安分局、民政局、司法局、团委、妇联：

为加强本市中小学生欺凌和暴力的防治工作，切实保护广大中小学生的人身权利，根据《教育部等九部门关于防治中小学生欺凌和暴力的指导意见》，结合本市实际，现提出如下实施意见。

一、加强组织领导

孩子是家庭的希望、国家和民族的未来，促进孩子全面健康成长是政府、学校、家庭和社会各方面的共同责任。中小学生正处在身心健康发展和世界观形成的关键阶段，中小学生欺凌和暴力事件的发生，直接损害了学生的身心健康，影响了学生的正常发展，造成了不良社会影响，必须引起高度的重视。要按照系统治理、综合施策的原则，落实政府、学校、家庭和社会各方面的责任，形成政府统一领导、部门各司其职、学校教育管理、家长监护教育、社会各方面积极参与的共同治理局面，为学生全面健康成长提供良好环境。

要加强对防治中小学生欺凌和暴力工作的领导。各区成立由区政府主管领导任组长、区教育部门主要领导任副组长、区相关部门领导任成员的区级防治中小学生欺凌和暴力工作领导小组。建立统一领导、分工合作、齐抓共管、属地为主、依法治理的工作制度机制。

二、加强学校教育管理

（一）加强教育

各区、各中小学要坚持立德树人为本，全面贯彻党的教育方针，切实加强中小学生思想品德教育和良好行为习惯的培养，培育和践行社会主义核心价值观。落实教育部《中小学生守则（2015年修订）》和《北京市中小学生日常行为规范（2016年修订）》，教育学生知德明礼、遵规守纪、团结友善。加强班主任对学生的思想教育工作，对存在不良行为的学生提前预防。落实《中小学法制教育指导纲要》《青少年法治教育大纲》，全面深入开展法治教育，将防治欺凌和暴力内容融入课程教学，培养学生的法治意识和法律素养，养成知法守法的良好行为习惯。加强“法治教育进校园”工作，充分发挥法治副校长、法治辅导员的作用。落实《中小学生心理健康教育指导纲要（2012年修订）》，结合不同学龄段学生特点，积极开展心理健康教育，培养学生健全人格和积极心理品质，加强对有需求学生的心理咨询辅导。

（二）严格管理

各区、各中小学要坚持宽容但不纵容、关爱而又严管的原则，全面加强学校的日常规范化管理，为全体学生创造文明有序的学习环境。中小学要制定防治中小学生欺凌和暴力的工作制度，并纳入到学校整体工作统筹考虑。要加强师生联系、密切家校沟通，及时掌握学生日常学习生活情况，了解学生思想动态，对可能导致学生欺凌和暴力的异常行为早发现、早预防、早控制。要加强校园安全管理，严格校门管理制度、值班巡查制度和隐患排查制度，保证校园安保人员力量，配备必要安防设备设施，加强校园安防监控视频联网建设，严禁学生携带管制刀具等危险物品进入学校。

（三）预防为主

各区、各中小学要坚持主动预防为主，立足于抓早、抓小、抓苗头，防患于未然，坚决防止校园欺凌和暴力的发生。建立以校长为主责的工作责任体系，健全工作机制，明确职责分工，细化工作制度，注重工作实效。加强对干部教师的全员培训，提高思想认识，加强研讨交流，提高能力水平。适时开展预防学生欺凌和暴力专题教育，通过课堂教学、专题讲座、班队会、主题活动、参观实践等多种形式，强化学生遵规守纪教育，引导学生提高对欺凌和暴力行为危害性的认识，教育学生做到不实施欺凌和暴力行为，同时也学会自我防护。加强对学生欺凌和暴力苗头问题的排查，充分发挥班主任、任课教师和日常管理人员的作用，深入了解掌握学生的思想问题和异常反应，发现异常苗头问题立即采取有效措施，及时进行干预化解，力求将矛盾问题消灭于萌芽之中。

（四）稳妥处置

各区、各中小学要坚持教育为主、惩罚为辅，依法依规及时有效处置学生欺凌和暴力事件，建立健全应对突发校园欺凌和暴力事件的应急处置机制。中小学要制定防治校园欺凌和暴力事件的应急预案，明确应急处置程序、责任分工、规范要求，加强相关人员的培训。建立校园欺凌和暴力排查制度，定期排查校园欺凌和暴力问题隐患，对排查出的问题隐患及时干预化解。要建立完善校园欺凌和暴力信息报告制度，一旦发现校园欺凌事件，按规定及时上报上级主管部门，并寻求法治副校长、律师的法律帮助。要保护遭受欺凌和暴力学生身心安全，维护未成年人的合法权益，严格保护学生隐私，视欺凌和暴力事件的严重程度，及时采取不同保护措施，情节严重的立即联系公安机关介入处置。要强化教育惩戒威慑作用，对实施欺凌和暴力的学生要约谈家长并对其进行严肃的批评教育和警示谈话，依法依规采取适当的矫治措施予以教育惩戒；对情节较重的，公安机关应对其进行警示教育；对屡教不改、多次实施欺凌暴力的学生应将其表现记入学生综合素质评价，必要时转入专门学校就读；对涉及违法犯罪的学生要及时联系当地公安部门。要加强涉欺凌和暴力事件学生的疏导教育，对遭受欺凌和暴力的学生及家长及时开展心理疏导，并提供应有的支持和帮助；对实施欺凌和暴力的学生有针对性的进行教育引导和帮扶，帮助其分析原因改过自新，避免歧视性对待。要建立社会网络舆情应对机制，及时客观回应社会和网络热点关切，坚持一切有利于学生健康成长的原则，积极正确引导社会网络舆情，防止因网络媒体过度炒作对学生和相关当事人造成二次伤害。

三、强化学校周边治安综合治理

各区、各部门要加大群防群治工作力度，将防治中小学生欺凌和暴力作为综合治理的重要内容，全面加强学校周边治安综合治理工作。要充分发挥校园及周边治安综合治理专项组的作用，针对社会和学校集中反映校园周边突出的重点难点热点问题，集中力量开展重点整治，并建立治理校园周边突出问题的长效机制。要加强校园周边及社会重点区域社会治安防控体系建设，推进校园周边及社会重点区域公共安全视频监控系统联网全覆盖，实现对青少年违法犯罪活动的预测预警、实时监控、轨迹追踪及动态管控。要依托全国社会治安综合治理信息系统，整合有关部门信息资源，发挥青少年犯罪信息数据库作用，注意对未成年人犯罪信息记录的封存，加强对重点青少年群体的动态研判。要在治安情况复杂、问题较多的学校周边设置警务室或治安岗亭，密切与学校的沟通协作，积极配合学校排查发现学生欺凌和暴力隐患苗头，并及时预防处置。要加强学生上下学时段、途经重点路段的巡逻防控和治安盘查，对发现有欺凌和暴力倾向的苗头性问题，立即采取防范措施并通知学校和家长，及时干预，震慑犯罪。要把学校周边作为社会治安重点地区排查整治工作的重点，加强组织部署和检查考核，对中小学生欺凌和暴力问题突出的地区和单位，根据中办国办和市委市政府办公厅关于健全落实社会治安综合治理领导责任制规定的有关要求，通过通报、约谈、挂牌督办、实施一票否决权制等方式进行综治领导责任督导和追究。

四、依法落实家长监护责任

管教孩子是家长的法定监护职责。要加强对家长的亲职教育和法制教育，强化家长对孩子的依法监护责任，落实监护人责任追究制度，对监护不当、未履行监护责任及未成年学生对他人的人身和财产造成损害的，依法追究监护人的法律责任。家长要当好孩子的第一任老师，注重家风教育，加强对孩子的品行教育和健全人格培养，教育孩子养成遵纪守法、善良友善、助人为乐的良好行为习惯，自觉发挥榜样作用，引导帮助孩子“扣好人生第一颗扣子”。家长要增强法治意识，切实加强对孩子的管教，约束孩子的不良行为，特别要做好孩子离校后的监管看护教育工作，教会孩子掌握自护方法，避免放任不管、缺教少护、教而不当。家长要掌握科学的家庭教育方法，尽量多安排时间与孩子相处交流，及时了解孩子的日常表现和思想状况，积极与学校沟通情况，配合学校做好孩子在校教育工作。

五、加强社会干预和法律援助

各区、各中小学要充分发挥有关专业社会组织的作用，整合心理干预、家庭教育、未成年人保护、法律援助等方面专家的力量，建立专家资源库，对防治欺凌专题教育、欺凌的定性处理和后期心理疏导干预等提供支持指导和帮助。要积极发挥“青年之声”、12355 青少年心理与法律服务热线的作用，组织社会工作专家、公益律师、志愿者开展有针对性的自护教育、心理辅导和法律方面的线上咨询，并积极邀请专家、志愿者走进校园，为在可能发生或已发生的欺凌事件中的当事人提供有效的心理疏导和应对建议，解答青少年及家长心理和法律方面的问题，并进行追踪服务。开展“驻校法官”“驻校社工”“模拟法庭”等试点，通过法官巡讲、检察官巡讲、心理辅导、行为矫正、矛盾疏解、模拟审判等形式协助学校开展专题预防教育；发挥高校法律专业“青春船长”大学生团队的作用，采取大手拉小手活动模式，做好校内外普法工作。

六、扎实推进“平安校园”建设

各区、各中小学要树立长治久安的思想，把防治中小学生欺凌和暴力作为平安校园建设的重要内容，全面加强平安校园建设。要研究制定全区中小学平安校园建设工作规划方案，加大对平安校园创建工作的统一领导和经费投入。要夯实平安校园建设的基础，加强校园安全风险防控体系建设，完善校园安全制度措施，加强人防、物防、技防建设，确保校园安全。要高度重视校园文化建设，加强优良校风、教风、学风建设，开展内容健康、格调高雅、丰富多彩的校园活动，形成团结向上、互助友爱、文明和谐的校园氛围，激励学生爱学校、爱老师、爱同学，提高校园整体文明程度。要健全各项管理制度、校规校纪，落实《义务教育学校管理标准》，提高学校治理水平，推进依法依规治校，建设无欺凌和暴力的平安文明校园。

七、加强部门协同配合

各区、各部门要把防治学生欺凌和暴力作为全面依法治国，建设社会主义和谐社会的重要任务。教育、综治、人民法院、人民检察院、公安、民政、司法、共青团、妇联等部门组织，要加强组织领导，明确任务分工，强化工作职责，完善防治办法，健全工作机制，加强考核检查，各司其职，协同配合，确保防治中小学生欺凌和暴力工作落到实处。

八、营造良好社会环境

各区、各部门、各中小学要形成防治中小学生欺凌和暴力的合力，建立学校、家庭、社区（村）、公安、司法、媒体等各方面沟通协作机制，畅通信息共享渠道，充分利用官方普法刊物、电视、电台、网站、微博、微信等宣传教育载体，进一步加强对学生保护工作的正面宣传和舆论引导，防止媒体过度渲染报道事件细节，避免学生欺凌和暴力通过网络新媒体扩散演变为网络欺凌，消除暴力文化通过不良出版物、影视节目、网络游戏侵蚀、影响学生的心理和行为，引发连锁性事件。要坚持标本兼治、常态长效，净化社会环境，切实为保护未成年人健康成长提供良好社会环境。

九、加强专项督导检查

各区、各中小学要认真落实《国务院教育督导委员会办公室关于印发中小学（幼儿园）安全工作专项督导暂行办法的通知》（国教督办〔2016〕4号）要求，将防治中小学生欺凌和暴力作为重点治理内容纳入校园安全督导范围，加强日常监管，推动各项任务落实。

各区、各部门、各中小学要根据本实施意见研究制定本区、本部门、本校防治中小学生欺凌和暴力的具体实施工作方案，抓好工作落实。

2017年5月23日

北京市教育委员会

关于印发《北京市中小学教科书选用管理实施细则（暂行）》的通知

京教基二〔2017〕10号

各区教委、燕山教委：

《北京市中小学教科书选用管理实施细则（暂行）》已经市教委2017年第13次主任办公会审议通过。现印发给你们，自2017年6月1日起施行，请遵照执行。

2017年5月25日

北京市中小学教科书选用管理实施细则（暂行）

第一章　总则

第一条　为加强中小学教科书管理，规范教科书选用工作，保障教学秩序和教学质量，更好适应我市教育教学需要，根据教育部《中小学教科书选用管理暂行办法》（教基二〔2014〕8号），制定本实施细则。

第二条　本实施细则所称教科书，是指经国务院教育行政部门审定和经北京市教育委员会审定的义务教育和普通高中教学用书（含配套教学图册、音像材料等）。

第三条 教科书选用工作应当全面落实立德树人根本任务，培育和弘扬社会主义核心价值观，坚持适宜性，符合我市中小学教学实际；坚持多样化，满足不同区域需求；坚持公平、公正，保证选用过程规范、有序。

第四条 市教委负责全市教科书选用的统筹管理，领导和监督教科书选用工作，制定并公布《北京市中小学教学用书目录》。

各区教委、燕山教委负责本行政区域内中小学教科书的选用、管理和监督工作。

第二章 选用机构

第五条 中小学教科书选用工作原则上以区为单位进行。

第六条 各区教委应当组织成立教科书选用委员会，负责教科书选用工作。

第七条 选用委员会应当由课程教材专家、教研员、中小学校长和教师等组成，一般不得少于11人，其中一线教师不少于1/2。教科书选用委员会按学段、学科分别设立学科组负责教科书初选工作，每个学科组由同学段、同学科具有高级技术职务的骨干教师、教研人员等组成，人数不少于3人。

第八条 各选用单位要结合实际建立足够数量的专家库，每次选用工作开始前，选用委员会和学科组成员名单从专家库中随机抽选确定。

第九条 教科书编写人员、出版发行人员，以及与教科书编写、出版发行有利害关系的人员不得担任教科书选用委员会和学科组成员。

第三章 选用程序

第十条 教材选用工作应在同级教育纪检、监察部门全程监督下，以全封闭方式集中进行。选用工作开始前，选用委员会应通过本区教委门户网站向社会公开发布中小学教科书选用有关事宜的公告，向所有列入《全国中小学教学用书目录》《北京市中小学教学用书目录》的教科书出版单位征集样书，样书内容应当与审定通过的教科书一致。

第十一条 各学科组应当研读、比较《全国中小学教学用书目录》《北京市中小学教学用书目录》中本学科所有版本教科书，提出初选意见，按优先顺序提出两种版本以上（含两种）的教科书初选建议名单，并分别写出评议报告，全体成员签字确认后提交选用委员会。

第十二条 选用委员会召开全体会议，对学科组提出的初选意见进行充分讨论，采取投票方式提出拟选用意见，确定拟选用教科书的首选版本和至少一种备选版本。拟选用意见经选用委员会 2/3 以上委员投票同意方可通过。应将会议讨论记录和投票结果认真记录在案、妥善保管备查。各区教委将选用委员会拟选用意见报市教委。

第十三条 市教委按照教育部要求，在全市范围内加强德育、语文、历史三科教科书选用工作统筹。其他学科教科书，如各区上报版本数量符合全市义务教育每个学科三种版本以上（含三种），普通高中每个学科两种版本以上（含两种）要求的，则按各区首选版本确定选用结果；如不能达到全市选用版本数量要求，则在各区备选版本中统筹确定选用结果。

第十四条 各区教委将市教委审核同意后的选用结果在本单位门户网站显著位置公示，并对异议进行核查处理。公示期不少于 7 日。各区教委应将本区域教科书选用结果及时报市教委备案。

第十五条 教科书版本选定后，应当保持稳定。小学、初中、高中每一学科教科书版本一经选定使用，在学段周期内，不得中途更换。

如需更换教科书版本，应当从起始年级开始，由学校向区教委提出书面申请，区教委委托专业机构征求使用地区学校教师、学生及家长的意见并进行评估，如确与当地教育教学实际不相适宜，由教科书选用委员会按程序选用其他版本，并将更换说明报市教委备案。

第十六条 教科书选定后出现下列特殊情形之一的，应当由选用委员会按程序重新选用教科书：

（一）严重违反选用程序规定的；

（二）课前没有按时到书的；

（三）与教育部、市教委审定内容不一致的；

（四）其他严重影响教科书使用的。

第十七条 教科书选用工作应在《全国中小学教学用书目录》《北京市中小学教学用书目录》印发后及时完成，为教科书的征订、出版、发行留有足够时间。

第四章 监督

第十八条 各区教委应当加强选定教科书使用的监督管理，每学年形成教科书使用报告，于每年 5 月报市教委备案。

第十九条 任何单位和个人不得违反本细则规定干预教科书选用过程和结果。教科书选用工作接受教育纪检、监察部门的全程监督，充分发挥学生家长、社会人士对教科书选用的监督作用。

第二十条 在教科书选用工作中出现以下情形的，由市、区教委责令限期改正，视情节轻重予以通报批评，并依法对相关责任人予以处分。

（一）教育行政部门及其工作人员违规干预选用过程和结果的；

（二）教科书选用委员会成员违反选用工作纪律的；

（三）选用本实施细则第二条规定以外的教科书的；

（四）对《全国中小学教学用书目录》《北京市中小学教学用书目录》删减后供选用委员会选用的。

其他行政部门及其工作人员违规干预教科书选用过程和结果的，由教育行政部门通知其所属部门依纪依规处理。

选用工作违反其他有关法律法规规定的，由有关主管部门依法查处。涉嫌受贿等犯罪行为的，移送司法机关处理。

第二十一条 教科书编写、出版、发行等单位和人员不得以任何不正当竞争手段干预教科书选用。凡采用请托、行贿等不正当手段扰乱教科书正常选用秩序，市教委取消其本次教科书在全市区域内的选用，并在全市进行通报，情节严重、涉嫌构成犯罪的，移送司法机关处理。

第五章 附则

第二十二条 各区教委应当根据本实施细则制定具体选用办法。

第二十三条 各区教委应参照本实施细则，加强对本区校本教材的监督管理，不断提升教材质量。

第二十四条 本实施细则自 2017 年 6 月 1 日起施行。凡现有规定与本实施细则不符的，以本实施细则为准。

中共北京市委宣传部
北京市教育委员会
北 京 市 文 化 局
北 京 市 财 政 局

关于印发北京市民族艺术进校园活动管理办法（修订）的通知

京教体艺〔2017〕20号

各区教委、文化委（局），各高等学校，各有关艺术团体：

现将《北京市民族艺术进校园活动管理办法（修订）》印发给你们，请遵照执行。

2017年6月12日

北京市民族艺术进校园活动管理办法（修订）

第一章 总则

第一条 为贯彻落实国务院办公厅《关于全面加强和改进学校美育工作的意见》（国办发〔2015〕71号），中共中央办公厅、国务院办公厅《关于实施中华优秀传统文化传承发展工程的意见》，规范和加强北京市民族艺术进校园活动（以下简称“民族艺术进校园活动”）的管理，结合本市实际情况，制定本办法。

第二条 民族艺术进校园活动是指组织本市优秀艺术表演团体、学生和教师艺术团体以进校园或剧场演出的形式，面向各级各类学校学生传播优秀文化，提升学生的道德素养、审美能力和人文素养，推动学校美育工作的发展。

第三条 民族艺术进校园活动重点突出中华优秀文化的普及。根据市政府办公厅《印发关于〈支持戏曲传承发展的实施意见〉的通知》（京政办发〔2016〕36号），戏曲演出占民族艺术进校园活动总演出场次的30%以上。

第二章 管理机构职责

第四条 民族艺术进校园活动由市委宣传部、市教委、市文化局、市财政局共同主办，北京学生活动管理中心承办。

第五条 市委宣传部负责活动的宏观指导以及媒体宣传工作。

第六条 市教委负责指导北京学生活动管理中心组织实施民族艺术进校园活动，制定学生及教师艺术团体参演资格的相关标准、审定其参演资格；并在民族艺术进校园网站对年度演出计划安排、活动效果评价等适时进行公布。

第七条 市文化局负责制定艺术表演团体参演资格的相关标准并审定其参演资格，组织剧（节）目审定，对参演艺术表演团体进行业务指导和管理；研究制定艺术表演团体的淘汰与调整等相关机制。

第八条 市财政局负责按照年度计划安排预算、审核和核拨经费。

第九条 北京学生活动管理中心负责民族艺术进校园活动实施过程中的具体组织、管理和协调工作。

第十条 建立健全主办单位间的沟通机制，通报、协调活动组织实施情况，研究、协调、解决活动组织管理过程中的重大问题。

每半年召开一次会议，总结活动组织实施情况，共同加强活动的指导和监管力度。

第三章　演出单位资格审核

第十一条　艺术表演团体、学生及教师艺术团体均可申请参加民族艺术进校园活动的演出。艺术表演团体是指由文化部门主办或实行行业管理（经文化行政部门审批并领取营业性演出许可证），专门从事表演艺术等活动的各类专业艺术表演团体。学生及教师艺术团体是按照本市有关规定经市教委认定的学生和教师艺术社团。

第十二条　艺术表演团体的演出资格由市文化局依据相关办法每两年审定一次。

市文化局通过政府网站发布评审公告，凡符合活动申报条件的艺术表演团体，按公告要求报名参加北京市民族艺术进校园团体资质统一评审。市文化局聘请艺术及教育专家对艺术表演团体资质进行评审，确定获得近两年民族艺术进校园活动资格的艺术表演团体名单，并通过市文化局政府网站向社会公布。

第十三条　市教委将符合条件的学生及教师艺术团体名单函告市文化局，由市文化局汇总后，以市教委、市文化局的名义，在各自政府网站上公布。

第四章　演出剧（节）目审核

第十四条　申请参演民族艺术进校园活动的剧（节）目要符合以下条件：

（一）具有较强的时代精神，体现社会主义核心价值观，注重传承和弘扬中华优秀传统文化。

（二）有较强的原创性、思想性、艺术性、观赏性，艺术水准较高。

（三）符合教育、艺术规律和学生成长需要，能够以文化人、以文育人。

（四）内容经典，能够鲜明的体现向真、向善、向美、向上的文化特质，对青少年具有显著的心灵教育效果。

（五）符合民族艺术进校园活动形式要求：

1. 进校园演出。时长不少于60分钟，演员不少于8人，演出需适应校园场地条件，应与讲解相结合。

2. 剧场演出。时长不少于90分钟，演员人数不少于15人，演出需安排在专业剧场，演出内容为非综合类的有主题的大型剧（节）目。

第十五条 市文化局每年通过政府网站发布剧（节）目评审公告，凡取得第十二、十三条所述资格的各类艺术团体，按公告要求报名参加北京市民族艺术进校园剧（节）目评审。市文化局聘请艺术及教育专家对申报剧（节）目进行审定，确定当年民族艺术进校园活动的剧（节）目名单，通过市文化局官方网站向社会公布，并函告市教委。

第十六条 凡取得北京市民族艺术进校园演出资格的各类艺术团体，需严格按照审定的剧（节）目进行演出。如遇特殊情况，可向市文化局申请变更演出剧（节）目。

第五章 观演组织管理

第十七条 北京学生活动管理中心要在每年年初制定年度演出计划，加强活动的组织管理，确保活动有序组织、普惠实施。

第十八条 在安排演出计划时，重点保障学生在小学阶段看一场经典戏曲、初中阶段看一场经典话剧、高中阶段看一场经典歌剧或舞剧。

第十九条 民族艺术进校园活动采取进校园和剧场演出两种方式，在具备演出条件、符合安全要求的场地举办。

第二十条　民族艺术进校园活动演出票、节目单等应按规范要求制作。

第二十一条　组织观演的区教委和高校根据市文化局公布的年度演出单位和剧（节）目，向北京学生活动管理中心提出观演申请。北京学生活动管理中心应发挥演出计划配置的主导权，在充分考虑各区、高校观演需求和各艺术团体演出计划的基础上，按照公平、均衡的原则，统筹确定当年民族艺术进校园演出活动计划，并确保各艺术团体在民族艺术进校园演出活动中有一定演出场次。

第二十二条　各区教委要做好辖区内中小学校观演的申报工作，确保活动均衡、广泛覆盖。做好活动宣传、观众组织、资料留存及总结评价等工作。

第二十三条　组织学生观演的学校要指定相关部门负责活动的组织实施。加强活动宣传，广泛组织本校学生积极参与；制定安全预案，为活动的顺利开展积极创造条件；及时收集、汇总学生的反馈意见。做好观众组织、资料留存及总结评价等工作。

第二十四条　各艺术团体要制订演出和排练计划，做好讲解和普及工作，在确保演出质量的前提下，需保证有一定的演出场次满足民族艺术进校园活动需要。

第二十五条　各区教委、高校及艺术团体要在演出结束后7日内向北京学生活动管理中心报送演出场次统计数据及演出表原件。北京学生活动管理中心按月统计、分析演出情况，按季度报各主办单位。

第六章　经费支持及资金管理

第二十六条　民族艺术进校园活动经费由市委宣传部、市教委、市文化局共同承担，其中：市委宣传部、市文化局每年各安排1000万元，市教委每年安排2500万元作为民族艺术进校园专项经费；各单位根据工作计划进行立项、申报，纳入各单位预算；由市财政拨付给北京学生活动管理中心，用于安排民族艺术演出活动。

第二十七条 民族艺术进校园活动经费用于演出活动、办公经费、奖励以及根据实际需要，可向尚未纳入年度演出单位范围的其他院团购买经典剧（节）目门票等。

第二十八条 北京学生活动管理中心按照以下标准向艺术团体拨付演出经费：

（一）进校园演出经费

1. 东城区、西城区、朝阳区、海淀区、丰台区、石景山区，每场演出 2 万元；

2. 通州区、顺义区、大兴区、昌平区、房山区（含燕山），每场演出 3 万元；

3. 门头沟区、平谷区、怀柔区、密云区、延庆区，每场演出 4 万元。

（二）剧场演出经费

1. 歌剧类（舞剧、歌剧、音乐剧）、话剧：每场 30 万元以内；

2. 音乐类（交响乐、管乐、民乐）：每场 20 万元以内；

3. 曲艺杂技类、戏剧类（京昆、评剧、曲剧等）、儿童剧、皮影戏、木偶剧、音乐类（打击乐、声乐）：每场 15 万元以内；

特殊情况下，剧场演出经费可根据院团演出规模、演出地点等因素进行单独核算。

第二十九条 办公经费不得超过活动总经费的 5%，由北京学生活动管理中心用于开展活动涉及的印刷费、制作费、交通费、邮寄费、会议费、聘请专家劳务费以及活动组织相关费用等。

第三十条 北京学生活动管理中心应加强对项目经费的管理。对项目经费应单独建账管理，不得截留、挤占和挪用。

第三十一条 项目预算一经批复不得自行调整。预算执行过程中，因项目发生终止、撤销、变更，引起预算调整的，相关单位应当按照规定的程序报批。

第三十二条 项目完成后，如有结余资金，按照《北京市市级行政事业单位财政性结余资金管理办法》有关政策执行。

第七章 监督检查

第三十三条 北京学生活动管理中心应当建立制定以学生体验为核心的评价考核办法，利用信息化技术和手段对民族艺术进校园活动加强效果评价，对各区、学校和艺术团体组织活动和执行规则的情况进行监督。学校要将组织学生观看演出活动作为学校教育的补充和延伸，与课堂教学和其他活动有效衔接，切实增强民族艺术进校园活动的育人效果。

第三十四条 民族艺术进校园活动纳入北京市财政支出项目绩效考评范围，艺术团体必须遵守相关专项经费管理使用规定，专款专用，提高资金使用效益。

第三十五条 对于虚报、冒领、截留、挪用、挤占专项经费等违反财经法律法规的行为，由市财政局责令限期整改，同时按国务院《财政违法行为处罚处分条例》进行处理。

第三十六条 对于演出效果未达到要求、弄虚作假、有严重违纪违规行为或造成不良影响的艺术团体，根据情节，经各主办单位协商，市文化局有权取消其参加当年民族艺术进校园演出资格，直至取消民族艺术进校园演出的资格。

第八章 附则

第三十七条 北京学生活动管理中心要建立健全项目管理制度，根据本办法制定民族艺术进校园组织实施办法和评价考核办法，在实施过程中加强对各区教委、各高校和各艺术团体组织管理工作的指导。

第三十八条 各区教委、各高校、各艺术团体要建立健全项目管理制度，根据本办法制定各单位民族艺术进校园活动具体实施办法报北京学生活动管理中心。活动实施中遇有问题，及时向北京学生活动管理中心反馈。

第三十九条 主办单位根据各自职责对本办法进行解释。《北京市民族艺术进校园活动管理办法（暂行）》（京教财〔2011〕31号）同时废止。

第四十条 高雅艺术进校园活动参照本办法执行。

第四十一条 本办法自2017年7月12日起施行。

北京市教育委员会

关于印发《北京市教育委员会关于高级专家退休工作的管理办法（试行）》的通知

京教人〔2017〕32号

市属各高校及相关单位：

根据北京市教育委员会2017年第16次主任办公会审定，现将《北京市教育委员会关于高级专家退休工作的管理办法（试行）》印发给你们，请认真执行。

2017年6月15日

北京市教育委员会
关于高级专家退休工作的管理办法（试行）

根据《国务院关于高级专家离休退休若干问题的暂行规定》（国发〔1983〕141号）、人事部《关于高级专家退（离）休有关问题的通知》（人退发〔1990〕5号）、北京市人力资源和社会保障局《关于事业单位高级专家延长退休年龄有关问题的通知》（京人社事发〔2017〕12号）等文件规定，结合教育系统实际情况，制定本办法。

第一条 本规定所称高级专家，系指正教授，即聘在专业技术二、三、四级岗位的，副教授原则上不得延长退休年龄。

第二条 高级专家退休年龄，一般应按国家统一规定执行。对其中少数高级专家，确因工作需要，身体能够坚持正常工作，征得本人同意，在单位编制和岗位限额内，经所在单位报请上一级主管机关批准可以延长退休年龄，可适当延长退休年龄，但最长不超过七十周岁。

第三条 “确因工作需要”延长退休年龄，主要是指以下几种情况，已承担的重要工作（如重点攻关科研项目）和带博士研究生等任务尚未完成，退休后将对工作带来较大影响的；特殊专业和新学科、重点学科急需的；技术力量薄弱的单位确系工作需要的；在业务上起把关作用或在学科中起带头作用、退休后尚无人接替的。

第四条 高级专家延长年限，聘在专业技术二级岗位的一次可申报三年，聘在专业技术三级和四级岗位的一次只能申报一年。

第五条 延长退休年龄，单位应在本人达到退休年龄前两个月，由领导班子集体讨论提出意见，并在单位进行公示后，上报市教委审批。

第六条 延长退休年龄的高级专家中，担任行政领导职务或管理职务的，在达到国家统一规定的退休年龄时，应当免去其行政领导职务或管理职务，使他们集中精力继续从事科学技术或文化艺术等工作。特殊情况经过任免机关批准的除外。

第七条 各单位和各部门要认真执行关于高级专家退休后政治、生活待遇的有关规定，对退休的高级专家应体贴关怀，热情爱护；要积极主动地帮助他们继续进行科学研究、资料整理、著书立说等工作，为他们的业务活动提供必要的方便。

第八条 本办法自发布之日起施行。

第九条 本办法由北京市教育委员会负责解释。

北京市教育委员会
北 京 市 财 政 局

关于印发《北京市“一带一路”国家人才培养基地项目管理办法（试行）》的通知

京教外〔2017〕4号

各高等院校、职业院校：

为服务国家“一带一路”发展战略和北京市建设“四个中心”的总体部署，贯彻中央办公厅《关于做好新时期教育对外开放工作的若干意见》（中办发〔2016〕10号）和教育部《推进共建“一带一路”教育行动》，进一步落实《新时期北京教育对外开放工作规划（2016—2020）》和《北京市对接共建“一带一路”教育行动计划实施方案》，做好北京市“一带一路”国家人才培养工作，市教委、市财政局联合印发了《北京市“一带一路”国家人才培养基地项目管理办法（试行）》。现印发给你们，请遵照执行。

2017年6月20日

北京市“一带一路”国家人才培养基地项目管理办法（试行）

第一章 总则

第一条 为服务国家“一带一路”发展战略和北京市建设“四个中心”的总体部署，贯彻中央办公厅《关于做好新时期教育对外开放工作的若干意见》（中办发〔2016〕10号）和教育部《推进共建“一带一路”教育行动》，进一步落实《新时期北京教育对外开放工作规划（2016—2020）》和《北京市对接共建“一带一路”教育行动计划实施方案》，做好北京市“一带一路”国家人才培养工作，北京市教育委员会、北京市财政局设立北京市“一带一路”国家人才培养基地项目。

第二条 “一带一路”国家人才培养基地项目的主要任务是开展“一带一路”国家高端人才培养和相关学科专业建设；由北京市教育委员会在有关院校中进行评选，提供相关资助经费。

第三条 通过设立该项目，吸引更多“一带一路”沿线国家的高层次、优秀人才来京学习、交流、培训；积极发挥普通高等学校和职业院校的学科专业优势，配合行业企业“走出去”，为“一带一路”沿线国家和北京市培养更多急需人才；推动北京市与“一带一路”沿线国家教育交流与合作，增进双方的相互理解和认知，促进互联互通和民心相通，提升北京教育对服务“一带一路”国家战略的贡献力。

第二章　项目内容

第四条　适用范围。“一带一路”国家人才培养基地项目适用于北京地区普通高等学校和职业院校。

第五条　资助内容

（一）人才培养

1. 设立“紫禁城奖学金”，用于全奖资助“一带一路”沿线国家来京接受全日制硕士、博士学历教育的留学生和博士后。力争3年资助的奖学金生达到“一带一路”沿线64国全覆盖。

已申请到中国政府奖学金、北京市外国留学生奖学金、北京市“一带一路”专项奖学金等其他奖学金的留学生，原则上不再享受本项目资助。

2. 资助短期来京研修人员，包括：

（1）“一带一路”沿线国家来京进行为期一年研修学习本科留学生或职业院校留学生。

（2）来京参加1～3周研修的“一带一路”沿线国家的教育管理人员和教师。

（二）学科专业建设。用于资助汉语或英文授课的专业基础及专业课程，非通用语种课程，中国概况、中国文化特色课程以及沿线国家相关文化、制度研究课程等。参评的课程应体现学校的办学定位和学科专业优势；鼓励新开设完整的课程体系。

已申请到市级及以上资助的课程不再享受本项目资助。

第六条　资助方式和资助期限。本项目采取项目评审方式，即符合条件的学校向北京市教育委员会提出项目申报。项目经费纳入北京市教育委员会“一带一路”国家人才培养基地项目定额管理专项预算。

于2017—2019年重点建设不少于30个“一带一路”国家人才培养基地。在人才培养方面，自2017年起，每年最多新增资助300名“紫禁城奖学金”生，共资助3届学生，直到学段结束，资助总规模最多达900人。每年最多资助600名短期来京研修人员，资助3年，资助总规模最多达1800人；在学科专业建设方面，第一年最多资助150门课程，第二年、第三年可持续资助或资助新课程，资助总规模最多达450门课程。此后，基地数量和每个基地具体资助额度视评审情况和前一年执行情况进行调整。鼓励学校提供配套资金支持该项目的发展。

第七条　资助标准

（一）人才培养

1.“紫禁城奖学金”

学生类别	学科	学费/年	住宿费/年	生活费/年	医疗保险/年	年资助总额
硕士研究生 普通进修生	一类	25000	8400	36000	800	70200
	二类	29000	8400	36000	800	74200
	三类	34000	8400	36000	800	79200
博士研究生 高级进修生	一类	33000	12000	42000	800	87800
	二类	38000	12000	42000	800	92800
	三类	45000	12000	42000	800	99800

注：一类包括：哲学、经济学、法学、教育学、文学（除文艺类外）、历史学、管理学；二类包括：理学、工学、农学；三类包括：文学（文艺类）、医学。博士后资助标准参照高级进修生（标准依据：国家留学基金委公布的中国政府奖学金全奖资助标准）。

此外，还资助来京和毕业后回国的一次往返国际旅费（只限乘坐经济舱，实报实销）。在实际执行过程中按照实际学段和实际学费标准支付。

2.资助短期来京研修人员

（1）为期一年的本科留学生资助标准：20000元人民币/人/学年。为期一年的职业院校留学生资助标准：16000～20000元人民币/人/学年（标准依据：《北京市外国留学生奖学金实施办法》《教育部关于自费来华留学收费标准》)。使用范围仅限学费。在执行过程中，具体金额按学校实际学费标准进行支付。学校申报项目时，可据实际情况，对奖学金进行拆分使用。

(2) 来京参加1～3周研修的教育管理人员和教师资助标准：伙食、住宿等费用650元人民币/人/天；交通费800～1500元/车/天(标准依据：国家汉办《关于申报2012年重大团组接待项目的函》汉办〔2012〕39号)。使用范围包括：伙食、住宿、交通等费用。

(二) 学科专业建设。每门课程原则上资助不超过10万元人民币(标准依据：教育部来华留学英语授课品牌课程补贴标准)。学校可根据实际情况进行拆分使用。经费使用范围包括：课程开发，引进教材及应用，编制教材(不包括教材出版费用)，师资队伍建设，中外专家聘请，联合研究，智库咨询，科研合作，教师围绕学科专业建设赴外省、境外学习、进修、调研、培训、参会，教学材料购置，课程资源购置(包括网络课程平台、教学实验耗材等，不包括设备购置、房屋使用和装修等)等。

第三章 项目申报与评审

第八条 项目实施程序。各学校根据要求进行项目申报，北京市教育委员会组织专家评审，确定项目评审结果，按列入部门年度预算和绩效考核。

第九条 评审原则

(一) 统筹考虑项目资金在“一带一路”沿线国家的国别分布；

(二) 统筹考虑学科专业布局；

(三) 优先支持高层次、行业特色鲜明的人才培养项目；

(四) 优先支持与国家和北京市产业走出去紧密相关的专业领域；

(五) 优先支持校际交流项目；

(六) 优先支持与“一带一路”沿线国家首都城市开展的合作交流项目；

（七）优先支持学校自主提供实际配套资金的项目；

（八）适度考虑部属、市属院校比例，适度向市属院校倾斜；

（九）“紫禁城奖学金”每年新增资助的留学生必须是由境外直接招收的新生，不能是在校生。

第十条 项目申请材料

1. 北京市“一带一路”国家人才培养基地项目申报书；

2. 经费支出明细；

3. 绩效目标申报表；

4. 项目汇总表；

5. 其他支撑性材料。

第四章 实施与管理

第十一条 北京市教育委员会和北京市财政局组成北京市“一带一路”国家人才培养基地项目领导小组（以下简称“项目领导小组”），负责项目建设的协调、指导、监督、检查和验收工作。该领导小组的办公室设在北京市教育委员会国际合作与交流处，负责项目经费标准的制定、项目立项、相关管理制度建设；组织项目评审，下达项目金额；指导项目学校检查、监督项目经费的预算管理、验收和绩效考评等工作。

第十二条 项目学校负责受理并审核学科专业建设项目申请、留学生来华学习申请、行业专家来京交流申请，向北京市教育委员会报送基地项目申请、项目资金发放、校内预算管理、监督和验收。项目学校应加强对本校基地项目的领导，按照有关要求，组织好项目的规划和论证，监督管理项目实施过程，并对项目完成情况进行验收，保证如期完成项目预期绩效目标。

第十三条 该项目由学校外事部门归口管理。各项目学校须将负责基地项目工作的外事部门名称、负责人和联系人上报北京市教育委员会国际合作与交流处备案。

第十四条 该项目经费实行按 2017 年度申请，核定后拨款的方式进行，滚动支持三年。项目经费由学校财务部门独立建账，单独核算，专款专用。项目学校严格按照国家和北京市相关法律法规及本办法规定执行，加强对项目经费使用的监督管理，专款专用，不得挪用及随意改变项目支出内容。

第十五条 北京市教育委员会将“一带一路”国家人才培养基地项目列入部门预算，申请北京市财政局拨付专项资金。

第十六条 项目实施过程中，项目内容一般不予调整，如确需进行调整，需报北京市教育委员会核定。

第十七条 项目年度执行过程中，如有结余资金，依据《北京市市级行政事业单位财政性结余资金管理办法》的有关规定执行。

第十八条 项目纳入部门绩效管理范围。

第五章 验收与监督

第十九条 项目学校负责本校项目经费执行情况验收。对项目的完成情况以及经费使用情况等进行验收。项目验收要列入学校的绩效管理范围并在北京市教育委员会规定的时间内完成。

第二十条 项目领导小组对学校验收情况进行抽查。对项目的总体效益和有关项目的实施情况进行评估；评估结果作为第二年项目经费发放的重要依据，以保证项目经费使用效益和设立目标的实现。

第二十一条 项目应接受主管单位、财政、审计、纪检、监察等部门的检查和监督。

第六章 附则

第二十二条 本办法由北京市教育委员会和北京市财政局负责解释。

第二十三条 本管理办法自 2017 年 7 月 5 日起施行。

北 京 市 教 育 委 员 会
北京市人民政府教育督导室

关于印发《学校督导规程（试行）》的通知

京教督〔2017〕12号

各区教委、各区人民政府教育督导室，各高等学校、中等职业学校：

为建立健全学校督导工作制度体系，进一步规范学校督导工作，促进学校依法自主办学，全面实施素质教育，市教委、市政府教育督导室制定了《学校督导规程（试行）》，包括《北京市中小学校督导规程》《北京市职业院校督导规程》《北京市属普通高等学校（本科）督导规程》，经市教委第13次主任办公会、市政府教育督导室第7次主任办公会审议通过，现印发给你们，请认真贯彻落实。

2017年6月20日

北京市中小学校督导规程（试行）

第一章 总则

第一条 依据《中华人民共和国教育法》《中华人民共和国义务教育法》和国务院《教育督导条例》等相关法律法规，贯彻落实《北京市人民政府办公厅关于深化教育督导改革的实施意见》等文件精神，履行教育督导职能，规范、科学、高效开展中小学校教育督导工作，促进学校实施立德树人，提升办学水平和育人质量，促进学生健康成长和全面发展。结合本市实际，制定本规程。

第二条 中小学校督导坚持以下原则：

（一）依法依规原则。依据国家和北京市有关教育法律法规和方针政策，遵循教育规律，客观公正制定中小学校督导工作的意见、标准和方案，市、区两级实施教育督导。通过督导，强化监督监管，切实保证党的教育方针的全面贯彻、立德树人根本任务落实和素质教育的全面实施。

（二）市级统筹原则。市级教育督导部门统筹组织实施对全市中小学校的督导，制定督导工作意见。根据市级教育督导部门的意见和要求，明确督导内容和要求，加强指导和检查，促进学校督导工作有效实施。

（三）区级为主原则。区级教育督导部门统筹运用综合督导、专项督导和经常性督导方式，落实主要责任和基础工作。督导结合，以督促建，凸显区域工作特色。

（四）督导并重原则。以规范办学行为、提升教育教学质量为主线，发挥监督和指导的双重功能。注重督导实效，尊重学校特色，促进学校发展。

（五）多元参与原则。尊重学校主体地位，强化学校育人主体责任，广泛吸纳学生、家长及社会各方共同参与，提高教育督导的民主参与度。

第三条 本规程适用于本市基础教育阶段的普通中小学校（含民办）。

第二章 督导实施

第四条 本市对中小学校实施市、区两级督导。北京市人民政府教育督导室统筹开展对全市中小学校的督导。各区级人民政府教育督导室贯彻落实国家和北京市关于中小学校教育督导意见和工作部署要求，负责组织实施对本区中小学校的督导工作。

第五条 中小学校要围绕学校办学目标和办学规律，结合学校实际，建立健全内部督导工作机制，完善内部督导工作组织体系，制定内部督导工作制度，加强内部督导队伍建设，参考本规程第七条所规定督导内容，自主实施学校内部督导。

第六条 教育督导部门对中小学校实施教育督导，可以行使下列职权：

（一）听取学校情况汇报；

（二）查阅、复制与督导事项有关的文件、资料；

（三）参加学校教育教学活动或进行现场考察；

（四）参加学校有关工作会议或组织召开座谈会；

（五）运用信息化手段收集相关数据、信息；

（六）就督导事项开展调查、测评与访谈等；

（七）要求学校就督导事项有关问题作出说明；

（八）向本级人民政府或主管部门提出对学校或其相关负责人给予奖惩的建议；

（九）其他职权。

第七条 教育督导部门对中小学校实施教育督导内容主要包括依法办学、学校管理、教育教学、队伍建设、育人质量五个方面。

（一）依法办学：主要考察学校贯彻党的教育方针政策和教育法律法规、现代学校制度建设、依法办学管理、学校特色办学和发展等情况。

（二）学校管理：主要考察学校教育教学管理、学生教育管理、教育资源管理、教育经费的使用和管理、招生、学籍管理、校园安全管理、教育热点难点问题解决、学校内部督导机制建设等情况。

（三）教育教学：主要考察学校课程建设、教材建设与使用、课堂教学、德育工作、体育工作、美育工作、学校培养学生全面发展和校风、学风建设等情况。

（四）队伍建设：主要考察学校干部教师队伍建设情况，包括干部教师队伍管理、师德师风建设、业务水平和教学能力建设等内容。

（五）育人质量：主要考察学校实施立德树人、实践育人情况，学生德智体美全面发展、学生综合素质、学业质量状况等。

第八条 教育督导部门对中小学校实施教育督导主要包括以下方式：

（一）综合督导

教育督导部门根据中小学教育发展需要及本级人民政府要求，就本规程第七条规定事项对中小学校实施综合督导。综合督导周期一般为三年至五年。

（二）专项督导

教育督导部门根据中小学教育发展需要及本级人民政府要求，就本规程第七条规定的一项或几项事项，对中小学校实施专项督导。专项督导周期根据工作需要确定。

（三）经常性督导

教育督导部门要统筹指导相关部门与督学，共同做好经常性督导工作。其中，责任督学对本责任区内学校的督导原则上每月不少于一次。

（四）其他督导方式

教育督导部门根据工作需要，适时组织开展中小学校办学状况、教育教学质量评估监测。结合区域和学校发展实际，创新开展其他方式的督导。

第九条 开展学校督导工作前，由教育督导部门组织研制督导评估指标体系，根据督导工作需要研制调查问卷、测评量表、观察记录表、座谈会提纲、访谈提纲等督导工具。

定期对督导评估指标体系进行修订和完善。

第十条 督导工作基本流程包括：

（一）综合督导与专项督导

1. 督导通知

教育督导部门实施督导应提前向被督导学校下发督导通知，综合督导一般提前九十日通知被督导学校，专项督导一般提前三十日通知。针对突发事件的专项督导，应及时通知被督导学校。

教育督导部门实施的教育督导，必要时向社会发布公告。

督导通知内容包括督导日期、督导内容、督导方式、基本流程、自评要求、上交材料期限等。

2. 学校自评

被督导学校根据教育督导部门部署和要求，按照督导评估指标体系组织自查工作，完成自评报告，按时报送教育督导部门。

3. 入校督导

督导组按照督导通知的基本流程，通过听取汇报、参加学校教育教学活动和工作会议、开展问卷调查、访谈等方式进行入校督导。被督导学校应积极配合入校督导工作，为入校督导提供必要工作条件。

4. 综合评议

督导组参考学校在教育部、市级、区级信息系统中填报的基本状态信息和评估监测数据等，结合学校自评报告及入校督导情况，进行综合评议。

5. 督导反馈

督导反馈形式包括口头反馈和书面督导意见回复。

入校督导结束时，督导组填写相应工作报表，对照督导指标体系条目，根据工作需要，向学校进行口头反馈。

入校督导结束后，督导组应在三十日内形成初步督导意见并书面反馈被督导学校。主要内容包括：实施督导的基本情况，被督导学校的工作经验、特色、成绩及存在问题、整改建议等。

被督导学校对初步督导意见有异议的，可自收到初步督导意见之日起十日内，提交书面申辩意见；在规定期限内没有提出书面申辩意见的，视同无异议。

教育督导部门接到学校提交的书面申辩意见后，应召开督导组会议进行专题评议，必要时可要求被督导学校补充材料并进行补充调查。自接到学校书面申辩意见之日起二十日内，教育督导部门向被督导学校反馈督导回复意见。

6. 学校整改

被督导学校应当根据督导回复意见提出的整改建议制定整改方案，明确整改期限、整改内容、整改措施等。被督导学校在规定期限内完成整改情况报告并报送教育督导部门。

7. 督导跟踪

教育督导部门接到被督导学校的整改情况报告后，对被督导学校的整改情况进行跟踪核查。

（二）经常性督导

督导人员应根据督导工作安排和学校实际，设计每次入校督导的具体内容。运用测评量表、观察记录表、听课记录表、资料细目表、调查问卷等督导工具了解学校工作情况。在督导过程中认真填写督导记录表册。督导人员对督导工作中发现的重大问题要及时上报。经常性督导结束后，督导人员应及时向学校反馈督导意见，督促学校落实整改并解决相关问题。

第三章 督导队伍

第十一条 教育督导部门根据督导主要事项及具体要求确定督导人员。实施综合督导或专项督导，应成立督导组。督导组由三名以上督导人员组成。

建立专职督学和兼职督学相结合的市、区级督学队伍，督学聘任、管理参照《北京市督学管理暂行办法》和各区相关办法执行。

教育督导部门可以根据需要联合有关部门实施督导，也可聘请相关专业人员参加督导。

第十二条 教育督导部门对督学队伍建立定期培训和考评制度，提升专兼职督学的专业素养和工作能力。

第四章 督导结果

第十三条 综合督导和专项督导结束后，教育督导部门应在三十日内形成督导报告，并将督导报告提交本级人民政府，同时向本级教育行政主管部门通报督导情况，为本级人民政府和教育行政主管部门提供决策参考。区级教育督导部门的督导报告需同时向市级教育督导部门报送。

经常性督导结束后，督导人员应当按照教育督导部门要求提交督导报告或相关材料。

第十四条 教育督导部门应当将督导报告向社会公布，接受社会监督。

第十五条 （一）学校应将督导结果作为编制下一年度工作计划的重要参考。

（二）教育督导部门根据督导结果，可以约谈被督导学校有关负责人，督促问题整改解决。

（三）区级以上人民政府或有关主管部门应将督导报告作为对

被督导学校及其主要负责人进行考核、奖惩的重要依据。

第五章　附则

第十六条　本规程由北京市人民政府教育督导室负责解释。

第十七条　本规程自印发之日起施行。

北京市职业院校督导规程（试行）

第一章　总则

第一条　依据《中华人民共和国教育法》《中华人民共和国职业教育法》和国务院《教育督导条例》等相关法律法规，贯彻落实《北京市人民政府办公厅关于深化教育督导改革的实施意见》等文件精神，履行教育督导职能，科学规范职业院校教育督导工作，提高职业教育督导工作水平，促进学校实施立德树人，以服务学生发展为宗旨、以促进就业为导向，提升职业院校对经济社会发展的贡献力和影响力。结合本市实际，制定本规程。

第二条　职业院校督导坚持以下原则：

（一）依法依规原则。贯彻党和国家教育方针，坚持立德树人，依据国家和北京市有关职业教育法律法规、政策要求，遵循教育规律实施督导。

（二）以人为本原则。秉承以学生为中心的理念，关注学生学习和职业发展需求，实现学生全面、可持续发展，推动学校培养专业技能与工匠精神兼备的职业技术技能型人才。

（三）客观公正原则。规范督导标准和督导流程，确保督导过程与结果公平、公正、公开，坚持实事求是，分类科学实施督导。

（四）督导并重原则。坚持从学校办学实际出发，发挥监督与指导双重功能，注重督导实效，推动学校持续改进。

（五）多元参与原则。尊重学校主体地位，创新督导工作体系，广泛吸纳学生、家长及社会各方共同参与，提高督导的民主参与度。

第三条 本规程适用于本市职业院校，包括：

（一）市属政府委、办、局主办（管）中、高等职业院校；

（二）各区政府主办的中、高等职业院校；

（三）市属行业、企业主办的中、高等职业院校；

（四）社会力量举办的中、高等职业院校。

第二章 督导实施

第四条 本市对职业院校实施市、区两级督导。对市属职业院校的督导由北京市人民政府教育督导室负责实施。对区属中等职业学校的督导原则上由区级人民政府教育督导室负责实施，北京市人民政府教育督导室根据工作需要，可直接对区属中等职业学校实施督导。对区属高等职业学院的督导由北京市人民政府教育督导室负责实施，区级人民政府教育督导室参与。

第五条 职业院校要围绕学校办学目标和办学规律，结合学校实际，建立健全内部督导工作机制，完善内部督导工作组织体系，制定内部督导工作制度，加强内部督导队伍建设，参考本规程第七条所规定督导内容，自主实施学校内部督导。

第六条 教育督导部门对职业院校实施教育督导，可以行使下列职权：

（一）听取学校情况汇报；

（二）查阅、复制与督导事项有关的文件、资料；

（三）参加学校教育教学活动或进行现场考察；

（四）参加学校有关工作会议或组织召开座谈会；

（五）运用信息化手段收集相关数据、信息；

（六）就督导事项开展调查、测评与访谈等；

（七）要求学校就督导事项有关问题作出说明；

（八）向本级人民政府或主管部门提出对学校或其相关负责人给予奖惩的建议；

（九）其他职权。

第七条　教育督导部门对职业院校实施教育督导内容主要包括依法办学、学校管理、人才培养、队伍建设、教学保障、育人质量、社会服务水平与贡献七个方面。

（一）依法办学：主要考察学校贯彻党的教育方针政策和教育法律法规、实施立德树人、学校章程制定与实施、学校办学管理与发展等情况。

（二）学校管理：主要考察学校管理体制机制创新、职能机构建设、教育教学管理、学生管理、实习实训管理、安全管理、学校内部督导机制建设、质量监测体系建设等情况。

（三）人才培养：主要考察学校专业设置与建设、人才培养模式改革措施、德育工作、教育教学改革与实施、课程建设与改革、校企合作、产教融合等情况。

（四）队伍建设：主要考察学校教师队伍建设情况，包括教师队伍管理、师德师风建设、业务水平和教学能力建设等内容。

（五）教学保障：主要考察学校办学基础条件、教学仪器设备配置、专业教学设施设备、学生实习实训基地建设和信息化建设等情况。

（六）育人质量：主要考察学校学生发展、毕业生就业、创新创业教育成效等情况。

（七）社会服务水平与贡献：主要考察学校为行业企业及社区提供培训、引领行业企业技术创新、发挥示范辐射作用等情况。

第八条　教育督导部门对职业院校实施教育督导主要包括以下方式：

（一）综合督导

教育督导部门根据职业教育发展需要及本级人民政府要求，就本规程第七条规定事项对职业院校实施综合督导。综合督导周期一般为三年至五年。

（二）专项督导

教育督导部门根据职业教育发展需要及本级人民政府要求，就本规程第七条规定的一项或几项事项实施专项督导。专项督导周期根据工作需要确定。

（三）经常性督导

区级教育督导部门指派挂牌责任督学对责任区内中等职业学校实施经常性督导。

（四）其他督导方式

教育督导部门根据工作需要，适时组织开展职业院校办学状况、教育教学质量评估监测。结合区域和学校发展实际，创新开展其他方式的督导。

第九条 开展学校督导工作前，由教育督导部门组织研制督导评估指标体系，督导评估指标体系应体现中、高等职业院校的差异性，根据督导工作需要研制调查问卷、测评量表、观察记录表、座谈会提纲、访谈提纲等督导工具。

定期对督导评估指标体系进行修订和完善。

第十条 督导工作基本流程包括：

（一）综合督导与专项督导

1. 督导通知

教育督导部门实施督导应提前向被督导学校下发督导通知，综合督导一般提前九十日通知被督导学校，专项督导一般提前三十日通知。针对突发事件的专项督导，应及时通知被督导学校。

教育督导部门实施的教育督导，必要时向社会发布公告。

督导通知内容包括督导日期、督导内容、督导方式、基本流程、自评要求、上交材料期限等。

2. 学校自评

被督导学校根据教育督导部门部署和要求，按照督导评估指标体系组织自查工作，完成自评报告，按时报送教育督导部门。

3. 入校督导

入校督导期间，督导组按照督导通知的基本流程开展工作，被督导学校应积极配合入校督导工作，为入校督导提供必要工作条件。

4. 综合评议

督导组参考学校在教育部、市级、区级信息系统中填报的基本状态信息和评估监测数据等，结合学校自评报告及入校督导情况，进行综合评议。

5. 督导反馈

督导反馈形式包括口头反馈和书面督导意见回复。

入校督导结束时，督导组填写相应工作报表，对照督导评估指标体系条目，根据工作需要向学校进行口头反馈。

入校督导结束后，督导组应在三十日内形成初步督导意见并书面反馈被督导学校，主要内容包括：实施督导的基本情况，被督导学校的办学经验、特色、成绩及存在问题、整改建议等。

被督导学校对初步督导意见有异议的，可自收到初步督导意见之日起十日内，提交书面申辩意见；在规定期限内没有提出书面申辩意见的，视同无异议。

教育督导部门接到学校提交的书面申辩意见后，应召开督导组会议进行专题评议，必要时可要求被督导学校补充材料并进行补充调查。自接到学校书面申辩意见之日起二十日内，教育督导部门向被督导学校反馈督导回复意见。

6. 学校整改

被督导学校应当根据督导回复意见提出的整改建议制定整改方案，明确整改期限、整改内容、整改措施等。被督导学校在规定期限内完成整改情况报告，并报送教育督导部门。

7. 督导跟踪

教育督导部门接到被督导学校的整改情况报告后，对被督导学校的整改情况进行跟踪核查。

（二）经常性督导

督导人员应根据督导工作安排和学校实际，设计每次入校督导的具体内容。运用测评量表、观察记录表、听课记录表、资料细目表、调查问卷等督导工具了解学校工作情况。在督导过程中认真填写督导记录表册。督导人员对督导工作中发现的重大问题要及时上报。经常性督导结束后，督导人员应及时向学校反馈督导意见，督促学校落实整改并解决相关问题。

第三章　督导队伍

第十一条　教育督导部门根据督导主要事项及具体要求组建督导组，督导组由三名以上督学和若干督导专家组成。

第十二条　（一）督学组成

建立专职督学和兼职督学相结合的市、区级督学队伍，督学管理、聘任参照《北京市督学管理暂行办法》。

（二）兼职督学条件

符合《教育督导条例》和《北京市督学管理暂行办法》规定，并适应职业教育改革发展需要，达到下列要求：

1. 熟悉职业教育人才培养规律和职业院校办学规律；

2. 具有副高级及以上专业技术职称；

3. 原则上年龄不超过六十五周岁。

第十三条　（一）督导专家组成

建立职业院校督导专家库，包括职业教育专家、行业与企业专家、社会知名人士等，从专家库聘任督导专家。督导专家实行聘任制，每届任期为三年，与兼职督学聘期相同。可以连续任职，一般不得超过三个任期，任期届满，自动解聘。

（二）督导专家条件

除满足督学的任职要求外，还应具备不少于以下一种条件：

1. 职业教育实践经验丰富，在职业教育领域具有广泛影响；

2. 具有职业教育行政管理经验，在教育行政管理部门担任过副处级及以上职务；

3. 在职业教育研究领域有广泛影响；

4. 具有重要社会影响力，在行业、企业中起到领军作用。

（三）督导专家职责

1. 加强职业院校督导评估政策和理论研究，提升督导工作的科学化和专业化水平；

2. 参与督导工作，对督导反馈意见和督导报告提出意见和建议；

3. 指导学校按照整改方案进行整改。

第十四条 专兼职督学和督导专家要定期接受职业教育和教育督导相关培训，提升专业素养和工作能力。

第四章 督导结果

第十五条 综合督导和专项督导结束后，教育督导部门应在三十日内形成督导报告，督导报告应提交本级人民政府，同时向本级教育行政主管部门通报督导情况，为本级人民政府和教育行政主管部门提供决策参考。区级教育督导部门的督导报告需同时向市级教育督导部门报送。

经常性督导结束后，督导人员应当按照教育督导部门要求提交督导报告或相关材料。

第十六条 教育督导部门应当将督导报告向社会公布，接受社会监督。

第十七条 （一）学校应将督导结果作为编制下一年度工作计划的重要参考。

（二）区级以上人民政府或有关主管部门将督导报告作为对被督导学校及其主要负责人进行考核、奖惩的重要依据。

第五章 附则

第十八条 本规程由北京市人民政府教育督导室负责解释。

第十九条 本规程自印发之日起施行。

北京市属普通高等学校（本科）督导规程（试行）

第一章 总则

第一条 依据《中华人民共和国教育法》《中华人民共和国高等教育法》和国务院《教育督导条例》等相关法律法规，贯彻落实《北京市人民政府办公厅关于深化教育督导改革的实施意见》等文件精神，履行教育督导职能，科学规范北京市属本科高等学校教育督导工作，促进学校坚持立德树人，不断提升教育质量和治理水平，实现全程育人、全方位育人，为培养德智体美全面发展的社会主义事业建设者和接班人服务。结合本市实际，制定本规程。

第二条 高等学校督导坚持以下原则：

（一）依法依规原则。贯彻党和国家教育方针，依据国家和北京市有关高等教育法律法规、政策要求，遵循教育规律实施督导。

（二）质量为本原则。保证学校办学自主权，提高学校办学水平和育人质量，推动学校内涵发展。

（三）客观公正原则。规范督导标准和督导流程，确保督导过程与结果公平、公正、公开，坚持实事求是，科学开展督导。

（四）督导并重原则。坚持从学校办学实际出发，发挥监督与指导双重功能，注重督导实效，推动学校持续改进。

（五）统筹兼顾原则。督导工作注重全面与重点兼顾，外部督导与内部督导结合，健全学校内部督导体系，多种督导方式综合运用，规范开展学校督导工作。

第三条 本规程适用于市属公办和民办普通高等学校（本科）。

第二章 督导实施

第四条 北京市人民政府教育督导室统筹组织开展高等学校督导工作。根据北京市高等教育发展需要，组织实施（或委托第三方机构开展）对市属高等学校的督导评估。

第五条 高等学校要围绕学校办学目标和学校章程，结合学校实际和办学规律，建立健全内部督导工作机制，完善内部督导工作组织体系，制定内部督导工作制度，加强内部督导队伍建设，参考本规程第七条所规定督导内容，自主实施学校内部督导。

第六条 教育督导部门对高等学校实施教育督导，可以行使下列职权：

（一）听取学校的情况汇报；

（二）查阅、复制与督导事项有关的文件、资料；

（三）参加学校教育教学活动或进行现场考察；

（四）参加学校有关工作会议或组织召开座谈会；

（五）运用信息化手段收集相关数据、信息；

（六）就督导事项开展调查、测评与访谈等；

（七）要求学校就督导事项有关问题作出说明；

（八）向本级人民政府或主管部门提出对学校或其相关负责人给予奖惩的建议；

（九）其他职权。

第七条 教育督导部门对高等学校实施教育督导内容主要包括依法办学、教育教学、队伍建设、人才培养、质量保障五个方面。

（一）依法办学：主要考察学校贯彻党的教育方针政策和教育

法律法规、落实国家及北京市有关工作意见、学校办学方向与办学目标、学校章程制定与实施、发展规划制定及实施、学校内部督导机制建设等情况。

（二）教育教学：主要考察学校教育教学管理、学风建设、思想政治理论课建设、实践教学、创新创业教育实施等情况。

（三）队伍建设：主要考察学校教师队伍建设情况，包括教师队伍管理、师德师风建设、业务水平和教学能力建设等内容。

（四）人才培养：主要考察学校人才培养模式、学科专业建设、学生创新创业能力培养等情况。

（五）质量保障：主要考察学校本科生教育教学、研究生培养等质量标准制定、质量监控实施、质量改进提升、督导评估体系建设与实施等。

第八条 教育督导部门对高等学校实施督导主要包括以下方式：

（一）专项督导

根据高等教育发展需要，就本规程第七条规定的一项或者几项事项对高等学校实施专项督导。

（二）督导检查

对高等学校执行教育法律、法规、规章，落实国家教育方针、政策，规范办学行为，履行高等教育法等规定的职权情况实施督导检查。

（三）评估监测

教育督导部门根据工作职能和学校教育教学实际，适时组织实施高等学校办学状况、专业建设状况等方面的评估监测。

结合督导工作实际，创新开展其他方式的督导。

第九条 开展学校督导工作前，由教育督导部门组织研制督导评估指标体系。根据督导工作需要研制调查问卷、测评量表、观察记录表、座谈会提纲、访谈提纲等督导工具。

定期对督导评估指标体系进行修订和完善。

第十条 督导工作基本流程包括：

（一）督导通知

教育督导部门应提前三十日向被督导学校下发督导通知，针对突发事件的专项督导，应及时通知被督导学校。

教育督导部门实施的教育督导，必要时向社会发布公告。

督导通知内容包括督导日期、督导内容、督导方式、基本流程、自评要求、上交材料期限等。

（二）学校自评

被督导学校根据教育督导部门部署和要求，按照督导评估指标体系组织自查工作，完成自评报告，按时报送教育督导部门。

（三）入校督导

入校督导期间，督导组按照督导通知的基本流程开展工作，被督导学校应积极配合入校督导工作，为入校督导提供必要工作条件。

（四）综合评议

督导组参考学校在教育部、市级信息系统中填报的基本状态信息和评估监测数据等，结合学校自评报告及入校督导情况，进行综合评议。

（五）督导反馈

督导反馈形式包括口头反馈和书面督导意见回复。

入校督导结束时，督导组填写相应工作报表，对照督导评估指标体系条目，根据工作需要向学校进行口头反馈。

入校督导结束后，督导组应在三十日内形成初步督导意见并书面反馈被督导学校，主要内容包括：实施督导的基本情况，被督导学校的办学经验、特色、成绩及存在问题、整改建议等。

被督导学校对初步督导意见有异议的，可自收到初步督导意见之日起十日内，提交书面申辩意见；在规定期限内没有提出书面申辩意见的，视同无异议。

教育督导部门接到学校提交的书面申辩意见后，应召开督导组会议进行专题评议，必要时可要求被督导学校补充材料并进行补充调查。自接到学校书面申辩意见之日起二十日内，教育督导部门向被督导学校反馈督导回复意见。

（六）学校整改

被督导学校应当根据督导回复意见提出的整改建议制定整改方案，明确整改期限、整改内容、整改措施等。被督导学校在规定期限内完成整改情况报告，并报送教育督导部门。

（七）督导跟踪

教育督导部门接到被督导学校的整改情况报告后，对被督导学校的整改情况进行跟踪核查。

第三章　督导队伍

第十一条　教育督导部门根据督导主要事项及具体要求组建督导组，督导组由三名以上督学和若干督导专家组成。

（一）督学组成

建立专职督学和兼职督学相结合的市级督学队伍，督学管理、聘任参照《北京市督学管理暂行办法》。

（二）兼职督学条件

符合《教育督导条例》和《北京市督学管理暂行办法》要求，并适应高等教育改革发展需要，熟悉高等教育人才培养规律和高等学校办学规律。

第十二条　（一）督导专家组成

建立高等教育督导专家库，包括高等教育专家、行业专家、社会知名人士等，从专家库中聘任督导专家。督导专家实行聘任制，每届任期为三年，与兼职督学聘期相同。可以连续任职，一般不得超过三个任期，任期届满，自动解聘。

（二）督导专家条件

除满足督学的任职要求外，还应具备不少于以下一种条件：

1. 具有高等教育行政管理经验，在教育行政管理部门担任过副处级及以上职务；

2. 在高等教育研究领域有广泛影响；

3. 具有重要社会影响力，在行业中起到领军作用。

（三）督导专家职责

1. 加强高等学校督导评估政策和理论研究，提升督导工作的科学化和专业化水平；

2. 参与督导工作，对督导反馈意见和督导报告提出意见和建议；

3. 指导学校按照整改方案进行整改。

第十三条 专兼职督学和督导专家要定期接受高等教育和教育督导相关培训，提升专业素养和工作能力。

第四章 督导结果

第十四条 督导工作结束后，教育督导部门应在三十日内形成督导报告，督导报告应提交本级人民政府，同时向本级教育行政主管部门通报督导情况，为本级人民政府和教育行政主管部门提供决策参考。

高等学校每年需组织开展面向学院的内部督导评估工作，形成督导评估报告，纳入高等学校本科教学质量年报或相关工作报告，报送相关部门备案。

第十五条 教育督导部门应当将督导报告向社会公布，接受社会监督。

第十六条 （一）学校应将督导结果作为编制下一年度工作计划的重要参考。

（二）有关主管部门将督导报告作为对被督导学校及其主要负责人进行考核、奖惩的重要依据。

第五章 附则

第十七条 本规程由北京市人民政府教育督导室负责解释。

第十八条 本规程自印发之日起施行。

北京市教育委员会

关于印发北京市普通高中学业水平考试实施办法（试行）的通知

京教基二〔2017〕13号

各区教委，各有关单位：

根据《国务院关于深化考试招生制度改革的实施意见》（国发〔2014〕35号）、《教育部关于普通高中学业水平考试的实施意见》（教基二〔2014〕10号）和《北京市教育委员会关于印发〈北京市深化考试招生制度改革实施方案〉的通知》（京教计〔2016〕15号）精神，为做好本市普通高中学业水平考试工作，我委研究制定了《北京市普通高中学业水平考试实施办法（试行）》，已经市教委2017年第19次主任办公会讨论通过，现印发给你们，请认真组织实施。

2017年7月5日

北京市普通高中学业水平考试实施办法（试行）

为贯彻落实《国务院关于深化考试招生制度改革的实施意见》（国发〔2014〕35号）、《教育部关于普通高中学业水平考试的实施意见》（教基二〔2014〕10 号）和《北京市教育委员会关于印发〈北京市深化考试招生制度改革实施方案〉的通知》（京教计〔2016〕15 号）精神，切实做好本市普通高中学业水平考试工作，特制定本办法。

一、指导思想与基本原则

学业水平考试是根据国家普通高中课程方案和课程标准、北京市普通高中课程实施意见由市教委组织实施的考试，考试成绩是学生毕业和升学的重要依据。

（一）指导思想

全面贯彻党的教育方针，落实立德树人根本任务，深入推进素质教育，促进学生全面而有个性发展，不断推进普通高中教育教学改革，加强高中与高校之间的衔接，有利于高校科学选拔人才。

（二）基本原则

坚持全面考核。促进学生完成国家规定的各门课程的学习，打牢终身发展基础，促进学生全面发展。

坚持自主选择。在考试科目、时间、次数等方面增加学生选择空间，培养学生兴趣与特长。

坚持统筹兼顾。促进高中教育教学改革，有利于高校选拔学生。

二、考试科目与类别

（一）考试科目

普通高中课程方案所设定的科目均列入高中学业水平考试范围，考试设置语文、数学、外语、思想政治、历史、地理、物理、化学、生物、体育与健康、艺术（音乐、美术）、信息技术、通用技术 13 门科目。

（二）考试类别

分为合格性考试与等级性考试。所有科目均设合格性考试。思想政治、历史、地理、物理、化学、生物 6 门科目设等级性考试。

合格性考试内容以普通高中课程标准中的必修课程要求为依据；等级性考试内容以普通高中课程标准中的必修课程和选修Ⅰ课

程要求为依据。

三、考试对象与时间

（一）合格性考试

1. 考试对象

普通高中在校学生。高中阶段其他学校在校生和社会人员也可报名参加。

2. 考试时间

体育与健康合格性考试安排在高三第二学期，艺术（音乐、美术）合格性考试安排在高三第一学期末。

其余 11 门科目合格性考试每学年组织 2 次，分别安排在每学期末。普通高中在校学生首次参加合格性考试时间为高一第二学期末。学生在完成每门科目必修课程后即可参加合格性考试，做到随教、随考、随清。

当次考试不合格，可参加以后学期同科目合格性考试，全市不单独组织补考。

（二）等级性考试

1. 考试对象

等级性考试仅限当年本市统一高考的考生参加。

考生根据报考高校要求和自身特长从思想政治、历史、地理、物理、化学、生物 6 门科目等级性考试中自主选择参加 3 门科目考试。

2. 考试时间

等级性考试每学年组织 1 次，安排在高三年级第二学期。

四、考试组织与方式

（一）考试组织

1. 合格性考试

语文、数学、外语、思想政治、历史、地理、物理、化学、生物 9 门科目合格性考试由全市统一组织。

体育与健康、艺术（音乐、美术）、信息技术、通用技术 4 门科目合格性考试由各区教委根据市级要求组织实施。

2. 等级性考试

等级性考试由全市统一组织。

（二）考试方式

1. 合格性考试

语文、数学、外语每门科目合格性考试时间 120 分钟，卷面满分 100 分；思想政治、历史、地理、物理、化学、生物每门科目合格性考试时间 90 分钟，卷面满分 100 分。

体育与健康、艺术（音乐、美术）合格性考试依据学生平时表现和综合测评确定成绩；信息技术、通用技术合格性考试依据学生实际操作能力确定成绩。具体办法由各区教委依据市级有关要求制定，报市教委备案。

2. 等级性考试

每门科目等级性考试时间 90 分钟，卷面满分 100 分。

五、成绩呈现与应用

（一）成绩呈现

1. 合格性考试成绩以“合格/不合格”呈现。卷面成绩 60 分（含）以上为合格，60 分以下为不合格。

2. 等级性考试成绩以等级呈现，分为五个等级。位次由高到低为 A、B、C、D、E。等级根据原始分划定。

（二）成绩应用

1. 合格性考试达到合格水平是普通高中毕业的必要条件和高中同等学力认定的主要依据。参加高考的考生，语文、数学、外语每门科目统一高考成绩达到一定标准可认定相应科目合格。

高中离校 2 年内以社会人员身份参加学业水平考试合格且符合其他毕业条件的可补发高中毕业证书，2 年以上不再补发高中毕业证书。

2. 将学生等级性考试和合格性考试所有科目成绩提供给招生高校使用。等级性考试成绩当年有效，计入高考总成绩方式另行制定。

（三）成绩跨省认定

外省转入我市的高中学生可持转出省份省级教育考试机构出具的考试成绩证明到北京教育考试院申请相应科目成绩合格认定。等级性考试成绩不能跨省认定。

六、保障措施与要求

（一）加强组织领导

市教委对学业水平考试进行统一管理，确保命题、阅卷、考务等方面的经费投入及人员配置。建立命题人员资格标准和命题专家库，委托专业命题机构组织市级组考科目命题，指导各区做好区级组考科目命题工作，切实提高命题的科学化和专业化水平。

（二）严格考试管理

按照国家教育考试的标准和要求，统一设置考点、考场，规范考场布置、实施程序等。统一阅卷（考核）程序、标准和方式，确保评分准确。加强安全保密。建立健全诚信机制。严肃考风考纪，建立责任制和责任追究制。对考试作弊等违规行为，严格按照《国家教育考试违规处理办法》等有关规定进行处理。

（三）加强教学管理

各区要加强对学校教育教学指导，加强设施设备、师资配备等方面的条件保障，为考试招生制度改革创造必要条件。各学校要落实课程方案，开足开齐各门课程，加强学生生涯指导，调整教学组织方式，满足学生选课需求。

加强对学业水平考试结果的研究与分析，做好教学反馈与指导，不断提高教学质量。不得根据学业水平考试成绩给学生排队，不得仅以考试成绩作为评价学校和教师的依据。

（四）高校提前公布选考科目要求

高等院校可根据办学特色和定位，以及不同学科专业人才培养需要，从思想政治、历史、地理、物理、化学、生物 6 门普通高中学业水平等级性考试科目中，分专业（类）自主提出指定选考科目，并提前向社会公布。考生满足选考科目要求，即符合报考条件。对于没有提出选考科目要求的高等院校，考生在报考该校时无科目限制。

本办法自2017年9月1日起施行。2017级高一学生起适用本办法，之前在校生仍按《北京市教育委员会关于普通高中新课程会考制度改革的意见（试行）》（京教基〔2007〕35号）执行。

北京市教育委员会

关于印发北京市普通高中学生综合素质评价实施办法（试行）的通知

京教基二〔2017〕14号

各区教委，各有关单位：

根据《国务院关于深化考试招生制度改革的实施意见》（国发〔2014〕35号）、《教育部关于加强和改进普通高中学生综合素质评价的意见》（教基二〔2014〕11号）和《北京市教育委员会关于印发〈北京市深化考试招生制度改革实施方案〉的通知》（京教计〔2016〕15号）精神，为做好本市普通高中综合素质评价工作，我委研究制定了《北京市普通高中学生综合素质评价实施办法（试行）》，已经市教委2017年第19次主任办公会讨论通过，现印发给你们，请认真组织实施。

2017年7月5日

北京市普通高中学生综合素质评价实施办法（试行）

为贯彻落实《国务院关于深化考试招生制度改革的实施意见》（国发〔2014〕35号）、《教育部关于加强和改进普通高中学生综合素质评价的意见》（教基二〔2014〕11号）和《北京市教育委员会关于印发〈北京市深化考试招生制度改革实施方案〉的通知》（京教计〔2016〕15号）精神，切实做好本市普通高中综合素质评价工作，促进学生全面发展、健康成长，结合北京市实际，制定本办法。

一、指导思想

全面贯彻党的教育方针，落实立德树人根本任务，深入推进素质教育，培育和践行社会主义核心价值观，突出首都特色，主动适应北京“四个中心”城市功能定位和国际一流和谐宜居之都建设对多样化高素质人才的需求，通过综合素质评价，促进学生全面而有个性发展，激发每一个学生的潜能优势，鼓励学生不断进步；促进高中培养模式转变，构建开放性、多元化、发展性的评价体系；适应考试招生制度改革，为高校招生录取提供重要参考。

二、基本原则

（一）育人为本、注重导向。把促进学生健康成长作为综合素质评价工作的出发点和落脚点。引导学生践行社会主义核心价值观，热爱中国共产党，热爱祖国，拥护中国特色社会主义制度。

（二）客观记录、公平公正。以事实为依据，客观记录和评价学生成长过程中的发展状况和突出表现。严格评价程序和监督机制，确保评价过程公开透明，评价结果真实可信。

（三）全面评价、突出重点。全面记录和评价学生德、智、体、美等方面的发展，重点考察学生服务国家服务人民的社会责任感、勇于探索的创新精神和善于解决问题的实践能力。

（四）过程指导、促进发展。坚持形成性评价与终结性评价相结合，关注学生成长过程和点滴进步，根据评价情况及时调整教育教学方式，改进对学生的学习指导和发展指导。鼓励学生全面而有个性发展。

三、评价内容

（一）思想品德。主要考察学生爱党爱国、理想信念、诚实守信、仁爱友善、责任义务、遵纪守法等践行社会主义核心价值观方面的表现。重点记录学生参与党团活动、“一十百千工程”、专题教育活动、公益活动与志愿服务等活动的内容、次数、持续时间及收获等。

（二）学业成就。主要考察学生知识技能、学习能力、学业情感等方面的情况。重点记录学生必修课程与选修课程学习内容和成绩，研究性学习表现与成果等。

（三）身心健康。主要考察学生健康生活方式、体育锻炼习惯、身体机能、运动技能和心理素质等方面的情况。记录学生《国家学生体质健康标准》测试主要结果，学生参与体育运动的习惯、效果，以及自我调控能力、应对困难与挫折的表现等心理健康情况。

（四）艺术素养。主要考察学生在审美情趣和人文修养等方面的发展情况。重点记录学生在艺术、人文等方面的兴趣和特长，以及参加艺术活动的过程和成果，特别是在传承中华民族优秀传统文化方面的表现。

（五）社会实践。主要考察学生在社会生活中动手操作、体验经历等情况。重点记录学生参加技术课程实习，游学，到社会大课堂实践基地、高校科研院所、博物馆、科技馆、企业、社区等社会场所开展参与实践活动的内容、次数、持续时间及收获等。

高中学校要基于学生发展的年龄特征，结合教育教学实际，科学确定学生综合素质评价的具体内容和要求。

四、评价程序

（一）真实记录

在学生成长过程中，教师要指导学生在“北京市普通高中学生综合素质评价电子平台”（以下简称“综评平台”）中及时、客观记录反映学生综合素质主要方面的具体活动，收集相关事实材料。

（二）公示确认

学校每学期对计划提交给高校的事实材料和活动记录进行审核，并通过“综评平台”在校内公示，公示期不少于5个工作日。经审核、公示无异议，学校在“综评平台”确认。

（三）材料应用

学校指导学生做好成长记录和自我评价，培养学生自我反思、自我管理的良好习惯，发挥学生的主动性，引导学生及时发现和正视自身优缺点，做好生涯规划。结合学校实际制定评价方案，依据学生成长过程中的真实记录和日常表现，对学生成长过程进行科学分析，改进教育教学，提高教育的针对性和实效性。

将学生综合素质档案提供给高校招生参考。相关高校根据自身办学特色和人才培养方向，制定科学规范的综合素质评价体系和办法，提前向社会公布，使用情况必须规范、公正。从2020年起，在市属高校探索开展综合素质评价招生改革试点，在总结试点经验基础上，逐步扩大试点范围。

五、评价的组织与实施

（一）加强组织领导。各区要成立由教育行政、教育督导、教育科研、教研、信息中心等部门组成的领导小组，统筹协调本区评价工作。

（二）完善学校保障。学校要结合办学目标和学生身心发展特点，细化关键指标内容，注重发挥班主任、学科教师、学生成长导师等对学生的指导作用，充分发挥学校党团、学生组织的作用，提高学生评价的针对性和实效性，共同促进学生的全面发展和健康成长。

（三）健全监督机制。建立抽查监督制度，区教委每年抽查学校比例不少于25%；建立申诉制度，学生、家长、教师等如对学生综合素质档案内容存有异议，可向学校举报或申诉，学校及时将审核结果告知举报人或申诉人；建立责任追究制度，对于综合素质评价过程中出现的违规、违背诚信的情况，要及时纠正，对有关责任人按照相关规定严肃处理。

本办法自 2017 年 9 月 1 日起施行。

北京市教育委员会
北 京 市 财 政 局

关于修订《北京市初中开放性科学实践活动项目管理办法（试行）》的通知

京教财〔2017〕14 号

各区教委、财政局，各有关单位：

为进一步深化教育领域综合改革，市教委、市财政局修订了《北京市初中开放性科学实践活动项目管理办法（试行）》，现印发给你们，请遵照执行。

2017 年 7 月 17 日

北京市初中开放性科学实践活动项目管理办法（试行）

第一章 总则

第一条 为进一步深化教育领域综合改革，落实教育部《关于全面深化课程改革落实立德树人根本任务的意见》（教基二〔2014〕4号）、《北京市中小学培育和践行社会主义核心价值观实施意见》（京政办发〔2014〕52号）、《北京市实施教育部〈义务教育课程设置实验方案〉的课程计划（修订）》（京教基二〔2015〕12号）和《关于本市中考中招与初中教学改进工作的通知》（京教计〔2015〕35号）等文件精神，构建开放的教与学模式，为学生提供更加精准、个性化学习服务，设立北京市初中开放性科学实践活动（以下简称开放科学活动）。为确保活动规范实施，制定本办法。

第二条 开放科学活动立足北京市丰富的科技教育资源，构建无边界、跨学科的开放学习服务平台，为全市七、八年级学生提供优质、多元、丰富、生动的合作探究式实践活动，满足学生个性化、多样化的发展需求。

第三条 七、八年级学生每学期应参加5次开放科学活动，按任务单要求完成1次活动计1分，2学年累计应参加20次活动，满分为20分。学生参加活动累计分数，中考时计入物理、生物（化学）科目原始成绩。

第四条 本办法适用于组织管理开放科学活动的市区教委、学校等单位，参加活动的教师、学生，承担活动资源开发与实施的资源单位以及其他相关单位。

第二章 组织管理

第五条 开放科学活动按照市级统筹、分级负责、过程督导、协同推进的原则，建立市、区、校三级管理体系。积极探索委托社会第三方管理开放科学活动具体事务的有效机制。

市教委负责开放科学活动宏观管理和政策制定，指导各区开展活动；市教委成立开放科学活动工作小组（以下简称工作小组），具体负责标准规范制定、网络平台开发运维、机制完善、总结推广等工作。工作小组办公室设在北京市教育技术设备中心。

区教委、区政府教育督导室按照属地管理原则，负责区域内活动监督管理，指导学校开展活动；负责区域内开展活动资源单位的督查、问题处理等日常管理工作。

第六条 资源单位法定代表人是开放科学活动第一责任人，要全力保障本单位活动实施的安全和质量。资源单位要组织专业团队开发好活动资源、实施好现场教学、服务好学生学习。

第七条 各区教委、教育督导室应建立工作机构，加强活动安全和质量管理；指导学校制定好工作方案及安全预案；组建督查团队，对本区学生参与活动情况、区域内资源单位工作情况进行全面督查。

各区要加强对学校管理力度，严禁任何人员、单位违规干预学生自主预约活动、评价活动，一经发现严肃处理。

第八条 各学校应建立工作机构，指导督促学生预约、参加、评价活动，服务好学生参加活动的全过程。要抓好安全教育，努力保证学生身心健康；要上好开放科学活动指导课，努力实现校内科学课程与校外活动有机融合。

第三章 活动资源建设

第九条 开放科学活动定期面向社会公开征集活动资源。符合征集条件的高等院校、科研院所、科普场馆与博物馆、企业、社会团体、中小学等企事业单位均可参与申报。资源单位要组建专业团队，根据学生身心特点、教育规律、科学活动规律开发并申报活动项目。

第十条 活动项目开发应结合物理、化学、生物等学科课程标准，立足主流前沿科学领域，采用实验探究、动手制作、实践体验等方式实施。活动应设计具有不同难度、复杂度，分别符合七、八年级学科课程标准和学生认知能力水平。

活动项目设计以任务单为核心，任务单是资源单位提供给学生的活动指导和结果呈现载体，是认定学生分数的重要凭证。

第十一条 活动项目设计要聚焦科学实践活动主题，具有创新性和实践性，避免成为单一的生产、劳动技能型活动。每次活动时间按 2 小时（计 3 学时）设置，应有不少于 2/3 的时间用于学生动手实践。

第十二条 开放科学活动严格执行政府采购程序，对根据相关规定不得进行对外经营的单位（如中小学、少年宫等），由市教委按照下达工作任务的方式组织项目申报，通过同等标准评审，可以作为资源单位，提供活动服务。

市教委负责将通过政府采购程序、评审程序确定的活动项目发布到网络平台供学生选择。工作小组按照实际需要，对开放科学活动资源单位和活动项目进行调控管理，包括：确定资源单位每学期运行活动项目的数量上限、资源单位每学期累计接待学生人次上限、学生每学期参加自主选课类型活动的次数等。

第四章 活动实施与评价

第十三条 开发运行初中实践活动管理服务平台（http：//kfsj. bjedu. cn，以下简称网络平台），承担开放科学活动管理功能。学生、教师通过网络平台预约活动项目，记录、评价活动情况；区教委、学校通过网络平台监控、分析学生参加活动情况；资源单位利用网络平台进行活动项目发布、考勤、任务单上传等工作。

第十四条 资源单位要建立专门团队和工作机制，在师资、场地、设备设施和材料等方面精心准备，安排专人做好学校、学生活动咨询，做好活动实施、管理和改进，确保活动高质量实施。资源单位应始终将安全放在活动的首要位置，严格按照相关安全管理规定开展活动，做好安全预案和应急预案，采取多种措施确保学生参加活动安全。

第十五条 开放科学活动采用以下两种方式实施：

自主选课。资源单位按照要求在网络平台发布活动课程，学生根据兴趣自主选择，每次参加活动学生来自不同区、学校，单个项目每次活动一般不超过 30 人。活动时间主要为周末、假期。

送课到校。资源单位按照要求在网络平台发布活动课程，学校管理教师在征求学生意愿基础上，统一为学生预约活动，一般应打乱原班级建制组织活动，单个项目每次活动一般不超过 30 人。资源单位组织师资，携带设备、材料，到学校为学生提供活动服务，活动时间由学校和资源单位协商确定。

第十六条 学生参加开放科学活动时间原则上为每学期开学初至寒暑假开始后第一周。

第十七条 为培养学生团队合作能力，每个活动项目均应开设一定数量的自主选课类型活动。为保证资源丰富性和多元性，学生每学年参加同一资源单位活动原则上不超过 3 个，同一活动项目不得重复参加。为让学生能够和不同班级、学校的同学交流学习，原则上一次活动中来自同学校同班级的学生人数不超过 6 人。鼓励资源单位在郊区设立活动场所，开设自主选课类型活动。

第十八条 特殊教育学生、中途由外地转入北京学生或其它由于不可抗力无法按要求参加开放科学活动的学生，应采取后继学期补课的方式补足活动分数。如确实无法按要求完成开放科学活动任务，可以采取校本科学实践活动替代的方式补足活动分数，由所在学校申报，区、市两级认定级。

第十九条 资源单位要严格保证活动时间和质量，不得安排商业性内容，不得干预学生预约活动。资源单位要指导学生完成任务单设置的活动任务，完整体现学生合作探究全过程。

第二十条 活动结束后，学校要督促学生、教师实事求是对活动进行网上评价。工作小组按照学生网上评价、教师网上评价、督查评价等情况定期对资源单位、活动项目进行动态评估。

第五章 经费管理

第二十一条 开放科学活动项目经费包括实施经费和管理经费两部分。

实施经费用于支持资源单位提供活动服务，按照活动项目评定级别、实施费用标准、活动实施质量、服务人次据实核算。通过政府采购程序确定的资源单位，每学期活动结束后由各区教委与资源单位据实结算实施经费。通过承担市教委下达工作任务确定的资源单位，纳入各区财政预算管理。实施经费原则上由市级财政通过市对区转移支付方式给予各区资金补助。

管理经费用于工作小组成员单位实施管理、网络平台开发运维、开展研究等工作，纳入市教委年度部门预算管理。

第二十二条 开放科学活动每人次实施经费标准按照两类三级划分，一类为财政供养单位，分为 275 元、241 元、194 元三级；二类为非财政供养单位，分为 334 元、291 元、234 元三级。

对于到延庆、密云、平谷、怀柔，以及河北迁安首钢矿业公司职工子弟学校等地送课到校活动，按照每次活动每人次 35 元给予交通补贴。

第二十三条 对资源单位申报的活动项目实施经费等级，综合考虑成本、质量等因素，每学期活动实施结束后，按照评审专家打分（占 50%）和学生、教师评价（占 50%）共同确定。

第二十四条 通过承担市教委下达工作任务确定的资源单位

(如中小学、少年宫等) 实施经费支出范围包括:

(一) 专家费: 指外聘专家咨询或指导科学实践活动时发生的费用。

(二) 培训费: 指活动项目实施中因授课或项目组织管理培训等发生的场地费、讲课费、伙食费、住宿费、资料费等, 活动项目送课到校等过程中产生的食宿费用。

(三) 劳务费: 指为活动项目的组织管理或实施临时或长期外聘人员发生的劳务性支出。

(四) 资料费: 指项目实施中给学生、教师提供必要参考资料的翻译、速录、复印、印刷等费用, 零星图书资料购置费用。

(五) 印刷费: 指活动项目实施过程中印制任务单、活动项目介绍等发生的费用。

(六) 材料费: 指在活动项目开发和实施中所需的耗材、实验材料等低值易耗品的购买费用。

上述各项支出标准根据市区相关预算管理规定执行, 符合政府采购条件的, 要执行政府采购政策。

第二十五条 开放科学活动项目经费一经批复, 不得自行调整。经费执行过程中, 因项目发生终止、撤销、变更, 确需预算调整的, 根据经费来源渠道及预算管理要求履行报批程序。

第二十六条 各区财政局、区教委于每年 9 月底前编制上报下一年度项目预算, 经市教委、市财政局审核后列入下一年度市对区教育专项转移支付, 并明确实施开放科学活动的具体金额。该项目资金专款专用, 不得挪用截留。

第二十七条 根据预算绩效管理相关规定, 对活动项目加强预算绩效的管理工作。

第二十八条 项目结余资金, 按照我市结余结转资金管理有关规定执行。各区财政局、区教委, 项目单位要加强对结余资金的管理, 提高财政资金使用效益。

第六章 监督检查

第二十九条 资源单位应按照要求及时备案活动方案、场地、师资等情况，据实记录活动项目的实施情况，定期上报工作计划、实施方案、工作总结等材料，履行安全承诺，接受并配合相关部门进行全过程的监督和评价。

第三十条 建立开放科学活动督查机制，市、区两级组织专门督查团队，采用多种方式对开放科学活动各环节进行全方位、全过程监督。

第三十一条 对于督查中发现问题的资源单位和活动项目，暂停其服务、责令限期整改，如逾期仍未达标，终止活动项目、资源单位服务。定期公布开放科学活动开展情况和市、区两级督查情况。

第三十二条 市区财政部门和教育部门应当加强对项目资金使用的监督检查。对弄虚作假、截留、挪用、挤占专项经费等违反财经纪律的行为，财政部门会同相关部门按照《中华人民共和国预算法》《财政违法行为处罚处分条例》（国务院令第427号）等法律、法规进行严肃处理，依法追究相关责任人的行政责任。

第七章 附则

第三十三条 本办法由市教委、市财政局按照各自职责分工进行解释，《北京市初中开放性科学实践活动项目管理办法》（京教财〔2016〕27号）同时废止。

第三十四条 本办法自发布之日起施行。

北京市教育委员会
北京市民族事务委员会

关于进一步加快发展民族教育工作的意见

京教基二〔2017〕16号

各区教委、各区民委（民宗办）：

为贯彻落实《国务院关于加快发展民族教育的决定》（国发〔2015〕46号），进一步做好民族教育工作，结合我市实际，提出如下实施意见。

一、进一步明确新时期加快发展民族教育的指导思想、基本原则和发展目标

（一）指导思想

以党的十八大和习近平总书记系列重要讲话精神为指导，按照“四个全面”战略布局，认真贯彻党的教育方针和民族政策，从首都北京“四个中心”城市战略定位出发，坚持立德树人，大力培育和弘扬社会主义核心价值观，依法保障少数民族学生平等受教育权利，提高各民族群众科学文化素质，传承中华民族优秀传统文化，为维护首都民族团结和社会稳定、建设国际一流的和谐宜居之都做出新的更大贡献。

（二）基本原则

坚持中国共产党的领导。坚定不移地把党的政治领导、思想领导、组织领导贯穿到民族教育工作的全过程和各方面，坚持社会主义办学方向，坚持维护祖国统一，坚持各民族一律平等，坚持各民族共同团结奋斗、共同繁荣发展。

坚持平等优先并行。将民族教育纳入教育总体规划，促进民族教育与普通教育协调发展。坚持优先和倾斜原则，办好民族教育学校，保障少数民族学生平等接受教育权利，促进教育公平。

坚持结构质量并重。立足首都城市功能定位，重视顶层设计，优化民族教育结构，合理配置教育资源，提高民族教育质量，进一步扩大优质教育资源覆盖面。

坚持依法治教。着力提升教育系统法治观念，扎实推进教育行政部门依法行政、学校依法治校。加强法治教育，增强各民族师生法律意识。全面贯彻党的宗教工作基本方针和有关宗教法律法规，坚持教育与宗教相分离。

（三）发展目标

全面完成《北京市“十三五”时期教育改革和发展规划（2016—2020年）》确定的各项任务，民族教育整体发展水平及主要指标不低于本地区平均水平，民族教育办学水平全国领先。民族教育学校办学条件全面改善，办学特色日益突显，优质教育供给显著增加，少数民族学生平等享受优质教育权利得到充分满足。教育对口支援工作水平不断提高，民族人才培养质量全面提升。学校民族团结教育深入推进，民族团结教育常态化机制进一步健全。

二、打牢各民族师生中华民族共同体思想基础

（四）积极培育和践行社会主义核心价值观。坚持不懈开展中国特色社会主义和“中国梦”主题宣传教育，引导各民族学生增强中国特色社会主义道路自信、理论自信、制度自信、文化自信。加强爱国主义教育，引导各民族学生不断增强对伟大祖国、中华民族、中华文化、中国共产党、中国特色社会主义的认同，让社会主义核心价值观在祖国下一代的心田生根发芽。强化法治教育和公民意识教育，引导各民族学生牢固树立民族团结和国家统一的法律意识。试点开展马克思主义宗教观、党的宗教工作方针政策和有关宗教法律法规教育，引导各民族师生正确认识和看待宗教问题，坚决抵御宗教极端思想渗透。

（五）深入推进民族团结教育。将民族团结教育作为素质教育的重要内容，纳入德育工作之中，深入推进以马克思主义“五观”“五个认同”“三个离不开”思想为主题的思想政治教育、民族团结教育，把爱我中华的种子埋在每个学生心灵深处。将民族团结教育贯穿于学校教育教学全过程，深入推进民族团结教育进学校、进课堂、进头脑。将课堂教学作为民族团结教育主渠道，充分利用国家课程、地方课程、校本课程，采取专题课、学科融入等形式，让各民族学生通过学习“了解各民族，热爱大家庭”，进一步提升民族团结教育实效。在全市普通中小学校定期开展民族团结教育示范学校评选表彰活动，培育先进典型，发挥引领作用。将每年的5月作为“民族团结教育月”，在全市各区和各学校组织开展多种形式的民族团结教育主题活动，推进民族团结教育全覆盖。

（六）加强各民族学生间的交往交流交融。积极开展有各民族学生参加的体育、艺术、联谊等活动，鼓励少数民族学生积极参加学校社团组织和文体活动，学校运动会、艺术节、文化节、社团活动等要融入一定比例的民族特色内容，促进不同民族学生共学共进。探索推进混班教学、混合住宿，组织开展“手拉手”“民族一家亲”等活动，促进各民族学生间的交往交流交融。通过夏令营、研修旅行、考察学习等各种活动，加强与民族地区之间的交流往来，搭建各民族学生交往交流平台，促进各民族学生之间的相互了解、相互尊重、相互包容、相互欣赏、相互学习、相互帮助，巩固“同呼吸、共命运、心连心、一家亲”的共同体意识。

三、全面提升各级各类民族教育水平

（七）提升学前教育服务保障能力。启动第三期学前教育行动计划，加大民族幼儿园布局调整和建设力度，多种形式扩大学前民族教育资源，不断提高少数民族幼儿入园率。

（八）推进义务教育优质均衡发展。在推进义务教育基本公共服务均等化基础上，全面改善民族中小学办学条件，进一步扩大优质教育资源覆盖面，义务教育阶段民族教育实现更高水平优质均衡发展，依法保障少数民族学生平等接受义务教育权利。在充分尊重少数民族风俗习惯基础上，坚持免试、就近原则，确保适龄少数民族儿童少年接受义务教育。少数民族聚集区的民族中小学校，采取特殊政策优先满足少数民族儿童少年入学需求。

（九）推动普通高中多样化特色发展。采取特殊倾斜政策，支持高中阶段民族学校特色发展，为不同潜质民族学生提供更多选择空间。深入推进课程改革，探索多样化民族人才培养模式和途径，促进民族学生全面而有个性发展。重点支持中央民族大学附属中学和北京市回民学校等建设发展，进一步发挥优质民族高中学校示范作用，逐步扩大招收本市少数民族学生的范围和比例，拓宽优质民族教育资源辐射功能，打造首都民族教育品牌。

（十）完善现代职业教育体系。进一步完善职业教育体系，深化办学模式改革，提高教育教学质量，支持中高职院校开设具有少数民族特色的文化、艺术、服装、餐饮等领域的专业，畅通民族学生成才通道，提升民族学生技术技能水平。

（十一）强化高等教育内涵发展。进一步深化少数民族预科培养改革，不断优化培养学校布局，整体提升学校办学水平，全面提高民族人才培养质量，促进高质量就业创业。

（十二）健全终身教育服务体系。倡导终身学习理念，完善灵活开放、衔接互通的终身教育体系，满足少数民族群众更新知识、提高能力和全面发展需要。

四、进一步强化内地民族班的教育管理服务

（十三）建立健全工作机制。完善横向协调配合机制，建立健全由市教委牵头，市委统战部、首都综治办、市网信办、市编办、市发展改革委、市民委、市公安局、市财政局、市人力社保局、市宗教局、市支援合作办等部门分工负责、密切配合的工作机制。健全纵向联动协同机制，健全市、区、校三级联动工作机制，形成纵向联通、反应迅速的工作格局。建立综合治理工作机制，建立并完善教育、综治、公安、民族、宗教和学校等部门共同参与的综合治理工作格局，为内地民族班创造良好社会环境。

（十四）加强思想政治教育。牢牢把握立德树人根本任务，进一步提高思想政治教育工作的针对性和实效性，引导各民族学生牢固树立“五个认同”“三个离不开”的民族团结和国家统一思想意识，增强意识形态领域反分裂、反渗透的阵地意识。有针对性地加强学生心理健康教育。切实加强和改进法治教育，开展《中华人民共和国反恐怖主义法》的宣传教育，使学生真正做到学法、知法、守法、用法。强化公民意识教育，增强学生的国家意识、公民意识和中华民族共同体意识。

（十五）提升教育管理服务水平。深化教学改革，强化课堂教学，加强教研工作，提升教学质量。配齐、配好、配强教师，使班师比达到1∶8。提高教职工待遇，在评聘职务（职称）、评选先进时给予倾斜，在选拔任用上优先安排。在核定事业单位绩效工资总量时，结合实际给予适当倾斜。定期组织干部教师深入学生家庭家访，提高育人效果。尊重清真饮食习惯，加强清真食堂建设。完善办学经费投入机制，为内地民族班办学提供经费保障。

五、认真落实民族教育发展保障机制

（十六）加大民族教育保障力度。将民族教育纳入教育总体规划，在教育发展规划中优先谋划民族教育，在教育资源配置上优先满足民族教育，在财政资金安排上优先保障民族教育。健全完善经费保障机制。坚持优先发展、重点保障原则，加大经费投入，全面改善民族教育学校办学条件，进一步扩大优质教育资源覆盖面，满足少数民族学生平等享受优质教育需求。坚持首善标准，加大对民族教育特色专业、特色课程、特色活动的资金支持，加强民族教育学校特色建设。

（十七）全面提升师资队伍整体素质。将干部教师队伍建设摆在优先发展位置，健全完善“优先为民族教育学校（幼儿园）充实毕业生、优先安排进修、优先考虑民族教育学校骨干教师培养”的“三优先”政策，进一步健全完善师资队伍建设长效机制。定期开展民族教育干部教师培训，优化培训内容，创新培训模式，强化培训的针对性和实效性。落实民族教育教师工资待遇、职称评定等相关管理制度。

（十八）不断强化民族教育科学研究。认真落实《北京市“十三五”民族教育科研规划》，加强对“十三五”民族教育科研课题的组织和指导。完善支持机制，加强队伍建设，全面提升民族教育科研、教研工作服务民族教育发展能力。充分发挥北京市民族教育学会的作用，积极开展民族教育科学研究、教学改革实验和学术交流活动，广泛普及民族教育理论。

（十九）深入推进信息技术与民族教育教学融合创新。充分利用北京数字学校、数字化资源共享交换平台，加大民族教育数字化资源建设力度，进一步服务民族教育学校特色发展。引导支持民族教育教师应用信息技术改进教学实践。支持民族教育学校建设智慧校园，综合利用互联网、大数据、人工智能和虚拟现实技术探索未来民族教育新模式。

（二十）扎实做好教育对口支援工作。认真贯彻落实中央和市委、市政府有关部署，深入推进民族地区教育对口支援工作。整合首都优质教育资源，加大少数民族地区教师培训力度，增强受援地教育自我造血功能。发挥首都职业教育优势，通过联合办学、结对帮扶、专家赴受援地讲学、互联网＋职业教育等途径，进一步加大民族地区适用专业人才培养力度。继续办好内地和田高中班、内地玉树高中班等对口支援班，加强教育管理服务，为民族地区培养更多建设人才。

六、切实加强对民族教育工作的组织领导

（二十一）加强党对民族教育工作的领导。党的领导是确保民族教育正确发展方向的根本保证。要充分发挥各级党组织的领导核心作用，健全民族教育工作领导体制和工作机制，及时研究解决民族教育工作中的重大问题和热点、难点问题。要把学校党建工作放在更加突出位置，切实增强学校党组织的创造力、凝聚力、战斗力，提升广大党员干部的政治意识、大局意识、责任意识。

（二十二）依法落实政府职责。各级领导的高度重视是确保民族教育发展的关键。要把民族教育工作纳入重要议事日程，建立由主要领导负总责、分管领导牵头负责、教育部门主管、有关部门密切配合的工作机制。进一步健全完善以主管市领导为组长，由市教委牵头，市政府教育督导室、市民委、市编办、市发展改革委、市财政局、市人力社保局、市规划国土委、市公安局、市宗教局、市支援合作办等部门参加的民族教育工作领导小组，负责全市民族教育工作的组织实施和协调工作，共同推动民族教育发展。

（二十三）建立健全监督检查和督导评估机制。建立健全对民族教育政策落实情况的监督、检查和督导，是促进民族教育改革政策落实和民族教育事业科学发展的坚强保障。要把民族教育工作列入各级政府教育目标考核的重要内容，加强对民族教育发展目标、任务措施、经费投入等方面的督查。将民族教育工作纳入教育督导范围，适时开展专项督导检查。

2017年8月17日

北 京 市 教 育 委 员 会
北京市人民政府教育督导室

关于印发《关于进一步加强学校内部督导工作的指导意见（试行）》的通知

京教督〔2017〕15 号

各区教委、人民政府教育督导室，各高等学校、中等职业学校：

为建立健全学校内部督导工作体系和工作机制，统筹指导、规范各级各类学校内部督导工作，提高学校办学质量和育人质量，促进学校内涵发展。市教委、市政府教育督导室制定了《关于进一步加强学校内部督导工作的指导意见（试行）》，经市教委 2017 年第 22 次主任办公会、市政府教育督导室第 4 次主任办公会审议通过，现印发给你们，请认真贯彻实施。

2017 年 9 月 11 日

关于进一步加强学校内部督导工作的指导意见（试行）

为贯彻落实国务院《教育督导条例》、国务院教育督导委员会办公室《关于印发深化教育督导改革转变教育管理方式意见的通知》和《北京市人民政府办公厅关于深化教育督导改革的实施意见》等文件精神，切实加强学校内部督导体系建设，强化学校教学质量保障，优化学校内部治理，不断提升学校办学水平和育人质量，现提出以下意见。

一、指导思想和基本原则

（一）指导思想

以党的十八大和十八届三中、四中、五中、六中全会和习近平总书记系列重要讲话精神为指导，全面贯彻党的教育方针，坚持立德树人，强化教育督导职能，建立健全学校内部督导与自我评价制度，全面推进素质教育实施，完善学校教学质量保障体系，提高学校治理能力和水平，促进学校内涵发展，提升育人质量。

（二）基本原则

坚持学校主体。明确学校实施内部督导工作主责，突出学校自主办学、自我评价的主体地位，建立以学校为本的全过程、全方位人才培养质量监控与保障体系。

坚持质量为本。内部督导工作以提高育人质量作为出发点和落脚点，以教育教学质量作为衡量学校办学水平的核心标准，将学校不断改进、自主发展作为开展内部督导的主要目标贯穿始终。

坚持强化治理。树立依法治校、自主管理、民主监督、社会参与的现代教育治理理念，进一步优化学校治理结构，改进学校治理方式，构建起学校内部决策、执行和监督有机统一的治理体系。

坚持服务育人。充分发挥教育督导的服务功能，深化学校内部督导与自我评价，促进全体教职工教育教学能力水平的提升，有效实施立德树人，服务学生成长成才。

二、主要任务

（一）建立健全内部督导工作体系。健全市、区教育督导部门宏观指导与学校自主实践相结合，整体协调、目标一致的学校内部督导体制。市、区教育督导部门支持学校创新开展内部督导工作，建立完善符合学校实际、各具特色的学校内部督导体系。

市级教育督导部门统筹指导市属高等学校和高等职业学校做好内部督导工作，并根据工作需要对区属各级各类学校内部督导工作进行指导。各区教育督导部门按照管理职责，统筹指导区属各级各类学校内部督导工作。

学校是内部督导工作的责任主体，学校内部督导工作接受市、区教育督导部门的监督、指导和评价。各级各类学校要建立机构健全、职能完善、职责明确、责任落实、有效运转的工作体制和运行机制，形成学校内部督导工作合力，强化内部督导工作的检查、指导、反馈和整改落实。校级领导对学校内部督导工作统筹负责，结合学校实际，设立内部督导机构工作岗位。高等学校校、院（系）均应建立内部督导工作体系，分层开展内部督导工作，确保学校内部督导工作有效实施。

（二）建立完善学校内部督导工作制度。市、区教育督导部门指导规范学校积极稳妥推进内部督导制度建设。各级各类学校依据相关法律法规，围绕学校办学目标和学校章程，建立健全学校内部检查、巡视、评价、指导等相关制度，明确学校内部督导工作目标、工作计划、工作标准、督导方式和工作要求等内容。完善学校内部督导人员资格条件、聘任考核、聘期管理、奖惩问责等相关制度，依法依规、有序推进学校内部督导工作。

（三）加强学校重点领域和内容的督导。学校内部督导要以办学育人为核心，强化质量保障，覆盖学校管理、教育教学、学生学习、条件保障等重点领域开展。

中小学校内部督导内容主要包括：学校加强和改进党的建设工作情况；全面贯彻党的教育方针，实施立德树人和素质教育情况；学校办学治校规范管理和各项制度执行情况；德育工作、课程开设和课堂教学、教材选用情况；学生学习、体育锻炼和课业负担情况；教师职业道德和专业发展情况；校园及周边安全、后勤服务保障情况；校风、教风、学风建设情况，学生核心素养与综合素质培养情况等。

职业学校内部督导内容主要包括：学校加强和改进党的建设工作情况；全面贯彻党的教育方针，实施立德树人和素质教育情况；学校办学治校规范管理和各项制度执行情况；德育工作、专业设置、课堂教学、课程建设情况；教师职业道德和专业发展情况；实习实训、教学设备和资源保障情况；校园安全、后勤服务保障情况；校风、教风、学风建设情况，创新职业人才培养、技术技能人才培养水平情况等。

高等学校内部督导内容主要包括：学校加强和改进党的建设工作情况；全面贯彻党的教育方针，实施立德树人和素质教育情况；学校办学治校规范管理和各项制度执行情况；校、院（系）两级教学管理执行情况；课堂教学情况；学生思想政治工作、思想政治理论课建设情况；教师职业道德和专业发展情况；实践教学与就业创业能力培养情况；教学设备和资源保障情况；教育教学质量保障体系建设与实施情况；校风、教风、学风建设情况等。

（四）加强内部督导队伍建设。各级各类学校要建立一支数量充足、结构合理、责任心强、业务精湛的内部督导队伍。中小学校应加强学校专、兼职视导员队伍建设，高等学校应加强专、兼职督导员队伍建设，严格督导人员选拔任用。进一步完善内部督导人员培训制度，健全市、区、校培训体系，围绕提升督导队伍综合素质、履职能力和专业化水平，充分利用信息化手段，创新培训方式方法，强化督导培训的系统性、针对性和实效性。

（五）建立发挥第三方教育督导评估结果使用机制。各级各类学校可根据实际需要，委托第三方机构实施质量评估与监测，为学校提供科学、客观、公正的评估意见。学校应重视第三方评估监测结果的使用，有效运用第三方提供的评估报告、监测结果，加强质量改进，促进人才培养质量提升。

（六）提升内部督导信息化水平。市、区教育督导部门要引导学校加强内部督导信息化建设，充分利用大数据支持学校内部督导工作，促进信息技术与督导评估的深度融合，提升教育督导效率和水平。各级各类学校应注重运用信息技术手段开展内部督导工作，做好各项监测数据的填报与信息收集，逐步实现市、区、校督导信息的共享应用。

（七）强化内部督导结果使用。各级各类学校要高度重视不同督导结果的使用，完善工作制度机制，提升使用效果。市、区教育督导部门要将学校督导结果使用作为对学校实施督导评估的重要内容。

各级各类学校要根据本年度内部督导工作开展情况，完成学校年度内部督导报告，并通过校园网、公示栏等方式进行公示，对发现的问题及时反馈学校相关部门并进行整改。强化内部督导的权威性和实效性，将内部督导结果使用与学校依法办学和教育教学管理相结合，与教育教学激励机制相结合，与教师的奖惩机制相结合。要统筹运用校内外督导评估与质量监测的结果，深入分析学生培养和学校管理中的问题，找准原因，采取措施，为学校明确办学方向、规范办学行为、形成科学决策提供服务和依据，助力学校发展。

（八）建立学校内部督导的长效机制。市、区教育督导部门及各级各类学校要加强学校内部督导的实践探索和机制研究，学习借鉴国内外学校内部督导的理论成果和实践经验，逐步形成学校内部督导工作的制度、机制，完善方式方法，推进学校内部督导理论与实践创新，服务学校办学发展，促进人才培养质量提升。

三、工作要求

（一）加强组织领导。市、区教育督导部门和各级各类学校要深刻认识开展学校内部督导工作是建立和完善教育质量保障，提升办学质量和育人水平的必然要求，高度重视内部督导工作，加强领导和组织落实，把开展学校内部督导与提升人才培养质量、深化教育改革紧密结合，积极制定实施方案，明确责任，健全制度，确保学校内部督导工作“有人管”“有人做”“有实效”，全面扎实推动学校内部督导工作开展。

市、区教育督导部门积极总结宣传推广学校内部督导工作经验，树立先进典型，以点带面，为学校内部督导工作开展营造良好氛围。各级各类学校要引导广大干部教师正确认识学校内部督导工作的重要意义，形成共识，自觉参与学校内部督导工作，共同推动学校内部督导工作有效开展。

（二）加强工作指导。市、区教育督导部门积极支持和鼓励各级各类学校因校制宜，开展学校内部督导工作。通过定期开展专题交流研讨活动等方式，针对各级各类学校的不同特点，加强对学校内部督导工作的分类指导。

（三）加强条件保障。市、区教育督导部门要切实为各级各类学校内部督导工作开展提供条件保障。各级各类学校要将内部督导工作开展纳入年度重点工作，明确目标、任务和责任分工，全面组织实施，在机构、人员、资金、场地等方面给予充分保障，推进学校内部督导工作基础建设，确保学校内部督导工作取得实效。

（四）加强监督检查。市、区教育督导部门明确职责分工，切实履行监督检查职责，定期对学校内部督导工作开展情况进行检查，督促各级各类学校认真履行内部督导主体责任。对内部督导工作中发现的问题，及时督促学校落实整改任务，推动学校内部督导工作规范有序开展。

北京市教育委员会

关于推进中小学校章程建设的意见

京教策〔2017〕13号

各区教委，市教委相关直属单位：

为贯彻落实教育部《依法治教实施纲要（2016—2020年）》《全面推进依法治校实施纲要》，指导和规范全市中小学校章程建设工作，构建现代学校制度体系，全面推进依法治校，现就中小学校章程建设提出以下意见。

一、学校章程制定的基本原则

学校章程上承国家法律法规，下领学校内部规章制度，是学校成为独立法人组织的必备要件，是学校依法自主办学、实施管理和履行公共职能的基本依据，是加强现代学校制度建设的载体和体现。

制定学校章程要遵循以下基本原则：

1. 合法原则。学校章程应以宪法、法律、法规和规章为依据，坚持社会主义办学方向，落实党和国家教育方针、政策，遵循教育规律。章程内容不得超越本校职权和法律、法规的授权范围。

2. 人本原则。学校章程制定应坚持以人为本，明确立德树人根本任务，贯彻落实社会主义核心价值观，凝聚教师、学生、家长、教育管理部门、社会等各方共识。

3. 务实原则。学校章程应立足实际，体现本校办学历史、办学定位、教育理念、人才培养、社会服务、文化传承、国际交流等方面的特色。

4. 发展原则。学校章程应体现学校建设发展的目标、规划和措施。鼓励学校把自主创新和行之有效的教育理念及实践探索通过章程固化为制度。

二、学校章程的主要内容

学校章程应对学校重大和基本事宜作出明确规定，一般应由序言、总则、分则、附则四部分组成。序言部分一般简叙学校发展沿革、发展定位和目标等。在正文部分，以章、节、条、款、项、目的形式载明以下内容：

（一）学校的基本信息

1. 学校名称、办学地点

载明学校名称要与登记名称一致，做到真实、准确，可包含简称、英文译名。学校地址要具体，明确标明学校所在的行政区域及地点。有多个校区的学校应载明所有校区的地址。

2. 学校的隶属关系及性质

应明确学校的举办者，办学性质、办学层次等。

3. 办学宗旨

学校应将办学核心理念、价值追求予以凝练概括并在章程中明确。章程还应对学校的办学职责、培养目标、教育理念等作出规定。

4. 学校文化

学校可根据自己的实际，在章程中明确学校文化与办学特色，如学校的校风、校训、校徽、校标、校歌、校旗、纪念日、师生誓词、标识符号等。

（二）教职工和学生

学校章程应根据法律法规的规定，明确教职工在学校中的地位、权利和义务。可根据学校发展需要，在法律法规允许范围内，对教师和其他教育工作者的来源、聘任或者解聘、晋升、奖励或者处分等作出规定。还可载明学校加强教师队伍建设的思路、目标、举措等。应对学生入学及学籍管理、日常管理和共青团、少先队组织建设等作出规定，明确和落实法律规定的学生的权利和义务。应明确符合法治原则的校内救济制度，明确学校受理教师、学生校内申诉的机构与程序。

（三）内部治理结构

学校章程应对学校组织机构和内部管理体制作出明确规定。公办中小学校实行校长负责制。应明确规定校长作为学校法定代表人和行政责任人的职权范围与责任，及履行职责、权限的程序和方式。应明确党组织发挥政治核心作用的总体要求、主要职责和工作任务，在教学育人各环节中发挥政治把关作用的具体途径，保证监督作用发挥的方式和机制。应明确校务会作为“三重一大”决策机构的议事范围、议事程序、组成人员和决策方式。应对教职工和学生参与学校民主管理监督的形式与途径、学校主要机构的设置及其职能分工等方面做出规定。探索将理事会等议事机构的组成、职权等在章程中予以明确，推动内部治理结构不断完善。集团化办学、教学联盟等新学校形态，应当根据各类办学形式运行和管理的特点，在章程中明确内部管理体制和相关的授权或委托关系，既体现统一的办学理念和管理的基本要求，又体现各个学校的办学特色。

（四）教育教学科研管理

学校应与办学宗旨、发展目标等紧密呼应，总结提炼本校行之有效的教育教学、科研管理经验和做法。应在学校章程中明确教育教学与科研工作的主要任务、基本准则、课程体系、目标要求、实施方式、质量监测以及考核评价等。

（五）学校与家庭、社会的关系

学校章程应载明学校与家庭、社会联系和合作的方式、内容等，载明家长委员会、教育议事会等法律法规明确和学校探索的合法有效的学校、家庭、社会三位一体育人机制相关组织的设立原则、组成办法、地位作用和议事规则，以保障家长、社区及相关利益主体对学校发展建设的知情权、监督权。

（六）学校资产、财务及经费管理

学校章程应明确学校日常办学经费的来源，对经费的使用和管理作出原则规定（包括经费的开支范围和审批支付程序、教职工福利待遇基本标准和分配原则、学校经费的管理机构、管理原则和主要人员的职责，以及校内财务检查、监督体制等），明确接受捐赠的规则与管理办法。

（七）章程的修订程序与解释

学校章程应具有相对稳定性，不能随意变更。在学校章程中应对章程的修订程序作出规范，并明确章程解释部门。

（八）其他相关内容

除上述内容外，义务教育学校要将教育部《义务教育学校管理标准（试行）》作为学校治理的基本依据，并将相关内容在章程中体现。中等职业学校章程中要载明校企合作、工学结合等体现现代职业教育发展的内容。具备对外合作办学条件的学校，可在章程中明确合作办学的决策程序和运行、监督机制等事宜。根据实际，还可对学校重要工作的管理，如安全管理、信息公开等作出明确规定。

三、学校章程建设的工作程序

学校章程的制定是凝聚集体智慧、凝结教工感情、凝集发展愿景、凝练办学精神的重要途径。学校要把制定和实施章程作为明确法人属性、明晰自身权利义务、广泛凝聚办学共识的过程，作为进一步强化顶层设计、突出办学特色、深化教学改革、完善治理结构的过程。学校章程要充分反映广大师生的意愿，建设工作要严格遵循相关程序要求。

（一）学校章程制定的基本程序

1. 成立章程起草组织。章程起草组织负责章程的调研起草、讨论修改等工作，应当具有广泛性和专业性。成员由学校党政领导班子主要成员、有关内设机构负责人、教师代表、家长代表、法律顾问及有关专家等组成，负责人由学校主要领导担任。普通高中和中等职业学校可吸纳学生代表参加。

2. 依法、科学研制章程草案。章程起草前要认真梳理有关中小学管理与办学的法律法规政策；对学校的发展历史、现状、发展方向，以及学校的办学特色、发展定位等进行全面的研究分析，对本校已有相关制度进行梳理，总结实践经验。起草过程中，要充分、广泛听取各方意见，学习借鉴其他学校章程建设经验成果，加强起草组内部研究讨论。

3. 广泛征求意见。对拟定的草案，要通过专家论证会、网络征求意见、座谈会等形式，广泛征求师生、校友、家长、社区、上级主管部门和有关专家的意见、建议。其中，对涉及学校发展定位、办学方向、培养目标以及与教职工、学生切身利益相关的重大问题，应采取多种方式或者通过理事会、家长委员会、教育议事会等渠道充分论证。对涉及学校与举办者权利关系的内容，学校应当与举办者、教育行政主管部门及其他相关部门充分沟通、协商。

4. 教职工（代表）大会和党组织会议讨论。章程草案经征求意见并修改完善后，应及时提交学校教职工（代表）大会和党组织会议讨论。教职工（代表）大会对章程草案审议后提出的修改意见和建议以会议决议的方式做出。

5. 学校决策机构审定。章程草案经教职工（代表）大会和党组织会议讨论后，起草组织应当将章程草案、起草说明以及征求意见的情况、主要问题的不同意见等，提交学校校务会审定，形成章程报备稿。

6. 报备审查。学校章程经学校校务会审定后，应及时向所属教育行政部门报备；非教育部门主办或高校附属中小学校章程在经主办者审查同意后向属地区教委报备；市教委直属学校向市教委报备。

经教育行政部门审查通过的章程文本为最终文本，未经规定程序不得修改。

（二）学校章程报备审查工作要求

1. 中小学章程按照“谁主管、谁负责”的原则，由教育行政部门对学校报备的章程进行审查。教育行政部门应当成立由主要领导、分管领导及相关职能部门人员、相关领域专家组成的章程审查委员会（小组），负责对学校章程的审查工作。

2. 学校报备章程，应提交如下材料：（1）盖有学校公章的报备申请书；（2）章程报备稿；（3）起草说明。应包含以下主要内容：章程起草的过程（校内外征求意见的情况，有关意见的采纳和反馈情况，学校决策机构审定情况等）、章程的主要内容及其说明、章程特色等。

3. 教育行政部门应当自收到学校章程60日内完成审查工作。涉及对个别条款、文字进行修改的，应当及时与学校进行沟通，反馈修改意见。有下列情形之一的，可以提出时限，要求学校修改并重新报备：（1）违反法律、法规的；（2）超越学校职权的；（3）制定程序、章程内容违反相关规定的；（4）审查期间发现学校内部对章程及章程具体实施理解存在重大分歧的；（5）有其他不能通过审查情形的。

4. 经过审查的章程由相应的教育行政部门在门户网站上予以公开。学校应当对学校章程和规章制度加以汇编并公布，便于师生了解、查阅。有条件的学校，应当在学校网页上予以公开。

（三）学校章程修订工作要求

上位法与章程对应内容发生变化，或学校发生分立、合并、终止，或学校名称、类别层次、办学宗旨、发展目标、举办与管理体制等重大事项发生变化的，可以修订章程。除上位法发生变化需由教育行政部门统一要求修改外，章程的修订一般应由学校提出，明确章程中需修改的事项，经学校教职工（代表）大会审议和党组织会议通过后，报教育行政部门审查同意。本意见实施前已在教育行政部门审查通过的学校章程，如与本意见不符，应及时修订。

四、新建校章程相关规定

新建校在申请设立时，需提交学校章程与其他材料一并由教育行政部门审批，章程内容应与本意见相一致。教育行政部门对新建校申请设立时提交的学校章程参照本意见报备审查程序进行审查。新建校章程修订按本意见执行。

五、工作要求

（一）加强组织领导，明确工作目标。各区教委要依照本指导意见，结合实际，制定章程建设工作方案，建立健全章程建设的工作机制，明确时间表，抓紧推进中小学校章程建设，保证2018年底实现一校一章程的目标。学校应根据自身的办学层次、办学类型和办学特点，制定和完善学校章程。乡镇以下中小学原则上以中心校为单位共同制定统一的学校章程。

（二）加强工作指导，科学建设章程。章程建设工作意义重大、专业性较强，章程制定、审查的过程是教育行政主管部门和学校学法用法、推进依法治教的重要契机。各区教委在推进章程建设工作过程中，要组织有关方面的专家、学者以及富有实践经验的相关人员，为学校章程建设提供咨询指导，开展专项培训和经验交流，保证章程制定、审查工作的规范化、科学化。

（三）保证章程地位，完善制度建设。学校章程在学校内部具有最高约束力，任何其他校内规章制度不得与章程相抵触。学校要以章程建设为契机，开展规章制度立改废工作，保证学校制度体系的协调统一。学校章程通过教育行政部门备案审查公布后，应当成为学校改革发展、实现依法治校的基本依据，要将章程的精神和内容体现到学校各项活动中去，形成以章程为核心的制度文化。教育行政部门要尊重学校章程，保障学校依章程自主办学。

（四）完善执行机制，保证章程落实。教育行政部门应当对学校履行章程情况进行检查、指导、监督，督促学校以章程为统领，完善内部治理结构和规章制度，不断提升治理能力。市教委将把学校实施章程的情况作为依法治校的重要评价标准，并开展专项检查或督导。学校要将章程执行情况形成年度报告或作为学校年度工作报告的内容之一，向教职工（代表）大会以及主管部门报告。

2017年9月14日

北京市教育委员会
北 京 市 财 政 局

关于印发北京市属高等学校科技创新平台建设管理办法的通知

京教研〔2017〕14号

各有关市属高校：

现将《北京市属高等学校科技创新平台建设管理办法》印发给你们，请结合实际情况做好相关工作。

2017年9月15日

北京市属高等学校科技创新平台建设管理办法

第一章　总则

第一条　为推动北京市属高等学校科技创新平台（以下简称“创新平台”）实践，鼓励高校创新科研体制机制，加快促进北京建设全国科技创新中心，依据《国务院办公厅关于深化高等学校创新创业教育改革的实施意见》(国办发〔2015〕36 号)、《北京市人民政府关于大力推进大众创业万众创新的实施意见》(京政发〔2015〕49 号)、《北京市教育委员会关于印发北京高等学校高精尖创新中心建设计划的通知》(京教研〔2015〕1 号)、《北京高等学校卓越青年科学家计划管理办法(暂行)》,结合我市实际,特制定本办法。

第二条 “创新平台”是依托北京市属高校建设的相对独立的科研实体,坚持以人为本、创新发展,以科技进步、工艺升级、提高效益为核心,以创新人才培养评价机制为重点,以科研专利、知识产权、发明创造、成果转化为标准,培育一批学科带头人,支持建设一批科技创新实体,形成一批国内领先、国际引领的科研成果,推动人才发展体制改革和政策创新,建立有利于高校青年科学家创新创业的生态环境,进而提升北京高校的国际创新地位和竞争实力。

第三条 “创新平台”坚持“高端引领、任务导向、竞争择优、改革创新”的原则,任务实施应遵循公开、公平、公正的要求,支持高校通过体制机制创新吸引科研院所、行业企业、国际创新力量协同发展,促进优质资源加入“创新平台”。

第二章 平台建设

第四条 高校根据拟推荐的学科主任和已明确的项目任务,依法注册登记“创新平台”实体,通过理事会聘任学科主任,开展科学研究、人才培养、组织成果转化等业务工作。“创新平台”实体应具备独立法人资格,具备独立的民事行为能力,能够独立承担民事责任。

第五条 “创新平台”实行理事会领导下的学科主任负责制,应当根据国家法律法规和理事会章程,构建规范有效的法人治理结构和议事规则,科学界定决策、执行、监督等方面的职责权限,形成科学有效的职责分工与制衡机制。

第六条　“创新平台”理事会是平台的最高决策机构，由学校相关负责人及具备一定影响力的校外人员组成。理事会主要职责如下：

（一）负责聘任学科主任；

（二）负责审批平台章程、发展战略、基本管理制度；

（三）负责审批学科主任提交的年度工作报告；

（四）负责审批财务预决算方案、利润分配方案；

（五）负责研究解决平台运行和发展中遇到的重大问题。

理事会成员、高校派驻的财务负责人、党务负责人一律不得从“创新平台”中获取任何报酬。

第七条　“创新平台”实行理事会领导下的学科主任负责制，学科主任是项目任务和团队组建的第一责任人，制定并落实总体计划和年度目标任务，把握科研创新方向，组建科研创新队伍，培育科研创新成果，统筹经费、科技设施等资源配置，保证实现平台发展目标。

第八条　“创新平台”应建立健全党的组织建设，所在高校要派驻一名党务负责人，专职负责全面推进“创新平台”党的建设各项工作，扩大党组织的覆盖面，严格执行党风廉政建设责任制，切实把党要管党、从严治党的要求落到实处。

第三章　项目立项

第九条　市教委组织专家委员会对高校提出的“创新平台”实施计划进行论证，提出建设性意见；各高校负责已确定“创新平台”和推荐学科主任的申报工作，经报市教委最终正式下文批准认定，高校据此实施注册平台实体、成立理事会架构、聘任学科主任等工作。

高校申报“创新平台”任务应提供项目申报书、愿景规划书、总体计划和年度目标任务书、可行性论证方案和理事会成员建议名单、拟推荐学科主任人选等资料。

第十条　“创新平台”项目任务分为自然科学（基础研究）类、创新应用（成果转化）类两类。自然科学类须突出科学前沿，侧重基础性、战略性、前瞻性研究，着力解决基础性关键技术难题；创新应用类须突出发明创造、技术革新，有利于突破产业关键技术创新瓶颈，研制拥有知识产权的自主创新产品，促进科技成果转化。

第十一条　“创新平台”学科主任应是市属高校教师或与北京高校具有稳定合作关系的国际创新人才，有能力组织并领导高水平科研团队，在科研创新上具有赶超国际先进水平的潜力，有能力成为在国内外具有一定影响力的中青年科学家。已聘为北京高校高精尖创新中心人员不得申报。

高校应根据《深化首都人才发展体制机制改革的实施意见》推动“创新平台”建立符合科技创新规律的人事管理制度。经征得所在高校同意，学科主任及其研发核心团队人员采取离岗创业方式专职在“创新平台”工作，所在高校应当根据实际情况与其签订协议，明确权责义务，保留其原有身份，合理制定职称评聘办法。平台终止或建设期满后，学科主任及其研发团队核心人员享有自主选择权，可以继续回归原单位或是自主创业。

第十二条　“创新平台”学科主任负责创新团队建设，建立以任务为牵引的人员聘用方式，自主确定岗位总量，自主设置岗位结构比例和标准，自主决定聘用人员，可设立流动岗位用于吸引各类人才到平台兼（任）职。自主制定薪酬分配政策，对创新团队核心人才或突出贡献人才可实行年薪制、协议工资、项目工资、一次性奖励等市场化薪酬。鼓励为创新人才建立年金制度和购买商业保险。

第四章　经费管理

第十三条　每个“创新平台”以5年为一个实施周期，所需经费全部纳入年度部门预算。项目总额度按照自然科学类5000万元、创新应用类1亿元的标准给予资金支持。如有社会影响力大、研究前景好、亟待支持的平台需求，市财政将另行研究给予经费保证。

第十四条 “创新平台”预算编制方案应经理事会批准后由所在高校申报，市财政据此下达经费预算。所在高校应及时全额将预算资金划拨至“创新平台”，保障平台顺利运行。

第十五条 “创新平台”应按照国家有关法律法规和财务制度严格管理，实行独立核算，完善内控机制，财务负责人也可以由所在高校委派，接受税务、审计、教育等部门监督检查。

第十六条 学科主任是项目资金使用的直接责任人，统筹资源配置，自主决定人、财、物的使用，对资金使用的合规性、合理性、真实性和相关性承担法律责任。

第五章 绩效管理

第十七条 “创新平台”应加强单位内控建设，规范治理结构，推进内控文化，编制内控管理手册，采取不相容职务分离、授权审批、会计系统、财务保护、预算控制、运营分析、绩效考评等控制手段有效控制风险，完善信息与沟通和内部控制监督制度，促进实现平台建设目标。

“创新平台”有关岗位设置、人员招聘、职称评聘、绩效工资分配、预算执行情况等重要管理制度及信息，应以适当方式在校内公开。“创新平台”每年4月底前应将上一年度的财务报告、审计报告、内控自评报告、内控外部评价报告等信息在所在高校网站上公布。

第十八条 “创新平台”实行年度报告和中期评估制度。学科主任每年对年度计划执行情况进行检查和总结，并按理事会章程将实施情况向理事会报告。

平台项目实施满两年，市教委将委托专家组或第三方评估机构采取国际同行评价、代表性成果评价等方式进行评估，对于通过评估的项目，继续予以经费支持。

平台建设实施期满，市教委将委托专家组或第三方评估机构对“创新平台”进行全面评估验收。

第十九条 出现以下情形，“创新平台”项目立即终止：

（一）学科主任提出申请，认为已立项的科研项目前期准备不充分，科研判断失准，无法再继续深入研究；

（二）未通过中期评估或结题验收；

（三）出现重大违法违规行为。

高校经“创新平台”理事会审议后确认“创新平台”项目终止，报市教委、市财政局备案，办理“创新平台”注销手续，经费停止支持，对“创新平台”进行清算，收回平台资金，涉及平台形成的资产待清算评估后，划拨归所在高校管理；学科主任及创新团队核心人员按劳动合同约定严格执行；并按照之前与所在高校签订的离岗创业协议，自主决定去向。

第二十条 “创新平台”所在高校应支持并积极参与创新平台的建设与发展，全面促进项目的有效运行，创造有利条件与实施环境，加强对创新平台任务的管理指导。

第六章　成果运用

第二十一条 “创新平台”应根据《中华人民共和国促进科技成果转化法》《国务院关于印发实施〈中华人民共和国促进科技成果转化法〉若干规定的通知》要求确定科研成果归属，并以“创新平台”名义申请知识产权或专利。

第二十二条 “创新平台”有权依法以持有的科技成果作价入股确认股权和出资比例，并通过发起人协议、投资协议或者公司章程等形式对科技成果的权属、作价、折股数量或者出资比例等事项明确约定，明晰产权。

科技成果完成人或者学科主任，不得阻碍职务科技成果的转化，不得将职务科技成果及其技术资料和数据占为已有，侵犯“创新平台”的合法权益。

第二十三条 “创新平台”科技成果转化所获收入，应按照理事会章程和事先约定对创新团队核心人员和转化科技成果做出重要贡献人员进行奖励，其余全部留归“创新平台”。

第二十四条 “创新平台”所在高校、实施单位、参与实施单位、学科主任、咨询专家等在项目实施和验收过程中，出现违法违纪行为，弄虚作假、截留、挪用等违反财经纪律的行为，侵犯他人知识产权或其他合法权益及科研不端行为，无正当理由贻误完成或没有完成其职责范围内工作等行为之一的，一经查实，视情节予以终止项目或停拨及追回经费等处理，并按行政隶属关系向其主管单位通报有关情况。情节严重，构成犯罪的，依法移交司法机关处理。

第七章 附则

第二十五条 本办法相关管理细则、评估标准等由市教委、市财政局另行制定。

第二十六条 本办法由市教委、市财政局按照各自职责负责解释。

第二十七条 本办法自印发之日起实施。

北京市教育委员会
北 京 市 财 政 局

关于印发北京高等学校卓越青年科学家计划管理办法的通知

京教研〔2017〕15号

各有关高校：

现将《北京高等学校卓越青年科学家计划管理办法》印发给你们，请结合实际情况做好相关工作。

2017年9月15日

北京高等学校卓越青年科学家计划管理办法

第一章 总则

第一条 为科学、规范管理北京高等学校卓越青年科学家计划（以下简称“卓青计划”），依据《北京高等学校高精尖创新中心建设计划》，制定本办法。

第二条 “卓青计划”即为高精尖项目，与高精尖创新中心均是北京高校高精尖科技创新体系的重要组成部分。通过实施“卓青计划”，不断深化科技创新体制机制改革，建设一批科技创新实体，搭建有利于青年科研领军人才成长发展、脱颖而出的平台，进一步释放创新活力、提高科技创新能力，重点培育一批有发展潜力的青年科学家。

第三条 “卓青计划”以服务国家创新发展战略和全国科技创新中心建设为导向，强化高层次人才的支撑和引领作用，集中力量在基础研究、人文社会科学、支撑产业转型升级等领域实现重点突破，切实提升北京高校人才培养、科学研究、社会服务和文化传承创新水平，助推世界一流大学和一流学科建设为北京经济社会发展提供强有力的人才保障和智力支撑。

第四条 本管理办法遵循公开、公平、公正的原则，按照“放、管、服”的要求，注重行政决策、专家论证与立足实际相结合，注重事前论证备案、事中检查指导、事后绩效考核相结合。“卓青计划”经费使用按照《北京市财政局、北京市教育委员会关于印发〈北京市教育财政科研类项目经费管理办法〉的通知》（京财教育〔2016〕3001号）执行。

第二章 职责分工

第五条 市教委负责“卓青计划”项目总体规划、目标任务及实施情况的检查指导，负责项目责任主体信用管理。

第六条 市财政局负责项目预算安排、财务管理的监督指导，根据各“卓青计划”项目年度任务计划和预算管理要求，负责安排年度预算。

第七条 项目负责人是“卓青计划”任务的第一责任人，负责具体制定并落实总体计划和目标任务，把握科研创新方向，组建科研创新队伍，培育科研创新成果，规范经费使用等工作。

第八条 “卓青计划”所在高校负责对项目推进与实施进行管理和监督，组织预算编报，定期开展检查指导与跟踪问效等工作。

第三章 申报立项

第九条 “卓青计划”按照人文社会科学类、自然科学类、创新应用类进行分类管理。“卓青计划”包括“卓青计划——北京高等学校卓越青年科学家项目”（以下简称卓青项目）和“卓青计划——北京市属高等学校科技创新平台”（以下简称创新平台）两部分，分别按照不同的机制体制开展工作。

第十条　“卓青项目”面向北京地区本科层次以上高校开展，人文社会科学类、自然科学类可以申报“卓青项目”；“创新平台”面向北京市属高校开展，自然科学类、创新应用类可以申报“创新平台”，“创新平台”必须按照《北京市属高等学校科技创新平台建设管理办法》进行管理。

第十一条　通过“卓青计划”鼓励并支持高校积极吸纳科研院所、行业企业，尤其是国际创新力量加入“卓青计划”团队。已聘为北京高校高精尖创新中心人员不得申报。

第十二条　“卓青计划”负责人为北京高校教师或与北京高校具有稳定合作关系的国际创新人才，有能力组织并领导高水平科研团队，在科研创新上具有赶超国际先进水平的潜力，有能力成为在国内外具有一定影响力的中青年科学家。自然科学类项目负责人年龄限制分为45周岁以下和35周岁以下两档（原则上比例为3：1)；社会科学类项目负责人不超过45周岁。

第十三条　“卓青计划”采用专家推荐制。人文社会科学类项目推荐人应为高校校长（书记）、科研院所负责人、社科院学部委员或长江学者。自然科学、创新应用类项目推荐人应为两院院士（含京外）、高校校长（书记）或科研院所负责人；每位专家至多推荐3名候选人，每位候选人由3名或以上同领域专家推荐。由项目申请人所在高校统一申报。

第十四条　“卓青计划”按照专家推荐、项目论证等步骤公开择优确定拟支持项目，并报相关会议审议，审议结果予以公示，公示期满无异议后立项支持。论证通过后的项目申报书即作为项目任务书，并联合总体计划和年度目标任务书，成为“卓青计划”的实施及评估依据。

第四章　绩效管理

第十五条　“卓青计划”每个项目实施周期为5年，“卓青计划”所需经费纳入各年度部门预算，项目总额度按照人文社会科学类1500万元、自然科学类5000万元、创新应用类1亿元的标准给予资金支持，实行“总额控制、定额管理”，项目根据实际需求在总额度内提出年度经费申请，避免当年产生结余资金。

第十六条　鼓励和支持“卓青计划”面向国内外招聘优秀人才，提升国际竞争力，经费额度的50%可以用于聘任国内外高端人才。

第十七条　对“卓青计划”项目实行“过程管理，动态监测”，采取年度自评、中期考评、末期验收相结合的绩效考核评价办法。各项目对照任务书在不同阶段对工作情况进行自评，对工作开展情况、任务完成情况、资金管理使用情况等进行分析发布自评报告。

第十八条　市教委、市财政局将委托专家组或第三方评估机构对项目进展情况、研究前景、绩效成果、经费使用等进行评估。对实施有力、进展良好、成效明显的，加大支持力度；对实施不力、进展缓慢、缺乏实效的，减少支持力度；对于出现重大问题、不再具备建设条件的，终止项目，并停止经费支持。

第十九条　“卓青计划”任务实施评估坚持分类管理，社会科学类任务侧重评估社会效益，以成果在民生领域中应用效果体现；自然科学类任务侧重评估技术指标完成情况，以专家论证结果或专业报告体现；创新应用类任务侧重评估技术创新和成果转化的结果体现。

第五章　成果管理

第二十条　市教委依据国家及北京市有关规定应与“卓青计划”可能产生的成果、形成的知识产权在项目立项时进行书面约定。主持单位、承担单位应对项目及下设课题可能产生的成果知识产权与有关单位进行书面约定并监督执行。

第二十一条 使用“卓青计划”专项经费形成的研究成果，包括论文、专著、专利、软件、数据库等，均应标注“北京高等学校卓越青年科学家计划资助”及项目编号，并与所选领域直接相关，凡未标注的或不直接相关的成果，将在绩效评价时不予认可。

第二十二条 “卓青计划”全过程应建立信用管理制度，对相关责任主体在项目实施、验收、绩效评价等各个阶段履行承诺、奉行学术界公认行为准则的情况进行记录、评价和管理。

第六章 附则

第二十三条 本办法相关管理细则、评估标准等由市教委、市财政局另行制定。

第二十四条 本办法由市教委、市财政局按照各自职责负责解释。

第二十五条 本办法自印发之日起实施。

北京市教育委员会

关于印发《北京市中小学校食堂管理办法（试行）》的通知

京教勤〔2017〕36号

各区教委，中等职业学校：

为进一步规范全市中小学校食堂管理，全面提升服务质量和食品安全保障水平，我们制定了《北京市中小学校食堂管理办法（试行）》，已经市教委2017年第19次主任办公会议审议通过，现印发给你们，请遵照执行。

2017年9月25日

北京市中小学校食堂管理办法（试行）

第一章　总则

第一条　为进一步规范本市中小学校食堂管理，全面提升服务质量和食品安全保障水平，根据《中华人民共和国食品安全法》《学校食堂与学生集体用餐卫生管理规定》《餐饮服务食品安全监督管理办法》《食品经营许可管理办法》《餐饮服务食品采购索证索票管理规定》《餐饮服务食品安全操作规范》《学校食物中毒事故行政责任追究暂行规定》《北京市食品安全条例》《北京市食品安全监督管理规定》等法律法规以及其他有关规定，结合本市中小学校实际，制定本办法。

第二条　本办法所称学校食堂，是指设于校园内，为满足本校学生（含教职员工）就餐需要，符合卫生安全标准，按要求准予开办的具有相对独立的食品原料存放、食品加工操作、食品出售及就餐空间的专用场所。

第三条　本办法规定了中小学校食堂组织管理、食品安全管理、食堂从业人员管理、食堂食品采购、食堂食品储存、食堂食品加工、食堂食品供应、食品营养管理、食堂财务管理、食品安全突发事件应急处置和监督检查等，适用于全市中小学校、中等职业学校的食堂（以下简称学校食堂）管理。幼儿园的食堂管理参照本办法执行。

第二章　组织管理

第四条　市教委负责统筹指导全市学校食堂管理工作，制定学校食堂管理办法并督促区教委履行食堂管理职责。

第五条　区教委是本区学校食堂管理的责任主体，负责属地内学校食堂的日常管理和监督检查，制定学校食堂建设发展规划，推进学校食堂建设，完善学校食堂设施设备条件；明确管理部门，承担管理责任，建立考核制度，加强日常管理，督促指导学校落实食堂管理责任和管理制度。

第六条　坚持公益性原则。按照学校食堂“非营利”要求，加大政府投入，制定落实优惠政策，降低学校食堂运行成本，严禁学校以任何方式从学校食堂盈利。

第七条　坚持自愿性原则。尊重学生、家长就餐意愿，原则上寄宿制学校所有寄宿生应在学校食堂就餐，走读生遵循自愿原则就餐。学校应制定在校就餐管理办法，规范在校就餐管理。

第八条　落实校长负责制。学校食堂管理实行校长负责制，校长是第一责任人，对学校食堂管理工作负总责。建立由学校领导、后勤管理等相关部门负责人和食堂管理人员组成的学校食堂管理工作领导小组，明确工作职责，全面负责学校食堂管理，每学期召开不少于2次专题会。

第九条　建立岗位责任制。学校应根据学生就餐规模，建立采购、加工、保管、会计、出纳、食品安全管理等岗位责任制，明确岗位职责。关键岗位人员应定期轮换。规模较小的学校，部分岗位可由符合任职条件的其他人员兼任。

第十条　学校食堂原则上由学校自主经营，统一管理。在校生规模较大、就餐学生多、不具备自营能力的学校食堂，可在区教委指导下，通过公开竞争择优方式委托有实力、声誉好的社会餐饮企业，实行不带资、控制总利润的托管服务，学校食堂实行“零租赁”，并报区教委备案。

第十一条　成立膳食委员会。学校应成立由学校领导和学生、教师、家长代表等组成的膳食委员会，明确工作职责，建立工作制度，参与和监督学校食堂食品安全、质量、价格、财务等方面的管理工作。膳食委员会组成人员实行任期制，原则上每届任期一年，并报区教委主管部门备案。

第十二条　建立健全管理制度。针对学校食堂管理的各个关键环节，建立健全管理制度并组织实施，主要包括从业人员健康管理、培训管理、晨检、食品采购索证索票、进货查验和台账记录、食品加工操作规程、加工经营场所及设施设备清洁消毒与维修保养、食品留样、食品添加剂使用、餐厨废弃物处置、食品安全突发事件应急预案、岗位责任、日常检查、投诉受理等食品安全管理制度以及食品药品监督管理部门规定的其他制度。

第十三条　强化学校食堂安全保卫，严防不法分子纵火、盗窃、投毒等危及学校食堂安全的行为。涉及学校食堂管理的工作会议、日常检查、台账登记等记录应完整、规范，统一存档备查。

第十四条　实行校长和教师代表陪餐制度，做到同标准就餐，并做好陪餐记录，及时发现和解决食堂管理中存在的问题。

第三章　食品安全管理

第十五条　区教委应加强学校食堂食品安全的监督管理，督促学校落实食品安全校长负责制，与学校签订食品安全责任书，将学校食品安全工作列为年度考核的重要内容。定期开展食品安全宣传培训。

第十六条　区教委应会同区食品药品监督管理、卫生计生部门，加强对学校食品安全管理，督促指导学校建立健全原材料供应、包装储存、餐具消毒、环境卫生、人员健康、饮用水源检查，生产、加工、配送流程和食堂功能分区等管理制度，落实查验记录、购销台账、留样备查等管理要求，及时消除学校食品安全隐患，不断提高学校食品安全保障水平。

第十七条 学校应建立完善食品安全岗位责任制，层层签订食品安全责任书，明确每个岗位的安全职责。设立由校领导、后勤管理部门负责人和食堂经营管理负责人组成的学校食堂食品安全管理机构，至少配备1名食品安全管理人员，负责本校贯彻执行食品安全法律法规以及学校食堂食品安全日常管理工作。

第十八条 学校应对师生每学期至少开展2次以上食品安全、卫生知识科普宣传教育，并有完整记录。学校食堂管理部门每周应组织开展不少于1次的安全隐患自查，对发现的问题要及时报告、详细记录，做好整改和复查并建立相关台账。

第十九条 学校开办食堂须由学校提出书面申请，并经食品药品监管等相关部门审批同意，取得有效期内的《餐饮服务许可证》或《食品经营许可证》后方可供餐。新建、改建、停办学校食堂或变更经营模式，须向区教委履行备案手续，并向食品药品监督管理部门办理变更手续。区教委要积极配合食品药品监督管理部门，对学校食堂食品安全实施量化分级管理。

第二十条 严格落实食品留样制度。学校食堂应配备专用的食品留样专柜（冰箱），有专人负责留样管理。每餐次的食品成品必须留样，每个品种留样量不少于100克，并记录留样食品名称、留样量、留样时间、留样人、审核人员等，按品种分别盛放于清洗消毒后的密闭留样专柜（冰箱）内，在冷藏条件下保存48小时以上。

第四章　食堂从业人员管理

第二十一条 区教委应按照行政隶属关系为学校食堂配备从业人员并落实人员工资及福利。原则上按就餐学生每100人配备1名食堂从业人员，寄宿制学校可适当增加从业人员。

第二十二条 学校应在食品药品监督管理、卫生计生等部门和营养专业人员的指导下对食堂从业人员定期组织食品安全知识、营养配餐、消防知识、职业道德和法治教育的培训。

第二十三条 学校食堂从业人员基本要求

（一）学校食堂从业人员须取得有效的健康合格证明。

（二）严格落实晨检制度。食堂管理人员应在每天早晨各项饭菜烹饪活动开始前，对每名从业人员的健康状况进行检查，并将检查情况记录在案。发现有发热、腹泻、皮肤伤口或感染、咽部炎症等有碍食品安全病症的，应立即调离工作岗位，待查明原因并将有碍食品安全的病症治愈后，方可重新上岗。从业人员有不良思想倾向及行为、精神异常等现象的，应立即调离工作岗位。

（三）食堂从业人员应保持良好的个人卫生习惯。处理食品及分餐前、处理食品原料及使用卫生间后，必须用肥皂及流动清水洗手消毒；穿戴清洁的工作衣、帽，并把头发置于帽内；不得留长指甲、涂指甲油、佩戴饰物加工食品；不得在食品加工和供应场所内吸烟；未经允许，无关人员不得进入食堂操作间内。

第二十四条 学校食堂应配备具有2年以上餐饮服务食品安全工作经历、持有有效健康证的专职食品安全管理员，按照相关法律法规要求履行职责，原则上每年应接受累计不少于40小时的餐饮服务食品安全培训并具有培训合格证明。

第五章 食堂食品采购

第二十五条 规范大宗食品采购。由区教委负责，制定准入办法，建立大宗食品及原辅材料招标制度和供应商准入制度，对米、面、油、肉、蛋等大宗食品供应通过公开招标、集中采购、定点采购的方式确定供货商。远郊区的山区偏远学校或教学点可通过比选质量、价格的办法确定供货对象。学校食堂要公示集中采购流程、定点采购单位和原材料情况等信息。

第二十六条 建立食品采购索证索票制度。食品采购应严格执行《餐饮服务食品采购索证索票管理规定》。从食品生产单位、批发市场等采购的，要查验、索取并留存供货者的相关许可证和产品合格证明等材料；从固定供货商或者供货基地采购的，应当查验、索取并留存供货商或者供货基地的资质证明、每笔供货清单等；从超市、农贸市场、个体工商户、农户等采购的，应当索取并留存采购清单等有关凭证，做到源头可控，有据可查。

第二十七条 建立食品查验制度。采购包装食品时应严格查验食品生产日期、保质期，确保食品安全。不得采购质量不合格、超过保质期和有腐败变质或感官性状异常的食品；不得采购《食品安全法》禁止生产、经营的食品。每次采购要做详细的采购记录备查。

第二十八条 建立供货商评议制度。区教委应组织学校定期对食品及原辅材料供货商进行综合评议，对评议不合格、违反食品安全法律法规、发生食品安全事故的供货商应终止供货合同。学校应将所有供货商名单分学年报区教委备案，接受监督或抽查。

第六章 食堂食品储存

第二十九条 建立出入库管理制度。学校食堂物品的入库、出库应有专人负责，严格入库、出库检查验收，做到核对数量、检验质量、签字确认，杜绝质次、变质、过期食品出入库。

第三十条 建立库存盘点制度。学校食堂物品入库、验收、保管、出库应手续齐全，物、据、账、表相符，做到日清月结。物品盘点后相关人员均须在盘存单上签字。食堂应根据日常消耗合理确定库存。发现变质和过期的食品应按规定及时清理销毁，并办理销毁监督手续。

第三十一条 食品储存场所应根据贮存条件分别设置，食品和非食品库房应分设，并配置良好的通风、防潮、防鼠、防蝇等设施设备。食品储存要分类、分架、离地存放，遵循先进先出的原则摆放，不同区域应有明显标识。散装食品应盛装于容器内，在储存位置标明食品的名称、生产日期、保质期、供货商及联系方式等内容，盛装食品的容器应符合安全要求。

第七章 食堂食品加工

第三十二条 学校食堂应具有与供餐规模相适应的、相对独立的食品原料处理和食品加工操作区；具有与供餐规模相适应的消毒、更衣、盥洗、采光、照明、通风排烟、防腐、防尘、防蝇、防鼠、防虫、洗涤以及处理废水、存放垃圾和废弃物的设施设备；具有合理的设备布局和工艺流程，防止待加工食品与直接入口食品、原料与成品交叉污染，避免食品接触不洁物；配备《餐饮服务许可证》或《食品经营许可证》所规定的其它设施设备。

第三十三条 学校食堂食品加工过程应严格执行《餐饮服务食品安全操作规范》（国食药监食〔2011〕395号）。

第三十四条 学校食堂不得制作供应凉菜、生食海产品和现榨饮料等高安全风险食品。必须采用新鲜安全的原料制作食品，不得加工或使用腐败变质、感官性状异常的食品原材料，不得使用发芽土豆、野生菌、鲜黄花、霉变红薯、非本食堂加工的散装馅料、肉串及散装熟肉制品，以及法律法规禁止生产经营的其他食品。不得出售落地、不洁食品，四季豆、豆浆必须烧熟、煮透。

第三十五条 学校食堂不得供应未加热食品，需要熟制烹饪的食品应烧熟煮透。烹饪后的熟制品、半成品与食品原料应分开存放，防止交叉污染。食品不得接触有毒物、不洁物。

第三十六条 学校食堂应严格按照规定使用食品添加剂，严禁超范围、超剂量使用食品添加剂，不得采购、贮存、使用亚硝酸盐。严禁使用非食用物质加工制作食品。

第三十七条 食堂食品加工设备、用具和盛放直接入口食品的容器，使用前应当洗净、消毒。食品加工结束后要及时清理加工场所，做到地面无污物、残渣；及时清洗各种设备、用具和容器，做到定期消毒，归位摆放，保持清洁。

第八章　食堂食品供应

第三十八条　学校食堂供餐一般包括两种方式：一是包餐制，即学生统一伙食费标准，由食堂提供统一饭菜。二是自助制，即饭菜品种、数量由学生自由选购，食堂凭充值卡结算。学校可根据实际情况从中选择。

第三十九条　学校食堂应综合考虑学生的营养需要、物价水平等因素，合理确定伙食标准和配餐方案，并报区教委备案。

第四十条　学校要尊重少数民族学生饮食习惯，有清真餐需求的学校应设立清真灶和独立售饭窗口，灶具、炊具使用和原材料采购、储存、加工等应符合清真饮食的规定。

第四十一条　加强就餐场所管理。学校应在食堂就餐场所显著位置悬挂有效期内的《餐饮服务许可证》或《食品经营许可证》、从业人员健康证、培训合格证，按规定应公示的食品（产品）、原材料采购价格等信息。学生就餐场所应张贴节俭养德、食品安全、营养均衡、健康饮食行为等宣传资料，引导学生节约用餐、安全用餐、营养用餐、文明用餐；设置洗手池等设施设备，有明确的洗手、消毒及检查等规定；就餐场所及设施设备应保持干净整洁，做好地面防滑，张贴安全提示标识。

第四十二条　学生就餐时应落实校领导带班陪餐、班主任值班和学生轮流值勤制度，加强就餐秩序的管理，做到安全、文明就餐。

第四十三条　做好餐具用具的清洗与消毒，每餐按规定对食品容器、餐具用具进行清洗消毒，并存放在专用保洁设施内备用。分派菜肴、整理造型的用具使用前应进行消毒。

第九章　食品营养管理

第四十四条　学校应将营养与健康教育纳入学校教育内容，定期开展相关宣传教育活动。食堂应以改善学生营养、增强学生体质、促进学生健康成长为目标，在校园营养师指导下，充分考虑不同年龄段学生的身体特点和营养需求，广泛征求学生和家长的意见，参照有关营养标准，优化配餐方案，制定品种多样、数量充足、成本合理、结构科学、营养均衡的每周带量食谱并提前公布，科学营养供餐，不断提高伙食质量和服务水平。

第四十五条 学校食堂应配备专（兼）职校园营养师，加强对食堂从业人员营养学、烹饪方法等方面的知识和技能培训，提升从业人员素质，提高烹饪制作水平，为学生提供营养、可口的饭菜。

第四十六条 建立满意度测评制度。学校应制定食堂满意度测评办法，由膳食委员会负责每周对学校食堂饭菜质量和安全卫生等进行满意度测评，并将测评结果进行公开。

第十章 食堂财务管理

第四十七条 区教委应加强对学校食堂财务工作的监管，督促指导学校建立健全并严格落实食堂财会制度，配备专（兼）职财会人员，定期组织业务培训。

第四十八条 学校食堂财务应纳入学校财务统一管理，实行专账核算，加强收支管理、成本核算和票据管理，强化内控监督，确保资金使用规范安全有效。

第四十九条 每学期期末应将学校食堂收支情况全面结算，将结果向全校师生和家长公示、公开，自觉接受学生、家长和膳食委员会的监督，同时报区教委备案。

第五十条 食堂饭菜一律实行明码标价。学校应广泛征求家长及师生员工意见，建立餐饮定价机制，完善定价程序，合理确定伙食标准，加强饭菜成本核算，严格控制食堂成本开支范围，将每天主、副食菜谱及原材料价格进行公示。

第五十一条 教职员工在学校食堂就餐应与学生同菜同价，伙食费据实结算。

第五十二条 学校食堂收取伙食费应开具正规票据；财务支出要取得合法、有效的票据，按规定办理相应报销手续。

第十一章 食品安全突发事件应急处置

第五十三条 学校应建立食品安全突发事件应急处置机制，成立以校长为组长的应急处置领导小组，制定完善食品安全突发事件应急预案，细化信息报告、人员救治、现场保护、证据保全、危害控制、事故调查、善后处理、舆情应对等具体措施，并定期组织应急演练。督促食堂及从业人员严格按照操作规范落实预防食品安全事故的各项措施。

第五十四条 发生食品安全突发事件后，学校应立即停止供餐，封存导致或者可能导致食品安全事故的食品及其原料、工（用）具、设施设备、集中就餐剩余食物和患者的呕吐物（排泄物）等重要检测样品和现场，并按照相关监管部门的要求采取控制措施。

第五十五条 发生食品安全突发事件后，学校应立即启动应急预案，在第一时间将情况分别向所在区政府和卫生计生、疾控、食品药品监督管理、教育等部门报告，并及时续报事态进展、处置措施、原因结果、善后处理等情况，任何人不得擅自对外发布食品安全突发事件信息。

第五十六条 发生食品安全突发事件后，学校应积极协助医疗机构救治病患，主动配合相关部门开展调查处理；同时，对共同用餐的人员进行排查，及时与有关学生家长联系，做好思想稳定工作，防止事态扩大。

第五十七条 任何学校和个人不得迟报、漏报、瞒报食品安全突发事件信息。

第五十八条 学校应建立食品安全投诉受理制度，公布投诉受理监督电话。接到投诉应准确记录投诉人姓名、投诉理由，并立即进行核实，确定处理方法，及时妥善处理。

第十二章　监督检查

第五十九条　按照“政府负责、部门协同、分级管理、以区为主”的原则，区教委应加强与区食品药品监督管理、卫生计生、疾控、物价等部门的沟通协调，形成工作合力，强化风险管控，采取定期检查和随机抽查等形式，切实加强对学校食堂的日常监管。市教委每学年集中检查不少于1次，区教委每学期集中检查不得少于1次。

第六十条　区教委应建立工作考核体系，将学校食堂日常管理工作作为对区教委业务主管部门和学校、校长年度工作考核的重要内容。

第六十一条　学校应建立健全食堂管理工作制度，采用适当方式定期与学生、教师、家长沟通，征求对食堂管理和服务的意见，不断改进食堂工作。

第六十二条　学校每学期应开展就餐满意度调查，组织师生员工对食堂规范管理、饭菜质量数量、供应品种、价格、卫生、安全和服务水平等方面进行全面评价，不断加强服务管理工作。

第六十三条　学校应定期检查各项安全防范措施的落实情况，加强食堂食品安全隐患排查工作，及时整治消除安全风险隐患。

第六十四条　学校应自觉接受上级主管部门及各级食品药品监督管理、卫生计生、疾控等部门对食堂建设、食品安全的监督检查和指导，对检查中指出的问题必须立即整改。

第六十五条　学校食堂应实施“阳光餐饮”工程，采取“透明厨房”“视频厨房”等形式，实现透明化、可视化安全管理，促进学校食堂诚信自律经营。

第六十六条　建立公示制度。学校应每天公示食堂原材料采购、带量食谱、饭菜价格等情况，每学期公示食堂财务收支情况，主动接受学校师生、家长和社会的监督。

第六十七条　建立责任追究制度。对违反规定、疏于管理、玩忽职守，导致学校发生食品安全事故，或迟报、漏报、瞒报学校食品安全事故造成严重不良后果的，依法追究有关单位和相关人员责任。

第十三章　附则

第六十八条　本办法由北京市教育委员会负责解释。

第六十九条　各区教委应根据本办法结合实际制定实施细则。

第七十条　本办法自2017年10月1日起施行。

北 京 市 教 育 委 员 会
北京市食品药品监督管理局
北京市卫生和计划生育委员会

关于印发《北京市中小学校外供餐管理办法（试行）》的通知

京教勤〔2017〕38号

各区教委、食品药品监管局、卫生计生委：

为进一步规范全市中小学校外供餐管理工作，切实保障学生安全、卫生、营养、健康用餐，我们制定了《北京市中小学校外供餐管理办法（试行）》，已经市教委2017年第19次主任办公会议审议通过，现印发给你们，请遵照执行。

2017年9月25日

北京市中小学校外供餐管理办法（试行）

第一章 总则

第一条 为进一步规范本市中小学校外供餐管理工作，切实保障学生安全、卫生、营养、健康用餐，根据《中华人民共和国食品安全法》《食品经营许可管理办法》《餐饮服务食品采购索证索票管理规定》《餐饮服务食品安全操作规范》《学校食堂与集体用餐卫生管理规定》《学生营养餐生产企业卫生规范》《餐饮业和集体用餐配送单位卫生规范》和《北京市食品安全条例》等法律法规及其他有关规定，结合本市实际，制定本办法。

第二条 在本市行政区域内从事中小学校外供餐的企业及其生产经营活动和需要外供餐服务的中小学（含大学附中、附小、民办学校）适用本办法。

第三条 本办法所称中小学校外供餐服务，是指经各区教委通过公开招标选定的供餐企业，为提供本区中小学校学生集体外供餐所从事的食品加工、分送等供餐服务活动。

第二章 组织管理

第四条 市教委负责传达贯彻督促落实国家和本市有关政策规定和部署要求，制定全市中小学校外供餐管理办法，开展政策研究、统筹协调和检查指导等工作。

第五条 市、区各级食品药品监督管理、卫生计生等部门，按照各自职责，共同做好中小学校外供餐的监督管理工作。

第六条 区教委是本区中小学校外供餐的主管部门，负责统筹管理本区中小学校外供餐工作；配合区食品药品监督管理、卫生计生等相关部门，依法履行各自工作职责。成立由各区教委主任任组长、主管主任任副组长、相关部门负责人任成员的中小学校外供餐工作领导小组，对本区中小学校外供餐企业实行准入管理，制定本区中小学校外供餐实施办法，严格按照“供餐企业定期自查、用餐学校日常监督、成员单位联合督查”的原则，对外供餐企业的生产经营、食品安全等进行全方位、常态化的监督管理，确保学生用餐安全。

第七条　坚持质量管理原则。外供餐企业应不断健全完善质量管理体系，一切从学生健康成长出发，充分考虑不同年龄段学生的身体发育需求和季节特点，提供品种多样、结构合理、数量充足、营养丰富的饭菜，不断提高伙食质量和服务水平。

第八条　坚持自愿选择原则。充分尊重学生个人就餐意愿，由学生家长自愿委托所在学校办理校外供餐相关事宜。

第九条　实行民主管理和社会监督。学校家长委员会和膳食委员会应参与外供餐企业选定、餐费标准、配餐食谱及对外供餐企业的服务和供餐质量进行监督。

第三章　外供餐企业的准入

第十条　坚持公开招标竞争择优原则。区教委根据本区有外供餐需要中小学校的总体情况，严格按照招投标程序统一组织进行公开招标，选定中标外供餐企业，并向社会公布选定的外供餐企业名单；中小学校从区教委通过公开招标选定的外供餐企业名单中自行选择本校的外供餐企业。中标外供餐企业的外供餐资格有效期原则上为一年。

第十一条　区教委负责制定本区中小学校外供餐企业公开招标管理办法和统一规范的外供餐服务合同。外供餐服务合同应包括外供餐企业服务标准、餐费标准、收费方式、供餐场所、违约责任、服务期限、终止办法等内容，明确双方权益和责任、食品卫生和安全、饭菜质量和价格等，合同一式三份，由学校与供餐企业每学期签订一次。

第十二条 为中小学校提供外供餐服务的企业，须具备以下条件：

（一）具备集体用餐配送资质和三年以上餐饮业经验，有良好的从业信誉，取得国家规定的从事食品生产经营活动的相关证照，主要包括：有效期内的《企业法人营业执照》《餐饮服务许可证》或《食品经营许可证》、组织机构代码和从业人员健康证明等。

（二）具有北京市餐饮服务食品安全量化分级量化等级综合评定“优秀”的等级资质（即 A★★★，A★★或 B★★★其中之一），生产经营场所、内外环境、卫生设施、工艺流程、生产用水、个人卫生、生产用具以及贮存、消毒、运输等符合《食品安全法》的有关规定，运输过程中要有符合要求的保温设施。

（三）应按照市政府《“阳光餐饮”工程工作方案》要求，实施“阳光餐饮”工程建设，通过改造建设透明玻璃隔断墙、隔断窗或安装图像采集和视频传输设备等形式，达到食品粗加工、切配、烹饪、餐饮具清洗消毒、餐厨废弃物管理等重点环节以及备餐、分餐场所等重点场所直观可视，实现加工、操作可视化、透明化，实现全程公开。

第十三条 严格中小学校外供餐企业公开招标工作程序，招标工作由各区中小学校外供餐工作领导小组负责组织实施，并重点做好以下工作：

（一）资质审查。按照本办法第十二条规定要求，严格审核企业的资质、供餐能力及服务质量。

（二）实地考察。安排专人实地考察外供餐企业的生产能力、卫生状况、工艺流程、资质信誉、资金保障、实际经营管理水平、运输路程、所需时间以及近两年经营业绩等情况。

（三）公开招标。按照公平、公正、公开的原则，统一组织公开招标，择优选择外供餐企业。公开招标工作小组人数不得少于11 人，应吸收部分中小学校长、食品安全管理人员、学生家长代表参与招评标，其中中小学校长和学生家长代表应占一定比例，加强对选定外供餐企业招标程序和过程监督。

（四）集体决定。根据实地考察和公开招标情况，结合本区中小学校对外供餐的需求量等情况，确定中标供餐企业名单，并报区教委主任办公会审议。

（五）签订合同。实行外供餐的中小学校从中标外供餐企业名单中选定外供餐企业后，应提前与供餐企业签订由区教委统一制定的供餐服务合同，并报区教委备案。

（六）签订食品安全责任书。实行外供餐的中小学校应与供餐企业签订食品安全责任书并安排专人负责食品安全工作。

第四章　外供餐学校管理服务规范

第十四条　实行外供餐的中小学校应成立以校长为组长的学生在校就餐工作领导小组，加强对校外供餐的监督管理，建立健全相关工作制度，制定食品安全突发事件应急预案，公开相关财务收支状况等信息。

第十五条　学校应配备专（兼）职食品安全管理人员，负责对外供餐企业配送食品的监督管理工作。食品安全管理人员应掌握食品卫生和膳食营养的基本知识，在学生每次用餐前认真做好配送食品检查，每餐次的食品成品必须留样，每个品种留样量不少于100克，并记录留样食品名称、留样量、留样时间、留样人、审核人员等，按品种分别盛放于清洗消毒后的密闭留样专柜（冰箱）内，在冷藏条件下保存48小时以上。区教委应定期组织食品安全管理人员专业培训。

第十六条　学校应主动为供餐企业创造良好的供餐条件，并协助做好餐食分发、保温等工作。

第十七条　学校应合理安排管理教师或学生就餐监督员，加强就餐秩序的管理，督促组织学生在规定地点和时限内按时就餐，教育引导学生养成良好的饮食习惯，树立合理膳食观念，做到珍惜粮食、节约用餐、安全用餐、文明用餐，杜绝浪费现象。

第十八条 学校应在每学期开学初向学生和学生家长公布外供餐企业名称、供餐合同、餐费标准、主副食的餐量等基本信息，定期公布伙食账目，每周公布供餐带量食谱，可安排教师和学生代表作为外供餐义务监督员，或设立家长开放日，让全体师生、学生家长对学生外供餐进行有效监督。

第十九条 建立供餐满意度测评制度。学校膳食委员会每周对供餐饭菜质量进行满意度测评，并将测评结果进行公开。学校每学期应至少开展2次外供餐满意度调查，组织师生对饭菜质量、数量、价格、卫生和服务等方面进行全面评价，并及时与供餐企业进行沟通，提高餐饮质量和服务管理水平。

第五章 外供餐企业的日常监管

第二十条 实行外供餐的中小学校应加强对外供餐企业的日常监督，确保外供餐企业配送的食品符合国家和本市对配送食品的标准、质量、温度等要求；确保配送食品的包装餐盒、箱符合国家食品及包装标准要求，食品的外包装及标签应明确：生产单位名称、地址、联系电话、生产日期和进食时限等。

第二十一条 全面加强外供餐企业的监督管理

（一）定期考察。学校每学期至少应安排专人到外供餐企业实地考察一次，并做好考察记录。

（二）动态管理。原则上每年进行一次。

（三）建立备案制度。中小学校不得随意擅自变更外供餐企业，确定、变更外供餐企业须报区教委备案审查。

（四）强化联合检查。区教委应与区食品药品监督管理、卫生计生等部门联合采取定期与不定期检查相结合的方式，对外供餐企业食品安全工作进行监督检查。每年春秋季开学前后，重大节日，中、高考时段为固定检查时间。同时，每季度应至少安排一次抽查。检查重点内容是：外供餐企业在有效期内的《企业法人营业执照》《餐饮服务许可证》或《食品经营许可证》、各项食品安全管理制度与岗位责任制、前次检查问题整改落实情况、从业人员健康体检和培训、饮用水水质消毒检测、存在的问题和隐患等。对受检外供餐企业存在的食品安全隐患，要下达整改通知书，限时整改并进行复查。

第六章 外供餐企业管理服务规范

第二十二条 外供餐企业应主动接受属地食品药品监督管理、卫生计生、教育等相关部门及学校、餐饮行业的监督管理与指导。

第二十三条 外供餐企业应与学校签订有效的供餐服务合同后，方可为学生供餐。

第二十四条 外供餐企业应在中标并签订供餐服务合同后、送餐前，购买学生外供餐责任保险。

第二十五条 外供餐企业不得转让或分包中小学供餐业务。

第二十六条 外供餐企业应严格遵守食品卫生安全等方面的法律法规，为学校提供“安全、卫生、营养、健康”的外供餐服务，在认真执行《餐饮业和集体用餐配送单位卫生规范》和《餐饮服务食品安全操作规范》等有关要求的基础上，还应符合以下规范：

（一）保证送达学校的食品质量，不得加工隔餐的剩余食品，不得配送冷荤凉菜食品，不得将回收后的食品经加工后再次销售。需要熟制加工的食品应烧熟煮透。食品变质变味的，必须全部收回并销毁。按规定落实食品留样制度，并将留样食品冷藏保存在清洗消毒后的密闭专柜（冰箱）内 48 小时以上，以备追索与查验。

（二）分装、贮存、运输食品的温度和时间应当符合食品安全要求，并在食品包装明显位置注明配送单位、制作时间、保质期等内容，必要时注明保存条件和食用方法。应配备使用具有保温设施的专用封闭车辆配送食品，每次运输食品前后必须进行清洗消毒，保持清洁卫生。

（三）进一步改进供餐方式，采取外供餐桶装运输到校，再进行二次分餐的方式，避免浪费发生。

（四）预先做好供餐应急预案。对因交通、卫生、天气等原因影响供餐的紧急情况进行妥善处置，确保按时送达供餐。

（五）建立供餐信息反馈制度。每月征求学校、学生及学生家长的意见，加强成本核算，在学校公示供餐成本，不断提高饭菜质量和服务水平，做到诚信自律经营。

（六）制定食物中毒或者其他食源性疾病等突发事件的应急预案。发生食物中毒或疑似食物中毒等突发事件的，应当按照《食品安全法》《学校食堂与学生集体用餐卫生管理规定》处理，并立即向区食品药品监督管理、卫生计生、教委等部门报告。

第二十七条 外供餐企业应了解中小学校教育教学和学生成长发育的特点，充分认识中小学校外供餐的公益性特征，培育为学生提供优质餐饮服务的经营理念，讲求社会效益。

第二十八条 推行营养食谱制度。外供餐企业应以改善学生营养、增强学生体质、促进学生健康成长为目标，配备专职营养师，根据不同年龄阶段学生的成长规律和营养需求，参照有关营养标准，优化配餐方案，制定品种多样、营养均衡、定量适宜、结构合理、安全卫生、经济可口的每周带量供餐食谱，并提前在供餐学校公示。膳食营养计划和食谱应当保存一个学年。

第七章 外供餐企业退出

第二十九条 外供餐企业出现下列情况之一者，经区教委核实后应停止其向学校供餐并终止供餐服务合同，及时向社会发布公告。

（一）达不到餐饮服务食品安全量化分级量化等级综合评定为“优秀”（即 A★★★，A★★或 B★★★其中之一）的。

（二）食品药品监督管理部门在日常监督检查中发现存在采购或加工《食品安全法》禁止生产经营的食品、使用非食用物质及滥用食品添加剂、降低食品安全保障条件等食品安全问题的。

（三）未按供餐服务合同约定建立相关制度或执行制度不力，经营管理混乱，存在食品安全隐患，被食品药品监督管理部门处罚且限期整改不力的。

（四）降低供餐质量标准、随意变更供餐食谱的。

（五）在为学校供餐过程中发生转包、分包行为，或擅自更换履约人、变更供餐生产地址等其他违反法律法规或供餐服务合同行为的。

（六）无正当理由出现 2 次供餐迟到半小时以上的。

（七）外供餐企业与学校间有商业贿赂等不正当经营行为的。

（八）不尊重少数民族学生餐饮习惯，致使学生产生不满情绪，导致引发影响稳定问题的。

第三十条 外供餐企业出现下列情况之一者，经区教委核实后应取消其供餐资格，并及时向社会发布公告。

（一）违反食品安全法律法规，被食品药品监督管理部门吊销或注销《食品生产许可证》，《食品流通许可证》《餐饮服务许可证》或《食品经营许可证》的；违反相关法律法规，被登记机关吊销营业执照的。

（二）生产经营不符合食品安全卫生标准，发生食品安全事故，造成学生食物中毒或其他食源性疾病的。

（三）因违法采购不合格食品原材料或掺假用假，加工无证、过期、有害食品，危害学生健康或服务质量存在问题及其他原因而引起群体性事件，影响恶劣的。

（四）存在其他严重违法、违规、违约行为，影响恶劣的。

第三十一条 外供餐企业由于自身原因，主动申请退出的，须提前一学期向学校和区教委报备。

第八章 责任追究

第三十二条 中小学校有下列情形之一的，由区教委责令改正，并给予通报批评：

（一）委托不具有供餐资格的外供餐企业提供外供餐服务的。

（二）不与外供餐企业签订供餐服务合同的。

（三）未建立校长负责制和供餐食品安全卫生管理制度的。

（四）未安排专（兼）职食品安全管理人员的。

（五）违反本办法第四章的规定，造成不良后果的。

第三十三条 外供餐企业不履行或不正确履行食品安全职责，由区食品药品监督管理部门责令改正并追究相应责任。

第三十四条 外供餐企业违反本办法第六章的规定，造成不良后果的，由区教委、食品药品监督管理、卫生计生等部门按照各自职责责令改正并追究相应责任。

第三十五条 外供餐企业造成食品安全事故的，由区食品药品监督管理、卫生计生等部门依法对直接负责的主管人员和其他直接责任人员追究相应责任；构成犯罪的，依法追究刑事责任。

第三十六条 区教委和学校相关人员在中小学校外供餐工作中玩忽职守、疏于管理，造成不良后果的，由有关部门依法给予行政处分；构成犯罪的，依法追究刑事责任。

第九章 附则

第三十七条 本办法由北京市教育委员会负责解释。

第三十八条 本办法自 2017 年 10 月 1 日起施行。

北京市教育委员会
北 京 市 财 政 局

关于调整基础教育学校生活补助标准等政策的通知

京教财〔2017〕18号

各区教委、财政局，燕山教委、财政分局：

为落实《国务院进一步完善城乡义务教育经费保障机制的通知》（国发〔2015〕67号）精神，缓解城乡家庭经济困难学生家庭负担压力，现将调整基础教育学校生活补助标准等有关事项通知如下：

一、进一步提高基础教育相关学生生活补助标准

本市九年义务教育学校就读的具有本市学籍的四类寄宿学生，以及在特殊教育学校就读的具有本市户籍的普通高中、职业高中残疾寄宿学生生活补助标准由原来每人每月240元提高至小学每人每月300元、初中及以上每人每月360元，每年按10个月计发，同时免收住宿费。义务教育阶段四类寄宿学生包括：

1. 具有本市学籍在本市中小学就读的城乡低保家庭寄宿学生。

2. 具有本市学籍在本市特殊教育学校就读的残疾寄宿学生（含随班就读学生）。

3. 具有本市学籍在十个远郊区公办农村寄宿制中小学就读的寄宿学生。

4. 具有本市学籍在本市工读学校就读的寄宿学生。

二、进一步扩大助学补助范围

将助学补助范围调整为具有本市学籍，在本市义务教育学校就读的城乡低保家庭学生、残疾学生（含随班就读学生）、工读学生及户籍在山区的学生，按照每人每年300元的标准给予助学补助。在本市特殊教育学校就读的具有本市户籍的普通高中、职业高中残疾学生免收学费和教科书费，寄宿生免收寄宿费，同时每人每年发放300元助学补助。

三、资金来源

生活补助、助学补助以及普通高中、职业高中残疾学生免收学费和教科书费所需资金由市级财政保障，免住宿费所需资金由各区财政负担。

四、实施时间

上述政策自2017年秋季学期起执行。由市财政局、市教委负责解释。《北京市教育委员会北京市财政局关于进一步完善本市高中阶段残疾学生资助政策及提高公办义务教育学校四类寄宿学生伙食补助标准的通知》（京教财〔2008〕38号）、《北京市教育委员会北京市财政局关于提高公办义务教育学校四类寄宿学生及特教学校高中阶段寄宿学生伙食补助标准的通知》（京教财〔2012〕11号）同时废止。此前规定与本通知不一致的，按本通知执行。

2017年10月17日

北 京 市 教 育 委 员 会
北京市人民政府教育督导室

关于进一步加强控辍保学提高义务教育巩固水平的通知

京教基一〔2017〕17号

各区人民政府：

根据国务院办公厅《关于进一步加强控辍保学提高义务教育巩固水平的通知》（国办发〔2017〕72号）要求，为进一步提高我市义务教育巩固水平，结合实际情况，现就有关工作通知如下：

一、提高认识，高度重视义务教育控辍保学工作

义务教育是国家统一实施的所有适龄儿童少年必须接受的教育，依法予以保障是各级政府的法定责任。做好控辍保学，是义务教育发展提高的基础性工作，党中央、国务院高度重视义务教育工作，要求各地采取强有力措施切实解决义务教育学生失学辍学问题，确保实现2020年全国九年义务教育巩固率达到95%的目标。我市义务教育面临较为复杂的形势，在校学生中流动人口占有较大比重；教育需求多元，出国留学人数逐年增长；困境儿童、农村留守儿童辍学风险不容忽视。对照目标，控辍保学任务仍然艰巨，各区政府要予以高度重视和重点保障。

二、精准发力，增强控辍保学工作的针对性

我市于1993年在全国率先实现义务教育“双高普九”以来，

始终坚持义务教育巩固提高任务的落实。加大投入，高标准落实义务教育经费保障和免费政策，推动义务教育均衡发展。2015 年全市 16 个区一次性通过“县域义务教育基本均衡”国家验收认定后，市委市政府印发了《关于推进义务教育优质均衡发展的意见》，2017 年出台城乡义务教育一体化发展政策，推动我市义务教育向更加公平、均衡、优质发展。我市九年义务教育入学率达到较高水平，然而，随着城市化进程加快，受各种因素影响，特别是受特大城市治理与产业、人口疏解等政策影响，初中在读非京籍学生流动性增加，给控辍保学工作带来新的挑战；流动、留守儿童及困境儿童辍学风险依然存在；出国留学低龄化趋势明显。要准确把握我市义务教育发展特点，突出控辍保学的工作重点，精准施策。要将流动人口集中的地区作为重点监测地区，初中作为重点监测学段，流动儿童、留守儿童及困境儿童作为重点监测群体，学籍接转追踪和精细化管理作为重点工作环节。

（一）完善学生跨地区接转机制，对流动儿童少年学籍情况进行动态监测。学籍管理部门要利用电子学籍等信息技术手段，实时掌握学生学籍变动情况，发挥全国学籍联网优势，做好辍学学生的标记登记工作。完善流入流出地学籍接转机制，追踪流动儿童少年就学动态情况，实现联控联保。

（二）严格义务教育阶段学生出国留学信息管理，实行登记备案制度。学校要规范在校生出国留学申请程序，履行相关手续，并及时向区教育行政部门报备情况。区教委做好统计和信息登记工作，掌握每个学生流向，做到底数清，情况明。

（三）加强困境儿童、农村留守儿童教育保障工作。落实好北京市政府《关于加强困境儿童和留守儿童保障工作的实施意见》。加快推进家庭尽责、政府主导、社会参与的保障主体多元化的工作格局。重点落实以下几项任务：一要完善两类儿童保障的专项工作机制，专人负责，部门协同，责任到人；建立两类儿童数据库，及时更新，动态管理，精准保障。二要落实教育保障的任务，强化学校支持保障体系，做到"应保尽保"全覆盖，提供分类教育资助和入学保障。落实国家和北京市有关家庭经济困难学生教育资助政策，对符合条件的困境儿童做好入学、转学工作。切实改善学校办学条件，优先满足留守儿童寄宿需求。三要建立学习困难学生帮扶机制，着力消除因学习困难造成厌学辍学。四要强化落实困境儿童、农村留守儿童控辍保学机制，规范落实辍学学生登记、劝返复学和书面报告制度，确保困境儿童、留守儿童"进得来、留得住、学得好"。

三、立足根本，促进义务教育优质均衡发展

（一）补齐短板，落实市政府关于城乡义务教育一体化各项举措。立足北京城市功能战略定位，针对当前本市城镇学位紧张和农村义务教育质量相对较弱的问题，一要合理规划学校布局，通过学校新建改扩建和挖潜等多种渠道，增加学位供给；二要加大对农村教育的政策倾斜和支持力度，改进农村学校管理，加强教师队伍建设，强化对农村教师的专业支持，提高教育教学水平。按照"保基本、补短板、促均衡、上水平"的工作思路，坚持扩大增量与盘活存量相结合，统筹推进与突出重点相结合，促进均衡与提高质量相结合，进一步优化城乡义务教育资源配置，加快缩小城乡义务教育发展差距，全面提高农村地区义务教育基本公共服务水平。

（二）提升质量，推动义务教育优质均衡发展。认真贯彻落实《关于推进义务教育优质均衡发展的意见》，确保各项任务落实。到2020年，在确保各区义务教育均衡发展的基础上，优质教育资源覆盖面进一步扩大，全市义务教育实现更高水平的优质均衡发展。深化教育机制体制改革，政府统筹推进义务教育发展机制更加健全，教育治理体系逐步完善，学校自主发展活力进一步增强；教育教学改革持续推进，义务教育质量得到全面提高，多样化、个性化教育需求得到更好满足，困难群体、特殊群体教育保障水平进一步提高，义务教育满意度进一步提升。

四、健全机制，落实责任，巩固控辍保学效果

（一）建立依法控辍机制，强化未成年人保护主体责任。区政府要与各街道办事处和乡（镇）人民政府签订控辍保学责任书，严格落实《义务教育法》《未成年人保护法》等法律法规，强化区人民政府履行控辍保学主体责任。完善行政督促复学机制，加强宣传，督促父母或其他法定监护人依法送适龄儿童少年入学并完成义务教育。学校要建立和完善辍学学生劝返复学、登记与书面报告制度，加强家校联系，配合政府部门做好劝返复学工作。落实家长责任，无正当理由未送适龄儿童少年入学或造成辍学，由当地街道办事处、乡镇人民政府或区教育行政部门给予批评教育，责令限期改正；逾期不改的，由司法部门发放相关文书，敦促其保证学生复学；情节严重构成犯罪的，依法追究刑事责任。对违反《义务教育法》导致学生辍学，任何社会组织或个人有权向有关国家机关进行举报，共青团、妇联、残联、社区要在控辍保学中发挥各自的作用。

区政府要配合区人大及常委会加强对义务教育控辍保学的监督及执法检查。

（二）完善控辍保学督导检查机制和考核问责机制。教育督导部门要对义务教育控辍保学工作开展专项督导，把控辍保学作为责任督学日常督导的重要内容，督促各区切实履行职责。市教委职能处室要加强对各区工作的检查指导，督促区人民政府排查情况，摸清底数，制定工作方案，做深做好做实控辍保学工作。

建立约谈制度和通报制度，实行督导检查结果公告、限期整改和责任追究。将义务教育控辍保学工作纳入各区政府考核体系，并作为对区政府及主要领导考核的重要指标。

2017年10月18日

北　京　市　教　育　委　员　会
北京市发展和改革委员会
北　京　市　财　政　局
北　京　市　公　安　局
北京市食品药品监督管理局
北京市卫生和计划生育委员会
北京市社会建设工作办公室

关于印发《北京市学前教育社区办园点安全管理工作基本要求（试行）》的通知

京教学前〔2017〕4号

各区人民政府及相关委办局：

为贯彻落实《北京市第三期学前教育行动计划》，丰富办园形式，提供多样化的学前教育服务，同时更好地应对“全面二孩”政策所带来的人口高峰，着力解决当前存在的“入园难”问题，积极发展学前教育，满足适龄儿童入园需求，现将《北京市学前教育社区办园点安全管理工作基本要求（试行）》印发给你们，请按照如下要求认真贯彻执行：

一、各区应根据当地经济发展情况与常住适龄儿童的实际，积极创造条件新建、改扩建幼儿园，鼓励社会力量办园，多种形式扩大学前教育资源，解决适龄儿童的看护困难。

二、各区应依托街道和乡镇，盘活辖区内的闲置资源，设立一批接收3～6岁儿童接受保育和教育的社区办园点，可由个人、单位和社会组织来承办，教育部门对其负主要管理责任。

三、各区教育部门应联合乡镇、街道对现有的无证幼儿园进行排查，对条件较好的无证幼儿园给予支持和帮助，创设条件使其符合社区办园点的要求，并对社区办园点的举办者加强管理和引导，规范其行为。同时加强社区办园点举办者与家长双方之间民事基本法律关系的宣传教育，引导其通过订立契约的方式确定双方的权利义务关系，发生纠纷按照法定途径解决民事纠纷。

四、教育部门要会同卫生、消防、食药监等相关行政部门加强对社区办园点日常工作的指导，并为社区办园点工作人员提供相关的职业培训服务，确保社区办园点工作的规范。

五、市区两级财政部门应按照事权与支出责任做好社区办园点管理工作的经费保障。保障社区办园点的规范管理、检查指导、人员培训和奖励。

附件：北京市学前教育社区办园点安全管理工作基本要求（试行）

2017 年 11 月 9 日

附件

北京市学前教育社区办园点安全管理工作基本要求（试行）

为丰富我市办园形式，为社会提供多样化学前教育服务，根据《幼儿园工作规程》，参照《北京市幼儿园办园条件基本标准》和《北京市举办小规模幼儿园暂行规定》，制定北京市学前教育社区办园点（以下简称社区办园点）安全管理工作基本要求，提升社区办园点管理水平，保证社区办园点的质量和社区办园点幼儿的安全。

一、工作职责与分工

各区教育部门对区域内社区办园点的工作负主要管理责任，要全面了解区域内社区办园点数量和安全状况，对办园点进行备案，及时做好监管工作。街道乡镇、卫生、公安、住建委、食药监等部门要积极配合，做好对日常看护工作的业务和安全指导，帮助做好相关培训工作。

二、设施设备安全要求

（一）园舍安全要求

1. 选址。园舍必须设置在安全区域内，严禁在污染区、危险区、噪音大的区域或附近设置社区办园点。（周围应无污染、无噪音影响、无治安乱点和游商摊贩。不应与易燃易爆生产、储存、装卸场所相邻布置，远离高压线、垃圾站及大型机动车停车场）。办园点的儿童活动场所应设置在建筑的三层及以下，不应设置在地下、半地下建筑（室）内或其他楼层内，建筑耐火等级不应低于二级。

2. 房屋手续。已取得房屋所有权证（不动产权证）或其他可以证明房屋合法有效的证明材料（尚未取得房屋所有权证或不动产权证的，须提供相关部门批准建设、使用的证明材料，或乡镇产权房屋的相关证明）。

通过租赁房屋设立学前社区办园点的，房屋租赁期应不少于3年，且举办者应提供房屋产权证明材料和相应的经过公证部门公证的具有法律效力的租赁契约。不得租用危房等不适合教育活动的场所。同时，办园点不应使用“幼儿园”的名称命名。

按照《中华人民共和国消防法》和公安部《建筑工程消防监督管理规定》《消防监督检查规定》，依法进行建设工程消防设计审核、消防验收或进行消防设计、竣工验收消防备案，未经审批合格不得投入使用。

3. 出入口。设有独立进出的大门、大门前要有醒目的机构标志。建筑内设置的安全出口、疏散楼梯、疏散指示标志和应急照明等应符合《建筑设计防火规范》等国家工程建设消防技术标准。社区办园点活动场所及周边环境无安全隐患。

4. 面积。每班幼儿活动室生均使用面积不低于1平方米，若活动室与睡眠室共用，生均使用面积不低于2平方米。

5. 活动室。幼儿活动室应在一至二层（含二层）。

6. 食堂。食堂应取得《食品经营许可证》（社区办园点应该以单位法人登记证或者营业执照等合法办学资质载明的主体作为申请人，申请办理食品经营许可），有独立的厨房，配备冰箱、水池等基本设施，满足幼儿食品的烧煮、存放、加热需求，做好消毒工作。远离垃圾箱、粪池等污染源。如无设置食堂的条件，可选择有资质的送餐公司结合幼儿园的营养膳食标准配送营养餐。

7. 厕所。有独立的儿童厕所，具备洗手、通风照明条件。保持清洁卫生，没有异味。

8. 通道。楼梯、走廊及其他安全通道设置合理，有充足的照明，疏散标志明显，确保畅通。

（二）常规设施设备安全要求

1. 消防设施。园内配置的消防设施、灭火器、物联网远程监控和电气火灾监控系统应符合《建筑设计防火规范》《消防给水及消火栓系统技术规范》《火灾自动报警系统设计规范》以及《建筑灭火器配置设计规范》等国家工程建设消防技术标准。

2. 电器设备。使用各种电器必须符合国家安全标准。照明设备正常有效。应急照明灯在主要通道设置及楼梯间设置，楼梯间不少于1盏，同时要根据通道长短设置应急照明灯。各类用电设备与线路、开关相匹配，符合安全标准。电源、插座等设置高度不得低于1.8米。

3. 技防设施。应当在社区办园点出入口及儿童活动区安装视频安防监控系统、紧急报警装置，且紧急报警系统应与当地公安系统联网，并经公安部门评审验收，安排专人实时监控，及时报警。监控视频记录应保存30天。在警卫室（或门卫）应配备处置各类个人极端行为的警棍、防刺服、钢盔、盾牌等设施。

4. 生活设施。配备适合儿童年龄特点的桌、椅、儿童床。桌、椅、儿童床应符合安全要求，不得存在尖角、裸露在外的铁钉等可能对儿童造成伤害的安全缺陷。

5. 卫生设施。配备流动水洗手设备、肥皂、毛巾架（架间距应满足毛巾间不相互接触与交叉）、每生专用毛巾、口杯等。配备卫生保健箱，箱内物品包括创可贴、医用纱布、医用棉花、医用棉签、医用绷带、胶布、医用乳胶手套、消毒压舌板、体温计、手电筒及外用药（碘伏、75%酒精）等。配备常用消毒剂、紫外线消毒灯或其他空气消毒装置。

6. 游戏活动设施。各类玩具应符合安全、卫生、无毒要求。玩具数量应不低于《北京市幼儿园玩具配备目录》规定数量的1/2，保证幼儿活动需要。玩具架、图书架等须安全、牢固且便于儿童取放。

三、人员基本条件

（一）社区办园点的举办者应具有北京市户籍或是持有本市有效居住证且连续三年（含）以上在本市缴纳社会保险和个人所得税的非本市户籍人员，并且无犯罪记录。

（二）社区办园点的工作人员进行实名制管理。应将社区办园点聘用的看护人员、保安、食堂工作人员及其他勤杂人员等基本情况造册（应注明姓名、性别、年龄、身份证号码、原户口详址及现在居住地址等），及时上报辖区派出所，办理居住证，纳入人口管理。

（三）社区办园点的工作人员应当身体健康，无精神病史。社区办园点工作人员必须持有《托幼机构工作人员健康合格证》。社区办园点应组织在岗工作人员每年进行1次健康检查；在岗人员患有传染性疾病的，除国家有规定外，应当立即离岗治疗，治愈后，需持二级及以上医疗卫生机构出具的诊断证明后方可上岗。

（四）社区办园点的保教人员须持证上岗，年龄不超过55周岁，且具有完全民事行为能力。保教人员与办园点幼儿比例控制在1∶10～1∶12。

（五）社区办园点应配备专、兼职卫生保健人员，上岗前需经过培训并取得《北京市托幼机构卫生保健人员培训证》，定期参加教育部门、疾病预防控制机构和妇幼保健机构组织的业务培训。

（六）社区办园点必须聘请有资质的安保人员，专门从事值勤守护工作，定期参加相关主管部门开展的业务技能培训。安保人员应当无违法犯罪记录。

四、安全管理要求

（一）明确安全责任人。社区办园点的举办者是安全第一责任人，应参加区相关主管部门的安全工作培训。

（二）明确岗位责任。上班期间带班人员不离岗，不离开孩子，发现孩子有异常现象应当及时向保健员和办园点负责人汇报，并采取相应的措施；加强对幼儿的午睡管理；盥洗用水应先放冷水再放热水，避免烫伤。如发生火灾等应急事故，首先保护、引导幼儿疏散至安全地点。

（三）严格执行接送制度。社区办园点严格执行幼儿接送制度，确保幼儿接送环节的安全。

（四）认真实施健康检查，落实传染病登记报告制度。坚持幼儿新入园前健康检查与定期健康检查，同时了解幼儿疾病史、传染病史、疫苗接种情况、过敏史、家族史和生活习惯等，建立幼儿健康检查情况记录。严格执行每日晨检和全日健康观察制度并做好因病缺课病因追查记录和传染病登记报告，认真做好一摸：有否发烧；二看：咽部、皮肤和精神状态；三问：饮食、睡眠、大小便情况；四查：有无携带不安全物品，发现问题及时处理。建立完善的服药制度，凭医生处方服药。

（五）加强门卫管理。严格遵守门卫制度，以每班次不少于1人在岗为标准设置专职保安员，对外来人员做好身份确认和信息登录，阻止外来车辆进入看护点。

（六）建立设施设备维护制度。定期检查液化气、电、水、大型玩具等，确保安全无隐患；定期对电器设备进行维修、保养；电源插座应安装在离地面1.8米以上的地方；无违章用火用电现象；定期对消防设施进行维修、保养，保证消防设施完好有效，疏散通道、安全出口畅通。

（七）严格落实环境卫生管理制度。桌椅、台面、玩具柜及玩具要定期清洁消毒保持整洁；经常保持室内空气流通；厕所要整洁通风，定时打扫并消毒，保证无污迹及臭味，地面无积水，加强手卫生。夏季有防暑降温设备。

（八）严格落实食品、饮用水卫生管理制度，加强膳食营养管理。明确专人管理食品采购、运输、储存、加工、留样、餐具消毒等，操作卫生规范，每日提供符合安全要求的饮用水及符合儿童营养需求的膳食。

（九）安全隐患定期排查制度。定期排查各类安全隐患并及时整改，建立排查整改台账；在上级安全工作检查中收到整改通知后及时整改。

（十）建立安全日志与档案。安全日志记录完整，并及时处理日志中发现的安全问题。安全工作分类建档，完整完善。

（十一）制定火灾、外来暴力侵害事件、食品卫生事故、自然灾害事故、传染病等方面的应急预案，明确相关责任人和应急措施。

北京市教育委员会

关于做好普通高等学校学生转学工作的意见

京教学〔2017〕10号

各普通高等学校、研究生培养单位：

为落实《普通高等学校学生管理规定》（教育部令第41号，以下简称《规定》）关于转学的有关要求，根据区域内转学实行备案、跨省转学需要省级教育行政部门确认的原则，结合北京实际，提出如下意见，请认真遵照执行。

一、转学条件

（一）学生一般应当在被录取学校完成学业。本专科学生因患病或者有特殊困难、特别需要，无法继续在本校学习或者不适应本校学习要求的，可以申请转学。研究生除上述条件外因为导师工作调动或健康原因不能继续指导，可以转学。

（二）申请转学的本专科学生高考分数应达到拟转入学校相关专业在生源地相应年份的高考录取分数；申请转入学校不高于转出学校的层次、学科专业水平；申请转学的研究生需通过拟转入学校学位评定委员会组织的专业考核或学业水平评估。

（三）转学工作要服务首都功能，严格审查转学条件，学生有下列情形之一的，不得转学：

1. 入学未满一学期或者毕业前一年的；

2. 高考成绩低于拟转入学校相关专业在同一生源地相应年份录取成绩的；

3. 由低学历层次转为高学历层次的；

4. 以定向就业招生录取的；

5. 研究生拟转入学校、专业的录取控制标准高于其所在学校、专业的；

6. 无正当转学理由的。

二、转学材料

学生申请在北京地区高校间转学，由转入学校向市教委提交填写完整的《北京地区普通高等学校学生转学申请（备案）表》（转出学校和转入学校签署意见并加盖公章），其他材料由学校存档。

学生申请跨省转学，除《北京地区普通高等学校学生转学申请（备案）表》外，学校还应提交如下材料：

（一）有学生本人签名的转学申请（不满 18 周岁的学生，附加其法定监护人签字）；

（二）普通高等学校录取新生名册复印件；

（三）转学学生在校成绩单；

（四）转入学校同意学生转入的校长办公会或专题会议研究决定；

（五）转出学校对转学学生进行公示及结论的说明，该生无法继续在本校学习或不适应本校学习要求的情况说明；

（六）转入学校对转学学生情况进行公示及结论的说明；

（七）因病申请转学需提交转出、转入学校认可的医疗机构的诊断证明；

（八）研究生申请转学的，拟转入学校需出具导师同意证明。其中，由于导师工作调动原因申请转学的，还需由拟转入学校人事部门出具导师调入证明，由于导师健康原因申请转学的，还需由转出学校出具导师不能继续指导的证明；

（九）转入学校提供相关材料证明拟转入专业的学科水平不高于转出学校的专业学科水平；

（十）其他相关证明材料。

上述属学校提供的材料应加盖校章。

三、转学程序

（一）北京地区高校间转学备案程序

学生本人提出申请，说明理由，经所在学校和拟转入学校同意，由转入学校负责审核转学条件及相关证明，认为符合本校培养要求且学校有培养能力的，经学校校长办公会或者专题会议研究决定，可以转入。研究生转学还应当经拟转入专业导师同意。

学生申请北京地区高校间转学的，转入学校应在转学完成后3个月内，将《北京地区普通高等学校学生转学申请（备案）表》报市教委备案。

（二）跨省转学确认程序

1. 学生转学由学生本人提出申请，说明理由，经所在学校和拟转入学校同意。

2. 拟转入学校负责审核转学条件及相关证明，认为符合本校培养要求且学校有培养能力的，经学校校长办公会或者专题会议研究决定，可以转入。研究生转学还应当经拟转入专业导师同意。

3. 市教委在每年的 6 月和 12 月受理跨省转学确认工作。学校在规定时间内将学生转学材料送至北京市政务服务中心（地址：北京市丰台区西三环南路 1 号），中心工作人员对转学材料进行初步审查，对符合规定要求的，出具转学材料受理通知书。

4. 市教委于当年的 7 月和第二年 1 月在网站（www. bjedu. gov. cn）对转学事项和有关材料公示 5 个工作日。公示期间如有异议可向市教委学生处反映。公示没有异议的，提交市教委主任办公会研究（每年两次）。经研究确认转学的，转学结果在市教委网站（www. bjedu. gov. cn）予以公告。

不符合转学规定要求的，将材料退回北京市政务服务中心受理窗口，返还学校。

5. 由北京地区高校转到京外高校。转出学校和转入学校在《北京地区普通高等学校学生转学申请（备案）表》上签署意见并盖章，经转出学校报市教委确认后，由市教委商拟转入学校所在地省级教育行政部门确认后办理转学手续。

6. 由京外高校转入北京地区高校。填写北京地区或转出学校所在地省市普通高等学校学生转学申请（备案）表，转出学校和转入学校签署意见并盖章，转出学校报所在地省级教育行政部门确认后，由转出学校所在地省级教育行政部门商我委确认后办理转学手续。

四、工作要求

（一）学校是学生转学工作的责任主体。各学校要按照《规定》要求制定学生转学的具体办法，建立健全转学信息公示和公开机制，接受学生、社会的监督。

（二）对于逾期不备案的，市教委将不予受理备案；对于备案材料不符合相关要求的，市教委将责令学校补充、完善后再予备案。

（三）学生申请跨省转学的，需由转出地省级教育行政部门商转入地省级教育行政部门，按转学条件确认后，转出学校和转入学校通过“中国高等教育学生信息网（学信网）”办理数据标注。

（四）按照教育部要求，市教委对学校转学行为进行监督和管理，及时纠正违规转学行为。每年的6月和12月，转入学校要将《转学情况半年汇总表》（附件5）报市教委。对于因审核把关不严、未按《规定》和本文件要求转学的，市教委除责令学校退回已转入的学生外，还将按照干部管理权限，提请有关部门追究相关领导和责任人的责任，涉嫌犯罪的，移交司法机关依法处理。

五、其他事项

（一）本意见自发布之日起执行，《北京市教育委员会关于切实做好普通高等学校学生转学工作的实施意见（试行）》（京教学〔2016〕2号）同时废止。

（二）本意见适用于北京市行政区域内普通高等学校、承担研究生教育任务的科学研究机构对接受普通高等学历教育的研究生和本科、专科（高职）学生的管理。

（三）成人高等教育转学参照本意见执行。

（四）本意见由北京市教育委员会负责解释。

附件：1. 北京地区普通高等学校学生跨省转学申请（备案）表（略）
2. 北京地区普通高等学校之间学生转学备案表（略）
3. 北京地区普通高等学校学生拟转学情况公示（模板，略）
4. 北京市教育委员会关于北京地区普通高等学校学生转学结果的公告（模板，略）
5. 转学情况半年汇总表（略）

2017年11月30日

北京市教育委员会

关于进一步加强北京实验室建设的意见

京教研〔2017〕17号

各有关高等学校：

为贯彻落实《国家创新驱动发展战略纲要》《统筹推进世界一流大学和一流学科建设总体方案》《北京加强全国科技创新中心建设总体方案》《北京城市总体规划（2016年—2035年）》等文件精神，全面提升高校自主创新能力和贡献力，依据《关于提升北京高校科技创新能力的意见》（京教研〔2017〕9号），在总结“十二五”期间北京实验室建设经验的基础上，结合经济社会发展需求和北京高校科技创新现状，现就进一步加强北京实验室建设提出如下意见：

一、充分认识加强北京实验室建设的重要意义

北京实验室是高水平科技创新的重要平台。北京实验室建设聚焦国家战略和北京经济社会发展重大需求，依托高校优势特色学科和资源，汇聚人才、创新机制，强化技术源头供给、解决发展重大问题，有利于全面提升高校科技创新能力，有利于更好服务首都经济社会发展。

北京实验室是高水平学科建设的重要支撑。北京实验室建设围绕关键科学问题、行业共性技术问题、重大社会民生问题，鼓励整合校内外优势学科资源，鼓励学科交叉融合，有利于提升高校和学科的综合实力和国际竞争力，有利于推进一流大学和一流学科建设。

北京实验室是高水平人才培养的重要载体。北京实验室建设围绕科学前沿和重大任务，汇聚一流的人才和团队、优势的学科和平台、优质的资源和条件，有利于构建科研育人长效机制，有利于提升创新型人才培养质量。

二、指导思想

全面贯彻党的十九大精神、习近平总书记系列重要讲话精神和两次视察北京重要讲话精神，深入落实首都城市战略定位，按照国家急需、首善标准的要求，以国家和北京战略需求为导向，以提升高校创新和贡献能力为核心，以集聚创新资源为基础，以深化机制体制改革为动力，以促进科教融合为主线，整合创新资源，加强北京实验室建设，着力建设高质量创新平台，打造高层次创新人才队伍，提升创新型人才培养质量，构建北京实验室发展体系，进一步提升北京高校在首都“四个中心”建设和国际一流和谐宜居之都建设中的作用和贡献。

三、基本原则

坚持服务需求。聚焦国家战略和北京经济社会发展重大需求，超前部署、集中优势、明确方向，积极承担国家和北京市重大任务，解决重大科学问题，突破关键共性技术，为创新驱动发展提供源头供给。

坚持创新引领。把握世界科技前沿发展态势，在重大基础前沿领域，超前布局、凝聚资源，力争产生原创思想、创新理论和方法、在重要科技领域实现跨越发展，解决产业共性技术基础，为北京打造全球原始创新策源地提供强大动力。

坚持科教融合。推进创新链与人才培养链有机融合，支撑高校特色发展和优势学科建设，促进学科交叉融合、培育新兴交叉学科，创新人才培养模式、建立科研平台开放育人长效机制，推动科研优势转化为人才培养优势，为培养富有创新精神和实践能力的创新型、复合型优秀创新人才提供重要平台。

坚持深化改革。坚持科技创新和体制机制创新同步推进，深化高校科技体制改革，完善科技评价、改进人才评价、探索社会评价，激发创新活力，释放创新潜能，提升高校创新和贡献能力。

四、总体目标

以服务经济社会发展需求为出发点，以提升北京高校创新能力、引领和支撑创新驱动发展战略为宗旨，聚焦国家目标和战略需求，瞄准科学前沿和重点领域发展方向，整合优势、强化协同，加强对已建北京实验室的组织管理，新建40个左右的北京实验室，构建定位清晰、任务明确、布局合理、特色鲜明、开放协同、学科交融、创新卓越、贡献突出的北京实验室发展体系。

五、组织实施

（一）加强组织领导

市教委具体负责北京实验室的实施，并加强与政府各部门之间的统筹协调，科学规划、统筹布局、协调推进、规范发展。加强对北京实验室的组织领导，合力推动创新资源的集成整合与高效利用，保障北京实验室建设工作持续健康发展。

（二）明确主体责任

依托高校作为北京实验室的建设主体，应在人事管理、人才计划、研究生招生指标、科研任务和资源分配政策等方面给予优先或倾斜支持，并指导实验室加强安全管理。

北京实验室应制定发展规划、明确实施路径、改革组织模式、集聚创新资源、完善管理制度、创新运行机制、承担科技任务、培养创新人才。鼓励实验室充分依托高校资源，发起北京实验室联盟，提升实验室自我治理能力，发挥联盟创新集群作用，提升北京实验室整体影响力和竞争力。

（三）健全支持机制

建立健全稳定支持和竞争性经费协调发展的机制，完善多元投入体系。市教委设立专项经费对实验室进行滚动支持，5年为一周期，结合实验室建设领域和需求，对每个实验室每年给予300万元至800万元的经费投入。各高校要充分利用和盘活现有资源与条件，积极拓展社会投入渠道，形成政策和资金的多元化支持格局，并完善内部控制机制，确保经费使用规范、安全、有效。

（四）强化组织管理

为进一步加强宏观指导，将制定《北京实验室建设发展规划（2017—2035）》，明确北京实验室建设指导思想、建设原则、建设目标、建设领域、重点任务和实施保障等。将制定《北京实验室建设与运行管理办法》，明确申报、建设、运行、考核与评估等相关原则与标准，强化“自上而下”和“自下而上”有效结合的组织模式，按照“成熟一个，建设一个”的原则，分步分批实施，强化绩效管理，建立激励约束和淘汰机制。

2017年12月1日

北京市教育委员会
北京市人民政府教育督导室

关于印发《幼儿园责任督学挂牌督导暂行办法》的通知

京教督〔2017〕24号

各区政府：

为建立完善幼儿园督导评估制度，进一步加强幼儿园管理，规范办园行为，提升保教质量，根据国务院《教育督导条例》、国务院教育督导委员会办公室《中小学校责任督学挂牌督导办法》、教育部《幼儿园办园行为督导评估办法》以及《北京市督学管理暂行办法》等有关规定，特研究制定《幼儿园责任督学挂牌督导暂行办法》，现印发给你们，请遵照执行。

2017 年 12 月 6 日

幼儿园责任督学挂牌督导暂行办法

第一条 为建立完善幼儿园督导评估制度，进一步加强幼儿园管理，规范办园行为，提升保教质量，根据《教育督导条例》《中小学校责任督学挂牌督导办法》《幼儿园办园行为督导评估办法》以及《北京市督学管理暂行办法》等规定，制定本暂行办法。

第二条 挂牌督导是指各区政府教育督导部门为区域内每一所经教育行政部门审批的各级各类幼儿园配备责任督学，实施经常性督导。

第三条 幼儿园责任督学挂牌督导坚持市级统筹、区级主责、科学规范、注重实效的工作原则，结合区域实际，依法依规对幼儿园实施监督监管。

幼儿园责任督学受教育督导部门指派对幼儿园进行监督监管。责任督学不得向幼儿园收取任何报酬。

教育督导部门根据区域内幼儿园布局和在园幼儿规模等综合因素，按 1 人负责 5 所左右幼儿园的标准配备责任督学。

教育督导部门应按统一规格制作标牌，标明责任督学的姓名、照片、联系方式和督导事项，在园门显著位置予以公布。

第四条 各区结合实际，将辖区内所有幼儿园纳入监督监管范围。可采取挂牌督导、按督学责任区统筹实施督导等多种方式开展监督监管工作。各区要切实落实属地责任，依法依规对幼儿园加强管理。

第五条 幼儿园责任督学参照国务院教育督导委员会办公室《中小学校责任督学挂牌督导办法》规定的聘任条件，结合幼儿园督导工作实际进行选聘，建设专兼职相结合的责任督学队伍。

第六条 责任督学基本职责：

（一）对幼儿园依法依规办园进行监督；

（二）对幼儿园规范办园行为进行指导；

（三）受理、协助核实相关举报和投诉；

（四）发现问题并督促幼儿园整改；

（五）向教育督导部门等相关部门报告情况，提出意见建议。

第七条 责任督学对以下主要事项实施经常性督导：

（一）依法办园情况；

（二）安全管理情况；

（三）卫生保健情况；

（四）保育教育情况；

（五）师德师风情况；

（六）内部管理情况；

（七）园务公开情况；

（八）完成其他交办任务情况。

第八条 责任督学可采取随机观摩教育活动、查阅资料、座谈走访、园所巡视等方式进行经常性督导。责任督学进园督导应出示督学证。

第九条 发现重大安全隐患，责任督学应报告情况并督促整改落实。对各类突发事件或重大事故，及时了解并上报情况，协助做好相关工作。

督导结束后，责任督学应填写督导记录，向幼儿园反馈督导结果，并及时向教育督导部门提交报告。

对每所幼儿园实施经常性督导原则上每月不少于1次，视情况可随时进行督导。

第十条 责任督学要依法督导，客观公正，廉洁自律，对有可能影响公正督导的情形要实行回避。

第十一条 幼儿园必须接受责任督学的监督和指导，按要求提供情况并进行整改。

教育督导部门对拒绝、阻挠责任督学依法实施经常性督导和不按要求整改的幼儿园，要予以通报批评并责令改正；对幼儿园主要负责人或举办者以及其他责任人员提出处理建议。

第十二条 各区要为责任督学提供必要的工作条件、专项经费和待遇保障。对新任责任督学进行入职培训，对在职责任督学进行定期培训、集中培训。实行责任督学定期交流制度。

第十三条 教育督导部门要建立责任督学考核制度。对责任督学履行职责、开展工作和完成任务情况进行考核。

对考核称职的督学，予以续聘；对未认真履职并造成重大工作失误的，按照相关规定予以解聘。

第十四条 教育督导部门定期听取责任督学工作汇报，研究处理相关问题。建立督导信息直报系统。

教育督导及有关部门要重视督导结果和责任督学建议，将其作为对幼儿园综合评价、年度审核备案、考评问责的重要依据。

第十五条 本办法自发布之日起施行。

北京市教育委员会

关于印发《北京实验室建设发展规划（2017—2035）》等文件的通知

京教研〔2017〕19号

各有关高等学校：

为落实《北京市教育委员会关于进一步加强北京实验室建设的意

见》（京教研〔2017〕17号），现将《北京实验室建设发展规划（2017—2035）》和《北京实验室建设与运行管理办法（试行）》印发给你们，请按照要求做好相关工作。

2017年12月13日

北京实验室建设发展规划
（2017—2035）

依据《关于加强北京实验室建设的意见》，为进一步加强宏观指导，明确北京实验室建设的指导思想、建设原则、建设目标、建设领域、重点任务和实施保障等，特制定本规划。

一、指导思想

深入贯彻落实《国家创新驱动发展战略纲要》《统筹推进世界一流大学和一流学科建设总体方案》《北京加强全国科技创新中心建设总体方案》《北京城市总体规划（2016年—2035年）》等文件精神，全面贯彻习近平总书记系列重要讲话精神和两次视察北京重要讲话精神，坚持落实首都城市战略定位，坚持创新、协调、绿色、开放、共享发展理念，坚持自主创新、重点跨越、引领发展、科教融合的指导方针，按照国家急需、首善标准的要求，以国家和北京战略需求为导向，以提升高校创新和贡献能力为核心，以集聚创新资源为基础，以深化机制体制改革为动力，以促进科教融合为主线，大力加强北京实验室建设，着力建设高质量创新平台、打造高层次创新人才队伍、提升创新型人才培养质量，构建北京实验室发展体系，探索北京实验室发展模式，进一步提升北京高校在首都“四个中心”建设和国际一流和谐宜居之都建设中的作用和贡献。

二、建设原则

（一）坚持服务需求支撑发展

面向世界科技前沿、面向国家重大需求、面向经济主战场，紧紧围绕经济竞争力提升的核心关键、社会发展的迫切需求、国家安全的重大挑战，开展前瞻部署、凝练方向、汇聚资源、集中优势，积极承担国家和北京市重大任务，在基础研究、战略高技术研究、和产学研合作等方面开展科学研究和技术攻关，解决重大科学问题，突破关键共性技术，支撑国家和区域创新体系建设，服务创新驱动发展。

（二）坚持科教融合创新育人

深入推进科教融合理念、模式与实践创新，充分发挥实验室载体功能，构建科教融合的长效育人机制，促进创新链与人才培养链无缝融合。支撑高校特色发展和优势学科建设，促进学科交叉融合、培育新兴交叉学科、提升学科建设水平，完善学生依托重大任务和项目开展毕业论文研究机制，提升创新人才培养质量。

（三）坚持国际视野开放协同

加强国际合作与交流，坚持引进来与走出去相结合，构建全球开放协同创新体系。充分吸纳国际创新资源，吸引国际高端科技人才、成果在北京高校落地、在北京实验室发展。积极参与和服务“一带一路”发展战略，大力支持北京与沿线国家和地区高校或科研机构合作建设北京实验室，探索建立海外研发机构，主动融入全球创新网络。

（四）坚持深化改革增强活力

围绕重大需求和重大任务，推进科研组织方式和人才聘用机制改革、推进科研评价和收入分配制度改革、推进技术转移和成果转化机制改革、深化科教融合机制、创新人才培养模式、加强国际科技合作，创新北京实验室建设运行管理机制与模式，释放创新潜能，增强原始创新动力与活力。

三、建设目标

面向国家和北京市国民经济发展需求，以提升北京高校创新能力，引领和支撑创新驱动发展战略为宗旨，瞄准科学前沿、重点行业领域发展方向和经济社会发展重大问题，整合优势资源、强化协同创新，本着“成熟一个，建设一个”的原则，新建40个左右的北京实验室，加强对已建北京实验室的组织管理。着力构建定位清晰、任务明确、布局合理、特色鲜明、开放协同、学科交融、创新卓越、贡献突出的北京实验室建设发展体系，打造具有重要国际影响的知识创新的高地、技术创新的源泉、人才荟萃的舞台和学术交流的窗口。

——在一些国际科学前沿和国民经济、社会发展的重点领域，产出一批具有国际影响、重大科学价值的原始创新成果，或具有重大带动和影响的技术创新成果，为国家、行业和区域发展提供有力科技支撑。

——面向科学前沿，坚持问题导向，推动一批高精尖学科建设，支撑优势和特色学科发展，促进多学科交叉融合，培育新兴学科，推动相关学科进入国内或国际一流前列。

——汇聚国际高水平创新人才和团队，培养富有创新精神和实践能力的创新型、复合型优秀创新人才，成为相关领域高水平人才汇聚、创新人才培养和国际高端人才交流的基地。

——开展具有国际重大影响的学术活动，与国内外一流高校、科研机构建立实质性合作，积极参与大型国际科技合作计划、培育国际合作重大项目，参与全球创新治理体系。

——创新科研活动组织模式、人才评聘、培养机制与模式，建立以服务和贡献为导向的评价与激励体系，构建多元、融合、开放、流动的运行机制，建立健全高校科技创新平台建设运行管理的“北京实验室模式”。

四、建设领域

依据《国家创新驱动发展战略纲要》《“十三五”国家科技创新规划》《北京加强全国科技创新中心建设总体方案》和《北京城市总体规划（2016—2035）》，结合北京高校优势和特色，加强顶层设计、完善领域布局。

面向世界科技前沿，加强基础研究，围绕支撑重大技术突破，推进变革性研究，在新思想、新发现、新知识、新原理、新方法上积极进取，强化源头储备，抢占未来发展制高点。

面向国家重大需求，加强应用基础研究和高技术研究，围绕涉及长远发展和国家安全的问题，集成跨学科、跨领域的优势力量，加大攻关力度，加快重点突破，积累原创资源。

面向国民经济主战场，加强产学研用协同创新，深入研究和解决经济和产业发展亟须的科学问题，集成各类创新资源，着力突破共性关键技术，加快科技成果转化和产业化，推动新技术、新产业、新业态发展。

五、重点任务

（一）聚焦需求布局科技创新新方向

坚持战略和前沿导向，聚焦国家重大战略需求，整合基础研究优势和特色，促进多学科协同，前瞻性布局前沿技术和颠覆性技术创新，提升源头供给能力和水平。深化高校科技与经济融合，积极参与产业技术创新体系建设，推动新技术、新产业、新业态发展。面向首都城市战略新定位，发挥高校学科优势、人才优势、科技优势，积极融入首都创新体系建设。支持高校结合自身优势和特色，选择不同面向定位，布局实验室发展领域、明确建设思路与发展目标，完善组织管理与运行方式，集成优势创新力量，承担并完成重大创新任务。

（二）交叉融合推动学科建设新发展

统筹推进自由探索性科研和服务国家重大战略需求的有组织科研，加强学科交叉，超前部署基础研究，引领科学前沿。围绕科学问题、行业共性技术问题，整合校内外优势学科资源构建创新链，打造跨学科领域、跨院系、跨单位的研究平台，以跨学科研究组织打通学科建制障碍。面向国家和北京经济社会发展的重大问题、难点和热点问题，推进自然科学与社会科学的交叉融合。积极承担国家和北京市重大科技任务，以任务为牵引，推进学科开放与交叉融合，促进新兴学科形成，培育特色学科，提升高校和学科的综合实力和国际竞争力。

（三）科教融合探索人才培养新路径

深入推进科教融合，把创新人才培养作为实验室建设的重要内容，大力提升研究生的创新能力与水平。围绕科学前沿和重大任务，汇聚一流的人才和团队、优势的学科和平台、优质的科研资源和条件，充分利用北京实验室载体功能，建立科研育人长效机制，把科技创新纳入研究生培养全过程，加快科技创新资源向教育教学资源的转化，加快创新研究成果向知识体系、教学内容的转化，鼓励本科生进入实验室进行科研训练，推动人才培养模式和机制创新，探索人才培养新路径，大力培养富有科学精神、创新思维、创造能力的复合型创新人才，提高创新型人才培养质量。

（四）开放协同搭建科技合作交流新平台

完善开放协同机制、搭建高校科技合作交流新平台。推进学科开放和交叉融合，建立校校、校企、校所等建设主体间的资源汇聚、人才流动、开放共享和常态化沟通机制。积极参与、创建各类创新战略联盟和创新中心，发展北京实验室创新网络，组织大团队联合攻关。建立开放课题和访问学者制度，充分利用实验室学科优势和平台资源，吸引、凝聚国内外优秀学者，共同研究、联合攻关，联合培养高层次科技人才，促进高水平成果产出。充分吸纳国际创新资源，吸引国际高端科技人才、成果在北京高校落地、在北京实验室发展。积极参与大型国际科技合作计划、培育国际合作重大项目，落实“一带一路”发展战略，积极与沿线国家和地区高校或科研机构合作建设北京实验室，探索建立海外实验室。积极参与、开展具有国际重大影响的学术活动，与国内外一流高校、科研机构建立实质性合作，主动融入全球创新网络。

（五）深化改革创新运行管理新模式

深化体制机制改革，创新北京实验室建设运行管理模式。建立健全稳定支持与竞争性经费协调发展的机制，提升造血功能和竞争优势。推进科技评价机制改革、形成以创新质量和贡献为导向的评价机制，分类实施同行评价、第三方评价和社会开放评价。坚持人才驱动，引进与培养相结合，创新人才评聘机制，实现人尽其才、才尽其用、用有所成，营造促进人才发展的良好环境。落实国家和北京市科技成果转化系列政策，鼓励高校积极在北京实验室平台上开展技术转移和成果转化。创新国际交流与合作模式，积极参与高水平国际科技与创新合作，融入全球创新网络。弘扬科学精神，营造尊重科学、崇尚创新、诚信求真、风清气正的创新氛围。

六、实施保障

（一）组织实施

根据国家和北京市战略需求、兼顾当前和长远发展，强化“自上而下”和“自下而上”有效结合的组织模式，依托具有较好基础的高校，集聚整合优势力量，按照“成熟一个，建设一个”的原则，分步分批实施。具体实施程序包括：总体规划、高校培育、高校申请、宏观论证、领域论证、立项建设、年度报告、中期评估、周期验收 9 个环节。

总体规划。市教委根据国家和北京市有关部署，坚持需求和问题导向，面向未来、兼顾当前、实事求是、与时俱进，确定北京实验室建设总体布局。

高校培育。各高校结合自身优势和特色，按照学校发展规划，整合创新资源，主动承接任务，积极筹划改革、精心开展培育，科学论证建设方案、制定中长期发展规划。

提交方案。市教委根据相关任务和需求，选择具备条件的高校进行调研指导，各高校在充分论证、培育建设的基础上向市教委提交北京实验室建设方案。

宏观论证。高校提交的建设方案经初步审查合格，由市教委组织专家对建设方案进行宏观论证，主要论证实验室建设领域和方向是否符合国家和北京市发展战略，建设管理、运行、体制机制是否健全，学校政策保障及配套资源能否满足实验室建设需求等。宏观论证通过后才能进入领域论证环节。

领域论证。市教委组织专家对通过宏观论证的建设方案进行领域论证，对实验的规划目标、研究方向、实施路径、创新资源配置等进行论证并提出咨询建议。

立项建设。通过宏观论证和领域论证后，正式下达立项建设通知，论证通过后的建设方案将作为北京实验室建设和评估依据。

年度报告。各实验室应在规定时间报告年度工作计划和总结，依托高校应当对实验室进行年度考核，考核结果和相关材料报市教委备案。

中期评估。建设第三年，市教委将组织专家或委托第三方机构对北京实验室开展中期评估，重点评估实验室发展状况和存在的问题，提出咨询建议。

周期验收。建设期满，市教委将组织专家或委托第三方机构对北京实验室开展周期验收，根据验收情况，结合年度报告和中期评估报告，确定实验室验收结果。

（二）保障措施

1. 明确主体责任

市教委具体负责北京实验室的实施，并加强规划实施中政府各部门之间的统筹协调，科学规划、统筹布局、协调推进、规范发展。加强对北京实验室的组织领导，合力推动创新资源的集成整合与高效利用，保障北京实验室建设工作持续健康发展。

高校作为北京实验室建设和发展的主体，应进一步增强责任意识，建立健全实验室的组织管理与领导机构，成立北京实验室建设委员会，明确职责，落实任务，确保实验室健康发展，并在研究生培养指标、人才计划、出国访问学习、重大科研任务申报、资金、科研用地等方面给予配套、优先或倾斜支持，并指导实验室加强安全管理。

北京实验室应制定五年建设发展规划、明确实施路径、改革组织模式、集聚创新资源、完善管理制度、创新运行机制、承担科技任务、培养创新人才，成立学术委员会，加强对实验室科研发展和人才培养的咨询与指导。鼓励实验室充分依托高校资源，发起北京实验室联盟，提升实验室自我治理能力，发挥联盟创新集群作用，提升北京实验室整体影响力和竞争力。

2. 完善多元投入

建立健全稳定支持和竞争性经费协调发展的机制，完善多元投入体系。市教委设立专项经费对实验室进行滚动支持，5 年为一周期，结合实验室建设领域和需求，对每个实验室每年给予 300 万至 800 万元的经费投入。各高校要充分利用和盘活现有资源与条件，积极拓展投入渠道，优化投入结构，提高投入效益，增强实验室自我发展的能力。鼓励高校和实验室积极争取中央和北京市有关部门、行业、企业、社会等各方面的支持，形成政策和资金的多元化支持格局，发挥集聚效应。实验室其他渠道支持经费原则上不得低于专项经费的 30%。各高校和实验室应统筹规划各项经费，科学、合理地安排使用，并完善内部控制机制，确保经费使用规范、安全、有效。

3. 强化绩效管理

深化评估改革，实行同行评估、第三方评估和社会评估相结合的绩效考评机制。强化绩效管理，采用年度报告、中期评估和周期验收的绩效管理模式，重点评估实验室的机制创新、运行管理、科学研究、人才培养和社会贡献。各实验室应根据重大需求和重大创新任务，编制实验室未来五年的整体发展规划和年度绩效考核指标，报市教委备案。每年各牵头高校负责向市教委报送实验室上一年度的执行状况和绩效指标完成情况。建设第三年，市教委将进行中期检查，根据中期评估情况，提出实验室建设发展的建议。建设期满，市教委组织实施周期验收，并建立激励约束和淘汰机制。各实验室应建立网站，形成北京实验室网站群，积极接受社会监督与评价。

北京实验室建设与运行管理办法（试行）

第一章 总则

第一条 为进一步规范和加强北京实验室（以下简称实验室）的建设与运行管理，根据《关于进一步加强北京实验室建设的意见》和《北京实验室建设发展规划（2017—2035）》，特制定本办法。

第二条 北京实验室是北京高校承接国家和北京市重大任务，组织高水平科学研究、支撑高水平学科建设、培养高水平创新人才、开展高层次学术合作交流的重要平台。其主要任务是面向科技前沿，面向国家重大需求、面向经济主战场，整合优势资源、强化协同创新，产出一批重大原始创新成果，推动一批高精尖学科建设，汇聚一批国际高水平创新人才和团队，培养一批高水平创新人才。

第三条 北京实验室是依托北京高校建设的相对独立的科研实体，坚持“服务需求、创新引领、科教融合、深化改革”的基本原则、实行“开放、联合、协同”的运行机制和“分级管理、稳定支持、动态调整、定期评估”的管理模式。

第二章 职责

第四条 北京市教育委员会（以下简称市教委）是实验室的宏观管理部门，主要职责是：

（一）研究制定加强实验室建设意见、政策和总体规划。

（二）制定实验室建设与运行管理办法，宏观指导实验室的建设和运行。

（三）组织实验室的申报、立项、评估、验收等。

（四）设立专项经费，支持实验室的建设、运行、科研和人才培养等。

第五条　依托高校是实验室建设和运行管理的具体负责单位，主要职责是：

（一）将实验室的建设发展纳入学校发展重点，在学科建设、人才计划、研究生培养指标、基本科研业务费、承担重大科研任务等年度计划中对实验室给予重点支持，提供配套经费、人力资源、科研场所和仪器设备等条件保障，指导实验室加强安全管理。

（二）设立北京实验室建设委员会，负责实验室的发展规划、日常建设和管理，配合做好评估和考核等工作。

（三）组织实验室的培育、论证、申报，制定运行管理的实施细则，解决实验室建设运行中的有关问题。

（四）根据建设委员会建议，提出实验室名称、发展目标、组织结构等重大事项的调整，报市教委认定。

第六条　各实验室作为实验室建设和运行管理的责任主体，主要职责是：

（一）组建实验室学术委员会，加强对实验室科研发展和人才培养的咨询与指导。

（二）制定实验室发展规划、明确实施路径、改革组织模式、集聚创新资源、完善管理制度、创新运行机制、承担科技任务、培养创新人才、开展交流与合作、服务社会发展。

（三）积极承担国家和北京市重大科研创新任务，解决经济社会发展有关问题。

（四）积极参与北京实验室整体建设，着力提升北京实验室群体自我发展、科技创新和社会服务能力。

（五）加强实验室安全管理，确保实验室安全运行。

第三章　立项与建设

第七条　根据国家和北京市有关部署，坚持需求和问题导向，面向未来、兼顾当前、实事求是、与时俱进，确定北京实验室建设总体布局。

第八条 各高校结合自身优势和特色，按照学校发展规划，整合创新资源，主动承接任务，积极筹划改革、精心开展培育。

第九条 申请建设的实验室原则上应具备以下条件：

（一）符合北京实验室总体规划布局，具备为国家经济社会发展提供重要支撑的能力和条件。

（二）研究方向和目标明确，特色鲜明，在本领域有重要影响，有承担国家和北京重大科研任务的能力，能够广泛开展国内外学术交流与合作；具有良好的学术氛围。

（三）研究方向具备坚实的学科基础，依托高校的优势、特色学科，或新兴交叉学科，在相应学科拥有博士学位授权或达到相当条件，能够培养高层次创新人才，支撑相关学科卓越发展，成为北京高校新的一流学科增长点。

（四）拥有知名学术带头人和年龄与知识结构合理、富于创新、团结协作的优秀研究团队，具有一支稳定、高水平的研究、实验技术和管理人员队伍。

（五）具备良好的研究实验条件，包括完善的实验设施、仪器装备和必要的技术支撑条件，人员与用房相对集中。

（六）有协同合作的精神和较高的组织管理水平，能积极有效协调各协同共建单位利益，调动各参与单位的积极性。

（七）实验室建设方案应具有明确的、切实可行的发展思路、方向、任务和目标。

（八）实验室申请立项时，一般应依托已良好运行 2 年以上的行业、省部级、校级重点研究机构，具备完善的组织体系、管理体制和运行机制。

第十条 根据市教委申报通知和要求，符合立项申请基本条件的高校按规定格式填写《北京实验室建设申请书》。高等学校应确保申请书内容的真实性，并签署配套支持及条件保障等意见。

第十一条 市教委按照“成熟一个，建设一个”的原则，组织专家或委托第三机构对高校提交的《北京实验室建设申请书》进行宏观论证和领域论证，择优立项建设。通过立项论证的《北京实验室建设申请书》即视为实验室建设任务书，并成为后续实验室评估、考核的重要依据。

第四章 运行与管理

第十二条 依托高校应重视实验室的建设与发展，成立由主管校领导牵头，科技、人事、学科、财务、资产等部门和各协同单位负责人参加的实验室建设委员会，负责落实条件保障、日常监督管理和年度考核工作，协调解决实验室发展中的重大问题。

第十三条 实验室实行建设管理委员会领导下的主任负责制，实验室主任负责科研项目组织，统筹人才、经费、科技设施等资源配置，保证实现发展目标。

第十四条 各实验室应成立学术委员会。学术委员会是实验室的学术指导机构，职责是审议实验室的发展目标、研究方向、重大学术活动、年度工作计划、年度报告，指导实验室学术评价、人才评价和人才培养。学术委员会会议每年至少召开一次。

第十五条 实验室应建立灵活高效的人才管理机制，实验室由固定人员和流动人员组成。充分依靠高校全职教学科研人员，充分吸引国内外访问学者、优秀博士后等创新人才，通过灵活的人才聘用和流动机制，保持实验室创新活力。

第十六条 实验室应围绕主要研究方向和重点任务设立自主研究选题，组织团队开展持续深入的科学研究，联合国内外优秀团队开展协同创新，承担国家、区域和行业的重大科技任务，充分发挥高等学校多学科优势，加强跨学科研究。实验室对自主研究课题的执行情况要进行定期检查，并及时验收。

第十七条 实验室应深入推进科教融合，构建长效育人机制。把科技创新纳入研究生培养全过程，鼓励本科生进入实验室进行科研训练，推动人才培养模式和机制创新，积极与国内外高校、科研机构和行业企业联合培养创新人才，开展学生跨校交流和联合培养。

第十八条　实验室应完善开放协同机制，广泛开展学术交流与合作。建立开放课题和访问学者制度，吸引、凝聚国内外优秀学者，积极参与大型国际科技合作计划、培育国际合作重大项目，与国内外高校或科研机构建立实质性合作关系，探索建立海外实验室。

第十九条　实验室应加强知识产权的规范管理。在实验室完成的专著、论文、软件、数据库等研究成果均应标注实验室名称，专利申请、成果转让、奖励申报等按国家有关规定执行。

第二十条　实验室应建立健全各项规章制度，严格遵守国家有关保密规定。要营造宽松民主、团结协作、积极进取的工作环境，形成潜心研究、勇于创新和宽容失败的学术氛围。

第二十一条　实验室应加强信息化建设，建立实验室网站，并加入市教委北京实验室信息管理平台，及时发布相关信息与进展，促进实验室开放与交流。

第二十二条　实验室应加强安全管理、健全机制、完善制度。

第五章　经费与保障

第二十三条　市教委设立专项经费，按照5年一个周期对北京实验室进行稳定支持。结合实验室建设领域和需求，对每个实验室每年给予300万元至800万元的经费投入，具体支持额度由依托高校根据实际需求和专家论证意见确定。

实验室应积极争取中央和北京市有关部门、行业、企业、社会等各方面的支持，其他渠道支持经费原则上不得低于专项经费的30%。各高校和实验室应统筹规划各项经费，科学、合理地安排使用，并完善内部控制机制，确保经费使用规范、安全、有效。

第二十四条　实验室的经费预算与管理参照《北京市教育财政科研类项目经费管理办法》相关要求执行。

第六章 考核与评估

第二十五条 实验室应在规定时间编制年度工作计划和总结报告，并在实验室网站公布。高等学校以年度报告为基础，对实验室进行年度考核，并将考核结果与年度报告一并报市教委备案。根据年度考核情况，市教委可抽取部分实验室进行现场检查，发现、研究和解决实验室存在的问题。

第二十六条 建设第三年，市教委将组织专家或委托第三方机构对北京实验室开展中期评估，重点评估实验室发展状况和存在的问题，提出咨询建议。

第二十七条 建设期满，市教委将组织专家或委托第三方机构对北京实验室开展周期验收，全面了解和检查实验室5年的运行状况，总结经验，发现问题，促进发展，重点是实验室的科研成果与贡献、团队建设、学科发展、人才培养、开放与运行管理等。

第二十八条 市教委根据评估结果，对实验室进行动态调整。

第七章 附则

第二十九条 北京实验室统一命名为“××北京实验室”，英文名称为“Beijing Laboratory of ××，Beijing Municipal Education Commission”。

第三十条 本办法自公布之日起施行。

北 京 市 教 育 委 员 会
北京市人民政府教育督导室
北京市发展和改革委员会
北　京　市　民　政　局

关于印发《北京市外籍人员子女学校管理办法（试行）》的通知

京教外〔2017〕38 号

各区教委、区政府教育督导室、区发展改革委、区民政局：

为了进一步做好本市的教育对外开放工作，优化发展环境，满足外籍人员子女在我市接受教育的需要，北京市教育委员会联合北京市人民政府教育督导室、北京市发展和改革委员会、北京市民政局制定了《北京市外籍人员子女学校管理办法（试行）》，现印发给你们，请遵照执行。

2017 年 12 月 22 日

北京市外籍人员子女学校管理办法（试行）

第一章　总则

第一条　为了进一步做好本市的教育对外开放工作，优化发展环境，满足外籍人员子女在我市接受教育的需要，维护外籍人员子女学校和受教育者的合法权益，依据《中华人民共和国民办教育促进法》《中华人民共和国民办教育促进法实施条例》《民办非企业单位登记管理暂行条例》《关于开办外籍人员子女学校的暂行管理办法》（教外综〔1995〕130号）、《国务院关于第六批取消和调整行政审批项目的决定》（国发〔2012〕52号）等法律法规及规范性文件，结合本市实际情况，制定本办法。

第二条 在北京合法设立的外国机构、外资企业、国际组织的驻华机构和在京合法居留的外国自然人，可依据本办法申请开办外籍人员子女学校（以下简称“学校”）。学校可实施学前教育和普通中小学教育，采用外国教育教学模式。

第三条 学校及其举办者、教职工和学生应当遵守中国的法律、法规及公序良俗，不得损害中国的国家利益和社会公共利益。学校有义务对教职工和学生进行中国法律、法规的教育。学校及其举办者、教职工和学生的合法权益，受中国法律保护。

第四条 北京市教育委员会负责本市行政区域内学校的规划、审批、管理工作。北京市教育委员会对学校实行按需设立、规范办学、依法管理的方针。

各所在区教育委员会协助北京市教育委员会做好本辖区学校的前期审核、日常管理等工作。

第二章 设立

第五条 申请举办学校应当具备以下条件：

（一）符合北京市城市发展总体规划；

（二）以组织机构申请设立的，该组织机构应在京合法设立。以自然人申请的，申请人应当是具有完全民事行为能力、无犯罪记录、持有公安部颁发的《中华人民共和国外国人永久居留证》、在京有固定的住所和有稳定工作的外国自然人；

（三）具备引进外国教育、教学模式的条件；

（四）有相应规模的生源和办学需求；

（五）有适应教育教学需要的师资；

（六）有必要的场地、设施及其他办学条件；

（七）有必备的办学资金和稳定的经费来源，有与拟办学规模相匹配的资金投入；

（八）学校的设置标准参照同级同类公办学校的设置标准执行。

第六条　设立学校，分为筹设和正式设立两个阶段。具备办学条件，达到设置标准的，可以直接申请正式设立。申请筹设和正式设立学校，应当将齐全的申报材料提交北京市教育委员会。

第七条　申请筹设学校，应向北京市教育委员会提交下列文件：

（一）申办报告，内容应当主要包括：举办者、申请举办外籍人员子女学校的名称、培养目标、招生计划、办学规模、办学层次、办学形式、办学条件、内部管理体制、经费筹措与管理使用等；

（二）北京市教育委员会统一格式的《北京市外籍人员子女学校筹设/正式设立申请表》；

（三）资产来源、资金数额及有效证明文件，并载明产权；

（四）办学场所、场地、设施及其他办学条件的有效证明文件，及房屋安全、办学场地消防安全鉴定机构提供的符合安全要求的证明文件；

（五）属捐赠性质的校产须提交捐赠协议，载明捐赠人的姓名、所捐资产的数额、用途和管理方法及相关有效证明文件。

（六）学校所在区域的生源调查情况和办学可行性研究分析报告；

（七）机构举办者委托社会审计机构出具的财务审计报告；

（八）机构举办者的法人资格证明；

（九）自然人举办者还须提交由公安部颁发的《中华人民共和国外国人永久居留证》，近5年居住国公证机关出具的无犯罪证明，最高学历或学位证明，在京工作单位出具的聘用证明，公安部门出具的住所证明；

（十）所在区教育委员会的意见函；

（十一）审批机关认为必需的其他证明材料。

第八条　北京市教育委员会自受理筹设申请之日起30个工作

日内以书面形式做出是否同意的决定。同意筹设的，发给筹设批准书。不同意筹设的，予以说明理由。

筹设期不得超过三年。超过三年的，举办者应当重新申报。筹设期内，不得招生。

第九条　完成筹设申请正式设立学校，举办者应当提交下列文件：

（一）北京市教育委员会印制的《北京市外籍人员子女学校筹设/正式设立申请表》；

（二）北京市教育委员会颁发的筹设批准书；

（三）筹设情况报告；

（四）章程；

（五）资产来源、资金数额和有效证明文件，并载明产权；

（六）机构举办者提交法人资格证明。自然人举办者提交由公安部颁发的《中华人民共和国外国人永久居留证》，近5年居住国公证机关出具的无犯罪证明，最高学历或学位证明，在京工作单位出具的聘用证明，公安部门出具的住所证明；

（七）办学场所、场地、设施及其他办学条件的有效证明文件，及房屋安全、办学场地消防安全鉴定机构提供的符合安全要求的证明文件；

（八）拟任首届董事会或理事会组成人员、法定代表人、及校长的身份证明文件、个人简历、学历学位、职称、在京合法居住证明等证明文件。校长还需提供具有5年以上相关教育教学和管理经验的证明文件；

（九）教师的资格证明文件；

（十）课程来源、教材情况、课程简介和教学大纲；

（十一）所在区教育委员会的意见函；

（十二）审批机关认为需要的其他证明材料。

第十条　具备办学条件，达到设置标准的，可以直接申请正式设立，并应当提交本办法第七条（一）至（九）项和第九条第（四）项、（八）至（十二）项规定的材料。

第十一条 学校只能使用一个中文名称，其外文译名应当与中文名称相符。学校的名称应当反映不同国别普通教育的性质、层次和类别，不得冠以“中国”“中华”“全国”“世界”“全球”等字样。规范名称应为“北京＊＊＊外籍人员子女学校”。

第十二条 北京市教育委员会自受理正式设立学校申请之日起三个月内以书面形式做出是否批准的决定。予以批准的，颁发北京市教育委员会统一格式和编号的《北京市外籍人员子女学校办学许可证》。

第十三条 北京市教育委员会组织专家对筹设或正式设立的申请材料进行评审，包括组织或者委托社会中介机构对完成筹设申请正式设立的学校进行实地考察。专家评审的时间，不计算在审批期限内。

第十四条 学校取得办学许可证后，应当依据中国有关法律、行政法规的规定在本市相关部门进行法人机构登记。

第十五条 北京市教育委员会批准设立外籍人员子女学校后，将学校主要办学信息报送教育部。

第三章 组织与活动

第十六条 章程应包括但不限于以下内容：

（一）学校的名称、地址；

（二）办学宗旨、规模、层次、形式及招生对象等；

（三）学校举办者名称、住所、资产的数额、来源、性质等；

（四）董事会或理事会等决策机构的产生方法、人员构成、任期、议事规则、主要职责等；学校董事会或理事会等决策机构成员的条件及任期，产生办法；组织机构、决策机构决议生效规则、权限及因决策失误导致损失决策机构（成员）的责任，决策机构出现非正常情况的处理办法；

（五）学校的法定代表人及其产生办法；

（六）学校主要内部的机构设置及其产生办法、职能、规则制度；

（七）校长的产生与罢免程序，职权与责任，任期；

（八）章程修改程序；

（九）学校自行终止的事由；

（十）学校变更、终止程序与终止后资产的处理；

（十一）其他必须由章程规定的事项。

学校修改章程，应当报所在区教育委员会和北京市教育委员会备案。

第十七条 学校应当设立董事会或理事会作为学校的最高决策机构。董事会或者理事会由举办者、校长、教职工代表等人员组成。

学校董事会或理事会依照章程的规定行使职权。董事会或理事会由五人以上组成，设董事长或者理事长一人。董事会或理事会成员应当具有完全民事行为能力，遵守中国法律法规。董事长、董事或者理事长、理事名单报北京市教育委员会备案。

董事会或理事会应定期举行会议，应有健全的会议记录制度和会议决议存档制度。

举办者参加学校董事会或理事会，应当依据章程规定的权限与程序，参与学校的办学和管理活动。

第十八条 学校根据章程规定可设立监事或监事会，对学校业务和董事会或理事会执行业务情况进行监督。监事会成员不得少于3人，由举办者和教职工代表等组成。

第十九条 学校的举办者、法定代表人或校长应当常驻北京。学校的法定代表人在举办者、董事长、理事长或者校长中确定。

第二十条 学校应当按照办学许可证载明的办学地址开展教育教学活动。学校不得设立分校。

第二十一条 学校依照有关法律、法规规定聘任教师和管理人员。聘任中外籍教职员工和管理人员，应依法签订正式的劳动合同，并按照规定参加各项社会保险。

聘任的外籍人员，依照《中华人民共和国外国人入境出境管理办法》及外国人在华工作有关规定办理。学校如需聘用享有外交特权和豁免人员，需经外交部批准。

第二十二条 学校应依法保护学生的合法权益。

学校招生对象主要为在北京市行政区域内合法居留的外籍人员的子女。

经北京市教育委员会批准，学校可适当招收在京合法居留的香港、澳门特别行政区和台湾地区居民子女、在境外依法定居的中国公民的子女以及符合相关规定的引进人才子女。不得招收在中国境内定居的中国公民的子女。

第二十三条 学校的课程设置、教学计划、教材和教学内容，由学校自行确定。但是其中不得包含违反中国法律法规、损害中国的国家利益和社会公共利益等的内容。

学校应当开设中国语言和文化等方面的课程，开展有助于学生了解中国历史文化的各种活动。

第二十四条 学校应当依法建立财务、会计制度和资产管理制度，并按照国家有关规定设置会计账簿。

学校收取费用的项目和标准根据办学成本、市场需求等因素确定，向社会公示，并接受有关主管部门的监督。学校应按学年或者学期以人民币计收费。学校收取的费用应当主要用于教育教学活动、改善办学条件和保障教职工待遇。学校的外汇收支活动以及开设和使用外汇账户，应当遵守国家外汇管理规定。

学校对举办者投入学校的资产、受赠的财产以及办学积累，享有法人财产权。学校存续期间，所有资产由学校依法管理和使用，任何组织和个人不得侵占。任何组织和个人都不得违反法律、法规向学校收取任何费用。

第二十五条 学校不得在中国境内从事工商活动及办学以外的其他营利活动。

第四章 监督与管理

第二十六条 学校应按照中国相关规定进口和采购拟使用的教

材、教学设备和办公用品。北京市教育委员会及所在区教育委员会可根据需要对学校使用的教材进行审查。

第二十七条 学校建设用地按照国家和北京市有关规定办理。

学校校舍、场地不得用于与正常教育教学不相符合的活动。

第二十八条 学校应依法保障受教育者的合法权益，并按照国家及北京市规定建立学籍管理制度。

第二十九条 学校建立年度报告制度；学校需于每年 3 月向所在区教育委员会提交上一年度的办学报告，经所在区教育委员会审核后报北京市教育委员会。

学校应将招生简章和广告报所在区教育委员会备案。

学校应当于每年新学年开学后 3 个月内将学校的课程安排情况、教材与说明以及行政管理人员、教师和学生名册，报送所在区教育委员会备案。

学校资产的使用和财务管理受审批机关和其他有关部门的监督。学校应当在每个会计年度结束时制作财务会计报告，委托社会审计机构依法进行审计，公布审计结果，并报所在区教育委员会、北京市教育委员会备案。

学校应按照民政部门关于民办非企业单位年度检查、等级评估、抽查、抽查审计、信息公开、信用建设等相关要求，配合做好相关工作。

第三十条 北京市教育委员会及其他有关部门依法对学校实行管理和监督，指导学校切实履行主体责任；建立学校信息公开和信用档案制度，促进提高办学质量；组织或者委托社会中介组织评估办学水平和教育质量，并将评估结果向社会公布。市区两级教育督导部门将学校纳入监督监管范围。

第五章 变更与终止

第三十一条 学校举办者、法定代表人、办学场所的变更，需报所在区教育委员会审核后，再报北京市教育委员会批准，并提交相应材料：

（一）举办者的变更

1. 北京市教育委员会印制的《北京市外籍人员子女学校筹设/正式设立申请表》；

2. 新的机构举办者的法人资格证明；

3. 新的机构举办者委托社会审计机构出具的财务审计报告；

4. 新的自然人举办者还须提交由北京市公安局颁发的《中华人民共和国外国人永久居留证》，近5年居住国公证机关出具的无犯罪证明，最高学历或学位证明，所在工作单位出具的聘用证明，公安部门出具的住所证明；

5. 原董事会或理事会的决议；

6. 新举办者和原举办者双方就变更签署的协议；

7. 原举办者委托社会审计机构出具的上一年度的财务审计报告；

8. 具有法律效力的财务清算报告；

9. 学校资产清单和有效证明文件；

10. 变更举办者后制定或确认的章程；

11. 变更举办者后更改或确认的课程来源、教材情况、课程简介和教学大纲；

12. 变更后校长、教师的情况。如有更换需提交资格证明文件；

13. 所在区教育委员会的意见函；

14. 审批机关认为必需的其他证明材料。

（二）法定代表人变更

1. 变更法定代表人申请书；

2. 董事会或理事会决议；

3. 章程；

4. 法定代表人有效身份证明；

5. 法定代表人有效居住证明；

6. 法定代表人简历；

7. 所在区教育委员会的审核意见；

8. 审批机关认为必需的其他证明材料。

（三）办学场所变更

1. 变更办学场所申请书；

2. 董事会或理事会决议；

3. 新办学场所、场地、设施及其他办学条件的有效证明文件，及房屋安全、办学场地消防安全鉴定机构提供的符合安全要求的证明文件；

4.《北京市外籍人员子女学校办学许可证》；

5. 所在区教育委员会的审核意见；

6. 审批机关认为必需的其他证明材料。

校长、董事会或理事会成员的变更，应向所在区教育委员会和北京市教育委员会备案。

第三十二条 学校名称、层次的变更，需报所在区教育委员会审核，再报北京市教育委员会批准，并提交相应材料：

（一）变更学校名称（同申请条件）。

（二）变更办学层次

1. 变更办学层次申请书；

2. 董事会或理事会决议；

3. 可行性报告；

4. 课程安排、教材选择；

5. 校长及教师聘请情况；

6. 办学场所设置情况；

7. 所在区教育委员会的审核意见；

8.《北京市外籍人员子女学校办学许可证》；

9. 审批机关认为必需的其他证明材料。

第三十三条 学校有下列情形之一的，应当终止：

（一）根据章程规定要求终止，并经北京市教育委员会审查批准的；

（二）被吊销《北京市外籍人员子女学校办学许可证》的；

（三）因资不抵债无法继续办学，并经北京市教育委员会审查批准的；

（四）其他依法应终止的情况。

第三十四条 学校终止时，应该妥善安置学生和教职员工。

第三十五条 学校终止时，应根据章程的规定，参照中国有关法律法规规定进行财务清算。

学校自己要求终止的，由学校组织清算；被北京市教育委员会依法撤销的，由北京市教育委员会组织清算；因资不抵债无法继续办学而被终止的，由人民法院组织清算。

第三十六条 学校终止后，对学校的财产按照下列顺序清偿：

（一）应退受教育者学费、杂费和其他费用；

（二）应发教职工的工资及应缴纳的社会保险费用；

（三）偿还其他债务。

学校清偿上述债务后的剩余财产，按照有关法律、行政法规的规定处理。

第三十七条 终止的学校，应当将学校办学许可证和印章交回北京市教育委员会，并依法办理法人登记注销手续。

第六章 法律责任

第三十八条 学校有下列行为之一的，依照《中华人民共和国民办教育促进法》第六十二条进行处罚：

（一）擅自分立、合并学校的；

（二）擅自改变学校名称、层次、类别和举办者的；

（三）发布虚假招生简章或者广告，骗取钱财的；

（四）非法颁发或者伪造学历证书、结业证书的；

（五）管理混乱严重影响教育教学，产生恶劣社会影响的；

（六）提交虚假证明文件或者采取其他欺诈手段隐瞒重要事实

骗取办学许可证的；

（七）伪造、变造、买卖、出租、出借办学许可证的；

（八）恶意终止办学、抽逃资金或者挪用办学经费的。

第三十九条 违反本办法的规定，未经批准擅自设立学校，由北京市教育委员会会同相关部门参照《中华人民共和国民办教育促进法》第六十四条进行处罚。

第四十条 违反本办法，有下列情况之一的，限期整顿或者停办。

（一）办学资源（包括资金、生源和师资）严重不足，无法正常运行的；

（二）从事工商业活动及其它营利活动的；

（三）从事违反中国法律、法规活动的。

第四十一条 学校违反国家有关税收、收费、外汇、财务管理等法律、法规的，由有关部门依法予以处理。

第七章 附则

第四十二条 本办法发布前已经批准成立的学校，应逐步达到本办法规定的要求。

第四十三条 驻中国外交机构开办的外交人员子女学校的管理，不适用本办法。

第四十四条 本办法由北京市教育委员会予以解释。

第四十五条 本办法自 2018 年 2 月 1 日起施行。

北京市教育委员会

关于加强北京市民办非学历教育机构管理工作的若干意见

京教计〔2017〕33号

各区教委，各民办非学历高等教育机构：

为贯彻落实《京津冀协同发展规划纲要》和《国务院关于鼓励社会力量兴办教育促进民办教育健康发展的若干意见》，紧密结合首都城市战略定位，进一步加强民办非学历教育机构规范管理，健全民办非学历教育机构退出机制，促进我市民办教育健康有序发展，根据《中华人民共和国民办教育促进法》《中华人民共和国民办教育促进法实施条例》等法律法规，制定本意见。

一、重要意义

本意见所指民办非学历教育机构包括民办非学历高等教育机构和民办非学历教育培训机构。改革开放以来，我市民办非学历教育机构快速发展，有效增加了教育服务供给，培养了大批合格人才，为创新教育体制机制、促进首都经济社会发展做出了积极贡献，成为首都教育事业改革发展的重要力量。现阶段，我市部分民办非学历教育机构办学过程中存在着一些突出问题：办学定位不准，与首都经济社会发展需求契合度不够；办学投入不足，教育教学条件难以保障可持续发展；办学公益性不足，存在一定的逐利风气；办学水平不高，人才培养质量难以保证；依法办学意识不强，存在违法违规办学现象。

进一步加强民办非学历教育机构管理工作，有利于促进机构依法依规、诚信规范办学，有利于推动解决机构办学过程中的突出问题，有利于提升机构的办学特色和水平，满足人民群众多样化的教育需求。

二、总体要求

（一）指导思想

深入贯彻落实党的十九大精神和习近平新时代中国特色社会主义思想，坚决落实首都城市战略定位，按照中央和本市疏解非首都功能和促进民办教育健康发展的要求，坚持促进民办非学历教育机构健康发展与服务首都经济社会发展紧密结合，把控总量，规范存量，提升质量，依法依规引导、推动部分民办非学历教育机构平稳、有序退出，促进民办非学历教育机构健康、可持续发展。

（二）工作原则

1. 坚持疏解功能与满足需求相结合。按照疏解非首都功能要求，禁止新设立面向全国招生的一般性培训机构，控制京外招生规模，推动民办非学历教育机构从城六区向郊区转移。严格标准，保留一批符合首都城市战略定位、服务北京市民多样化教育需求的机构。

2. 坚持鼓励支持与规范发展相结合。按照民办非学历教育机构作为首都教育有益补充的定位，依法依规加强管理，支持一批符合需求、管理规范的民办非学历教育机构健康发展，整体提升民办非学历教育机构的办学水平。

3. 坚持分类管理与精准施策相结合。积极推进民办非学历教育机构分类管理，对不同类型、不同情况的机构精准实施不同政策，依法依规清理一批长期无办学行为的机构，终止一批严重违规办学的机构，引导一批向短期教育培训和基础教育服务转型，进一步优化教育资源配置，实现减量提质。

4. 坚持保障权益与维护稳定相结合。在民办非学历教育机构退出过程中依法维护受教育者、教职工和举办者的合法权益。加强风险防范，稳妥推进，维护社会稳定。

三、主要任务

落实《北京城市总体规划（2016年—2035年）》要求，加强民办非学历教育机构管理，从需求导向和问题导向出发，严格准入门槛、规范办学存量、畅通退出渠道，有序疏解非首都功能；充分发挥市场的调节作用，积极发挥行政的监管作用，合理引导、依法依规管理；鼓励支持民办非学历教育机构对接区域社会发展需求，提升办学水平和育人质量。

（一）严格把控增量。按照《京津冀协同发展规划纲要》要求，严格落实《北京市新增产业的禁止和限制目录》，新设民办非学历教育机构应符合首都城市战略定位，严格审批条件，整体把控增量。

按照《北京市新增产业的禁止和限制目录》要求，市教委不再新审批民办非学历高等教育机构。区教委不再审批面向全国招生的一般性培训机构。各区教委按照《营利性民办学校监督管理实施细则》（教发〔2016〕20号）《关于营利性民办学校名称登记管理有关工作的通知》（工商企注字〔2017〕156号）《北京市民办非学历教育培训机构设置管理规定》（京教计〔2007〕27号）等文件规定，在对接区域经济社会发展和市民多样化教育需求基础上，严格审批办学资质，严格审核办学条件、名称、培训范围和内容等，使以在校学生为主要对象的教育培训机构成为学校教育的有益补充。

（二）优化结构布局。按照疏解非首都功能的要求，进一步优化民办非学历教育机构的空间布局结构和生源结构。积极推动城六区内的民办非学历高等教育机构和面向全国招生的一般性培训机构向外疏解转移。

市教委对于从城六区疏解的民办非学历高等教育机构简化审批手续、给予政策支持。各区积极落实疏解整治促提升任务要求，加大教育培训机构疏解力度。各民办非学历教育机构在京外招生规模和京外招生比例方面要自觉落实疏解非首都功能的相关要求。

（三）促进资源整合。采取鼓励措施，推动一批民办非学历教育机构进行资源重组，实现不同体制、不同类型、不同层次学校之间的整合，优化配置教育资源，提升办学实力，促进健康发展。支持办学层次相同、专业设置相似、办学规范稳定的机构采取合并、整合等方式提升办学实力、强化办学特色；鼓励缺乏稳定办学场所、办学效益不高，但部分专业特色突出的机构并入公办学校或其他民办学校。

市区两级审批登记部门在民办非学历教育机构资源整合过程中要积极提供指导，简化流程，提供便捷高效服务。各民办非学历教育机构合并，应当进行财务清算，并由合并后的民办非学历教育机构妥善安置原在校教师和学生。

（四）引导转型发展。引导办学定位与首都功能定位不相符、但具备一定办学条件的教育机构转型发展，扩大基础教育和学前教育阶段教育资源供给。鼓励有自有办学场所的民办非学历高等教育机构根据所在区域的教育需求转型举办民办中小学和幼儿园；引导办学层次和内容已不属于高等教育层次的民办非学历高等教育机构转为一般性培训机构或技术技能型培训机构。

市区两级审批登记部门积极支持，加强协调配合，在民办非学历教育机构变更办学层次、办学类型过程中简化程序，提供高效便捷服务。

（五）严格规范管理。强化监管，坚持日常巡查和专项检查相结合，严格执行年检制度，年检结果向社会公示，增强民办非学历教育机构依法办学、规范办学、诚信办学意识。大力加强监管队伍建设，选优配强监管工作者队伍。严格规范民办非学历教育机构办学地址变更和增设教学点工作，未经审批机关批准不得擅自变更办学地址和新增教学点。

对年检中存在问题的民办非学历高等教育机构，市教委在招生和办学方面依法提出处理意见。对年检暂缓通过的民办非学历高等教育机构，暂停办理办学许可证有效期延续，暂停学校招生；对年检不通过的民办非学历高等教育机构，停止办理办学许可证有效期延续，停止学校当年招生；对于连续两年未通过年检的民办非学历高等教育机构，停止其办学资格并向社会公告。停止办学资格的民办非学历高等教育机构申请恢复办学资格，参照新设立标准和程序进行审批。

各区结合实际情况，参照民办非学历高等教育机构的年检制度和年检结果使用办法，进一步完善民办非学历教育培训机构的年检制度和年检结果使用办法，严格规范民办非学历教育培训机构办学行为。探索建立负面清单制度和联合监管机制。加强对无证无照教育培训机构的整治，对未依法取得办学许可而擅自举办民办非学历教育培训机构的，会同同级公安、民政或者工商行政管理等有关部门依照《民办教育促进法》等有关法律规定处理。各区要严查与学校挂钩招生、利益输送以及公办学校教师到教育培训机构任教行为。

民办非学历教育机构原则上一校一址。在审批区域内申请增设教学点，应当报审批机关备案，未备案的，由审批机关责令限期改正。新设教学点办学条件应符合《北京市民办非学历教育培训机构设置管理规定》相关要求。民办非学历高等教育机构在本市申请增设教学点的，应先征得教学点所在区同意，再向审批机关备案。民办非学历教育培训机构跨区增设教学点，应当重新办理审批、登记手续。

（六）引导有序退出。对三年以上没有办学行为的民办非学历教育机构，由审批机关注销办学许可证并向社会公告，同时告知法人登记机关。

根据学校章程规定要求终止或根据法律法规规定应予以终止的，由民办非学历教育机构自行组织财务清算，经审批机关依法批准终止办学。市区两级审批机关对于自愿终止办学的民办非学历教育机构积极引导，积极帮助解决存在的困难，确保终止平稳有序。

对违法违规办学行为情节严重的民办非学历教育机构，依据《民办教育促进法》第六十二条规定，依法吊销办学许可证。民办非学历教育机构吊销办学许可证后应按照法律规定进行清算。

因资不抵债无法继续办学的民办非学历教育机构，参照适用

《中华人民共和国企业破产法》相关程序，由人民法院组织清算，宣告破产后，按照法定程序向原登记机关办理注销登记。

四、保障措施

（一）加强组织领导。在市教育和培训机构疏解功能工作小组的领导下，统筹教育、编办、民政、财政等部门和各区政府共同做好民办非学历教育机构规范管理和退出工作。建立沟通协调和信息对接机制，及时研究解决工作中的重点难点问题。市政府相关部门要指导支持各区工作。各区要切实承担属地主体责任，研究制定具体落实方案。

（二）完善鼓励支持政策。研究制定鼓励民办非学历教育机构转型发展、有序退出的配套政策。支持机构适应首都需求转型发展，主动缩减面授学生规模；支持机构主动从城六区向外转移办学。对主动申请退出且存在一定困难的机构，提供必要支持，简化退出审批程序。

（三）建立预警和风险防范机制。研究建立民办非学历教育机构治理部门联合执法机制，健全执法程序，充实执法力量，保障执法经费。加强民办非学历教育机构转型发展、有序退出的任务落实督查，做好政策有效性评估。畅通民办非学历教育机构利益诉求表达渠道，妥善做好师生安置、场地腾退使用等工作。

（四）加强宣传引导。做好政策解读和典型经验宣传，积极营造全社会理解支持规范民办教育发展，引导部分民办教育机构有序退出的良好氛围。做好舆情监测，强化风险评估，及时有效预防化解不稳定因素，确保民办教育稳定，维护社会和谐。

2017 年 12 月 25 日

北京市教育委员会

关于印发《北京市中小学体育教师专业标准（试行）》和《北京市中小学体育与健康教学质量基本标准（试行）》的通知

京教体艺〔2017〕28号

各区教委、燕山教委：

《北京市中小学体育教师专业标准（试行）》和《北京市中小学体育与健康教学质量基本标准（试行）》经2017年第33次市教委主任办公会审议通过，现印发给你们，请结合工作实际认真贯彻落实。

2017年12月26日

北京市中小学体育教师专业标准（试行）

为贯彻落实国务院办公厅《关于强化学校体育促进学生身心健康全面发展的意见》（国办发〔2016〕27号）和教育部《关于印发〈幼儿园教师专业标准（试行）〉〈小学教师专业标准（试行）〉和〈中学教

师专业标准（试行）〉的通知》（教师〔2012〕1号）精神，进一步促进北京市中小学体育教师专业发展，建设高素质、专业化、创新型的中小学体育教师队伍，特制定《北京市中小学体育教师专业标准（试行）》（以下简称《专业标准》）。

北京市中小学体育教师是指在本市中小学履行体育教育教学工作职责的专业人员，需要经过严格的培养与培训，具有良好的职业道德，掌握系统的专业知识和专业技能。《专业标准》是对本市合格中小学体育教师专业素质的基本要求，是中小学体育教师开展体育教育教学行为的基本规范，是引领中小学体育教师专业发展的基本准则，是做“有理想信念、有道德情操、有扎实知识、有仁爱之心”的好体育教师的基本要求，是中小学体育教师培养、准入、培训、考核等工作的重要依据。

一、基本理念

（一）师德为先

热爱学校体育事业，具有职业理想，践行社会主义核心价值体系，履行教师职业道德规范，依法执教。关爱学生，尊重学生人格，富有爱心、责任心、耐心和细心；为人师表，教书育人，自尊自律，以人格魅力和学识魅力教育感染学生，做学生健康成长和体育发展的指导者和引路人。

（二）学生为本

尊重学生权益，以学生为主体，充分调动和发挥学生的主动性；遵循学生身心发展特点和体育教育教学规律，提供适合学生的体育教育，促进学生主动学习、积极锻炼、健康成长和全面发展。

（三）能力为重

把体育与健康知识、教育理论与运动实践相结合，突出体育的综合育人功能；研究学生特点，遵循体育学习规律和运动技能形成规律，不断提升体育教育教学专业化水平和专业能力。

（四）终身学习

学习先进的体育教育理论，了解国内外学校体育改革与发展的经验和做法；优化知识结构，提高文化素养；具有终身学习、持续发展、保持运动技能的意识和能力，注重培养学生养成终身体育锻炼的习惯，做好学生终身体育运动的典范。

二、基本内容

维度	领域	基本要求
专业理念与师德	（一）职业理解与认识	1. 贯彻党和国家教育、体育方针政策，遵守教育、体育法律法规。 2. 理解学校体育工作的意义，热爱学校体育事业，具有职业理想和敬业精神。 3. 认同体育教师的专业性和独特性，注重自身专业发展。 4. 具有良好职业道德修养，为人师表。 5. 具有团队合作精神，积极开展协作与交流。
	（二）对学生的态度与行为	6. 关爱学生，重视学生身心健康发展，保护学生生命安全。 7. 尊重学生独立人格，维护学生合法权益，平等对待每一位学生。不讽刺、挖苦、歧视学生，不体罚或变相体罚学生。 8. 尊重个体差异，主动了解和满足学生的不同体育需要。 9. 信任学生，积极创造条件，促进学生的自主发展。
	（三）教育教学的态度与行为	10. 树立育人为本、德育为先的理念，将学生的体育知识和运动技术学习、能力发展与品德养成相结合，重视学生的全面发展。 11. 尊重教育规律、运动技能形成规律和学生身心发展规律，为每一位学生提供适合的体育教育。 12. 激发学生的求知欲和好奇心，培养学生体育学习兴趣和爱好，营造刻苦锻炼、奋勇拼搏、追求卓越的氛围。 13. 引导学生自主学习、自强自立，培养学生坚强的意志品质、团队协作和遵守规则的意识，注重学生终身体育意识和锻炼习惯的养成。 14. 尊重和发挥好共青团、少先队组织的教育引导作用。
	（四）个人修养与行为	15. 富有爱心、责任心、耐心和细心。 16. 乐观向上、热情开朗、有亲和力。 17. 善于自我调节情绪，保持平和心态。 18. 勤于学习，不断进取。 19. 衣着整洁得体，语言规范健康，举止文明礼貌。

续表 1

维度	领域	基本要求
专业知识与运动技能	（五）教育知识	20. 掌握教育的基本原理和主要方法。 21. 掌握班级、共青团、少先队建设与管理的原则与方法。 22. 掌握教育心理学的基本原理和方法，了解学生身心发展的一般规律与特点。 23. 了解学生世界观、人生观、价值观形成的过程及其教育方法。 24. 了解学生思维能力、创新能力、运动能力和实践能力发展的过程与特点。 25. 了解学生群体文化特点与行为方式。
	（六）通识性知识	26. 具有相应的自然科学和人文社会科学知识。 27. 了解国内外教育和体育的基本情况。 28. 具有相应的欣赏与表现知识。 29. 具有适应学校体育教学内容、教学手段和方法的现代化信息技术知识。
	（七）体育、健康知识	30. 理解体育与健康学科的知识体系、基本思想与方法。 31. 掌握和体育与健康有关的人体解剖、运动生理、运动心理、运动生物力学、学校体育学、运动训练与竞赛等学科内容的基本知识、基本原理与技能，同时掌握各类运动项目知识。 32. 了解体育与健康学科与其他学科的联系。 33. 掌握体育学习的基本原理与方法。 34. 掌握基本健康教育知识。 35. 了解体育与健康学科、全民健身和竞技体育与学校群团组织活动的关系。
	（八）教学知识	36. 掌握体育与健康学科课程标准的内容要求。 37. 了解学生在学习体育与健康学科内容时的认知特点。 38. 掌握针对体育与健康学科内容进行教学和研究性学习的方法与策略。
	（九）运动技能	39. 了解运动技能学习的规律。 40. 掌握教学中主要运动项目的技术、战术和训练竞赛方法，运动水平较高。 41. 了解运动技能的应用情景，判断学生学习中的困难和问题，并提出合理化改进方法。 42. 熟练掌握至少两项运动技能，并能保持运动水平。

续表 2

维度	领域	基本要求
专业知识与运动技能	（十）体育教学	43. 科学设计教学目标和教学计划。 44. 合理利用教学资源和方法，设计教学过程。 45. 引导和帮助学生设计个性化的学习计划。 46. 营造良好的学习环境与氛围，激发与保护学生的学习兴趣。 47. 通过体验、启发、探究、讨论等多种方式，有效实施教学。 48. 合理安排运动强度和练习密度，保证学生获得适宜的运动负荷。 49. 有效调控教学过程，合理处理课堂偶发事件。 50. 引发学生独立思考和主动探究，积极练习，提高学生体质健康水平，发展学生创新能力。 51. 将现代化教育技术手段整合应用到体育课教学中。
	（十一）课外体育	52. 设计并组织好学校的课间操（大课间）活动，有实际锻炼效果，能激发学生的练习兴趣。 53. 在没有体育课的教学日，组织好全校学生的课外体育活动，为学生搭建运用体育课所学知识和技能的平台。 54. 制订和实施科学系统的课余训练计划，组织学校运动代表队和特长生训练。 55. 参与组织学生参加各类校内外体育竞赛，为学生提供展示体育才能的平台，为体育特长生提供成长路径。 56. 督促和支持学生参加校外全民健身活动，能主动与学生家长建立联系，推动形成学校、家庭共同指导和督促学生经常进行体育学练的机制。
	（十二）诊断评价	57. 利用体育评价工具，掌握多元评价方法，多视角、全过程评价学生体育发展。掌握《国家学生体质健康标准》测试和评价办法。 58. 引导学生进行自我评价和互相评价。 59. 开展自我教学效果评价，及时调整和改进教学工作。
	（十三）组织管理	60. 建立良好的师生关系，帮助学生建立良好的同伴关系。 61. 发挥体育的综合育人功能，注重结合体育与健康教学，开展育人活动。 62. 根据学生世界观、人生观、价值观形成的特点，充分发挥体育的载体作用，有针对性地开展德育活动。 63. 指导学生思想、心理、学业、体质等多方面发展。 64. 妥善应对体育活动中的突发事件。
	（十四）沟通合作	65. 了解学生，平等地与学生进行沟通、交流。 66. 与同事合作交流，分享经验和资源，共同发展。 67. 与家长进行有效沟通合作，共同促进学生发展。 68. 协助学校与社区建立合作互助的良好关系。

续表 3

<table>
<tr><th>维度</th><th>领域</th><th>基本要求</th></tr>
<tr><td rowspan="2">专业能力与运用</td><td>（十五）
科学研究</td><td>69. 掌握开展体育与健康学科研究的方法，具有严谨的学术精神。
70. 积极开展体育与健康课程资源开发与校本课程开发研究。
71. 积极申请或参与课题研究，以研促教，不断优化教育教学过程。</td></tr>
<tr><td>（十六）
反思发展</td><td>72. 主动收集分析相关信息，不断进行反思，改进体育教育教学工作。
73. 针对体育教育教学工作中的现实需要与问题，进行探索和研究。
74. 制定专业发展规划，积极参加专业培训，不断提高自身专业素质。</td></tr>
</table>

三、实施建议

（一）各区要将《专业标准》作为中小学体育教师队伍建设的基本依据。根据学校体育改革发展的需要，充分发挥《专业标准》引领和导向作用，建立体育教师教育质量保障体系，不断提高体育教师培养与培训质量。坚持体育教师准入标准，严把体育教师入口关；制定体育教师聘任（聘用）、考核、退出等管理制度，保障体育教师合法权益，形成科学有效的中小学体育教师队伍管理和督导机制。

（二）开展体育教师教育的院校要将《专业标准》作为体育教师培养培训的主要依据。结合体育教师职业特点，加强体育教育专业和学科建设。完善体育教育专业培养方案，科学设置课程，改革教学方式；重视职业道德教育，重视社会实践和教育实习；加强体育教育专业师资队伍建设，建立科学的质量评价制度。

（三）中小学校要将《专业标准》作为体育教师管理的重要依据。制定体育教师专业发展规划，注重体育教师职业理想与职业道德教育，科学计算体育教师工作量，保障体育教师福利待遇，增强体育教师育人的责任感与使命感；开展体育校本研修，促进体育教师专业发展；完善体育教师岗位职责和考核评价制度，健全绩效管理机制。

（四）中小学体育教师要将《专业标准》作为自身专业发展的基本依据。制定自我专业发展规划，爱岗敬业，增强专业发展自觉性；大胆开展体育教育教学实践，不断创新教学方式；对照标准进行自我评价，主动开展自主研修，积极参加教师培训，逐步提升体育教育教学专业发展水平。

北京市中小学体育与健康教学质量基本标准（试行）

为贯彻落实国务院办公厅《关于强化学校体育促进学生身心健康全面发展的意见》（国办发〔2016〕27号）精神，全面提升中小学体育与健康课程教学质量，特制定本标准。本标准是体育课堂教学管理的基本要求，是中小学体育教师开展课堂教学的基本行为规范和质量要求。适用于本市普通中小学校、职业高中。

一、教学目标

第一条 聚焦学生健康发展。中小学体育教学工作要贯彻健康第一指导思想，落实立德树人根本任务。以丰富多彩的运动项目为载体，帮助学生养成良好的道德品质和行为习惯，形成积极健康的人格和良好的心理品质，关注学生身心健康；通过形式多样的教学活动，发挥体育在推进素质教育、培育和践行社会主义核心价值观中的重要作用，培养学生集体主义意识和爱国主义精神，促进学生全面发展。

第二条 体现课程标准要求。通过体育课教学，使学生掌握体育基础知识、基本技能和方法，增强学生体质；学会科学锻炼的方法，养成锻炼的习惯；体验运动乐趣，培养学生良好的心理品质、合作与交往能力；基本形成健康的生活方式和积极进取、乐观开朗的人生态度，为终身体育锻炼和保持身心健康奠定基础。

第三条 便于开展评价。课堂教学目标要体现知识与技能、过程与方法、情感态度与价值观三维目标的思想，并根据具体教学内容有所侧重；要符合学生的实际，难度适宜；要明确、具体、可操作，便于检测。

二、教学管理

第四条 强化开齐上足课时。中小学校要严格执行国家课程设置计划，确保每个学段按照体育课时标准，开齐上足体育课。学校不得以任何理由占用体育课时。遇空气重污染等特殊情况时，要结合健康教育和风雨教材，开展室内体育教学。鼓励有条件的区和学校增加体育课时。

第五条 积极开发教学资源。中小学校要科学利用体育场地和器材等资源，充分发挥各类体育资源的作用。以扩大上课学生人均活动面积为原则，合理安排体育课。初中学段实施男女生分班教学，高中学段实施模块教学。

第六条 科学安排教学内容。学校要依据国家课程标准，使用经全国中小学教材审定委员会审查通过的教材，合理选择教学内容，加强教学内容的整体设计。教学内容的选择要充分体现运动项目本身的教育性、趣味性和文化性，符合学生的身心特点，体现运动项目的整体特征。

第七条 严格落实教学计划。每学期开学 2 周前，完成本学期的学期计划和各个单元教学计划，并制定教学评价与考核标准。体育教师要严格按照计划开展教学，杜绝体育教学的随意性。

第八条 加强安全风险管控。学校要保障体育设施和器材的达标与安全。做好各类体育安全的风险评估、风险转移、风险预防和应急等工作，完善各项安全工作制度、落实安全工作责任，明确职责分工，形成确保学校体育安全的防护网络。体育教师要根据教学内容，做好每一节课的安全教育和安全防范措施。不能以安全风险为由，影响体育教学活动的正常开展。

三、教学实施

（一）教学准备

第九条 落实常规备课工作。体育教师要依据课程标准和国家审定教材，按照备学生、备教材、备场地、备器材的“四备”要求进行备课。提前1周完成教案撰写。

第十条 做好特殊情况下的教学准备。教师要按照国家审定教材的相关内容，准备两周的室内课教案。

（二）课堂教学

第十一条 器材布置要合理。课前要做好场地准备和器材布置工作，认真进行安全检查。要充分利用现有场地设施，场地安排要安全、合理、高效，便于教学活动开展和学习氛围的营造。课后做好器材清点、归还和交接工作。

第十二条 师生着装要得体。师生要穿着运动服、运动鞋。鼓励教师和学生穿着与教学内容文化特点相符的运动装备。

第十三条 安全措施要到位。针对教学中可能出现的安全问题，做好安全预防。教师要随时提醒和监督学生，杜绝出现危险行为。严禁学生穿戴、携带存在运动安全隐患的物品上课。

第十四条 课的结构要规范。按照开始、准备、基本和结束4个阶段进行授课，各部分要衔接自然、连贯流畅。开始部分时间控制在总时间的5%以内，主要是课堂常规，要合理安排见习生；准备部分占总时间的20%左右，准备活动要具有实效性、专项性和趣味性；基本部分占总时间的70%左右，围绕教学目标，开展有效教学；结束部分占总时间的5%左右，进行整理放松和教学总结，对学生的学练情况进行评价，提示下次课的内容和布置课后作业等。

第十五条 运动负荷要适宜。合理安排练习密度，全课练习密度控制在30%～60%之间；科学安排运动强度，基本部分的靶心率以120～200次/分钟为宜。要结合不同类别教学内容、课型等，依据《中小学生体育锻炼运动负荷卫生标准（WS/T101—1998）》，开展体育课运动负荷监测工作，并根据监测结果改进教学。

第十六条 教学方法要有效。教师必须进行正确的动作示范，示范时教师的站位要有利于学生观察。讲解要正确精炼、简明扼要。教学方法选用要符合教学内容性质、学生年龄特点以及体育基础，强调以学生为中心，突出学生的主体地位。提倡使用具有探究性和启发性的教学方法，引导学生在做中学、做中思、做中乐，打造教学形式灵活多样、学习充满活力的体育课堂教学形态。

第十七条 教学反馈要及时。教要及时对学生的学习态度和行为进行有效的过程评价，评价以表扬和激励为主，严禁体罚和辱骂学生；评价用语要规范、精练、文明、向上，具有教育性、引导性和启发性。

第十八条 教学内容要拓展。钻研不同教学内容的知识点，引导学生了解体育知识。挖掘运动技术背后的教育价值，加深学生对运动技术和运动文化的理解，提高学生对运动技术的运用能力。要重视教学比赛，激发学生学习的主动性和积极性，引导学生思考不同运动项目的文化特点。

第十九条 德育教育要渗透。主动在教学中营造教育情景，及时对学生的规则意识、文明行为、集体观念和良好心理品质进行有效引导，充分发挥体育的育人功能、提高学生的道德修养。

第二十条 因材施教要坚持。尊重并重视学生之间的个体差异，采用分层等组织方式，让每一位学生都得到最适宜的发展；处理好全班活动与小组活动、集体学习和个别指导的关系，通过合作学习和自主学习等方式，确保全体学生受益；关心爱护病、弱、残学生，合理安排适宜的体育运动。

四、教学评价

第二十一条 评价内容要全面。学期、单元或模块教学结束后，要评价学生的学业成绩。评价分 3 个维度，综合评定学生最终成绩。其中，体能不低于 30%，知识与技能不低于 50%，情意态度与价值观不高于 20%。

第二十二条 体能测试要科学。按照全面性原则选择测试项目，合理搭配速度、耐力、力量、柔韧、灵敏等素质，每学期不少于 2 项，评价应与《国家学生体质健康标准》相结合。

第二十三条 知识与技能测试要规范。根据教学计划安排考核内容，确定测试项目，每学期测试内容不少于 2 项。

第二十四条 情感态度与价值观评判要客观。以运动参与、心理健康和社会适应的进步情况为主，评价学生的体育课出勤、服从集体、意志力、活跃度等行为表现。

北京市教育委员会

关于北京市普通高中学业水平考试合格性考试有关问题的补充意见

京教基二〔2017〕27 号

各区教委，各有关单位：

按照《北京市教育委员会关于印发北京市普通高中学业水平考试实施办法（试行）的通知》（京教基二〔2017〕13 号），结合本市实施普通高中学业水平考试合格性考试（以下简称“合格性考试”）工作实际情况，现就合格性考试有关问题提出以下补充意见。

一、组织管理

合格性考试实行全市统一管理、分工负责。市教委负责制定相关政策。语文、数学、外语、思想政治、历史、地理、物理、化学、生物 9 门科目合格性考试由北京教育考试院负责统一组织实施。委托北京教育科学研究院制定《北京市普通高中学业水平考试合格性考试说明》并命题。

体育与健康、艺术（音乐、美术）、信息技术、通用技术4门科目合格性考试由各区负责组织实施。各区教委依据市级有关要求制定相应实施办法，并于2018年3月9日前将本区实施办法（各1份）报市教委及北京教育考试院备案。

二、报考资格

具有本市户籍或本市学籍的普通高中在校学生、职技类学校在校学生以及社会类考生均可参加合格性考试。

三、合格证书的颁发

普通高中在校学生参加合格性考试13门科目全部达到合格水平后，可颁发《北京市普通高中学业水平考试合格证》。职技类和社会类考生参加全市统一组织的9门合格性考试达到合格水平后，可颁发《北京市普通高中学业水平考试合格证》，证书上注明“职技类”或“社会类”字样。合格性考试统考9门科目达到合格水平是高中同等学力认定的主要依据。

四、其他有关事项

（一）从2017级高一年级开始，普通高中在校学生均须参加合格性考试。不再有条件准予免考。

高中阶段入选市级以上体育或学科集训队，参加北京市或国家级各种比赛（竞赛）的选手，其参赛时间与当次合格性考试时间冲突的，可选择高中阶段其他时间参加相应科目的合格性考试，不再准予免考。

参加各级各类学科竞赛取得名次的学生，亦不再准予相应学科合格性考试的免考。

（二）按照教育部、外交部、公安部令第42号《学校招收和培养国际学生管理办法》精神，凡在本市普通高中就读的外籍学生，需获得《北京市普通高中毕业证书》的，须参加北京市普通高中学业水平考试合格性考试，其成绩评定标准另行确定。

（三）原经市、区教育行政部门批准自行组织会考的学校，以及因课程设置差异较大实行“科目替代”的学校（含中外合作办学、职业高中综合高中班）的学生，从2017级高一年级开始，均须参加全市统一组织的9门合格性考试和各区组织的4门合格性考试。

（四）原高中会考政策执行至2019年6月30日止，此后，目前在校的高二、高三年级学生未通过普通高中会考的，如需补考，须参加相应科目的合格性考试。考试成绩以“合格/不合格”呈现。

2017年12月30日

综　合

北京市教育委员会文件选编

(2017)

北京市教育委员会办公室

关于印发2017—2018学年度各级各类学校校历的通知

京教办发〔2017〕1号

各区教委，各普通高等学校、普通中等职业学校、成人学校：

现将2017—2018学年度北京市各级各类学校校历印发给你们，请结合本地区、本学校实际情况执行。

一、普通中小学、职业高中（职业中专）

第一学期：

2017年9月1日（星期五）开学；

2018年1月26日（星期五）结束本学期工作，共21周零1天；

2018年1月27日（星期六）至2月25日（星期日）放寒假，共4周零2天。

第二学期：

2018年2月26日（星期一）开学；

2018年7月13日（星期五）结束本学期工作，共19周零5天；

2018年7月14日（星期六）至8月31日（星期五）放暑假，共7周。

二、北京市校外教育机构

第一学期：

2017 年 9 月 1 日（星期五）至 2018 年 1 月 30 日（星期二）活动 21 周零 5 天；2018 年 1 月 31 日（星期三）至 2 月 27 日（星期二）放假 4 周。

第二学期：

2018 年 2 月 28 日（星期三）至 6 月 12 日（星期二）活动 15 周；6 月 13 日（星期三）至 7 月 10 日（星期二）放假 4 周。

2018 年 7 月 11 日（星期三）至 7 月 24 日（星期二）活动 2 周；7 月 25 日（星期三）至 8 月 14 日（星期二）放假 3 周。

2018 年 8 月 15 日（星期三）至 8 月 28 日（星期二）活动 2 周。

三、如遇市政府应急办发布空气重污染红色预警及其他极端天气红色预警，各区教委要按照《北京市教育委员会空气重污染应急预案》（2016 年修订）有关要求，根据区域实际污染情况采取相应应对措施，指导中小学、幼儿园做好相关工作。

四、各普通中等职业学校、成人高等学校、成人中等职业学校可根据教育部有关规定和主管部门要求，结合本校实际制定校历或参照上述日期执行。

五、各普通高等学校可根据教育部有关规定，结合本校实际制定校历。

附件：1. 北京市中小学 2017—2018 学年度第一学期校历

2. 北京市中小学 2017—2018 学年度第二学期校历

2017 年 3 月 11 日

附件 1

北京市中小学 2017—2018 学年度第一学期校历

星期 月日 周次	一	二	三	四	五	六	日	说明
1					1/9	2	3	一、2017 年 9 月 1 日开学。 二、本学期自 2017 年 9 月 1 日至 2018 年 1 月 26 日，共 21 周零 1 天。 三、2018 年 1 月 27 日至 2 月 25 日放寒假，共 4 周零 2 天。
2	4	5	6	7	8	9	10	
3	11	12	13	14	15	16	17	
4	18	19	20	21	22	23	24	
5	25	26	27	28	29	30	1/10	
6	2	3	4	5	6	7	8	
7	9	10	11	12	13	14	15	
8	16	17	18	19	20	21	22	
9	23	24	25	26	27	28	29	
10	30	31	1/11	2	3	4	5	
11	6	7	8	9	10	11	12	
12	13	14	15	16	17	18	19	
13	20	21	22	23	24	25	26	
14	27	28	29	30	1/12	2	3	
15	4	5	6	7	8	9	10	
16	11	12	13	14	15	16	17	
17	18	19	20	21	22	23	24	
18	25	26	27	28	29	30	31	
19	1/1	2	3	4	5	6	7	
20	8	9	10	11	12	13	14	
21	15	16	17	18	19	20	21	
22	22	23	24	25	26			

附件 2

北京市中小学 2017—2018 学年度第二学期校历

星期 月日 周次	一	二	三	四	五	六	日	说明
1	26/2	27	28	1/3	2	3	4	一、2018 年 2 月 26 日开学。 二、本学期自 2018 年 2 月 26 日至 7 月 13 日，共 19 周零 5 天。 三、2018 年 7 月 14 日至 8 月 31 日放暑假，共 7 周。
2	5	6	7	8	9	10	11	
3	12	13	14	15	16	17	18	
4	19	20	21	22	23	24	25	
5	26	27	28	29	30	31	1/4	
6	2	3	4	5	6	7	8	
7	9	10	11	12	13	14	15	
8	16	17	18	19	20	21	22	
9	23	24	25	26	27	28	29	
10	30	1/5	2	3	4	5	6	
11	7	8	9	10	11	12	13	
12	14	15	16	17	18	19	20	
13	21	22	23	24	25	26	27	
14	28	29	30	31	1/6	2	3	
15	4	5	6	7	8	9	10	
16	11	12	13	14	15	16	17	
17	18	19	20	21	22	23	24	
18	25	26	27	28	29	30	1/7	
19	2	3	4	5	6	7	8	
20	9	10	11	12	13			

北京市教育委员会

关于将北京市环境与艺术学校并入北京服装学院的通知

京教计〔2017〕3号

北京服装学院、北京市环境与艺术学校：

你们《关于北京市环境与艺术学校整建制并入北京服装学院的请示》（服学院〔2016〕93号）收悉。经市教委2017年第2次主任办公会研究通过，并报请市政府同意，决定将北京市环境与艺术学校并入北京服装学院。现将有关事项通知如下：

一、北京市环境与艺术学校整体并入北京服装学院，同时撤销北京市环境与艺术学校建制。

二、在北京市环境与艺术学校校区组建“北京服装学院服饰艺术与工程学院”（为非法人二级学院），优化整合两校资源，加强鞋品箱包、珠宝首饰等专业建设。

三、北京市环境与艺术学校更名为北京服装学院附属手工艺学校，作为非法人教学单位，承担中专层次教学任务。

四、北京市环境与艺术学校现有普通中专在校学生按原计划培养，保证教育教学质量，颁发北京市环境与艺术学校毕业证书，北京市环境与艺术学校校章保留至最后一届学生毕业后销毁。

五、你们要根据学校办学定位，积极推进内部管理体制改革，统筹和优化配置教育资源，科学合理地设置内部机构、确定人员编制，并通过我委人事部门报市编办审批。

六、按照《关于（市级）教育事业单位布局结构调整中国有资产处置的意见》等文件要求，对北京市环境与艺术学校进行资产清理及审计，确保国有资产不流失。并在我委相关处室指导下，做好预算经费指标划转、财务处理及国有资产转移等工作。

七、你们要加强对并入工作的领导，从实际出发，妥善安置干部、教职员工，安排好在校学生的学习生活。深入细致地做好干部、教职员工及学生的思想工作，保证正常的教育教学和管理秩序，维护学校的安全稳定，确保并入工作平稳顺利进行。

2017 年 3 月 23 日

北京市教育委员会

关于成立中国人民大学附属中学通州学校的决定

京教计〔2017〕9号

各相关单位、通州区：

为加快推进北京城市副中心教育配套建设，经我委研究决定成立中国人民大学附属中学通州学校（简称“人大附中通州学校”），该校为市教委直属财政补助的独立法人事业单位。

人大附中通州学校为十二年一贯制学校，并委托人大附中联合总校和人大附中承办。该校服务于北京城市副中心基础教育，探索基础教育学校管理体制改革实验，并开展教育综合改革。

2017年4月17日

北京市教育委员会

关于印发《北京市教育委员会空气重污染应急预案》（2017 年修订）的通知

京教办〔2017〕43 号

各区教委，各高等学校、中等职业学校：

根据市政府《关于印发〈北京市空气重污染应急预案〉（2017 年修订）的通知》，特制定《北京市教育委员会空气重污染应急预案》（2017 年修订）（以下简称《预案》）。现印发给你们，请结合实际，认真组织实施。

《预案》自发布之日起实施，《北京市教育委员会空气重污染应急预案（2016 年修订）》（京教办〔2016〕25 号）同时废止。

2017 年 9 月 28 日

北京市教育委员会空气重污染应急预案

（2017年修订）

一、适用范围

本预案适用于本市辖区内所有中小学校及幼儿园（含中等职业学校、外籍人员子女学校、驻华使馆学校、少年宫及校外教育机构）。当空气重污染预警分级达到红色预警时，本预案适用北京地区高等院校。

二、空气重污染预警分级

根据《环境空气质量指数（AQI）技术规定（试行）》（HJ633－2012）分级方法，按照环境保护部关于统一京津冀城市重污染天气预警分级标准有关规定，依据空气质量预测结果，综合考虑空气污染程度和持续时间，将空气重污染预警分为4个级别，由轻到重依次为蓝色预警、黄色预警、橙色预警和红色预警。

（一）蓝色预警：预测全市空气质量指数日均值（24小时均值，下同）＞200将持续1天（24小时），且未达到高级别预警条件时。

（二）黄色预警：预测全市空气质量指数日均值＞200将持续2天（48小时）及以上，且未达到高级别预警条件时。

（三）橙色预警：预测全市空气质量指数日均值＞200将持续3天（72小时）及以上，且预测日均值＞300，且未达到高级别预警条件时。

（四）红色预警：预测全市空气质量指数日均值＞200将持续4天（96小时）及以上，且预测日均值＞300将持续2天（48小时）及以上时；或预测全市空气质量指数日均值达到500时。

三、空气重污染应急措施

根据空气重污染预警级别，分别采取相应的应急措施。主要有：

（一）蓝色预警

中小学、幼儿园、少年宫及校外教育机构减少户外活动。

（二）黄色预警

中小学、幼儿园、少年宫及校外教育机构停止体育课、课间操、运动会、体育考试等户外活动。

（三）橙色预警

中小学、幼儿园、少年宫及校外教育机构停止户外课程和活动。

（四）红色预警

小学、幼儿园、少年宫及校外教育机构停课。中学（含初、高中、中等职业学校）实施弹性教学方式，由区教委、学校根据所在区域空气质量状况灵活掌握。可采取三种弹性模式：一是学校不停文化课，缩短学生在校时间；二是学校实施半日制上课的模式；三是学校实施停课，可利用与邻近的周六或周日进行调休安排。

停课期间，中小学、幼儿园应按照“停课不停学”的原则，通过网络、通讯等途径与家长和学生保持联系，提出可参考的合理化学习建议；应提示家长在家对孩子进行生活和安全教育，对家中无照看条件，需送到学校、园所的学生，学校、园所要妥善安排好到校学生的学习、生活，确保有人监管。教师要合理调整教学方式，灵活安排学习内容，指导学生充分利用北京数字学校网络平台和数字化资源开展自主学习。

在空气重污染期间，如遇特殊情况，学校可以根据所在地区及周边情况，做出相应调整，报区教委同意后实施。

高等院校要严格落实红色预警指令的有关措施要求，指导学生安排好在校的学习和生活，减少户外活动，停止户外体育活动、社团活动、社会实践等活动。

四、预警发布与解除

市教委成立空气重污染应急领导小组（以下简称“领导小组”），下设办公室负责日常工作。领导小组办公室设在市教委办公室。

领导小组办公室接收市空气重污染应急专项指挥部（办公室）

预警发布与解除指令后，报领导小组组长、副组长，并按照领导小组要求，通过市教委门户网站、信息安全传播平台、短信平台、即时通讯、电话传真等方式向各区教委发布和解除预警信息，进行督促检查，并及时向指挥部办公室报告应急措施落实情况。

各区教委负责组织辖区内中小学、幼儿园（含职业高中、外籍人员子女学校、驻华使馆学校、少年宫及校外教育机构）启动和解除预警响应预案。

五、工作要求

（一）加强组织领导

各成员单位要高度重视空气重污染应急工作，从切实保护中小学生和幼儿园儿童身体健康的实际出发，加强对此项工作的领导，各区教委要成立空气重污染应急工作领导小组，建立健全工作制度，研究制定科学可行的应急预案，保证应急措施落到实处。

（二）加强责任落实

空气重污染应急工作社会影响面广，责任重大，各成员单位要根据空气重污染应急工作需要抓好各项任务落实，明确职责分工，保证任务到位、责任到位、人员到位，各环节要专人负责，做到有迹可循、件件留痕、事事留迹，保证空气重污染应急工作体系平稳有序运转，确保万无一失。

（三）加强宣传教育

各成员单位要加强对此项工作的宣传教育，使全体干部师生及家长了解空气重污染应急预案内容，掌握一定的防护知识与技能；加强对舆情的引导，及时做好网络舆情的应对工作。

（四）强化应急值守

各成员单位要加强应急值班，保证通讯联络畅通，及时接收和报送信息，在每次预警发布与解除半小时内按规定上报落实情况。黄色预警时，各成员单位要保持备班备勤；橙色预警时，各成员单位要加强在岗值守；红色预警时，各成员单位要全天（含节假日）值守。

附件：1. 北京市教育委员会空气重污染应急领导小组及办公室成员名单

2. 北京市教育委员会空气重污染应急职责分工

附件1

北京市教育委员会空气重污染应急领导小组及办公室成员名单

一、市教委空气重污染应急领导小组成员名单

组　长： 刘宇辉　市教委主任

副组长： 叶茂林　市教委副主任

李奕　市教委副主任

黄侃　市教委副主任

王定东　市教委巡视员

冯洪荣　市教委副巡视员

葛巨众　市教委副巡视员

冯义国　市政府教育督导室副主任

成　员： 周彤　市教委办公室主任

王达品　市委教育工委宣教处处长

姚林修　市教委发展规划处处长

张小红　市教委学前教育处处长

张凤华　市教委基础教育一处处长

徐建姝　市教委基础教育二处处长

王东江　市教委职业教育与成人教育处处长

邵文杰　市教委高等教育处处长

王军　市教委体育卫生与艺术教育处处长

潘芳芳　市教委国际合作与交流处处长

龙梅　　市政府教育督导室学校督导处处长
聂荣　　市政府教育督导室专项督导处处长
牛晓亮　市教委办公室副主任
周玉玲　东城区教委主任
丁大伟　西城区教委主任
肖汶　　朝阳区教委主任
陆云泉　海淀区教委主任
张洋　　丰台区教委主任
郝显军　石景山区教委主任
陈江锋　门头沟区教委主任
顾成强　房山区教委主任
申键　　通州区教委主任
刘克祥　顺义区教委主任
李成旺　昌平区教委主任
王学军　大兴区教委主任
李学东　平谷区教委主任
李连鑫　怀柔区教委主任
杨华利　密云区教委主任
魏旭斌　延庆区教委主任
曾辉　　燕山地区教委主任

二、市教委空气重污染应急领导小组办公室成员名单

牛晓亮　市教委办公室副主任
王攀　　北京教育新闻中心主任
姬云鹏　市教委发展规划处副处长
李强　　市政府教育督导室专项督导处副处长
任军　　市教委国际交流与合作处副调研员
姜华　　市教委办公室
彭兴蕊　市教委学前教育处主任科员
王昱人　市教委基础教育一处主任科员

尤立文　市教委基础教育二处

巫梅琳　市教委职业教育与成人教育处主任科员

段磊　市教委高等教育处主任科员

张志华　市教委体育卫生与艺术教育处主任科员

张磊　市政府教育督导室学校督导处

詹伟华　北京教育科学研究院基教研中心副主任

陈昊　北京教育网络和信息中心电子政务与网络主任

各区教委主管主任

附件 2

北京市教育委员会空气重污染应急职责分工

一、市教委职责

（一）办公室

负责接收市空气重污染应急专项指挥部预警发布、解除指令；负责组织发布、解除预警信息；负责信息报送及有关协调工作。

（二）宣教处、教育新闻中心

负责与市宣传部门联系，通过公众媒体和教育政务微博发布预警信息，分析有关舆情，并做好宣传应对工作。

（三）发展规划处

负责指导民办高校、民办教育机构制定预警响应预案；负责民办高校、民办教育机构预警响应，提出预警信息发布内容；负责协调处理群众和媒体举报事项并收集反馈有关信息。预警指令下达后，负责监督检查全市民办高校、民办教育机构应急预案启动及应急响应措施的落实情况，并及时向领导小组办公室反馈。

（四）体育卫生与艺术教育处

负责指导各区教委制定减少学生户外活动、停止体育课及各类竞赛和活动的预警响应预案；负责市教委主办或支持的市级中小学生体质健康监测、运动会等各类竞赛和活动的预警响应并负责收集反馈有关信息。预警指令下达后，负责全面监督检查市教委主办或支持的中小学生各类竞赛、活动及市级校外教育机构应急预案启动及应急响应措施的落实情况，并及时向领导小组办公室反馈。

（五）基础教育一处、基础教育二处

负责指导各区及中小学校制定停课预警响应预案；负责全市中小学停课应对安排的预警响应，提出预警信息发布内容；负责协调处理群众和媒体举报事项并收集反馈有关信息。预警指令下达后，基础教育一处负责督促检查东城、西城、朝阳、海淀、丰台、石景山区教委应急预案启动及应急响应措施的落实情况，并及时向领导小组办公室反馈；基础教育二处负责督促检查门头沟、房山、通州、顺义、昌平、大兴、平谷、怀柔、密云、延庆、燕山地区教委及北京市盲人学校、北京西藏中学应急预案启动及应急响应措施的落实情况，并及时向领导小组办公室反馈。

（六）学前教育处

负责指导各区及幼儿园制定停园预警响应预案；负责全市幼儿园停园应对安排的预警响应，提出预警信息发布内容；负责协调处理群众和媒体举报事项并收集反馈有关信息。预警指令下达后，负责全面督促检查幼儿园应急预案启动及应急响应措施的落实情况，并及时向领导小组办公室反馈。

（七）职业教育与成人教育处

负责指导高职院校、中等专业学校制定预警响应预案；负责高职院校、中等专业学校预警响应，提出预警信息发布内容；负责协调处理群众和媒体举报事项并收集反馈有关信息。预警指令下达后，负责督促检查全市高职院校、中等专业学校（含市教委直属中等专业学校）应急预案启动及应急响应措施的落实情况，并及时向领导小组办公室反馈。

（八）高等教育处

负责指导高校制定预警响应预案；负责高校预警响应，提出预警信息发布内容；负责协调处理群众和媒体举报事项并收集反馈有关信息。预警指令下达后，负责监督检查全市高校应急预案启动及应急响应措施的落实情况，并及时向领导小组办公室反馈。

（九）国际合作与交流处

负责指导外籍人员子女学校、驻华使馆学校制定预警响应预案；负责外籍人员子女学校、驻华使馆学校预警响应，提出预警信息发布内容；负责协调处理群众和媒体举报事项并收集反馈有关信息。预警指令下达后，负责监督检查外籍人员子女学校、驻华使馆学校应急预案启动及应急响应措施的落实情况，并及时向领导小组办公室反馈。

（十）北京教育科学研究院基教研中心、北京教育网络和信息中心

负责在市教委门户网站、北京数字学校同步发布有关预警信息；制定空气重污染红色预警时学校停课的应对措施，通过北京数字学校网站推送中小学同步课程，指导学生在家开展自主学习，保证中小学生“停课不停学”。

二、市政府教育督导室职责

（一）专项督导处

负责协调区教育督导部门，督促检查预警指令发布后，中小学校（幼儿园）应急预案启动及应急响应措施的落实。并及时向领导小组办公室反馈。

（二）学校督导处

负责协助专项督导处，协调区教育督导部门，督促检查预警指令发布后，中小学校（幼儿园）应急预案启动及应急响应措施的落实。并及时向领导办公室反馈。

三、区教委职责

（一）各区教委应根据《北京市教育委员空气重污染应急预案》制定分预案，指导辖区内中小学校及幼儿园（含中等职业学校、外

籍人员子女学校、驻华使馆学校、少年宫及校外教育机构）做好预案制定工作，确保预案的可操作性，并在接到预警指令后组织实施。

（二）各区教委应在预警响应期间督促检查辖区内中小学校及幼儿园（含中等职业学校、外籍人员子女学校、驻华使馆学校、少年宫及校外教育机构）预案的落实情况，统筹协调红色预警停课后课程调整和本级组织的学生体育竞赛、体育考试、体质健康测试延期调整等工作，努力降低因天气情况对学生学习和锻炼的影响。

（三）各区教委根据所在区域空气质量状况以及预警分级情况，可差别化实施弹性教学方式（即三种弹性模式），并将组织实施情况报市教委。

（四）各区教委应在预警响应期间确保主管领导、主责部门负责人 24 小时通讯畅通，并及时收集汇总有关情况上报市教委。

四、中小学校及幼儿园（含中等职业学校、外籍人员子女学校、驻华使馆学校、少年宫及校外教育机构）职责

（一）中小学校及幼儿园（含中等职业学校、外籍人员子女学校、驻华使馆学校、少年宫及校外教育机构）应在区教委指导下，制定空气重污染应急预案，并在接到预警指令后启动实施。

（二）中小学校及幼儿园（含中等职业学校、外籍人员子女学校、驻华使馆学校、少年宫及校外教育机构）应根据预警级别减少或停止学生户外运动，组织学生在室内上好体育课或开展体育活动，并通过布置家庭体育作业指导学生开展体育锻炼。

（三）中小学校及幼儿园（含中等职业学校、外籍人员子女学校、驻华使馆学校、少年宫及校外教育机构）应在停课期间，及时通过校园网、班级博客、校讯通、手机短信平台等形式，为家长提供学生在线学习指导，并提示家长控制学生上网时间，做好学生看护工作，保证学生在家安全。

（四）中小学校及幼儿园（含中等职业学校、外籍人员子女学校、驻华使馆学校、少年宫及校外教育机构）应在预警响应期间确保领导干部、教师 24 小时通讯畅通，注意了解掌握有关情况并及时上报区教委。

（五）中小学校及幼儿园（含中等职业学校、外籍人员子女学校、驻华使馆学校、少年宫及校外教育机构）应通过多种形式，加强对空气重污染应急、健康防护等方面科普知识的宣传。

北京市教育委员会办公室

转发教育部办公厅关于全面落实高校信息公开清单做好高校信息公开年度报告工作文件的通知

京教办函〔2017〕4号

各有关高等学校，市教委有关直属单位：

现将教育部办公厅《关于全面落实高校信息公开清单做好高校信息公开年度报告工作的通知》（教办厅函〔2017〕41号）转发给你们，请遵照执行。

年度报告应于10月31日前在学校网站首页信息公开专栏向社会公布。年度报告纸质版（加盖学校公章）和电子版请于11月10日前报我委政府信息公开工作办公室备案。

2017年10月23日

教育部办公厅

关于全面落实高校信息公开清单做好高校信息公开年度报告工作的通知

教办厅函〔2017〕41号

各省、自治区、直辖市教育厅（教委），各计划单列市教育局，新疆生产建设兵团教育局，有关部门（单位）教育司（局），部属各高等学校：

为深入贯彻《中共中央办公厅国务院办公厅关于全面推进政务公开工作的意见》（中办发〔2016〕8号）和《教育部办公厅关于全面推进政务公开工作的实施意见》（教办厅〔2017〕3号）精神，严格落实《高等学校信息公开办法》《教育部关于公布〈高等学校信息公开事项清单〉的通知》（教办函〔2014〕23号，以下简称清单）要求，做好2017年高校信息公开年度报告编制和发布工作，全面推进高校信息公开，不断提高教育透明度，现将有关要求通知如下：

一、各高校要深入学习领会党中央、国务院关于政务公开工作的决策部署，紧紧围绕“五位一体”总体布局和“四个全面”战略布局，牢固树立新发展理念，继续坚持“以公开为常态、不公开为例外”的原则全面推进信息公开。各高校要根据工作实际完善制度规范，加强统筹谋划，对照清单内容全面、及时、准确地公开每项信息。同时，进一步强化信息发布、解读和回应工作，不断丰富数字化、图表图解、音频视频等公开方式，发挥微博、微信、移动客户端等新媒体的网络传播力和社会影响力，切实增强公开实效。

二、各高校要以清单为底线，不断完善本校主动公开目录，进一步拓宽公开范围，细化公开事项，做好动态更新。继续加大招生、财务等重点领域信息公开力度，及时公开本科教学质量报告和毕业生就业质量年度报告，主动接受外部监督。

三、各高校要将编制和公布年度报告作为落实清单的重要内容和推动信息公开工作的重要抓手，认真开展工作总结和数据统计分析，按时保质做好年度报告的编制和发布工作。年度报告应包括下列内容：

（一）概述（主要反映本学年度学校信息公开工作开展的总体情况，包括制度机制建设情况、推动清单落实情况、开展宣教培训和考核评议情况等）；

（二）主动公开情况（主要反映通过学校网站、校报校刊、新闻发布会、微博、微信等形式主动向校内和社会公开信息的情况及相关统计数据，其中通过信息公开专栏公开清单所列事项的情况要逐项说明并附栏目链接，高校招生、财务等人民群众广泛关注的重点领域信息要详细说明公开情况和特色做法）；

（三）依申请公开和不予公开情况（主要反映学校受理信息公开申请的数量、分类及答复情况，依申请公开的收费、减免情况）；

（四）对信息公开的评议情况（主要反映本校师生员工和社会公众对学校信息公开工作进行的评价情况）；

（五）因学校信息公开工作受到举报、复议、诉讼的情况；

（六）信息公开工作的新做法新举措、主要经验、问题和改进措施；

（七）其他需要报告的事项；

（八）清单事项公开情况表（逐项列明清单50条事项的网址链接，若无相关事项，需作出说明）。

四、年度报告应全面覆盖各校信息公开工作情况，内容丰富、结构条理、数据资料真实准确。报告中统计数据的起止时间为上一年9月1日至当年8月31日。同时，鼓励高校创新年度报告的编制和发布形式，方便公众阅读和获取。

五、年度报告应于 10 月 31 日前在学校网站首页信息公开专栏向社会公布。教育部部属高校需将报告纸质版（加盖学校公章）和电子版报送教育部备案。其他高校需报学校所在地省级教育行政部门和主管部门备案。教育部将在部门户网站开设专栏汇总展示部属高校年度报告，并适时组织督查。

六、各省级教育行政部门负责组织本地高校信息公开年度报告编制和发布工作，对各高校信息公开工作开展督查，并于 11 月 30 日前将上一学年本地高校信息公开工作总体情况报送教育部备案。

2017 年 9 月 25 日

北京市教育委员会

关于做好北京教育年鉴 2018 卷编纂工作的通知

京教函〔2017〕628 号

各区教委，各高等学校，市教委直属单位，机关各处室：

《北京教育年鉴》（以下简称“年鉴”）是市教委主持编纂的年度性大型资料工具书。为做好 2018 卷年鉴编辑组稿工作，现将有关要求通知如下：

一、年鉴编纂组织工作在市委教工委、市教委的领导下，由北京教育年鉴编辑部（以下简称“编辑部”）主持。编辑部负责稿件的审定、编辑、出版和总发行，各单位办公室或综合管理部门指派专人负责提供文字、图片、影像等相关资料，市教委办公室负责协调、检查。

二、2018卷年鉴是《北京教育年鉴》编辑部编纂出版的第22卷年鉴，依照北京教育年鉴常务编委会第34次会议决定，年鉴以网络版、出书版、简本三种形式呈现。网络版年鉴刊载在“北京教育年鉴在线资源平台”网站（网址：http：//njzypt. jyzh. cn）网络年鉴栏目中；出书版年鉴仍然以纸质图书公开出版发行，开本为197mm×273mm；简本年鉴从2016卷起每年编纂一本，开本为97mm×178mm，便于携带。年鉴的光盘版形式取消。

三、2018卷年鉴采用新的装帧设计，对图片质量提出更高要求，各单位、各部门要全面提高报送图片的质量。图片要求为原始版，分辨率在300DPI以上，像素不低于1800×1200，格式为JPEG或者TIFF，内容突出工作场景；图片文字说明要包括时间、事件等要素。

四、控制文字数量、提高文字质量，是本卷年鉴组稿工作的重点。各单位、各部门要努力将稿件的数量优势转化为质量优势，全面提高稿件质量。

五、进一步提高年鉴写作水平，要做到重点突出、资料翔实、层次清晰。内容既要体现先进的教育教学理念，反映某一领域、某一单位的全局情况，又要通过局部细节记载，生动反映改革创新的具体内容。

六、各单位、各部门要以文字、图片、影像资料3种形式报送稿件。所报送稿件内容需经各单位年鉴特约编辑审改、单位领导审核、并加盖单位（部门）公章后，于2018年3月15日前通过“北京教育年鉴编纂系统”报送至编辑部。

请各单位、各部门严格落实年鉴编纂方案要求，按时完成2018卷年鉴组稿和编纂工作。编写工作中出现的具体问题，请及时与编辑部联系。

2017年12月15日

法治建设

北京市教育委员会文件选编

（2017）

中共北京市委教育工作委员会
北　京　市　教　育　委　员　会
北京市人民政府教育督导室

关于印发《北京教育系统法治宣传教育第七个五年规划（2016—2020年）重点任务分工方案》的通知

京教策〔2017〕2号

北京教育系统法治宣传教育工作领导小组成员处室，各区委教工委、区教委、区政府教育督导室：

为贯彻落实《北京教育系统法治宣传教育第七个五年规划（2016—2020年）》，确保各项工作举措落到实处、各项主要任务按时完成，北京教育系统法治宣传教育领导小组制定了《北京教育系统法治宣传教育第七个五年规划（2016—2020年）重点任务分工方案》，现印发给你们。各成员处室要按照职责分工，落实好各项任务，协同推动“七五”法治宣传教育目标顺利完成。各区委教工委、区教委、区政府教育督导室要参照此分工方案，研究制定本区教育系统法治宣传教育“七五”规划分工方案，并抓好落实工作。

2017年1月23日

北京教育系统法治宣传教育
第七个五年规划（2016—2020年）
重点任务分工方案

为确保《北京教育系统法治宣传教育第七个五年规划（2016—2020年）》各项任务落实，根据北京教育系统法治宣传教育工作领导小组成员处室职责，现将“七五”法治宣传教育重点任务分工如下：

1. 认真落实《青少年法治教育大纲》中各学段法治教育的目标、任务、内容和要求，实现小学低年级在道德与法治课中设置专门课时；初中阶段，采取道德与法治课中设置专门教学单元或者集中在某一学期以专册方式实施教学；高中教育阶段，思想政治课要设置专门课程模块的教育要求。

责任处室：基础教育二处

完成时限：2017年3月

2. 把法治教育纳入高等教育通识教育范畴，在高校中开设法治基础课或者其他相关课程作为公共必修课。

责任处室：高等教育处

完成时限：2017年3月

3. 开展“法治知识进课堂”基地校建设，在各区、学校地方课程或者校本课程中设置法治知识课（必修或选修），加强专门课程建设的经验总结和交流。

责任处室：政策研究与法制工作处、基础教育二处

完成时限：2020年12月

4. 充分运用法治教育软件、教学课件、音像制品、微课、慕课等多种形式和手段，更多采取实践式、体验式、参与式等教学方式，贴近学生实际，提升教学效果。

责任处室：基础教育二处、职业教育与成人教育处、高等教育处、宣教处

完成时限：2020 年 12 月

5. 注重挖掘语文、历史、生物、体育等各学科课程中法治教育因素，推进多学科协同开展法治教育。

责任处室：基础教育二处、职业教育与成人教育处

完成时限：2020 年 12 月

6. 坚持和完善模拟法庭教育形式，实现模拟法庭教育全市各级各类学校全覆盖，确保每所学校每学期至少组织一次模拟法庭教育。

责任处室：政策研究与法制工作处、高等教育处

完成时限：2020 年 12 月

7. 充分利用开学第一课、班队会、社会实践、毕业仪式等时机，有机融入法治教育内容。结合学生认知特点，有针对性地开展交通、消防、反恐、禁毒、国防等专题教育。

责任处室：体育卫生与艺术教育处、基础教育一处、基础教育二处、职业教育与成人教育处

完成时限：2020 年 12 月

8. 充分利用社会大课堂、法治教育实践基地等社会法治教育资源，积极开展校外法治教育，各学校结合组织实施综合社会实践活动，至少安排一次初中阶段学生参加法治实践教育活动。

责任处室：基础教育一处、政策研究与法制工作处

完成时限：2017 年 6 月

9. 定期举办全市教育系统法治文艺大赛、普法微视频展映、法治教育优秀多媒体课件征集、法治知识网络大赛等活动，推荐优秀选手和作品参加国家及市级比赛，引导各级各类学校开展丰富多彩的法治教育活动，提升法治教育的吸引力和感染力。

责任处室：政策研究与法制工作处、体育卫生与艺术教育处、宣教处

完成时限：2020 年 12 月

10. 实施中小学校长教师法治培训计划，按照教育部法治培训大纲，进行全员法治培训。

责任处室：人事处、政策研究与法制工作处

完成时限：2020 年 12 月

11. 配齐法治教育课教师，在核定的编制总额内，每所中小学要配备 1～2 名专任或兼任法治教育课教师，鼓励有条件的学校录用法学专业本科及以上毕业生担任法治教育专任教师。

责任处室：人事处

完成时限：2017 年 9 月

12. 实施中小学法治教育教师专业素质提升计划，确保全市每所中小学至少有 1 名教师接受 100 学时以上的系统法律知识培训。实施法治教育名师培育计划，通过国家和市级选拔培训，培养 50 名优秀中小学法治教育教师。

责任处室：人事处、政策研究与法制工作处

完成时限：2020 年 12 月

13. 建立教育法治研究培训基地，承载专业智库建设、教育法治研究、教育法治人才培养、依法治教相关培训等任务。

责任处室：政策研究与法制工作处

完成时限：2017 年 6 月

14. 积极开展教师法律知识竞赛、教学基本功大赛和精彩教案、课件、案例评选等活动，激发教师自觉提升专业能力的积极性。

责任处室：人事处、宣教处、政策研究与法制工作处

完成时限：2020 年 12 月

15. 加强普法志愿者队伍建设，鼓励高校开展便民法律咨询，继续推动大学生法律志愿服务与青少年法治教育有机融合，健全工作体系，开展好“青春船长，法治起航”活动。

责任处室：宣教处、政策研究与法制工作处

完成时限：2020 年 12 月

16. 实施高校卓越法律人才培养计划，加强法律专门人才培养。

责任处室：高等教育处

完成时限：2017 年 1 月

17. 全面落实领导干部学法用法要求，以习近平总书记依法治国重要论述、中国特色社会主义法律体系、党章和党内法规为对象，列入党委中心组学习内容，提升领导干部运用法治思维和法治方式履职尽责的能力。

责任处室：宣教处、机关党委办公室、政策研究与法制工作处

完成时限：2016 年 12 月

18. 落实两委一室机关每年安排办公会会前学法不少于 4 次，每年举办领导干部依法行政培训班不少于 1 期、时间不少于 24 学时，每年举办领导干部法治讲座不少于 2 次的学习培训任务。

责任处室：政策研究与法制工作处、办公室

完成时限：2020 年 12 月

19. 两委一室机关及直属单位处级领导班子和领导干部在年度考核述职中要围绕法治学习情况、重大事项依法决策情况、依法履职情况等进行述法。把法治观念、法治素养作为干部德才的重要内容，把能不能遵守法律、依法办事作为考察干部的重要依据。贯彻落实《北京市委教工委任命的国家工作人员宪法宣誓实施办法》。

责任处室：干部处

完成时限：2018 年 1 月

20. 依照教育系统领导干部法治培训大纲和法治能力评测工具，完成两委一室机关及直属单位处级领导班子和领导干部全员培训、全员考核。

责任处室：干部处

完成时限：2020 年 12 月

21. 把法治教育纳入公务员初任和任职培训的必训内容，定期开展社会主义法治理念、教育法律法规和行政法律法规培训，把尊法学法守法用法情况列入公务员年度考核重要内容。

责任处室：人事处、干部处

完成时限：2016年12月

22. 加强新媒体新技术在普法中的运用，充分利用全国青少年普法网、北京市青少年法制教育资源网、北京数字德育网、北京数字学校等网络教育资源，丰富教育形式和内容，搭建法治宣传教育资源共建共享平台。编好《法治与校园》普法读物，建设“法治与校园”微信公众号。

责任处室：政策研究与法制工作处、基础教育一处

完成时限：2020年12月

23. 落实教育部、司法部《关于加强青少年法治教育实践基地建设的意见》，实施青少年法治教育实践基地建设工程，整合社会资源，创新服务方式，在每个区至少建立1所符合标准的市级法治教育实践基地。

责任处室：政策研究与法制工作处

完成时限：2018年12月

24. 加强区级法治教育实践基地建设，采取政府购买服务等方式，在乡镇校外活动站增加法治教育资源，支持各区利用实践基地的资源，在中小学设立具备一定实践性、互动性教学功能的“法治教育教室”，支持中小学校以多种方式组织学生参加法治教育社会实践活动。

责任处室：体育卫生与艺术教育处、财务处、基础教育二处、政策研究与法制工作处

完成时限：2020年12月

25. 开展跨区域法治宣传教育工作联动，推进京津冀三地法治宣传教育工作互助、资源共享。

责任处室：政策研究与法制工作处

完成时限：2016年12月

26. 按教育部统一部署，组织开展依法治教示范区创建活动，推动各区教育行政部门积极建设依法治教示范区。

责任处室：办公室、政策研究与法制工作处

完成时限：2020 年 12 月

27. 建立权责统一的教育行政执法体制，不断提高教育系统依法治理能力。

责任处室：政策研究与法制工作处

完成时限：2020 年 12 月

28. 进一步完善各级各类学校依法治理的制度与机制，研究制定推进中小学章程建设的指导意见，提升全市中小学依章治校的整体水平。

责任处室：政策研究与法制工作处、基础教育一处

完成时限：2017 年 12 月

29. 组织开展依法治校示范校创建活动，制定实施依法治校考核指标体系，健全依法治校考核评估办法，探索建立学校自查、专家评审、行政部门检查、第三方评估与社会评价等多元考核机制。力争到 2020 年，全市学校全面达到依法治校的基本要求，创建百所依法治校示范校。

责任处室：政策研究与法制工作处、学校督导处

完成时限：2020 年 12 月

30. 建立健全法治宣传教育部门协调机制，完善与人大、公检法司及有关行政部门，工会、共青团、妇联等群众组织，教育学会、法学会等学术团体的合作机制，发挥家长学校、家长委员会、社区等组织的法治教育力量，健全社会支持网络，充分利用整合各部门和社会的法治教育资源，建立政府部门、学校、社会和家庭协调配合开展法治教育的机制，形成青少年法治教育新格局。

责任处室：政策研究与法制工作处、基础教育一处

完成时限：2020 年 12 月

31. 鼓励师范院校、政法院校等高等学校设立法治教育及相关专业学位。

责任处室：高等教育处

完成时限：2020 年 12 月

32. 市、区两级教育行政部门要设立“七五”法治宣传教育工作专项经费，纳入年度部门预算，切实予以保障，并根据工作需要建立动态调整机制。

责任处室：财务处、政策研究与法制工作处

完成时限：2016 年 12 月

33. 将学生法治教育综合情况作为对学校年度考核的重要内容，与校长任期考核、教师业绩考核、学生操行评定等挂钩。

责任处室：学校督导处、人事处

完成时限：2016 年 12 月

34. 中、高考中适当增加法治知识内容，将宪法知识、社会主义法治理念、法治素养和法治实践纳入学生知识和综合素质评价范围。

责任处室：发展规划处、基础教育一处、基础教育二处、政策研究与法制工作处

完成时限：2017 年 6 月

35. 认真落实《北京教育系统法治宣传教育工作考核评估指标》《北京高校法治宣传教育工作基本标准》《北京市中小学法治宣传教育工作考核评价标准》，加强年度工作监督检查。将法治宣传教育工作情况纳入依法治教示范区、依法治校示范校评选和素质教育综合督导，开展“七五”普法规划落实情况检查，切实推动“七五”法治宣传教育工作深入开展。

责任处室：政策研究与法制工作处、学校督导处

完成时限：2020 年 12 月

北京市教育委员会

关于转发教育部全国教育普法办《教育系统“七五”普法推荐学习读本目录》的通知

京教函〔2017〕66号

各区教委：

为全面落实《青少年法治教育大纲》中各学段法治教育的目标、任务、内容和要求，积极开展“法治知识进课堂”建设，教育部全国教育普法办近日下发了《关于发布〈教育系统“七五”普法推荐学习读本目录〉的函》，为全市各级教育管理部门、各中小学校及师生学习法律知识提供了参考建议。现将该文件发送给你们，请结合辖区实际自主选用。

2017年2月16日

教育部全国教育普法领导小组办公室

关于发布《教育系统“七五”普法推荐学习读本目录》的函

教普法办函〔2017〕4号

各省、自治区、直辖市教育厅（教委），新疆生产建设兵团教育局，各计划单列市教育局：

《中央宣传部、司法部关于在公民中开展法治宣传教育的第七个五年规划（2016—2020年）》中要求“编写法治教育教材、读本，地方可将其纳入地方课程义务教育免费教科书范围”。教育部和司法部全国普法办联合印发的《青少年法治教育大纲》，提出鼓励和支持各种社会组织开发青少年法治教育读本及相关产品。

法治教育具有较强的专业性和规范性。在教育系统“七五”普法期间，着力提高法治教育的针对性和有效性，推广使用符合普法规划和《青少年法治教育大纲》精神、编写科学、内容权威的普法用书和教育资源是保障和基础。在实践中，各地也多次提出希望能够有高水平的普法读本供选用。近期，全国普法办组织专家编写、审定了全国“七五”普法学习读本，同时致函我办希望能够在教育领域推荐有关青少年法治教育读本。

考虑到实践要求和推进工作需要，我办启动了教育系统“七五”普法学习读本的遴选工作。结合全国普法办的审定和推荐，我办组织审定了一批内容规范、质量较高、针对性强的普法学习读本（含资料），分别涵盖了中小学法治教育、宪法教育、教师和机关法治培训等方面需要，作为教育系统“七五”普法学习读本（目录附后）。此外，由教育部主管、北京外国语大学及外语教学与研究出版社主办出版的《青少年法治教育》2017年将正式创刊发行，作为第一本法治教育专业期刊，也一并推荐给各地选用。各地可以结合普法工作需要和自身实际，自主选择使用，可以在政府采购教育普法读本时优先予以选用；有条件的地方，也可以作为中小学图书馆用书予以推荐。

各地要按照“七五”普法规划和《青少年法治大纲》要求，积极在地方课程中增加法治教育课时，将学生使用的法治教育读本纳入地方课程义务教育免费教科书范围。我办将购买相关普法学习读本，主要用于赠送西部地区学校。鼓励各地通过普法专项经费予以配比，扩大赠送的范围和受益群体。

附件：教育系统“七五”普法推荐学习读本目录

2017年2月7日

附件

教育系统“七五”普法推荐学习读本目录

名称	出版社
《新编教育法律法规规章》	外语教学与研究出版社
《中小学法治教育读本》（系列）	法律出版社
《小学生法治教育校园系列漫画》（挂图）	法律出版社

续表

名称	出版社
《中小学法治教育》(系列)	人民教育出版社
《全国教育系统教师“七五”普法读本》	教育科学出版社
《法治教育》(系列)	教育科学出版社
《学生宪法教育读本》(小学、初中、高中)	中国法制出版社
《中小学多学科协同实施法治教育教学指导用书》	中国民主法制出版社
《青少年法治教育》(期刊)	外语教学与研究出版社

北京市教育委员会

关于筹建《法治与校园》学生记者站的通知

京教策〔2017〕5号

各区教委:

为全面贯彻落实党的十八大和十八届历次全会精神，全面落实青少年法治教育要求，激发广大学生关心法律时事、热心法治宣传的主动性和积极性，现决定在全市各中小学校筹建《法治与校园》

学生记者站。现将有关事项通知如下：

一、建站目的

为进一步丰富学校法治教育内容和形式，指导学生自己发现身边法律，自发学习法律知识，自主分析涉法事件、自觉养成法治思维，为广大中小学生搭建展现自我、参与社会实践的平台，为学校法治教育工作提供支撑，营造浓厚的校园法治文化氛围。

二、申报及管理方式

1. 学生记者站申报坚持自愿原则，由学校自主申报，各区教委依据申报学校开展法治教育工作情况择优推荐，每区最多不超过5所学校。

2. 每个学生记者站应指定指导教师1名，学生站长1名，站内学生记者人数不限。

3. 凡经各区教委认定提交申报的学生记者站、指导教师和学生记者，将颁发《法治与校园》学生记者站站牌、指导教师证和记者证。

4.《法治与校园》编辑部定期组织学生记者站师生参加法律知识、新闻写作等方面专题培训，参观法治教育基地等学习活动。

三、工作职责与要求

1. 及时收集、撰写并报送学区、学校法治教育新闻及图片。

2. 组织、监督《法治与校园》杂志在本校发放、使用情况，并反馈读者意见。

3. 积极关注学生关心的法治选题，协助开展《法治与校园》杂志、北京市青少年法治教育资源网、法治与校园微信公众号等媒体重点选题征稿。

4. 记者站指导教师在坚持立足本职岗位，认真学法、积极讲法的基础上，要认真负责指导学生挖掘新闻线索，编写法治教育简报，指导学生撰写法治教育心得，培养校内小记者后备队伍等工作。

5. 记者站记者要带头积极参与各项法治学习和宣传教育活动，

影响带动身边同学认真学法、严格守法，做遵规守纪的小模范。

四、考核奖励

1. 记者站来稿一经被《法治与校园》、北京市青少年法治教育资源网、《法治与校园》微信公众号等选用，稿酬从优。市教委将优先选派来稿指导教师、学生记者参加，国家及市级丰富多彩的法治实践活动。

2. 每年对各记者站年度组织活动、上报选题、投稿数量、稿件刊发、追踪反馈《法治与校园》读者意见等情况进行总体通报。对记者站建站工作组织保障有力的区，工作积极认真、报送信息数量质量有保证的记者站、指导教师、学生记者等，给予表扬和奖励。

3. 考核评价为不合格的学生记者站将被取消资格，其空缺由所在区教委及时提出补缺建议。

请各区教委于 2017 年 4 月 30 日前将《学生记者站推荐表》、《学生记者站登记表》交至《法治与校园》编辑部。

附件：1. 区《法治与校园》学生记者站推荐表（略）

2. 学校《法治与校园》学生记者站登记表（略）

2017 年 3 月 31 日

北京市教育委员会

关于加快推进我市青少年法治教育实践基地建设工作的指导意见

京教策〔2017〕7号

各区教委：

为深入贯彻党的十八届四中全会精神，将法治教育纳入国民教育体系，创新法治教育形式，增强法治教育效果，根据教育部等七部委《关于加强青少年法治教育实践基地建设的意见》要求，推进我市青少年法治教育实践基地建设工作规范化、制度化，特提出以下意见：

一、总体要求

（一）指导思想

为深入贯彻党的十八届四中全会和习近平总书记系列重要讲话精神，全面贯彻党的教育方针，将青少年法治教育摆在国民教育重要位置，突出法治育人理念，大力推进青少年法治教育体制机制创新、方式方法创新，努力构建以法治观念养成为中心，实践教学、探究学习、自主参与等多种模式相结合的法治教育新格局，全面提高青少年法治教育的针对性、实效性。

（二）工作目标

北京市青少年法治教育实践基地（以下简称“实践基地”）建设工作坚持“科学规划、条块结合、资源共享、优质特色”的基本原则，市区两级教育管理部门上下联动，整合社会资源，挖掘学校特色，力争到2020年，全市青少年法治教育实践建设基本形成“1＋M＋N”的网络化布局，即每个区结合辖区特色建设一个综合性实践基地，整合汇集社会资源建设若干个专题类实践基地，挖掘提升有基础的中小学校建设若干个“法治教室”，全面打造符合青少年认知特点，服务青少年成长成才的法治教育新阵地，实现实践基地建设全覆盖。

二、积极服务学校法治教育

（一）关注特色课堂开发。立足学校法治教育中专门课程、相关学科渗透、主题教育等教育要求，发挥实践基地承载法治教育的重要作用，积极研发优质特色课堂，普及法治知识，明晰行为规则，规范行为习惯。积极服务《道德与法治》课程建设和课程标准，以培养学生创新精神和实践能力为核心，以示范实践基地建设为龙头，协同助力各学段学生法治课程教学。挖掘相关学科法治教育因素，加大实践基地精品课程开发建设，让学生感知身边法律，强化尊法守法意识。

（二）做优活动项目设计。充分发挥基地实践教学服务优势，紧贴学生成长需要，研发菜单式、课程超市式服务目录，服务辐射辖区适龄学生法治实践活动需要。依托法制副校长、大学生普法志愿者、公益律师等法治教育资源，以国家宪法日、国家安全教育日、消防日、交通安全日等特殊教育节点为契机，在实践基地开展社会大课堂、主题教育、党团队教育日、学生社团活动、入队（团）仪式、成人仪式等活动，全过程、全要素融入法治教育，积极引导学生体验感悟。

（三）聚集高水平师资力量。统筹辖区优质师资，召集实践教学能力强、创新活动经验丰富的教师指导学生开展实践活动。建立激励机制和政策措施，聘请一批法治观念强、法律素养高、法律技能精的教师参与创新实践基地建设，指导学生开创性地开展实践教育。发挥实践基地协同教研联动作用，定期组织基地教育活动，召集区域教师开展研究训练，搭建法治教育教研交流新平台。

三、着力提升建设质量和效益

（一）强化法治文化育人理念。加强实践基地法治文化建设，把法治精神、法治思维和法治方式落实在实践基地建设和服务的各个环节。在基地建设中融入法治元素，编发、购置符合青少年学生认知特点的普法书册、报刊，张贴法律格言、普法海报，编发法治小报，发挥法治文化的引领和熏陶作用。充分发挥教育部全国青少年普法网、北京市青少年法治教育资源网等网络、媒体的普法优势，支持实践基地信息化建设，实现法治教育线上线下实时互动。

（二）加快推进标准化建设。参照教育部、司法部“全国青少年学生法治教育实践示范基地”标准，结合实际，优质高效推进实践基地标准化建设。要适应中小学组织学生参与活动、接受教育的需要，实践基地建设应具备集中观摩授课、组织模拟法庭等相应活动场地和教学设施，要设置专题教育、模拟体验、互动测评、综合培训等完善的教育功能板块，鼓励拓展实现开展学生法治教学效果评价、教师培训等功能，实现每次能接纳若干班次师生开展法治教育的建设要求。鼓励先行先试，探索实践基地建设标准，建立健全管理机制，切实保证和提高运营效率。

（三）确保教育效果实在。充分发挥各级各类实践基地承载法治教育实践活动的有效模式，不断增强法治教育效果。推动实现将法治教育实践基地纳入社会大课堂和初中综合社会实践活动内容，积极开展体验、情景式法治教育，全面落实每年至少安排 1 次初中阶段学生参加法治教育实践活动要求。积极推动全市中小学利用实践基地开展法治教育，发挥中小学生学习掌握法律知识的重要支持作用，分期分批组织师生赴实践基地开展活动，接受教育，确保用足用好实践基地。

四、整合社会资源协同育人

（一）搭建社会联动机制。发挥各级公检法司法治教育资源优势，支持和参与实践基地建设，组织安排有实践经验和教学能力的人员，承担学生法治教育。整合利用人民法院、人民检察院、博物馆、公安、道路交通、消防、环保、军训等已有青少年实践基地建设成果，不断丰富教育内容和形式，发挥教育辐射功效。推动大学生法律志愿服务与实践基地法治教育有机结合，健全工作体系，提升“青春船长”服务能力和水平。鼓励发挥热心法治教育的公益律所、家长委员会、家长学校、社区等组织的法治教育力量，健全支持网络，建立政府、学校、社会和家庭协调配合支持实践基地建设的工作机制。

（二）加大政府购买服务力度。将引入优质法治教育实践资源列入政府购买服务指导性目录，加大政府购买服务力度，支持实践基地软硬件建设。强化委托、战略合作、政府购买服务等运作方式的事前、事中和事后监管，实现政府购买服务对扩大服务供给的放大效应。

五、加强组织领导

（一）健全组织领导机制。市教育系统法宣工作领导小组将加快推进青少年法治教育实践基地建设纳入重要议事日程，主要领导负总责，分管领导具体负责，健全完善相关工作机制，发挥统筹协调和督促落实职能，及时解决突出困难和问题。各区教育行政管理部门要把实践基地建设纳入各地校外教育机构建设的整体规划，积极整合各类法治教育基地，支持其提高水平、发挥功能。要加强与公检法司、共青团等相关部门的沟通协调，各司其职、密切配合，形成有章可循、有序推进的工作局面。

（二）完善工作保障机制。市教委在“七五”普法期间，每年设立实践基地建设专项资金，支持推动实践基地建设。各区教育管理部门要将推进综合性青少年法治教育实践基地建设所需经费纳入年度预算，保证实践基地平台建设，改善服务条件，增强服务能力，确保每区至少建立 1 所符合标准的市级法治教育实践基地资源。鼓励吸引社会资金注入，鼓励欢迎热衷公益慈善的企业、社会组织、团体和个人等力量，关注青少年法治教育，支持实践基地建设，形成多渠道、全方位投入格局。

（三）强化示范带动作用。推动交流合作，通过业务培训、会议交流、项目观摩、现场考察等多种形式，推动实践基地建设的经验分享和交流合作。加大宣传力度，积极宣传实践基地推进工作成效和典型经验，增强示范辐射带动作用。对关心支持实践基地建设工作，贡献突出的国家机关、企事业单位、社会团体及个人，要以适当方式给予表彰和奖励。

（四）建立考核评估机制。认真落实教育部关于加强实践基地建设相关工作要求，健全完善实践基地的评价指标体系，采用自我评估、互查互评、第三方评估等方式开展监督检查。将实践基地建设情况列入落实普法规划任务、创建依法治教示范区、素质教育综合督导，切实推动建设任务落到实处。

本意见自 2017 年实施，2020 年评估检查，按推广探索、细化标准、总结评价等步骤稳步推进。各单位要根据《意见》的要求，结合实际，制定本区实践基地建设的实施方案，切实做到有计划、有部署、有落实、有检查。市委教工委、市教委将进一步加强实践基地建设工作交流、优秀活动项目评选、典型宣传和经验推广，请各区将相关工作情况及时报送市教育系统法治宣传教育工作领导小组办公室。

2017 年 4 月 5 日

中共北京市委教育工作委员会
北　京　市　教　育　委　员　会

关于开展北京大学生法治文化节的通知

京教策〔2017〕9号

各高等学校：

为全面贯彻落实党的十八大和十八届三中、四中、五中、六中全会精神，根据《北京教育系统法治宣传教育第七个五年规划（2016—2020年）》要求，积极传播法律知识、弘扬法治精神、构建法治文化、营造法治校园氛围，推动高校普法和法治创建工作的规范化、常态化，市委教工委、市教委决定于今年4月至12月间开展北京大学生法治文化节。现将有关事项通知如下：

一、目的意义

大学生是法治社会的未来建设者，也是社会主义法治理念的传播者、参与者。为深入推进高校依法治校工作，深入开展大学生法治宣传教育，积极发挥法治文化的引领和熏陶作用，引导大学生进一步提升践行社会主义法治的积极性和主动性，丰富内容，拓展形式，不断开创高校法治教育工作新局面，实现新进展。

二、组织机构

北京大学生法治文化节活动由市委教工委、市教委主办，北京教育音像报刊总社承办。该活动设立活动组委会及活动办公室、活动事务部。

活动组委会构成：

组　长：张雪　　市委教工委常务副书记

副组长：郑登文　市委教工委副书记

　　　　李奕　　市委教工委委员

　　　　　　　　市教委副主任

成员处室及单位：

市委教工委、市教委政策研究与法制工作处

市委教工委宣教处

市教委高等教育处

市教委职业教育与成人教育处

市教委体育卫生与艺术教育处

北京教育音像报刊总社

活动办公室设在政策研究与法制工作处，具体负责活动组织实施与协调。活动事务部设在北京教育音像报刊总社政府项目部，具体负责信息收集、资料整理等活动事宜。

三、活动主题

飞扬青春　法治同行

四、重点活动

（一）举办大学生法治文化节闭幕式

以“国家宪法日”学习宣传活动为契机，12 月 4 日前后，举办全市大学生法治文化节闭幕式，全面总结本届法治文化节开展情况，表彰获奖单位和师生，展映优秀法治微视频。

活动时间：2017 年 11 月底至 12 月初

（二）开展第五届北京高校普法微视频征集展映

4 月，启动第五届高校普法微视频征集展映活动。本次作品征集在往届活动经验成果基础上，鼓励高校师生发挥法学、文艺编辑、动漫设计、影视制作等方面专长，演绎青春路上的涉法故事，将法治理念、法治意识融入文艺视频作品的创作展示之中。

活动时间：2017 年 4 月至 12 月

（三）开展全市学生“学宪法、讲宪法”主题教育活动

认真落实教育部关于学习宣传宪法相关要求，9月，启动全市学生“学宪法、讲宪法”演讲比赛，各校积极推荐优秀选手参加全市学生演讲现场竞赛，表现突出的同学将有机会代表北京市参加全国学生宪法演讲比赛。

活动时间：2017年9月至12月

（四）建立网络活动平台

4月，全市大学生法治文化节正式启动。届时，北京市青少年法治教育资源网（www.fzyxy.cn）上开通首都大学生法治文化节主题活动专区，及时展示活动安排和新闻，发布法治作品，交流活动经验，实时追踪法治文化节动向。

活动时间：2017年4月至12月

（五）开展校园法治文化主题教育日活动

11月，各校围绕本次大学生法治文化节主题，结合各自学生特点和教育需求，组织师生开展体现学校特色寓教于乐的法治文化主题教育日活动。可突出宪法的学习宣传，健全完善“国家宪法日”教育仪式和内容，弘扬宪法精神，树立宪法权威，提高宪法意识；可组织法律沙龙、法治论坛、文艺展演、模拟法庭、法律知识问答、普法志愿服务等有声有色的教育活动，提升法治教育的吸引力和感染力；也可通过发挥微博、微信、H5页面等新媒体的宣传功效，最大范围地传递法治精神和法治力量，营造浓厚热烈的法治育人氛围。

活动时间：2017年11月至12月

五、工作要求

（一）高度重视，周密组织。法律素质是当代大学生健康成长、参与社会、幸福生活的核心素质之一。各校要充分认识开展此次活动的重要意义，坚持与倡导树立和谐、平等、民主、法治等理念相结合，与大学生法治实践教育活动相结合，要把法治文化节作为2017年度推进大学生法治教育的重点工作予以落实。市委教工委、

市教委也将把各校参与此次活动的情况，纳入各校“七五”普法评估和依法治校示范校创建的重要内容。

（二）广泛动员，展示特色。各校要充分发挥校团委、学生会、艺术社团的力量，结合本校实际，整合学校法学教育资源，广泛发动师生积极参与。引导学生充分运用传统媒体和互联网、手机等新媒介，把情感、时尚、艺术元素引入作品创作，提升广大在校大学生的参与积极性，力争推荐展现学校法治教育水平和学生风貌的优秀师生和优秀作品。

（三）积极探索，重在实效。充分发挥法治实践教育功效，鼓励学生创新法治宣传教育内容和形式，了解宪法及中国特色社会主义法律体系中的基本法律原则、法律制度与法律规范，提高运用法律知识分析、解决实际问题的意识和能力，努力搭建课堂教学、社会实践、校园文化多位一体的学生法治教育育人平台，不断探索大学生法治教育的有效形式和长效机制。

市委教工委、市教委将随时追踪各校组织开展法治文化节工作情况，各校工作中的成效和做法、困难和问题，请及时报送至活动办公室。请各校于4月25日前，将《大学生法治文化节工作负责人回执》反馈至活动事务部。

附件：1. 大学生法治文化节工作负责人回执（略）

2. 第五届北京高校普法微视频征集展映活动方案

2017年4月11日

附件 2

第五届北京高校普法微视频征集展映活动方案

为全面贯彻落实党的十八大和十八届三中、四中、五中、六中全会精神，不断推进法治宣传教育工作创新，激发大学生学法守法、讲法倡法热情，市委教工委、市教委决定开展第五届北京高校普法微视频征集展映活动。

一、活动时间：

2017 年 4 月至 12 月（各校作品报送截止时间为 2017 年 6 月 30 日）。

二、作品要求

（一）作品内容

1. 具有思想性。作品创作要围绕弘扬社会主义核心价值观，可阐述法治社会公平与正义、权利与义务关系，传递社会正能量；也可挖掘中华传统文化中讲仁爱、重民本、守诚信、崇正义的思想内涵，传播中华传统文化中的法治内涵。

2. 具有法治性。作品要立足弘扬法治精神，传播法治理念，重点突出大学生对宪法、中国特色社会主义法律体系以及社会主义法治理念的学习和宣传，诠释法律法规准确。

重点可围绕大学生在升学考试、就业择业、实习实践、出国留学、打工创业、婚恋交友、知识产权保护、网络安全等学习成长中所遇到法律问题；也可围绕法治政府建设、社会管理、城市建设等法律问题和法律需求进行编创。

3. 具有艺术性。作品要具有艺术表现力，题材要以小见大，情节构思巧妙、手法新颖，人物塑造有血有肉，富有感染力，做到形象化、具体化、生活化。

4. 具有观赏性。作品要主题突出，积极向上，基调明亮，避免概念化、说教式表述手法，力求展现首都大学生精神风貌。

（二）作品形式

作品形式分为微电影和动漫两大类。

1. 法治微电影作品是指运用影像手段创作的法治微作品。该类作品可从现实生活取材，进行改编、再创作，演绎一段法治故事的剧情类作品；也可为结合新法规的颁布、修改和实施，解读法律条文或宣传法律知识的广告类作品。

2. 法治动漫作品是指利用电脑技术制作出影像动画作品。可关注社会生活中的涉法故事，编制体现法治内涵的动漫小故事；也可制作法治动漫广告，宣传公序良俗，传递法治力量。

（三）作品格式

1. 法治微电影不超过15分钟，动漫作品不超过10分钟。

2. 视频应为AVI、MP4等常见格式，尺寸最低为标清作品720×576，为确保后期活动展播质量，请保留高质量源片。

3. 参选作品需同时准备剧照2张、导演照片1张，JPG格式，600dpi、500K以上，并可附海报、片花等。

4. 提交作品请填写《参选作品信息表》并提供作品光盘、剧本各2份，片头或片尾需标注报送学校、作品名称以及编剧、导演、主要演员等人员信息的字幕。

5. 除在格式化片头或片尾位置可出现作者署名外，主体内容不能出现商业性广告或任何外部链接。

（四）其他相关说明

1. 参选作品须为个人或集体的原创作品，主创人员应为本校在校师生。凡涉及抄袭等侵权行为，一经确认，取消该作品参赛资格，该作品报送学校取消优秀组织奖参评资格，并由该作品作者承担相关责任。

2. 作品具有排他的独立版权，主办方享有在法治宣传教育工作中改编、部分采用、再创作、使用作品等权利，请作者自行保留底稿，所有应征作品恕不退还。

三、工作程序

（一）作品征集阶段（自通知发布之日起至2017年6月）。6月30日前统一将学校《推荐作品目录》、每件作品的《参选作品信息表》、光盘和剧本（各2份）寄送至活动事务部，其中《推荐作品目录》《参选作品信息表》电子版发送至fazhiweidianying@126.com。

（二）作品评审阶段（2017年9月）。征集活动结束后，主办方将组织专家对作品进行评审，评选出高校优秀普法微视频作品，评选结果经在北京市青少年法治教育资源网（www.fzyxy.cn）上公示确认后公布。

（三）作品展演阶段（2017年10月至12月）。主办方将采用推荐参与全市展演、组织普法成果展示、制作优秀作品光盘等形式，推广优秀普法微视频成果。各校可结合本校教育实际，利用“12·4”宪法学习日等教育时机，通过校园网、有线电视播放获奖作品光盘、组织现场会、主题教育实践活动，集中开展法治教育，营造学法用法的育人氛围。

历届北京高校优秀法治短剧作品征集评选活动获奖作品已在北京市青少年法治教育资源网（www.fzyxy.cn）中展播，供高校师生参考浏览。

发展规划

北京市教育委员会文件选编

（2017）

北京市教育委员会

关于转发教育部、国务院学位委员会《学位与研究生教育发展“十三五”规划》的通知

京教研〔2017〕3号

各市属高校：

现将教育部、国务院学位委员会制定的《学位与研究生教育发展“十三五”规划》（以下简称《规划》）（教研〔2017〕1号）转发你们。各高校要深入领会《规划》精神，充分认识学位与研究生教育面临的新形势、新任务，准确把握《规划》确定的发展思路和发展目标，全面贯彻《规划》明确的主要任务和改革措施，以“服务需求、提高质量”为主线，深化教育教学改革，全面提高学位与研究生教育质量。各高校要对照《规划》提出的目标任务，研究制定本单位实施方案和工作措施，明确责任，落实分工，加强组织领导和统筹协调，把有关要求落到实处。

2017年2月28日

教　　育　　部
国务院学位委员会

关于印发《学位与研究生教育发展“十三五”规划》的通知

教研〔2017〕1号

各省、自治区、直辖市学位委员会、教育厅（教委），新疆生产建设兵团教育局，有关部门（单位）教育司（局），中国科学院前沿科学与教育局，中国社会科学院研究生院，中共中央党校学位评定委员会，中央军委训练管理部职业教育局，部属各高等学校：

根据党中央的总体要求和国务院关于“十三五”规划编制工作的总体部署，为适应新时期经济社会发展对高层次人才的需要，全面提高学位与研究生教育质量，现将《学位与研究生教育发展“十三五”规划》印发给你们。请结合实际，认真贯彻落实。

2017年1月17日

学位与研究生教育发展“十三五”规划

“十三五”是全面建成小康社会的决胜阶段。为贯彻落实党的十八届五中全会精神，根据国民经济和社会发展“十三五”规划，为适应新时期经济社会发展对高层次人才的需求，全面提高研究生教育质量，深入推进学位与研究生教育事业改革发展，制定本规划。

序言

研究生教育作为国民教育体系的顶端，是培养高层次人才和释放人才红利的主要途径，是国家人才竞争和科技竞争的重要支柱，是实施创新驱动发展战略和建设创新型国家的核心要素，是科技第一生产力、人才第一资源、创新第一动力的重要结合点。没有强大的研究生教育，就没有强大的国家创新体系。

我国自恢复研究生教育以来，始终结合国家战略和经济社会发展需求，坚持中国特色研究生教育发展道路，建立了较为完备的学位与研究生教育体系，保证了研究生教育基本质量，研究生教育规模从小到大，发展成为研究生教育大国，基本实现了立足国内自主培养高层次人才的战略目标。

“十二五”时期，特别是党的十八大以来，研究生教育改革全面深化，确立了“服务需求、提高质量”的发展主线，专业学位研究生培养模式改革取得突破，质量意识和发展水平较大提升，结构优化调整取得明显进展，投入保障明显改善，简政放权转变职能力度加大，高校办学自主权明显增强，一批高水平大学和高水平学科迅速崛起，若干重点建设高校进入或接近世界前100名，国际影响力不断提升，为“十三五”期间学位与研究生教育创新发展奠定了良好基础。

当前，国际环境错综复杂，世界经济正处于深度调整之中，全球范围内科技创新呈现出前所未有的发展态势，知识创新速度加快，科技变革加剧，高端人才在经济增长和科技创新中的作用进一步凸显，教育与人才竞争日趋激烈，很多国家把研究生教育作为培养和吸引优秀人才的重要途径。我国已进入全面建成小康社会的决胜阶段，改革发展任务艰巨繁重。实施创新驱动发展战略、制造强国战略和人才优先发展战略，推进“一带一路”建设，着力推动理论、制度、科技和文化创新，统筹推进世界一流大学和一流学科建设，必须以高素质人才构建新的竞争优势，以创新激发新的发展动力。我国研究生教育面临前所未有的发展机遇和挑战，必须树立科学的发展质量观，大力提升高层次创新人才培养水平。

与党中央的要求和人民群众的期盼相比，与肩负的历史使命和国际高水平研究生教育相比，我国研究生教育仍然存在明显差距。主动服务国家经济社会发展需求不到位，培养模式不能满足高水平创新能力和实践能力人才培养的要求，质量保障和评价机制未能有效发挥作用，国际影响力与国家地位不相匹配。

"十三五"时期，学位与研究生教育改革发展要继续坚持以服务需求、提高质量为主线，优化结构布局，改进培养模式，健全质量监督，扩大国际合作，推动培养单位体制机制创新，全面提升研究生教育水平和学位授予质量，加快从研究生教育大国向研究生教育强国迈进。

一、发展思路和目标

（一）发展思路

全面贯彻落实党的十八大和十八届三中、四中、五中、六中全会精神，深入学习贯彻习近平总书记系列重要讲话精神，按照"四个全面"战略布局，落实国家"十三五"规划、国家创新驱动发展战略纲要、深化人才发展体制机制改革的意见、教育规划纲要及教育"十三五"规划，坚持创新、协调、绿色、开放、共享的发展理念，全面推进内涵发展，全面深化研究生教育综合改革，更加突出培养模式转变，更加突出体制机制创新，更加突出结构调整优化，更加突出调动各方资源参与研究生教育的积极性，更加突出对外开放，统筹推进世界一流大学和一流学科建设，为建设创新型国家和人力资本强国、全面建成小康社会发挥关键支撑作用。

把服务需求、提高质量作为发展主线。面向国家和区域发展战略，面向国际科技前沿，面向教育现代化，全面提高研究生教育的结构适应性、人才培养质量、科技创新水平和社会服务能力，切实将学位授予单位的发展重点引导到提高质量、内涵发展上来。

把寓教于研、激励创新作为根本要求。遵循研究生教育规律，突出研究生教育在高等教育发展中的战略地位，把促进研究生成才成长作为出发点和落脚点，以学生为主体，以教师为主导，提倡开放合作和个性化培养，充分激发研究生从事科学研究和实践创新的积极性、主动性。统筹利用国内国际两方面资源，促进科研优势资源、行业优质资源与研究生培养的深度融合，科教协同、产学结合培养创新人才。

把分类改革、机制创新作为主要驱动。健全分类体系，实行分类管理和指导，增强发展协调性，拓宽发展空间。建立研究生教育主动适应经济社会发展需求的自主调节机制、以质量为导向的评价机制和资源配置机制。根据不同层次、不同类型研究生培养要求，分类改革选拔方式和培养模式。推进管办评分离，促进政府、研究生培养单位与社会之间良性互动。加强省级统筹。推动建立现代大学制度，形成主动创新、特色发展的办学机制。

（二）发展目标

到 2020 年，实现研究生教育向服务需求、提高质量的内涵式发展转型，基本形成结构优化、满足需求、立足国内、各方资源充分参与的高素质高水平人才培养体系，国际影响力显著增强，建成亚太区域研究生教育中心，为建设研究生教育强国奠定更加坚实的基础。

规模结构更加合理。保持研究生培养规模适度增长，千人注册研究生数达到 2 人，在学研究生总规模达到 290 万人。专业学位硕士招生占比达到 60%左右。学位授权布局更趋合理，不同层次、不同类型的研究生比例更加协调，服务经济社会发展的能力持续增强。

培养质量整体提高。寓教于研、产教结合的培养模式基本形成，更好满足科技创新和人才市场需求，人才质量评价体系更加科学、完善。研究生创新和实践能力不断增强，用人单位的满意度持续提高。

研究生对高水平科研成果、经济社会发展的贡献稳步提升。

形成拔尖创新人才培养高地。统筹建设世界一流大学和一流学科，若干所大学和一批学科进入世界一流行列，若干学科进入世界一流学科前列。建成一批中国特色、国际一流的研究生培养基地。

国际影响力显著增强。成为吸引海外研究生的区域中心，来华留学研究生占在学研究生的比例达到3%。研究生参与国际学术前沿研究的活跃度大幅提高。境外研究生培养项目的覆盖面和影响力进一步扩大。

二、发展改革任务

（一）主动适应需求，动态调整优化结构

以服务需求、提高质量为主线，着力优化学科结构和培养结构，改革招生计划管理模式和授权审核制度，联动协同，建立健全结构调整优化机制。

1. 优化研究生教育学科结构。支持建设一批国家发展急需、影响未来发展的学科专业。促进哲学社会科学与自然科学、基础学科与应用学科协调发展。完善学科设置与管理模式，增强灵活性，支持引导学位授予单位不断优化学科结构。支持学位授予单位按照经济社会发展需求自主设置二级学科，以前沿问题或重大科学、重大工程问题为导向自主设置新兴、交叉学科。健全学科预警机制，对水平持续低下、长期脱离经济社会发展需求、人才培养过剩的学科进行预警。创新财政支持方式，根据办学质量、学科水平和特色等因素分配资金，通过计划调控、绩效拨款等方式引导学科建设。

2. 增强招生计划服务需求的主动性。加强宏观管理，逐步建立研究生教育规模、结构、布局与经济社会发展相适应的动态调整机制。发挥政策引导和调控作用，主动对接国家重大战略需求，解决重大战略问题，储备战略人才。改进完善招生计划分配方式，调整优化区域间、培养单位间和学科专业间的招生结构。深入推进招

生计划管理改革创新，扩大高校办学自主权、明确高校主体责任，加强事中事后监管。探索开展由少数高水平研究型大学依据国家核定的中长期办学规模、社会需求和办学条件，自主确定年度研究生招生计划工作。加强各类研究生教育、各类专项计划统筹管理，鼓励高校和科研院所联合培养研究生。

3. 稳步发展博士研究生教育。适度扩大博士研究生教育规模。加强博士专业学位的论证和设置工作。适度提高优秀应届本科毕业生直接攻读博士学位的比例，以弹性学制打通硕士、博士研究生培养阶段。适度增加与国家重大发展战略、重点发展地区，以及繁荣哲学社会科学、加强马克思主义理论学科、传承中华优秀传统文化相关领域的研究生培养规模。

4. 积极发展硕士专业学位研究生教育。保持硕士专业学位研究生教育合理发展速度。建立以职业需求为导向的硕士专业学位研究生教育发展机制，加快完善专业学位体系，满足各行各业对高层次应用型人才的需求。鼓励和支持经济欠发达地区重点发展以专业学位为主的应用型研究生教育。探索硕士专业学位研究生教育与应用型本科和高等职业教育相衔接的办法，拓展高层次技术技能人才成长的通道，继续推动专业学位教育与职业资格衔接。

5. 增强学位授权审核的优化结构功能。统筹学术学位与专业学位授权审核，健全新增学位授权审核常态化与授权点动态调整相结合的工作机制。进一步明确国务院学位委员会、省级学位委员会和学位授予单位的职责，加强学位授权前瞻布局，促进学位授权与研究生培养的有效衔接。加强省级学位委员会对区域学位授权审核工作统筹，明确省级学位委员会在学位授予单位布局、学科与专业学位类别结构优化等方面的职责，提高研究生教育主动服务区域经济社会发展需求的能力。允许部分学位授予单位开展自主审核增列学位授权点。完善学位授权点定期评估制度，建立学位授权点强制退出机制。

（二）改革培养模式，提升创新和实践能力

坚持立德树人，突出人才培养的核心地位，分类推进培养模式改革，着力培养具有历史使命感和社会责任心、富有创新精神和实践能力的高素质人才。

6. 全面加强研究生思想政治工作。坚持把立德树人作为研究生教育的中心环节，把思想政治工作贯穿研究生教育教学全过程。建立健全培育和践行社会主义核心价值观的长效机制。加强以爱国主义为核心的民族精神和以改革创新为核心的时代精神教育，加强中国特色社会主义理论体系教育，增强研究生的国家意识、法治意识、社会责任意识和科学精神。全面加强马克思主义理论学科建设。深入推进研究生思想政治理论课教育教学改革。着力加强研究生基层党组织建设。将学术规范和职业伦理教育课程纳入培养方案，构建科研诚信和学术道德建设的长效机制。广泛开展社会实践和志愿服务活动。大力支持研究生开展创新创业活动。加强研究生心理健康教育和咨询服务工作。

7. 加强学术学位研究生创新能力培养。健全完善博士研究生培养与科学研究相结合的培养机制。强化问题导向的学术训练，围绕国际学术前沿、国家重大需求和基础研究，着力提高博士研究生的原始创新能力。培养单位根据学科特点和培养条件，实行弹性化培养管理，合理确定培养年限。鼓励跨学科、跨机构的研究生协同培养，紧密结合国家重大科学工程或研究计划设立联合培养项目。继续支持培养单位与国际高水平大学和研究机构联合培养研究生。鼓励学校设立科研基金，资助研究生独立选定前沿课题开展科学研究。支持研究生参加形式多样的高水平学术交流。

8. 加强专业学位研究生实践能力培养。依据特定学科背景和职业领域的任职资格要求，分类改革课程体系、教学方式、实践教学，强化与职业相关的实践能力培养。充分发挥行业企业和专业组织的作用，健全分类评价体系，促进专业学位与专业技术岗位任职资格的有机衔接。加大行业企业及相关协会等社会力量参与专业学位研究生培养过程的力度，构建互利共赢的应用型人才产学合作培养新机制，支持建设一批专业学位研究生联合培养基地。鼓励高校与行业优势企业联合招收培养一线科技研发人员。推动部分专业学位与国际职业资格认证有效衔接。

9. 加强研究生教材和课程建设。加强教材建设，精编细选所用教材，严格把握教材的思想性，强化教材的前沿性和针对性。培养单位承担课程建设主体责任，加强对课程建设的长远和系统规划。加强不同培养阶段课程的整合、衔接，面向需求科学设计课程体系，加强研究生课程的系统性和前沿性，将创新创业能力培养融入课程体系。改革授课方式和考核办法，构建研究生课程学习支持体系，满足个性化发展需求。探索在线开放等形式的教学方式，建设一批优质研究生网络公开课程。建立规范的课程审查评估机制。统筹使用各类经费，加大对研究生课程建设、教学改革的常态化投入，完善课程建设成果奖励政策。

10. 深化研究生考试招生改革。完善多元化招生选拔机制。进一步深化硕士研究生考试招生改革，推进分类考试，优化初试科目和内容，强化复试考核，加强能力考查，注重综合评价，建立健全更加科学有效、公平公正的考核选拔体系。建立完善博士研究生“申请—考核”选拔机制，强化对科研创新能力的考查。构建科学、规范、严密的研究生考试安全工作体系。强化招生单位的招生录取主体责任，发挥和规范导师作用，加强信息公开和社会监督。

11. 完善研究生培养分流退出制度。进一步完善研究生学籍管理办法，加强研究生课程学习、中期考核、资格考试、论文开题、答辩等环节的过程管理和考核，畅通博士研究生向硕士层次的分流渠道，加大分流退出力度。建立健全博士研究生分流退出激励机制。

（三）健全质量评价，完善监督保障体系

完善研究生教育质量评价机制，推进管办评分离，建立健全主体多元、多维分类、公开透明的评价监督保障体系。

12. 健全研究生教育内部质量保证体系。强化培养单位质量保障主体地位和主体责任，增强质量意识，建立与本单位办学目标和定位相一致的质量标准，争创高水平研究生教育。创新校、院（系）研究生教育管理机制，实现管理服务重心下移，提高管理服务精细化水平。推进信息公开，增强培养单位研究生培养的透明度。完善研究生教育质量自我评估制度，定期对学位授权点和研究生培养质量进行诊断式评估，鼓励有条件的单位积极参与学科国际评估和国际教育质量认证。培养单位定期发布研究生教育发展和质量报告，主动建设学位与研究生教育品牌。完善学风监管与学术不端惩戒机制。

13. 强化政府质量监控。修订《学位条例》。根据学位制度改革发展的实践，积极推动有关法规及规范性文件的立改废释工作，构建位阶分明、系统完整的学位法律制度体系。研究建立基于大数据分析的研究生教育质量监测与分析系统，加强博士硕士学位论文抽检力度，开展研究生培养质量跟踪调查与反馈。借鉴国际评估加强质量监控。加强省级学位委员会的评估与监督职能，积极推动研究生教育质量监督区域协作机制建设。提高政府信息公开和检查监督的透明度，引导社会合规合理参与监督。

14. 加强第三方监督。充分发挥第三方机构在研究生教育质量调查研究、标准制订、绩效评估及学风建设等方面的重要作用。充分发挥行业部门在需求分析、标准制订和专业学位质量认证等方面的积极作用。鼓励引导第三方机构积极参与研究生教育质量监督与评估，逐步建立独立、科学、公正、以社会评价为主的多样化评估认证机制。

（四）扩大国际合作，提升国际影响力

树立开放合作共赢理念，坚持引进来和走出去相结合，积极参与国际交流与合作，不断扩大研究生教育国际竞争优势。

15. 主动服务国家对外开放战略。积极对接国家外交战略，在更宽领域、更深层次上开展研究生教育的国际交流与合作。加快建设学位资历框架体系，推进双边和多边学位互认工作，加强与周边国家、区域的研究生教育合作，形成深度融合、互利合作格局。鼓励研究生和导师参与国际大科学计划和大科学工程。鼓励有条件的培养单位到海外开展研究生教育。以“一带一路”等国家重大战略为引领，积极推进沿线国家学生来华留学。配合中国企业走出去，以海外研发、培训等基地建设为依托，与企业合作进行定制培养。加快培养一批具有国际视野与跨文化交流能力、通晓国际规则、能够参与国际事务和国际竞争的高层次专门人才。

16. 推动中外合作办学内涵发展。支持培养单位与境外高水平大学联合开展高层次人才培养，深化研究生课程建设、联合授课、学分互换和学位互认等领域的合作。建立国际科研合作长效机制，探索“政府—大学—企业”多边国际合作创新模式，与境外一流大学和研究机构合作建立一批国际合作研究中心、联合实验室或研发基地，搭建高水平的研究生培养平台。

17. 鼓励支持导师和研究生国际流动。提高师资队伍国际化水平，开展任务导向的师资培训。吸引国外优秀人才来华培养研究生。进一步提高海外交流、访学的导师和研究生比例，开拓海外实践基地，加强研究生跨文化学习、交流和工作能力的培养。提高对研究生海外学习、学术交流的资助力度。

18. 提高来华留学生培养能力和管理水平。扩大来华攻读学位留学生规模，提高留学生生源的质量和多样性。完善留学生培养目标与培养体系，改进留学生教学内容和教学方式，促进留学生对中华文化的理解。加大对来华攻读学位留学生的中国政府奖学金资助力度，完善以中国政府奖学金为主导，地方政府、教育机构、企业及社会组织等各方参与的多元化来华留学奖学金体系。整合教务管理、校园生活等工作职能，促进留学生与中国学生的趋同化管理，为留学生创造更好的学习与生活条件。

（五）统筹推进“双一流”建设，提升研究生教育整体实力

坚持中国特色、世界一流，使若干所大学和一批学科进入世界一流行列，努力建设世界一流的研究生教育。

19. 发挥研究生教育的引领支撑作用。立足中国国情，把研究生

教育作为一流大学和一流学科建设的重要内容，推动高水平大学开展各具特色的研究生教育综合改革，建立与世界一流大学、一流学科相适应的研究生教育质量标准，以提升整体质量为中心，加快完善研究生教育制度。以一流的师资队伍、高水平的科学研究支撑高端人才培养，大力提升研究生创新能力和实践能力，发挥研究生教育在科技创新、产业结构转型升级、优秀文化传承中的重要作用。

20. 聚焦学科建设。坚持以学科为基础，引导和支持高水平大学统筹各类优质资源，创新学科组织模式，构建跨学科平台，培养跨学科人才。加强学科内涵建设，开展高水平科学研究，形成一流的学术声誉和品牌，打造更多的世界一流学科和学科高峰，带动学校发挥优势、办出特色。

21. 构筑拔尖创新人才培养高地。将研究生培养与经济社会发展需求紧密结合，培养和引进一批活跃在国际学术前沿、满足国家战略需求的一流科学家、学科领军人物和创新团队；加大博士研究生培养力度，着力培养各类创新型、应用型、复合型优秀人才；结合颠覆性技术创新和国家实验室、国家技术创新中心建设，促进高校人才培养、科学研究、学科建设与产业发展良性互动，形成具有示范作用的拔尖创新人才培养模式。

（六）拓展育人途径，推动培养单位体制机制创新

以研究生成长成才为中心，着力构建优势资源和有利因素互补相融的协同培养机制，持续深化研究生教育综合改革。

22. 完善科教融合、产学结合机制。进一步加强高等学校与科研院所和行业企业的资源共享、战略合作，支持校所、校企、校校联合建设拔尖创新人才培养平台，开展联合招生、联合培养试点，拓展合作育人的途径与方式。促进教学与科研实践的融合，建立以科学与工程技术研究为主导的导师责任制和导师项目资助制。推进研究生创新创业教育中心建设，强化创新创业实训实践，加大创新创业人才培养力度。

23. 深化以人才培养为中心的全面改革。聚焦质量效益，以体制

机制创新作为持续发展的保障。以全面质量观为指导，推动研究生教育的各项制度更加成熟定型。加强和改进高校党的领导，加快形成以大学章程为统领的研究生培养制度体系，统筹研究生教育综合改革。完善有关研究生培养的学术组织和管理体系，扩大研究生群体在民主决策机制中的作用，加快在人事制度、科研体制机制、资源调配机制、评估评价制度等方面实现有效突破。建立健全社会支持、参与、监督研究生教育发展的长效机制。

三、保障措施

（一）形成各方合力支持的投入保障机制

1. 完善多元投入机制。健全以政府投入为主、受教育者合理分担培养成本、培养单位多渠道筹集经费的研究生教育投入机制。构建科学规范、公平公正、讲求绩效、有利于质量提升的预算拨款制度。培养单位统筹财政投入、科研事业收入、学费收入、社会捐助等各种资源，确保对研究生教学、科研和资助的投入，完善研究生培养的项目资助制，加大纵向科研经费和基本科研业务费支持研究生培养的力度，稳步提高研究生教育经费生均支出。

2. 发挥好奖助政策体系作用。培养单位统筹各类资金，建立健全多元奖助政策体系，激发研究生学习和科研积极性，保障和提高研究生待遇水平。加大对农、林、水、地、矿、油、核等艰苦行业以及有关基础学科的研究生资助力度。加强“三助一辅”与国家奖学金、学业奖学金、国家助学金等制度政策的统筹优化，提高经费使用效益。采取减免学费、发放特殊困难补助和助学贷款等方式，加大对家庭经济困难研究生的资助力度。积极鼓励社会团体和个人设立研究生奖学金。

（二）强化导师培养责任和能力

3. 强化和完善导师负责制。加强师德师风建设，健全研究生导师工作规范，引导教师潜心教学和研究、认真教书育人。进一步强化导师的思想政治教育责任，充分发挥导师对研究生思想品德、科学伦理、学术研究的示范和教育作用。导师是研究生培养质量第一责任人，保障导师在招生、培养、资助、学术评价等环节中的权力；对培养质量出现问题的导师，培养单位视情况采取质量约谈、限招、停招等处理措施。

4. 改革导师评聘评价机制。改变单一科研导向，将研究生成长成才作为导师考核要素。建立学术学位和专业学位研究生导师分类评聘、分类考核评价制度和岗位动态调整机制，将承担研究生课程建设和教学工作的成果、指导工作量以及质量评价结果列入相关系列教师考评和专业技术职务评聘要求。

5. 加强导师队伍能力建设。建设教学交流和新任导师培训平台。加大对导师承担研究生课程建设和教学改革项目的资助力度。支持导师合作开发、开设课程，鼓励国际和跨学科合作。鼓励教师流动，完善校内外“双导师”制，聘任相关学科领域专家、实践经验丰富的行业企业专家及境外专家，优化导师队伍结构。支持导师国内外学术交流、访学和参与行业企业实践。逐步实行导师学术休假制度。

（三）构建信息化支撑服务体系

6. 丰富信息化教育资源和手段。加强优质数字教育资源开发与共享，构建信息化学习与教学环境，满足个性化学习需求。加速信息化环境下科学研究与拔尖创新人才培养的融合，推动最新科研成果转化为优质教育教学资源，提升个性化互动教学水平。利用信息化手段，推进研究实验基地、大型科学仪器设备、自然科技资源、科研数据与文献共享。

7. 提高信息共享和公开水平。整合建设覆盖所有培养单位的研究生教育管理信息体系，实现国家与地方资源数据库之间系统互联与数据互通，建设纵向贯通、横向关联的教育管理信息化系统，开展研究生教育大数据分析，加强质量监测与调控。加强学位与研究生教育质量信息平台建设，面向社会开放。建设在学研究生学业信息管理系统，建立研究生教育质量信息分析和预警机制。加大信息公开力度，公布质量标准，发布质量报告和评估结果，接受社会监督。

（四）组织实施重大项目

围绕研究生教育改革发展战略目标，着眼于提高研究生教育质量和增强可持续发展能力，以加强关键领域和薄弱环节为重点，完善激励和引导机制，组织实施一批重大项目。

项目一：一流研究生教育建设计划。按照《统筹推进世界一流大学和一流学科建设总体方案》及其实施办法的要求，坚持中国特色、世界一流，以支撑国家战略、服务发展需求为导向，以学科为基础，以研究生培养机制改革为重点，建设世界一流大学和一流学科，着力提升研究生培养水平和质量，提升科技创新水平，打造一流导师队伍，形成一批研究创新中心，使一批高校的研究生教育水平达到或接近国际一流，打造我国高水平研究生教育基地。

项目二：未来科学家计划。培养国民经济和社会发展重点领域急需紧缺专门人才，充实国家未来科学家后备队伍。国家留学基金委实施未来科学家项目，面向国家急需、薄弱、空白、关键领域，聚焦现代科技尖端、前沿领域，每年选派一批科研潜质突出的博士研究生到国外顶尖、一流大学和科研机构学习、研究，有针对性地培养一批顶尖创新人才、领军人才和大师级人才；实施其他公派研究生项目，支持具有科研潜质的研究生出国留学、访学。鼓励支持部属高校统筹使用基本科研业务费等资金，自主设立未来科学家计划项目，支持品学兼优且具有较强科研潜质的在校研究生开展自主选题的创新研究工作，重点资助具有创新潜力的博士生开展基础性、战略性、前沿性科学研究和共性技术研究。

项目三：研究生导师能力提升计划。国家留学基金委实施博士生导师短期出国交流项目，选派派有学生的博士生导师赴国外进行一个月的短期交流，加强导师对派出学生在外学习的检查和指导；实施西部地区人才培养特别项目，每年选派西部 12 个省、市、自治区及新疆生产建设兵团地方院校的教学科研骨干（包括研究生导师）出国访学，缩小东西部地区导师水平差距，支持西部急需人才培养需要；实施其他公派教师、学者项目，大力推进研究生导师出国访学。依托“高等学校青年骨干教师国内访问学者”项目，选派研究生导师到国内高水平大学和科研机构访学。支持高校研究生导师到企业或相关行业单位交流学习，提高实践教学能力；鼓励企业导师到高校学习培训、合作开发课程，提高学术指导能力。

项目四：课程体系及案例库建设。将课程体系建设纳入研究生教育综合改革。充分发挥课程体系、案例库在知识传授、技能训练、品格塑造等方面的作用。鼓励各培养单位整体建设和优化符合教学规律、突出学习成效的模块化、系统性、多元化课程体系。支持培养单位开展案例教学，整合案例资源，完善信息化支撑平台，建设专业学位案例库和教学案例推广中心，逐步建立起具有中国特色、与国际接轨的案例教学体系，实现案例资源共享、师资共享、学术成果共享和国际合作资源共享。

项目五：研究生学术交流平台建设。支持学位授予单位开展研究生学术交流，拓宽学术视野，激发创新思维，提升培养质量。通过“学校自筹、政府奖补、社会参与”的多元化投入方式，建立健全研究生学术交流机制，鼓励高校与行业、学（协）会、企业合作，通过举办博士生学术论坛、开设研究生暑期学校、开设短期工作坊、建立博士生国内外访学制度，搭建多层次、多学科研究生学术交流平台。

（五）完善工作机制

全面落实从严治党、从严治教要求，切实加强党对学位与研究生教育工作的领导。学位与研究生教育战线要从战略和全局的高度，充分认识研究生教育在建设创新型国家中的重要地位作用，把发展研究生教育摆在更加突出的位置，把思想和行动统一到主动服务需求、提高质量的改革主线上来。要从实际出发，进一步强化统筹，紧密结合研究生教育发展阶段、区位优势和资源条件，围绕学位与研究生教育发展“十三五”规划确定的战略目标、主要任务、重大措施和项目等，制定本地区、本单位实施研究生教育发展“十三五”规划的具体方案和措施，分阶段、分步骤组织实施，全面推进学位与研究生教育改革和发展。

国务院学位委员会学科评议组、全国专业学位研究生教育指导委员会、中国学位与研究生教育学会等组织机构，根据规划目标任务和职责定位，积极发挥在质量标准制订、跟踪评价、咨询与信息服务等方面的作用。鼓励支持行业部门、社会机构积极参与规划的落实、监督，形成合力推动学位与研究生教育发展的新格局。

北京市教育委员会

关于印发《通州区基础教育质量提升支持计划（2017—2020年）》的通知

京教基一〔2017〕16号

各有关区教委，各有关单位：

为落实首都城市发展战略，加快推进城市副中心建设，整体提升城市副中心基础教育水平，市教委制定了《通州区基础教育质量提升支持计划（2017—2020年）》（以下简称《支持计划》），经市教委2017年第25次主任办公会审议通过，现印发给你们，请认真贯彻落实。

《支持计划》执行中如有重大事项及有关进展情况，请及时报市教委。

附件：通州区基础教育质量提升支持计划（2017—2020年）

2017年10月12日

附件

通州区基础教育质量提升支持计划（2017—2020年）

为积极落实北京“四个中心”战略定位，主动适应城市副中心的发展需求，进一步聚焦教育内涵发展，提高通州区幼儿园和中小学教育教学质量，整体提升城市副中心基础教育发展水平，特制订本计划。

一、总体要求

根据北京市城市副中心建设“三最一突出”的要求和全市基础教育综合改革的要求，按照国家教育部和北京市“义务教育优质均衡发展区”的评估标准，着眼通州区整体教育质量提升，以深化改革为动力，以统筹资源为手段，以教育教学为重点，按照“市区联动、需求对接、精准支持、注重实效”的工作思路，进一步统筹市区两级、系统内外各类资源支持通州区幼儿园、中小学发展，深化通州区基础教育综合改革，不断扩大通州区优质教育资源，全面提升幼儿园和中小学校育人质量，整体提升区域教育发展水平，促进通州区达到义务教育优质均衡发展水平，初步形成区域教育可持续发展的长效机制，更加适应北京城市副中心发展需求。

二、重点任务

根据城市副中心建设的实际需要，将通州区确立为北京市基础教育综合改革实验区，统筹在京高校、科研机构、社会力量和城区优质教育等各种资源，依托北京基础教育研究基地，建立支持通州基础教育改革发展的智囊团、专家库，大力支持通州区在育人方式、办学模式、管理机制和保障机制等方面先行先试，推进教育体制机制创新，提升基础教育学校办学水平。

（一）扩大优质教育资源总量

1. 推动市级扩优改革项目进一步向通州倾斜。推进在京高校、教科研部门、民办教育机构和外教支持通州区中小学发展。支持北京师范大学、首都师范大学、北京教育科学研究院在通州办附属学校、实验学校。支持通州区探索政府购买服务方式，引进社会专业力量或优质资源，促进教育教学改革。协调有关部门支持通州区引进外籍教师参与英语教学改革。

2. 支持通州区开展集团化办学实践。市级予以一定财政支持，并提供政策保障，重点培育通州区潞河教育联盟、运河教育联盟、永乐店教育联盟3个教育联盟，以及中山街小学、北京小学通州分校、运河小学、东方小学分别牵头的4个学校发展共同体，积极探索集团化办学的有效机制。

3. 引进区外名校规划建设一批优质学校。按照“就近入学、均衡布局、适度超前、办学优质”的原则，在行政办公区及周边地区引入北京一幼、黄城根小学、人大附中等城区优质教育资源，先期规划建设12所幼儿园和学校（包括幼儿园7所，小学3所，中学1所，十二年一贯制学校1所），努力实现规划一所、建成一所、达标一所、办好一所的目标。

4. 推动城区优质学校与通州区学校建立手拉手关系。由市教委统筹，协调有关区教委和北京第一实验小学、和平里四小、北京八中、北京十二中、北京陈经纶中学等31所优质学校与通州区中小学建立手拉手关系，在课程资源、学科教研、教学管理、校本科研、德育工作等方面，对通州区学校开展一对一的对口支持。

（二）提升学校教育教学质量

5. 帮助通州区提升农村学校教学质量。依托农村义务教育质量提升项目，将通州区所有农村学校纳入项目实施范围，委托首都师范大学教育学院专家团队，开展入校诊断，逐一制订教育质量改进计划，开展一校一策精准支持。

6. 支持通州区完善实践育人体系。推进高校、社会力量参与通州区小学体育、美育发展，广泛开展义务教育课后服务计划。加大对通州区学科综合实践活动指导，积极支持通州区中小学生开展学工、学农、游学等社会大课堂实践活动，为通州区中小学生提升综合素质创造条件。

7. 推进义务教育学校管理标准化建设。发挥海淀区作为全国实验区的示范作用，由海淀区教委、海淀区教育科学研究院对口支持通州区推进辖区义务教育学校管理标准化建设，开展学校管理诊断，组织开展培训，引领学校规范化管理，创建一批义务教育学校管理标准化学校。

8. 提升中小学和幼儿园教育信息化水平。支持通州区中小学、幼儿园加强校园信息化建设，探索基于大数据、云计算、人工智能等新技术下的教育教学新模式，统筹建设信息资源共享平台，丰富和拓展优质数字资源，实现优秀教师课堂教学视频、教学案例、教学反思、学习资料等教育资源互通共享。

（三）推动人才培养模式改革

9. 支持通州区开展人才培养模式创新。扩大“1＋3”培养试验范围，优先支持通州区优质高中开展自主招生、集团内直升等中考改革实验。优化教育供给模式，支持通州区开展学区制改革、九年一贯制办学改革，积极探索十二年一贯制人才培养模式，促进学生培养方式的系统化和多元化。

10. 支持通州区开展高中课程改革。支持通州区高中学校建设高质量、有特色、可选择的课程资源，结合学生不同发展需求和学科特点开展选课走班，关注学生学习过程，构建开放性的教与学模式，促进学生自主、合作、探究学习。

11. 促进通州区高中多样化特色化发展。进一步优化通州区高中布局，扩大优质高中规模。支持通州区高中学校开展办学模式改革，指导学校科学定位，推进高中学校多样化发展。协调中央工艺美术学院、中国音乐学院、北京体育大学等高校支持张家湾中学强化艺术、体育办学特色。

（四）打造区域教育特色亮点

12. 培育一批通州区本地优质品牌学校。设立通州区本地优质校专项支持计划，在人、财、物等方面加大对通州本地名校的支持力度。市教委、通州区教委在招生政策、教师编制与管理、课程与教学改革等方面赋予通州本地优质校更大自主权。市教委选派优秀管理团队支持潞河中学发展，促其办成全市一流优质学校。

13. 规划建设国际一流高标准的特殊教育中心。按照国际一流标准，规划建设集教育、康复、人才培养、医教研发于一体的特殊教育中心，特殊教育中心服务于城市副中心及周边区域，功能辐射全市及京津冀地区。加强与世界残疾人机构和著名残疾人教育机构之间的国际交流与合作。以特殊教育中心为抓手带动提升北京特殊教育整体水平，并使之成为向世界展示北京社会文明的窗口。

14. 打造中华优秀传统文化教育特色。支持通州区运河文化带的挖掘和开发，建立具有通州特色的中华传统文化教育资源库。组织专家对通州区中华传统文化教育的实践进行科学研究，制定通州区中华传统文化教育特色发展方案。确立中华传统文化教育为通州区基础教育发展特色方向之一，在政策和经费上予以保障。建立推广机制和宣传平台，扩大通州区中华优秀传统文化教育的社会影响。

三、保障措施

（一）加强市级统筹指导。市教委加强委内各有关处室、各相关单位、相关区教委的协调，建立领导小组和工作项目小组，推进各项工作任务落实。市教委学前教育处、基础教育一处、基础教育二处、体育卫生与艺术教育处、基本建设处、发展规划处等有关处室按照处室职能分别牵头协调落实相关任务，人事处、财务处等处室积极配合。

（二）明确相关部门职责。通州区教委负责协调本区有关学校做好对接工作，加强对本区学校的监督和管理，做好经费、政策的落实；东城、西城、朝阳、海淀、丰台等区教委负责统筹协调本区有关部门和学校做好支持对接工作，各有关学校根据市、区教委安排做好工作落实；各有关高校、直属单位统筹做好本单位支持工作。

（三）完善经费保障机制。市教委、市财政局加强沟通协调，为通州区基础教育质量提升支持计划提供经费保障，将支持经费纳入城市副中心建设专项经费中，具体需求由各有关部门和单位根据每年具体工作任务确定。

（四）强化任务绩效管理。各有关方面应制定项目实施方案，明确年度各项任务的绩效目标。市教委加强调研和检查，委托第三方对相关项目进行过程监督、年度考评，保证各项目的实施效果。

学前教育

北京市教育委员会文件选编

（2017）

北京市教育委员会

关于认定第十批北京市示范幼儿园的通知

京教函〔2017〕293号

各区教委、燕山教委：

为落实北京市第二期学前教育三年行动计划，不断满足人民群众对高质量学前教育的需求，完成“加强质量管理，不断提升幼儿园保教质量”的工作任务，根据北京市教委《关于修订北京市示范幼儿园标准的通知》（京教学前〔2004〕7号）精神，我委于2017年5月9日至5月25日，组织了第十批北京市示范幼儿园的认定评审工作。经幼儿园自评申报，区教委核准上报，市教委组织评审组的评审，拟认定航天一幼等32所幼儿园为北京市示范幼儿园。

各区教委要认真总结、推广示范幼儿园的办园经验和特色，发挥其示范作用，促进办园质量不断提高。

附件：第十批北京市示范幼儿园名单（32所）

2017年7月10日

附件

第十批北京市示范幼儿园名单

北京市朝阳区新源里幼儿园

北京市朝阳区北辰福第幼儿园

北京电子城幼儿园

北京市朝阳区光华路幼儿园
北京市朝阳区奥园幼儿园
北京市朝阳区翠成幼儿园
北京市朝阳区群星幼儿园
中国人民解放军总装备部后勤幼儿园
兵器工业机关服务中心幼儿园
国家机关事务管理局花园村幼儿园
北京五色土幼儿园
北京交通大学幼儿园
北京有色金属研究总院幼儿园
北京市丰台区东罗园幼儿园
北京市丰台区群英幼儿园
中国航天科技集团公司第一研究院航天幼儿园
北京市丰台区丰台第三幼儿园
北京市丰台区蒲黄榆第二幼儿园
北京师范大学石景山附属幼儿园
北京市大兴区黄村镇第一中心幼儿园
北京市大兴区第九幼儿园
北京市通州区七零九零幼儿园
北京市通州区张家湾镇张家湾中心幼儿园
北京市通州区大方居幼儿园
北京市顺义区金汉绿港幼儿园
北京市昌平区长陵镇中心幼儿园
北京市昌平区南口镇中心幼儿园
北京市怀柔区第三幼儿园
北京市密云世纪英才实验幼儿园
北京市房山区燕山星城幼儿园
北京市房山区燕山阳光幼儿园
北京市房山区燕山小天使幼儿园

基础教育

北京市教育委员会文件选编

（2017）

北京市教育委员会

转发教育部办公厅关于规范校园评先选优网络投票活动的通知

京教基一〔2017〕4号

各区教委、燕山教委：

现将教育部办公厅《关于规范校园评先选优网络投票活动的通知》（教思政厅〔2016〕46号）（以下简称《通知》）转发给你们，请认真贯彻执行。现将有关工作要求通知如下：

一、提高认识，加强领导。充分认识规范校园网络投票活动对维护正常教育教学秩序、形成良好校风学风的重要意义。将文件精神迅速传达到各中小学，组织学校认真学习领会文件精神，研究落实具体措施，并及时将本区和学校落实工作中的经验和做法报送市教委基础教育一处。

二、明确要求，落实责任。根据《通知》关于网络投票活动内容范围的界定，引导学校明确活动举办标准，健全活动管理制度。依据属地管理、谁主管谁负责和谁主办谁负责的基本原则，明确管理部门和职责。

三、从严管理，强化监控。按照《通知》提出的“非必要不举办”原则，坚持从严管理，强化活动审核，把好“入口关”。对通过审核举办的网络投票活动，加强过程管理和环节监控，切实维护积极健康的校园环境。

2017年3月23日

教育部办公厅

关于规范校园评先选优网络投票活动的通知

教思政厅函〔2016〕46号

各省、自治区、直辖市党委教育工作部门、教育厅（教委），新疆生产建设兵团教育局，部属各高等学校党委：

近年来，随着网络信息技术的快速发展和广泛应用，部分地方和学校将网络人气投票作为开展各类评先选优活动的重要手段，广泛动员广大师生和家长通过微信朋友圈等网络平台拉票投票。类似活动在少数地方和高校呈现泛滥趋势，一定程度上分散了师生工作、学习精力，影响了学校正常教育教学秩序，不利于良好校风学风的养成。各地教育工作部门和各级各类学校要高度重视，综合施策，加强对教育系统举办相关校园网络投票活动的规范管理，切实维护积极健康、和谐安宁的校园环境。现将有关事项通知如下：

一、明确界定校园网络投票活动的内容范围。要深入研究校园评先选优网络投票活动适用的内容和范围，坚持正确价值导向，坚持“非必要不举办”的原则，按照相关活动是否具有法理依据、是否有利于学校事业发展、是否有利于学生健康成长的标准，完善政策、健全制度，加强对教育系统有关部门、单位、学生社团、个人开展类似活动的教育引导，抵制低俗化、娱乐化、商业化倾向。对于教育系统之外其他组织和个人针对在校师生所开展的类似活动，除有特别依据，如国家相关部门统一组织外，一般不倡导，不支持，不宣传。

二、切实加强校园网络投票活动的规范管理。要按照属地管理、谁主管谁负责和谁主办谁负责的基本原则，加强对校园评先选优网络投票活动的管理。坚持从严管理、宁缺勿滥，落实“一事一报”制度，明确管理部门和职责，把好“入口关”。坚持公平、公正、公开，强化过程管理和环节监控，保证程序正义和信息安全，防范网络风险，积极营造诚信友善、风清气正的校园氛围。

三、科学评估校园网络投票活动的结果应用。要研判评估网络投票对于校园评先选优的价值和影响，坚持“不唯票、只唯实”，综合运用材料审核、陈述答辩、专家评议等多种方式，全面客观的开展先进典型培养和选树。要积极发挥网络的传播优势和辐射功能，科学使用各类校园网络平台特别是“两微一端”，加强对先进事迹、典型人物、优秀案例的宣传推送，大力营造崇德向善、见贤思齐的良好氛围。

各地教育工作部门和各级各类学校要按照本通知要求，加强组织领导，做好本地本校工作具体落实，及时将工作中的相关经验做法报送我部思想政治工作司。

2016 年 12 月 30 日

北京市教育委员会

关于做好2017年基础教育信息化工作的通知

京教基二〔2017〕8号

各区教委、燕山教委：

按照教育部《2017年教育信息化工作要点》（教技厅〔2017〕2号）、市委教育工委、市教委、市政府教育督导室《关于印发2017年工作要点的通知》（京教工〔2017〕7号），结合基础教育改革发展实际，现将2017年我市基础教育信息化重点工作通知如下：

一、指导思想

深入贯彻党的十八届三中、四中、五中、六中全会和习近平总书记系列讲话精神，落实北京市“十三五”时期教育改革和发展规划，围绕两委一室2017年中心工作，按照“服务全局、融合创新、加强集约、支撑决策”的原则，进一步发挥信息技术在义务教育入学、中高考改革、教学改进、优质教育资源统筹等方面作用，积极探索“互联网＋教育”的实现形式，利用大数据支撑教育决策，深入推进基础教育改革发展。

二、重点工作

（一）提升教育信息化集约保障能力

1. 加大基础网络支撑保障力度。支持北京教育信息网实现节点带宽翻倍与容灾备份能力提升，提供满足中小学办学需要的高性能多媒体网络传输服务，为学校课程直播、在线研修、资源传输等应用提供坚实保障。市、区、校要在做好网络服务的基础上，加强监测、预警、分析能力，提升应用绩效，保障网络安全。在实现全市中小学校园无线网络全覆盖的基础上，做好基于移动互联技术的教育教学应用。

2. 构建教育云应用服务体系。以集约高效建设为导向，市、区、校三级优质教育教学资源实现互联互通。构建市级基础教育云计算与存储中心，逐步面向各区、学校等单位开放，形成京津冀教育一体化背景下的云服务能力。推广市级统一认证与数据交换中心的多级应用，支持区级教育认证与数据分中心建设。各区按照市级统一安排，统筹推进各类云服务建设，避免重复投入。

3. 提升市级信息平台运行保障能力和服务水平。做好市、区、校三级学生卡管理服务，保障新生入学制卡及日常补卡工作。提升中小学学籍（CMIS）平台、市教育资源共享服务平台、卡管平台等系统运行的稳定性及可靠性，进一步优化功能、提升性能、扩展资源，进一步强化日常运维保障和服务。通过“北京市信息化呼叫服务中心（callcenter）”服务热线，扩大为教师、学生、家长提供义务教育入学、初中实践活动等平台技术咨询覆盖面。

4. 深入贯彻《网络安全法》。加强重要信息系统安全等级建设和管理，建立健全用户信息保护制度，确保数据安全。加强网络与信息安全应急处置演练，建立网络安全分析、预警和通报工作机制。各区要做好区、校网站信息安全普查，规范管理各类数据资源，确保重要信息系统安全稳定运行。

（二）支持基础教育综合改革

5. 做好义务教育入学、中高考改革保障。确保北京市义务教育入学平台运行平稳，保障学龄人口信息采集、小升初统一派位监管等核心信息化系统运行。指导各区和学校利用信息技术，按照中高考改革与教育教学衔接要求，构建新的排课、选课机制，支持分层走班教学；指导试点区和试点校模拟排课教学推演，构建课程、师资、设施、设备调配管理系统，各区建立部门协调机制，保证试点工作有序推进，形成示范带动效应。

6. 升级学生综合素质评价平台。指导各区完善学校教学组织形式，推动构建学生生涯指导教育体系，服务学生自主选择和主动发展需求。搭建符合素质教育和中高考改革需要的高中学生综合素质评价管理服务平台，完善学生综合素质电子档案，以课题研究带动试点区、试点校综合素质评价理论实践研究和平台优化升级，各区、校按照市级统一部署做好综合素质评价系统的支持配合工作。

（三）推动扩大优质教育资源覆盖面

7. 统筹全市数字化教育资源。制定《北京市数字教育资源共享汇聚管理办法》，引导市、区、校按照统一元数据进行建设、管理、应用，实现市、区两级资源互联互通和联合检索。开展第四届国家课程教材资源配套征集评优活动，完善“北京市中小学课程教材资源网”。指导各区做好市、区、校三级数字化教育资源融合应用，为师生精准推送数字化教育资源。

8. 开展“一师一优课，一课一名师”活动。按照教育部要求，组织全市不少于25％的学科教师登录“国家教育资源公共服务平台”，组织广大中小学教师看课、学课、晒课。各区要加大活动组织保障力度，支持各校设计、实验、改进“优课”，利用“优课”开展网络教研活动，推荐优秀课例参加市级“优课”评选。

9. 总结推广中小学数字校园建设成果。完成第三批数字校园实验校建设验收，开展年度数字校园星级学校评估。利用“市级数字校园云服务平台”推广数字校园建设成果，做好示范经验交流。落实北京市“十三五”教育规划，研究制定中小学智慧校园发展规划。

10. 抓好课题引领。以信息技术服务办学质量提升为目标，设立市级课题，通过市区合作、校际协作、多元参与等形式，鼓励各级单位重点围绕中高考改革、高中课改、教师发展、校本研修、综合素质评价等方面开展理论和实践探索。

11. 提升中小学师生信息技术素养。举办第十八届“北京市中小学师生电脑作品评选活动”，征集3000件师生电脑作品，组建

140支机器人竞赛队伍，推荐优秀作品参加国家级评选。市级提供“北京教师在线”服务，通过远程协助、微信帮助、电话咨询等形式，帮助教师利用信息技术开展教学活动。各区、学校要积极做好组织、保障和宣传工作。

12. 保障特殊天气“停课不停学”。加强在线学习环境建设，各区要按照《北京市教育委员会空气重污染应急预案》，组织各中小学校在特殊天气条件下调整教学方式，指导学生充分利用市、区、校网络资源平台开展自主学习。

（四）推动大数据支撑教育决策

13. 服务教育管理创新。利用大数据为教育教学管理模式创新提供服务，统筹学生学籍、体质监测、综合素质评价、初中综合实践活动等各类数据采集与应用，建立集约共享的基础教育数据库，面向区级逐步开放教育学籍数据、人事数据大数据服务，支持各区结合实际提升教育管理服务水平。

14. 辅助提升教育决策水平。利用大数据推动基础教育改革发展、教育资源均衡配置、教学改进优化、教育质量提升，为学生提供个性化分析指导、全学段成长跟踪服务等；建立高中招生计划精准测算与趋势预判数据分析模型，支撑分类考试、综合评价、多元录取的考试招生模式；建立学籍、入学等数据分析模型，生成学校生源布局、办学特色数据报告。

三、保障措施

（一）加强组织领导

各区要加强对基础教育信息化工作的组织领导，做好教研、师训、信息化等部门间统筹协调，加强对学校指导，积极利用新理念、新模式增强教育信息化工作的实效性。各区要制定本区域《2017年基础教育信息化工作计划》，并于4月30日前报送市教委基础教育二处。

（二）保障经费投入

各区要持续保障基础教育信息化经费投入力度，优化经费结构。对创新性、实效性强，学校、教师、学生使用评价好的信息化项目给予倾斜。加强以大数据技术为基础的教育教学管理与决策系统建设。保障必要的教育信息化运维和改进支出。

（三）强化绩效评估

各区要健全教育信息化建设绩效评估机制，协同本区域有关部门，从集约共享、应用实效、服务教学、支撑中心工作等多个角度进行综合评估。定期组织工作研讨交流，督促重点任务落实，促进工作取得实效。

2017 年 4 月 18 日

北京市教育委员会

关于转发教育部《义务教育小学科学课程标准》的通知

京教基二〔2017〕9 号

各区教委、燕山教委：

现将教育部《关于印发〈义务教育小学科学课程标准〉的通知》（教基二〔2017〕2 号）转发给你们，请按照通知要求并结合以下意见，认真贯彻落实。

一、认真组织学习科学课程标准

小学科学课程对于培养学生的科学精神、创新精神和实践能力具有重要的价值。各区要高度重视，以课程为统领，切实加强小学科学教育。要结合本区域教育实际特别是师资队伍情况等，认真组织课程标准的宣传和培训工作，帮助校长、教师准确把握课程标准内涵，将课程标准的基本理念和基本要求全面落实到教育教学中。

二、确保落实规定课时

按照教育部通知要求，从2017年秋季学期开始，小学科学课程起始年级调整为一年级。原则上要按照小学一、二年级每周不少于1课时安排课程，三至六年级的课时数按照《北京市实施教育部〈义务教育课程设置实验方案〉的课程计划（修订）》（京教基二〔2015〕12号）规定保持不变。

三、强化各项保障措施

各区要加强统筹规划，精心组织实施。要结合实际合理配置小学科学教师，逐步建立专兼职结合的教研人员队伍。要加大经费投入，保证实验室建设、仪器设施设备和耗材等需要。鼓励有条件区域和学校探索跨学科学习（STEAM教育）、创客教育等新的模式，推动科学课程的多样化、特色化实施，着力提升学生的创新意识和创新能力。要优化课程资源，重视发挥家庭、社区、校外青少年活动基地等作用，利用好中小学生社会大课堂、课外活动计划等平台，为课程实施创造有利条件。要加强课程实施的监测和督导，建立小学科学课程管理的反馈和改进机制，保证课程的全面落实。

2017年5月17日

教育部

关于印发《义务教育小学科学课程标准》的通知

教基二〔2017〕2号

各省、自治区、直辖市教育厅（教委），新疆生产建设兵团教育局：

2001年启动新一轮基础教育课程改革以来，经过十余年的实践探索，小学科学课程对培养学生科学素养发挥了重要作用。但在实践中也存在课程适宜性、可操作性、时代性和整体性有待增强等问题。为进一步加强小学科学教育，根据立德树人工作总体部署，我部组织专家对小学科学课程标准进行了修订完善，现正式印发，于2017年秋季开始执行。有关要求通知如下：

1. 充分认识小学科学教育的重要性。科学教育是立德树人工作的重要组成部分，是提升全民科学素质、建设创新型国家的基础。小学科学教育对从小激发和保护孩子的好奇心和求知欲，培养学生的科学精神和实践创新能力具有重要意义。各地要高度重视，以课程为统领，切实加强小学科学教育。

2. 全面加强学习培训工作。各地要全面做好课程标准的宣传和培训工作，纳入校长、教师培训计划，组织专题培训，强化全员培训。要结合地方教育实际特别是师资队伍情况等，整体设计培训课程，丰富培训方式方法，注重理论培训与实践研修相结合，帮助校长、教师深入理解课程标准的基本理念和基本要求，提升教育水平。

3. 确保落实规定课时。小学科学课程起始年级调整为一年级。在我部组织修订《义务教育课程设置实验方案》前，原则上要按照小学一、二年级每周不少于1课时安排课程，三至六年级的课时数保持不变。

4. 突出强化教学实践环节。各地要引导教师落实学生发展核心素养要求，依据课程标准组织教学。要重视实验教学，努力创设适宜的学习环境，促进学生积极参与、主动探究，引导学生做好每一个实验。教师要加强实践探究过程的指导，注重引导学生动手与动脑相结合，增强学生问题意识，培养他们的创新精神和实践能力。

5. 大力加强课程实施的组织领导。各地要加强统筹规划，精心组织实施。要结合实际合理配置小学科学教师，逐步建立专兼职结合的教研人员队伍。要加大经费投入，保证实验室建设、仪器设施设备和耗材等需要。要优化课程资源建设，重视发挥家庭、社区、校外青少年活动基地等作用，为保障课程实施创造有利条件。要加强课程实施的监测和督导，建立小学科学课程管理的反馈和改进机制，保证课程的全面落实。

附件：义务教育小学科学课程标准（略）

2017 年 1 月 19 日

北京市教育委员会

关于做好 2017 年 1+3 培养试验的通知

京教基二〔2017〕11 号

各区教委：

为促进义务教育优质均衡发展，促进小升初就近入学，推动教育公平，在初二年级结束后提前给予当年就近入学的学生一次升入优质高中的选择机会，并探索高中人才培养方式，2017年我市继续实施1+3培养试验。学生在初二年级结束后进入试验学校，在试验学校连续完成初三及高中共四年学习。现将有关工作通知如下：

一、1+3培养试验学校分为两类，一是市级统筹类学校，计划主要面向城六区一般公办初中，分配到校（北师大实验华夏女中、工美附中、徐悲鸿中学计划不分配）。二是区级普通类学校，计划面向本区。

二、具有普通高中升学资格且在同一学校具有连续两年学籍等条件的初二学生可报名参加本试验。

三、市级统筹类学校录取流程为：

（一）学生自愿报名。学生选择一所试验学校在1+3培养试验报名系统报名。网址：yjrx. bjedu. cn，使用教育统一认证登录（用户名和密码与初中开放科学实践活动相同）。

（二）试验学校确定面试名单。试验学校结合学生初中综合素质评价信息，按1∶3比例确定面试名单，并在学校网站公布。

（三）试验学校面试。试验学校组织面试，面试结果在学校网站公布。

四、区级普通类学校录取流程为：

（一）学生自愿报名。学生选择一所试验学校在1+3培养试验报名系统报名。网址：yjrx. bjedu. cn，使用教育统一认证登录（用户名和密码与初中开放科学实践活动相同）。已通过市级统筹类学校面试的学生不能报名。

（二）试验学校面试。试验学校组织面试，面试结果在学校网站公布。

五、面试要突出素质教育导向，突出宽与活，避免学生参加各种培训班增加学习负担。严禁试验学校进行文化课笔试；严禁与社会其他教育机构合作选拔学生。

六、进入本试验的学生不需参加中考，直升本校高中。

七、允许进入本试验的学生在初三中考报名前退出试验，退出的学生转回原初中校，可参加当年中考，不能参加名额分配、校额到校、市级统筹、乡村计划、统招定向招生录取。

附件：1.2017 年 1+3 市级统筹类学校计划

2.2017 年 1+3 区级普通类学校计划

3.2017 年 1+3 培养试验工作时间表

2017 年 5 月 31 日

附件 1

2017 年 1+3 市级统筹类学校计划

序号	学校	计划	范围
1	清华附中 （将台路校区）	420	城六区一般公办初中 （含清华附中集团内一般公办初中 20）
2	北大附中 （惠新东街校区）	420	城六区一般公办初中 （含北大、北大附中教职工子女 20）
3	首师大附中 （首师大二附中校区）	90	城六区一般公办初中 （含首师大二附中初中 10）
4	人大附中 （通州校区）	80	城六区一般公办初中 （含通州区初中 10）
5	北师大实验华夏女中	70	城六区初中
6	工美附中	90	城六区初中
7	徐悲鸿中学	50	城六区初中
合计		1220	

附件 2

2017 年 1+3 区级普通类学校计划

区	学校	计划	范围
西城	北京市鲁迅中学	35	本区初中
	月坛中学	70	本区初中
朝阳	北京市第二外国语学院附属中学	50	本区初中
	北京化工大学附属中学	60	本区初中
	北京青年政治学院附属中学	25	本区初中
	中国科学院附属实验学校	25	本区初中
	北京中学	120	本区初中
	北京市三里屯一中	30	本区初中
海淀	北京市第五十七中学	120	本区初中
	北方交通大学附属中学（东校区）	65	本区初中
	北京科技大学附属中学	80	本区初中
	中国人民大学附属中学翠微学校	80	本区初中
	海淀实验中学	80	本区初中
	北京实验学校（海淀）	70	本区初中
	北京外国语大学附属中学	60	本区初中
丰台	北京市大成学校	50	本区初中
	北京师范大学第四附属中学	50	本区初中
石景山	北京大学附属中学石景山学校	30	本区初中
	北京市古城中学	20	本区初中

续表

区	学校	计划	范围
门头沟	北京市大峪中学	80	本区初中
房山	北师大良乡附中	70	本区初中
通州	潞河中学	80	本区初中
顺义	牛栏山一中	90	本区初中
昌平	昌平一中	60	本区初中
大兴	大兴一中	80	本区初中
平谷	平谷中学	80	本区初中
怀柔	101 中学怀柔分校	80	本区初中
密云	密云二中	80	本区初中
延庆	延庆一中	80	本区初中
合计		1900	本区初中

附件 3

2017 年 1+3 培养试验工作时间表

时间	工作
6 月 10—25 日	学生报名市级统筹类学校
6 月 30 日	市级统筹类学校公布面试名单
7 月 8—9 日 （星期六、日）	市级统筹类学校面试
7 月 10 日 （星期一）	市级统筹类学校公布面试结果

续表

时间	工作
7月12—13日（星期三、四）	学生报名区级普通类学校
7月16日（星期日）	区级普通类学校面试
7月17日（星期一）	区级普通类学校公布面试结果
9月	在学籍系统中完成转学

北京市教育委员会

关于印发2017年秋季北京市中小学教学用书目录的通知

京教基二〔2017〕12号

各区教委、燕山教委：

现将《2017年秋季北京市中小学教学用书目录》（以下简称目录）印发给你们，请按照教育部《中小学教科书选用管理暂行办法》（教基二〔2014〕8号）、教育部办公厅《关于2017年中小学教学用书有关事项的通知》（教材厅函〔2017〕2号）和市教委有关教材管理的文件要求，认真做好2017年秋季中小学教学用书选用工作。有关具体事项通知如下，请认真贯彻执行。

一、本目录包括三部分内容：一是北京市自编及实验教学用书目录；二是本市选用的普通高中课程改革实验教材目录；三是教育部印发的义务教育教学用书目录。

二、义务教育国家课程相关学科（除《道德与法治》《语文》《历史》和小学《科学》之外），仍使用教育部《2016 年义务教育教学用书目录》（教基二厅函〔2016〕12 号）公布教材以及本《目录》“北京市自编及实验教学用书”中公布教材。

三、义务教育《道德与法治》《语文》《历史》和小学《科学》因教育部对部分册次教材审定工作尚未最终结束，上述教材使用工作将另行通知。

四、普通高中国家课程各学科请一并参考《2011 年中小学教学用书目录（变动部分）》（教基二厅函〔2010〕20 号）和《2009 年基础教育课程标准实验教学用书目录》（教基厅〔2008〕6 号）公布的教材。因普通高中教材将进行全面修订，各区仍沿用原选用出版社出版的教材，不得更换其他版本。

五、体育运动学校初中阶段起始年级《道德与法治》《语文》使用国家统编教材，其他学科使用体育运动学校专用新编实验教材。其他年级仍沿用原选用出版社出版的教材。

六、特殊教育学校义务教育阶段相关学科起始年级使用特殊教育新编教材。

七、中小学教材中一律不得出现提供额外教学辅助资料的各类链接网址、二维码等信息。

八、中小学教材使用应保持相对稳定。如需更换教材版本，应严格按照中小学教材选用有关规定进行，及时报市教委基础教育二处，并为教材印刷、发行留足时间，确保课前到书。各区应将本区域教科书选用结果及时报市教委基础教育二处备案。

九、各区要加强对教材使用情况的检查，对未按相关规定更换教材、使用未经审定教材的要严肃处理，责令纠正。

有关教育部公布的教学用书目录可登录教育部门户网站

（www. moe. gov. cn）机构设置栏“教材局”下的“工作动态”查询下载。

附件：1. 2017 年秋季北京市中小学自编及实验教学用书目录（略）

2. 2017 年秋季北京市普通高中课程改革实验教材目录（略）

3. 教育部印发的义务教育教学用书目录（略）

2017 年 6 月 8 日

北京市教育委员会

关于 2017 年中小学部分学科教学用书有关事项的通知

京教基二〔2017〕15 号

各区教委，燕山教委：

根据《教育部办公厅关于 2017 年义务教育道德与法治、语文、历史和小学科学教学用书有关事项的通知》（教材厅函〔2017〕6 号）、《教育部办公厅关于 2017 年义务教育道德与法治、语文（二、八年级）有关教学用书事项的补充通知》（教材厅函〔2017〕12 号）和《普通高中 2017 级课程实施指导意见》，现将部分学科教学用书有关事项通知如下：

一、关于义务教育道德与法治、语文和历史教学用书

（一）根据中央要求，教育部组织编写了义务教育道德与法治、语文和历史教材（以下简称统编教材），义务教育一、二年级品德与生活和七、八年级思想品德教材名称统一更改为道德与法治。

（二）义务教育六·三学制：道德与法治一年级、七年级和八年级下（法治教育专册）统一使用统编教材，语文一年级、七年级统一使用统编教材，历史七年级统一使用统编教材。义务教育五·四学制：道德与法治、语文一年级统一使用统编教材。其他年级册次使用原选用出版社出版的教材，不得更换版本。

（三）2016年使用义务教育道德与法治、语文统编教材的地区，2017年全部使用教育部审定通过的二、八年级统编教材。

（四）今年新使用统编教材的地区其统编教材具体发行有关事宜，待教育部明确后另行通知。

二、关于小学科学教学用书

2017年，教育部发布了新修订的《义务教育小学科学课程标准》，明确将小学科学课程起始年级调整为一年级。一年级科学教材请各区按照教育部《中小学教科书选用管理暂行办法》（教基二〔2014〕8号）和市教委有关教材选用要求，从教育部公布的目录中选用；三至六年级仍沿用原选用出版社的教材，不得更换版本。

三、关于高中生物、物理、信息技术、通用技术教学用书

根据《普通高中2017级课程实施指导意见》，2017—2018学年普通高中部分学科教学用书建议进行调整。

（一）生物学科建议由高二起开设调整为高一起开设，2017年秋季新入学高一建议征订生物1、2（必修）共2本教材。

（二）根据高一教学安排，2017年秋季新入学高一建议征订物理1、2（必修）和选修3—1共3本教材。

（三）信息技术、通用技术由各区自主确定开设年级，并相应确定教材征订年级。

以上教材使用工作按照北京市教育委员会《关于印发2017年秋季北京市中小学教学用书目录的通知》（京教基二〔2017〕12号）执行，仍沿用原选用出版社出版的教材，不得更换其他版本。

四、关于历史、地理有关图册

初中历史地图册七年级上册（序号：中 167）、八年级上册（中 215），地理填充图册七年级上册（中 166）、八年级上册（中 214），以及高中历史、地理有关图册（2017 年秋季北京市普通高中课程改革实验教材目录中序号为 587—646 的书目），从《北京市教育委员会关于印发 2017 年秋季北京市中小学教学用书目录的通知》（京教基二〔2017〕12 号）公布的北京市自编及实验教学用书目录、本市选用的普通高中课程改革实验教材目录中撤出。图册选用以教育部公布的目录和文件要求为准，如不在教育部目录的图册，学校认为确有必要配备，请按照《北京市教育委员会关于中小学教辅材料使用规范的通知》（京教基二〔2012〕14 号）有关规定处理。

五、其他要求

（一）义务教育道德与法治、语文、历史、小学科学必须使用教育部《2017 年义务教育道德与法治、语文、历史和小学科学教学用书目录》（见附件）公布的教材。

（二）所有教材一律不得出现提供额外教学辅助资料的各类链接网址、二维码等信息。

（三）要高度重视，抓紧安排，认真组织，确保课前到书。

有关教育部公布的教学用书目录信息可登录教育部门户网站（www. moe. gov. cn）机构设置栏“教材局”下的“工作动态”查询下载。

附件：教育部 2017 年义务教育道德与法治、语文、历史和小学科学教学用书目录

2017 年 7 月 11 日

附件

教育部2017年义务教育道德与法治、语文、历史和小学科学教学用书目录

义务教育道德与法治（品德与社会）、语文教科书（1~6年级）

学科	主编	编写、出版单位	书名	册次	使用年级	备注
道德与法治	鲁洁	教育部 人民教育出版社	义务教育教科书·道德与法治	一年级上下册	一年级	均有配套教师用书
	鲁洁	教育部 人民教育出版社	义务教育教科书·道德与法治	二年级上下册	二年级	
	李季湄	北京师范大学出版社	义务教育教科书·道德与法治	二年级上下册	二年级	
	檀传宝 徐德卿	广东省教育研究院教研室、广东教育出版社课程教材研发中心 广东教育出版社	义务教育教科书·道德与法治	二年级上下册	二年级	
	孙智昌	广西师范大学出版社、星球地图出版社	义务教育教科书·道德与法治	二年级上下册	二年级	
	陶元红	河北人民出版社	义务教育教科书·道德与法治	二年级上下册	二年级	
	靳岳滨	湖北教育出版社	义务教育教科书·道德与法治	二年级上下册	二年级	
	鞠文灿 杜文艳	江苏省中小学教学研究室 江苏教育出版社、中国地图出版社	义务教育教科书·道德与法治	二年级上下册	二年级	
	戚万学 刘建效	教育科学出版社	义务教育教科书·道德与法治	二年级上下册	二年级	
	钟启泉	辽海出版社	义务教育教科书·道德与法治	二年级上下册	二年级	

续表 1

学科	主编	编写、出版单位	书名	册次	使用年级	备注
道德与法治	傅维利	辽宁师范大学出版社	义务教育教科书·道德与法治	二年级上下册	二年级	均有配套教师用书
	李培林	山东美术出版社	义务教育教科书·道德与法治	二年级上下册	二年级	
	顾海良	山东省教学研究室 山东人民出版社	义务教育教科书·道德与法治	二年级上下册	二年级	
	俞国良	北京教育科学研究院 首都师范大学出版社	义务教育教科书·道德与法治	二年级上下册	二年级	
	郭元祥	泰山出版社	义务教育教科书·道德与法治	二年级上下册	二年级	
	熊梅	未来出版社、人民出版社	义务教育教科书·道德与法治	二年级上下册	二年级	
	朱小蔓	浙江教育出版社	义务教育教科书·道德与法治	二年级上下册	二年级	
品德与社会	高峡	北京师范大学出版社	义务教育课程标准实验教科书·品德与社会	三年级上册至六年级下册	三年级至六年级	均有配套教师用书
	徐德卿 卢锡铭	广东教育出版社	义务教育课程标准实验教科书·品德与社会	三年级上册至六年级下册	三年级至六年级	
	孙智昌	广西师范大学出版社、星球地图出版社	义务教育课程标准实验教科书·品德与社会	三年级上册至六年级下册	三年级至六年级	
	王玉平 贾美华	河北人民出版社	义务教育课程标准实验教科书·品德与社会	三年级上册至六年级下册	三年级至六年级	
	靳岳滨	湖北教育出版社	义务教育课程标准实验教科书·品德与社会	三年级上册至六年级下册	三年级至六年级	
	鲁洁	江苏教育出版社、中国地图出版社	义务教育课程标准实验教科书·品德与社会	三年级上册至六年级下册	三年级至六年级	

续表 2

学科	主编	编写、出版单位	书名	册次	使用年级	备注
品德与社会	戚万学 刘建效	教育科学出版社	义务教育课程标准实验教科书·品德与社会	三年级上册至六年级下册	三年级至六年级	均有配套教师用书
	钟启泉	辽海出版社	义务教育课程标准实验教科书·品德与社会	三年级上册至六年级下册	三年级至六年级	
	傅维利	辽宁师范大学出版社	义务教育课程标准实验教科书·品德与社会	三年级上册至六年级下册	三年级至六年级	
	赵昕	人民教育出版社	义务教育课程标准实验教科书·品德与社会	三年级上册至六年级下册	三年级至六年级	
	李培林	山东美术出版社	义务教育课程标准实验教科书·品德与社会	三年级上册至六年级下册	三年级至六年级	
	顾海良	山东人民出版社	义务教育课程标准实验教科书·品德与社会	三年级上册至六年级下册	三年级至六年级	
	郭元祥	泰山出版社	义务教育课程标准实验教科书·品德与社会	三年级上册至六年级下册	三年级至六年级	
	熊梅	未来出版社、人民出版社	义务教育课程标准实验教科书·品德与社会	三年级上册至六年级下册	三年级至六年级	
	朱小蔓	浙江教育出版社	义务教育课程标准实验教科书·品德与社会	三年级上册至六年级下册	三年级至六年级	
语文	温儒敏	教育部 人民教育出版社	义务教育教科书·语文	一年级上下册	一年级	均有配套教师用书
	温儒敏	教育部 人民教育出版社	义务教育教科书·语文	二年级上下册	二年级	
	任翔	北京教育科学研究院 北京出版社	义务教育教科书·语文	二年级上下册	二年级	
	马新国 郑国民	北京师范大学出版社	义务教育教科书·语文	二年级上下册	二年级	

续表 3

学科	主编	编写、出版单位	书名	册次	使用年级	备注
语文	马新国 郑国民	北京师范大学出版社	义务教育课程标准实验教科书·语文	三年级上册至六年级下册	三年级至六年级	均有配套教师用书
	张笑庸 赵士英	吉林省教育学院、长春出版社	义务教育教科书·语文	二年级上下册	二年级	
	张翼健	长春出版社	义务教育课程标准实验教科书·语文	三年级上册至六年级下册	三年级至六年级	
	郭振有 陶月华	河北省教育科学研究所 河北教育出版社	义务教育教科书·语文	二年级上下册	二年级	
	高雅贤 陶月华	河北教育出版社	义务教育课程标准实验教科书·语文	三年级上册至六年级下册	三年级至六年级	
	王先霈	湖北教育出版社	义务教育教科书·语文	二年级上下册	二年级	
	王先霈 徐国英	湖北教育出版社	义务教育课程标准实验教科书·语文	三年级上册至六年级下册	三年级至六年级	
	杨再隋 刘新民	湖南教育出版社	义务教育教科书·语文	二年级上下册	二年级	
	杨再隋 曾国伟	湖南教育出版社	义务教育课程标准实验教科书·语文	三年级上册至六年级下册	三年级至六年级	
	张庆 朱家珑	江苏教育出版社	义务教育教科书·语文	二年级上下册	二年级	
	张庆 朱家珑	江苏教育出版社	义务教育课程标准实验教科书·语文	三年级上册至六年级下册	三年级至六年级	
	孟广智	教育科学出版社	义务教育教科书·语文	二年级上下册	二年级	
	吴景岚	教育科学出版社	义务教育课程标准实验教科书·语文	三年级上册至六年级下册	三年级至六年级	
	崔峦 蒯福棣	人民教育出版社	义务教育课程标准实验教科书·语文	三年级上册至六年级下册	三年级至六年级	

续表 4

学科	主编	编写、出版单位	书名	册次	使用年级	备注
语文	董小玉	西南师范大学出版社	义务教育教科书·语文	二年级上下册	二年级	均有配套教师用书
语文	董小玉	西南师范大学出版社	义务教育课程标准实验教科书·语文	三年级上册至六年级下册	三年级至六年级	均有配套教师用书
语文	王旭明	语文出版社	义务教育教科书·语文	二年级上下册	二年级	均有配套教师用书
语文	史习江 李守业	语文出版社	义务教育课程标准实验教科书·语文	三年级上册至六年级下册	三年级至六年级	均有配套教师用书
语文	王均 杨曙望	语文出版社	义务教育课程标准实验教科书·语文	三年级上册至六年级下册	三年级至六年级	均有配套教师用书
语文	陈平原 周正逵	星球地图出版社 中华书局	义务教育教科书·语文	二年级上下册	二年级	均有配套教师用书
语文	郭预衡 章培恒 陈平原	中华书局	义务教育课程标准实验教科书·语文	三年级上册至六年级下册	三年级至六年级	均有配套教师用书
语文·书法练习指导	秦永龙	北京师范大学中国书法研究中心 北京师范大学出版社	义务教育三至六年级·书法练习指导（实验）	三年级上册至六年级下册	三年级至六年级	均有配套教师用书
语文·书法练习指导	曹宝麟	广东教育出版社课程资源研发中心 广东教育出版社	义务教育三至六年级·书法练习指导（实验）	三年级上册至六年级下册	三年级至六年级	均有配套教师用书
语文·书法练习指导	于茂阳	河北美术出版社	义务教育三至六年级·书法练习指导（实验）	三年级上册至六年级下册	三年级至六年级	均有配套教师用书
语文·书法练习指导	沃兴华 贾铎	湖南美术出版社现代美术教育研究所 湖南美术出版社	义务教育三至六年级·书法练习指导（实验）	三年级上册至六年级下册	三年级至六年级	均有配套教师用书
语文·书法练习指导	欧阳中石	中国出版集团教材中心 华文出版社	义务教育三至六年级·书法练习指导（实验）	三年级上册至六年级下册	三年级至六年级	均有配套教师用书

续表 5

学科	主编	编写、出版单位	书名	册次	使用年级	备注
语文·书法练习指导	尉天池	南京凤凰母语教育科学研究所 江苏少年儿童出版社	义务教育三至六年级·书法练习指导（实验）	三年级上册至六年级下册	三年级至六年级	均有配套教师用书
	刘绍刚	青岛出版社	义务教育三至六年级·书法练习指导（实验）（含五·四学制）	三年级上册至六年级下册 （三年级上册至五年级下册）	三年级至六年级 （三年级至五年级）	
	沈鹏	北京教育科学研究院 人民美术出版社	义务教育三至六年级·书法练习指导（实验）	三年级上册至六年级下册	三年级至六年级	
	赵长青	山西人民出版社	义务教育三至六年级·书法练习指导（实验）	三年级上册至六年级下册	三年级至六年级	
	张信	上海科技教育出版社	义务教育三至六年级·书法练习指导（实验）	三年级上册至六年级下册	三年级至六年级	
	刘江	西泠印社出版社	义务教育三至六年级·书法练习指导（实验）	三年级上册至六年级下册	三年级至六年级	

义务教育道德与法治（思想品德）、语文、历史教科书（7～9 年级）

学科	主编	编写、出版单位	书名	册次	使用年级	备注
道德与法治	朱小蔓	教育部 人民教育出版社	义务教育教科书·道德与法治	七年级上下册	七年级	均有配套教师用书
	朱小蔓	教育部 人民教育出版社	义务教育教科书·道德与法治	八年级上下册	八年级	
	韩震	北京师范大学出版社	义务教育教科书·道德与法治	八年级上册	八年级上	
	吴少荣 潘梅	广东省教育研究院教研室、广东教育出版社课程教材研发中心 广东教育出版社	义务教育教科书·道德与法治	八年级上册	八年级上	

续表 1

学科	主编	编写、出版单位	书名	册次	使用年级	备注
道德与法治	刘湘溶	湖南师范大学出版社	义务教育教科书·道德与法治	八年级上册	八年级上	均有配套教师用书
	张异宾 鞠文灿	江苏省中小学教学研究室 江苏人民出版社	义务教育教科书·道德与法治	八年级上册	八年级上	
	魏贤超	教育科学出版社	义务教育教科书·道德与法治	八年级上册	八年级上	
	高德胜	南京师范大学道德教育研究所 人民出版社	义务教育教科书·道德与法治	八年级上册	八年级上	
	顾海良	山东省教学研究室 山东人民出版社	义务教育教科书·道德与法治	八年级上册	八年级上	
	陈瑛	人民东方基础教育中心、陕西省教育科学研究所 陕西人民教育出版社	义务教育教科书·道德与法治	八年级上册	八年级上	
	俞国良	北京教育科学研究院 首都师范大学出版社	义务教育教科书·道德与法治	八年级上册	八年级上	
思想品德	韩震	北京师范大学出版社	义务教育课程标准实验教科书·思想品德	九年级上下册	九年级	
	吴少荣	广东教育出版社	义务教育课程标准实验教科书·思想品德	九年级上下册	九年级	
	刘湘溶	湖南师范大学出版社	义务教育课程标准实验教科书·思想品德	九年级上下册	九年级	
	张异宾	江苏人民出版社	义务教育课程标准实验教科书·思想品德	九年级上下册	九年级	
	朱小蔓 魏贤超	教育科学出版社	义务教育课程标准实验教科书·思想品德	九年级上下册	九年级	

续表 2

学科	主编	编写、出版单位	书名	册次	使用年级	备注
思想品德	王逢贤	人民出版社	义务教育课程标准实验教科书·思想品德	九年级上下册	九年级	均有配套教师用书
	班华	人民教育出版社	义务教育课程标准实验教科书·思想品德	九年级上下册	九年级	
	顾海良	山东人民出版社	义务教育课程标准实验教科书·思想品德	九年级上下册	九年级	
	陈瑛	陕西人民教育出版社	义务教育课程标准实验教科书·思想品德	九年级上下册	九年级	
语文	温儒敏	教育部 人民教育出版社	义务教育教科书·语文	七年级上下册	七年级	均有配套教师用书
	温儒敏	教育部 人民教育出版社	义务教育教科书·语文	八年级上下册	八年级	
	任翔	北京教育科学研究院 北京出版社	义务教育教科书·语文	八年级上下册	八年级	
	孙绍振	北京师范大学出版社	义务教育教科书·语文	八年级上下册	八年级	
	孙绍振	北京师范大学出版社	义务教育课程标准实验教科书·语文	九年级上下册	九年级	
	张笑庸 田泉	吉林省教育学院、长春出版社	义务教育教科书·语文	八年级上下册	八年级	
	张翼健 张笑庸	长春出版社	义务教育课程标准实验教科书·语文	九年级上下册	九年级	
	王富仁 宋思洁	河北省教育科学研究所 河北大学出版社	义务教育教科书·语文	八年级上下册	八年级	
	王富仁 付中和	河北大学出版社	义务教育课程标准实验教科书·语文	九年级上下册	九年级	
	王先霈	湖北教育出版社	义务教育教科书·语文	八年级上下册	八年级	

续表 3

学科	主编	编写、出版单位	书名	册次	使用年级	备注
语文	王先霈 徐国英	湖北教育出版社	义务教育课程标准实验教科书·语文	九年级上下册	九年级	均有配套教师用书
	洪宗礼	江苏教育出版社	义务教育教科书·语文	八年级上下册	八年级	
	洪宗礼	江苏教育出版社	义务教育课程标准实验教科书·语文	九年级上下册	九年级	
	顾振彪	人民教育出版社	义务教育课程标准实验教科书·语文	九年级上下册	九年级	
	王旭明	语文出版社	义务教育教科书·语文	八年级上下册	八年级	
	史习江	语文出版社	义务教育课程标准实验教科书·语文	九年级上下册	九年级	
	陈平原 周正逵	星球地图出版社 中华书局	义务教育教科书·语文	八年级上下册	八年级	
	郭预衡 章培恒 陈平原	中华书局	义务教育课程标准实验教科书·语文	九年级上下册	九年级	
历史	齐世荣	教育部 人民教育出版社	义务教育教科书·历史	七年级上册至八年级下册	七年级至八年级	均有配套教师用书
	徐蓝	北京教育科学研究院 北京出版社	义务教育教科书·历史	八年级上下册	八年级	
	朱汉国	北京师范大学出版社	义务教育教科书·历史	八年级上下册	八年级	
	朱汉国	北京师范大学出版社	义务教育课程标准实验教科书·历史	九年级上下册	九年级	
	吴伟	河北人民出版社	义务教育教科书·历史	八年级上下册	八年级	
	秦进才	河北人民出版社	义务教育课程标准实验教科书·历史	九年级上下册	九年级	

续表 4

学科	主编	编写、出版单位	书名	册次	使用年级	备注
历史	王斯德	华东师范大学出版社	义务教育教科书·历史	八年级上下册	八年级	均有配套教师用书
	王斯德	华东师范大学出版社	义务教育课程标准实验教科书·历史	九年级上下册	九年级	
	李伟科 陈其	人民教育出版社	义务教育课程标准实验教科书·历史	九年级上下册	九年级	
	龚奇柱	四川教育出版社	义务教育教科书·历史	八年级上下册	八年级	
	龚奇柱	四川教育出版社	义务教育课程标准实验教科书·历史	九年级上下册	九年级	
	赵世瑜 杨宁一	岳麓书社	义务教育教科书·历史	八年级上下册	八年级	
	刘宗绪	岳麓书社	义务教育课程标准实验教科书·历史	九年级上下册	九年级	
	白月桥	中国地图出版社	义务教育教科书·历史	八年级上下册	八年级	
	白月桥	中国地图出版社	义务教育课程标准实验教科书·历史	九年级上下册	九年级	
	陈之骅 张传玺 宋一夫	中华书局	义务教育教科书·历史	八年级上下册	八年级	
	宋一夫 龚书铎 陈之骅	中华书局	义务教育课程标准实验教科书·历史	九年级上下册	九年级	
历史与社会	耿荣久	地质出版社	义务教育教科书·历史与社会	七年级上册至九年级下册	七年级至九年级	均有配套教师用书
	韦志榕 朱明光	人民教育出版社	义务教育教科书·历史与社会	七年级上册至九年级下册	七年级至九年级	
	韩震	上海教育出版社	义务教育教科书·历史与社会	七年级上册至九年级下册	七年级至九年级	

义务教育五·四学制道德与法治（品德与生活、品德与社会）、语文教科书（小学一至五年级）

学科	主编	编写、出版单位	书名	册次	使用年级	备注
道德与法治	鲁洁	教育部 人民教育出版社	义务教育教科书·道德与法治	一年级上下册	一年级	均有配套教师用书
品德与生活	赵昕 张茂聪	人民教育出版社、山东教育出版社	义务教育课程标准实验教科书（五·四学制）·品德与生活	二年级上下册	二年级	
品德与社会	赵昕 张茂聪	人民教育出版社、山东教育出版社	义务教育课程标准实验教科书（五·四学制）·品德与社会	三年级上册至五年级下册	三年级至五年级	
语文	温儒敏	教育部 人民教育出版社	义务教育教科书·语文	一年级上下册	一年级	
	孟广智	教育科学出版社	义务教育教科书（五·四学制）·语文	二年级上下册	二年级	
	吴景岚	教育科学出版社	义务教育课程标准实验教科书（五·四学制）·语文	三年级上册至五年级下册	三年级至五年级	
	崔峦 李家栋	人民教育出版社、山东教育出版社	义务教育课程标准实验教科书（五·四学制）·语文	二年级上册至五年级下册	二年级至五年级	

义务教育五·四学制道德与法治（思想品德）、语文、历史教科书（初中六至九年级）

学科	主编	编写、出版单位	书名	册次	使用年级	备注
道德与法治	顾海良	山东人民出版社	义务教育教科书（五·四学制）·道德与法治	六年级上册至七年级下册	六年级至七年级	均有配套教师用书

续表

学科	主编	编写、出版单位	书名	册次	使用年级	备注
思想品德	班华	人民教育出版社	义务教育课程标准实验教科书（五·四学制）·思想品德	六年级上册至八年级下册 九年级全一册	六年级至九年级	均有配套教师用书
	顾海良	山东人民出版社	义务教育课程标准实验教科书（五·四学制）·思想品德	八年级上册至九年级下册	八年级至九年级	
语文	顾振彪	人民教育出版社、山东教育出版社	义务教育课程标准实验教科书（五·四学制）·语文	六年级上册至九年级下册	六年级至九年级	
历史	李伟科 陈其	人民教育出版社、山东教育出版社	义务教育课程标准实验教科书（五·四学制）·历史	六年级上册至八年级下册	六年级至八年级	

义务教育小学科学教科书（一年级、三至六年级）

学科	主编	编写、出版单位	书名	册次	使用年级	备注
科学	张泽	河南教育报刊社 大象出版社	义务教育教科书·科学（含学生活动手册）	一年级上下册	一年级	均有配套教师用书
	刘颂豪	华南师范大学沿海版教材编委会 广东教育出版社、广东科技出版社	义务教育教科书·科学（含学生活动手册）	一年级上下册	一年级	
	胡军 朱正歌	河北人民出版社	义务教育教科书·科学（含学生活动手册）	一年级上下册	一年级	
	石鸥 彭香	湖南科学技术出版社	义务教育教科书·科学（含学生活动手册）	一年级上下册	一年级	
	郝京华 路培琦	江苏教育出版社	义务教育教科书·科学（含学生活动手册）	一年级上下册	一年级	
	郁波	教育科学出版社	义务教育教科书·科学（含学生活动手册）	一年级上下册	一年级	

续表

学科	主编	编写、出版单位	书名	册次	使用年级	备注
科学	郑守仪	青岛出版社	义务教育教科书·科学（含学生活动手册）	一年级上下册	一年级	均有配套教师用书
	郑守仪	青岛出版社	义务教育教科书·科学（五·四学制，含学生活动手册）	一年级上下册	一年级	
	金准智 郑长龙	人民教育出版社、湖北教育出版社	义务教育教科书·科学（含学生活动手册）	一年级上下册	一年级	
	张泽	大象出版社	义务教育课程标准实验教科书·科学	三年级上册至六年级下册	三年级至六年级	
	刘颂豪	广东教育出版社、广东科技出版社	义务教育课程标准实验教科书·科学	三年级上册至六年级下册	三年级至六年级	
	胡军	河北人民出版社	义务教育课程标准实验教科书·科学	三年级上册至六年级下册	三年级至六年级	
	金准智	湖北教育出版社	义务教育课程标准实验教科书·科学	三年级上册至六年级下册	三年级至六年级	
	石鸥	湖南科技出版社	义务教育课程标准实验教科书·科学	三年级上册至六年级下册	三年级至六年级	
	郝京华 路培琦	江苏教育出版社	义务教育课程标准实验教科书·科学	三年级上册至六年级下册	三年级至六年级	
	郁波	教育科学出版社	义务教育课程标准实验教科书·科学	三年级上册至六年级下册	三年级至六年级	
	郑守仪	青岛出版社	义务教育课程标准实验教科书·科学	三年级上册至六年级下册	三年级至六年级	
	郑守仪	青岛出版社	义务教育课程标准实验教科书（五·四学制）·科学	三年级上册至五年级下册	三年级至五年级	

北京市教育委员会

关于印发《北京市中小学养成教育三年行动计划（2017—2019年）》的通知

京教基一〔2017〕14号

各区教委：

为全面贯彻党的十八大和十八届三中、四中、五中、六中全会精神，深入贯彻落实习近平总书记系列重要讲话精神和治国理政新理念新思想新战略，全面落实立德树人根本任务，引导学生树立理想信念，培养良好习惯，提升综合素养，促进学生健康成长和全面发展，我委研究制定了《北京市中小学养成教育三年行动计划（2017—2019年）》，现印发给你们，请认真贯彻落实。

2017年9月4日

北京市中小学养成教育三年行动计划（2017—2019年）

养成教育是培养学生良好行为习惯的教育，是全面实施素质教育的必然要求，是培育和践行社会主义核心价值观的重要内容，是学生品德形成和终身发展的奠基工程。一直以来，北京市高度重视养成教育，着力培养学生的良好行为习惯，取得了一定成效。为适应北京市“政治中心、文化中心、国际交往中心、科技创新中心”首都城市战略定位，不断提升学生综合素养，促进学生健康成长和全面发展，制定《北京市中小学养成教育三年行动计划（2017—2019年）》（以下简称《行动计划》）。

一、总体要求

（一）指导思想

全面贯彻党的十八大和十八届三中、四中、五中、六中全会精神，深入贯彻习近平总书记系列重要讲话精神和治国理政新理念新思想新战略，坚持党的教育方针，全面落实立德树人根本任务，以社会主义核心价值观教育为引领，以落实教育部《中小学生守则（2015年修订）》（以下简称《守则》）和《北京市中小学生日常行为规范（2016年修订）》（以下简称《规范》）为目标，以弘扬中华优秀传统美德为重点，遵循教育规律和人才成长规律，整体谋划、统筹推进中小学养成教育，促进学生全面发展和终身发展。

（二）基本原则

——坚持遵循规律。养成教育要符合中小学生年龄特点、认知规律和教育规律，注重学段衔接，坚持循序渐进，强化正面引导，规范日常行为，立足平时，使学生在日积月累中逐渐形成良好习惯。

——坚持强化实践。精心设计和组织开展形式多样、内容丰富、主题明确、寓教于乐的实践活动，在实践体验中培养学生优良道德品质、磨炼坚强意志、养成良好行为习惯。

——坚持注重实效。注重养成教育的科学性和针对性，贴近实际、贴近生活、贴近学生，激发学生参与的积极性，发挥学生的主体作用，促进学生将良好的行为习惯内化于心外化于行，做到知行合一。

——坚持协同育人。发挥学校主体作用、家庭基础作用、社会支持作用，形成学校、家庭、社会育人合力。加强家庭教育指导，帮助家长树立正确的教育理念、掌握科学的教育方法。加快形成社会支持体系，营造良好的养成教育环境。

（三）主要目标

——建立并完善中小学养成教育制度机制，构建养成教育目标、内容、途径方法和评价体系，形成学校、家庭和社会教育合力，提升学校、家庭养成教育能力和水平。

——培养学生良好的行为习惯，树立理想信念，提升综合素养，为学生成长成才打下坚实基础。通过实施《行动计划》，重点教育引导学生在思想情感、生活卫生、学习求知、文明礼仪、遵纪守法、健康安全、勤俭环保和志愿服务等方面养成良好品行和习惯。

二、重点任务

（一）学生良好习惯培养计划

深入开展系列主题教育实践活动，与日常训练巩固有机结合，引导学生学习规范、纠正行为、形成习惯、知行合一。

——开展理想信念教育实践活动。依托“一十百千”工程，组织中小学生参加天安门升旗仪式，走进国家博物馆、首都博物馆、中国人民抗日战争纪念馆，走进社会大课堂，引导学生深入了解中国革命史、中国共产党史、改革开放史和社会主义发展史，继承革命传统，传承红色基因，自觉将个人理想与祖国发展紧密联系起来，培养学生对党的政治认同、情感认同、价值认同，不断树立为共产主义远大理想和中国特色社会主义共同理想而奋斗的信念和信心。

——开展“学规范正行为养习惯”主题教育宣传月活动。每年春秋季开学第一个月，以落实《守则》和《规范》为目标，集中开展“学规范正行为养习惯”主题教育宣传月活动。各中小学通过开学第一课、国旗下讲话等形式，组织学生学习《守则》和《规范》，熟知并理解内容要求，培养学生生活卫生、学习求知、遵守规则等习惯。

——开展“少年传承中华传统美德”系列教育活动。以“仁爱共济立己达人”“正心笃志崇德弘毅”等为重点，结合传统节日，通过主题班队会、社团活动、社会大课堂等途径，开展人格修养和社会关爱教育，引导学生理解、认同中华传统美德和优秀传统文化的精神内涵，形成良好道德品质和行为习惯。

——开展“迎冬奥会做文明人”主题教育实践活动。抓住迎接“北京2022年冬奥会和冬残奥会”有利契机，集中开展文明礼仪主题教育实践活动，促进学生提高文明意识、增长礼仪知识、遵守礼仪规范，培养良好的文明礼仪习惯，向世界展现中华民族“文明之邦”“礼仪之邦”的风采。

——开展“文明礼仪标兵”“文明礼仪小使者”“美德少年”评选活动。引导学生发现身边的美，树立学生身边的美德和文明榜样。组织学生学习榜样事迹，引导他们从日常生活做起，从小事做起，争做美德标兵，提升道德修养。

（二）教师育人能力提升计划

按照“四有好教师”和“四个引路人”的要求，加强教师队伍建设，特别是班主任队伍建设，提升教师养成教育能力，引导教师行为世范，做出表率。

——开展养成教育专题培训。依托中小学德育干部大讲堂活动，邀请高校和科研院所的教育专家，开展养成教育系列专题培训，提高德育干部开展养成教育的科学性和实效性。同时，开展中小学养成教育经验交流研讨活动，挖掘和推广区、校养成教育成功经验。

——开展养成教育主题班队会展评活动。通过养成教育主题班队会评选与展示活动，引导班主任根据学生身心发展特点，以养成教育为主题，研究设计有针对性的主题班队会，让学生在活动中强化习惯养成。同时，开展新童谣编唱、校园剧创作等展评活动，引导班主任不断丰富教育形式和载体，增强养成教育的吸引力和感染力。

——树立“身正为范”教师榜样。开展“学生喜爱的班主任”评选活动，树立具有良好师德，并以自身示范带动学生文明素养提升的优秀班主任典型，引导班主任树立正确的教育理念和良好的教师形象。

——强化教师师德考核评价。把师德作为教师资格认定、岗位聘任、专业技术职务评聘、考核评价和奖惩的重要依据。引导广大中小学教职员工强化行为示范意识，提升自身综合素养，做学生的表率和楷模。

（三）学校养成教育促进计划

加强学校德育工作，强化日常管理，建立健全养成教育管理制度和运行机制，不断丰富育人课程、优化育人环境，促进养成教育常态化开展。

——建立养成教育长效机制。把养成教育作为学校德育工作重要任务，制定切实可行的实施方案和年度计划，明确各年级养成教育的目标、任务和措施，在活动设计、教学改革、教材研发、师资配备、课时保障、考核评价等方面作出安排，有目的、有步骤地推动养成教育各项任务落实。

——发挥课堂主渠道育人作用。做好《道德与法治》和《思想政治》课程教学，发掘语文、历史、地理、艺术、体育、社会实践等课程和少先队与共青团活动中蕴含的养成教育内容。依据学科德育指导纲要，围绕各学科课程目标，结合学科特点，发挥学科教师的育人作用。

——推进中小学文明校园创建工作。坚持以学生为中心，围绕领导班子建设、思想道德教育、校园文化建设、整洁优美环境等指标内容，开展文明校园创建工作，与学校文化建设密切结合，不断挖掘养成教育积极因素，提高师生道德品质、文明素养和民主法治观念，提高校园文化生活质量和文明程度，营造良好的养成教育氛围。

——开展心理健康教育特色学校创建。落实教育部《关于实施中小学心理健康教育特色学校争创计划的通知》（教基一厅函〔2014〕14号）精神，遵循学生身心发展规律，积极开展心理健康教育特色学校创建工作。将适合学生特点的心理健康教育内容有机融入日常教育教学活动中，培养学生良好的心理素质，促进其身心和谐发展。

——开展养成教育优秀成果征集活动。面向全市中小学开展养成教育优秀成果征集与展示活动，及时发现典型实践案例，搭建展示交流平台，推广成功经验。引导学校管理人员、教师和职工树立全员育人意识，自觉成为学生养成教育的示范者、参与者，结合工作岗位实际，不断创新教育形式和方法，提高养成教育实效性。

（四）家、校养成教育协同计划

充分发挥家庭和社会育人作用，加强沟通、密切配合、协同推进，构建学校、家庭、社会密切配合的养成教育体系。

——加强家庭养成教育服务平台建设。在中小学普遍建立家长学校和家长委员会，推动家长教师协会建设，依托家长学校等组织，加强学校家庭教育指导，丰富指导服务内容，以养成教育为重点，提升家长养成教育能力水平。推进网上家长学校建设，进一步完善网上家长学校课程体系，增加养成教育课程案例推送，满足不同学段学生家长的教育服务需求。

——开展“重家教树家风传美德共育人”主题教育实践活动。通过“家庭教育大讲堂·校园行”“家校共培育亲子共成长”家庭教育主题班队会等6项活动，推动家庭、学校和社会形成养成教育合力。中小学每学期至少开展1次家庭教育讲堂，引导家长履行家庭教育职责，掌握科学的家庭教育理念和方法。

——树立家庭养成教育榜样。联合市妇联、首都文明办、市关工委等相关单位，在全市范围内开展“最美家庭”“好家长”评选活动。深入挖掘、选树和表彰在养成教育方面优秀的家长典型，宣讲最美家庭和好家长养成教育故事，弘扬中华传统家庭美德，传播现代家庭文明新风。

——开展“志愿家庭”服务活动。联合团市委、首都文明办、首都志愿服务联合会等社会部门，依托“志愿北京”网络平台，引导广大中小学生注册成为实名志愿者，利用寒暑假和空余时间以家庭为单位，参加志愿服务活动，将养成教育从学校延伸到家庭、辐射到社区，充分发挥社会实践的育人作用。

（五）行政管理机制创新计划

加强顶层设计和统筹规划，强化行政推动，注重科研引领，构建“全员、全方位、全过程”一体化育人体系。

——强化政策引领。市教委研究制定全市中小学养成教育行动计划，明确养成教育主要目标、学段重点目标，确定整体实施方案。各区教委按照《行动计划》提出的目标和任务，结合实际，研究制定具体实施方案，明确目标任务和推进时间表，确保《行动计划》有序开展、有效落实。

——建立工作机制。市教委负责推进《行动计划》落实工作的全面部署和监督指导。各区教委根据《行动计划》要求，细化工作安排，建立和完善养成教育管理、评价、激励等各项工作机制，加强对本区学校实施养成教育的检查指导。

——开展视导评估。每年春秋季开学第一个月，市教委对各区落实《行动计划》的情况开展专项视导，查找问题和不足，提出改进建议。将行为习惯养成情况纳入学生思想道德发展水平监测体系，及时把握养成教育成效。各区教委和学校注重在工作推进过程中定期开展自查，发现问题及时进行整改，力求达成养成教育预期目标。

——加强科学研究。市、区德育科研部门加强政策理论研究和实践成果提炼，为养成教育实践提供理论支撑。开展基础性调研，发现养成教育实践中存在的问题，加大对重点、难点问题的研究力度，提出行之有效的改进策略。同时，指导学校开展相关课题研究，总结养成教育规律，推广成功经验。

——搭建交流展示平台。市教委通过组织开展“德育工作区校行”活动，搭建交流展示平台，树立养成教育工作典型，展示区校特色，宣传成功经验。各区在充分梳理总结本区养成教育工作经验和特色的基础上，精心设计展示交流主题、内容和形式，积极打造区域养成教育品牌。各区教委组织开展内容丰富、形式多样的区级展示交流活动，为中小学校提供养成教育经验交流与展示机会。

三、保障措施

（一）加强组织领导，把养成教育摆在突出位置

充分认识养成教育对促进中小学生健康成长和全面发展的重要意义，进一步加强养成教育组织管理，区教委指定专门科室和人员负责本区养成教育的组织管理工作。学校强化“一把手”负责制，成立由校长或书记任组长的养成教育领导小组，并吸纳一定比例的学生家长和社区代表作为领导小组成员。

（二）保障经费投入，为养成教育发展提供支持

根据《行动计划》的实施需要，各区和学校要加大对养成教育经费的投入，把养成教育作为提升教育质量、促进内涵发展的重要基础工作予以统筹考虑，将养成教育经费纳入区和学校年度预算。把教育经费更多用于促进学生健康成长和提升教师育人能力上。

（三）加强宣传引导，营造良好的养成教育氛围

全面开展宣传教育活动，多样化、分层次地开展《行动计划》的宣传解读活动，统一思想认识，明确工作要求，营造舆论氛围，引导广大师生积极参与、自觉践行。充分利用各类媒体宣传区校开展养成教育的工作举措和积极成效，营造全社会关注中小学养成教育、关心青少年健康成长的良好氛围。

附件：北京市中小学生行为习惯养成学段重点目标（试行）

2017 年 8 月 25 日

附件

北京市中小学生行为习惯养成学段重点目标（试行）

学段	思想情感	文明礼仪	遵纪守法	学习求知	生活卫生	健康安全	勤俭环保	志愿服务
小学1～2年级	升降国旗时脱帽、肃立，行注目礼，少先队员行队礼，会唱国歌，初步了解中华民族传统节日和风俗习惯。	外出与回家时主动与家人打招呼；见到师长同学，使用文明礼貌用语主动问好；不说谎。	按时上学，积极学习遵守校规、班规和家规；公共场合能够自觉遵守公共秩序，购物、乘车自觉排队。	上课认真听讲，大胆发言，努力按时、按要求完成作业；乐于探索求知，养成读书习惯。	初步养成早睡早起习惯，讲究卫生，衣着干净整洁，学会把自己的物品收放整齐。	读、写、坐、立、行姿势正确；饮食卫生，认真学做课间操和眼保健操；乐观向上；有一定的安全自护意识。	学做力所能及的家务劳动，爱惜学习和生活用品；水龙头随手关紧，不用灯时随手熄灭，用餐不剩饭和菜。	初步了解社会；学会承担必要的班级劳动；尝试体验公益劳动，了解志愿者和志愿精神的内容。
小学3～4年级	升降国旗时脱帽、肃立，少先队员行队礼，会唱国歌，声音洪亮，了解中华民族传统节日和风俗习惯。	关心父母健康，听从父母教导；礼貌回答老师的问题；与同学互相帮助，文明交往；答应别人的事努力做好；说话和气、耐心倾听，衣着得体，举止文明。	学会用班规、校规解决小纠纷；遵守规则，活动有秩序；遵守交通标志、标线和信号灯。	课前做好准备，上课认真听讲，细心观察，勇于提问，按要求独立完成作业；掌握有效的学习方法，有一定自主阅读能力。	按时作息，合理饮食；爱惜、保护环境卫生，自己的事情自己做。	有生活安全常识，积极参加体育锻炼，具有初步的安全自护能力，懂得生命的宝贵。	主动学习劳动技能；合理使用零花钱，节约用水、用电，爱惜粮食；保护环境，学会垃圾分类，善待动物、爱护植物。	关心学校、社会，积极承担班级劳动；了解志愿者服务内容，热情参加志愿服务，乐于助人，具有一定的社会责任感。

续表 1

学段	思想情感	文明礼仪	遵纪守法	学习求知	生活卫生	健康安全	勤俭环保	志愿服务
小学5～6年级	尊重国旗、国徽、国歌等国家标志，了解国家安全基础知识，喜欢阅读中华优秀传统文化读物，崇敬英雄模范，学习榜样。	主动与父母交流，礼貌回答问话；理解和正确对待师长的教诲，知错就改；尊重同学，与同学真诚合作、互助；对待客人友善得体，热情大方。	遵守交通法规，在公共场所不拥挤；参观、出游守规则、讲秩序，文明观演观赛；根据师长要求，合理控制使用手机及上网时间，健康使用互联网。	学习目标明确，态度端正，计划性强；能够独立思考，善于提问；爱好广泛，乐于科学探索，积极发表见解。	饮食起居有良好习惯，注重个人和公共卫生；做事有计划、讲效率；具备生活自理能力。	合理饮食；养成锻炼习惯，培养运动兴趣；珍爱生命，遇到困难和挫折积极面对，自信、有毅力；具有一定的自护、自救能力。	积极承担家务劳动，珍惜劳动成果；自觉节约资源，倡导绿色健康生活，热爱和尊重大自然。	热心公益，初步具有自主劳动的意识和能力；积极参与孝亲、尊师、敬老、爱幼、助残等志愿服务，乐于承担班级、校园、家庭、社区义务劳动任务，具有社会责任感。
初中	了解党史国情，增强国家安全意识，认同中华优秀传统文化，传承中华传统美德，关心时事政治。	体谅父母辛苦，主动与父母沟通；与人交往热情大方得体，平等宽容，尊重他人隐私。	自觉遵守、维护社会道德规范、公共秩序和法规；爱护公共设施；学会运用法律保护自己的合法权益；守时守信；文明上网。	学会学习，讲究学习方法和学习策略，不断提高学习效率；有兴趣特长；乐于实践，尝试运用科学知识和方法解决学习、生活中的问题，做到学用结合。	合理饮食，科学安排作息，注意劳逸结合；穿戴整洁、得体；保持居住环境整洁；能够管理好个人生活，掌握基本的劳动、生活技能。	客观认识自己，懂得接纳、欣赏他人；形成自主锻炼身体的习惯，掌握一定的体育技能；重视安全防范；拒绝烟酒，远离毒品。	消费适度，生活不攀比；节约资源，绿色出行；爱护公共财物，维护环境卫生；具有绿色健康、可持续的生活方式。	勇于担当，具有主人翁精神和良好劳动习惯；掌握一定的劳动技能，学会诚实劳动；主动参加社会公益活动和社会实践。

续表 2

学段	思想情感	文明礼仪	遵纪守法	学习求知	生活卫生	健康安全	勤俭环保	志愿服务
高中	熟知党史国情，掌握国家安全基础知识，积极维护国家主权和民族尊严，具有爱国情怀和国际视野，树立报效国家、服务社会的志向。	感恩父母，自觉为父母分忧；关心和帮助有困难的人；注重仪容仪表，保持良好形象。	遵纪守法，积极履行公民义务和权利；力所能及地维护社会公平正义；自觉遵守网络伦理道德，注重信息安全。	形成跨学科学习、可持续学习的兴趣和能力；能反思、总结、调整自己的学习方法和策略；面对问题能辩证分析、独立思考，做出理性判断。	生活方式健康阳光，能够合理分配自己的时间与精力；有健康的生活方式和审美情趣。	掌握适合自身的运动方法和技能，对自己的身心健康负责；具有明确的目标和坚韧乐观的品质，能够根据自身个性和潜质选择适合的发展方向；拒绝烟酒，远离毒品。	积极了解可持续发展的知识，不断提高多角度分析可持续发展问题的能力，关注可持续发展实际问题；能初步提出创新性方案解决实际问题。	社会责任感强，掌握比较丰富的劳动知识和比较娴熟的劳动技能；尝试进行创造性劳动；具有较强的动手能力，以主人翁精神和社会责任感参与志愿服务，助人为乐、服务社会。

北京市教育委员会

关于做好初中课程教学与中考改革衔接工作的通知

京教基二〔2017〕18号

各区教委、燕山教委：

根据北京市教育委员会《关于本市中考中招与初中教学改进工作的通知》（京教计〔2015〕35号）、《关于印发〈北京市深化考试招生制度改革实施方案〉的通知》（京教计〔2016〕15号）等文件精神，本市自2018年起调整中考考试科目和分值。为做好初中课程教学与中考改革衔接工作，保障教育教学平稳有序，现提出如下工作要求：

一、开足开齐国家课程

（一）严格落实《北京市实施教育部〈义务教育课程设置实验方案〉的课程计划（修订）》（京教基二〔2015〕12号）要求，开足开齐国家规定的各门课程，完成各学科规定课时教学。

（二）不得随意增加或削减课程门类；不得随意改变各门课程的周学时数和学科总学时数；不得调整各学科开设年级，增加平行学科，增加学生学习负担；不得在学生选考与非选考学科之间违规增减调配学时。

二、依据课程标准开展教学

（一）严格按照义务教育课程标准开展教学，明确学科课程的定位、性质、目标及其与课程整体育人之间的关系，所有学生必须按照课程标准要求完成全部学科学习任务。

（二）要引导学生认真学习每门课程，确保初中教育的基本质量；要规范课程内容深度、广度和进度，不赶进度、不增难度，不突击教学；对于学生不选考的学科，不得少教、不教。

三、切实关注一线教学

（一）尊重教育规律和学生成长规律，促进学生全面健康成长。综合培养学生的人文、科学素养，提高学生综合运用知识解决问题的能力、交流与合作的能力、创新意识与实践能力。

（二）创新人才培养模式和教学方法，切实推进教学方式转变。加强初中学校校长和教师培训，特别要加强思想品德（道德与法治）、历史、地理和生物学科的教师培训和教学研究。

（三）加强学生发展指导，学校在九年级第一学期完成课程教学任务后，指导学生选择中考考试科目。不得提前组织学生确定选考学科，不得因学生选考改变教学组织形式。

（四）学校要转变人才培养观念，从促进学生全面而有个性发展的角度出发，因材施教，在达到各学科教学要求基础上，对选考科目给予针对性学习指导。

（五）鼓励学校开设丰富的校本课程，可在现有校本课程门类、数量的基础上，增加学科探索类课程，帮助学生了解、体验、加深对相关学科或者学习领域的学习和探索。

四、切实加强组织保障

（一）各区要高度重视初中课程教学与中考改革衔接工作，研究制定本区落实保障工作方案，指导学校结合实际，因地制宜抓好落实。

（二）要严格落实各项工作要求，市、区教委、政府教育督导室将定期组织督导检查。同时加强学科、学校间的交流展示，及时总结经验、发现问题，加强过程性评估和改进。

（三）要充分准备、稳妥推进，面向学生、家长做好宣传解读工作，营造良好环境，保障各项工作平稳推进。

2017 年 9 月 4 日

北京市教育委员会

关于印发 2018 年春季北京市普通中小学自编及实验教学用书目录的通知

京教基二〔2017〕26 号

各区教委、燕山教委：

现将《2018 年春季北京市普通中小学自编及实验教学用书目录》印发你们，请按照教育部《中小学教科书选用管理暂行办法》(教基二〔2014〕8 号)、教育部办公厅《关于 2017 年中小学教学用书有关事项的通知》（教材厅函〔2017〕2 号)、市教委《关于印发北京市中小学教科书选用管理实施细则（暂行）的通知》（京教基二〔2017〕10 号)、《关于印发 2017 年秋季北京市中小学教学用书目录的通知》（京教基二〔2017〕12 号)、《关于 2017 年中小学部分学科教学用书有关事项的通知》（京教基二〔2017〕15 号）要求，认真做好 2018 年春季中小学教学用书选用工作。

各区在教材选用过程中要严格执行有关规定，切实加强和规范中小学教学用书管理。教材选用中出现的问题，请及时与市教委基础教育二处联系。各区教材选用工作完成后，要及时将教材选用情况报基础教育二处。

附件：2018年春季北京市普通中小学自编及实验教学用书目录

2017年12月6日

附件

2018年春季北京市普通中小学自编及实验教学用书目录

第一部分　教科书

一、小学自编及实验教科书

序号	使用年级	书名	出版社	备注
小1	一年级	数学一年级下册	北京出版社	
小2	一年级	九年义务教育小学实验教科书·数学一年级下册	人民教育出版社	相关实验学校用
小3	一年级	英语一年级下册	北京出版社	
小4	一年级	＊音乐一年级下册（修订版）	人民音乐出版社	
小5	一年级	美术一年级下册	人民美术出版社	
小6	二年级	＊语文二年级下册	北京出版社	
小7	二年级	九年义务教育小学实验教科书·语文二年级下册	人民教育出版社	相关实验学校用
小8	二年级	数学二年级下册	北京出版社	
小9	二年级	九年义务教育小学实验教科书·数学二年级下册	人民教育出版社	相关实验学校用
小10	二年级	＊道德与法治二年级下册	首师大出版社	
小11	二年级	英语二年级下册	北京出版社	

续表 1

序号	使用年级	书名	出版社	备注
小 12	二年级	*音乐二年级下册（修订版）	人民音乐出版社	
小 13	二年级	美术二年级下册	人民美术出版社	
小 14	三年级	语文第六册	北京出版社	
小 15	三年级	九年义务教育小学实验教科书·语文三年级下册	人民教育出版社	相关实验学校用
小 16	三年级	数学三年级下册	北京出版社	
小 17	三年级	九年义务教育小学实验教科书·数学三年级下册	人民教育出版社	相关实验学校用
小 18	三年级	英语三年级下册	北京出版社	
小 19	三年级	品德与社会三年级下册	首师大出版社	
小 20	三年级	科学第二册	北京出版社	
小 21	三年级	科学第二册	首师大出版社	
小 22	三年级	*音乐三年级下册（修订版）	人民音乐出版社	
小 23	三年级	美术三年级下册	人民美术出版社	
小 24	三年级	劳动技术（下）	北京出版社	
小 25	四年级	语文第八册	北京出版社	
小 26	四年级	九年义务教育小学实验教科书·语文四年级下册	人民教育出版社	相关实验学校用
小 27	四年级	数学四年级下册	北京出版社	
小 28	四年级	九年义务教育小学实验教科书·数学四年级下册	人民教育出版社	相关实验学校用
小 29	四年级	英语四年级下册	北京出版社	
小 30	四年级	品德与社会四年级下册	首师大出版社	
小 31	四年级	科学第四册	北京出版社	
小 32	四年级	科学第四册	首师大出版社	
小 33	四年级	*音乐四年级下册（修订版）	人民音乐出版社	
小 34	四年级	美术四年级下册	人民美术出版社	
小 35	四年级	劳动技术（下）	北京出版社	

续表 2

序号	使用年级	书名	出版社	备注
小 36	五年级	语文第十册	北京出版社	
小 37	五年级	九年义务教育小学实验教科书·语文五年级下册	人民教育出版社	相关实验学校用
小 38	五年级	数学五年级下册	北京出版社	
小 39	五年级	九年义务教育小学实验教科书·数学五年级下册	人民教育出版社	相关实验学校用
小 40	五年级	英语五年级下册	北京出版社	
小 41	五年级	品德与社会五年级下册	首师大出版社	
小 42	五年级	科学第六册	北京出版社	
小 43	五年级	科学第六册	首师大出版社	
小 44	五年级	*音乐五年级下册（修订版）	人民音乐出版社	
小 45	五年级	美术五年级下册	人民美术出版社	
小 46	五年级	劳动技术（下）	北京出版社	
小 47	六年级	语文第十二册	北京出版社	
小 48	六年级	数学六年级下册	北京出版社	
小 49	六年级	英语六年级下册	北京出版社	
小 50	六年级	品德与社会六年级下册	首师大出版社	
小 51	六年级	科学第八册	北京出版社	
小 52	六年级	科学第八册	首师大出版社	
小 53	六年级	*音乐六年级下册（修订版）	人民音乐出版社	
小 54	六年级	美术六年级下册	人民美术出版社	
小 55	六年级	劳动技术（下）	北京出版社	

二、初中自编及实验教科书

序号	使用年级	书名	出版社	备注
中 1	七年级	数学七年级下册	北京出版社	
中 2	七年级	*英语七年级下册（修订版）	北师大出版社	

续表

序号	使用年级	书名	出版社	备注
中 3	七年级	生物七年级下册	北京出版社	
中 4	七年级	*地理七年级下册（修订版）	中国地图出版社	
中 5	七年级	*地理图册七年级下册（修订版）	中国地图出版社	经教育部审查通过
中 6	七年级	美术七年级下册	人民美术出版社	
中 7	七年级	*音乐七年级下册（修订版）	人民音乐出版社	
中 8	八年级	*语文八年级下册	北京出版社	
中 9	八年级	义务教育实验教科书·语文八年级下册	开明出版社	相关实验学校用
中 10	八年级	数学八年级下册	北京出版社	
中 11	八年级	*英语八年级下册（修订版）	北师大出版社	
中 12	八年级	*历史八年级下册	北京出版社	
中 13	八年级	生物八年级下册	北京出版社	
中 14	八年级	*地理八年级下册（修订版）	中国地图出版社	
中 15	八年级	*地理图册八年级下册（修订版）	中国地图出版社	经教育部审查通过
中 16	八年级	美术八年级下册	人民美术出版社	
中 17	八年级	*音乐八年级下册（修订版）	人民音乐出版社	
中 18	九年级	语文第十八册	北京出版社	
中 19	九年级	义务教育实验教科书·语文九年级下册	开明出版社	相关实验学校用
中 20	九年级	数学九年级下册	北京出版社	
中 21	九年级	化学九年级下册	北京出版社	
中 22	九年级	美术九年级下册	人民美术出版社	
中 23	九年级	*音乐九年级下册（修订版）	人民音乐出版社	

第二部分　教师用书

一、小学自编及实验教材教师用书

序号	使用年级	书名	出版社	备注
小 56	一年级	英语教师用书一年级下册	北京出版社	

续表 1

序号	使用年级	书名	出版社	备注
小 57	一年级	英语生词卡片（教师用）一年级下册	北京出版社	
小 58	一年级	英语课堂活动手册一年级下册	北京出版社	
小 59	一年级	数学教师用书一年级下册	北京出版社	
小 60	一年级	九年义务教育小学实验教科书·数学教师用书一年级下册	人民教育出版社	相关实验学校用
小 61	一年级	*音乐教师用书一年级下册（修订版）	人民音乐出版社	含光盘
小 62	一年级	美术教师用书一年级下册	人民美术出版社	含光盘
小 63	一年级	常识教师用书第二册	北京出版社	
小 64	一至九年级	*中小学音乐教学挂图（修订版）	人民音乐出版社	
小 65	二年级	*语文教师用书二年级下册	北京出版社	
小 66	二年级	*语文生字卡片二年级下册	北京出版社	
小 67	二年级	九年义务教育小学实验教科书·语文教师用书二年级下册	人民教育出版社	相关实验学校用
小 68	二年级	数学教师用书二年级下册	北京出版社	
小 69	二年级	九年义务教育小学实验教科书·数学教师用书二年级下册	人民教育出版社	相关实验学校用
小 70	二年级	英语教师用书二年级下册	北京出版社	
小 71	二年级	英语生词卡片（教师用）二年级下册	北京出版社	
小 72	二年级	英语课堂活动手册二年级下册	北京出版社	
小 73	二年级	*道德与法治教师用书二年级下册	首师大出版社	
小 74	二年级	*音乐教师用书二年级下册（修订版）	人民音乐出版社	含光盘
小 75	二年级	美术教师用书二年级下册	人民美术出版社	含光盘

续表 2

序号	使用年级	书名	出版社	备注
小 76	二年级	常识教师用书第四册	北京出版社	
小 77	三年级	语文教师用书第六册	北京出版社	
小 78	三年级	九年义务教育小学实验教科书·语文教师用书三年级下册	人民教育出版社	相关实验学校用
小 79	三年级	数学教师用书三年级下册	北京出版社	
小 80	三年级	九年义务教育小学实验教科书·数学教师用书三年级下册	人民教育出版社	相关实验学校用
小 81	三年级	英语教师用书三年级下册	北京出版社	
小 82	三年级	英语生词卡片（教师用）三年级下册	北京出版社	
小 83	三年级	英语课堂活动手册三年级下册	北京出版社	
小 84	三年级	品德与社会教师用书三年级下册	首师大出版社	
小 85	三年级	科学教师用书第二册	北京出版社	
小 86	三年级	科学教师用书第二册	首师大出版社	
小 87	三年级	*音乐教师用书三年级下册(修订版)	人民音乐出版社	含光盘
小 88	三年级	美术教师用书三年级下册	人民美术出版社	含光盘
小 89	四年级	语文教师用书第八册	北京出版社	
小 90	四年级	九年义务教育小学实验教科书·语文教师用书四年级下册	人民教育出版社	相关实验学校用
小 91	四年级	数学教师用书四年级下册	北京出版社	
小 92	四年级	九年义务教育小学实验教科书·数学教师用书四年级下册	人民教育出版社	相关实验学校用
小 93	四年级	英语教师用书四年级下册	北京出版社	
小 94	四年级	英语课堂活动手册四年级下册	北京出版社	

续表 3

序号	使用年级	书名	出版社	备注
小 95	四年级	品德与社会教师用书四年级下册	首师大出版社	
小 96	四年级	科学教师用书第四册	北京出版社	
小 97	四年级	科学教师用书第四册	首师大出版社	
小 98	四年级	*音乐教师用书四年级下册（修订版）	人民音乐出版社	含光盘
小 99	四年级	美术教师用书四年级下册	人民美术出版社	含光盘
小 100	五年级	语文教师用书第十册	北京出版社	
小 101	五年级	九年义务教育小学实验教科书·语文教师用书五年级下册	人民教育出版社	相关实验学校用
小 102	五年级	数学教师用书五年级下册	北京出版社	
小 103	五年级	九年义务教育小学实验教科书·数学教师用书五年级下册	人民教育出版社	相关实验学校用
小 104	五年级	英语教师用书五年级下册	北京出版社	
小 105	五年级	英语课堂活动手册五年级下册	北京出版社	
小 106	五年级	品德与社会教师用书五年级下册	首师大出版社	
小 107	五年级	科学教师用书第六册	北京出版社	
小 108	五年级	科学教师用书第六册	首师大出版社	
小 109	五年级	*音乐教师用书五年级下册（修订版）	人民音乐出版社	含光盘
小 110	五年级	美术教师用书五年级下册	人民美术出版社	含光盘
小 111	六年级	语文教师用书第十二册	北京出版社	
小 112	六年级	数学教师用书六年级下册	北京出版社	
小 113	六年级	英语教师用书六年级下册	北京出版社	
小 114	六年级	英语课堂活动手册六年级下册	北京出版社	

续表 4

序号	使用年级	书名	出版社	备注
小 115	六年级	品德与社会教师用书六年级下册	首师大出版社	
小 116	六年级	科学教师用书第八册	北京出版社	
小 117	六年级	科学教师用书第八册	首师大出版社	
小 118	六年级	* 音乐教师用书六年级下册(修订版)	人民音乐出版社	含光盘
小 119	六年级	美术教师用书六年级下册	人民美术出版社	含光盘
小 120	小学通用	小学书法课本教师用书(下册)	人民美术出版社	小学六个年级用
小 121		* 小学语文毕业考试说明(修订版)	北京科学技术出版社	六年级用
小 122		* 小学数学毕业考试说明(修订版)	北京科学技术出版社	六年级用
小 123		* 小学英语毕业考试说明(修订版)	星球地图出版社	六年级用

二、初中自编及实验教材教师用书

序号	使用年级	书名	出版社	备注
中 24	七年级	数学教师用书七年级下册	北京出版社	
中 25	七年级	* 英语教师用书七年级下册(修订版)	北师大出版社	含光盘
中 26	七年级	* 英语课堂活动手册七年级下册(修订版)	北师大出版社	
中 27	七年级	生物教师用书七年级下册	北京出版社	
中 28	七年级	* 地理教师用书七年级下册(修订版)	中国地图出版社	含光盘
中 29	七年级	美术教师用书七年级下册	人民美术出版社	含光盘
中 30	七年级	* 音乐教师用书七年级下册(修订版)	人民音乐出版社	含光盘
中 31	八年级	* 语文教师用书八年级下册	北京出版社	
中 32	八年级	义务教育实验教科书·语文教师用书八年级下册	开明出版社	相关实验学校用

续表

序号	使用年级	书名	出版社	备注
中 33	八年级	数学教师用书八年级下册	北京出版社	
中 34	八年级	*英语教师用书八年级下册（修订版）	北师大出版社	含光盘
中 35	八年级	*英语课堂活动手册八年级下册（修订版）	北师大出版社	
中 36	八年级	*历史教师用书八年级下册	北京出版社	
中 37	八年级	生物教师用书八年级下册	北京出版社	
中 38	八年级	*地理教师用书八年级下册（修订版）	中国地图出版社	含光盘
中 39	八年级	美术教师用书八年级下册	人民美术出版社	含光盘
中 40	八年级	*音乐教师用书八年级下册（修订版）	人民音乐出版社	含光盘
中 41	九年级	语文教师用书第十八册	北京出版社	
中 42	九年级	义务教育实验教科书·语文教师用书九年级下册	开明出版社	相关实验学校用
中 43	九年级	数学教师用书九年级下册	北京出版社	
中 44	九年级	化学教师用书九年级下册	北京出版社	
中 45	九年级	*音乐教师用书九年级下册（修订版）	人民音乐出版社	含光盘
中 46	九年级	美术教师用书九年级下册	人民美术出版社	含光盘

第三部分　选用教材

一、小学自编及实验选用教材

序号	使用年级	书名	出版社	备注
小 124	一年级	*书法二（修订版）	人民美术出版社	北京市实验
小 125	一年级	*语文读本一年级下册（修订版）	北京出版社	
小 126	一年级	常识第二册	北京出版社	

续表

序号	使用年级	书名	出版社	备注
小 127	二年级	*书法四（修订版）	人民美术出版社	北京市实验
小 128	二年级	*语文读本二年级下册	北京出版社	
小 129	二年级	常识第四册	北京出版社	
小 130	三年级	书法六	人民美术出版社	北京市实验
小 131	三年级	语文读本第六册	北京出版社	
小 132	三年级	科学实验活动册第二册	北京出版社	与北京版科学第二册配合使用
小 133	三年级	科学课观察实验报告册第二册	首师大出版社	与首师大版科学第二册配合使用
小 134	四年级	书法八	人民美术出版社	北京市实验
小 135	四年级	语文读本第八册	北京出版社	
小 136	四年级	科学实验活动册第四册	北京出版社	与北京版科学第四册配合使用
小 137	四年级	科学课观察实验报告册第四册	首师大出版社	与首师大版科学第四册配合使用
小 138	五年级	书法十	人民美术出版社	北京市实验
小 139	五年级	语文读本第十册	北京出版社	
小 140	五年级	科学实验活动册第六册	北京出版社	与北京版科学第六册配合使用
小 141	五年级	科学课观察实验报告册第六册	首师大出版社	与首师大版科学第六册配合使用
小 142	六年级	语文读本第十二册	北京出版社	
小 143	六年级	书法十二	人民美术出版社	北京市实验
小 144	六年级	科学实验活动册第八册	北京出版社	与北京版科学第八册配合使用
小 145	六年级	科学课观察实验报告册第八册	首师大出版社	与首师大版科学第八册配合使用

二、初中自编及实验选用教材

序号	使用年级	书名	出版社	备注
中 47	初一	房山区地理	中国地图出版社	房山区实验
中 48	七年级	*语文读本七年级下册（修订版）	北京出版社	

续表

序号	使用年级	书名	出版社	备注
中 49	七年级	生物实验报告册七年级下册	北京出版社	
中 50	八年级	*语文读本八年级下册	北京出版社	
中 51	八年级	生物实验报告册八年级下册	北京出版社	
中 52	初三	*新编初中总复习 道德与法治（修订版）	北京出版社	
中 53	初三	*新编初中总复习 物理（修订版）	北京出版社	
中 54	初三	*新编初中总复习 化学（修订版）	北京出版社	
中 55	初三	*新编初中总复习 语文（修订版）	北京出版社	
中 56	初三	*新编初中总复习 数学（修订版）	北京出版社	
中 57	初三	*新编初中总复习 英语（修订版）	北京出版社	
中 58	初三	*新编初中总复习 历史（修订版）	北京出版社	
中 59	初三	*新编初中总复习 地理（修订版）	北京出版社	
中 60	初三	*新编初中总复习 生物（修订版）	北京出版社	
中 61	九年级	语文读本第十八册	北京出版社	
中 62	九年级	化学实验报告册九年级下册	北京出版社	
中 63	初中	探索丰台	北京出版社	丰台区实验
中 64		*北京市中考考试说明	北京理工大学出版社	供 2018 年初中毕业生用

三、高中自编及实验选用教材

序号	使用年级	书名	出版社	备注
中 65	高中	*北京市普通高中学业水平考试合格性考试考试说明 语文	北京出版社	2017 级高一学生使用

续表

序号	使用年级	书名	出版社	备注
中 66	高中	*北京市普通高中学业水平考试合格性考试考试说明数学	北京出版社	2017 级高一学生使用
中 67	高中	*北京市普通高中学业水平考试合格性考试考试说明英语	北京出版社	2017 级高一学生使用
中 68	高中	*北京市普通高中学业水平考试合格性考试考试说明历史	北京出版社	2017 级高一学生使用
中 69	高中	*北京市普通高中学业水平考试合格性考试考试说明地理	北京出版社	2017 级高一学生使用
中 70	高中	*北京市普通高中学业水平考试合格性考试考试说明物理	北京出版社	2017 级高一学生使用
中 71	高中	*北京市普通高中学业水平考试合格性考试考试说明化学	北京出版社	2017 级高一学生使用
中 72	高中	*北京市普通高中学业水平考试合格性考试考试说明思想政治	北京出版社	2017 级高一学生使用
中 73	高中	*北京市普通高中学业水平考试合格性考试考试说明生物	北京出版社	2017 级高一学生使用
中 74	高中	*北京市普通高中学业水平考试合格性考试考试说明信息技术、体育与健康、通用技术、音乐、美术	北京出版社	2017 级高一学生使用

北　京　市　教　育　委　员　会
首都精神文明建设委员会办公室

关于认定第二批北京市中小学文明校园的通知

京教基一〔2017〕20号

各区教委、文明办：

为积极培育和践行社会主义核心价值观，充分展示学校精神文明建设成果，激励各中小学校认真贯彻落实党的十九大精神，以习近平新时代中国特色社会主义思想为指导，不断深化创建文明校园活动，全面落实立德树人根本任务，北京市教育委员会、首都精神文明建设委员会办公室今年组织开展了第二批北京市中小学文明校园考核认定。

经学校自主申报、各区教委及文明办联合考核推荐、北京市教育委员会及首都精神文明建设委员会办公室审核验收、社会公示等程序，现认定北京市第二十四中学等351所中小学校为第二批北京市中小学文明校园（名单附后）。

希望被认定的学校，继续巩固创建成果，完善创建工作长效机制，提高创建活动实效，不断提升师生文明素养和校园文明程度，为促进首都教育现代化、办好人民满意的教育做出新贡献。各区教委、文明办要进一步做好统筹规划，强化过程管理，加强指导和监督，及时总结推广创建活动中的好经验好做法，推动文明校园创建活动深入发展。

附：第二批北京市中小学文明校园名单

2017 年 12 月 15 日

附件

第二批北京市中小学文明校园名单

（排名不分先后）

东城区

北京市第二十四中学
北京市第二十五中学
北京市第二十七中学
北京市第五十中学分校
北京市第五十五中学
北京市第六十五中学
北京市第九十六中学
北京市第一六六中学
北京市第一七一中学
北京市文汇中学
北京汇文中学
北京市龙潭中学
北京市前门外国语学校
北京现代职业学校
北京市 171 中学附属青年湖小学
北京市东城区安外三条小学
北京市东城区地坛小学
北京市东城区特殊教育学校
北京市东城区黑芝麻胡同小学
北京市东城区东四十四条小学
北京市东城区西总布小学
北京市东城区东四九条小学
北京市东城区回民小学
北京市东城区新鲜小学
北京市东城区新开路东总布小学
北京市东城区前门小学
北京市东城区回民实验小学
北京市广渠门中学附属花市小学
北京市东城区板厂小学
北京市东城区培新小学
北京市东城区金台书院小学
北京市东城区天坛东里小学

北京市东城区革新里小学
北京市东城区定安里小学

西城区

北京市第十四中学
北京市第三十九中学
北京市宣武外国语实验学校
北京市回民学校
北京市铁路第二中学
北京教育学院附属中学
北京市第十三中学分校
北京市西城区育翔小学
北京市西城区展览路第一小学
北京市第一六一中学附属小学
北京市西城区厂桥小学
北京市西城区志成小学
北京市西城区五路通小学
北京市西城区华嘉小学
北京师范大学京师附小
北京市西城区中古友谊小学
北京市西城区育民小学
北京第二实验小学白云路分校
北京市西城区炭儿胡同小学
北京市第十五中学附属小学
北京市西城区青年湖小学
北京市西城区椿树馆小学
北京市宣武师范学校附属第一小学
北京市宣武回民小学
北京市西城区登莱小学
北京市西城区白纸坊小学
北京小学天宁寺分校
北京市第八中学附属小学
北京第二实验小学浸水河分校
北京市西城区红莲小学
北京建筑大学附属小学
北京市西城区力学小学
北京市三帆中学附属小学
北京市西城区三义里小学
北京市西城区西单小学
北京市西城区西什库小学
北京市西城区香厂路小学
北京市西城区鸦儿胡同小学
北京市西城区顺城街第一小学

朝阳区

北京市三里屯一中
北京市呼家楼中学
北京市陈经纶中学嘉铭分校
北京市樱花园实验中学
北京市中央商务区实验学校
北京市日坛中学实验学校
北京市第九十七中学
北京市朝阳外国语学校北苑分校
华中师范大学第一附属中学朝阳学校
北京市高家园中学
北京师范大学三帆中学朝阳学校

北京市第八十中学
北京市体育场路中学
北京工业大学实验学校
北京市电气工程学校
北京市明远教育书院实验小学
北京市朝阳区芳草地国际学校
北京师范大学奥林匹克花园实验小学
北京市朝阳区酒仙桥第二小学
北京市朝阳区实验小学
北京市朝阳区新源里第四小学
北京市朝阳区花家地实验小学
北京市朝阳区垂杨柳中心小学（金都）
北京市朝阳区团结湖小学
北京市朝阳区柏阳学校
北京市朝阳区平房小学
北京市朝阳区南磨房中心小学
北京市第八十中学实验学校康营分校
首都师范大学附属朝阳实验小学
北京市朝阳区小武基小学
北京第二外国语学院附属小学
北京市朝阳区甘露园小学
北京市朝阳区第二实验小学
北京市朝阳区孛罗营小学
北京市朝阳区呼家楼中心小学
北京市朝阳区老君堂小学
清华附属小学中央商务中心区实验小学
北京第二实验小学朝阳学校

海淀区

北京交通大学附属中学
首都师范大学第二附属中学
北京医学院附属中学
北京市八一学校
北京市二十中学附属实验学校
北京实验学校（海淀）
北京外国语大学附属中学
中国地质大学附属中学
北方交通大学附属中学第二分校
北京石油学院附属中学
中国人民大学附属中学分校
北京市北外附属外国语学校
北京市海淀实验中学
北京市温泉第二中学
北京市海淀区北部新区实验学校
清华大学附属中学上地学校
北京市海淀区清河第四小学
北京市海淀区培星小学
北京教育学院附属海淀实验小学
北京石油学院附属小学
北京市海淀区玉泉小学
北京市海淀区育鹰小学

北京市海淀区永泰小学
北京市海淀区定慧里小学
北方交通大学附属小学
北京邮电大学附属小学
中国农业科学院附属小学
北京市海淀区第四实验小学
北京市海淀区双榆树中心小学
中国人民大学附属中学实验小学
北京市海淀区星火小学
北京市海淀区红英小学
北京市海淀区清河第一小学
中国农业大学附属小学
北京市海淀区学院路小学

丰台区

首都经济贸易大学附属中学
北京市丰台区右安门外国语学校
北京四中璞瑅学校
北京师范大学第四附属中学
北京市丰台区第八中学
中央民族大学附属中学丰台实验学校
中国教科院丰台实验学校
首都师范大学附属云岗中学
北京大学附属小学丰台分校
北京市丰台区东高地第二小学
北京市丰台区草桥小学
北京市丰台区第七小学
北京市丰台区扶轮小学
北京教科院丰台实验小学
北京舞院附中丰台实验小学
北京教科院丰台实验第二小学
北京市丰台区太平桥第二小学
北京铁路分局北京铁路职工子弟第十一小学
北京市丰台区第五小学万柳分校
北京市丰台区阳春小学
北京朝阳芳草地国际学校丽泽分校
北京市丰台区东高地第一小学
北京市海淀区实验小学丰台分校
北京市丰台区人民村小学
北京市丰台区芳城园小学
首都师范大学附属云岗小学
北京教育学院附属丰台实验学校

石景山区

北京市第九中学分校
北京市石景山区石景山学校
北京景山学校远洋分校
北京市高井中学
北京市石景山区电厂路小学
北京市石景山区先锋小学
北京市石景山区银河小学
北京市石景山区师范学校附

属小学
北京市石景山区水泥厂小学
北京市石景山区古城第二小学
北京市石景山区实验小学

门头沟区

首都师范大学附属中学永定分校
北京市门头沟区京师实验中学
北京市门头沟区三家店铁路中学
北京市门头沟区清水学校
北京市门头沟区城子小学
北京市门头沟区黑山小学
北京市门头沟区育园小学
人民大学附属小学京西校区
北京市门头沟区王平村中心小学
北京市门头沟区三家店小学

房山区

北京市房山区第二中学
北京市房山区第四中学
北京市房山区第五中学
北京市房山区周口店中学
首都师范大学附属房山中学
北京第四中学房山分校
北京市房山区石楼中学
北京市房山区良乡第四中学
北京市房山区葫芦垡中学
北京市房山区阎村中心校
北京市房山区史家营中心校
北京市房山区十渡中心小学
北京市房山区良乡第四小学
北京市西城区黄城根小学房山分校
北京市房山区河北中心校
北京市房山区官道中心校
北京市房山区城关小学
北京市房山区长阳中心小学
北京小学长阳分校

通州区

北京市通州区第二中学
北京市通州区玉桥中学
北京市通州区北关中学
北京市通州区永乐店中学
北京市第二中学通州校区
北京市通州区于家务中学
北京市通州区台湖学校
北京市通州区次渠中学
北京市通州区张家湾中学
北京市通州区梨园学校
北京市通州区贡院小学
北京小学通州分校
北京市东城区史家小学通州分校
北京市通州区官园小学
北京市通州区永顺小学
北京市通州区玉桥小学
北京第二实验小学通州分校

北京市通州区北苑小学
北京市通州区临河里小学
北京市通州区运河小学
北京市通州区台湖中心小学
北京市通州区于家务乡中心小学
北京市通州区马驹桥镇中心小学
北京市通州区梨园镇中心小学
北京市通州区西集镇中心小学
北京市通州区潞城镇中心小学
北京市通州区永乐店镇中心小学

顺义区

北京市顺义区第二中学
北京市顺义区第十二中学
北京市顺义区第一中学
北京市顺义区第十一中学
北京市顺义区第九中学
北京市杨镇第二中学
北京市顺义区第八中学
北京市顺义区第三中学
北京市顺义区第五中学
北京市顺义区裕达隆小学
北京市顺义区牛栏山第一小学
北京市顺义区东风教育集团
北京市顺义区石园教育集团
北京市顺义区光明小学
北京市顺义区北务中心小学校
北京市顺义区高丽营学校
北京市顺义区双兴教育集团
北京市顺义区牛栏山第三小学
北京市顺义区李桥中心小学
北京市顺义区南彩第二小学

昌平区

北京市昌平区马池口中学
北京一六一中学回龙观学校
北京市昌平区南口铁道北中学
北京市昌平区流村中学
北京市昌平区第三中学
北京市第十五中学南口学校
北京市昌平区亭自庄学校
北京市昌平区燕丹学校
北京市昌平区百善学校
北京市昌平区下庄学校
北京市昌平区大东流中心小学
北京市昌平区阳坊中心小学
北京市昌平区回龙观中心小学
北京市昌平区七里渠中心小学
北京市昌平区巩华学校
北京市昌平区城南中心小学
北京市昌平区霍营中心小学
北京市昌平区上苑中心小学

大兴区

首都师范大学大兴附属中学
北京市大兴区青云店中学
北京市大兴区庞各庄中学
北京市第十四中学大兴安定

分校
北京市大兴区第三中学
北京市大兴区亦庄中学
国家教育行政学院附属实验学校
北京市大兴区第四中学
北京市大兴区金海学校
北京市大兴区第八中学
北京建筑大学附属中学
北京市大兴区大辛庄中学
北京市大兴区第十小学
北京市大兴区团河小学
北京教科院大兴实验小学
北京市大兴区黄村镇第一中心小学
北京市大兴区旧宫镇第一中心小学
北京市大兴区亦庄镇第二中心小学
北京市亦庄实验小学
北京市大兴区采育镇第一中心小学
北京市大兴区瀛海镇第一中心小学
北京第二实验小学大兴实验学校
北京市大兴区北臧村镇中心小学

平谷区

北京市平谷中学
北京市平谷区山东庄中学
北京市平谷区第四中学
北京市平谷区夏各庄中心小学
北京市平谷区特教中心小学
北京市平谷区第五小学
北京市平谷区峪口中心小学
北京市平谷区大华山中心小学
北京市平谷区南独乐河中心小学

怀柔区

北京市怀柔区第五中学
北京市怀柔区北房中学
北京市怀柔区杨宋中学
北京市怀柔区张各长中学
北京市怀柔区怀北学校
北京市怀柔区九渡河中学
北京市怀柔区汤河口中学
北京市怀柔区第二小学
北京市怀柔区第三小学
北京市怀柔区茶坞铁路小学
北京市怀柔区渤海小学
北京市怀柔区琉璃庙镇中心小学
北京市怀柔区汤河口镇中心小学

密云区

北京市密云区第二中学
北京市密云区第六中学

北京市密云区巨各庄中学
北京市密云区太师庄中学
北京市密云区新农村中学
北京市密云水库中学
北京市密云区第三小学
北京市密云区第四小学
北京市密云区果园小学
北京市密云区檀营满族蒙古族乡中心小学
北京市密云区东邵渠镇中心小学
北京市密云区穆家峪镇中心小学
北京市密云区河南寨镇中心小学

延庆区

北京市延庆区第三中学
北京市延庆区第四中学
北京市延庆区第五中学
北京市延庆区第八中学
北京市延庆区下屯中学
北京市延庆区第二小学
北京市延庆区第四小学
北京市延庆区西屯中心小学
北京市延庆区靳家堡中心小学
北京市延庆区大庄科中心小学

燕山

北京教科院燕山向阳中学
北京市燕山东风中学
北京师范大学燕化附属中学
北京市燕山前进第二小学
北京市燕山向阳小学

高等教育

北京市教育委员会文件选编

（2017）

北京市教育委员会

关于开展2017年市属高校一流专业遴选建设的通知

京教高〔2017〕1号

各市属本科高等学校：

为贯彻《国务院关于印发统筹推进世界一流大学和一流学科建设总体方案的通知》（国发〔2015〕64号）及《教育部　财政部　国家发展改革委关于印发〈统筹推进世界一流大学和一流学科建设实施办法（暂行）〉的通知》（教研〔2017〕2号）精神，我委拟于"十三五"期间，支持市属本科高校建设一流本科专业，带动市属高校人才培养质量整体提升。现将2017年开展市属高校一流专业遴选建设相关事宜通知如下：

一、建设目标

自2017年起，面向市属高校分批遴选50个左右一流专业进行重点建设，每个专业建设周期为5年。力争在"十四五"期间，形成一批国际或国内一流的强势专业、行业一流的急需专业、新兴交叉复合的国内品牌专业。

二、遴选与建设原则

（一）遴选原则

坚持分层分类、合理布局。综合考虑国家和首都发展战略，以及高校办学定位，合理选择优势专业、特色专业或新兴交叉复合专业，错位发展建设。

（二）建设原则

坚持特色发展，辐射带动。通过建设一流专业，辐射带动相近专业乃至本科教育整体发展，引导高校主动整合资源，优化专业结构，使学校优势特色进一步凸显，显著提高市属高校人才培养水平。

三、建设内容

对遴选出的一流专业，市属高校应结合自身实际，有针对性的在以下几方面进行重点建设，提高人才培养能力：

（一）找准专业定位，进一步创新人才培养模式。打造与专业目标相适应的培养体系，将思想政治教育、创新创业教育融入到人才培养全过程。探索调动学生主动学习、研究性学习、合作性学习积极性的教学方法改革，关注学生的不同特点和个性差异，培养卓越人才。

（二）加强教学团队建设，造就高水平师资。充分发挥名师、团队传帮带作用，优化专业教师结构；鼓励高校与国内外科研机构、企业合作组建教学团队；推进专业教研室、虚拟教研室和教师教学发展中心建设，鼓励教师在教学改革和资源建设等方面形成集群合力。

（三）强化实践教学与创新创业教育，打造实验实践及成果转化孵化平台。构建以学生为中心的实践教学体系，深度融合高校实验实践条件，充分利用优质创业资源，促进高校与科研院所、行业企业的交流合作，促进培养与需求对接、科研与教学互动。

（四）推进教学资源建设，产出一批教育教学成果。构建与国际对接、富有特色的课程体系，推进信息技术与教育教学的融合。鼓励和支持高水平教师联合开发优质教学资源，积极构建首都高等教育教学资源体系，提高优秀教学资源使用效益。

（五）坚持协同共进，拓展社会服务领域和发展空间。鼓励校校合作、校企合作、校地合作、高校与海（境）外名校的合作等，实现专业的交叉融合和优质教育资源的充分共享，构建北京高校协同育人体系，提高人才培养质量。

（六）加强国际交流合作，提高市属高校国际化办学水平，提升国际影响力。鼓励教师赴海外研修课程，推进专业、课程、教材、师资及实践创新教育的整体改革及国际化，鼓励学生海外访学或顶岗实习。

四、申报条件

（一）申报专业须为《普通高等学校本科专业目录（2012年）》中的正式专业，符合本校办学定位和发展方向，已纳入本校专业建设规划并进行重点建设，成效良好。

（二）具有较为雄厚的师资力量、较为完备的教学条件，在同类专业领域具有鲜明的特色和明显的优势，毕业生社会声誉好。

（三）专业建设思路清晰，目标明确，方案科学可行，管理有保障，成效可测量，具有创新性和先进性，有调动教师积极参与教学改革的政策和措施。

（四）专业建设能密切联系经济社会发展，在与相关部门、科研院所、行业企业的合作育人方面有健全的体制机制。

五、建设经费

每个一流专业建设周期为五年，原则上对于理工农医类专业，每个专业每年支持600万左右进行建设，对于其他类专业，每个专业每年支持300万左右进行建设。

六、推荐办法

（一）各校依据一流专业重点建设内容和要求，结合本校实际情况，参照一流专业遴选指标体系（见附件1），统筹推荐。

（二）各校请于4月16日前，在北京市属高校一流专业建设项目平台上完成填报，同时将《北京市属高校一流专业建设项目推荐汇总表》（附件2）、《北京市属高校一流专业建设项目申报书》（附件3）、《北京市属高校一流专业数据表》（附件4）各1份报送至市教委高教处，其中附件3和附件4需在项目平台上填写打印（http：//bjgxzy.bjedu.cn）。文件电子版请到市教委高教处主页（http：//gjc. bjedu. gov. cn）下载。

七、遴选与公示

遴选结果将在市教委高教处主页上进行公示，公示时间为5个工作日。

八、组织实施

（一）市教委高教处牵头负责一流专业建设项目的组织实施工作。

（二）各申报高校建立由校领导牵头，教务、科研、人事、国际交流与合作及申报专业所在院系等部门共同参与的协同工作机制。

九、绩效管理

市教委高教处对一流专业建设项目实行全过程管理，建立项目年度检查制度和验收评估制度。根据检查评估情况，对实施不力、进展缓慢、缺乏实效的建设项目，适当减少支持力度或不再支持。

十、工作要求

（一）高校要高度重视一流专业建设工作，结合办学定位和工作实际，科学规划、突出重点、统筹推进，做好申报和建设等相关工作，不断深化一流专业建设内涵，带动高校特色发展。

（二）项目实施过程中，高校要加强组织管理，切实履行职责，特别要注重资金管理和绩效管理，保证一流专业建设项目的实施取得预期效益。

附件：1. 北京市属高校一流专业遴选指标体系

2. 北京市属高校一流专业建设项目推荐汇总表（略）

3. 北京市属高校一流专业建设项目申报书（略）

4. 北京市属高校一流专业采集数据表（略）

2017年3月27日

附件 1

北京市属高校一流专业遴选指标体系

评价维度	评价内容	评价要点
贡献度	1. 战略支撑	a 对国家发展战略的贡献
		b 对北京发展战略的贡献
	2. 潜力与创新	a 专业发展的潜力及专业特色
		b 专业建设和管理机制创新
契合度	3. 社会需求	a 契合北京经济社会发展的需求
		b 契合行业、企业发展的需求
	4. 定位与目标	a 专业定位契合学校办学定位
		b 专业培养目标契合学校人才培养总目标
	5. 学生发展	a 数量与结构
		b 成果与奖项
		c 专业选择
		d 就业状况
开放度	6. 办学与培养	a 与境内机构的协同培养机制
		b 国际联合培养机制
	7. 资源建设	a 与境内机构资源共建、共享
		b 与境外机构资源共建、共享

续表

评价维度	评价内容	评价要点
开放度	8. 国际交流	a 学生国际访学、实习实践
		b 教师境外研修
		c 留学生的数量与结构
保障度	9. 教学经费	a 经费结构
		b 总量与生均
	10. 师资队伍	a 教师队伍数量与结构
		b 教师发展平台与机制
	11. 课程建设	a 专业课程的数量与结构
		b 特色课程建设
		c 科研与课程的互促
	12. 教学建设	a 教材建设
		b 教学团队建设
		c 信息技术与教育教学的融合
	13. 实践与双创	a 实践教育资源及使用
		b 双创教育的资源与效果
满意度	14. 在校生评价	a 基本信息
		b 在读生对专业的满意度评分
	15. 毕业生评价	a 优秀毕业生发展

评价内容、要点说明

评价维度一：贡献度

专业贡献度考察两方面内容：战略支撑、潜力与创新

1. 战略支撑

主要考量专业对国家发展战略、北京发展战略的历史贡献和未

来贡献。国家层面的发展战略主要指“一带一路”战略、“创新驱动发展战略”“互联网+、大数据、云计算”信息网络产业、“京津冀协同发展”“中国制造 2025”“可持续发展战略”等。可参考《中华人民共和国国民经济和社会发展第十三个五年规划纲要》。

北京发展战略是指北京“四个中心”功能定位、“北京创造 2025”及各领域、各行业战略等。可参考《北京市国民经济和社会发展第十三个五年规划纲要》《北京市“十三五”时期现代产业发展和重点功能区建设规划》《北京市“十三五”时期环境保护和生态建设规划》《北京市“十三五”时期老龄事业发展规划》《北京市“十三五”时期社会治理规划》《北京市“十三五”时期交通发展建设规划》《北京市“十三五”时期文化创意产业发展规划》《北京市“十三五”时期教育改革和发展规划（2016—2020 年）》等。

2. 潜力与创新

主要衡量专业发展的潜力和特色、专业建设和管理机制的创新。其一是要说明专业发展的前景、优势和特色，能否代表学科前沿、具有前瞻性，是否具有发展潜力，能否延展出新的专业方向和领域或新专业；其二要说明专业建设的规划、专业管理上的创新，包括规划管理、质量管理等。

评价维度二：契合度

专业契合度考察三个方面内容：社会需求、定位与目标、学生发展

1. 社会需求

分两个层面，第一是指专业契合北京经济社会发展需求，属于宏观层面；第二是专业契合行业企业发展需求，属于中观和微观层面，更具有针对性。须具体说明专业建设和发展是如何契合上述两个层面的需求。

2. 定位与目标

分两个方面，第一是专业办学定位与学校定位的契合；第二是

专业培养目标与学校人才培养总目标的契合。专业定位要在培养方案、建设规划等得到充分体现和明确指导。

培养目标反映了对人才培养的预期与追求。学校人才培养总目标是总纲，起统领作用，专业应据此制定人才培养目标，作为知识结构、课程体系、教学活动的基本依据。

3. 学生发展

分四个要点：数量与结构、成果与奖项、专业选择、就业状况，反映专业培养与学生发展的契合程度。

数量与结构反映学生的招生、在学的基本情况。

成果与奖项是指有学生参与的教学、科研成果，以及各级各类大学生奖项。比如国家级奖项（大学生挑战杯等）、学会行业类奖项、北京市级科技奖项等。

专业选择体现学生对专业的选择权利，包括报到率、转入率、转出率。

就业状况衡量学生就业的总体情况，包括就业率、就业去向、就业质量。

评价维度三：开放度

专业开放度考察三个方面内容：办学与培养、资源建设、国际交流。

1. 办学与培养

分两个方面：本专业与境内机构协同办学与培养、与境外机构联合办学和培养。其一是考察高校之间、专业与企业、专业与地方合作办学、教学、育人等；其二是专业与境外机构的合作，包括合作办学项目、学分互认和资格互认等。

2. 资源建设

分为两个方面：本专业与境内机构资源共建、共享；与境外机构资源共建、共享。资源涵盖设施设备、教学资源等。

3. 国际交流

含三个要点：学生国际访学、实习实践；教师境外研修；留学生的数量和结构。

学生国际交流指近5年该专业本科生参与的国外访学或实习实践情况。

教师境外研修指近5年该专业在编教学人员、科研人员在国外访学、教学及培训情况。

留学生的数量和结构指近5年本专业在读的本科外籍留学生情况。

评价维度四：保障度

专业保障度考察五个方面：教学经费、师资队伍、课程建设、教学建设、实践与双创。

1. 教学经费

分两个方面：本专业投入到本科生教学的经费数量、结构及生均教学经费。

2. 师资队伍

含两个要点：教师队伍的数量与结构、教师发展平台与机制。其一是反映专业教师团队的基本情况，其二是说明教师发展的基本平台和机制，包括专业教研室、教师发展中心等。

教师队伍结构指专业在编教学、科研人员的年龄结构、学历结构、专业技术职务等结构。

3. 课程建设

含四个要点：专业课程的数量和结构、特色课程建设、科研与课程的互促。

专业课程结构主要反映专业开设的必修课与选修课；双语类课程；理论类、方法类和实践类课程，以及在线课程等。

特色课程是指国家级、省部级精品课程及“一校一课”建设情况。

科研与课程的互促是指科研及其成果如何与课程相互促进。

4. 教学建设

含三个要点：教材建设、教学团队建设、信息技术与教学的融合。

教材建设主要是指精品教材建设。

教学团队建设指国家级、北京市教学团队；国家级、北京市教学名师；副高以上教师给本科生上课的情况；教学团队建设的机制。

信息技术与教育教学的融合主要指现代化信息技术应用在本科专业教学的情况。

5. 实践与双创

实践教育指标主要指以学生为中心的实践教学资源建设，如虚拟仿真中心、企事业实践基地建设、实验室、示范中心建设等。

双创教育指标主要考察双创教育融入到专业人才培养的过程。主要考察大学生创业园、创业孵化器、众创空间等创业资源平台，以及教育效果。

评价维度五：满意度

专业满意度考察两个方面内容：在读生满意度评价、毕业生评价。在读生评价主要是对专业培养在知识、能力和价值等方面的主观评价。毕业生评价主要评估优秀毕业生的发展和成长。

北京市教育委员会

转发《教育部高等教育司关于开展新工科研究与实践的通知》

京教函〔2017〕87号

各市属高校：

现将《教育部高等教育司关于开展新工科研究与实践的通知》（教高司函〔2017〕6号）转发给你们。请各市属高校根据学校自身情况积极推动工程教育改革，组织开展新工科研究和实践。请有意愿开展新工科研究和实践的高校，按教育部高等教育司文件要求将研究课题提交给牵头高校汇总。

2017年3月27日

教育部高等教育司

关于开展新工科研究与实践的通知

教高司函〔2017〕6号

各省、自治区、直辖市教育厅（教委），新疆生产建设兵团教育局，部属各高等学校：

高等工程教育在我国高等教育中占有重要的地位。深化工程教育改革、建设工程教育强国，对服务和支撑我国经济转型升级意义重大。2016年6月，我国工程教育专业认证体系实现国际实质等效，为深化工程教育改革提供了良好契机。当前，国家推动创新驱动发展，实施“一带一路”“中国制造2025”“互联网+”等重大战略，以新技术、新业态、新模式、新产业为代表的新经济蓬勃发展，对工程科技人才提出了更高要求，迫切需要加快工程教育改革创新。为深化工程教育改革，推进新工科的建设与发展，现决定开展新工科研究和实践。具体通知如下：

一、主要内容

新工科研究和实践围绕工程教育改革的新理念、新结构、新模式、新质量、新体系开展。主要内容分为：

1. 工程教育的新理念：结合工程教育发展的历史与现实、国内外工程教育改革的经验和教训，分析研究新工科的内涵、特征、规律和发展趋势等，提出工程教育改革创新的理念和思路。

2. 学科专业的新结构：面向新经济发展需要、面向未来、面向世界，开展新兴工科专业的研究与探索，对传统工科专业进行更新升级等。

3. 人才培养的新模式：在总结卓越工程师教育培养计划、CDIO 等工程教育人才培养模式改革经验的基础上，开展深化产教融合、校企合作的体制机制和人才培养模式改革研究和实践。

4. 教育教学的新质量：在完善中国特色、国际实质等效的工程教育专业认证制度的基础上，研究制订新兴工科专业教学质量标准，开展多维度的教育教学质量评价等。

5. 分类发展的新体系：分析研究高校分类发展、工程人才分类培养的体系结构，提出推进工程教育办出特色和水平的宏观政策、组织体系和运行机制等。

二、组织方式

新工科研究和实践以课题项目形式进行。有关高校根据新工科建设和发展需要，自主设立研究课题；经专家论证后，我司正式立项。为便于课题组织和交流，分三组开展研究和试点：

1. 工科优势高校组。由传统的工科特色和行业特色高校共同参与，发挥自身与行业产业紧密联系的优势，面向当前和未来产业发展急需，推动现有工科的交叉复合、工科与其他学科的交叉融合，开展工科优势高校新工科研究和实践。由浙江大学牵头联系。

2. 综合性高校组。由综合性大学参加，发挥学科综合优势，面向未来新技术和新产业发展，推动学科交叉融合和跨界整合，推动应用理科向工科延伸，开展综合性高校新工科研究和实践。由复旦大学牵头联系。

3. 地方高校组。由地方高校参加，发挥自身优势，充分利用地方资源，对接地方经济社会发展需要和企业技术创新要求，深化产教融合、校企合作、协同育人，推动传统工科专业改造升级，开展地方高校新工科研究和实践。由上海工程技术大学、汕头大学共同牵头联系。

各地教育行政部门要积极推动工程教育改革，组织开展新工科研究和实践。有意愿开展新工科研究和实践的高校，请将研究课题提交给牵头高校汇总。请各牵头高校分别组织成立专家组，对研究课题进行论证，并组织项目的中期检查、交流、结题验收等。我司将适时增加部分新工科“卓越工程师教育培养计划”专业点，并通过多种方式给予支持。

三、时间安排

1. 2—4 月，各牵头高校组织成立专家组；研制发布各类课题指南；组织动员高校申报。

2. 4—5 月，有关高校向牵头高校提交研究课题项目任务书；牵头高校组织专家组论证后，向我司提供建议课题名单。

3. 5 月底，我司根据专家论证意见和各组课题总体情况，正式公布研究课题项目名单。

2017 年 2 月 21 日

北京市教育委员会

关于公布2016年度市属普通高等学校本科专业备案和审批结果的通知

京教函〔2017〕98号

各市属普通高等学校：

根据教育部高教司关于《2016年度普通高等学校本科专业设置有关问题的说明》（教高司函〔2016〕30号）要求，我委组织市属普通高等学校开展了2016年度本科新设专业申报工作。根据教育部《教育部关于公布2016年度普通高等学校本科专业备案和审批结果的通知》（教高函〔2016〕2号）精神，现将2016年度市属普通高等学校本科专业备案和审批结果予以公布。请各校充分利用现有办学条件，加强新增本科专业建设，切实保证人才培养质量，推进高校特色发展。

附件：2016年度市属普通高等学校本科专业备案和审批结果

2017年3月29日

附件

2016年度市属普通高等学校本科专业备案或审批结果

一、新增备案本科专业名单

学校名称	专业名称	专业代码	学位授予门类	修业年限	备注
北京联合大学	烹饪与营养教育	082708T	工学	四年	
北京联合大学	工艺美术	130507	艺术学	四年	
北京工业大学	统计学	71201	理学	四年	
北京工业大学	雕塑	130403	艺术学	四年	
北京工业大学	数字媒体艺术	130508	艺术学	四年	
北京服装学院	中国画	130406T	艺术学	四年	
北京建筑大学	城市管理	120405	管理学	四年	
北京信息科技大学	机器人工程	080803T	工学	四年	
北京信息科技大学	国际经济与贸易	20401	经济学	四年	
北京信息科技大学	数据科学与大数据技术	080910T	工学	四年	
北方工业大学	机械电子工程	80204	工学	四年	
北方工业大学	知识产权	030102T	法学	四年	
北京印刷学院	物联网工程	80905	工学	四年	
首都医科大学	听力与言语康复学	101008T	理学	四年	
北京第二外国语学院	波斯语	50208	文学	四年	

续表 1

学校名称	专业名称	专业代码	学位授予门类	修业年限	备注
北京第二外国语学院	印地语	50213	文学	四年	
北京第二外国语学院	希伯来语	50222	文学	四年	
北京第二外国语学院	塞尔维亚语	50234	文学	四年	
北京第二外国语学院	立陶宛语	50253	文学	四年	
北京第二外国语学院	爱沙尼亚语	50255	文学	四年	
北京第二外国语学院	土耳其语	50235	文学	四年	
北京第二外国语学院	罗马尼亚语	50231	文学	四年	
北京物资学院	商务英语	50262	文学	四年	
北京电影学院	环境设计	130503	艺术学	四年	
北京电影学院	数字媒体技术	80906	工学	四年	
北京城市学院	文物与博物馆学	60104	历史学	四年	
北京城市学院	播音与主持艺术	130309	艺术学	四年	
北京城市学院	音乐表演	130201	艺术学	四年	
北京城市学院	舞蹈表演	130204	艺术学	四年	
北京城市学院	车辆工程	80207	工学	四年	
北京城市学院	机械电子工程	80204	工学	四年	
首都师范大学科德学院	书法学	130405T	艺术学	四年	
首都师范大学科德学院	学前教育	40106	教育学	四年	

续表 2

学校名称	专业名称	专业代码	学位授予门类	修业年限	备注
首都师范大学科德学院	电影学	130303	艺术学	四年	
北京工商大学嘉华学院	艺术设计学	130501	艺术学	四年	
北京工商大学嘉华学院	数字媒体艺术	130508	艺术学	四年	
北京邮电大学世纪学院	自动化	80801	工学	四年	
北京吉利学院	学前教育	40106	教育学	四年	
北京吉利学院	动画	130310	艺术学	四年	
北京吉利学院	物联网工程	80905	工学	四年	
北京吉利学院	艺术教育	40105	教育学	四年	

二、新增审批本科专业名单

学校名称	专业名称	专业代码	学位授予门类	修业年限	备注
北京印刷学院	信息安全	080904K	工学	四年	
首都医科大学	精神医学	100205TK	医学	五年	
首都医科大学	儿科学	100207TK	医学	五年	
北京电影学院	漫画	130410T	艺术学	四年	新专业
北京电影学院	新媒体艺术	130511T	艺术学	四年	新专业
北京工商大学嘉华学院	工商管理	120201K	管理学	四年	

三、调整学位授予门类或修业年限专业

学校名称	专业名称	专业代码	学位授予门类	修业年限	备注
北京工业大学耿丹学院	工程管理	120103	工学	四年	

北京市教育委员会

关于公布教育部现代远程教育试点高校在京学习中心专项检查结果及后续工作安排的通知

京教高〔2017〕6号

各有关教育部现代远程教育试点高校，国家开放大学、北京开放大学，北京奥鹏远程教育中心有限公司、弘成科技发展有限公司、知金教育咨询有限公司，各在京学习中心：

为贯彻国务院“取消远程教育校外学习中心审批”决定（国发〔2015〕57号）和《教育部办公厅关于落实国务院决定取消中央指定地方实施行政审批事项的通知》（教政法厅〔2016〕1号）精神，结合教育部现代远程教育试点高校及其在京学习中心比较集中、办学形式多样、社会关注度较高的实际，落实“放、管、服”要求，贯彻教育方针，加强内涵建设，提升教育质量，防范办学风险，办好首善之区高校继续教育。按照我委《关于开展2016年度在京现代远程教育试点高校学习中心专项检查工作的通知》（京教函〔2016〕279号）（以下简称《通知》），对在京设置的各类学习中心开展专项检查。

一、基本情况

按照《通知》要求，我委聘请北京高校继续教育工作指导委员会、北京高校继续教育研究会等高等继续教育（网络教育）方面专家，组成专项检查专家组，在两年一度教学评估基础上，经过前期准备，2016 年秋季以来，对 40 所教育部现代远程教育试点高校，国家开放大学、北京开放大学及教育部批准开展教育支持服务的三个公共服务体系在京设置的各类学习中心进行了专项检查。

本次专项检查按属地管理原则，落实“事中事后监管”，以教育部、北京市对高校现代远程教育方面政策规定为依据，结合继续教育办学和管理实际，综合现代远程教育办学中比较突出的十五个方面问题表现作为负面清单，以查找、纠正问题为导向，着重检查高校办学定位、两个主体责任落实情况。

专项检查分高校（教育公共服务体系）根据负面清单自查，专家进校检查和根据检查反馈整改三个阶段。

专家组通过对高校（教育公共服务体系）所报材料进行数据核准、平台检索、试卷和考场记录抽查、与近万名学生访谈、教师及管理人员座谈、现场质询等方式，初步厘清试点高校（教育公共服务体系）及各类学习中心在贯彻教育方针、落实主体责任、依规设置学习中心及招生、考务管理、助学服务、办学条件、质量控制、收费及管理、办学风险防范、信息安全等方面的整体状况和突出问题。根据专家组充分评议，经研究决定，现将专项检查结果公布如下。

二、检查结果

（一）主办高校

1. 北京大学（含医学部）、中国人民大学、北京师范大学、北京邮电大学、中国传媒大学、北京理工大学、北京交通大学、厦门大学、天津大学、华南师范大学、西安电子科技大学、国家开放大学办学定位明确，主体责任比较落实，执行政策规定，重视专项检查，统筹自查自纠，维护办学信誉，支持服务有效。学校整体办学比较规范，整改措施有力、到位，成效明显。

2. 中国石油大学（北京）、中国农业大学、北京航空航天大学、北京中医药大学、北京外国语大学、中央音乐学院、南开大学、东北财经大学、哈尔滨工业大学、山东大学、中国石油大学（华东）、武汉理工大学、四川大学、重庆大学、西南交通大学、北京开放大学办学定位基本明确，两个主体责任基本落实，远程教育办学基本规范。重视并配合专项检查，准确提报信息数据，正视存在问题，自查自纠，根据检查反馈，及时梳理落实，整改初见成效。

3. 北京奥鹏远程教育中心有限公司、知金教育咨询有限公司（北京）、弘成科技发展有限公司（北京）重视并配合北京检查工作，前期准备比较充分，注意与相关主办高校沟通、互动，落实整改态度积极明确。

（二）学习中心

1. 合格学习中心

北京师范大学现代远程教育北京联合大学校外学习中心等 75 个学习中心合格（附件一）。

2. 不合格学习中心

西南财经大学现代远程教育（北京）校外学习中心等 12 个学习中心不合格（附件二）。

3.（限期）整改学习中心

哈尔滨工业大学远程教育中国航天科工防御技术研究院党校学习中心等 139 个学习中心进行限期整改（附件三）。

4. 予撤销学习中心

同济大学中国建筑一局集团有限公司职工教育培训中心学习中心等 16 个学习中心因主办高校拟自行撤销或未参加专项检查，予以撤销（附件四）。

（三）处理意见

1. 建议主办高校对“不合格学习中心”（校外）予以撤销，2017 年秋季起停止招生。

2. 主办高校对“（限期）整改学习中心”，要根据检查反馈，及时落实整改。整改期为自本《通知》下发后一个月左右。整改期间停止招生工作。

3. 主办高校拟撤销及未参加 2016 年专项检查的学习中心（附

件四），自本《通知》下发后，停止在京招生、助学。

三、后续工作安排

（一）2017 年六月、七月集中组织复检。主办高校可向我委（高等教育处）申请复检（盖学校公章）。申请截止期为六月底，逾期未提交复检申请，视为放弃复检。

（二）学习中心通过复检，可恢复招生、助学。

（三）试点高校委托北京奥鹏远程教育中心有限公司在京设置、待实地检查的学习中心，有关方面应充分理解当前北京工作整体要求，对现有学习中心数量、布局优化调整。复检期间，我委一并对北京奥鹏远程教育中心有限公司优化调整后的学习中心进行实地专项检查。专项检查结果与复检结果将于八月中旬公布。

四、工作要求

（一）开展高等继续教育是高校人才培养、服务社会的重要形式，高校设置的学习中心是学校继续教育办学延伸。本次以问题为导向，按照负面清单进行的专项检查是转变职能，从管理向治理转变的工作实践。今后高校对所设置学习中心的经常性自查与教育行政部门专项检查等形式相结合将是简政放权后，放管结合、优化服务，不断提升教育质量的基本常态之一。主办高校要以专项检查为契机，通过对检查中反映出的办学定位、把握政策、主体责任，特别是自身在办学规范、支持服务、有效监督方面较突出问题梳理和反思，把现代远程教育理念、现代教育技术运用真正落实在对社会办学服务的实效上，担当起主体责任，回应社会关切和期待，不断提升现代远程教育质量和办学管理水平。

（二）本《通知》下发后，专项检查文字反馈将陆续发到各主办高校及相关教育公共服务体系。高校、教育公共服务体系及学习中心（包括专项检查合格学习中心），都要根据专家组反馈，分别逐项对照，针对存在的负面问题进行整改，补齐短板，不走过场。作为负有办学主体责任的高校，要按照复检要求和程序，指导、监督学习中心落实整改，并落实后续各项工作。

对在复检中新发现的负面问题（含线索）要及时核实、整改。专家组根据整改综合实效，给予复检结果。

（三）为维护办学秩序，有关高校对通过自查或检查出的“未履行审批或备案程序，擅自开展助学活动的站点”和“在备案地址以外另设的具有招生或考试功能的分支机构”，要及时清理，继续变相招生，一经发现，将予问责，纳入诚信记录。高校对已撤销学习中心的尚在籍学生，应尊重其权益，妥善安排，平稳过渡。对被撤销、清理及复检仍不合格的学习中心的后续落实情况也是2017年复检工作的重点之一。

（四）现已在京设置了学习中心的高校（教育公共服务体系）要从讲政治、讲大局高度，充分认识服务首都核心功能，落实“疏解非核心功能”的重要意义和总体要求，按照各自的办学、服务定位，结合检查整改，加快推进在京办学布局的优化调整。我委将结合首都核心功能定位，根据“放、管、服”改革要求，对普通高校在京设置学习中心及事中事后常态化管理服务，按照控制总量、备案设置、违规问责、提升质量、优化服务的基本思路，研究制定“普通高等学校在京继续教育学习中心备案和事中事后监管服务实施办法”（暂定名）。

本《通知》及复检结果报送教育部备案。

附件：1. 合格学习中心

2. 不合格学习中心

3. 限期整改学习中心

4. 予撤销学习中心

2017年5月4日

附件1

合格学习中心

1. 北京大学现代远程教育校本部学习中心
2. 北京大学医学部网络教育学院北京航天学习中心
3. 中国人民大学现代远程教育北京教学服务中心
4. 中国人民大学现代远程教育清河学习中心
5. 北京交通大学现代远程教育昌平学习中心
6. 北京交通大学现代远程教育北京船舶工业管理干部学院校外学习中心
7. 北京交通大学现代远程教育交通运输部管理干部学院学习中心
8. 北京科技大学现代远程教育首都经济贸易大学密云分校校外学习中心
9. 北京邮电大学直属学习中心
10. 北京邮电大学现代远程教育北京电子科技职业学院校外学习中心
11. 中国农业大学现代远程教育中国建筑一局（集团）有限公司校外学习中心
12. 北京师范大学继续教育与教师培训学院直属学习中心
13. 北京师范大学现代远程教育北京联合大学校外学习中心
14. 北京师范大学现代远程教育北京政法职业学院校外学习中心
15. 中国传媒大学现代远程教育直属学习中心
16. 中国传媒大学现代远程教育北京青年政治学院校外学习中心
17. 对外经济贸易大学现代远程教育北京老教育工作者培训中心校外学习中心
18. 中国石油大学（北京）北京石油化工学院学习中心
19. 北京理工大学现代远程教育北京市商业学校学习中心
20. 北京理工大学现代远程教育北京宣武红旗业余大学学习中心

21. 北京理工大学现代远程教育北京船舶工业管理干部学院学习中心
22. 哈尔滨工业大学现代远程教育北京联合大学管理学院学习中心
23. 厦门大学北京信息职业技术学院学习中心
24. 中国石油大学（华东）北京经管院学习中心
25. 西安电子科技大学网络教育北京学习中心
26. 国家开放大学实验学院魏公村学习中心
27. 国家开放大学实验学院统计学习中心
28. 北京开放大学直属学院
29. 北京开放大学东城分校
30. 北京开放大学西城分校
31. 北京开放大学崇文分校
32. 北京开放大学宣武分校
33. 北京开放大学朝阳分校
34. 北京开放大学海淀分校
35. 北京开放大学丰台分校
36. 北京开放大学通州分校
37. 北京开放大学房山分校
38. 北京开放大学平谷分校
39. 北京开放大学怀柔分校
40. 北京开放大学密云分校
41. 北京开放大学延庆分校
42. 北京开放大学大兴分校
43. 北京开放大学顺义分校
44. 北京开放大学水务学院
45. 北京开放大学燕山分校
46. 北京开放大学医药学院
47. 北京开放大学供销学院
48. 北京开放大学石景山分校
49. 北京开放大学门头沟分校

50. 北京开放大学现代商务分校
51. 北京开放大学首钢工学院学习中心
52. 北京开放大学首都图书馆学习中心
53. 北京开放大学首钢矿业公司学习中心
54. 北京开放大学北京市供销学校学习中心
55. 北京开放大学首都铁路卫生学校学习中心
56. 北京开放大学北京青年政治学院学习中心
57. 北京开放大学北京市建设职工大学学习中心
58. 北京开放大学北京市工贸技师学院学习中心
59. 北京开放大学北京市经济管理学校学习中心
60. 北京开放大学北京市工业技师学院学习中心
61. 北京开放大学北京市昌平职业学校学习中心
62. 北京开放大学北京市东城区卫生学校学习中心
63. 北京开放大学中国航天科工集团第三研究院学习中心
64. 北京大学现代远程教育知金教育北京数字化学习中心
65. 中国石油大学（北京）现代远程教育知金教育北京数字化学习中心
66. 北京交通大学现代远程教育弘成科技发展有限公司北京数字化学习示范中心
67. 华南师范大学现代远程教育弘成科技发展有限公司北京数字化学习示范中心
68. 北京大学现代远程教育北京顺义奥鹏学习中心
69. 北京大学现代远程教育北卫卫生职业培训学校奥鹏学习中心
70. 北京交通大学现代远程教育北京海淀华宏培训学校奥鹏学习中心
71. 北京邮电大学现代远程教育北京成人职业教育培训中心奥鹏学习中心
72. 北京师范大学现代远程教育北京房山奥鹏学习中心
73. 北京师范大学现代远程教育北京门头沟奥鹏学习中心
74. 中国传媒大学现代远程教育奥鹏远程教育北京海淀学习中心（直属）

75. 北京航空航天大学现代远程教育北京海淀向导培训学校校外学习中心

附件2

不合格学习中心

1. 北京科技大学现代远程教育直属学习中心
2. 中国农业大学现代远程教育北京市农林科学院校外学习中心
3. 北京语言大学现代远程教育校总部（北京）学习中心
4. 对外经济贸易大学现代远程教育北京（本部）远程学习中心
5. 中央音乐学院现代远程音乐教育学院总部学习中心
6. 吉林大学北京市海淀区职工大学校外学习中心
7. 西南财经大学现代远程教育（北京）校外学习中心
8. 国家开放大学软件学院达内学习中心
9. 北京开放大学北京市汽车维修职业学校学习中心
10. 北京开放大学北京中德合力技术培训中心教学点
11. 吉林大学现代远程教育弘成科技发展有限公司北京数字化学习示范中心
12. 厦门大学现代远程教育弘成科技发展有限公司北京数字化学习示范中心

附件3

限期整改学习中心

1. 北京大学医学部网络教育学院北京医药学习中心
2. 北京大学医学部网络教育学院北京学习中心（校本部）

3. 中国人民大学现代远程教育北京中华会计函授学校昌平区分校奥鹏远程教育学习中心
4. 北京交通大学远程与继续教育学院本部学习中心
5. 北京科技大学现代远程教育首钢工学院校外学习中心
6. 北京科技大学现代远程教育首都联合职工大学校外学习中心
7. 中国农业大学网络教育校本部学习中心
8. 中国农业大学现代远程教育北京开放大学校外学习中心
9. 北京中医药大学北京学习中心
10. 北京师范大学现代远程教育北京京北职业技术学院校外学习中心
11. 北京师范大学现代远程教育北京市朝阳区智友培训学校校外学习中心
12. 北京外国语大学网络教育学院校本部学习中心
13. 北京语言大学现代远程教育北京市同方教育培训学校校外学习中心
14. 中国传媒大学现代远程教育北京金航新媒技术培训中心校外学习中心
15. 中国传媒大学现代远程教育北京市广播电视中等专业学校顺义区分校校外学习中心
16. 对外经济贸易大学现代远程教育核工业研究生部校外学习中心
17. 对外经济贸易大学现代远程教育北京市朝阳区智友培训学校校外学习中心
18. 对外经济贸易大学现代远程教育北京教育科学研究院校外学习中心
19. 中央音乐学院北京演艺专修学院校外学习中心
20. 中央音乐学院北京华大研修学院校外学习中心
21. 中央音乐学院北京现代音乐研修学院校外学习中心
22. 中央音乐学院北京美国英语语言学院校外学习中心
23. 中国石油大学（北京）远程教育学院直属学习中心
24. 中国地质大学（北京）现代远程教育直属学习中心

25. 北京航空航天大学现代远程教育校本部学习中心
26. 北京航空航天大学现代远程教育北京市同方教育培训学校校外学习中心
27. 北京航空航天大学现代远程教育北京市科学技术进修学院校外学习中心
28. 北京航空航天大学现代远程教育北京市西城区索尔培训学校校外学习中心
29. 北京航空航天大学现代远程教育北京市海淀区向导培训学校校外学习中心
30. 北京航空航天大学现代远程教育北京市海淀区金航教育培训学校校外学习中心
31. 北京理工大学现代远程教育校本部学习中心
32. 哈尔滨工业大学远程教育中国航天科工防御技术研究院党校学习中心
33. 东北农业大学北京市供销学校学习中心
34. 山东大学现代远程教育北京启清教育咨询有限公司校外学习中心
35. 中国石油大学（华东）现代远程教育北京直属学习中心
36. 武汉理工大学现代远程教育北京学习中心
37. 华中师范大学北京西城区现代管理培训学校学习中心
38. 四川大学现代远程教育北京市海淀区金航教育培训学校学习中心
39. 重庆大学网络教育学院北京校外学习中心
40. 西南交通大学现代远程教育（北京铁路局人才交流培训中心）校外学习中心
41. 国家开放大学八一学院
42. 国家开放大学空军学院
43. 国家开放大学实验学院万通汽修学习中心
44. 国家开放大学汽车学院北京公交技校学习中心
45. 国家开放大学汽车学院北京昌平职校学习中心
46. 国家开放大学软件学院中关村软件园学习中心

47. 国家开放大学纺织学院中纺（北京）教育科技中心
48. 国家开放大学机械工业学院北京工贸技师学院学习中心
49. 国家开放大学机械工业学院北京市汽车高级技校学习中心
50. 北京开放大学昌平分校
51. 北京开放大学卫生教育学院
52. 北京开放大学北京市工会干部学院分校
53. 北京开放大学北京市昌平卫生学校学习中心
54. 北京开放大学北京市海淀区卫生学校学习中心
55. 北京开放大学北京一商集团有限责任公司干部学校学习中心
56. 北京科技大学现代远程教育知金教育北京数字化学习中心
57. 中国地质大学（北京）现代远程教育知金教育北京数字化学习中心
58. 北京理工大学现代远程教育知金教育北京数字化学习中心
59. 南开大学现代远程教育知金教育北京数字化学习中心
60. 天津大学现代远程教育知金教育北京数字化学习中心
61. 北京语言大学现代远程教育弘成科技发展有限公司北京数字化学习示范中心
62. 东北财经大学现代远程教育弘成科技发展有限公司北京数字化学习示范中心
63. 北京大学现代远程教育北京房山奥鹏学习中心
64. 北京大学现代远程教育北京长城研修学院奥鹏学习中心
65. 北京大学现代远程教育北京中华商科学校奥鹏学习中心
66. 北京大学现代远程教育北京现代商务培训奥鹏学习中心
67. 北京大学现代远程教育奥鹏远程教育北京崇文学习中心（直属）
68. 北京大学现代远程教育奥鹏远程教育北京朝阳学习中心（直属）
69. 北京大学现代远程教育奥鹏远程教育北京西城学习中心（直属）
70. 北京大学现代远程教育北京北大方正软件技术学院奥鹏学习中心
71. 北京大学现代远程教育北京首都经济贸易大学培训中心奥鹏学习中心

72. 北京大学现代远程教育北京市朝阳区求真文化艺术培训学校奥鹏学习中心
73. 中国人民大学现代远程教育奥鹏远程教育北京西城学习中心（直属）
74. 北京交通大学现代远程教育北京成人职业教育培训中心奥鹏学习中心
75. 北京邮电大学现代远程教育北京中华商科学校奥鹏学习中心
76. 北京外国语大学现代远程教育北京中华商科学校奥鹏学习中心
77. 北京外国语大学现代远程教育北京成人职业教育培训中心奥鹏学习中心
78. 北京语言大学现代远程教育北京现代商务培训奥鹏学习中心
79. 北京语言大学现代远程教育北京海淀华宏培训学校奥鹏学习中心
80. 北京语言大学现代远程教育北京市金色朝阳培训学校奥鹏学习中心
81. 北京语言大学现代远程教育奥鹏远程教育北京西城学习中心（直属）
82. 北京语言大学现代远程教育北京成人职业教育培训中心奥鹏学习中心
83. 北京语言大学现代远程教育北京市朝阳区求真文化艺术培训学校奥鹏学习中心
84. 中央音乐学院现代远程教育北京长城研修学院奥鹏远程教育学习中心
85. 北京航空航天大学现代远程教育北京长城研修学院奥鹏学习中心
86. 北京航空航天大学现代远程教育北京海淀华宏培训学校奥鹏学习中心
87. 北京航空航天大学现代远程教育北京城建集团培训中心奥鹏学习中心
88. 北京航空航天大学现代远程教育北京市金色朝阳培训学校奥鹏学习中心

89. 北京航空航天大学现代远程教育北京成人职业教育培训中心奥鹏学习中心
90. 北京航空航天大学现代远程教育奥鹏远程教育北京崇文学习中心（直属）
91. 北京航空航天大学现代远程教育奥鹏远程教育北京朝阳学习中心（直属）
92. 北京航空航天大学现代远程教育奥鹏远程教育北京西城学习中心（直属）
93. 北京航空航天大学现代远程教育北京市西城区图书馆培训学校奥鹏学习中心
94. 北京航空航天大学现代远程教育北京船舶管理干部学院培训中心奥鹏学习中心
95. 北京航空航天大学现代远程教育北京首都经济贸易大学培训中心奥鹏学习中心
96. 南开大学现代远程教育北京顺义奥鹏学习中心
97. 南开大学现代远程教育北京通州奥鹏学习中心
98. 南开大学现代远程教育奥鹏远程教育北京崇文学习中心
99. 南开大学现代远程教育北京现代商务培训奥鹏学习中心
100. 南开大学现代远程教育北京长城研修学院奥鹏学习中心
101. 南开大学现代远程教育北卫卫生学校培训中心奥鹏学生中心
102. 南开大学现代远程教育北京海淀华宏培训学校奥鹏学习中心
103. 南开大学现代远程教育北京市西城区图书馆培训学校奥鹏学习中心
104. 天津大学现代远程教育北京长城研修学院奥鹏学习中心
105. 天津大学现代远程教育北京海淀华宏培训学校奥鹏学习中心
106. 天津大学现代远程教育奥鹏远程教育北京崇文学习中心（直属）
107. 天津大学现代远程教育奥鹏远程教育北京崇文学习中心（直属）
108. 天津大学现代远程教育奥鹏远程教育北京西城学习中心（直属）
109. 大连理工大学现代远程教育北京房山奥鹏学习中心

110. 大连理工大学现代远程教育北京中华商科学校奥鹏学习中心
111. 大连理工大学现代远程教育北京电力建设公司培训学校奥鹏学习中心
112. 东北大学现代远程教育北京顺义奥鹏学习中心
113. 中国医科大学现代远程教育北京顺义奥鹏学习中心
114. 中国医科大学现代远程教育北京中华商科学校奥鹏学习中心
115. 中国医科大学现代远程教育奥鹏远程教育北京西城学习中心
116. 中国医科大学现代远程教育奥鹏远程教育北京朝阳学习中心(直属)
117. 中国医科大学现代远程教育北京市朝阳区求真文化艺术培训学校奥鹏学习中心
118. 中国医科大学现代远程教育北京广播电视大学通州区分校奥鹏远程教育学习中心
119. 东北财经大学现代远程教育北京房山奥鹏学习中心
120. 东北财经大学现代远程教育北京顺义奥鹏学习中心
121. 东北财经大学现代远程教育北京通州奥鹏学习中心
122. 东北财经大学现代远程教育北京中华商科学校奥鹏学习中心
123. 东北财经大学现代远程教育奥鹏远程教育北京朝阳学习中心
124. 东北财经大学现代远程教育奥鹏远程教育北京西城学习中心
125. 东北财经大学现代远程教育北京海淀华宏培训学校奥鹏学习中心
126. 东北财经大学现代远程教育北京成人职业教育培训中心奥鹏学习中心
127. 东北财经大学现代远程教育北京电力建设公司培训学校奥鹏学习中心
128. 东北财经大学现代远程教育北京市门头沟区中等职业学校奥鹏学习中心
129. 东北财经大学现代远程教育北京首都经济贸易大学培训中心奥鹏学习中心

130. 东北财经大学现代远程教育北京市朝阳区求真文化艺术培训学校奥鹏学习中心
131. 吉林大学北京现代远程教育长城研修学院奥鹏远程教育学习中心
132. 东北师范大学现代远程教育北京延庆奥鹏学习中心
133. 东北师范大学现代远程教育北京崇文奥鹏直属学习中心
134. 东北农业大学现代远程教育北京中华商科学校奥鹏学习中心
135. 电子科技大学现代远程教育北京海淀华宏培训学校奥鹏远程教育学习中心
136. 电子科技大学现代远程教育北京北大方正软件技术学院奥鹏远程教育学习中心
137. 中国石油大学（华东）现代远程教育北京长城研修学院奥鹏远程教育学习中心
138. 华中师范大学现代远程教育北京长城研修学院奥鹏远程教育学习中心
139. 四川农业大学现代远程教育北京成人职业教育培训中心奥鹏学习中心

附件 4

予撤销学习中心

1. 北京大学现代远程教育中央国家机关工委国青生产力促进中心校外学习中心（主动撤销）
2. 中国传媒大学现代远程教育北京现代音乐研修学院校外学习中心（主动撤销）
3. 同济大学中国建筑一局集团有限公司职工教育培训中心学习中心（主动撤销）

4. 华东师范大学现代远程教育北京教育网络和信息中心校外学习中心（主动撤销）
5. 西北工业大学网络教育学院北京东方大学校外学习中心（主动撤销）
6. 北京语言大学现代远程教育北京财贸职业学院校外学习中心（未参检）
7. 国家开放大学机械工业学院北京电子科技职业学院学习中心（未参检）
8. 北京平谷奥鹏学习中心（未参检）
9. 北京市海淀区职工大学奥鹏学习中心（未参检）
10. 北京市黄庄职业高中奥鹏学习中心（未参检）
11. 北京市将台路职业技能培训学校奥鹏学习中心（未参检）
12. 北京市科技进修学院培训中心奥鹏学习中心（未参检）
13. 北京语言大学国际教育中心奥鹏学习中心（未参检）
14. 北京中华会计函授学校昌平区分校奥鹏学习中心（未参检）
15. 人力资源和社会保障部信息中心奥鹏学习中心（未参检）
16. 中共北京住总集团有限责任公司委员会党校奥鹏学习中心（未参检）

北京市教育委员会
北京市财政局

关于印发提升北京高校人才培养能力意见的通知

京教高〔2017〕12号

各有关高等学校：

现将《关于提升北京高校人才培养能力的意见》印发给你们，请各高校根据要求深入贯彻落实。

2017年6月20日

关于提升北京高校人才培养能力的意见

高等教育发展水平是国家发展水平的重要标志，人才培养水平是高等学校办学水平的根本标准。习近平总书记在2016年全国高校思想政治工作会议上讲话指出，办出世界一流大学，必须牢牢抓住全面提高人才培养能力这个核心点，并以此来带动高校其他工作。为全面贯彻落实党中央、国务院关于统筹推进一流大学一流学科建设的部署要求，充分发挥北京高等教育资源集聚优势，走中国特色高等教育发展道路，现就进一步加强北京高校本科教育教学工作、提升北京高校人才培养能力提出以下意见。

一、总体要求

（一）指导思想

全面贯彻落实党的十八大和十八届三中、四中、五中、六中全会精神，以马克思列宁主义、毛泽东思想、邓小平理论、“三个代表”重要思想、科学发展观为指导，深入学习贯彻习近平总书记系列重要讲话精神和治国理政新理念新思想新战略，全面贯彻党的教育方针，落实全国高校思想政治工作会议及全国教育工作会议要求，坚持党对高校工作的领导，坚持扎根中国大地办好中国特色社会主义大学，聚焦服务“一带一路”及创新驱动发展、京津冀协同发展等国家战略，服务北京四个中心建设、首都民生福祉及学生全面成长，深化改革、加强建设，完善机制、强化保障，进一步巩固人才培养在高校工作中的中心地位，进一步提高北京高校人才培养质量，进一步推动北京高校彰显办学优势和特色，着力为中国特色社会主义事业培养合格建设者和可靠接班人，为实现“两个一百年”奋斗目标、实现中华民族伟大复兴的中国梦提供人才保障和智力支持。

（二）主要目标

增强服务发展能力。引导高校牢固树立主动为党和国家各项事业、北京经济社会发展服务的意识，支持高校结合办学定位和优势特色加快拔尖创新人才和行业领军人才培养，支持部分市属本科高校向应用型转变，重点培养高素质应用型人才。显著提升北京高校服务国家战略、服务区域及行业发展能力。

构建一流培养体系。引导高校更新教育教学理念、优化本科专业设置，改革人才培养机制、改进教学评价方式，创新教育教学模式、更新教育教学内容，强化创新创业能力培养，坚持以文化人、以文育人，不断提升价值引导能力，推动形成教学相长的育人环境，构建体现北京高等教育优势与特色的一流人才培养体系。

提高教师育人水平。坚持德为师先，引导教师将教书和育人、言传和身教、潜心问道和关注社会、学术自由和学术规范相统一，以德立身、以德立学、以德施教。完善体现教学岗位特点的激励约束机制，调动和增强各级各类教师的积极性，不断提升教师个人及团队开展育人工作的能力和水平。

促进学生全面成长。推动高校深化以学生为中心的人才培养模式改革，构建学生自主学习、自主创新的学习环境，处理好教与学、学与思、知与行之间的关系，把握好德育与智育、已知传授与未知探索、理论教学与实践教学之间平衡，引导大学生勤学、修德、明辨、笃实，培育大学生高尚品格、创新能力、健康体魄、审美素养。

（三）工作原则

坚持立德树人。将社会主义核心价值观、思想政治工作贯穿教育教学始终。增强思想政治理论课吸引力感染力说服力，推动价值引导、知识传授及能力培养相结合，通识教育、专业教育及创新创业教育相协调，深入推进全员育人、全程育人、全方位育人。

坚持内涵发展。巩固人才培养中心地位，着力引导高校坚持内涵发展，进一步明确办学定位、优化专业结构、强化办学特色，把提高人才培养质量作为最核心、最紧迫的任务，将资源配置和工作重点集中到强化育人环节、提高人才培养能力上来。

坚持改革创新。把改革创新作为高等教育发展的强大动力。以体制机制改革为重点，鼓励高校大胆探索和试验，加快重要领域和关键环节改革步伐。推动人才培养、教学管理等体制机制改革，引导高校加快构建具有中国特色的现代大学制度体系。

坚持开放引领。以对外开放促进高等教育改革发展。推动高校紧密结合一带一路、中国制造 2025、创新驱动发展等战略，以人才培养为纽带，强化国际合作、产教结合、科教协同，促进信息与资源开放共享，实现优势互补、共同发展。

二、主要任务

（一）加强宏观统筹　优化人才培养结构

1. 加强人才培养研究。组建北京高校本科教育教学指导委员会，设立人才培养能力提升研究专项，推动各高校进一步加强人才培养相关研究及交流。鼓励高校以提升人才培养能力为目标，在布局、规模、结构，办学定位、内涵建设、发展方向，学生成长、教师发展、教学改革等不同方面开展系统性、前瞻性、持续性研究。鼓励和支持同类高校按照专业门类、结合区域需求共同开展人才培养改革研究与实践。

2. 优化专业结构。实施北京高校一流专业建设计划，面向北京市属高校和中央在京高校遴选若干专业进行重点建设，引导高校进一步明确办学定位、强化优势特色。实施北京高校一流专业群建设计划，针对专业布点量大面广的专业大类开展建设，有效提升北京高校专业建设整体水平。统筹推进基础类、应用类专业建设及发展。完善专业预警机制，建立专业发展指数，引导高校建立和完善专业动态调整机制。

（二）强化资源保障　改善教育教学条件

3. 加强教学条件建设。实施智慧教室建设项目，为促进教学互动、提升课堂教学效果提供支撑。实施北京高校专业图书馆建设项目，为相关专业师生提供优质共享的图书情报服务。引导高校结合人才培养需求，加大教学基础设施建设投入，加强教学基本条件保障，打造体现现代教育理念的学习空间。

4. 推动教学资源建设。实施北京高校优质课程建设支持计划，开展优质课程评选认定，引导高校重点围绕通识课程、专业核心课程、创新创业课程开展课程建设，打造优质、特色、共享的北京高校优质课程体系。推动高校将思想政治教育融入各类课程教学中，发挥每一门课程的育人功能。引导高校进一步加强教材建设与选用管理，有计划地将学科、行业最新理论及实践成果引入本科生教材，充分发挥教材在提高人才培养质量中的基础性作用。

5. 促进信息技术应用。深化信息技术与教育教学、教育管理的融合，强化教育信息化对教学改革的服务与支撑。依托信息技术营造信息化教学环境，促进教学理念、教学模式和教学内容改革，推进信息技术在日常教学中的深入、广泛应用，加快构建以学习者为中心的教学和学习方式。增强教师在信息化环境下开展教育教学的能力，提升教师开展个性化互动教学水平。鼓励高校利用信息技术开放校内资源，推动教材、课程、图书资料、实验平台等优质教育资源社会共享。

（三）强化实践育人　深化创新创业教育改革

6. 强化实践育人环节。开展北京高校优秀大学生毕业论文（设计）评选认定工作，引导大学生学有所思、学以致用，提升自主创新、自主实践的能力和水平。实施本科教育教学重点实验室建设项目、共享实习实训基地建设项目，进一步拓展实验教学资源，提升专业实践教学能力。加强实验和实习教师队伍建设，完善相关政策，吸引高水平教师从事实验和实习教学工作，切实提升实践育人水平。

7. 深化创新创业教育改革。开展深化创新创业教育改革示范校评选，实施北京高校示范性创新创业人才培养基地建设项目，推动高校深化人才培养模式改革，开展启发式、探究式、讨论式、参与式教学，将创新精神、创业意识和创新创业能力培养融入到人才培养全过程。实施优秀大学生创新创业能力提升计划，举办“互联网+”大学生创新创业大赛等学科竞赛，积极营造有利于创新创业人才成长的文化氛围。

（四）推动协同育人　促进资源开放共享

8. 深入实施高水平人才交叉培养计划。继续开展“双培计划”，稳定招生规模、优化合作模式、加强管理服务，推动合作院校专业教师间交流合作，充分发挥合作双方各自办学优势，促进学生跨校园文化成长成才。继续开展“外培计划”，精选合作院校、完善选拔机制、加强跟踪监测，培养具有国际视野和跨文化交流能力的专门人才。拓展“实培计划”合作资源，完善科教产教协同育人机制，切实提升大学生实践创新能力。

9. 加强国际合作与交流。鼓励高校选派优秀学生到国外高校参加访学或深造，吸引国外优秀学生来京留学或交流，提升高校人才培养国际化水平。支持高校加强与国外同类院校交流，学习借鉴先进教育理念、管理经验及教学方法。支持高校培养具有国际视野、通晓国际规则、能够参与国际事务和国际竞争的国际化人才。稳妥实施法国夏斗湖国际办学项目，积极探索高校国际化人才培养新模式。

10. 推动共享平台建设。继续支持北京学院、学院路共同体建设，为北京地区高校学生开展长期访学或辅修专业学习创造条件。研究制定关于虚拟教研室建设的指导意见，为开展跨校教学研究与实践提供平台。支持北京地区高校图书馆文献资源保障体系、卓越人才培养高校联盟、博物馆联盟建设。推动高校学分互认、课程互选、教师互聘、资源共享。在推进京津冀高校联盟建设基础上，引导各类平台及联盟向津冀内高校开放共享。

（五）加强队伍建设　提升教学与管理水平

11. 加强师资队伍建设。继续开展北京高校教学名师奖、高创计划教学名师奖等奖项评选工作，启动北京高校教学名师奖（青年）和北京高校优秀创新育人团队评选，引导高校加强高水平教育教学队伍建设。开展教学成果奖评选，实施教改立项支持计划，推动教师开展教学改革研究及实践，充分调动教师参与教学、投身育人的积极性和主动性。实施高校教师发展中心建设项目，强化教师爱岗敬业精神、思想引导意识、价值引导能力。

12. 加强教学管理队伍建设。加强教学管理人员培训，定期开办各级各类教学管理人员专题培训班，提高管理人员理论水平和管理能力。结合重点工作开展教学管理人员交流研讨，促进院校间教学管理经验交流互鉴，进一步提升教学管理队伍专业化水平。开展北京高校优秀教学管理人员评选表彰，完善相应激励约束机制，推动教学管理体系更新升级，不断提高学校整体教学管理水平。

三、组织实施

（一）加强组织领导

成立由市教委、市财政局联合组成的北京高校人才培养能力提升工作领导小组，加强对北京高校人才培养能力提升工作的领导。领导小组下设办公室，办公室设在市教委高教处，负责日常事务。

（二）加大经费投入

着眼于北京高校人才培养能力整体提升，统筹考虑北京市属高校和中央在京高校，进一步加大经费支持力度。加强对北京市属高校财务监管，确保人才培养投入。

（三）强化监督评价

将项目实施效果评价作为监督重点，建立动态监测机制，强化事前评估、事中跟踪、事后审计和绩效考核。开展项目年度评估和结项验收，依据项目执行效果对下一年度项目和资金进行动态调整。

北京市教育委员会

关于公布对教育部现代远程教育试点高校在京学习中心专项检查复检结果的通知

京教函〔2017〕423号

各有关教育部现代远程教育试点学校，国家开放大学、北京开放大学，北京奥鹏远程教育中心有限公司、弘成科技发展有限公司、知金教育咨询有限公司：

根据《关于开展2016年度在京现代远程教育试点高校专项检查工作通知》（京教函〔2016〕279号）和《关于公布教育部现代远程教育试点高校在京学习中心专项检查及后续工作安排的通知》

（京教高〔2017〕6号）要求，我委组织了复检。

一、复检基本情况

复检工作以教育部、北京市对现代远程教育方面政策规定为依据，以梳理纠正远程教育办学存在的问题，巩固专项检查整改成效为目的，对相关高校及其学习中心整改落实情况进行复检。

2017年7月以来，我委组织北京高校继续教育（含网络教育、开放教育）方面专家组成复检组，按照复检工作要求，对在京近40所教育部现代远程教育试点高校（含国家开放大学、北京开放大学）及教育公共服务体系进行复检，同时对前一阶段未安排检查的部分教育公共服务体系在京学习中心进行专项检查。

复检阶段要求高校（公共服务体系）根据专家组的检查反馈建议，经过逐项梳理整改后，由主办高校提交复检申请和整改报告（按规定，逾期未提交复检申请、整改报告视为高校自行放弃）。

复检专家组通过对高校（教育公共服务体系）提交的整改报告和佐证材料进行审议、网络检索、电话访谈、现场听取整改汇报、查阅材料、与各级管理人员现场质询沟通等方式，核查确认高校及其学习中心整改落实情况。

此次公布的检查结果，包括对前一阶段专项检查结果为"限期整改"的高校及其学习中心的复检结果（附件1）和对部分教育公共服务体系学习中心的检查结果（附件2）两个部分。

二、对复检结果建议

（一）复检合格的学习中心，2017年秋季可以恢复招生。

（二）对一些高校在京共建或经授权设立在教育公共服务体系的学习中心，虽然通过了复检，但为巩固整改成效，主办高校可根据专家组建议，暂缓恢复其秋季招生，并对后续招生规模有所控制。

（三）有关高校对专项检查"不合格"并自行放弃复检的学习中心，要及时予以撤销（备案），2017年秋季起停止招生。

（四）对因各种原因予撤销或停止招生的学习中心中仍在学、在籍的学生，主办高校要妥善做好后续安排，保证学生的学习权益。

三、工作要求

（一）明确办学定位，履行主体责任

远程教育学习中心是主办高校通过互联网向社会提供教育支持服务的重要载体。主办高校要遵循立德树人教育宗旨，以专项检查为契机，进一步明确办学定位，依法依规，切实履行好高校两个主体责任，完善各项管理制度和自身监督机制，不断提升办学质量，促进教育公平，把现代远程教育理念与信息技术真正融合，使学习者真正受益于“互联网＋”带来的学习便捷，为社会提供更加优质有效的教育支持服务。

（二）落实整改措施，巩固专检成效

本《通知》印发后，专家组的复检反馈建议也将陆续发至相关高校（教育公服体系）。有关高校要落实对已制订整改措施执行的监督责任，及时组织参加复检的学习中心，针对专家组建议逐项对照梳理，落实整改措施，补齐短板。要进一步加强对在京学习中心（含直属学习中心）的监督管理，建立起对自身办学质量监管的工作机制。对虽通过复评，但仍存有办学隐患的学习中心，主办高校要有监管措施，避免反弹，巩固检查整改成效。

（三）强化首都意识，提升办学质量

各在京办学高校（教育公服体系），要强化首都意识，服从首都核心功能定位，坚持办学宗旨，优化办学布局，强化内涵建设和规范意识，加大投入，不断提升办学质量，努力把在京学习中心办成学校高等学历继续教育的示范窗口，为首都经济社会发展提供人才培养服务。

我委将按照首都核心功能定位要求，根据“放、管、服”改革精神，做好取消前置行政审批后的放管结合和优化服务。

附件：1. 复检合格学习中心

2. 专项检查合格学习中心

2017 年 9 月 14 日

附件 1

复检合格学习中心

1. 北京大学现代远程教育北京房山奥鹏学习中心
2. 北京大学现代远程教育北京现代商务培训奥鹏学习中心
3. 北京大学现代远程教育北京中华商科学校奥鹏学习中心
4. 北京大学现代远程教育奥鹏远程教育北京朝阳学习中心（直属）
5. 北京大学现代远程教育奥鹏远程教育北京崇文学习中心（直属）
6. 北京大学现代远程教育奥鹏远程教育北京西城学习中心（直属）
7. 北京大学医学部网络教育学院北京医药学习中心
8. 北京大学医学部网络教育学院北京学习中心（校本部）
9. 北京交通大学远程与继续教育学院本部学习中心
10. 北京科技大学现代远程教育首钢工学院校外学习中心
11. 北京科技大学现代远程教育知金教育北京数字化学习中心
12. 北京科技大学现代远程教育首都联合职工大学校外学习中心
13. 中国农业大学网络教育校本部
14. 北京中医药大学远程教育学院直属学习中心
15. 北京师范大学现代远程教育北京京北职业技术学院校外学习中心
16. 北京师范大学现代远程教育北京市朝阳区智友培训学校校外学习中心
17. 北京外国语大学网络教育学院校本部学习中心
18. 北京语言大学现代远程教育校总部（北京）学习中心
19. 北京语言大学现代远程教育北京现代商务培训奥鹏学习中心
20. 北京语言大学现代远程教育北京海淀华宏培训学校奥鹏学习中心
21. 北京语言大学现代远程教育北京市同方教育培训学校校外学习中心
22. 北京语言大学现代远程教育弘成科技发展有限公司北京数字化

学习示范中心
23. 中国传媒大学现代远程教育北京金航新媒技术培训中心校外学习中心
24. 对外经济贸易大学现代远程教育北京（本部）远程学习中心
25. 对外经济贸易大学现代远程教育核工业研究生部校外学习中心
26. 对外经济贸易大学现代远程教育北京教育科学研究院校外学习中心
27. 对外经济贸易大学现代远程教育北京市朝阳区智友培训学校校外学习中心
28. 中央音乐学院北京演艺专修学院校外学习中心
29. 中央音乐学院北京华大研修学院校外学习中心
30. 中央音乐学院现代远程音乐教育学院总部学习中心
31. 中央音乐学院北京现代音乐研修学院校外学习中心
32. 中央音乐学院北京美国英语语言学院校外学习中心
33. 中国石油大学（北京）远程教育学院直属学习中心
34. 中国地质大学（北京）现代远程教育直属学习中心
35. 中国地质大学（北京）现代远程教育知金教育北京数字化学习中心
36. 北京航空航天大学现代远程教育校本部学习中心
37. 北京航空航天大学现代远程教育北京市科学技术进修学院校外学习中心
38. 北京航空航天大学现代远程教育北京市同方教育培训学校校外学习中心
39. 北京航空航天大学现代远程教育北京市西城区索尔培训学校校外学习中心
40. 北京航空航天大学现代远程教育北京市海淀区金航教育培训学校校外学习中心
41. 北京理工大学现代远程教育校本部学习中心
42. 北京理工大学现代远程教育北京开放大学学习中心

43. 北京理工大学现代远程教育知金教育北京数字化学习中心
44. 南开大学现代远程教育北京顺义奥鹏学习中心
45. 南开大学现代远程教育北京通州奥鹏学习中心
46. 南开大学现代远程教育知金教育北京数字化学习中心
47. 南开大学现代远程教育北京现代商务培训奥鹏学习中心
48. 南开大学现代远程教育北京长城研修学院奥鹏学习中心
49. 天津大学现代远程教育知金教育北京数字化学习中心
50. 天津大学现代远程教育北京长城研修学院奥鹏学习中心
51. 大连理工大学现代远程教育北京房山奥鹏学习中心
52. 东北大学现代远程教育北京顺义奥鹏学习中心
53. 中国医科大学现代远程教育北京顺义奥鹏学习中心
54. 中国医科大学现代远程教育奥鹏远程教育北京朝阳学习中心（直属）
55. 中国医科大学现代远程教育奥鹏远程教育北京西城学习中心（直属）
56. 东北财经大学现代远程教育北京房山奥鹏学习中心
57. 东北财经大学现代远程教育奥鹏远程教育北京西城学习中心（直属）
58. 东北财经大学现代远程教育弘成科技发展有限公司北京数字化学习示范中心
59. 东北师范大学现代远程教育北京延庆奥鹏学习中心
60. 东北师范大学现代远程教育奥鹏远程教育北京崇文学习中心（直属）
61. 东北农业大学北京市供销学校学习中心
62. 山东大学现代远程教育北京启清教育咨询有限公司北京校外学习中心
63. 中国石油大学（华东）现代远程教育北京直属学习中心
64. 武汉理工大学现代远程教育北京学习中心
65. 华中师范大学北京西城区现代管理培训学校学习中心

66. 四川大学现代远程教育北京市海淀区金航教育培训学校学习中心
67. 重庆大学网络教育学院北京校外学习中心
68. 西南交通大学现代远程教育北京铁路局人才交流培训中心校外学习中心
69. 国家开放大学八一学院
70. 国家开放大学空军学院
71. 国家开放大学实验学院万通汽修学习中心
72. 国家开放大学汽车学院北京公交技校学习中心
73. 国家开放大学汽车学院北京昌平职校学习中心
74. 国家开放大学纺织学院中纺（北京）教育科技中心
75. 北京开放大学昌平分校
76. 北京开放大学卫生教育学院
77. 北京开放大学北京市工会干部学院分校
78. 北京开放大学北京市昌平卫生学校学习中心
79. 北京开放大学北京市海淀区卫生学校学习中心
80. 北京开放大学北京一商集团有限责任公司干部学校学习中心

附件 2

专项检查合格学习中心

1. 北京交通大学现代远程教育北京理工大学房山分校奥鹏学习中心
2. 北京交通大学现代远程教育奥鹏远程教育北京崇文学习中心（直属）
3. 北京交通大学现代远程教育北京市西城区图书馆培训学校奥鹏学习中心
4. 中央音乐学院现代远程教育奥鹏远程教育北京朝阳学习中心

（直属）

5. 天津大学现代远程教育北京门头沟奥鹏学习中心

6. 大连理工大学现代远程教育奥鹏远程教育北京朝阳学习中心（直属）

7. 中国医科大学现代远程教育北京大兴奥鹏学习中心

8. 中国医科大学现代远程教育北京房山奥鹏学习中心

9. 中国医科大学现代远程教育北京密云奥鹏学习中心

10. 东北财经大学现代远程教育北京大兴奥鹏学习中心

11. 东北财经大学现代远程教育北京怀柔奥鹏学习中心

12. 东北财经大学现代远程教育北京密云奥鹏学习中心

北京市教育委员会

关于公布2017年入选北京高等学校高水平人才交叉培养“实培计划”项目的通知

京教高〔2017〕16号

各有关高校：

根据《北京市教育委员会关于印发北京高等学校高水平人才交叉培养计划的通知》（京教高〔2015〕1号）和市教委、市财政局《关于印发〈北京高等学校高水平人才交叉培养“实培计划”项目管理办法（试行）〉的通知》（京教高〔2015〕11号）精神，市教委组织开展了 2017 年北京高等学校高水平人才交叉培养“实培计划”项目的征集遴选工作。经学校申报、市教委组织专家审核等环节，现将入选 2017 年北京高等学校高水平人才交叉培养“实培计划”项目名单（见附件，从市教委高教处官方网站 http：//gjc. bjedu. gov. cn/下载。）予以公布，并将有关事项通知如下：

一、项目高校要严格按照《北京高等学校高水平人才交叉培养“实培计划”项目管理办法（试行）》（京教高〔2015〕11 号）要求，建立健全本校项目管理制度和办法（含经费使用）做好入选项目的实施管理工作。

二、项目院校要加强对入选项目的过程管理和绩效考核，依据管理办法及程序做好相关资料的留存备案，市教委将组织专家对项目进行检查验收，并将检查验收结果作为下一年度项目分配的重要依据。

附件：1. 大学生毕业设计（科研类）项目入选名单（略）

2. 大学生毕业设计（创业类）项目入选名单（略）

3. 大学生科研训练计划深化项目入选名单（略）

2017 年 11 月 7 日

北京市教育委员会

关于公布北京市属高校首批一流专业名单的通知

京教函〔2017〕594号

各有关市属高等学校：

根据北京市教育委员会《关于开展2017年市属高校一流专业遴选建设的通知》（京教高〔2017〕1号）文件精神，经学校优选、专家评选、政府比选和公示等环节，在20所市属高校中遴选出首批27个专业作为一流专业进行重点建设。现将专业名单予以公布（见附件1），有关事项通知如下。

一、每个专业建设周期为五年，原则上理工农医类专业，每个专业每年按照600～800万进行建设；其他类专业，每个专业每年按照400～600万进行建设。各高校可根据实际需求确定建设周期内每年投入额度，市教委根据学校申报情况予以统筹调整。

二、各高校要依据《北京市教育委员会关于开展2017年市属高校一流专业遴选建设的通知》（京教高〔2017〕1号）的相关要求，加强统筹，研究制定一流专业建设方案，并于12月18日前以正式文件形式上报市教委高教处，电子版发送至电子邮箱。建设方案包括专业建设现状、专业建设存在的主要问题、专业建设目标、专业建设主要举措、经费使用安排等（见附件2）。

三、各校要加强对一流专业建设项目的过程管理和绩效考核，市教委将组织专家对项目实施情况进行年度考核，并将考核结果作为下一年度项目经费分配的重要依据。

四、市教委将适时组织召开一流专业建设方案汇报会，听取各高校关于专业建设总体情况及一流专业建设方案的汇报，请各高校提前做好准备。

附件：1. 市属高校一流专业第一批名单

2. 市属高校一流专业建设方案参考模板（略）

2017 年 11 月 27 日

附件 1

市属高校一流专业第一批名单

北京工业大学

机械工程

电子科学与技术

北方工业大学

电子信息工程

北京工商大学

食品科学与工程

会计学

北京服装学院

服装与服饰设计（服装设计）

北京印刷学院

印刷工程

北京建筑大学

建筑学

北京石油化工学院

环境工程

北京农学院

园艺

首都医科大学

临床医学

护理学

首都师范大学

小学教育

地理信息科学

首都体育学院

体育教育

北京第二外国语学院

翻译

北京物资学院

物流管理

首都经济贸易大学

会计学

金融学

中国音乐学院

音乐表演

中国戏曲学院

表演（京剧表演）

北京电影学院

戏剧影视导演

表演

北京舞蹈学院

舞蹈编导

北京信息科技大学

测控技术与仪器

北京联合大学

旅游管理

软件工程

职业教育

北京市教育委员会文件选编

（2017）

北京市教育委员会

关于成立2016—2020年北京市职业院校技术技能比赛组织机构的通知

京教职成〔2017〕2号

各区教委、各职业院校：

为贯彻落实《北京市人民政府关于加快发展现代职业教育的实施意见》的精神，参照《教育部关于成立2016—2020年全国职业院校技能大赛组织委员会和执行委员会的通知》意见，结合我市职业院校技术技能比赛工作实际，决定成立2016—2020年北京市职业院校技术技能比赛组织管理机构。

一、北京市职业院校技术技能比赛组织委员会（简称“市赛组委会”）

市赛组委会是北京市职业院校技术技能比赛的领导决策机构，成员由市教委、市教科院、市职教学会及相关单位负责同志组成（见附件1）。主要职责包括：统筹赛事管理，推进赛制改革；审定设赛范围及赛项组委会方案，指导各专业赛委会工作；顶层设计制度安排，审定赛事规划；审定承办单位；审定发布比赛最终成绩和表彰名单；审定国赛参赛名单等。

二、北京市职业院校技术技能比赛执行委员会（简称“市赛执委会”）

市赛执委会是市赛组委会的执行机构，在市赛组委会领导下开展工作，负责全市具体赛事组织与管理，成员由市教委、市教科院、市职教学会、各专业赛委会（常务副主任）、赛项执委会（主任）等单位人员组成（见附件 2）。主要职责包括：制定比赛政策文件及市赛方案；审定专业赛委会、赛项执委会和承办单位名单；开展专业比赛方案评审与赛项遴选；审定赛项规程；组织参加国赛；统筹市赛信息宣传及总结表彰活动。市赛执委会办公室设在北京教育科学研究院职成教研中心，负责市赛日常管理。

三、北京市职业院校技术技能比赛专业比赛组织委员会（简称“专业赛委会”）

专业赛委会是各专业比赛的组织和管理机构，其成员由相关职业院校校长、市职业技术教育学会专业委员会主任、行业企业专家、职业院校主管技能比赛工作负责人、市赛执委会成员等组成。主要职责包括：规划专业赛事活动；制定赛事工作方案，确定分赛项设置；审核承办单位、赛项规程及赛项成绩，报市赛执委会审定；统筹赛项经费额度；审定各分赛项专家、裁判、监督及仲裁人员等。

四、北京市职业院校技术技能比赛赛项执行委员会（简称“赛项执委会”）

赛项执委会是各分赛项比赛的组织协调机构，在专业赛委会领导下开展工作，其成员由相关专业赛委会人员、赛项承办单位领导和行业企业专家等组成。主要职责包括：确定赛项规程及实施方案；统筹管理本赛项活动；组织赛项承办单位遴选；组织赛项命题工作；选聘赛项专家、裁判、监督及仲裁人员；审核比赛成绩和国赛名单，统筹本赛项国赛集训、国赛报名和参赛工作。赛项执委会办公室设在赛项承办单位。

五、比赛工作承办单位（简称“承办单位”）

承办单位为各分赛项赛事承办院校，在赛项执委会领导下为赛项组织提供各种服务工作。主要职责包括：

（一）按照承办年度赛项专业特点和赛项技术技能标准要求，组成以学校校长为主要负责人的赛事组织机构，委派专人具体负责赛事管理、组织和实施。制定比赛承办方案、宣传方案和安全预案。

（二）负责各赛项专家、裁判、监督及仲裁人员的选聘，并报赛项执委会审核。

（三）按赛项执委会办赛要求申报赛项经费，编制赛项经费预算，管理赛项经费使用，主动开展经费审计。

（四）为赛项组织提供服务工作，包括：提供比赛场地、设施、技术、赛务、赛事餐饮、专家交通食宿、安全、宣传等服务，负责比赛文件存档，并将比赛成绩上报赛项执委会。

（五）协助赛项执委会开展该赛项国赛集训、参赛等工作。

附件：1. 北京市职业院校技术技能比赛组织委员会名单

2. 北京市职业院校技术技能比赛执行委员会名单

3. 各专业赛委会比赛项目一览表（略）

2017年1月19日

附件1

北京市职业院校技术技能比赛组织委员会名单

主　任：黄侃　北京市教育委员会副主任

副主任：王东江　北京市教育委员会职成处处长

张军　北京教育科学研究院副院长

李壑　北京市职业技术教育学会会长

委　员：杨颉　北京市教育委员会职成处副处长

柳燕君　北京教育科学研究院职成教研中心主任

杨帆　北京市职业技术教育学会副会长兼秘书长

物流管理专业赛委会主任

（北京市商务科技学校校长）

安江英 加工制造电工电子类专业赛委会主任
纺织服装类专业赛委会主任
（北京电子科技职业学院院长）

陈建民 加工制造机械类专业赛委会主任
建筑工程技术类专业赛委会主任
（北京工业职业技术学院院长）

王福海 农林牧渔类专业赛委会主任
（北京农业职业学院院长）

王成荣 财经商贸类专业赛委会主任
（北京财贸职业学院院长）

李怡民 交通运输类专业赛委会主任
（北京交通运输职业学院常务副院长）

武马群 信息技术类专业赛委会主任
物联网技术专业赛委会主任
（北京信息职业技术学院院长）

黄惟清 医药卫生类专业赛委会主任
（北京卫生职业学院院长）

李继延 电梯维修技术专业赛委会主任
公共服务类专业赛委会主任
（北京劳动保障职业学院院长）

刘侗 文化艺术类专业赛委会主任
（北京戏曲艺术职业学院院长）

吕一中 文化教育类专业赛委会主任
（北京青年政治学院副院长）

姚光业 宝玉石鉴定与加工专业赛委会主任
（北京经济管理职业学院院长）

孙景荪 法律文秘类专业赛委会主任
（北京政法职业学院院长）

郭延峰　烹饪专业赛委会主任
（北京市劲松职业高中校长）

田雅莉　酒店服务专业赛委会主任
（北京市外事学校校长）

牛德孝　休闲保健类专业赛委会主任
（北京市实美职业学校校长）

段福生　航空服务专业赛委会主任
（北京市昌平职业学校校长）

以上人员如有变动，请相关单位告知市赛执委会办公室及时调整。

附件 2

北京市职业院校技术技能比赛执行委员会名单

一、市赛执委会

主　任： 王东江　北京市教育委员会职成处处长

副主任： 杨顿　北京市教育委员会职成处副处长
柳燕君　北京教育科学研究院职成教研中心主任
杨帆　北京市职业技术教育学会副会长兼秘书长

委　员： 各专业赛委会常务副主任（名单略）
各赛项执委会主任（名单略）

二、市赛执委会办公室

主　任： 柳燕君　北京教育科学研究院职成教研中心主任

副主任： 薄志毅　北京工业职业技术学院教务处处长
吕良燕　北京教育科学研究院职成教研中心副主任

成　员： 邱亚辉、古燕莹、禹治斌、苏永昌、马开颜

以上人员如有变动，请相关单位告知市赛执委会办公室及时调整。

北京市教育委员会

关于公布中等职业学校 2017年新增专业备案的通知

京教函〔2017〕25号

各区教委、各有关中等职业学校：

根据《北京市中等职业学校专业设置管理办法实施细则（试行）》（京教职成〔2010〕13号）和市教委《关于做好2017年中等职业学校专业申报备案的通知》（京教职成〔2016〕15号）精神，我委组织专家对部分学校申报的2017年新增专业（技能方向）进行了综合评议，经研究确定对23所学校33个新增专业（技能方向）进行备案（附件1），从2017年起列入招生计划；同时撤消4所学校10个专业（附件2）。

各学校要及时办理新增专业收费许可手续，填写《北京地区中等职业学校收取学费标准申报表》（附件3）一式3份，并加盖学校公章于2017年4月28日前报送至市教委职成处（前门西大街109号520室）。民办中等职业学校收费按相关规定办理。本文及附件可登录北京职成教网 http：//bjzj. bjedu. cn/通知公告栏下载。

附件：1. 北京市中等职业学校2017年新增专业（技能方向）备案一览表

2. 北京市中等职业学校2017年撤销专业备案一览表

3. 北京地区中等职业教育学校收取学费标准申报表（略）

2017年1月26日

附件1

北京市中等职业学校2017年新增专业（技能方向）备案一览表

学校名称	专业类别	专业名称	专业技能方向	专业代码	学制（年）	备注
北京市供销学校	信息技术类	大数据技术应用	数据中心运维		三	目录外
北京市经济管理学校	财经商贸类	电子商务	移动商务	121100	四	
	信息技术类	数字媒体技术应用	虚拟现实技术	90200	四	
北京市商业学校	交通运输类	汽车运用与维修		82500	四	
	财经商贸类	金融事务	银行金融	120400	四	
北京商贸学校	财经商贸类	物流服务与管理	航空物流	121900	三	
	财经商贸类	金融事务	投资理财	120400	三	
	财经商贸类	会计	税务代理	120100	三	
北京金隅科技学校	信息技术类	软件与信息服务	软件开发与测试	90800	四	
	资源环境类	环境监测技术	生态环境监测技术	21800	三	

续表 1

学校名称	专业类别	专业名称	专业技能方向	专业代码	学制（年）	备注
北京市对外贸易学校	财经商贸类	跨境电子商务			四	目录外
	信息技术类	智能终端电子产品维护与维修			四	目录外
北京市昌平卫生学校	医药卫生类	中药	中药调剂	101800	三	
北京市丰台区职业教育中心学校	其他	非遗产品设计与应用			三	目录外
北京市房山区房山职业学校	财经商贸类	电子商务	电子商务物流	121100	三	
北京市大兴区第一职业学校	教育类	学前教育	保育员	160100	三	
北京市昌平职业学校	旅游服务类	旅游服务与管理	智慧旅游	130200	三	
	农林牧渔类	园林技术	生态装饰	11500	三	
	财经商贸类	金融事务	中小企业创业与经营	120400	三	
北京市信息管理学校	信息技术类	计算机网络技术	网络信息安全	90500	三	
北京市外事学校	旅游服务类	烹饪工艺与营养	中、西餐烹饪技术		三	目录外
	交通运输类	城市轨道交通运营管理	城市轨道交通客运服务	80700	三	
北京市求实职业学校	公共管理与服务类	商务助理	新媒体运营助理	180300	三	
北京市劲松职业高中	文化艺术类	数字影像技术		141900	三	
北京市电气工程学校	土木水利类	楼宇智能化设备安装与运行	安防系统安装与调试	40700	三	
北京戏曲艺术职业学院	文化艺术类	曲艺表演	鼓曲	141100	六	

续表 2

学校名称	专业类别	专业名称	专业技能方向	专业代码	学制（年）	备注
北京市密云区职业学校	能源与新能源类	供用电技术	供用电设备安装调试	31800	三	
北京市平谷区职业学校	加工制造类	机电技术应用	机电设备安装与调试、自动化生产线运行、机电产品维修、机电产品营销	51300	三	
北京市朝阳区职业技术学校	土木水利类	建筑装饰	建筑装饰设计绘图、建筑装饰施工、建筑模型制作、室内配饰	40200	三	
北京市农业广播电视学校	农林牧渔类	农业机械使用与维护	智能农业装备	12700	三	
	农林牧渔类	农业机械使用与维护	现代农业设施	12700	三	
北京市黄庄职业高中	旅游服务类	旅游服务与管理	冰雪服务与运营	130200	三	
北京市广播电视中等专业学校	文化艺术类	舞蹈表演	国际标准舞表演	140900	二	

附件 2

北京市中等职业学校
2017 年撤销专业备案一览表

学校名称	专业类别	专业名称	专业代码	学制（年）	备注
北京市电气工程学校	司法服务类	法律事务	170100	三	
	交通运输类	民航运输	82100	三	

续表

学校名称	专业类别	专业名称	专业代码	学制（年）	备注
北京市求实职业学校	信息技术类	计算机应用	90100	三	
	财经商贸类	物流服务与管理	121900	三	
北京市劲松职业高中	信息技术类	计算机动漫与游戏制作	90400	三	
	文化艺术类	音乐	140800	三	
北京市丰台区职业教育中心学校	土木水利类	建筑工程施工	40100	三	
	交通运输类	汽车整车与配件营销	82800	三	
	信息技术类	通信运营服务	91600	三	
	文化艺术类	美术设计与制作	142200	三	

北京市教育委员会

关于公布2017年新增“3+2”中高职衔接办学改革试验项目的通知

京教职成〔2017〕3号

各区教委，各有关职业院校：

为贯彻落实《北京市人民政府关于加快发展现代职业教育的实施意见》（京政发〔2015〕57号）精神，深化“3+2”中高等职业教育衔接改革，我委对2017年申报增设“3+2”中高职衔接办学改革试验项目进行了论证评议。经专家小组集中评审、评委会评议、领导小组审议通过，现将2017年新增“3+2”中高职衔接办学改革试验项目名单予以公布，并就下一步有关工作通知如下：

一、合作院校要在“转型升级、系统设计、凝练特色”的原则下开展改革试验，充分研究各学段的内在联系，重构课程结构，以课程衔接为纽带，发挥中高职院校集成优势，做好专业教学、课程内容的统筹和衔接。

二、合作院校要注重文化基础和综合素质培养，按照学生综合素养和可持续发展职业能力递进规律研究制定课程体系，公共基础课程开齐开好，学时不少于总学时的1/3。

三、合作院校要统筹教育资源、管理力量、师资力量，精心组织开展试验工作，加强教师队伍建设，不断总结和改进教学方法手段，加强质量监控，做好学生录取、培养、转段等各阶段学籍管理工作。

附件：2017年新增“3+2”中高职衔接办学改革试验项目名单

2017年2月15日

附件

2017年新增“3+2”中高职衔接办学改革试验项目名单

序号	中职学校	中职专业	高职学院	高职专业
1	北京水利水电学校	建筑工程施工	北京农业职业学院	建筑工程技术
2	北京水利水电学校	给排水工程施工与运行	北京农业职业学院	给排水工程技术
3	北京水利水电学校	工程造价	北京交通职业技术学院	工程造价

续表 1

序号	中职学校	中职专业	高职学院	高职专业
4	北京市自动化工程学校	物联网应用技术	北京信息职业技术学院	物联网应用技术
5	北京市自动化工程学校	机电技术应用	北京工业职业技术学院	工业机器人技术
6	北京市经济管理学校	产品质量监督检验	北京农业职业学院	绿色食品生产与检验
7	北京市经济管理学校	计算机与数码产品维修	北京信息职业技术学院	应用电子技术
8	北京市经济管理学校	影像与影视技术	北京信息职业技术学院	影视动画（影视）
9	北京金隅科技学校	城市轨道交通信号	北京信息职业技术学院	通信技术（城市轨道交通）
10	北京金隅科技学校	计算机与数码产品维修	北京信息职业技术学院	计算机网络技术
11	北京市对外贸易学校	会计	北京劳动保障职业学院	财务管理
12	北京市对外贸易学校	电子商务	北京信息职业技术学院	电子商务
13	北京市商业学校	金融事务	北京青年政治学院	证券与期货
14	北京市商业学校	互联网 IT 服务	北京信息职业技术学院	计算机网络技术
15	北京市商业学校	市场营销（汽车服务与管理）	北京交通职业技术学院	汽车营销与服务
16	北京市商业学校	航空物流服务与管理	北京交通运输职业学院	航空物流
17	北京商贸学校	学前教育	北京青年政治学院	学前教育
18	北京商贸学校	航空服务	北京财贸职业学院	空中乘务（航空服务与管理）
19	北京商贸学校	铁道运输管理	北京信息职业技术学院	通信系统运行管理
20	北京铁路电气化学校	城市轨道交通车辆运用与检修	北京交通运输职业学院	城市轨道交通车辆技术

续表 2

序号	中职学校	中职专业	高职学院	高职专业
21	北京铁路电气化学校	机电技术应用	北京劳动保障职业学院	城市轨道交通机电技术
22	北京市昌平卫生学校	康复技术	北京卫生职业学院	康复治疗技术
23	北京市实美职业学校	数字媒体技术应用（物联网）	北京财贸职业学院	物联网应用技术
24	北京市实美职业学校	美发与形象设计	北京财贸职业学院	人物形象设计
25	北京市实美职业学校	学前教育	北京科技职业学院	商务英语（幼儿英语）
26	北京市实验职业学校	出版与发行	北京培黎职业学院	新闻采编与制作（数字传播）
27	北京国际职业教育学校	文物保护技术	北京电子科技职业学院	产品艺术设计
28	北京国际职业教育学校	中餐烹饪与营养膳食	北京北大方正软件技术学院	餐饮管理
29	北京市电气工程学校	电子与信息技术	北京信息职业技术学院	电子信息工程技术
30	北京市电气工程学校	电气运行与控制	北京信息职业技术学院	机电一体化技术
31	北京市劲松职业高中	电子商务	北京信息职业技术学院	电子商务
32	北京市劲松职业高中	老年人服务与管理	北京劳动保障职业学院	老年服务与管理
33	北京市求实职业学校	商务助理	北京信息职业技术学院	商务英语（外事管理）
34	北京市求实职业学校	连锁经营与管理	北京财贸职业学院	连锁经营管理
35	北京市求实职业学校	会计	北京信息职业技术学院	会计（信息化）
36	北京市求实职业学校	动漫游戏	北京信息职业技术学院	影视动画
37	北京市信息管理学校	美术设计与制作	北京信息职业技术学院	广告设计与制作

续表 3

序号	中职学校	中职专业	高职学院	高职专业
38	北京市信息管理学校	金融事务	北京财贸职业学院	金融管理
39	北京市信息管理学校	物联网应用技术	北京信息职业技术学院	物联网应用技术
40	北京市丰台区职业教育中心学校	中餐烹饪与营养膳食	北京北大方正软件技术学院	餐饮管理
41	北京市丰台区职业教育中心学校	西餐烹饪	北京北大方正软件技术学院	餐饮管理
42	北京市黄庄职业高中	会计	北京财贸职业学院	会计（信息化）
43	北京市黄庄职业高中	景区服务与管理	北京财贸职业学院	旅游管理）
44	北京市门头沟区中等职业学校	中餐烹饪与营养膳食	北京培黎职业学院	旅游管理（菜品创意设计师）
45	北京市门头沟区中等职业学校	高星级酒店运营与管理	北京经济技术职业学院	酒店管理
46	北京市门头沟区中等职业学校	电子技术应用	北京经济管理职业学院	应用电子技术
47	北京市房山区第二职业高中	计算机应用	首钢工学院	计算机网络技术
48	北京市房山区房山职业学校	学前教育	北京城市学院	学前教育
49	北京市昌平职业学校	航空服务	北京财贸职业学院	空中乘务（航空服务与管理）
50	北京市昌平职业学校	食品生物工艺	北京电子科技职业学院	食品营养与检测
51	北京市昌平职业学校	计算机网络技术	北京信息职业技术学院	信息安全与管理
52	北京市昌平职业学校	城市轨道交通车辆运用与检修	北京交通职业技术学院	城市轨道交通车辆技术
53	北京市大兴区第一职业学校	动漫游戏	北京信息职业技术学院	影视动画

续表 4

序号	中职学校	中职专业	高职学院	高职专业
54	北京市大兴区第一职业学校	汽车运用与维修	北京交通运输职业学院	汽车检测与维修技术
55	北京市大兴区第一职业学校	航空服务	北京交通运输职业学院	民航运输
56	北京市大兴区第二职业学校	环境监测技术	北京电子科技职业学院	环境工程技术
57	北京市大兴区第二职业学校	物流服务与管理	北京信息职业技术学院	物流管理（智能物流）
58	北京新城职业学校	汽车运用与维修	北京农业职业学院	汽车检测与维修技术
59	北京市怀柔区职业学校	计算机动漫与游戏制作	北京信息职业技术学院	影视动画
60	北京市密云区职业学校	数控技术应用	北京农业职业学院	数控技术
61	北京市平谷区职业学校	机械制造技术	北京农业职业学院	数控技术
62	北京市平谷区职业学校	学前教育	北京北大方正软件技术学院	学前教育
63	北京市仪器仪表高级技工学校	汽车维修	北京工业职业技术学院	汽车检测与维修技术
64	北京市实验技工学校	燃气热力运行与维护（城市管理与监察）	北京市劳动保障职业学院	安全技术与管理（城市管理与监察）
65	北京市实验技工学校	护理	北京市劳动保障职业学院	老年服务与管理
66	首钢技师学院	多媒体制作	首钢工学院	影视动画（虚拟现实）
67	首钢技师学院	导游	首钢工学院	旅游管理

北京市教育委员会

关于公布2017年本市新增普通高等学校高等职业教育专业名单的通知

京教职成〔2017〕5号

有关高等职业院校：

根据《教育部关于印发〈普通高等学校高等职业教育（专科）专业设置管理办法〉和〈普通高等学校高等职业教育（专科）专业目录（2015年）〉的通知》（教职成〔2015〕10号）、《关于做好2017年高等职业学校拟招生专业申报工作的通知》（教职成司函〔2016〕114号）要求，我委于2016年12月组织独立设置高等职业院校及部分本科院校进行了2017年新增高等职业教育专业申报工作，并请有关专家对高等职业院校新增专业进行了评议，对国家控制的高等职业教育专业进行了审核并报教育部审批备案。根据教育部《关于公布2017年普通高等学校高等职业教育专业备案和审批结果的通知》（教职成函〔2017〕1号）精神，现将2017年新增普通高等学校高等职业教育专业名单予以公布，同时，将教育部《关于公布2017年普通高等学校高等职业教育专业备案和审批结果的通知》（教职成函〔2017〕1号）转发给各校。

各高职院校应紧密围绕首都经济社会和产业发展实际需求，注重结合自身的办学优势，充分利用学校现有的办学条件，适时调整专业布局，加强新增专业建设，合理控制招生规模，切实保证人才培养质量。

附件：1. 2017 年度新增普通高等学校高等职业教育专业名单

2. 教育部关于公布 2017 年普通高等学校高等职业教育专业备案和审批结果的通知

2017 年 3 月 8 日

附件 1

2017 年新增普通高等学校高等职业教育专业名单

序号	学校名称	专业名称	专业代码	修业年限
1	北京工业职业技术学院	移动互联应用技术	610115	3
2	北京工业职业技术学院	新能源汽车技术	560707	3
3	北京工业职业技术学院	空中乘务	600405	3
4	北京电子科技职业学院	国际金融	630202	3
5	北京财贸职业学院	学前教育	670102K	3
6	北京财贸职业学院	影视多媒体技术	660208	3
7	北京财贸职业学院	建设工程管理	540501	3
8	北京财贸职业学院	工程造价	540502	3
9	北京农业职业学院	农产品流通与管理	510116	3
10	北京农业职业学院	互联网金融	630209	3
11	北京农业职业学院	设施农业与装备	510103	3
12	北京信息职业技术学院	云计算技术与应用	610213	3
13	北京信息职业技术学院	大数据技术及应用	610215	3
14	北京信息职业技术学院	智能产品开发	610104	3

续表 1

序号	学校名称	专业名称	专业代码	修业年限
15	北京信息职业技术学院	城市轨道交通通信信号	600603	3
16	北京戏曲艺术职业学院	舞台艺术设计与制作	650218	3
17	北京京北职业技术学院	建筑室内设计	540104	3
18	北京汇佳职业学院	移动应用开发	610212	3
19	北京汇佳职业学院	城市轨道交通通信信号技术	600603	3
20	北京北大方正软件职业技术学院	学前教育	670102K	3
21	北京北大方正软件职业技术学院	餐饮管理	640201	3
22	北京北大方正软件职业技术学院	工业设计	560118	3
23	北京社会管理职业学院	公益慈善事业管理	690209	3
24	北京社会管理职业学院	会计	630302	3
25	北京经济管理职业学院	软件技术	610205	3
26	首钢工学院	学前教育	670102K	3
27	首钢工学院	安全技术与管理	520904	3
28	北京卫生职业学院	中医康复技术	620503	3
29	北京经贸职业学院	学前教育	670102K	3
30	北京经贸职业学院	空中乘务	600405	3
31	北京培黎职业学院	应用西班牙语	670212	3
32	北京培黎职业学院	体育运营与管理	670408	3
33	北京培黎职业学院	移动互联应用技术	610115	3
34	北京培黎职业学院	中医养生保健	620803	3
35	北京艺术传媒职业学院	展示艺术设计	650110	3
36	北京艺术传媒职业学院	网络新闻与传播	660102	3
37	北京艺术传媒职业学院	播音与主持	660202	3
38	北京交通职业技术学院	空中乘务	600405	3
39	北京交通职业技术学院	建设项目信息化管理	540504	3

续表 2

序号	学校名称	专业名称	专业代码	修业年限
40	北京网络职业学院	软件技术	610205	3
41	北京网络职业学院	新闻采编与制作	660201	3
42	北京网络职业学院	动漫制作技术	610207	3
43	北京科技职业学院	电子商务	630801	3
44	北京经济技术职业学院	幼儿发展与健康管理	690306	3
45	北京经济技术职业学院	软件技术	610205	3
46	北京经济技术职业学院	休闲体育	670404	3
47	北京城市学院	小学教育	670103K	3
48	北京城市学院	健康管理	620801	3
49	北京城市学院	空中乘务	600405	3
50	首都经济贸易大学密云分校	空中乘务	600405	3
51	首都经济贸易大学密云分校	财务管理	630301	3
52	北京农学院	食品营养与检测	590107	3

附件 2

教育部

关于公布 2017 年普通高等学校高等职业教育专业设置备案和审批结果的通知

教职成函〔2017〕1 号

各省、自治区、直辖市教育厅（教委），新疆生产建设兵团教育局：

根据《普通高等学校高等职业教育（专科）专业设置管理办

法》(教职成〔2015〕10号),我部对2017年经各省级教育行政部门备案的普通高等学校高等职业教育(以下简称高职)专业设置情况进行了汇总,并依法组织对2017年申请设置国家控制的高职专业进行审批。现将汇总备案结果和审批结果予以公布,并就有关事项通知如下:

一、2017年,经省级教育行政部门备案的高职专业726个,专业点55312个。专业备案结果数据库已与招生来源计划管理系统相衔接,数据共享。汇总备案结果可在全国职业院校专业设置管理与公共信息服务平台(网址:www.zyyxzy.cn)查询。专业名称、代码及修业年限以平台公布的内容为准。

二、截至2016年10月31日,我部共收到2017年申请设置国家控制的高职专业点323个。经过专家评议和国家卫生计生委、国家中医药管理局、公安部、司法部等行业主管部门审核,同意2017年新设国家控制的高职专业点169个,自2017年起可以招生,其专业名称、专业代码、修业年限等均以本通知公布的内容为准。不同意2017年新设国家控制的高职专业点154个。

请各省级教育行政部门严格按照本通知公布的备案和审批结果安排高职招生计划。

附件:2017年国家控制的高职专业设置审批结果(略)

2017年1月13日

北京市教育委员会

关于开展 2017 年北京市中等职业学校英语课程学业水平测试工作的通知

京教职成〔2017〕6 号

各区教委，各中等职业学校：

为落实《教育部办公厅关于建立职业院校教学工作诊断与改进制度的通知》（教职成厅〔2015〕2 号）和《教育部关于深化职业教育教学改革全面提高人才培养质量的若干意见》（教职成〔2015〕6 号）及《北京市人民政府关于加快发展现代职业教育的实施意见》（京政发〔2015〕57 号）等文件精神，逐步建立我市中等职业学校公共基础课程教学工作诊断与改进制度，提高我市中等职业学校公共基础课程教学质量，我委决定在 2017 年持续组织进行北京市中等职业学校英语课程学业水平测试工作。中职英语课程学业水平测试是我市推动建立和完善职业院校内部质量监测评价的一项重要工作，是构建以人文素质、技术技能水平和可持续发展能力为核心的职业教育质量评价体系的重要组成，测试结果拟纳入我市职业教育人才培养质量年度报告，面向社会公开发布。具体测试实施委托北京教育科学研究院职业教育与成人教育教学研究中心承担。

现将《北京市中等职业学校英语课程学业水平测试工作方案》印发给你们，请各区教委、中等专业学校根据方案做好相关工作。

2017 年 3 月 14 日

北京市中等职业学校
英语课程学业水平测试工作方案

为落实《教育部办公厅关于建立职业院校教学工作诊断与改进制度的通知》（教职成厅〔2015〕2号）、《教育部关于深化职业教育教学改革全面提高人才培养质量的若干意见》（教职成〔2015〕6号）与《北京市人民政府关于加快发展现代职业教育的实施意见》（京政发〔2015〕57号）等文件精神，逐步建立北京市中职学校公共基础课程教学工作诊断与改进制度，提高中等职业学校公共基础课程教学质量，北京市于2017年组织开展中等职业学校英语课程学业水平测试工作。具体工作方案如下：

一、测试目的及意义

通过开展北京市中等职业学校英语课程学生学业水平测试工作，对北京市中等职业学校英语课程教学进行诊断，充分发挥评价的引导和激励作用，切实促进北京市中等职业学校英语课程教学改革和学生学习质量提升，推动建立和完善职业院校内部质量监测评价工作。

二、测试工作安排

（一）测试内容与方式

本次测试内容为教育部颁行的《中等职业学校英语课程教学大纲》（2009年版）要求的基础模块教学内容。

本次测试采用纸笔测试方式。全市统一命题、统一测试时间、统一阅卷。

（二）测试时间

2017年6月的第4周，具体时间按照测试通知执行。

（三）测试工作程序

1. 测试前培训

测试前由北京教育科学研究院组织《北京市中等职业学校英语课程学业评价标准》培训。

2. 测试报名

各有关中等职业学校根据要求完成《北京市中等职业学校英语课程学业水平测试报名表》填写，并于2017年5月12日前将报名表（详见附件1和附件2）电子版与纸质版上交。

3. 试卷领取

测试前一天下午，各学校由专门负责人到指定地点领取试卷；试卷取回学校后，按要求放保密室保存试卷。

4. 测试工作

各学校测试工作，实行校长负责制。安排好人员，在规定时间，按照要求组织开展好本校英语课程学业水平测试，确保测试顺利进行。

测试办公室将安排人员进行考场巡视。

5. 试卷密封与送卷

各学校在测试完成后按照要求对试卷进行回收、装袋，填写记录单，密封，并在规定时间内交回。

6. 阅卷工作

由北京教育科学研究院组织相关教师，开展英语课程学业水平测试试卷的阅卷工作。

（四）测试成绩应用

本次中等职业学校英语课程学业水平测试成绩将为全面了解我市中等职业学校英语课程教学质量提供有效数据支撑，测试评价结果拟纳入我市职业教育人才培养质量年度报告，面向社会公开发布，为我市中等职业学校英语课程教学改革与质量提升提供参考。

三、测试学校及测试对象

（一）测试学校

北京市独立设置的公办中等职业学校（不含技工学校、成人中

专和艺术、体育类中等专业学校）

（二）测试对象

各学校在本校完成基础模块教学的年级中，自主选取不少于30％的学生作为测试对象。各专业参加测试的学生比例不得低于本专业年级学生总人数的30％。

四、测试工作要求

各区教委、各中等职业学校要高度重视此项工作，认真落实相关工作安排，确保本年度英语课程学业水平测试工作圆满完成。

附件：1. 2017年北京市中等职业学校英语课程学业水平测试报名表（略）

2. 2017年北京市中等职业学校英语课程学业水平测试报名汇总表（略）

北京市教育委员会

关于2017年开展高端技术技能人才贯通培养试验的通知

京教职成〔2017〕8号

各区教委，各有关高等院校、中等职业学校，教育考试院、教育科学研究院：

为深入推进教育领域综合改革，探索培养高端技术技能人才的新路径，根据《北京市关于加快发展现代职业教育的实施意见》（京政发〔2015〕57号）精神，经市教委2017年第9次主任办公会研究通过，按照“稳中求进、优化完善”的工作原则，决定

2017年继续扎实推进高端技术技能人才贯通培养试验，现将有关事项通知如下：

一、指导思想

坚持立德树人、全面发展，深化职业教育教学改革；坚持职业教育的培养方向，探索实施素质教育的新途径；促进教育公平，完善职业教育体系，构建人才培养“立交桥”，为学生成长成才提供更多更好的发展机会；对接首都经济社会发展和产业转型升级需要，改革专业设置，调整教学计划，全面加强校企合作，培养高端技术技能人才；提升职业院校办学水平和教育质量，增强职业教育对首都经济社会发展的贡献力和影响力。

二、项目类别

（一）高端技术技能人才贯通培养项目

以北京市重点高等职业院校和中等职业学校为招生单位，与优质高中、本科高校、国内外企业协作，选择对接产业发展的优势专业开展高等职业教育和本科专业教育（其中本科教育通过专升本转段录取）。

（二）高级外语人才培养项目

以北京第二外国语学院为招生单位，培养高层次、高素质、高水平的外语人才。包括非通用语和“外语＋”项目。（其中本科教育通过专升本转段录取）。

（三）学前教育与基础教育师资培养项目

以首都师范大学、北京第二外国语学院、北京联合大学、北京城市学院、北京财贸职业学院为招生单位，培养学前教育与基础教育教师（其中本科教育通过专升本转段录取）。

三、招生管理

（一）招生对象

符合当年中考升学资格的本市正式户籍考生。

（二）招生计划（见附表）

2017年计划招生6760人，其中：高端技术技能人才贯通培养项目招生计划5090人，高级外语人才培养项目招生计划220人，学前教育与基础教育师资培养项目招生计划1450人。

（三）招生录取

所有招生计划全部通过提前招生的方式进行，按专业大类下达到各区。按项目和专业类别设置最低录取分数线。具体招生录取方式参见市考试院当年招生管理办法。

四、学籍管理

（一）对于高等职业院校和本科高校招录的学生，1至3学年执行中等专业学校学籍管理办法，4至5学年执行高等职业学校学籍管理办法，完成5年学习任务成绩合格者取得高等职业教育毕业证书；完成高等职业教育阶段学习通过专升本转段考试进入本科阶段学习，完成6至7学年学习任务成绩合格者，取得普通高等教育本科层次（专升本）毕业证书。

（二）对于中等职业学校招录的学生，1至3学年执行中等专业学校学籍管理办法；完成3年学习任务，成绩合格者取得普通中等专业教育毕业证书；4至5学年进入高等职业教育阶段学习，成绩合格者取得高等职业教育毕业证书；完成高等职业教育阶段学习通过专升本转段考试进入本科阶段学习，完成6至7学年学习任务成绩合格者，取得普通高等教育本科层次（专升本）毕业证书。

（三）依据学生个人意愿，允许学生在完成中等职业教育或高等职业教育时提前毕业，由学籍所在学校颁发相应学段的毕业证书。本科院校招录的学生只能在完成高等职业教育时提前毕业。提前毕业者不再具有贯通培养资格。

五、教育教学

（一）整合优质教育资源，聚焦创新人才培养

1. 基础文化课教育可以引进优质高中课程方式予以强化；本科教育阶段与市属本科高校联合培养。

2. 学生在校学习期间，综合成绩优秀者通过中外双方设置的选拔机制，同时达到国外院校专业考核标准及该国家语言水平要

求，由政府给予部分资助进入国外院校开展访学研修。

3. 试验院校要与合作院校、合作企业和国外合作单位建立联合培养机制，并签订合作协议。共同设计一体化人才培养方案，整合校内外教师、设施、实验、实训等资源，构建整体设计、系统培养、贯通实施、校企合作、协同育人的人才培养新机制。

4. 学生入学后基础文化课程教育阶段不分专业，进入专业课程教育阶段可按学校规定申请相应专业。

（二）深化教育教学改革，着力提升学生面向未来的核心素养

1. 基础文化课程按照素质教育的理念搭建课程体系，开展通识教育，引入大学先修课程和创新创业课程，培育和践行社会主义核心价值观，提升学生的人文素养、科学素养、健康素养，增强学生创新精神、实践能力和社会责任感，培养学生国际交往能力和可持续发展能力。

2. 专业教育课程瞄准高精尖产业人才需求，通过与国内外高水平大学、国际大型企业的合作联合培养，共同制定人才培养方案和计划，培养国际化、高水平、创新型、复合型人才。

3. 全方位推动教学组织、教学方法、教育科研、教学评价、教学资源开发利用创新，推行小班化教学、选课制、走班制、学分制、导师制，实施启发式、参与式、讨论式、探究式等教学改革，充分激发学生学习兴趣，切实增强学生自主学习能力。

六、组织领导

（一）加强组织领导

1. 市教委成立贯通培养试验工作领导小组，相关处室按照责任分工指导相关学校做好改革试验的各项工作，协调解决试验推进过程中的重大问题，指导各区、各试验院校做好相关政策解读。领导小组下设工作办公室，统筹协调开展试验的具体组织实施工作。

2. 各区教委要加强对招生工作的领导，做好初中毕业生升学辅导工作。北京教育考试院要研究制定招生录取办法，并认真组织实施。北京教育科学研究院要加强对试验实施过程的跟踪研究和质

量监测。

（二）保障经费投入

各试验院校开展改革试验所需经费，按照财政相关预算管理规定予以保障。

（三）明确各方责任

1. 试验院校是贯通培养试验的责任主体，要成立由主要领导任组长、分管领导任副组长，相关部门参加的工作领导小组。要积极与各合作单位建立紧密联系，签订合作协议，明确各方责任，建立健全协作机制，推进资源共享，实现优势互补。科学制定实施方案与工作计划，精心组织实施，做好项目风险评估和相关调整预案，扎实推进各项工作。

2. 试验院校要加强教师培训力度，按照素质教育的目标和要求，逐步建立适应贯通培养试验项目的教师队伍，尤其要注重基础文化课程阶段的教师队伍建设。继续聘请高水平外籍教师参与改革试验，逐步将外籍教师教授的课程从语言类课程向专业技术类课程转移。

3. 对接试验院校的本科高校要积极参与一体化人才培养方案的整体设计，做好与试验院校在招生录取、专业建设、课程改革、质量评价等方面的衔接工作，确保人才培养质量。

4. 贯通培养试验工作中的重大问题，试验院校要及时上报市教委。

附件：2017 年北京市高端技术技能人才贯通培养试验招生计划表

2017 年 3 月 28 日

附件

2017 年北京市高端技术技能人才贯通培养试验招生计划表

项目名称	招生规模	招生院校	对接本科高校	招生专业	招生总数	最低分数线
高端技术技能人才贯通培养项目	5090	北京电子科技职业学院	北京信息科技大学 北方工业大学 北京工商大学 北京服装学院	电子与信息、机械与数控、自控与电气、汽车与交通、经济与管理、食品与生物、艺术与设计	2000	430
		北京工业职业技术学院	北方工业大学 北京建筑大学 首都经济贸易大学	机电工程类、电气与信息类、建筑与测绘类、经管与文法类	800	
		北京财贸职业学院	首都经济贸易大学 北京建筑大学 北京工商大学	财经类、商贸类、旅游类、建筑工程管理类、文化创意类	720	
		北京政法职业学院	北京第二外国语学院	国内安全保卫、法律文秘	300	
			北方工业大学	司法信息安全、司法助理、法律事务		
		北京劳动保障学院	北京联合大学	智慧养老与健康管理	360	
			北京信息科技大学	智慧城市设施安全管理、智能楼宇信息技术		
			首都经济贸易大学	人力资源管理、社会保障		
		北京农业职业学院	北京农学院 北京工商大学	农林牧渔、食品药品与粮食、旅游与休闲农业	300	

续表 1

项目名称	招生规模	招生院校	对接本科高校	招生专业		招生总数	最低分数线
高端技术技能人才贯通培养项目	5090	北京信息职业技术学院	北京信息科技大学	软件技术、信息安全与管理		300	430
		北京铁路电气化学校	北京信息科技大学	轨道交通车辆运用、轨道交通设备与控制、轨道交通供电		240	
		首都医科大学附属卫生学校	首都医科大学	护理		70	460
高级外语人才培养项目	220	北京第二外国语学院	北京第二外国语学院	非通用语	阿尔巴尼亚语、保加利亚语、斯洛文尼亚语、斯洛伐克语、匈牙利语	100	520
				外语＋	酒店管理（冬奥会酒店管理方向）	30	460
					酒店管理（中医康复保健方向）	30	
					酒店管理（国际护理方向）	30	
					汉语国际教育（中国传统文化方向）	30	
学前教育与基础教育师资培养项目	1450	北京城市学院	北京城市学院	学前教育		400	430
				小学教育		375	460
				小学教育艺体班（北京国际艺术学校定向招生）		25	

续表 2

项目名称	招生规模	招生院校	对接本科高校	招生专业	招生总数	最低分数线
学前教育与基础教育师资培养项目	1450	首都师范大学	首都师范大学	学前教育	100	460
		北京联合大学（与商业学校联合培养）	北京联合大学	学前教育	120	430
				小学教育	120	460
				音乐学（师范）	30	430
		北京第二外国语学院	北京第二外国语学院	英语（小学英语教师）	200	460
				英语（中学英语教师）		
		北京财贸职业学院	首都师范大学	学前教育	80	430

北京市教育委员会

关于转发教育部办公厅做好 2017 年度现代学徒制试点工作的通知

京教职成〔2017〕16 号

各中高等职业院校，有关单位：

根据《教育部关于开展现代学徒制试点工作的意见》（教职成〔2014〕9 号）、《教育部办公厅关于公布首批现代学徒制试点单位的通知》（教职成厅函〔2015〕29 号）、《教育部职业教育与成人教育司关于公布现代学徒制试点工作任务书备案结果的通知》（教职成司函〔2016〕109号）等文件，北京市第一批国家现代学徒制试点单位有北京市昌平职业学校、北京交通运输职业学院、北京电子科技职业学院、北京财贸职业学院等四所中高职院校。近期，教育部继续开展第二批现代学徒制试点工作。现将《教育部办公厅关于做好2017年度现代学徒制试点工作的通知》（教职成厅函〔2017〕17号）转发给你们。请按以下要求做好第一批试点年度检查、第二批试点申报和有关专家推荐工作。

一、第一批试点自检

以上四所中高职院校于2017年5月29日（星期一）前将自检报告（含校企合作协议）盖章纸质版一份和电子版提交市教委，便于市教委整理撰写省级检查报告（含四院校自检报告）并在2017年7月14日前函报教育部。四院校还要按规定于2017年6月19日（星期一）前完成在现代学徒制试点工作管理平台（以下简称教育部管理平台）的网上提交，从教育部官网职业教育与成人教育司主页（http：//www.moe.edu.cn/s78/A07/）“专题专栏”中“高等职业教育创新发展行动计划（2015—2018年）”进入，在“服务管理”栏下选“现代学徒制试点工作管理平台”，用户名分别为北京市昌平职业学校a01126，北京交通运输职业学院a01026，北京电子科技职业学院a01027，北京财贸职业学院a01028，初始密码12345，进入用户后强制修改密码。市教委网上审核后6月30日前提交教育部。

二、第二批试点申报

各院校自愿申报，于2017年5月22日（星期一）前将任务书和实施方案的盖章纸质版一式两份和电子版提交市教委，便于市教委组织评审推荐并在2017年6月16日前函报教育部。同时，各申报院校还要于2017年5月22日（星期一）前登录前述教育部管理平台，用户名和密码提前联系市教委确定，完成任务书和实施方案的网上提交。市教委网上审核后5月31日前提交教育部。

三、专委会委员和入库专家推荐

各院校自愿推荐，专委会委员限推1人，入库专家限推5人，于2017年5月26日（星期五）前将专委会委员和入库专家推荐表和名单等纸质材料一式两份和电子版提交市教委。市教委组织评审后在2017年6月16日前函报教育部。

2017年5月8日

教育部办公厅
关于做好2017年度现代学徒制试点工作的通知

教职成厅函〔2017〕17号

各省、自治区、直辖市教育厅（教委），新疆生产建设兵团教育局，有关单位：

为贯彻《国务院关于加快发展现代职业教育的决定》（国发〔2014〕19号）和《教育部关于开展现代学徒制试点工作的意见》（教职成〔2014〕9号）精神，落实《教育部2017年工作要点》（教政法〔2017〕4号）关于"启动第二批中国特色现代学徒制试点"的要求，现就做好2017年度现代学徒试点工作通知如下：

一、遴选试点

按照"自愿申报、省级推荐、部级评议"的程序遴选确定第二批现代学徒制试点单位。

（一）自愿申报

凡具有一定校企合作基础的地级市、规模以上企业、职业院校及行业均可自愿申报。第一批现代学徒制试点单位（含参与单位）

原则上不参与本次申报。请申报单位登录教育部官网职业教育与成人教育司主页（http：//www. moe. edu. cn/s78/A07/）《高等职业教育创新发展行动计划（2015—2018 年）》专题“现代学徒制试点工作管理平台”（以下简称管理平台），按照第二批现代学徒制试点工作方案（附件 1）要求，提交任务书（格式详见附件 2）和实施方案。实施方案应包括申请单位（含合作单位）基本情况、试点工作基础、试点任务、进度安排、配套政策、保障条件、预期成果及推广价值等。

（二）省级推荐

省级教育行政部门（以下统称各地）须利用管理平台对省内提出申请的地级市、企业、职业院校和行业进行遴选和推荐。每省份原则上推荐不超过 15 家。

（三）部级评议

我部将组织专家对各地推荐的申报单位进行评议，公布评议结果、确定试点单位。

二、年度检查

2016 年备案的第一批现代学徒制试点的年检工作，按照“试点自检、省级检查、部级抽检”的程序进行。

（一）试点自检

试点单位对照备案的任务书，检查完成情况，撰写并上传自检报告（含校企合作协议）。自检报告应包括：目标和任务完成情况、主要建设成效、资金到位和执行情况、存在的主要问题及改进措施，以及至下一年试点结束的工作计划等。

（二）省级检查

各地要加强对试点工作的领导，督促参加第一批试点的地级市、企业、职业院校、相关行业做好自检，并通过管理平台审核相关单位的自检报告、提交省级年检报告。省级年检报告应包括：省内试点工作总体进展，省级部门对试点工作提供的组织保障、扶持政策、资金投入，以及典型案例、存在的问题及解决措施，至下一年试点结束的工作计划等。

（三）部级抽检

我部将组织专家随机抽查审核各地和试点单位报送的年检自检报告，视需要组织实地检查，对于工作不力或造成不良影响的，我部将暂停或中止试点。

三、专家推荐

为加强试点工作指导，我部组建现代学徒制工作专家指导委员会和专家库。各地可遴选推荐熟悉职业教育、具有较高专业素质和理论水平、熟悉企业生产管理流程、年龄不超过65周岁的行业企业专家和职业教育专家作为专委会委员人选（每省份限1人）和入库专家人选（每省份不超过5人）。

四、工作要求

（一）账号管理。管理平台登录账号实行分级管理。全国性行业组织和省级教育行政部门管理平台登录账号由我部指定联系人管理，地级市、企业、区域行业组织及职业院校等试点单位管理平台登录账号由省级教育行政部门管理。

（二）网络填报。请各地按照通知要求，于2017年5月31日前登录管理平台完成第二批试点单位推荐工作；于2017年6月30日前登录管理平台完成第一批试点单位年检工作。

（三）材料报送。请有关省级教育行政部门将第二批试点推荐单位的任务书与实施方案（一式两份）和专委会委员人选与入库专家人选推荐表（格式详见附件3，一式两份），于2017年6月16日前以公函形式报送至我部，推荐表电子版发送至指定邮箱；将第一批现代学徒制试点省级年检报告（含所属试点单位自检报告）于2017年7月14日前以公函形式报送我部。全国性行业组织的年检报告以公函形式直接报送我部（职成司）。

五、联系方式

通信地址：北京市西城区西单大木仓胡同35号（邮编：100816）

附件：1. 第二批现代学徒制试点工作方案
2. 教育部现代学徒制试点工作任务书（略）
3. 现代学徒制工作专家指导委员会成员、入库专家推荐表（略）

2017 年 4 月 6 日

附件 1

第二批现代学徒制试点工作方案

为贯彻落实全国职业教育工作会议精神和《国务院关于加快发展现代职业教育的决定》，扎实推进《国家教育事业发展“十三五”规划》，持续做好现代学徒制试点工作，根据《教育部关于开展现代学徒制试点工作的意见》（教职成〔2014〕9 号）制定本方案。

一、试点目标

探索建立校企联合招生、联合培养、一体化育人的长效机制，完善学徒培养的教学文件、管理制度、相关标准，推进专兼结合、校企互聘互用的双师结构师资队伍建设，建立健全现代学徒制的支持政策，形成和推广政府引导、行业参与、社会支持，企业和职业院校双主体育人的中国特色现代学徒制。

二、试点内容

（一）探索校企协同育人机制。完善学徒培养管理机制，明确校企双方的职责与分工，推进校企紧密合作、协同育人。完善校企联合招生、共同培养、多方参与评价的双主体育人机制。探索人才培养成本分担机制，统筹利用好校内实训场所、公共实训中心和企业实习岗位等教学资源，形成企业与职业院校联合开展现代学徒制的长效机制。

（二）推进招生招工一体化。完善职业院校招生录取与企业用工一体化的招生招工制度，推进校企共同制订和实施招生招工方案。规范职业院校招生录取和企业用工程序，签订学生与企业、学校与企业两份合同（或学徒、学校和企业之间的三方协议），明确学徒的企业员工和职业院校学生双重身份（对于年满16周岁未达到18周岁的学徒，须由学徒、监护人、学校和企业四方签订协议），明确各方权益及学徒在岗培养的具体岗位、教学内容、权益保障等。

（三）完善人才培养制度和标准。按照“合作共赢、职责共担”原则，校企共同设计人才培养方案，共同制订专业教学标准、课程标准、岗位技术标准、师傅标准、质量监控标准及相应实施方案。校企共同建设基于工作内容的专业课程和基于典型工作过程的专业课程体系，开发基于岗位工作内容、融入国家职业资格标准的专业教学内容和教材。

（四）建设校企互聘共用的师资队伍。完善双导师制，建立健全双导师的选拔、培养、考核、激励制度，形成校企互聘共用的管理机制。明确导师的职责和待遇，合作企业要选拔优秀高技能人才担任师傅，明确师傅的责任和待遇。院校要将指导教师的企业实践和技术服务纳入教师考核并作为晋升专业技术职务的重要依据。建立灵活的人才流动机制，校企双方共同制订双向挂职锻炼、联合技术研发、专业建设的激励制度和考核奖惩政策。

（五）建立体现现代学徒制特点的管理制度。建立健全与现代学徒制相适应的教学管理制度，制订学分制管理办法和弹性学制管理办法。创新考核评价与督查制度，基于工作岗位制订以育人为目标的学徒考核评价标准，建立多方参与的考核评价机制。建立定期检查、反馈等形式的教学质量监控机制。制订学徒管理办法，保障学徒权益，根据教学需要，科学安排学徒岗位、分配工作任务，保证学徒合理报酬。落实学徒的责任保险、工伤保险，确保人身安全。

三、试点形式

现代学徒制试点自愿申报。申报试点的单位应是具有一定工作基础、愿意先行先试的地级市、行业、企业及职业院校。

（一）地级市牵头开展试点。以地级市作为试点单位，统筹辖区内职业院校和企业，立足辖区内职业院校资源和企业资源确定试点专业和学生规模，重点探索地方实施现代学徒制的支持政策和保障措施。

（二）行业牵头开展试点。以行业作为试点单位，统筹行业内职业院校和企业，选择行业职业教育重点专业开展现代学徒制试点工作，侧重开发规范和保证现代学徒制实施的各类标准。

（三）职业院校牵头开展试点。以职业院校作为试点单位，选择学校主干专业，联合有条件、有意愿的企业共同开展试点工作，重点探索现代学徒制的人才培养模式和管理制度。

（四）企业牵头开展试点。以具有校企一体化育人经验的规模企业作为试点单位，联合职业院校共同开展试点工作，重点探索企业参与现代学徒制的有效途径、运作方式和激励机制。

四、工作安排

第二批现代学徒制试点工作按照自愿申报、省级推荐、部级评议、组织实施、验收推广等程序进行，试点工作在省级教育行政部门的统筹协调下开展。

（一）自愿申报。申报单位须提交试点实施方案，根据实施方案编制并提交任务书。地级市、职业院校、企业及区域行业组织的申报材料由所在省级教育行政部门统一组织报送（企业申报材料由合作院校所在省教育行政部门报送），全国性行业组织申报材料直接报送教育部（职成司）。

（二）省级推荐。省级教育行政部门对照教育部要求，结合区域发展和产业布局，统筹考虑省内职业院校、企业、区域行业组织，推荐试点单位。

（三）部级评议。教育部组织专家对申报材料进行评审、遴选，优先支持高附加值产业相关专业及新一代信息技术、高档数控机床和机器人、航空航天装备、海洋工程装备及高技术船舶、先进轨道交通装备、节能与新能源汽车、电力装备、新材料、生物医药及高性能医疗器械、农业机械装备等与“中国制造 2025”联系密切的 10 大领域相关专业开展试点；优先支持目标明确、方案完善、支持力度大、示范性强的申报试点。

（四）组织实施。省级教育行政部门负责区域内试点工作的统筹协调，年度检查；教育部组建“现代学徒制工作专家指导委员会”对试点工作进行指导、监督和检查，组织推动各地和试点单位之间经验交流，及时固化和完善成功经验。

（五）验收推广。试点工作自批准起为期二年。试点期满，试点单位须对照任务书进行总结，撰写总结报告；省级教育行政部门应对所属试点单位进行全面检查，组织省级验收，并将验收结论函报教育部；教育部将组织专家审核省级验收结论，视审核情况组织抽查，公布最终验收结果。省级教育行政部门及各试点单位应在成功试点的基础上，有序推广实施现代学徒制，使现代学徒制成为校企合作培养技术技能人才的重要途径。

五、保障措施

（一）加强试点指导。各地要加强对试点工作的指导，落实责任制，建立跨部门的试点工作领导小组，定期会商和解决有关试点工作重大问题；专人负责，及时协调有关部门支持试点工作；制订试点工作扶持政策，加强对招生工作的统筹协调；加大投入，通过财政资助、政府购买等措施引导企业和职业院校实施现代学徒制培养。

（二）科学组织实施。各试点单位要深入调研，科学制定实施方案，明确试点任务和目标；精心组织实施，坚持问题导向，针对现代学徒制试点过程中的实际问题，着力创新体制机制，完善制度体系，优化政策环境，确保试点工作取得实效。

（三）注重实务研究。试点单位要坚持边试点边研究，及时总结提炼，注重把试点工作中的好做法和好经验上升成为理论和措施，促进理论与实践同步发展。

北京市教育委员会办公室

转发教育部办公厅关于做好职业教育专业教学资源库2017年度相关工作文件的通知

京教办函〔2017〕3号

各区教委，各中高等职业院校，各有关单位：

教育部自2010年起开展职业教育专业教学资源库建设工作，根据《教育部关于公布2016年度职业教育专业教学资源库项目评审结果的通知》（教职成函〔2016〕17号）等文件，北京市参与该项目的有北京工业职业技术学院的工程测量技术（2011）、北京电子科技职业学院的民族文化传承与创新（2013）、北京社会管理职业学院等的老年服务与管理（2015）、北京信息职业技术学院的计算机应用技术（2015）、北京政法职业学院等的法律文秘（2015）、北京电子科技职业学院的移动应用开发（2016）、北京交通运输职业学院的城市轨道交通（2016）、北京经济管理职业学院的宝玉石鉴定与加工（2016）等8个。教育部近期将开展2017年度备选资源库申请、2017年度升级支持资源库遴选和资源库2018年度验收准备工作。现将《教育部办公厅关于做好职业教育专业教学资源库2017年度相关工作的通知》（教职成厅函〔2017〕23号）转发给你们，请按要求做好以下工作。

一、备选资源库申请

拟申报国家备选资源库的各中高等职业院校，请按照教育部文件附件1手册（2017）正文中的申请条件和流程，于2017年6月15日至7月5日期间登录资源库管理系统（从教育部官网职业教育与成人教育司主页 http：//www.moe.edu.cn/s78/A07/“专题专栏”中“高等职业教育创新发展行动计划2015—2018年”进入在“服务管理”栏下）提交申请，并将附件1手册（2017）附3的备选资源库申请书等盖章纸质版一式两份于2017年7月10日提交教育部。同时将申请材料电子版于2017年6月30日（星期五）前发市教委职成处邮箱，便于我委准备推荐函。

2016年入库但尚未立项建设的我市项目北京经济管理职业学院的宝玉石鉴定与加工（2016）须将相关申请材料纸质版一式两份于2017年7月10日前提交教育部，管理系统中原有申请材料可自主更新。

二、已验收资源库升级支持遴选

北京工业职业技术学院的工程测量技术（2011）、北京电子科技职业学院的民族文化传承与创新（2013），如拟参加教育部升级支持遴选，请于2017年6月15日至7月5日期间登录资源库管理系统（从教育部官网职业教育与成人教育司主页 http：//www.moe.edu.cn/s78/A07/“专题专栏”中“高等职业教育创新发展行动计划2015—2018年”进入在“服务管理”栏下）填写申请和方案，并将附件2申请书等盖章纸质版一式两份于2017年7月10日前提交教育部。同时，于2017年6月30日（星期五）前将申请和方案电子版发市教委职成处邮箱。

三、2015年立项在建资源库2018年度验收准备

按照三年建设周期，我市北京社会管理职业学院等的老年服务与管理（2015）、北京信息职业技术学院的计算机应用技术（2015）、北京政法职业学院等的法律文秘（2015）等三个项目将于2018年初接受验收，请会同建设团队撰写资源库《总结报告》、出具《审计报告》，于 2018 年 3 月 9 日至 23 日期间登录管理系统，填写《总结报告》、上传《审计报告》以及必要的佐证材料；同时将主持单位签章的上述资料纸质版（与网上提交信息一致，一式两份）函报教育部。申请 2018 年延期验收的资源库，请于 2018 年 1 月 10 日前提交书面的延期验收申请（一式三份）。

教育部文件《教育部办公厅关于做好职业教育专业教学资源库 2017 年度相关工作的通知》（教职成厅函〔2017〕23 号，共 123 页），见教育部网站或北京市教委职成处邮箱。

2017 年 6 月 9 日

教育部办公厅

关于做好职业教育专业教学资源库 2017 年度相关工作的通知

教职成厅函〔2017〕23 号

各省、自治区、直辖市教育厅（教委），新疆生产建设兵团教育局：

按照职业教育专业教学资源库（简称资源库）建设工作安排，现将 2017 年度国家级备选资源库申请、升级改进支持资源库遴选和年度验收工作有关事项通知如下：

一、备选资源库申请

符合《职业教育专业教学资源库建设工作手册（2017）》（以下简称《手册》，见附件 1）“七、申请条件”的资源库，可依据《手册》“八、备选资源库申请流程”进行申请。

新申报国家级备选资源库的第一主持单位须于 2017 年 6 月 15

日至7月5日期间登录职业教育专业教学资源库管理系统（以下简称管理系统）提交申请材料，并将相关申请材料纸质版和省级推荐公函（一式两份）于2017年7月10日前函报我部职成司。

《教育部关于公布2016年度职业教育专业教学资源库项目评审结果的通知》（教职成函〔2016〕17号）已确定但尚未立项建设的备选资源库须重新接受评议。备选资源库可自主更新管理系统中原有申请材料，并将相关申请材料纸质版（一式两份）于2017年7月10日前函报我部职成司。参加遴选的备选资源库直接进入材料公示环节。

我部按《手册》“八、备选资源库申请流程”遴选确定2017年度国家级备选资源库，并根据“教育部职业教育专业能力建设专项”（以下简称部本专项）预算安排情况，从中择优立项支持建设国家级资源库。2016年确定立项建设但尚未安排部本专项资金支持的资源库，须按《手册》要求重新提交有关材料，确定是否给予部本专项资金支持。

二、升级改进支持资源库遴选

符合《手册》“十一、管理机制”“（一）持续支持机制”要求的已验收资源库，可申请升级改进支持部本专项资金。我部根据项目评议情况，按序列入升级改进支持备选库，并根据部本专项预算安排情况，以补助方式择优支持。

申请升级改进支持的资源库第一主持单位须于2017年6月15日至7月5日登录管理系统填写《职业教育专业教学资源库升级改进支持申请书》（附件2）和升级改进方案，并于2017年7月10日前将上述资料（一式两份）函报我部职成司。

三、年度验收工作

符合《手册》“六、组织实施”“（六）验收评议”要求的资源库，均须接受验收。

（一）验收范围

《教育部关于确定职业教育专业教学资源库2015年度立项建设

项目及奖励项目的通知》（教职成函〔2015〕10号）确定的立项建设资源库；《教育部关于公布职业教育专业教学资源库升级改进支持项目确定情况及2016年度预算安排的通知》（教职成函〔2016〕15号）确定的2016年度升级改进支持资源库；2017年度验收评议确定延期验收和暂缓通过的资源库。

申请2018年延期验收的资源库，请于2018年1月10日前提交书面的延期验收申请（一式三份）。

（二）提交材料

资源库主持单位会同建设团队撰写资源库《总结报告》、出具《审计报告》。2017年验收暂缓通过的还应根据专家提出的意见，提交整改报告。我部视情况组织抽查。

资源库第一主持单位须于2018年3月9日至23日期间登录管理系统，填写《总结报告》，上传《审计报告》以及必要的佐证材料。同时将主持单位签章的上述资料纸质版（与网上提交信息一致，一式两份），函报我部职成司。《总结报告》将于2018年3月31日前在《高等职业教育创新发展行动计划（2015—2018年）》专题“专业教学资源库管理平台”专栏公示。

（三）验收评议

我部将组建专家团队，按照《手册》“六、组织实施”“（六）验收评议”的规定组织验收。具体安排另行通知。

四、联系方式通信地址：北京西单大木仓胡同37号教育部职业教育与成人教育司高职发展处（邮编：100816）

附件：1. 职业教育专业教学资源库建设工作手册（2017）

2. 职业教育专业教学资源库升级改进支持申请书（样表，略）

2017年4月6日

附件1

职业教育专业教学资源库建设工作手册（2017）

职业教育专业教学资源库（以下简称资源库）建设是顺应“互联网+”发展趋势，推动信息技术在职业教育专业教学改革与教学实施领域综合应用的重要手段。为进一步优化组织、规范建设，提升资源质量和应用效果，制定本手册。

一、指导思想

按照“国家急需、全国一流、面向专业”的总要求，国家级资源库主要面向专业布点多、学生数量大、行业企业需求迫切的职业教育专业领域，组建一流团队、汇聚一流资源、提供一流服务，为全国相同（相近）专业的教学改革和教学实施提供范例和优质资源。通过优质教学资源共建共享，推动职业教育专业教学改革，提升教学信息化水平，带动教育理念、教学方法和学习方式变革，提高人才培养质量；探索基于资源库应用的学习成果认证、积累和转换机制；为社会学习者提供资源和服务，增强职业教育社会服务能力，为形成灵活开放的终身教育体系、促进学习型社会建设提供条件和保障。

二、功能定位

资源库定位于“能学、辅教”。“能学”指凡有学习意愿并具备基本学习条件的职业院校学生、教师和社会学习者，均能够通过自主使用资源库实现不同起点的系统化、个性化学习，并实现一定的学习目标。“辅教”指教师可以针对不同的教授对象和教学要求，利用资源库灵活组织教学内容、辅助教学实施，实现教学目标；学生可以在课堂教学以外，通过使用资源库巩固所学和拓展学习。

三、建设思路

资源库遵循“一体化设计、结构化课程、颗粒化资源”的建构逻辑，强化应用功能和共享机制设计。资源布局与职业教育专业教学资源库运行平台（以下简称运行平台）功能的“一体化设计”是资源库建设的前提，应以满足用户使用需求为目标，根据专业领域特点，对知识结构、资源属性和运行平台功能等进行整体设计。系统规范、涵盖本专业全部专业核心课的“结构化课程”体系是资源库建设的重点，要以行业企业需求为导向，以教学与课程改革为基础，以本专业教学标准为指导，突出职业教育特色，融入创新创业教育，强化网络“教”与“学”特点，一般应由若干标准化课程和个性化课程组成；标准化课程应结构清晰、逻辑紧密、体系完整，建设质量能够代表国内先进水平；个性化课程是对标准化课程的延伸、拓展或补充。单体结构完整的“颗粒化资源”是资源库建设的基础，库内资源要在保障科学性和有效性的前提下尽可能设计成较小的学习单元，便于检索、学习和组课。

四、资源建设

（一）基本资源。一般指涵盖专业教学标准（或专业教学基本要求）规定内容、覆盖专业所有基本知识点和岗位基本技能点，颗粒化程度较高、表现形式适当，能够支撑标准化课程的资源。

（二）拓展资源。一般指基本资源之外针对产业发展需要和用户的个性化需求开发建设的资源。拓展资源应反映行业发展的趋势特色、前沿技术、最新成果及国际比较，并能够保持先进性。

（三）资源冗余。库内资源应力求丰富多样，在数量和类型上超出标准化课程调用的资源范围，实现资源冗余，以方便教师自主搭建课程和学生拓展学习。

（四）分层建设。库内资源应包含素材、积件、模块和课程等不同层次。素材是最基础的、颗粒化的资源个体；积件是以知识点、技能点为单位，由多个内在关联的素材组合形成；模块以典型工作任务、重点技能训练项目或学习单元等为单位，是包含多个知识点、技能点的积件组合；课程由多个工作任务、技能训练项目、学习单元组合形成，包含完整的教学内容和教学活动，包括教学设计、教学实施、教学过程记录、教学评价等环节，支持线上教学和线上线下混合教学。

（五）资源类型。资源类型一般包括文本类素材、图形（图像）类素材、音频类素材、视频类素材、动画类素材和虚拟仿真类素材等。应控制文本类和图形（图像）类资源占总资源的比重，充分发挥信息技术优势改造传统教学，提高视频类、动画类、虚拟仿真类资源所占比重。视频类素材主要用以阐述或演示某一知识点或技能点，可以短小的“微课程”为主要形式，属易用易得适用实用的学习资源；动画侧重通过变换的视角、直观的画面、形象的阐述，逻辑思维与形象思维融为一体，将抽象概念具体化、微观概念可视化，使教学活动更加符合普通学习者的思维习惯；虚拟仿真主要用以替代危险性高或难以安排的现场实习、展示现实教学中难以理解的复杂结构和复杂运动等，提高实际教学效果。

（六）资源属性。按照资源的内容和性质，科学全面标注资源属性，方便资源的检索和智能重组。资源的形式规格遵循行业通行的网络教育技术标准。鼓励按中国标准关联标识符（ISLI）国家标准（2018 年 6 月 1 日起全面应用）对资源进行标识。

（七）主要内容。资源库内容包括但不限于：专业介绍、就业与岗位、人才培养方案、教学环境、网络课程、培训项目、测评系统等，主要有：

1. 职业标准、技术标准、业务流程、作业规范、教学文件等。

2. 企业生产工具、生产对象、生产场景、校内教学条件等。

3. 企业生产过程、学生实习实训、课堂教学等。

4. 工作原理、工作过程、内部结构等。

5. 虚拟企业、虚拟场景、虚拟设备以及虚拟实验实训实习项目等。

6. 企业案例、企业专家、双师资源、行业企业产品及文化展示、就业创业平台、企业网站链接等。

7. 数字化教材、教学课件等。

8. 习题库、试题库等。

9. 与专业、课程、知识点、技能点相关的导学、助学系统。

五、功能设计

（一）基本原则。资源库功能应按照“便捷、成效、促用”的目标构建。“便捷”指使用户自主学习、组建课程、获取资源方便、快捷，相比传统教学或其他线上资源获取方式具有明显优势，实现资源库“时时可用、处处可用”；“成效”指发挥数字化资源优势，使得教学更易组织，学生更易学习，明显提升教与学的效果；“促用”指资源库应建立用户使用奖励和分级管理的机制（或类似机制），使在线时间长、使用资源多、参与互动勤、上传资源好的用户能够获得更高的使用权限或其他虚拟价值奖励，促进资源库的推广应用。

（二）功能应用。强化资源库“能学、辅教”功能。资源库应能支持学生自主学习和测评，方便教师根据需要搭建课程并组织教学；完善线上与线下学习过程的管理与服务，帮助用户自主有效学习。项目团队应组建共建共享联盟，运用需求导向、应用激励的策略，将资源库应用融入学校的专业教学全过程；在联盟内部探索基于课程或模块的学习成果认证、积累和转换，建立校际资源共享、学分互认机制。

（三）运行平台。一是完善功能。在符合《网络出版服务管理规定》要求的基础上，按照资源库构建目标要求，强化运行平台的资源标识、资源存储、资源评价、资源管理、资源再生等功能；建立健全导学（导用）功能；加强针对不同使用者（不同起点学习者）的资源检索、智能推送、在线学习、讨论互动、跟踪评价、过程管理等功能。二是开放运营。国家级资源库可自主选择功能、技术和管理等均符合《职业教育专业教学资源库运行平台技术要求》（见附 1）要求的运行平台；运行平台须主动配合资源库建设和使用的需要进一步完善功能，向用户提供免费服务，主动支持主流搜索引擎对资源的检索。支持国家级资源库的运行平台，不得对资源库内容设置使用权限和用于商业目的。

六、组织实施

国家级资源库建设按照“自主建设、省级统筹、遴选入库、择优支持、边建边用、验收评议、持续应用”的方式组织实施。

（一）自主建设。鼓励具有专业优势的职业院校，根据教育部制定的资源库建设基本要求，汇聚不同代表性的学校和行业内有影响力的企业组建项目团队，聚焦自身优势专业，自主建设资源库。

（二）省级统筹。各省（区、市）根据本地实际，结合本地《高等职业教育创新发展行动计划（2015—2018年）》实施方案，从经费支持、专业布局等方面统筹规划与国家级资源库错位布局的省级资源库建设，并可根据实际建设情况推荐参加国家级备选资源库遴选。

（三）遴选入库。教育部根据各地推荐资源库的专业方向、建设方案、现有基础、使用情况、学校举办方或同级财政投入程度、行业企业支持力度以及相关单位自筹能力等，按照既定程序择优遴选国家级备选资源库。

符合以下条件的资源库将在同等条件下优先入选：一是国家鼓励类产业、战略性新兴产业领域的资源库；二是国际化程度高，服务国家“一带一路”战略相关产业领域的资源库；三是现有建设基础好，省级教育行政部门、行业企业支持力度大的资源库；四是“民族文化传承与创新”资源库子库。

（四）择优支持。教育部根据部本专项预算，支持入库排名靠前、省级支持力度大、建设及使用成效好的备选资源库为国家级立项建设资源库，审核认定其建设方案、任务书、资金预算（含支出绩效目标），安排部本专项资金支持继续建设。原则上每主持单位每年部本专项资金支持建设的资源库不超过1个。部本专项资金为补助性经费，第一主持单位应当会同联合主持和参建单位筹措补齐项目预算差额。已经确定立项建设但尚未获得部本专项资金支持的，须重新提交建设方案、任务书、资金预算（含支出绩效目标）、立项建设以来的建设和应用推广使用情况及必要的佐证材料（含当年学校预算安排公文），经审查合格后安排部本专项资金予以支持继续建设。

（五）边建边用。资源库主持单位要会同联合建设单位按照建设方案和任务书的要求，完成建设任务、实现预期目标，规范使用和管理建设资金；参建院校应在相关专业教学中积极使用资源库的已建成内容，支持教师率先应用、学生广泛使用、参建行业企业积极采用。

（六）验收评议。立项建设资源库须在获得部本专项支持的2年内完成任务书规定的建设任务并接受验收。验收评议按照验收材料网上公示、专家网上审阅、现场陈述、演示问答、专家评议的程序进行。验收结果向社会公布。

（七）持续应用。通过验收的资源库继续探索和完善以用促建、共建共享、开放建设、动态更新的长效机制，持续更新资源、提升用户体验、加强应用推广。确定经费投入比重，保证每年新增和更新的资源比例不低于验收时总量的10%，每年新增用户数量不低于验收时总量的10%，并保持用户活跃程度。

七、申请条件

申请列为国家级备选资源库的资源库应具备如下条件和基础：

（一）已立项在建或已完成建设的省级资源库。

（二）与已立项国家级资源库的专业领域（见附2）不重复、不高度相近。

（三）运行平台满足相关功能、技术、监测与管理要求。

（四）资源库建设方案体现高水平的专业建设与课程体系改革成果；已建成的专业核心课程不少于6门，满足自主学习需求的典型工作任务或重点技能训练模块不少于10个，资源类型多样、分布合理，文本类和图形（图像）类资源数量占比小于50%，各类素材使用合理；教学设计、教学实施、过程记录、教学评价、自主学习等功能完备；建设内容包含测评系统，且能够支持资源库课程教学模块的自学检测或考试；有资源质量保障机制，抽查资源合格比例不低于95%。

（五）项目团队校企融合、优势互补，能够代表本专业领域全国一流水平，且分工明确、协作有序，执行力强（同等条件下，优先支持各地立项建设的优质高职院校建设单位牵头主持的资源库）。参与建设单位必须承担具体建设和应用任务。

（六）已经实际使用且效果良好。注册用户分布合理，用户数不少于2000，用户深度使用且学习行为符合规律，其中参建院校相关专业的在籍教师和在校学生均为实名注册用户；参与建设单位已将资源库实际应用于本校教师授课、布置作业，本校学生学习、复习、考试，企业员工培训、继续教育等方面。

（七）资源建设标准和评价机制明确；资源库建设资金使用管理制度科学；绩效目标设定能够清晰反映资源库预期的产出和效果，绩效指标有依据（或参考标准），符合“指向明确、细化量化、合理可行、相应匹配”的要求；预算按照功能和经济分类编制，符合目标相关性、政策相符性和经济合理性原则。经费投入、团队管理、资源审核、资源更新及共建共享机制能够保障资源库的持续建设与应用。

（八）牵头主持单位必须是独立设置的职业院校（中等职业学校或高等职业院校）。如联合主持，联合主持单位不超过3个；排序第一的资源库主持单位，总负责资源库的任务和资金分配，以及验收准备工作。原则上每单位每年主持立项在建的资源库不超过1个。

（九）第一主持单位具有筹措补齐预算差额的能力，近5年使用中央财政、部本专项资金规范有效、监督公开透明、内部控制好；举办方和行业企业支持力度大；未获得过部本专项支持的，同等条件下优先支持。参建单位近年来教育经费使用管理，特别是使用中央财政、部本专项支持资金有违规现象和不良记录、无明显改进的，不予支持。暂缓和申请延期验收资源库的参建单位，验收通过之前不得牵头申请新的资源库。

八、备选资源库申请流程

教育部按照以下程序遴选国家级备选资源库。

（一）院校申请。资源库主持单位填写《职业教育专业教学资源库备选资源库申请书》（简称《申请书》，见附3），并于规定时间内登录教育部官网职成司主页（http：//www. moe. edu. cn/s78/A07/）《高等职业教育创新发展行动计划（2015—2018年）》专题“专业教学资源库管理系统”（简称管理系统）进行申请，提交《申请书》、资源库建设可行性研究报告（包括前期建设与成效）、资源库建设方案（包括共享方案及目前成效）、资源库运行地址和登录信息等材料。相关材料纸质版（资源库主持单位逐一签章）一式两份，于规定时间内函报教育部职成司。

（二）省级推荐。省级教育行政部门确定推荐资源库（不含上一年度已经入选的备选资源库），形成书面推荐意见（含省级立项支持佐证材料），并按要求函报教育部职成司。

（三）资格审查。教育部对照“七、申请条件”要求，审核申报单位的申报资格。

（四）材料公示。申报备选资源库的《申请书》、建设方案、可行性研究报告和访问网址等材料，将在管理系统上进行公示。公示期间，社会各界可以通过电话、传真、电子邮件等形式实名反映问题。反映问题一经查实，中止相应申报资源库参加遴选的资格。

（五）网络预审。专家采用“网络匿名评议”方式，从申报备选资源库的资源建设基础、应用水平等方面进行审核，提出进入现场评议环节建议名单。

（六）现场评议。采用现场陈述答辩的方式，专家对进入现场评议环节的申报备选资源库进行综合评议，合议确定列入国家级备选资源库建议名单。

九、验收流程

参加验收的资源库须提交《总结报告》《审计报告》以及所有参建院校相关专业的全体在籍教师名单和全日制在籍学生名单等材

料，按程序接受验收。

应验收资源库可根据实际建设情况申请延期验收。申请延期验收资源库要充分说明延期理由，主持单位须以公函形式报送延期验收申请。经教育部审核同意的，参加下一批次的资源库验收。同一资源库至多申请1次延期验收。

（一）建设总结。资源库主持单位会同建设团队撰写资源库《总结报告》，内容至少包括但不限于：资源库建设基本情况，任务书规定建设目标的完成情况，资源库应用与推广成效，资源库建设对相关专业和产业发展的贡献，典型学习方案，资金预算执行情况、管理与绩效，共享机制设计与实践，存在的问题，后续工作规划等。上一年度延期验收或验收暂缓通过的资源库还须撰写整改报告。

（二）资金审计。资源库第一主持单位须确保建设资金使用管理的安全规范有效，实现绩效目标，并按照《职业教育专业教学资源库建设资金管理办法》（教财厅函〔2016〕28号）（简称《资金管理办法》）第六章第二十八条规定，组织审计，出具资源库《审计报告》。《审计报告》必须全面发表审计意见。

（三）提交材料。资源库主持单位须在规定时间内登录管理系统，填写《总结报告》，上传《审计报告》和相关佐证材料。同时将签章的纸质版（与网上提交信息一致）一式两份函报教育部职成司。其中《总结报告》将在专栏公示，公示期为7个工作日。

（四）网上审阅。相关专家提前登录管理系统验收专栏审阅相关材料，并查阅监测数据、浏览资源库网站。

（五）现场答辩。采用现场陈述（演示）方式进行，教育部提前随机抽取若干教师和学生，与资源库主持人、财务负责人等一起参加现场答辩，主答辩人一般应为资源库主持人。

（六）专家评议。专家组根据资源库建设情况、监测数据、陈述答辩情况，以及资金预算执行、管理与绩效情况、实际应用情况等，对照“职业教育专业教学资源库验收评议重点和指标”（见附4），合议并给出验收结论。

验收结论分为通过、暂缓通过和不通过三种。

暂缓通过的资源库，须参照专家意见，对照本《手册》要求组织整改和建设，参加下一批次的资源库验收。

上一年度暂缓通过的资源库和延期验收的资源库，再次验收仍未通过的，结论确定为不通过。

十、质量与监测

（一）质量管理。资源库主持单位和运行平台应建立全面的质量管理体系，健全资源质量审核机制，优化资源库应用环境，确保资源建设和应用质量，并对库内资源的合法性、科学性、教育性、技术性、艺术性及知识产权负责。

（二）资源库监测。已立项建设的资源库和列为国家级备选资源库的资源库（简称受控资源库），须接受和配合职业教育专业教学资源库监测平台（简称监测平台）对其资源质量和使用成效的监测。监测平台实时采集受控资源库的建设和应用数据、不定期采集受控资源库的运行日志等信息，供资源库验收、确定升级改进支持资源库以及后续管理使用。监测平台对资源库的使用效果、资源更新、用户行为等进行分析，并适时在适当范围内发布资源库建设与应用分析报告，为资源库管理、推广、决策和规划提供依据。每年教育部结合受控资源库的监测情况适时进行抽检。

十一、管理机制

（一）持续支持机制。按照“注重实效、宁缺毋滥”原则，每年在已通过验收并运行1年以上、后续建设规划和建设机制健全、资源更新和应用效果较好的资源库中遴选若干个作为升级改进资源库予以支持，部本专项分担部分升级改进经费，主要用于按照新的建设标准，优化组库结构、完善已有资源、补充新资源、提升用户体验、扩大共享范围。同一升级改进支持资源库原则上3年内不重复支持。

（二）调整报备机制。立项建设的资源库，经审核认定的建设方案、任务书和资金预算原则上不予调整，确需调整的，须由第一主持单位向所在省份教育行政管理部门提出申请，报教育部备案后方可进行调整。

（三）暂停机制。暂缓通过和申请延期验收的资源库参建单位不得申报新的中央财政、部本专项支持项目。

（四）更新机制。列为备选的资源库（含升级改进支持资源库），下年度未再申请参加遴选的，其备选资格自然终止。立项建设的资源库，第一主持单位可对建设和应用不力的参与建设单位提出警告。对连续2次警告仍无有效改进的参与建设单位，第一主持单位可终止其后续建设任务、取消其参与建设该资源库的资格，并可以向教育部申请将其列入教育行为负面清单。验收不通过的资源库，终止后续建设，取消国家级资源库建设资格，追回部本专项资金，相关建设单位列入教育行为负面清单。监测平台发布的资源库建设与应用分析报告可对已验收的资源库中资源更新不力或应用情况较差的提出警告。连续2次警告仍无有效改进的，终止后续建设，取消国家级资源库资格，相关建设单位列入教育行为负面清单。列入教育行为负面清单的主持单位5年内、参与建设单位3年内不得申报或参与申报新的中央财政、部本专项支持项目。

十二、保障措施

（一）组织保障。资源库主持单位负责组建项目团队、成立建设指导小组，集聚行业协会、企业及职业院校的专家参与建设。鼓励跨区域组建项目团队，团队内的职业院校要求专业综合实力强、特色明显；选择与所建资源库专业领域相关的全国性行业和代表行业水平的先进企业合作，把先进的生产实践资源引入资源库，为资源库建设提供实质性支持。主持单位要充分发挥统筹协调作用，在资源库建设理念、设计、方法、技能以及质量保障等方面加强对团队成员的指导与培训；参与建设单位要切实承担好建设和应用任务，为资源库相关工作提供必要支持；相关建设院校要把资源库建设和应用工作作为提升学校信息化教学水平的重要抓手，在教师职称评聘、考核评价等方面建立长效激励机制。

（二）知识产权。资源库属于职务作品，建设单位享有资源的著作权，并保证资源内容没有侵犯他人知识产权和其他合法权益；参与建设的个人对其原创的资源享有署名权。资源库验收后，升级改进产生的资源著作权由建设单位和个人协商确定。建设单位、参建人员、运行平台应商定和签署知识产权保障协议。

（三）建设资金。资源库建设单位须按照《资金管理办法》要求，分配、筹措、使用和管理建设资金，合理编制和执行预算，注重绩效管理与评价，强化监督和检查。

各地、各学校应参照本手册，分层建设、系统推进，积极开展资源库建设工作。各省（区、市）应根据本地经济社会发展需要和职业教育发展特点，与国家级资源库错位规划建设省级资源库，指导支持省内职业院校建设具有校本特色的校级资源库，并推动国家级和省级资源库在职业院校的使用。各职业院校应根据自身条件，积极培育、申请建设国家级、省级资源库，补充建设校级资源库，在学校教学中充分使用各级资源库。

附：1. 职业教育专业教学资源库运行平台技术要求（略）

2. 职业教育专业教学资源库已立项建设资源库一览表（略）

3. 职业教育专业教学资源库备选资源库申请书（样表，略）

4. 职业教育专业教学资源库验收评议重点和指标（略）

北京市教育委员会

关于公布2017年北京市职业院校信息化教学比赛获奖结果的通知

京教函〔2017〕326号

各区教委，各职业院校：

为进一步提高教师现代信息技术应用能力和信息化教学水平，市教委于7月6日—7日成功举办了2017年北京市职业院校信息化教学比赛。经专家组评审，信息化教学设计、信息化课堂教学和信息化实训教学3个项目共评选出一等奖44项，二等奖69项，三等奖97项，优秀组织奖16项，现将获奖名单予以公布（见附件1、2）。

请各区教委、各职业院校进一步巩固北京市职业院校信息化教学比赛成果，加大宣传和投入力度，营造积极氛围，支持鼓励教师在教育教学中广泛合理应用信息技术、积极改造传统教学、全面提升信息化教学水平，推动本市职业教育教学改革创新。

附件：1. 2017年北京市职业院校信息化教学比赛获奖名单

2. 2017年北京市职业院校信息化教学比赛优秀组织奖名单

2017年7月21日

附件1

2017年北京市职业院校信息化教比赛获奖名单

（排名不分先后）

一、中职组信息化教学设计比赛

一等奖

序号	学校	参赛作品	姓名
1	北京金隅科技学校	兰亭集序	刘玉学
2	北京市密云区职业学校	鸿门宴	杨鑫鑫、毛艳、郝桂霞
3	北京市电气工程学校	琵琶行	陈晓敏、郭小平、刚美超
4	北京市信息管理学校	穿越时代的优雅——走进巴洛克与洛可可艺术	白洁、许艳萍、杨宁
5	北京市信息管理学校	智能环境监控—模拟量模块	刘昕、胡志齐、王天蛟
6	北京铁路电气化学校	中国民歌	杜悦、韦婵、王雪梅
7	北京铁路电气化学校	10kV开关柜的维护	朱晓强、高泽娅、陈会茹
8	北京铁路电气化学校	机器人循迹功能实现	爱新觉罗·鑫、李婷、崔安琪
9	北京市商业学校	圆钻型宝石冠主面研磨与抛光	杨轶、武改朝、黄惊
10	北京市商业学校	青少年屈光参差验配过程中复视的解决方法	王昊洋、王红蕾、党艳霞
11	北京市劲松职业高中	标准音a1与a的调音	杨建玉、李燕莉、赵静

二等奖

序号	学校	参赛作品	姓名
1	北京市密云区职业学校	将进酒	汪子琦、刘秀文、陈绍文
2	北京市昌平职业学校	现代诗歌——面朝大海春暖花开	李颖、于思、陶金
3	北京市昌平职业学校	管弦乐欣赏《卡门序曲》	鹿群、岳楠、王煜迪
4	北京市昌平职业学校	隐形的翅膀	张楚、刁新秋、鞠晓林楠
5	北京市昌平职业学校	恢复误分区数据	邢予、宋志坤、田群山
6	北京市信息管理学校	胡同文化	郭俊、郑丹、谷东辉
7	北京市怀柔区职业学校	石缝间的生命	孟艳华、魏兰、常丽娟
8	北京市电气工程学校	婚纱照片精修	王娟、刘晓旻、杨娟娟
9	北京市自动化工程学校	色彩的对比与调和	宋丽媛、张铁成、严昊
10	北京市自动化工程学校	变量的应用	严昊、张铁成、宋丽媛
11	北京市商业学校	《数的组成》教育活动设计	孙敬、罗良、李婕
12	北京市商业学校	B2C交易模式下促销业务的会计核算与分析	包琳、丛秀云、陈蔚
13	北京商贸学校	诵豪杰气概，读英雄本色——《念奴娇·赤壁怀古》诵读鉴赏课	孟莹、梁革兵、苗海燕
14	北京商贸学校	革兰氏染色技术	敖海英、梁佳
15	北京市延庆区第一职业学校	建筑平面图的识读	吴华鹏、刘平、牛春芳

续表

序号	学校	参赛作品	姓名
16	北京市延庆区第一职业学校	中国少数民族舞蹈欣赏	陈旭、韩雪健、柴燕红
17	北京市海淀区卫生学校	知心——之心脏解剖	张静、卢丽、利娜

三等奖

序号	学校	参赛作品	姓名
1	北京市什刹海体育运动学校	记叙文写作：景物	袁国女、刘文娟、张爱华
2	北京市房山区第二职业高中	致橡树	杨莹、刘玉荣、任冉
3	北京市房山区第二职业高中	走进音乐剧——音乐剧及其常见唱法	马澄龙、李强、史玲玲
4	北京市房山区房山职业学校	林黛玉进贾府	尤延培、裴晓爽
5	北京市求实职业学校	林黛玉进贾府	陶颖、邢健、刘振东
6	北京市求实职业学校	默契与融合的合唱艺术	王文坦、王珏
7	北京市丰台区职业教育中心学校	《子路、曾皙、冉有、公西华侍坐》——世间最美的课堂	巩琳珊、李佳
8	北京市对外贸易学校	寡人之于国也	周苇
9	北京市经济管理学校	走进交响乐	王心严
10	北京市经济管理学校	智能夜灯	王国艳
11	北京金隅科技学校	加电类故障检测与维修	李京锴、刘宏超、谢金友

续表

序号	学校	参赛作品	姓名
12	北京市黄庄职业高中	企业网终端的网络型病毒应急处理——以比特比勒索病毒为例	钮楠、尤凤娇、杨冬梅
13	北京市密云区职业学校	H5微场景的制作流程	赵姗姗、郭东梅、陈玉
14	北京市大兴区第一职业学校	CSS盒子模型	张立佳、高长艳、吴海月
15	北京市大兴区第一职业学校	设计小型鸟类应急逃离飞行动作	齐振、孙海曼、李丽
16	北京市经济管理学校	饼干中还原糖的测定	张策
17	北京市经济管理学校	葡萄酒中酵母菌检——梯度稀释和接种	刘莹
18	北京市海淀区卫生学校	门脉性肝硬化	陈艳、韩金娥、高素华
19	北京市实验职业学校	燥湿化痰剂：二陈汤	林超
20	北京市盲人学校	肺部呼吸音听诊	董培培、李元、李艳东
21	北京市昌平职业学校	影视剧后期合成——制作花瓣纷飞效果	张春丽、姜丽、王璐

二、中职组信息化课堂教学比赛

一等奖

序号	学校	参赛作品	姓名
1	北京市信息管理学校	Unit 4 I' v tried all the means of transportation	丁沫、王媛媛、毕海涛
2	北京市怀柔区职业学校	板材下料计算	沈秀梅、平德立、冀薪羽

续表

序号	学校	参赛作品	姓名
3	北京市丰台区职业教育中心学校	简单组合体——圆柱圆锥体积公式运用举例	边琪、孔维娜、罗丽君
4	北京市昌平职业学校	无人机对尾S型航线飞行操控	方荣卫、武亚平
5	北京市昌平职业学校	荷兰汁的制作与运用	薛景昆、朱小燕、叶明珠
6	北京铁路电气化学校	电梯层门门锁的检查与调整	姜坤、夏婉莉、王子楠
7	北京市黄庄职业高中	订单模式下预收账款的核算	卢广斌、叶慧、邱文霞

二等奖

序号	学校	参赛作品	姓名
1	北京市商业学校	Hobby——Music	李燕、荆晓前、张小宏
2	北京市劲松职业高中	蹲踞式起跑及起跑后的加速跑	邢大亮、赵琦、汤男
3	北京国际职业教育学校	指数函数	张雅琴、李晶晶、陶晓燕
4	北京金隅科技学校	函数的奇偶性	高小燕、陆艺
5	北京水利水电学校	MBR膜池——在线洗膜操作	郑丽娟
6	北京市房山区第二职业高中	发动机不着车故障诊断之燃油泵继电器控制电路的检测	王连刚、贺金波、于艳梅
7	北京市电气工程学校	双控灯安装	魏星、陈红、郑小红
8	北京市昌平职业学校	识别三显示自动闭塞信号	张海莹、韩树、郑勐

续表

序号	学校	参赛作品	姓名
9	北京市黄庄职业高中	探寻"一带一路"起点城市,定制旅游线路设计	李晓铮、李京红、孙慧鸣
10	北京市丰台区职业教育中心学校	设计移动网店活动主题轮播图——助网店成为吸金神器	赵忠、冯海敏、沈丽伟
11	北京市求实职业学校	改编幼儿体育游戏《跳房子》	杨蕊、徐荣荣、侯贺良

三等奖

序号	学校	参赛作品	姓名
1	北京市大兴区第一职业学校	用发展的观点看待顺境与逆境	孙延朋、曲文红、王庆华
2	北京市延庆区第一职业学校	在践行职业道德中养成良好的职业行为习惯	苏爱敏、阎松华、龙云杰
3	北京市密云区职业学校	The usage of comparatives	孙生华、王小英
4	北京市密云区职业学校	数列的概念	马菲菲、邓立娜、唐路洋
5	北京市密云区职业学校	外螺纹的加工	朱春晓、王永娟、王立红
6	北京商贸学校	Making Telephone Reservations(电话预约)	马媛
7	北京市昌平职业学校	水果中维生素C含量测定	苏佳玲、肖鸶鸶、刘钊
8	北京市平谷区职业学校	用发展的观点看待顺境与逆境	任秀慧
9	北京金隅科技学校	中式风格客厅室内装饰设计	张艳、杨苗、郝桂荣
10	北京金隅科技学校	喷淋主泵启动电路自动控制模块的接线	叶春燕、焦健、宾雄辉

续表

序号	学校	参赛作品	姓名
11	北京新城职业学校	直角沟槽的加工	朱金源
12	北京新城职业学校	发动机凸轮轴的拆卸	耿狄、王丽
13	北京市商业学校	生鲜货物配送调度	李小龙、毕丽丽、孙明燕
14	北京市对外贸易学校	铁海联运的货运规划——瓜达尔港	田思祺、魏书馨
15	北京市实美职业学校	语调生动化技巧训练	李莹、刘晓霞
16	北京市经济管理学校	微信营销——图文消息	陈洁颖
17	北京市财会学校	工资系统公式设置——if 函数的使用	王蕊

三、中职组信息化实训教学比赛

一等奖

序号	学校	参赛作品	姓名
1	北京市外事学校	餐巾折花	高永荣、汪珊珊、杨海虹
2	北京金隅科技学校	平面锉削	佟宝波、马蔷、张海红
3	北京市求实职业学校	主题简笔画	陈慧莹、高才、关春雨
4	北京市经济管理学校	手工点钞	罗燕

二等奖

序号	学校	参赛作品	姓名
1	北京市求实职业学校	整把挑错	孔晓蓬
2	北京商贸学校	幼儿简笔画	汤玉梅

续表

序号	学校	参赛作品	姓名
3	北京市密云区职业学校	幼儿简笔画	来竹青、郭鹏
4	北京市电气工程学校	电动机轴配键平面的锉削	蔡思远、高铮、楚艳
5	北京市劲松职业高中	花语传情——婚宴主题餐巾折花服务实训	徐彩、韩金凤、杨辉
6	北京国际职业教育学校	有趣的表情	曹一平、芦爱军、梁瑞雪

三等奖

序号	学校	参赛作品	姓名
1	北京市昌平职业学校	幼儿简笔画	樊华、朱厚颖、陈静
2	北京市大兴区第二职业学校	平面锉削	钱进春、申晓华
3	北京市实美职业学校	幼儿简笔画	李睿、刘晓霞、胡滨
4	北京市信息管理学校	手工点钞	钮文慧、张瑾、王明佳
5	北京市房山区第二职业高中	平面锉削	李鑫磊、刘军、刘乃旗
6	北京新城职业学校	幼儿简笔画	郭静、李彩霞、勾蕊
7	北京市密云区职业学校	婚宴餐巾折花	魏秀丽、杨金花、韦薇
8	北京市丰台区职业教育中心学校	幼儿简笔画	王合香、祁晓利

四、高职组信息化教学设计比赛

一等奖

序号	院校	参赛作品	姓名
1	北京信息职业技术学院	糖尿病简易膳食计算法的应用	侯晓雯

续表

序号	院校	参赛作品	姓名
2	北京信息职业技术学院	因果法段落展开方式	刘蓓莉、张胜华、徐金诚
3	北京电子科技职业学院	连衣裙立体裁剪	吴效瑜、马淑燕、王明杰
4	北京电子科技职业学院	The Characteristics of a Good Employee	刘倩、刘丽洁、杨丽娟
5	北京财贸职业学院	旅行的意义	刘玥
6	北京工业职业技术学院	无人机航拍影像获取	刘彦君、李长青、曹明兰
7	北京工业职业技术学院	有限空间隐患排查	孙珞、赵卫强、黄玉芬
8	北京劳动保障职业学院	城市供水管道泄漏检测	王强、赵俊岭、张宪金
9	北京劳动保障职业学院	健美操规定动作的信息化教学	吴学文、张志伟、刘宝
10	北京社会管理职业学院	藏族舞蹈基本动作训练	李文文

二等奖

序号	院校	参赛作品	姓名
1	北京农业职业学院	葡萄酒的排序检验	柳青、罗红霞、刘小飞
2	北京卫生职业学院	颗粒剂的生产	潘学强
3	北京卫生职业学院	白细胞分类计数	杨丽娟、李晖、聂静
4	北京交通运输职业学院	介绍公司发展历程	葛兰、许菲、赵巍巍
5	北京交通运输职业学院	基于“BIM”系统三维施工平面图制作	高伟、马志材

续表

序号	院校	参赛作品	姓名
6	北京青年政治学院	Unit 6 Getting Around	谢金艳、程云艳、老青
7	北京政法职业学院	Start Your Career	康霞、陈静
8	北京政法职业学院	影室人像摄影训练	郭永刚、仇宁
9	北京电子科技职业学院	污水厂 COD 在线分析仪的运行和故障排除	邢丽楠、郑明月、张晓辉
10	北京电子科技职业学院	定风量空调系统的监控	李晖、林梦圆、张力
11	北京工业职业技术学院	海外购物（Shopping Abroad）	杨洪玉、王志丽、葛媛娣
12	北京社会管理职业学院	通行适老化改造设计	李晶、王宏强、皮微云
13	北京信息职业技术学院	人体姿态绘制	袁博、刘磊、史玉红
14	北京信息职业技术学院	Great Expectations——Job Interview（远大前程——英语面试）	周军艳、侯志荣、温伟华
15	北京信息职业技术学院	出口价格的计算	李慎涵
16	北京开放大学	幼儿观察活动的支持与引导	王新洁

三等奖

序号	院校	参赛作品	姓名
1	北京电子科技职业学院	老年糖尿病病人一周食谱设计	田维娜、马越、杨国伟
2	北京电子科技职业学院	实时定量 PCR 检测艾滋病毒基因	李晔、金丽华、冯晖
3	北京电子科技职业学院	故障树分析应用	芮静敏、姚佳、吕世霞

续表1

序号	院校	参赛作品	姓名
4	北京社会管理职业学院	助视器验配	张晓龙、李高峰、魏晨婧
5	北京农业职业学院	大肠杆菌灭活疫苗的生产与检测	杨新建、王伟清、肖海峻
6	北京农业职业学院	花卉和花语	张红
7	首钢工学院	Unit 6 Leading In and Vocabulary	陈激
8	首钢工学院	同声字幕添加设置	陈晶、陈爽、杨小实
9	北京第二外国语学院	Food	徐聪、郭维清、张小慧
10	北京经济技术职业学院	Business meal（商务用餐）	于菲、刘芳
11	北京卫生职业学院	We Can Make a Difference	李萌曦、郑清清
12	北京工业职业技术学院	施工场地布置与方案优选	李静、李石磊、陈辉
13	北京政法职业学院	湿式自动喷水灭火系统的检测及故障排除	吕金涛、海南、闫宁
14	北京农业职业学院	信息化手段进行中国古代建筑教学	李凤伟、高秀清
15	北京交通职业技术学院	How to organize a successful meeting	裴冠金、樊薇、陈玉梅
16	北京交通运输职业学院	Asking for the Way and Telling the Way	周萍
17	北京交通运输职业学院	ZL50装载机柴油机起动不着的故障检修	艾宏远
18	北京交通运输职业学院	高处作业与脚手架安全管理	李英奇

续表 2

序号	院校	参赛作品	姓名
19	北京开放大学	知觉	高茜
20	北京开放大学	如何让孩子变聪明	王囡
21	北京信息职业技术学院	Find the North ——Cultural Differences	孙海蓉、耿凤鸾
22	北京交通职业技术学院	四路抢答器电路的装配于调试	程晓旭、李淼、米玉琴
23	北京京北职业技术学院	标准照的拍摄	梁思懿

五、高职组信息化课堂教学比赛

一等奖

序号	院校	参赛作品	姓名
1	北京工业职业技术学院	矩阵乘法的探秘	谭颖琦、李晋芳、张莉
2	北京工业职业技术学院	三相异步点动机顺序启动控制线路的设计与实现	初琦、杨德亮、王俊
3	北京工业职业技术学院	顾客抱怨诊治有方	李男、刘海英、范薇
4	北京工业职业技术学院	个人所得税的计算与核算	席庆荣、李冬嵬、何方
5	北京电子科技职业学院	雪花的快乐	高倩茹、左文燕、李春竹
6	北京电子科技职业学院	仓储货物分类管理	马洁、严霄蕙、李郭记
7	首钢工学院	RIP 动态路由配置	林瑜

续表

序号	院校	参赛作品	姓名
8	北京信息职业技术学院	定积分应用——微元法球不规则图形面积	宋新芳、王少强、刘清华
9	北京财贸职业学院	普通年金的计算	王景香、梁健秋、何云海
10	北京交通运输职业学院	电动车窗中控功能失效故障的诊断排除	景忠玉、悦中原、陈俊杰

二等奖

序号	院校	参赛作品	姓名
1	北京工业职业技术学院	寻找诗和远方——古诗中的“对仗”	张红红
2	北京工业职业技术学院	动漫之路，从走开始	唐玉媛、王淼、贾民政
3	北京青年政治学院	弘扬丝路精神共谋发展之路	袁宏松、周颖、张国军
4	北京电子科技职业学院	台湾问题的由来及实质	倪志勇、芦净、潘莉莉
5	北京电子科技职业学院	单片机控制单总线器件	景妮琴、胡亦、吴友兰
6	北京财贸职业学院	用爱心点亮自信快乐的职场人生	刘环、胡君晖、莫俊峰
7	北京财贸职业学院	大学生网络安全防范	周莉
8	北京财贸职业学院	冰山模型之角色定位	刘璐宁、张慧
9	北京财贸职业学院	防范校园网贷陷阱	王朝晖、武学周、杨莹
10	北京信息职业技术学院	密码保卫战——密码设计与管理	赵菁、刘易、张漫
11	北京信息职业技术学院	产品发布会的会场布局策划	杜玉潺、郝海媛、陈天博

续表

序号	院校	参赛作品	姓名
12	北京政法职业学院	文体明星随身护卫方案的制定与实施	陈小暾、翟东波、郭靖
13	北京农业职业学院	花境设计	李玉舒、苏晓敬、夏振平
14	北京政法职业学院	特殊类别的基金	郭雷
15	北京社会管理职业学院	口腔小卫士——为卧床老年人进行口腔清洁	宋珺璐
16	北京社会管理职业学院	走进博弈，妙趣横生	刘红杰、王红

三等奖

序号	院校	参赛作品	姓名
1	北京信息职业技术学院	群英会蒋干中计	冯斌、张旭光
2	北京信息职业技术学院	轮廓线加工——凸模零件 CAM 加工系列策略	李亚平、武瑞峰、张英伟
3	北京信息职业技术学院	微博营销策划	冯华、孙丹
4	北京政法职业学院	沟通的态势语训练	张菡、吴桂英
5	北京政法职业学院	员工惩罚管理	陈阳、刘昂、陈恬
6	北京政法职业学院	学会简述（国家）文化	杨晓菲、李文娟、田晓艳
7	北京劳动保障职业学院	我来重走长征路——office 办公软件综合应用	陈广祥、苏希、张颖
8	北京劳动保障职业学院	ABS 故障灯常亮故障检修	谭小锋、王显廷、许建强

续表1

序号	院校	参赛作品	姓名
9	北京劳动保障职业学院	网络著作权法律制度	李晓婷、田辉、孙立如
10	北京工业职业技术学院	汽车冷却系统之——节温器	杨梅、高吕和、侯勇
11	北京工业职业技术学院	实地调查法—拦截访问法	侯瑾、宋文光、李晓纯
12	北京电子科技职业学院	用行程速度变化系数设计急回特性机构	张娜、贾俊良、张冬颖
13	北京电子科技职业学院	动画角色典型动作设计教学	周青、王巍、孙恒一
14	北京交通运输职业学院	桥梁总体布置图	毛竹
15	北京交通运输职业学院	回弹法检测混凝土强度的数据分析方法	王璐
16	首钢工学院	不定积分的概念与性质	马明玥、李宝健、张万龙
17	首钢工学院	Learn to profile cultures（双语课）	陈长伟
18	北京经济技术职业学院	绘画审美	王会、刘宇炜、张国强
19	北京经济技术职业学院	色彩对比之明度九调	王丹丹、翟羽佳
20	北京财贸职业学院	菜百卖场促销产品推广	蔡蕊、蔡顺峰
21	北京农业职业学院	文化的发展	王海丽、万俊丽、李跃扬
22	北京社会管理职业学院	探秘色彩的秘密花园——婚礼色彩设计的配色方法	李倩一、孙慕梓、赵天
23	北京科技职业学院	致橡树——爱情观	杨东梅

续表 2

序号	院校	参赛作品	姓名
24	北京京北职业技术学院	财务报表的形成	伦墨华

六、高职组信息化实训教学比赛

一等奖

序号	院校	参赛作品	姓名
1	北京电子科技职业学院	零件尺寸测量	甄雯、朱青松、赵海军
2	北京电子科技职业学院	双绞线及其制作	赵娜、郑长亮、杜辉

二等奖

序号	院校	参赛作品	姓名
1	北京信息职业技术学院	双绞线及其制作	杨乐雨、王建国、孙奇
2	北京工业职业技术学院	零件尺寸测量	郭勇
3	北京工业职业技术学院	双绞线及其制作	郭蕊、方水平、王英卓

三等奖

序号	院校	参赛作品	姓名
1	北京农业职业学院	嫁接技术	程建军、高照全、毕红艳
2	北京信息职业技术学院	零件尺寸测量	张永、王丽荣、陈建华
3	北京政法职业学院	双绞线及其制作	张博、李益、雷静
4	首钢工学院	零件尺寸测量	侯冠男

附件2

2017年北京市职业院校信息化教学比赛优秀组织奖名单

一、中等职业教育组

昌平区教育委员会
北京市商业学校
北京铁路电气化学校
海淀区教育委员会
朝阳区教育委员会
密云区教育委员会
北京金隅科技学校
丰台区教育委员会

二、高等职业教育组

北京工业职业技术学院
北京电子科技职业学院
北京信息职业技术学院
北京财贸职业学院
北京政法职业学院
北京交通运输职业学院
北京社会管理职业学院
北京劳动保障职业学院

北京市教育委员会
海淀区人民政府

关于成立中关村战略新兴产业职教集团的批复

京教函〔2017〕496号

海淀区教委：

你委《关于海淀区职教集团更名为中关村战略新兴产业职教集团并升级为市级职教集团的请示》（海教报字〔2017〕85号）收悉。经研究，现批复如下：

一、根据《教育部关于深入推进职业教育集团化办学的意见》（教职成〔2015〕4号）、《北京市人民政府关于加快发展现代职业教育的实施意见》精神，同意由你委牵头，联合中关村战略新兴产业相关行业企业、职业院校、科研机构等单位，共同组建中关村战略新兴产业职教集团（以下简称中关村职教集团）。集团内部成员单位原有行政隶属关系、产权属性和法人地位不变。

二、中关村职教集团应紧紧围绕战略新兴产业发展及人才培养需求，充分发挥资源优势，积极探索学历与非学历教育、中等与高等教育等各级各类教育之间互联互通的学分认可机制，努力提高战略新兴产业人才的培养质量，提升教育服务战略新兴产业发展的能力，为北京尤其是中关村战略新兴产业发展提供人才保障和智力支持。

三、中关村职教集团应主动接受市教委、海淀区政府的指导、管理和监督，尽快召开成立大会，明晰集团组织架构，完善内部管理机制，积极开展集团化办学工作。

四、中关村职教集团要积极探索行业指导、产教融合、校企合作的职教集团化办学机制和规律，不断总结积累集团化办学经验。

2017 年 8 月 31 日

北京市教育委员会

关于公布第十三届全国中等职业学校“文明风采”竞赛活动北京市复赛获奖名单的通知

京教函〔2017〕327 号

各区教委、各中等职业学校：

市教委举办的第十三届全国中等职业学校“文明风采”竞赛活动北京市复赛已经圆满结束。经过复赛评审委员会专家评审，参赛作品总计 8479 份，共有 7214 名学生的 4609 份作品获奖，其中：一等奖 682 份、二等奖 1518 份、三等奖 2409 份。

经复赛组委会审定同意，确定北京市商业学校杨健平等 1497 名学生获得一等奖，北京市求实职业学校李娟等 2259 名学生获得二等奖，北京市丰台区职业教育中心学校张乔等 3458 名学生获得三等奖，北京市商业学校等 14 所学校获得优秀组织奖，北京市外事学校等 10 所学校获得组织奖。现将获奖名单予以公布。

各区教委、各中等职业学校要加大宣传表彰力度，切实加强和改进中等职业学校学生德育工作和教育管理工作，积极引导广大学生努力学习专业知识和技术技能，不断提高自身综合职业素养，为推动首都职业教育事业又好又快发展做出新的贡献。

附件：第十三届全国中等职业学校“文明风采”竞赛活动北京市复赛获奖名单（详见光荣册，略）

2017 年 9 月 28 日

北 京 市 教 育 委 员 会
北京市人力资源和社会保障局

关于开展 2018 年“3+2”中高职衔接项目申报工作的通知

京教函〔2017〕554 号

各区教委，各中高等职业院校：

为学习、宣传、贯彻党的十九大精神，落实市委第十二次党代会和城市总体规划的要求，按照《北京市人民政府关于加快发展现代职业教育的实施意见》（京政发〔2015〕57 号）的部署，结合首都城市战略定位和京津冀协同发展战略需要，拓宽职业人才发展通道，提升技术技能型人才培养规格，强化职业教育为首都经济社会发展提供有力人才支撑，市教委 2018 年将会同市人力社保局继续深入开展“3＋2”中高职衔接办学工作，现就申报有关工作通知如下：

一、项目建设原则

“3＋2”中高职衔接项目应坚持整体设计、系统培养、协同创新的原则，中高等职业学校发挥各自优势，在文化基础、技能训练和综合素质培养上整体设计并分工合作。

（一）专业及方向符合首都城市战略定位、北京城市总体规划要求和京津冀协同发展战略需求，与支撑首都经济社会发展的重点产业需求高度契合；

（二）社会需求量较大、办学基础较好、就业质量较高，属于我市重点建设发展的专业；

（三）专业技能要求较高，培养周期相对较长，人才培养规格确实需要按照高层次技术技能人才培养的专业。

二、项目申报要求

遵循“转型升级、系统设计、凝练特色”的原则积极开展项目申报。

（一）转型升级。聚焦重点领域，服务培育金融、科技、信息、文化创意、商务服务等现代服务业，服务发展节能环保、集成电路、新一代信息技术、新能源、新材料等新兴产业和高技术产业，服务绿色制造和智能制造技术改造、高效节水和生态旅游农业发展。

（二）系统设计。在汲取“3＋2”中高职衔接办学经验的基础上，充分研究各学段的内在联系，重订教学计划，重构课程体系，重组教学模块，制定一体化人才培养方案，实现衔接创新。

（三）凝练特色。深入开展校企合作，在强化职业教育特色基础上，开拓新业态、新技术和特色产业人才培养，努力打造极具首都特色的“3＋2”中高职衔接品牌专业。

三、项目申报范围

各中等职业学校（含技工学校）可联合独立设置高职学院申报1至2个专业。

四、项目遴选标准

（一）产业和人才市场需求调研充分。围绕首都城市战略定位和产业转型升级的调整需求，面向行业、企业、区域及相关院校开展广泛、深入的调查研究，调研对象代表性强，职业能力分析充分、数据详实，调研结论与课程设计契合。

（二）课程衔接和整合科学系统，人才培养模式创新。人才培养方案遵循学生成长规律，关注学生可持续发展，目标清晰、培养途径合理。课程体系框架科学、清晰，符合综合素质和职业能力递进规律。课程衔接到位，课程总学时及学期分配合理。衔接性课程设计层次合理、公共基础课开设齐备，综合素质培养教学方法与手段创新。

（三）以校企合作为核心的多元合作深入有效。合作院校发挥集成优势与行业企业密切合作，具备定期沟通交流机制，组织保障有力、协调沟通顺畅。借助企业的技术力量和信息资源，深入开展师资互换授课、共同教研；课程资源、实训基地等“共建、共用、共享”，合作育人、多措并举。

五、申报材料

拟申报 2018 年“3+2”中高职衔接项目的院校，须填写《“3+2”中高职衔接项目申报书》（附件），并制定一体化人才培养方案。

六、其他事项

（一）申报书和一体化人才培养方案等书面材料（一式 2 份）须加盖中职学校（含技工学校）和相衔接高职学院的单位公章，由中职学校（含技工学校）负责报送至市教委职成处（电子版同时发送至北京市教委职成处邮箱）。申报时间：2017 年 12 月 8 日（星期五）前。

（二）报送地址：西城区前门西大街 109 号市教委 520 室

（三）市教委将会同市人力社保局组织专家对申报项目进行论证，并公布 2018 年具有招生资格的新增项目名单。

本通知电子版可到北京职成教网（http：//bjzj. bjedu. cn/）通知公告栏下载。

附件：“3+2”中高职衔接项目申报书（略）

2017 年 11 月 20 日

北京市教育委员会

关于公布2017年北京市职业院校技术技能比赛获奖人员和单位的通知

京教函〔2017〕558号

各区教委，各职业院校：

2017年北京市职业院校技术技能比赛由市教委、市教科院、市职教学会联合举办，其中高职组设13个专业大类、60个学生赛项的69个分赛项，中职组设12个专业大类、70个学生赛项的73个分赛项和1个教师赛项，共有79所职业院校2万余名学生参加校级比赛，约3500名学生参加了市级比赛。经组委会审定，现将市级比赛获奖人员和单位名单予以公布。

各区教委、各职业院校要高度重视技术技能比赛工作，制定相关鼓励措施，开展校内比赛，引导教师和学生积极参与相关赛事活动，重视技术技能水平的提升；进一步总结、交流经验，扩大宣传，把技术技能比赛作为推动学校专业建设和教学改革重要手段，不断提升技术技能人才的培养质量。

附件：2017年北京市职业院校技术技能比赛获奖名单（详见光荣册，略）

2017年11月22日

继续教育

北京市教育委员会文件选编

（2017）

北京市教育委员会

关于加快北京开放大学建设与发展的意见

京教职成〔2017〕18号

各区教委，各高等学校、中等职业学校，北京开放大学及各分校：

为了贯彻落实《北京市“十三五”时期教育改革和发展规划（2016—2020年）》（京教计〔2016〕21号）及《北京市学习型城市建设行动计划（2016—2020）》（京教职成〔2016〕8号），依据《教育部关于办好开放大学的意见》（教职成〔2016〕2号），结合北京市实际情况，现就加快我市开放大学建设与发展，提出如下意见。

一、总体要求

（一）指导思想

深入贯彻落实党的十八大和十八届三中、四中、五中、六中全会精神，认真学习贯彻习近平总书记系列重要讲话及对北京工作的重要指示精神，按照中央及市委市政府决策部署，坚持“创新、协调、绿色、开放、共享”的发展理念，坚持立德树人，立足北京“四个中心”的城市功能和京津冀协同发展战略，贴近百姓需求和城市发展，创新开放大学办学体制与运行机制，满足首都市民多样性、个性化、多层次、高质量的终身学习需求，促进人的全面发展；加快首都终身教育与终身学习服务体系构建，为建设先进的学习型城市、国际一流和谐宜居之都提供重要支撑。

（二）基本原则

——坚持思想观念开放。以人民为本，以终身教育思想为引领，借鉴国际先进理念，树立开放多元、融合共享的发展理念，坚持服务首都经济社会转型和首都市民终身学习需要，坚持“学有所教，有教无类”，变革学习方式，让每一位市民都能享有“人人皆学、处处能学、时时可学”的终身学习服务。

——坚持学习资源开放。加快各类优质教育资源的集聚，面向每一位学习者最大程度开放。充分挖掘社会教育资源，采取政府引导、学校主体、社会参与的方式，建立协同创新、共创共享的终身学习服务机制。

——坚持办学模式开放。实行注册入学，加快推进完全学分制改革进程，建立“宽进严出”的学习制度和混合式教学模式。创造条件推动北京市终身教育学分银行建设，构建终身学习立交桥，促进非学历继续教育与高等学历继续教育相互融通，在服务首都城市发展战略和市民终身学习中办出特色，坚持开放教育质量标准，维护社会认可的质量信誉。

（三）总体目标

到 2020 年，初步建成具有首都特色、服务城市发展的全市开放大学办学体系，办学模式和运行机制更加开放，现代信息技术支撑更为强大，数字化学习环境更为智能，专业和课程体系更具特色，学习方式更加便捷灵活，在线教育特色更加鲜明，人才培养的质量得到提升，提供大规模、个性化、定制化、混合式教育服务的能力明显增强，成为服务全民终身学习和首都学习型城市建设的新型高等学校。

二、重点任务

（一）加快建成覆盖全市的开放大学办学体系

健全北京开放大学系统（学院、分校、学习中心）不同层级办学和管理服务体系。研究制定开放大学体系建设的标准，完善课程、教学、管理、平台和评价标准，加强办学与管理的标准化、规范化建设。创新系统办学的体制机制，鼓励各分校结合区域或行业特点，打造办学特色和服务优势，形成系统共建课程、专业、教育项目和学习支持服务系统的协同创新机制，建立覆盖全市的市民终身学习服务体系。

（二）加快构建智慧学习环境

加强开放大学信息化基础设施建设，建立终身学习云服务平台。利用云计算、移动互联网、大数据等技术，建立以教育云为基础的智能学习空间。积极推动学习平台、资源平台及管理平台协同运转，加快智慧校园建设，实现课程学习、教学服务、科学研究、校园安全、后勤保障的全面信息化，有效提升现代信息技术支撑的教育服务能力和水平。

（三）加强专业建设和专业结构调整

加强社会需求调研，优化学科专业布局，对接北京城市管理和服务的需要，建立特色学院，重点建成3～5个特色专业，提升专业建设的针对性和适应性。整合优质学习资源，加强与职业教育的衔接，探索实施“中职—高职—本科”开放式贯通人才培养计划，与高职院校构建合作办学联盟和集团化办学模式。

（四）推进优质课程和课程体系的建设

创新资源建设机制，建设网络课程及资源库。推动全市各类院校、行业企业以及社会教育机构参与开放大学课程资源建设。聘请名师名家打造精品课程，探索众筹、众包、众创等课程研发新模式，通过自建、引进、购买、合作开发等多种方式，建设满足不同教学需要、不同学习需求的优质课程与资源库。建成100门左右优质在线课程资源，参加国家精品在线开放课程认定。注重课程及资源的应用共享，对外推广优质课程，扩大优质教育资源的覆盖面。

（五）加快构建消费驱动的新型教育服务模式

推动教育供给侧改革，主动适应学习者的新需求，构建消费驱动的新型教育服务模式。完善人才培养目标，注重创新实践能力培养，加快建设一批实践基地。改革人才培养模式，丰富学习内容和学习方式的选择性，加强混合式学习模式的探索和对自主学习过程的支持。探讨学分制度改革，完善与之配套的自主选课制度、学分计量制度、弹性修业年限制度等学分制管理制度。

（六）积极开展创新创业教育

大力推进创新创业教育，积极发展网络众创空间，构建继续教育创新创业教育平台，将创新创业教育纳入人才培养方案。加快创新创业教育课程建设，完善产学研用相结合的协同学习与育人模式，加强创新创业实践教学，充分利用大学科技园、大学生创业园、创业孵化基地、小微企业创业基地以及学习者的实践资源，着力提升学生的信息素养和创新创业能力。

（七）建立健全教育教学质量保障制度

完善学校内部质量监控和保障体系，建立并完善学校、社会与教育行政部门“三位一体”的教学质量监控与评价机制。建立健全线上线下自主学习规则、学生学习效果跟踪和评价办法。不断完善考试制度，以学习者解决实际问题能力为考核重点，探索在线考试和预约考试，建设数字化题库、远程监控系统，端正学风，严肃考风考纪。完善教学督导和质量评估制度，应用大数据对教学全过程和学生学习效果的评测。

（八）积极推进北京市终身教育学分银行建设

依托北京开放大学建立学习成果认证制度，建设北京市终身教育学分银行。成立北京市终身教育学分银行管理中心，搭建学分银行管理服务信息平台，科学规划、合理布局学分银行服务网点，分阶段为500万市民建立终身学习账户。研究制定在京高校、职业院校、职业技能鉴定机构与北京开放大学之间开展学分积累和学习成果互认方案。

（九）建设一支高水平和专业化的人才队伍

制订教师队伍建设规划，培养和引进国内知名学科带头人、专业领军人才或特色课程主持人，优化中青年教师结构。适应开放大学的新定位和新职能，建设四支专业化队伍，制定各类人员的能力标准和建设方案。建设一支专职课程负责人队伍，实施课程负责人制度，加强课程建设和课程实施过程的管理。建设一支教学设计与学习支持服务队伍，教学设计以专职师资为主，学习支持服务队伍由专兼职师资组成。建设一支技术支撑队伍，负责信息化学习环境的建设、维护和技术支持。建设一支行政保障队伍，提供开放大学的行政管理和后勤保障，统筹协调国内外合作与交流和科学研究工作。加快建立适应开放大学教学特点和学习者学习体验的教师评价制度和职称评聘制度。

（十）积极推进多方合作与社会教育资源整合

坚持办学主导权，规范各类合作办学。依托北京开放大学，成立北京市社区教育指导中心；依托各区社区学院成立区域社区教育指导中心。与政府有关部门合作，加快社会工作、女性教育、家庭教育、老年教育、安全教育和社区志愿者、家政服务等人才培养与专业培训，建立协同联动机制。鼓励各类院校、教育机构和公共文化机构在北京市终身学习数字化网络平台开设在线课程。鼓励与互联网企业和社会教育机构开展合作，创新终身学习服务供给方式。统筹北京市民终身学习体验基地建设，开放课程和教育活动，打造成北京市终身学习国际窗口。

三、保障措施

（一）加强组织领导

根据“放管服”改革要求，对开放大学专业建设、支持服务、合作办学等实行放管结合，加强对事中事后指导和监管服务。组建开放大学建设协调工作组，组长由市教委主管领导担任，定期研究开放大学建设及改革发展中的重大问题。各区要加大对开放大学分校的建设和领导，将开放大学分校的建设纳入区域教育发展总体规划。

（二）完善保障机制

对北京开放大学承担的终身教育任务，按照发展规模、经费需求和管理方式，建立与发展相适应的经费管理模式。依据《北京市学习型城市建设行动计划（2016—2020 年）》（京教职成〔2016〕8 号），对北京开放大学承担的北京市终身学习数字化网络平台、北京市社区教育指导中心、北京市终身教育学分银行建设、社会学院建设等工作设立专项经费，研究完善开放大学投入机制，加大投入力度。

各区要建立有效机制，切实落实对各项专项投入的绩效考核，积极支持开放大学分校加强基础设施建设、信息化建设、数字化学习资源和人才队伍建设，提升面向区域整合资源和提供终身学习服务的能力。加大对开放大学分校开展社区教育和市民终身教育的专项经费投入。

（三）强化政策支撑

探索建立适合开放大学办学特点的专业设置与专业调整机制。探索建立北京市终身学习资历框架和课程质量保证制度。支持开放大学积极探索股份制、混合所有制等多种形式合作办学，允许以资本、知识、技术、管理等要素参与办学服务并享受相应的权利。鼓励北京开放大学积极引进国际优质办学资源，加强国际合作。在有条件的分校试点开展教师职务聘任制改革工作。

（四）优化内部治理

全面推进依法治教，不断推进现代大学制度建设，提升学校治理能力与可持续发展能力。依法制定《北京开放大学章程》及配套制度，不断完善学校内部治理结构、加强学校管理制度和决策机制建设，健全学校自主管理、有效运行的体制机制。建立由政府、行业企业、办学系统组成的决策咨询机构，依法吸引社会专业机构和专业人士积极参与开放大学建设。健全民主管理机制，建立健全学位评定委员会、学术委员会、专业设置委员会、质量保证委员会等相关机构，不断提高办学水平和服务大众学习的能力与社会信誉。

（五）加大科学研究

鼓励和引导学校围绕终身教育的重点、难点问题开展研究，促进首都终身教育发展。加强与国内外教育机构、科研机构和企事业单位的合作，搭建基于教育大数据的“互联网＋开放教育创新中心”。加强现代教育技术研究，建设远程虚拟仿真实训教学中心、智能学习中心，打造学术研发基地。与国内外知名高校和研究机构共建博士后工作站，协同培养高水平学术带头人。举办有国际影响力的开放学习学术会议，搭建2～3个市级学术交流平台，为开放大学建设与发展提供有力保障。

2017年7月25日

北京市教育委员会

关于增补第三届北京高等学校继续教育工作指导委员会成员的通知

京教函〔2017〕481号

有关高等学校：

根据工作需要，经研究决定，增补首都师范大学继续教育学院院长赵云云教授为第三届北京高等学校继续教育工作指导委员会委员。

2017年10月16日

北京市教育委员会

关于公布2017年（第三届）北京高校学历继续教育大学生英语口语竞赛获奖结果的通知

京教函〔2017〕526号

北京各普通高等学校（继续教育学院），独立设置成人高等学校：

为推动北京高校高等继续教育创新，提高办学质量，根据《北京市教育委员会关于举办2017年（第三届）北京高校学历继续教育大学生英语口语竞赛的通知》（京教函〔2017〕99号），本届口语竞赛由北京市教育委员会主办、对外经济贸易大学承办，竞赛活动得到各有关学校的积极响应和配合支持，共有包含部属院校、市属院校和独立设置成人高校共52所高校的258名选手参加了英语专业专科组、英语专业本科组、非英语专业专科组和非英语专业本科组四个组别的竞赛。现将本届英语口语竞赛获奖结果公布如下（见附件）。

各高校要以北京高校学历继续教育大学生英语口语竞赛为契机，进一步推进外语教学改革，提高外语教育教学质量，激发继续教育学生外语学习兴趣和应用能力，助力北京高校创新创业教育改革走向深入，努力培养具有创新精神、具备创业素质、投身创新实践的“双创”人才。

附件：1. 团体奖获奖单位名单

2. 获奖选手名单
3. 优秀指导教师名单
4. 最佳赛场获奖名单

2017 年 11 月 7 日

附件 1

团体奖获奖单位名单

一、英语专业本科组

团体总分第一名	首都师范大学
团体总分第二名	北京外国语大学
团体总分第三名	北京市朝阳区职工大学
团体总分第四名	对外经济贸易大学
团体总分第五名	北京大学
团体总分第六名	北京语言大学
团体总分第七名	中央民族大学
团体总分第八名	北京第二外国语学院

二、英语专业专科组

团体总分第一名	北京外国语大学
团体总分第二名	北京物资学院
团体总分第三名	北京语言大学
团体总分第四名	北京开放大学
团体总分第五名	对外经济贸易大学
团体总分第六名	北京市东城区职工业余大学
团体总分第七名	北京第二外国语学院
团体总分第八名	首都师范大学

三、非英语专业本科组

团体总分第一名	北京理工大学
团体总分第二名	首都师范大学
团体总分第三名	北京大学
团体总分第四名	北京协和医学院
团体总分第五名	北京市朝阳区职工大学
团体总分第六名	对外经济贸易大学
团体总分第七名	北京林业大学
团体总分第八名	北京外国语大学
团体优秀奖	北京师范大学
	北京航空航天大学
	北京建筑大学
	北京市东城区职工业余大学
	北京市西城经济科学大学
	北京农学院
	北京语言大学
	北京化工大学
	中国传媒大学
	中国地质大学（北京）
	北京教育学院
	中国人民公安大学

四、非英语专业专科组

团体总分第一名	中国人民大学
团体总分第二名	首都医科大学
团体总分第三名	首都联合职工大学
团体总分第四名	北京市西城经济科学大学
团体总分第五名	中央民族大学
团体总分第六名	北京市东城区职工业余大学
团体总分第七名	北京市丰台区职工大学

团体总分第八名　北京宣武红旗业余大学
团体优秀奖　中国人民公安大学
北京化工大学
北京市石景山区业余大学
北京物资学院
北京信息职业技术学院
北京社会管理职业学院
北京市朝阳区职工大学
北京联合大学

附件 2

获奖选手名单

一、英语专业本科组

一等奖：刘静雅　北京外国语大学
二等奖：丁宝玉　北京外国语大学
关斯芳　首都师范大学
三等奖：王欢　北京市朝阳区职工大学
张吉　对外经济贸易大学
李咪咪　首都师范大学
优秀奖：杨金鑫　北京市朝阳区职工大学
李鹏　北京大学
翟旭　首都师范大学
荆梦源　北京语言大学

二、英语专业专科组

一等奖：陈迪　北京物资学院
二等奖：唐宁华　北京外国语大学

崔贤泽　对外经济贸易大学
三等奖：贾春　北京开放大学
杨扬　北京语言大学
优秀奖：尹诚成　北京外国语大学
梁馨心　北京物资学院
王瑾　北京语言大学

三、非英语专业本科组

一等奖：张晶　首都师范大学
孙磊　北京大学
杨硕菁　首都师范大学
二等奖：徐然　北京理工大学
高博　对外经济贸易大学
罗剑利　北京外国语大学
曾耀鑫　北京协和医学院
潘月敏　国际关系学院
顾嫣红　北京外国语大学
三等奖：李雅娟　北京大学
滕大祝　北京理工大学
芮艳慧　北京航空航天大学
史晓明　北京理工大学
张欣蕊　北京市朝阳区职工大学
孟醒　北京师范大学
陈龙　对外经济贸易大学
赵丹　北京市朝阳区职工大学
优秀奖：高凌飞　北京农学院
王吉珂　北京协和医学院
童冬姝　北京语言大学
苏琴　北京建筑大学
刘倩　北京林业大学

王伟俊 北京林业大学
王启晨 北京师范大学
吕常霞 北京市东城区职工业余大学
张译之 中国石油大学（北京）
武志 北京化工大学
裴宇 北京市西城经济科学大学

四、非英语专业专科组

一等奖：吴杏杏 中国人民大学
高虹 首都医科大学
二等奖：王珂 中国人民大学
苏晴 北京市西城经济科学大学
冯都乐 北京市东城区职工业余大学
闫雨 首都联合职工大学
三等奖：宋天奇 北京理工大学
邵毅 北京市丰台区职工大学
薛万琪 北京市东城区职工业余大学
林旭 北京语言大学
陈俊吉 中央民族大学
张亚丽 北京市石景山区业余大学
优秀奖：罗昭文 北京宣武红旗业余大学
李倩 中国人民公安大学
申江华 北京工商大学
张贞 首都医科大学
王晶 北京市石景山区业余大学
王磊 北京化工大学
李凌丹 北京市东城区职工大学
段旭 北京化工大学
常华炎 北京物资学院

附件3

优秀指导教师名单

一、英语专业本科组

智娜　首都师范大学
王志纯　北京外国语大学
林群　北京市朝阳区职工大学
李啸辰　对外经济贸易大学
MILLER　北京大学
柳明明　北京语言大学
马宁　中央民族大学
周剑波　北京第二外国语学院

二、英语专业专科组

刘晓悦　北京外国语大学
贾莹　北京物资学院
孙亚鹏　北京语言大学
曹凯　北京开放大学
崔越　对外经济贸易大学
李海红　北京市东城区职工业余大学
孟艳梅　北京第二外国语学院
戎晓燕　首都师范大学

三、非英语专业本科组

周喆　北京理工大学
隋忻　首都师范大学
李寒冰　北京大学
王懿晴　北京协和医学院
邹蓉　北京市朝阳区职工大学

杨秀琴	对外经济贸易大学
颜贤斌	北京林业大学
刘晓悦	北京外国语大学

四、非英语专业专科组

陈丽羽	中国人民大学
黄国维	首都医科大学
马文冰	首都联合职工大学
董缦虹	北京市西城经济科学大学
刘雪姣	中央民族大学
宋政娟	北京市东城区职工业余大学
薛彩萍	北京市丰台区职工大学
闵健	北京宣武红旗业余大学

附件 4

最佳赛场获奖名单

北京市石景山区业余大学
北京市朝阳区职工大学
对外经济贸易大学

北京市教育委员会

关于做好北京高校高等学历继续教育2018级招生专业课程教学进程备案及课时收费标准审核工作的通知

京教函〔2017〕527号

北京普通高等学校（继续教育学院、网络教育学院），独立设置成人高等学校（含开放大学）：

为进一步做好北京高校高等学历继续教育教学进程备案并课时收费标准审核工作，根据《关于规范管理成人学历教育收费标准及有关问题的通知》（京价（收）字〔1997〕第177号）规定，定于2017年11月20日至2018年1月10日集中办理北京高校高等学历继续教育2018级招生专业课程教学进程备案并课时收费标准审核。有关事项通知如下：

一、审核范围

根据属地管理要求，各高校（含教育部及其他部委在京高等学校）举办的2018级高等学历继续教育招生专业课程教学进程、教学总课时及课时收费标准要进行备案、审核。

2018级北京高等学校学历继续教育专业课程教学进程、教学课时及课时收费标准的备案、审核工作由我委高教处与财务处共同进行。

二、有关说明

（一）2018级北京高校高等学历继续教育各类专业总课时规定及课时收费标准不变。

（二）北京高校高等学历继续教育专科（含高职）、本科专业名称、类别按照教育部统一的专业名称、类别的规定标准执行。专科、本科专业要按照教育部规定的专业代码准确填写。

（三）根据教育部规定，可作学制调整的招生专业其教学进程、教学计划和教学总课时应作相应调整，其专业类别的单课时收费标准不变。

三、填报表格

（一）北京高等学校申报备案、审核需要统一填写下列表格：

1.《北京高校高等学历继续教育2018级新生学费备案表》；

2.《北京高校高等学历继续教育教学课时审批表》；

3.《专业课教学进程表》。

以上各表除《北京高校高等学历继续教育2018级新生学费备案表》需提交3份外，其他两式表格各提交2套（均为A4版规格），填写工作联系人及电话。三式表格经主管校长签字盖学校公章。

（二）教育部在京现代远程教育试点高校网络高等学历教育招生专业单独填写教学课时进程审批表，在各表格标题正下方注明“网络教育专业”。其2018级课时收费标准不变。

四、工作要求

（一）由于高校继续教育管理体制等原因，各校要及时分别将2018级收费审核备案通知印发至继续教育学院、网络教育（远程教育学院）等相关单位，同时注明学校签发日期，并由主管校长签字。

（二）为规范办学，掌握学校办学教学情况，加强事中事后监管，各高校在报审时应在《北京高校高等学历继续教育2018级新生学费备案表》中，要如实分别注明学校在京设置的现代远程教育学习中心（含直属学习中心）、函授教育辅导站，校外业余教育教学站全称及授课地点、招生专业及联系人和联系方式，由主管校长签字后，盖学校公章。不符合上述要求的材料不予受理（备案）。

（三）各校申请备案的材料应在规定期间集中报送我委高教处。

（四）各高校在报审时要将教育部或市教委批准的2018学年高等继续教育招生计划（复印件一份）同时一并附上。

（五）为进一步规范高校高等继续教育专业管理，教育部近期已印发《高等学历继续教育专业设置管理办法的通知》（教职成〔2016〕7号），我委已予转发。北京各高校要按照教育部和我委对专业名称、类别、学制及规定的总课时及课时收费标准填报备案审核表。

（六）每学年的收费额度应与该专业教学计划规定的本学年总教学课时数的收费标准一致。

（七）继续教育学院、网络教育学院单独管理的高校，应明确牵头（工作归口）部门，统筹落实学历继续教育的教学计划、总课时安排、收费标准及相关表格填报。

我委不受理高校二级单位单独申报的教学计划、课时安排及收费标准备案审核材料。

2017年11月7日

北京市教育委员会

关于北京市贯彻落实教育部高等学历继续教育专业设置管理改革工作的总结汇报

京教函〔2017〕593号

职业教育与成人教育司：

2016年11月，教育部为加强对高等学历继续教育专业设置的统筹规划与宏观管理，进一步扩大省级政府教育统筹权和高校办学自主权，促进各类高等学历继续教育健康、有序、协调发展，印发了《高等学历继续教育专业设置管理办法》（教职成〔2016〕7号，以下简称《管理办法》）。作为教育部规范高等学历继续教育专业设置的首份文件，该办法对于统一各类高等学历继续教育专业设置管理政策，转变管理方式，明确责任和管理程序，加强信息服务与过程监管具有重要意义。北京市教育委员会根据要求按照属地化管理原则，认真组织宣传、学习和贯彻工作，克服了高等学历继续教育改革元年时间紧、任务重，平台运行不稳定、政策理解不透彻等诸多困难，坚持改革方向、统筹指导北京80余所开展高等学历继续教育的高校，按照教育部的统一部署和要求完成了北京高校高等学历继续教育专业核验与2017年拟招生专业信息填报工作，得到了教育部相关部门的高度肯定。现根据教育部要求，将 2017 年北京拟招生专业信息填报工作情况汇报如下。

一、基本情况

《管理办法》是教育部规范高等学历继续教育专业设置的首份文件，要求各高等学校要根据据自身办学能力，发挥办学优势和特色，结合国家战略和经济社会发展需要设置专业。文件分别明确了普通本科高校、高等职业学校和开放大学、独立设置成人高校两类学校设置学历继续教育专业设置的基本条件和程序：前者“须在本校已开设的全日制教育本、专科专业范围内设置高等学历继续教育本、专科专业，并可根据社会需求设置专业方向，但专业方向名称不能与高等学历继续教育本、专科专业目录中已有专业名称相同，不能涉及国家控制专业对应的相关行业”；后者根据自身办学条件可在高等学历继续教育本、专科专业目录中设置高等学历继续教育专业及方向，并可根据相关程序设置新专业。

北京市教育委员会由负责高等学历继续教育的高教处研究贯彻《管理办法》。高教处结合首都城市功能定位和北京高校学历继续教育发展现状，坚持立德树人、保证质量、规范发展的改革方向，组织百余所北京高校继续教育工作负责人学习、研究文件精神，并根据教育部办公厅《关于启用全国高等学历继续教育专业管理和公共信息服务平台并做好 2017 年拟招生专业申报工作的通知》（教职成厅〔2017〕1 号，以下简称《通知》）要求，按照“深化改革、规范管理、放管结合、优化服务”的工作原则和程序规定，高质量地完成了北京高校的学历继续教育专业核验和 2017 年拟招生专业信息填报工作。

目前，北京 83 所举行高等学历继续教育的高等学校可以设置的高等学历继续教育本科专业 376 个、专科专业 300 个。78 所北京高校 2017 年拟开设高等学历继续教育高中起点专科专业 219 个，高中起点本科专业 122 个、专科起点升本科专业 165 个。根据教育部要求，通过成人高等教育、网络教育、开放教育等不同学习形式进行招生的同一专业需要进行分别计为不同的招生专业点，据统计，2017 年北京高校招生点共计 1908 个：其中，本科层次招生专业点 1266 个（含高中起点本科和专科起点升本科），高中起点专科层次专科专业点 642 个；成人高等教育 1282 个（含业余形式 854 个、函授形式 403 个、脱产形式 25 个）、网络教育 467 个、开放教育 159 个；30 所部属高校拟招生专业点 1084 个，21 所市属高校拟招生专业点 368 个，11 所高职高专拟招生专业点 109 个，2 所开放大学拟招生专业点 159 个，14 所独立设置成人高校拟招生专业点 188 个。

二、主要措施

（一）研究文件精神　奠定工作基础

《管理办法》下发以后，北京市组织了专门的工作会议研究解读《管理办法》政策精神与工作要求、进行高校学历继续教育专业管理和公共信息服务平台（以下简称“信息平台”）应用培训；成立了由部委属普通本科高校、市属普通本科和高职院校、独立设置成人高校及开放大学熟悉网络教育、成人高等教育和开放教育专业建设情况的学历继续教育的骨干管理人员成立“北京高校学历继续教育专业管理工作组”（以下简称工作组）；明确了此项工作各类院校的总牵头人和各校负责人并建立了工作微信群；为 2017 年北京高校高等学历继续教育专业梳理和拟招生专业申报工作的平稳有序进行奠定了良好的工作基础。

（二）做好信息沟通　顺利完成核验

北京市根据《通知》的工作安排，指导属地内 83 所北京高校按要求完成了在信息平台上的专业信息核验工作并报送教育部备案。

工作组首先通过微信群向各高校明确政策关键和工作要求其一，专业名称必须在《普通高等学校本科专业目录（2012 年版）》和《普通高等学校高等职业教育专科专业目录（2015 年版）》；其二，在《管理办法》公布前，普通本、专科高校相关专业必须有全日制在校生、开放大学和独立设置成人高校必须有学历继续教育在校生；并要求各校以书面形式报送专业核验汇总情况和申请通过核验专业的支撑材料。

随后，北京召开专家工作会集中核验材料后，完成了省级教育行政部门在信息平台上的汇总提交工作。针对个别学校的具体问题，工作组还在进行专项核实后通过多种形式向教育部工作人员进行及时沟通。

（三）结合北京实际　分类指导申报

北京市教育委员会根据《管理办法》《通知》及教育部职成司后续工作要求，统筹指导78所北京高校在信息平台填报了2017年拟招生专业信息，并在教育部完成最终汇总确认后报送教育部备案。

在工作中，我委结合属地内高校规模大、类型多、办学层次全、优质资源集中的高等学历继续教育办学实际和当前北京疏解非首都功能及“四个中心”建设发展需要，统筹指导各类型高校今年的拟招生专业申报工作：以工作组为依托，严格依据《管理办法》的标准和教育部相关要求开展工作，重点强化了对各校招生专业（点）总量控制、专业培养方向设置的规范性、函授学习形式的专业规模等方面的指导。

延用专业核验的工作方式，要求各校提供书面材料备案、召开专家工作会集中讨论重点问题和学校支撑材料后，完成了省级教育行政部门在信息平台上的统筹工作。针对申报过程中北京高校的共性问题，及时向教育部汇报与沟通。

（四）严格规范程序　指导专业申报

2017年4月—5月，北京结合以往进行高等学历继续教育新专业设置的工作经验，按照《管理办法》指导北京独立设置成人高校、开放大学对新增专业。在北京市教育委员会的统筹下，工作组安排专人联系相关院校指导其讲解申报流程和工作要求指导学校论证和社会公示，组织学科专家对各校你新增专业的可行性和必要性进行论证、审核，并根据教育部相关工作精神要求组织专门的工作会，对新申报专业数量进行了从严把关，确保规范管理的目标。

2017年，北京共有12所独立设置成人高校和开放大学申报38个新专业，全部得到教育部批准。

（五）坚持改革方向 统筹专业补充

2017年6月，北京市根据《教育部办公厅关于做好高等学历继续教育2017年拟招生专业报送有关事宜的补充通知》安排，因地制宜指导北京普通本科高校结合北京地区经济社会发展需要，以及各校办学定位、服务面向、专业布局补充填报专科专业；并根据教育部的具体要求，强化了补充专科专业的社会急需性和办学特色性。最终，共有37所普通本科院校补充填报了159个专科专业。

三、经验与成效

《管理办法》的印发是教育部规范高等学历继续教育办学行为、提高高等学历继续教育质量，转变高等学历继续教育专业设置管理方式，明确高等学历继续教育主体责任的重要改革举措，信息平台的启用进一步推进了高等学历继续教育专业设置与管理的规范化、信息化与常态化。我们充分认识到教育部此项工作，对于进一步明确省级教育行政部门的统筹职能，梳理各地积年形成复杂办学现状，优化专业布局、提升办学质量，促进各类高等学历继续教育健康、有序、协调发展的重要意义；同时也注意到《管理办法》实施的第一年相关工作的复杂程度和困难程度。根据处室职责分工安排高等教育处落实此项工作，选派能准确把握高校继续教育工作政策、高等学历继续教育经验丰富的同志统筹负责，圆满完成了教育部任务。北京的具体做法汇报如下：

（一）组建团队，明确工作机制

结合北京高等学历继续教育类型多、规模大、覆盖面广的特点，北京市按照“坚持改革、规范程序、统筹兼顾、放管结合、优化服务”工作指导思想，组建了各类型高校的资深专家和骨干管理者广泛参与的工作团队，形成了责任到人、分工合作、行动高效的工作机制。工作组借助短信、微信、电邮等多种通讯方式，确保教育部、市教委高教处与工作组，工作组与各高校相关负责人，以及工作组内部信息及时共享、及时沟通，力争做到无错漏、无偏差。

北京市教育委员会组织有关专家深入研究文件要求和北京实际、通过专家论证、集体讨论、专项研究等多种方式、统筹指导各类高校按要求规范填报专业专业。对于北京高校的共性问题和个别高校的具体情况，组织有关专家进行专项调研和论证后，报送教育部进行及时沟通和请示。

2017 年，北京高校高等学历继续教育专业核验和拟招生专业申报工作的平稳有序进行，得到了教育部领导充分肯定。

（二）充分动员，获得理解和配合

《管理办法》下发后，北京市组织专门的工作会议学习、研究《管理办法》政策精神与工作要求、进行“高校学历继续教育专业管理和公共信息服务平台”介绍和培训。在信息平台启用前，工作组通过多种方式对教育部的相关工进行逐校动员和沟通，对高校提出的疑问进行针对性解释、解读和答疑，确保北京各高校了解“新政”要求，统一思想意识、明确改革目标。动员和培训工作，不仅令教育部此次专业设置工作的政策精髓和工作要求深入人心，而且也为北京整体工作的推进赢得高校的理解和配合。

（三）严谨规范，确保过程留痕

为克服改革元年欠缺工作细则、标准不明确、理解不一致等困难，工作组在高等教育处的指导下结合北京办学实际，坚持严谨规范的工作方式，每一个工作环节都要求各高校提交加盖校章的纸质版材料，做到过程留痕、规范管理，确保每一个关键环节有据可查、有标准可依，工作推进忙而不乱、高效有序。对于工作过程中，有些学校对政策学校不够理解，没有完全领会文件精神误填误报的情况，一律要求学校重新报送。严谨规范过程留痕的工作方式进一步促进了各高校对《管理办法》的研究和落实，有效提升了各高校对加强高等学历继续教育专业设置管理的思想认识。

（四）统筹指导，了解办学现状

工作组严格根据《普通高等学校本科专业目录》《普通高等学校高等职业教育专科专业目录》和《高等学历继续教育补充专业目录》，整体对北京各高校学历继续教育现设的本、专科专业进行梳理、规范和统筹。工作组内设置普通高校、高职高专、开放大学、独立设置成人高校等小组，针对不同类型高校进行个别指导，引导各类高校结合招生专业核验和拟招生专业填报工作重新明确定位、整合办学优势，实现特色发展；对于各类高校存在的共性问题进行专题讨论、总体统筹，做到标准统一、严格执行。通过总体统筹和分类指导，高等教育处准确掌握了北京市属地内个高校学历继续教育办学资源的基本情况和招生专业的准确数据，为下一步引导北京高等学历继续教育规范办学行为、提升培养质量，实现信息公开、加强过程监管奠定良好基础。

四、下一步工作

（一）结合北京实际制定工作实施细则

根据2017年工作经验，北京市按照《管理办法》精神和《通知》要求，在总结经验同时，已经着手根据首都功能和北京实际，总结北京高校的工作机制，研究制定《北京高等学历继续教育专业设置管理工作细则》（暂定名），进一步明确工作流程、管理标准与规范要求，促进北京高校高等学历继续教育专业设置管理工作常态化、规范化，推进体现“放、管、服”改革精神、适应北京高校高等学历继续教育“治理体系”建设。

（二）开展学历继续教育发展趋势研究

根据我国经济社会发展需要，以及国家对高校学历继续教育工作提出的坚持“立德树人、育人为本、确保质量和规范办学”的发展要求，以学历继续教育专业管理为切入点，专门立项研究高校学历继续教育规范化发展的影响因素与内在规律，为各级教育行政部门加强对高校学历继续教育放管结合、优化服务提供决策支撑，指导高校进一步扩大自主权、提升社会服务能力提供科学指引。

通过2017年2月至6月落实《管理办法》改革精神、完成信息平台填报等相关工作，高等教育处基本掌握了北京高校开展高等学历继续教育本专科专业的基本情况，进一步明确了未来北京高校高等学历继续教育改革的方向。未来高等教育处将结合相关工作经验尽快研究制定《北京高等学历继续教育专业设置管理工作细则》（暂定名），转变管理方式，明确责任和管理程序，逐步统一各类高等学历继续教育专业设置管理政策，为引导各类高校围绕首都功能设置人才培养专业、分层定位、特色发展，切实提升人才培养质量做好制度保障。

虽然在高等教育处的指导下工作组的整体工作得到了大部分高校的理解和配合，也得到了教育部的充分肯定，但是由于北京高校无论是办学类型、办学规模，各层面很关注，加上高等学历继续教育自身的复杂性，难免有疏漏的地方，个别高校存在解释不到位、理解不透彻的情况，我们将在《北京高等学历继续教育专业设置管理工作细则》（暂定名）进一步明确管理程序和工作要求，局部的技术性问题将会得到更好的解决。

感谢职业教育与成人教育司对北京工作的信任、指导和支持。

2017年12月4日

北京市教育委员会

关于开展首批北京市职工继续教育基地认定的通知

京教函〔2017〕630号

各职业院校，各社区学院：

为贯彻《北京市学习型城市建设行动计划（2016—2020年）》提出的创新职工素质提升工程，落实“建设50个职工继续教育基地”的任务，2017年在全市范围开展首批“北京市职工继续教育基地”认定工作。现将具体认定事项通知如下：

一、认定范围

在北京市行政辖区内，具有一定规模的固定场所和基础设施，在参与社会培训和职工教育方面有一定基础，能够承担某些领域一定规模培训的职业院校或社区学院、社区学校。

二、认定条件

（一）主办单位具有独立法人资格。

（二）场地设施完善，能够满足特定领域职工继续教育的需求，每年度开展培训的人次在3000以上。

（三）配备职业培训或继续教育的专职管理人员。

（四）学习管理制度健全，组织管理规范，安全措施严格。

（五）培训活动能够提升从业人员职业技能，对实际工作产生积极影响。

（六）具有稳定的经费保障来源，保证培训活动正常开展。

三、申报和认定程序

（一）各院校根据自身条件向市教委提出申请，撰写申报表（见附件），报送申报书扫描件到指定邮箱。

（三）北京市教委组织专家进行材料评审，从中遴选出15家院校作为首批“北京市职工继续教育基地”予以认定，确定名单并进行公示。

四、时间安排

（一）材料申报

2017年12月22日前完成材料上报。

（二）专家评审与公示

2017年12月30日前完成专家评审与公示。

五、联系方式

北京市教委职成处电子邮箱（略）

附件：北京市职工继续教育基地认定申报表（略）

2017年12月15日

学习型城市建设

北京市教育委员会文件选编

（2017）

北京市建设学习型城市工作领导小组办公室

关于开展学习型城市建设成果展示及经验交流工作的通知

京学习办〔2017〕1号

各区学习办：

为贯彻落实联合国教科文组织发布的《建设学习型城市北京宣言》、《建设学习型城市墨西哥城声明》、《教育部等七部门关于推进学习型城市建设的意见》（教职成〔2014〕10号）及《北京市学习型城市建设行动计划（2016—2020年）》等文件精神，进一步推进首都学习型城市建设工作，加强各区学习型城市建设的经验总结和交流，在2016年8个区成功开展“学习型城市建设成果展示及经验交流”活动的基础上，经市学习办研究决定，2017年在石景山等8个区开展学习型城市建设成果展示及经验交流工作，现将工作方案印发给你们，请相关各区学习办配合做好相关工作。

附件：2017年学习型城市建设成果展示及经验交流工作方案

2017年1月26日

附件

2017年学习型城市建设成果展示及经验交流工作方案

一、活动目的

北京市从2001年正式启动学习型城市建设实践与评估活动以来，学习型城市建设取得了显著成效。16个区均已通过创建学习型城市先进区的评估，5个区通过了创建学习型城市示范区的评估。各区在推动创建学习型城市建设实践中创造出许多好的经验。为深化创新我市“十三五”时期学习型城市建设工作，加大已有创建成果的宣传，加强各区之间的交流和学习，在2016年8个城区成功举办“学习型城市建设成果展示及经验交流”活动的基础上，市学习办研究决定2017年继续开展学习型城市建设成果展示及经验交流工作。

二、活动内容

成果展示与经验交流活动以生动、鲜活的汇报和体验为主。由有关区学习办和专家组成小组，分别深入各区考察、体验学习型城市创建成果，开展经验交流。各区可根据创建情况和特色，安排成果展示内容或项目，每个区安排2～3个展示项目、活动或学习品牌。

三、展示活动参与范围

2017年第二批参加学习型城市建设成果展示及经验交流的8个区为：丰台区、石景山区、昌平区、通州区、怀柔区、平谷区、密云区、延庆区。其他城区已在2016年完成学习型城市建设成果展示和经验交流工作。

四、组织机构

市教委、教科院联合成立领导小组和工作小组，原则上每小组由15名成员组成，由各区学习办及市教委职成处、教科院职成所、市学习型城市研究中心专家等单位人员组成。

五、整体安排

成果展示和经验交流采取工作小组组长负责制。具体安排在4月—5月共8周时间完成。每周选择1～2天安排1～2个区的展示和交流活动。各组根据分组安排和时间安排组织本组成员赴区参观考察学习型城市建设成果，并进行经验交流。

六、工作要求

（一）第二批参加成果展示和经验交流的8个区需在3月20日前提交本次成果展示的项目、活动或品牌的名称、简况、特色、亮点；本区展示与交流的设计方案。

（二）在正式成果展示和经验交流前，各区应安排专人与工作小组接洽。工作小组可派专家先行进行考察与指导。

（三）每组考察、体验4个区。每个小组需记录考察、体验项目、活动、品牌的过程、特色与亮点、存在问题及改进建议；撰写考察、体验报告，交市学习办、教科院联络员存档。

（四）工作小组需设联络员协助组长开展本组调研工作，负责与本组成员联系和本组调研工作记录及数据统计分析和资料留存。

（五）请各区将PPT、视频、汇报稿、新闻稿和活动照片刻在光盘中，或将材料存进单独的U盘中在各区展示活动当天给各组联系人。

（六）各区在展示活动结束后的两周内，将本区展示活动的相关新闻报道通过邮件报送到联络员或小组联系人。

北京市教育委员会

关于开展首批“北京市民终身学习示范基地”认定的通知

京教函〔2017〕219号

各区教委：

为贯彻《北京市学习型城市建设行动计划（2016—2020年）》提出的“发挥政府主导、社会参与的作用，创新终身学习服务机制”的要求，落实“分阶段建成100个市级及一大批区级市民终身学习示范基地”的任务，2017年在全市范围开展首批“北京市民终身学习示范基地”认定工作。现将具体认定事项通知如下：

一、认定范围

在北京市行政辖区内，具有一定规模的固定场所和基础设施，并向社会公众开放，提供市民终身学习服务，在区域内具有影响力和示范作用的机构。

二、认定条件

（一）主办单位具有独立法人资格，坚持公益属性。

（二）场地设施完善，能够满足区域内市民日益增长的学习需求，面向公众开放的学习场所面积要达到2000平方米以上。

（三）配备专职管理人员，专兼职教师以及志愿者队伍。

（四）学习管理制度健全，组织管理规范，安全措施严格。

（五）学习活动内容丰富、形式多样、特色鲜明、效果明显，深受市民欢迎，具有一定社会影响力。

（六）具有稳定的终身学习活动投入，活动经费列入单位年度预算，保证活动正常开展。

三、申报和认定程序

（一）各区根据申报条件开展遴选活动，择优推荐候选机构1至3个。

（二）各区组织申报材料，包括申请表（附件1）、自评报告（附件2）及其他相关支撑材料等。

（三）北京市教委组织专家进行材料评审，选择部分机构进行实地考察并从中遴选出30家机构作为首批“北京市民终身学习示范基地”予以认定，确定名单并进行公示。

（四）由北京市社区教育指导中心组织授牌，并依托“京学网”进行后期活动的统筹指导和业务管理。

四、时间安排

（一）材料申报

2017年8月30日前完成材料上报

（二）专家评审

2017年9月30日前完成专家认定

（三）表彰授牌

2017年10月召开会议进行表彰和授牌

五、联系方式（略）

附件：1. 北京市民终身学习示范基地认定申报表（略）

2. 自评报告内容要求（略）

2017年6月15日

北京市建设学习型城市工作领导小组办公室

关于举办北京市第十三届全民终身学习活动周的通知

京学习办〔2017〕3号

各区委、区人民政府，北京市建设学习型城市工作领导小组各成员单位，在京各高等院校、各职业院校：

根据《教育部办公厅关于举办2017年全民终身学习活动周的通知》（教职成厅函〔2017〕33号）精神，为进一步落实北京市教育委员会等十四部门印发《北京市学习型城市建设行动计划（2016—2020年）》，继续推进全市学习型城市建设，构建惠及全民的终身教育体系，经研究，今年11月将举办“北京市第十三届全民终身学习活动周”。

本届活动周以党的十九大精神为指导，深入学习贯彻习近平总书记系列重要讲话精神，紧密结合北京“四个中心”战略定位，服务北京城市总体规划建设，促进首都经济社会发展；充分宣传市委市政府《关于大力推进首都学习型城市建设的决定》实施10年来取得的优异成绩，充分宣传“首都市民学习之星”的感人事迹，充分展示全体市民通过学习服务首都经济建设和科技发展、服务法治社会和文明社会建设，促进创新创业发展和产业转型升级以及京津冀协同发展和人力资源素质提升中的成果。通过在全市范围内开展全民学习活动周活动，进一步促进职业教育、成人教育、社区教育、老年教育、家庭教育的创新发展，构建完善的首都现代终身教育体系。

一、时间及主题

时间：北京市第十三届全民终身学习活动周开幕式于11月中下旬在通州区举行。各区、各单位、各学校的活动可在开幕式前后一个月内进行。

主题：服务新北京建设，支撑新业态发展。

二、组织及安排

今年全民终身学习活动周要进一步扩大活动的覆盖面，提高群众参与率，增强活动效果。各区、各相关单位要加强对活动周工作的组织和指导，根据学习活动周的主题，结合本地实际，精心制订活动计划及实施方案，创新活动设计，突出活动重点，办出活动特色。要动员更多的职工、群众、学生等参加各类知识讲座、各类教育培训和读书等系列活动，让参与者学到新知识、掌握新技能，有较强的获得感和成就感，形成一个扎实有效的全民学习环境。要做好舆论宣传工作，营造良好的舆论氛围，努力促进全市终身教育和全民终身学习进入新阶段。

（一）推进校园活动。各级各类学校面向学生、面向社区，开展具有本校特点和特色的学习、讲座、参观等活动。职业院（学）校要突出职业特点，开展体验观摩活动、展示职业继续教育成果，邀请劳模、大师、工匠、技术能手开展互动活动，激发人们的创造热情，感受现代职业教育的特色与魅力。

（二）推进企业活动。有条件的行业、企业、公司面向职工和社会群众，开辟通道或展区，开展工作现场体验观摩活动，介绍产业发展前景和工作流程，展示工匠（大师）技艺绝活等，激发全社会尊重劳动、崇尚技术技能，弘扬工匠精神，增强群众职业意识、精品意识、创新意识。

（三）推进场所活动。公园、博物馆、图书馆等是广大群众怡情和学习的场所。在活动周期间，各公共场所要围绕主题，举办论坛、讲座、阅读、展览等活动，要面向群众宣传科学、宣传创新创业的意义、成果和典型案例等，激发广大群众热爱学习、崇尚科学、创新创业的热情。

（四）推动社区活动。要充分利用本地社区各种场所，发挥场地、设施优势，开展紧贴群众生活的家庭教育、健康饮食咨询、烘焙茶艺、家政服务、形象设计、园艺插花、家用物品的使用与保养、民族文化、传统工艺、职业礼仪、环境保护等服务活动，培养群众道德情操、感知美好生活。

举办学习活动周要严格遵守国家有关要求。组织活动坚持简朴节约、安全有序，活动内容贴近群众需求，努力推动学习活动周内容更丰富、活动更有效、影响更广泛。

三、宣传及重点

各区、单位和学校等举办单位要紧扣活动主题，结合开展的活动，联系有关报纸、电视、网络等媒体，开展好相关宣传报道工作。把"依靠学习走向未来""坚持学习、学习、再学习，坚持实践、实践、再实践""中国要永远做一个学习大国"等重要思想贯穿在宣传活动中。以群众喜闻乐见的形式，进行多层次、全方位的学习宣传活动，以学固本、以学立德、以学增智、以学兴业、以学治理、以文化人，努力营造新北京、新业态的氛围，把在学习活动中激发出来的热情，渗透到各领域、各项工作中去。

（一）让人民群众充分认识学习的意义，认识倡导学习在城市发展战略、产业转型升级、提升价值取向、建设精神文明等领域的重要作用和意义。

（二）宣传人才强国战略，切实把加强高技能人才工作作为推动经济社会发展的一项重大任务来抓。尊重劳动、崇尚技能、鼓励创造良好氛围，全面提升就业人员素质，为建设经济大国和经济强国贡献力量。

（三）充分宣传"首都市民学习之星"的学习成果和感人事迹，

展示学习之星的风采，打造人人热爱学习、崇尚学习的良好氛围，树立学习是保障人类社会生存和发展的理念。

（四）宣传为终身学习服务成绩突出的“优秀成人继续教育学校（培训机构）”的事迹，大力宣传“终身学习品牌项目”典型案例，展示开展教育培训和全民终身学习的成果。

（五）围绕活动周、围绕主题，重点宣传开展活动周的典型做法和生动事例。

（六）活动周之后，组织媒体深入基层，持续报道通过学习产生的先进典型事迹，在全社会中形成良好的学习舆论氛围。

开幕式将展示“首都市民学习之星”的事迹和为终身学习服务成绩突出的“优秀成人继续教育学校（培训机构）”、“终身学习品牌项目”的典型案例。各区、单位和学校等组织单位要大力宣传成人继续教育的方针政策和典型案例，展示本单位学习之星和优秀品牌项目，展示开展教育培训和全民终身学习的成果。

四、其他事项

本届学习活动周由北京市建设学习型城市工作领导小组、中共北京市委教育工委、北京市教育委员会、通州区政府、北京市成人教育学会及各组织单位共同主办。通州区教育委员会承办本届活动周开幕式。活动周工作小组办公室设在北京市成人教育学会秘书处。

请各组织单位于9月27日前报送全民终身学习活动周方案及各项活动统计表（包括表格）电子版、联系人信息以及专栏、网站的链接。

在第十三届全民终身学习活动周期间，请各组织单位选送典型活动案例、典型事例、宣传报道等，并于12月15日前报送活动周总结（包括图片及视频）。各组织单位请将学习活动周重要工作情况和工作总结及时报送活动周工作小组办公室。

市建设学习型城市工作领导小组将对在活动中表现突出的单位予以表彰。

办好“全民终身学习活动周”是今年我市学习型城市建设、成人教育工作的一项重要任务。各区委、区人民政府，北京市建设学习型城市工作领导小组各成员单位，在京各高等院校、各职业院校要高度重视，科学规划，精心组织，认真实施，确保各项工作目标的完成，向社会充分展示首都学习型城市建设、成人继续教育改革发展的最新成果。

2017 年 8 月 23 日

北京市建设学习型城市工作领导小组

关于公布第八批首都市民学习之星名单的决定

京学习〔2017〕1 号

各区人民政府，市建设学习型城市工作领导小组各成员单位，各高等院校、中等专业学校：

依据《北京市建设学习型城市工作领导小组办公室关于开展第八批首都市民学习之星评选工作的通知》（京学习办〔2017〕2 号）精神，在个人自荐、社会举荐、部门推荐的基础上，经专家组评审、征求意见、社会公示，市建设学习型城市工作领导小组认定李丹等 100 人为第八批首都市民学习之星，现予以公布。

希望第八批荣誉获得者不忘初心，珍惜荣誉，发扬成绩，践行终身学习理念，弘扬工匠精神，强化创新创业教育，以学修身，以学益智，增强学习的主动性和自觉性，掌握科学学习方法、提高学习效能，做到干中学、学中干，学以致用、用以促学、学用相长，争做学习型城市建设的表率和榜样。各区、各单位要加大典型宣传力度，营造大众创业、万众创新的浓厚氛围，汇聚学习资源，搭建交流学习平台，促进全民人人学习、时时学习、处处学习，充分发挥终身教育在首都经济社会发展、产业转型升级、京津冀协同发展和人力资源素质提升中的重要作用，进一步推进学习型城市建设工作的深入、可持续发展，加快推动学习型社会建设，大力提升全体市民素质。

附件：第八批首都市民学习之星名单

2017 年 10 月 26 日

附件

第八批“首都市民学习之星”名单

（100 人，排名不分先后）

李丹（女）	北京电视台
陈薇薇（女）	大学生杂志社
吴锡俊	市文资办
肖京涛	市统计局
王欣欣	市理化分析测试中心
化全利（女）	市南水北调团城湖管理处
张喆	市药品检验所
王方（女）	市委社会工委
毛婷（女）	市食品安全监控和风险评估中心
司晓涛	北京百味绿春食品有限责任公司
赵晨	市新闻出版广电局

程玉生	市新闻出版广电局
刘卫东	北京石刻艺术博物馆
应君（女）	首都博物馆
朱冰贞（女）	北方昆曲剧院
阎小萍（女）	中日友好医院
郑文刚	市农林科学院信息中心
李家良	北京城市建设研究发展促进会
马乃篪（女）	北京枫华老年互助资源中心
高鹏	北京今日美术馆
岳利霞（女）	中国人民解放军总医院
黄乐平	北京义联劳动法援助与研究中心
张月菊（女）	二商集团有限责任公司西郊食品冷冻厂
王佳伟	北京北排水环境发展有限公司
杨震卿	北京六建集团有限责任公司
井帅（女）	市煤气热力工程设计院有限公司
王迎军（女）	北京公交集团电车客运分公司
胡欣远	北京房地集团有限公司第十分公司
魏巍	北京市地铁运营三分公司
沈天琛	中国邮政集团公司北京市朝阳区分公司
周国光	北京宝益粮油储备库
王文超	首钢水厂铁矿
胡娜（女）	首钢京唐公司
刘鹏	北京建工环境修复股份有限公司
张晓娜（女）	北京汽车动力总成有限公司
芦旭飞	北京京环新能环境科技有限公司
陈明	北京汽车集团有限公司
苏中帅	北京市第三建筑工程有限公司
马德云	北京市建筑工程研究院有限责任公司
贾辉	北京市勘察设计研究院有限公司

李健刚	北京市市政工程设计研究总院有限公司
董文珂	北京市花木有限公司
寇鼎涛	北京市轨道交通建设管理有限公司
王婷婷（女）	中国电建集团北京勘测设计研究院有限公司
高长贺	通达耐火技术股份有限公司
史敬	顺康盲人按摩所
郝涛（女）	北京市东城区东四街道
戚贵存（女）	东城区崇外街道
何凯英	北京内联升鞋业有限公司
孙崇菀	西城区牛街街道
金九皋	北京京伦饭店
徐占胜	市公安局朝阳分局
果仲霞（女）	朝阳区环境卫生服务中心第四清洁车辆场
张朔	北京中学
杨晶（女）	朝阳区麦子店街道办事处农展南里社区
张朋	北京市第八十中学
刘大力	北京多思安全芯片科技有限公司党支部
时阳（女）	海淀区地方税务局
靳国良	北京昊业怡生科技有限公司
段兰华	北京教育学院附属丰台实验学校
于运乐	北京花乡花木集团有限公司
刘江锋	丰台区人力资源和社会保障局就业促进科
王希强	丰台区人力社保局
娄斌	丰台区职工大学
白金（女）	北京京剧院
李常青	北京市八大处公园管理处
杨平（女）	通州区玉桥街道玉桥东里社区
郝洪德	通州区漷县中心小学
魏红帅（女）	通州区图书馆

焦秀梅（女）	顺义区双丰街道马坡花园二区党支部
张华礼	顺义牛栏山第一中学
岳建	北京中瑞宏宇幕墙装饰工程有限公司
张涛	顺义区社区教育中心
王振元	顺义区卫生局机关（自荐）
贾维亮	北京安定贾尚精品种植园
田广良	北京韩建集团有限公司
孙亚琼（女）	房山区广播电视中心
尚显兰（女）	北京聚兰兴养殖专业合作社
陶术研	北京市大峪中学
鲍怡坚（女）	北京利德衡环保工程有限公司
苗保河	门头沟区科技开发实验基地
刘丹丹（女）	昌平区医院
王长青	怀柔区第五中学
东雪（女）	北京裕农源生态农业专业合作社
朱宝来	北京大淘儿影视文化传媒有限公司
高和平	密云区 987 艺术园区
王坤	密云区石城镇石城村党支部
吴秀清（女）	延庆区诚远幼儿园
李丹（女）	北京忠诚喜洋洋农家院
白焕月（女）	延庆区沈家营镇临河村委会
张福伟	北京市燕山地区国家税务局
范宇飞（女）	北京燕化医院
金兼斌	清华大学
周培德	北京理工大学
张浩然	中国石油大学（北京）
娜木拉（女）	中央音乐学院
吕龙根	北京第二外国语学院
李宗晨	北京信息职业技术学院

王仁宇　　　　北京信息科技大学
王爱军　　　　中国石油大学（北京）

北京市建设学习型城市领导小组办公室

关于认定首批“北京市民终身学习示范基地”的通知

京学习办〔2017〕4号

各区学习办，各区教委，市建设学习型城市工作领导小组各成员单位：

为深入学习宣传贯彻党的十九大和北京市第十二次党代会精神，全面实施《北京市学习型城市建设行动计划（2016—2020年）》，加快北京学习型城市建设，大力提高市民素质，发挥政府主导、社会参与的作用，创新终身学习服务机制，落实分阶段建成100个市级及一大批区级市民终身学习示范基地的任务，推进全民终身学习。2017年在全市范围开展首批“北京市民终身学习示范基地”认定工作，经各部门推荐、实地考察、专家评审、社会公示，市建设学习型城市工作领导小组办公室认定“故宫博物院”等34个基地为首批“北京市民终身学习示范基地”，现予以公布。

希望各示范基地认真总结经验，夯实基础，充分发挥大数据时代的优势，优化基地制度设计，拓宽基地服务内容，创新基地服务形式，突出基地特色，发挥引领示范作用，共享学习成果，把基地建设成为满足市民不同需求的终身学习服务基地，逐步建成国际交往中心的窗口，为“四个中心”建设做出新的贡献。

附件：首批“北京市民终身学习示范基地”名单

2017 年 11 月 27 日

附件

首批“北京市民终身学习示范基地”名单

（34 家，排名不分先后）

序号	单位	地址
1	故宫博物院	东城区景山前街 4 号
2	东城区职业大学 东城区职工大学	东城区朝外潘家坡胡同 1 号 东城区板厂南里 5 号
3	北京孔庙和国子监博物馆	东城区安定门内国子监街 13 号
4	北京天文馆	西城区西直门外大街 138 号
5	北京市外事学校	西城区西直门内永祥胡同 3 号
6	北京老舍茶馆有限公司	西城区前门西大街正阳市场
7	西城区金融街少年宫暨社区教育学校	西城区鲍家街胡同甲 2 号
8	首都博物馆	西城区复兴门外大街 16 号
9	中关村学院	海淀区北四环中路 11 号
10	中关村创新研修学院	海淀区中关村南大街 3 号海淀科技大厦
11	朝阳区职工大学	朝阳区和平里南口砖角楼北里 5 号

续表 1

序号	单位	地址
12	北京市朝阳区图书馆	朝阳区广渠路 66 号院 3 号楼
13	麦子店街道社区教育实体学校	朝阳区亮码食街与朝阳公园路交叉口西南 200 米
14	北京汽车博物馆	丰台区南四环西路 126 号
15	石景山区业余大学	石景山区八角北路 51 号院
16	北京金福艺农农业科技集团有限公司	通州区台湖镇胡家垡村东 100 米
17	通州区图书馆	通州区通胡大街 76－1
18	北京三高奥圣农业技术开发中心	顺义区白马路南彩段 5 号
19	顺义区社区教育中心	顺义区府前西街
20	顺义区老干部大学	顺义区石园北区
21	大兴区社区学院	大兴区兴华大街三段 4 号
22	房山区阎村镇社区成人职业学校	房山区阎村镇炒米店村
23	房山区成人教育中心	房山区良乡广阳西路 2 号
24	门头沟社区学院	门头沟区城子大街 10 号
25	北京市昌裕新园农业科技中心	昌平区南邵镇姜屯村东
26	延庆区社区教育中心	延庆区南菜园功德巷 10 号
27	怀柔区图书馆	怀柔区富乐大街 8 号
28	怀柔区喇叭沟门喜鹊登科种植专业合作社	怀柔区喇叭沟门乡对角沟门村

续表 2

序号	单位	地址
29	平谷区金海湖镇市民终身学习基地	平谷区金海湖镇韩庄南大街 111 号
30	密云区社区教育中心	密云区新西路白云街
31	密云区职业学校	密云区果园西路 2 号
32	燕山职业学校	房山区燕山东岭东万路 2 号
33	华新绿源环保股份有限公司	通州区马驹桥镇金桥科技产业基地景盛北一街 4 号
34	北京市植物园	海淀区香山卧佛寺路

民办教育

北京市教育委员会文件选编

（2017）

北京市教育委员会

关于做好2017—2018学年民办高校招生简章和广告备案工作的通知

京教策〔2017〕10号

各民办普通高校、独立学院、民办非学历高等教育机构：

为进一步加强本市民办高校管理，规范招生宣传工作，促进民办高等教育健康发展，根据《中华人民共和国民办教育促进法》《民办高等学校办学管理若干规定》（教育部令第25号）、《国务院关于第三批取消中央指定地方实施行政许可事项的决定》（国发〔2017〕7号）和《北京市民办高等教育机构招生简章和广告备案管理办法》（京教高〔2007〕2号）等有关规定，2017—2018学年本市继续实施民办高校招生简章和广告备案工作。现将有关事项通知如下：

一、备案范围

凡经我委批准设立或管理的，持有效的《办学许可证》和《法人登记证》，2017—2018学年具有招生资格的民办普通高校、独立学院、民办非学历高等教育机构（以下简称“民办高校”）发布招生简章和广告，均要进行备案。

民办高校在本市或外省（自治区、直辖市），通过报刊、广播、电视、互联网、户外广告、未经出版的印刷品及影像资料等媒介，以刊登、播放、张贴、散发、邮寄等方式发布的2017—2018学年秋季及春季招生简章、广告、报考指南、入学通知等各种形式的招生及办学宣传信息，均为备案内容。

二、备案内容要求

民办高校招生简章和广告内容必须真实、准确、客观、合法，要符合以下几项要求：

（一）学校总体情况的介绍要明确、具体

1. 学校名称、办学地址、办学类型、办学内容、举办者、校长等信息应与《办学许可证》一致，如发生变更，须到我委办理变更手续。学校办学类型包括民办本科学校（含独立学院）、民办高等职业学校、民办非学历高等教育机构等。办学内容包括全日制普通本科、高等职业教育、高等教育培训（含高等教育自学考试助学）、短期或业余培训、函授教育等。招生宣传的主体必须是民办高校，不得以内设机构（如二级学院）名义单独进行宣传。

2. 有关办学条件、教学活动的图片要采取本校及本校师生员工的实景照片，不得采用电脑合成的图片；所使用的图片要有文字说明，选用人物图片要征得本人同意使用。不得使用国家机关工作人员的名义进行招生宣传，招生简章和广告中不得包含国家领导人及其他国家机关工作人员的照片。

3. 学校的获奖项目要注明获奖时间和评选单位名称，招生简章和广告主要宣传教育行政主管部门或政府其他行政管理部门组织评选的奖项，由非政府部门评选的奖项应主要宣传近三年（2014年以来）获取的，数量不得超过所宣传获奖项目总数的50%。

4. 招生宣传内容不得含有虚假、模糊、夸大的信息，不得对学生和家长产生误导。

不得回避、混淆学历教育与非学历教育的区别。举办非学历教育的民办普通高校、独立学院，要将学历教育与非学历教育的招生简章和广告分别制作、发布和备案。非学历教育招生简章和广告在专业设置、证书颁发等内容上要严格区别于学历教育，不得标注北京教育考试院统一编制的普通本（专）科招生“学校代码”“专业代码”等内容。不具有学位授予权的学校使用学生穿学位服的图片，须根据学校办学实际情况附加有关通过自考等取得学位的文字说明。

非学历高等教育机构，尤其是学校名称中包含“大学”“中国”等字样或未包含“研修”“专修”“函授”“培训”等字样的学校，须明确说明本校的办学类型为民办非学历高等教育机构。

不得使用“最大”“最好”“第一”等描述性用语，不得使用“100％考试通过率”“入学即签订就业协议”“100％就业率”“高薪就业，一步到位”等承诺性用语。不得对学校的办学条件、师资力量及学生就业前景等做虚假、夸大宣传。

（二）招生专业的介绍要明晰、详实

1. 招生类别要明确分为本（专）科学历教育、高等教育自学考试助学、培训、其他文化教育等。

2. 学习形式要明确分为全日制教育、业余培训、短期培训、函授（或远程网络）教育等。

3. 学校要根据招生类别和学习形式，分别介绍普通本（专）科专业、高等教育自学考试助学专业、学校自设培训专业、资格（等级）证书培训专业、中外合作办学项目、中外校际交流项目等。专业介绍一览表参考格式见附件2。

4. 非学历高等教育机构举办培养目标是护士的护理类专业，招生对象须具备中等卫生学校毕业证书。

（三）根据招生类别分别介绍学业证书类别，应说明颁发主体及颁发办法

1. 被录取到普通本（专）科统招专业学习的学生，学习期满，成绩合格，由学校颁发国家承认学历的普通高校本（专）科毕业证书。

2. 参加高等教育自学考试助学的学生，由学校组织参加（或自行参加）北京市高等教育自学考试，通过专业考试计划规定的全部课程，由北京市高等教育自学考试委员会颁发国家承认学历的本（专）科毕业证书。

3. 参加学校自设培训专业学习的学生，学习期满，成绩合格，由学校颁发结业证书。

4. 参加资格（等级）证书课程培训的学生，经相关部门或行业组织的考试，成绩合格，可获得相应的资格（等级）证书。

5. 学校举办中外合作办学项目，引进国（境）外学校的课程（含知识产权）、师资，教材，颁发国外高校证书的，须经教育部或我委批准。参加中外合作办学项目的学生，取得证书的类别与办法应与有关批准文件一致。民办普通高校、独立学院在本校办学层次内开展中外校际交流项目（如“2＋1”“2＋2”“3＋1”项目），不得使用“预科”“直升”“直通”“连读”等承诺性用语。

民办普通高校、独立学院招收非学历教育学生开展的中外校际交流项目，以及非学历高等教育机构开展的中外校际交流项目，招生宣传内容可包括与国（境）外某高校合作交流、学分互认等内容，不得包含涉及取得国（境）外高校学位证书的内容。

6. 学校与国内普通高等学校合作举办的成人高等学历教育校外教学站必须经我委 2015 年检查合格，与教育部现代远程教育试点高校合作设置的校外学习中心必须经我委 2016 年度检查评估合格。要按照主办高校相关要求，发布主办高校成人高等学历教育校外教学站，或教育部现代远程教育试点高校校外学习中心的招生信息；不得以任何形式用承办校名义发布相关招生信息。相关“校外教学站”“校外学习中心”的招生信息不作为承办校的招生信息备案。

（四）招生简章和广告应载明的其他内容

1. 收退费标准和办法。学历教育的收费项目和标准试行分类管理，城区内的学历教育收费项目须经市发展改革委批准；城区以外民办高校学历教育收费标准，实行市场调节价管理，具体学费、住宿费标准由民办高校自主确定，相关信息报市价格、教育行政主管部门备查。非学历教育的收费项目和标准由学校在所属区发展改革委备案。收费项目和标准应与有关部门审批或备案的内容一致，退费办法应符合《北京市民办学校退费指导意见》（京教民〔2012〕

1 号）的要求。

2. 学校办学许可证编号。

3. 公示网站：

（1）http：//www. bjedu. gov. cn；

（2）http：//www. edu111. cn。

三、工作程序

（一）各民办高校印制的招生简章和广告，应在学校官方网站登载。招生简章和广告由学校法定代表人签发，对其真实性、合法性负责，并承担相应法律责任。学校要在招生简章和广告发布后 15 日内，将所发布的招生简章和广告等备案材料送达北京民办教育协会。

1. 学校提供下列纸质备案材料：

（1）招生简章和广告（一式 2 份），需加盖学校公章（骑缝章）；学校招生宣传内容若包含视频短片，应报送视频光盘（一式 1 份）。（招生简章和广告电子文档要发送到北京民办教育协会的指定邮箱，应含文字、图片等内容，应为 word 文档。）

（2）《备案表》（一式 1 份，需加盖学校公章）。

（3）有效的《办学许可证》（副本）和《法人登记证》（副本）复印件各一份。

（4）民办学校学历教育收费标准的批复文件复印件或备查表、《民办学校非学历教育收费标准备案表》复印件（一式 1 份，需加盖学校公章）。

（5）新媒体平台，含微信公众号、App、微博、网站等。

2. 学校提供下列证明材料，若往年已提供过相同材料且仍在有效期内，则无需重复报送。

（1）招生简章和广告内容涉及中外合作办学项目的，要提交教育部或我委有关批准文件的复印件；与国（境）外学校开展学分互认、聘请外教进行外语教学，资格证书培训，并且没有课程引进的中外校际交流项目，要提交相关合作协议（中文）复印件。申请备案的招生简章和广告内容涉及招收外国留学生的，应提交我委有关批准文件的复印件。

（2）招生简章和广告中涉及与用人单位开展联合办学、订单培养、推荐就业等，要提供加盖双方单位公章的有效合作协议，协议签署有效期要涵盖本期所招学生毕业时间。

（3）招生简章和广告中涉及到的获奖项目，需提交相关的评奖结果文件或获奖证书复印件。

（4）招生简章和广告中涉及聘请具有一定知名度的外单位教师，需提交聘书或学校聘用文件复印件。聘书或聘用文件应注明聘用期限，聘用期限应涵盖本期所招学生就读期间。

（5）其他能够证明招生简章和广告内容真实性的合法、有效证明材料。

（二）市教委将加强民办高校招生简章和广告备案工作的事中事后监管，加大对违规发布招生简章和广告行为的查处力度，把招生简章和广告的备案及招生活动情况列入年度检查的重要考核项目。对发布违规、虚假招生简章和广告，招生管理混乱，造成恶劣社会影响的学校，将予以严肃处理。

四、备案受理时间和地点（略）

五、备案管理机关和地点

我委作为北京市民办高校招生简章和广告备案管理机关，负责招生简章和广告的备案管理工作。

办公地点（略）

附件：1. 2017—2018 学年北京市民办高校招生简章和广告备案表（略）

2. 专业介绍一览表参考格式（略）

2017 年 6 月 26 日

北京市教育委员会

关于北京市民办普通高校及非学历高等教育机构2017年秋季招生政策的通告

京教计〔2017〕21号

为规范民办高校招生工作，维护广大学生合法权益，促进北京民办高校科学发展，根据《中华人民共和国民办教育促进法》及其实施条例、《中华人民共和国广告法》和《北京市实施〈中华人民共和国民办教育促进法〉办法》，现将北京市民办普通高校及市教委审批的民办非学历高等教育机构2017年秋季招生政策通告如下：

一、民办普通高校是经教育部或北京市政府批准、具有颁发普通高等教育本科或专科学历证书资格，并已颁发《民办学校办学许可证》的民办高校（含独立学院，下同）。北京市民办普通高校本（专）科教育的招生，严格执行教育部和北京市关于普通高等院校招生管理规定，一律纳入全国普通高等学校统一考试招生录取体系。民办普通高校在国家招生计划之外自行招收非学历教育学生，在办理入学手续前必须向学生或家长公示获得证书的性质、收费项目、标准和退费办法（学校制定的收退费办法不得与教育行政部门和物价管理部门的规定相抵触），并与学生签署相关协议。

二、民办非学历高等教育机构以开展高等教育自学考试助学等文化教育培训、职业培训为教学内容。民办非学历高等教育机构招收参加自学考试助学的学生，只有通过国家高等教育自学考试规定的全部课程，考试合格，方可取得加盖主考普通高校及自学考试办公室印章的国家承认的学历文凭。民办非学历高等教育机构不具备颁发国家承认的学历文凭的资格。

三、根据2016年度北京民办高等学校及其他民办高等教育机构办学状况年度检查结果及相关学校整改情况，2017年北京市具有招生资格的民办非学历高等教育机构共有60所（学校名单附后）。

四、民办高校开展办学活动所使用的名称必须与《民办学校办学许可证》上核准的名称一致，不能以二级学院或其他内部机构的名义对外开展招生宣传活动。

五、民办高校招生简章应载明学校名称、办学性质、办学地点、招生专业、录取标准、取证方式、证书名称、证书性质、收费标准及退费办法等，内容必须真实、准确，不得含糊其词、误导求学者。招生简章和广告需报市教委备案，学校以各种形式（含报刊、广播、电视、网络等）向社会发布的招生简章或广告的内容应与报市教委备案的内容一致。

六、北京市民办高校的录取通知书分为两类：一类是民办普通高校按全国普通高校招生规定，考生参加当年高考，达到录取分数线后，由省级招生部门办理录取手续，由学校寄发的普通本科、高职（专科）学历教育录取通知书；另一类是由民办普通高校和民办非学历高等教育机构自行组织，招收非学历教育学生，由学校寄发的非学历教育学习通知书。

北京生源在接到普通本科、高职（专科）学历教育录取通知书后，可通过以下三种方式查询：一是登录北京教育考试院网站，查询录取结果；二是拨打1606789或96000169，查询录取结果；三是与所在区招办联系，查询录取结果。如录取学校、专业等信息与录取通知书相一致，则通知书内容真实有效。外地生源可详询所在地区高招办。如相关官方渠道无法核实通知书的相关信息，则通知书的性质为非学历教育学习通知书；如寄发通知书的学校未经教育行政部门或人力资源和社会保障部门批准成立，则该校为虚假大学。

七、凡未经省级招生部门办理录取手续的考生，均不能注册普通高校学生学籍。

附件：2017年北京市具有招生资格的民办非学历高等教育机构名单

2017年7月14日

附件

2017年北京市具有招生资格的民办非学历高等教育机构名单

一、全日制民办非学历高等教育机构（30所）

北京现代音乐研修学院
北京工商管理专修学院
北京国际标准舞研修学院
北京北大资源研修学院
北京航空旅游专修学院
北京瀚林职业研修学院
北京珠宝首饰研修学院
北京应用技术专修学院
北京八维研修学院
北京民族大学
北京世华管理专修学院
北京建设大学
北京文理研修学院
北京财经专修学院
北京人文大学
北京涉外经济专修学院
北京明园大学
现代管理大学
北京影视研修学院
北京国际经贸研修学院
北京华嘉专修学院
北京新亚研修学院
北京美国英语语言学院
北京华夏管理学院
北京企业管理研修学院
北京经济研修学院
北京演艺专修学院
北京高等秘书研修学院

北京东方大学
东方文化艺术学院

二、非全日制民办非学历高等教育机构（30所）

北京金融研修学院
北京计算机专修学院
北京逻辑语言研修学院
北京彼得·德鲁克管理研修学院
北京机械工程师进修学院
北京管理软件进修学院
北京华大研修学院
中关村创新研修学院
北京摄影函授学院
北京经济技术研修学院
北京长城研修学院
北京民生财富研修学院
北京礼仪专修学院
北京东方研修学院
北京国际青年研修学院
中国教育国际交流研修学院
北京心理学函授学院
北京汉语国际推广中心
中国农民大学
北京东方妇女老年大学
北京中国驻颜美容学院
蒙代尔国际企业家大学
北京韩红艺术研修学院
中国现代教育研修中心
北京盛唐研修学院
北京当代艺术研修学院
北京军地专修学院
北京翻译研修学院
北京国际汉语学院
北京京海研修学院

德　　育

北京市教育委员会文件选编

（2017）

北京市教育委员会
北京市妇女联合会

关于在全市中小学开展“重家教 树家风 传美德 共育人”主题教育实践活动的通知

京教基一〔2017〕7号

各区教委、妇联：

为落实习近平总书记关于“注重家庭、注重家教、注重家风”的重要讲话精神，充分发挥家庭教育的育人作用，进一步推动家庭、学校和社会密切配合，形成育人合力，促进青少年学生健康成长和全面发展，市教委联合市妇联，在全市中小学开展“重家教 树家风 传美德 共育人”主题教育实践活动。现将有关事项通知如下：

一、指导思想

深入贯彻党的十八大和十八届三中、四中、五中、六中全会精神，认真落实习近平总书记系列重要讲话精神，特别是关于“注重家庭、注重家教、注重家风”的重要指示。以社会主义核心价值观为引领，按照《全国妇联等九部委关于指导推进家庭教育的五年规划（2016—2020年）》《教育部关于加强家庭教育工作的指导意见》等文件要求，坚持“立德树人、政府主导、家长尽责、创新发展”的原则，推动家庭、学校、社会密切配合，共同培养德智体美劳全面发展的社会主义建设者和接班人。

二、重点内容

（一）开展“家庭教育大讲堂·校园行”活动

建立北京市家庭教育专家资源库，组织家庭教育专家巡回各区和学校开展百场家庭教育大讲堂活动。各区结合区域实际，开发本区家庭教育专家资源，支持学校办好家长学校。各学校每学期至少开展1次家庭教育讲堂，讲堂活动要覆盖到全体学生家长。通过家庭教育大讲堂，指导家长不断提高自身素质，重视以身作则和言传身教，用正确思想、正确方法和正确行动教育引导学生。同时，学校要组织教师对学生进行入户实地家访。

（二）开展“家校共培育 亲子共成长”家庭教育主题班队会活动

各中小学每学期至少组织1次以家庭教育为主题的班队会，班队会要覆盖到全校各班级。学校邀请家庭教育经验丰富的专家、教师、家长走进班级，帮助学生家长树立正确的家庭教育观念、掌握家庭教育策略、提高家庭教育实效。学校要统筹谋划不同年级班队会的主题和内容，既要符合不同学段学生的成长规律和身心发展特点，又要注重不同年级班队会主题的关联性、系统性。

各区教委根据工作实际，组织开展家庭教育主题班队会优秀案例征集和展示交流活动，并推选20份优秀案例，于10月15日前将电子版发至邮箱。

（三）开展“我家根脉图”绘制展示活动

各小学组织学生积极参与绘制“我家根脉图”活动，引导学生和家长一同践行社会主义核心价值观，在参与活动的过程中深化家庭观念、融洽代际亲情、培育良好家风。绘制“我家根脉图”主要内容包括：

家庭根脉传承图：参照“中国亲戚关系图”底板（见附件1），标明包括学生往上父系和母系三代的姓名、年龄、籍贯、亲戚关系等信息。

我家家训：家训是每个家庭成员立身处世、持家治业的教诲，组织学生了解自家家训，并书写在根脉图的相应位置。

家风故事：组织学生探访与自家家教、家训、家风有关的家庭故事，在根脉图上进行记录呈现。

各小学通过宣传栏、板报等形式展示学生的优秀作品，并通过主题班会、成果展示等形式，组织学生和家长讲述他们的家风故事。各区教委结合实际，组织开展区级展示交流活动，并推选20幅“我家根脉图”，于10月15日前将纸质版报送至市教委基教一处。

（四）开展“弘扬传统文化 传承家庭美德”诗词创作朗诵活动

各中学围绕“弘扬传统文化 传承家庭美德”主题，组织学生开展诗词创作和朗诵活动，引导家庭成员树立正确的家庭观、国家观和民族观，倡导“尊老爱幼、男女平等、家庭和睦、勤俭持家、邻里团结”等家庭美德，使中华优秀传统文化更好地走进家庭，推动形成爱国爱家、相亲相爱、向上向善、共建共享的社会主义家庭文明新风尚。

各中学组织教师指导学生创作主题明确、语言凝练、情感充沛、意象丰富的诗词作品，并组织学生和家长开展诗词朗诵活动。各区教委结合工作实际，组织开展区级展演活动，并推选20首原创诗词，于10月15日前将电子版发送至邮箱。

（五）开展“书香飘万家 亲子共读经典”活动

各中小学组织学生家庭开展“书香飘万家 亲子共读经典”活动，引导学生和家长积极响应亲子阅读“四个一”行动（倡议书见附件2），每天共享一段亲子阅读时间，每周进行一次家庭读书分享，每月走进一次公共文化场所，每年互写一封家书家信寄语。鼓励学生家庭成员、亲朋好友之间通过手写或通过微信、微博等形式书写家书家信，传递感情、沟通思想、相互鼓励。

各学校通过主题班会、读书交流等形式，组织学生和家长共读家书家信。各区教委根据工作实际，组织开展区级展示交流活动，并推选20封优秀家书家信，于10月15日前将纸质版报送至市教委基教一处。

（六）开展“志愿家庭携手行 公益行动暖人心”家庭志愿服务活动

各中小学组织学生登录北京市中小学数字德育网，积极参与北京市网上夏令营和冬令营的“志愿家庭携手行 公益行动暖人心”活动，引导中小学生利用寒暑假和空余时间以家庭为单位，从身边小事做起，参加各类微公益志愿服务活动，如：为身边的空巢老人、残疾人和困难家庭送去温暖，外出游玩时遵守出游礼仪，将废弃物扔进垃圾箱并将垃圾分类，为同学做一次课业辅导或提供一次有益帮助等。同时，拍摄一张以家庭为主体的志愿服务照片，记录一篇参加志愿服务的日志，上传至北京市网上夏令营和冬令营，与大家分享自己的志愿服务经历。

各学校要广泛征集学生家庭的志愿服务照片和日志，通过主题班会、成果展示等形式开展展示交流活动。

三、工作要求

（一）高度重视，加强领导

各区教委、妇联、学校要高度重视“重家教 树家风 传美德 共育人”主题教育实践活动，加强对活动的指导。相关部门之间、区校之间要加强沟通、密切配合、协同推进，按要求做好各项工作落实，形成家庭、学校和社会协同育人合力。

（二）精心组织，加强宣传

围绕活动主题，明确工作任务和进度安排，精心策划、周密组织、积极创新，不断提高活动的吸引力、感染力和影响力。充分利用电视、互联网、公众号等媒体，主动宣传，营造良好的家庭教育氛围。同时，结合德育信息月报制度，及时将活动开展情况报送到市教委。市教委将联合市妇联组织开展相关展示交流活动。

（三）突出重点，注重实效

将社会主义核心价值观教育融入到指导服务、亲子活动等家庭教育各环节，充分展现中华优秀传统文化魅力，倡导和弘扬中华传统家庭美德，重言传、重身教、重品德，帮助学生形成美好心灵，促进学生健康成长。

附件：1. “中国亲戚关系图”底板

2. 亲子阅读在行动，书香满家筑幸福——亲子阅读“四个一”行动倡议书

2017 年 3 月 23 日

附件 1

“中国亲戚关系图”底板

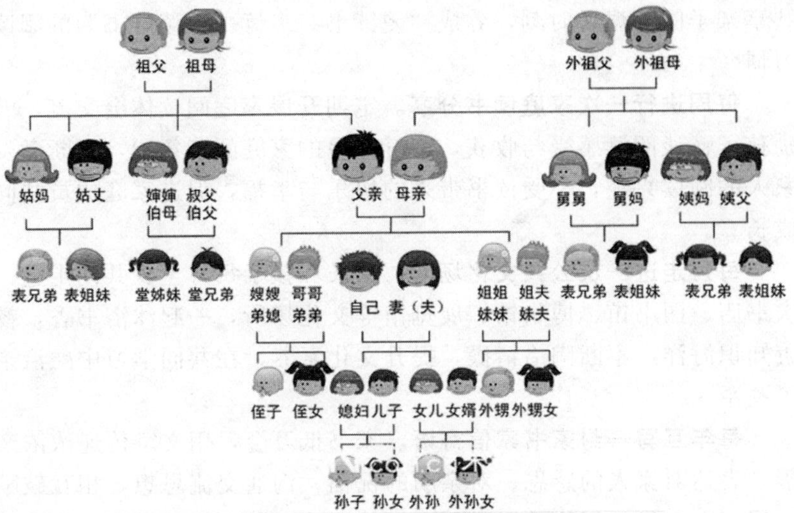

附件 2

亲子阅读在行动，书香满家筑幸福
——亲子阅读“四个一”行动倡议书

阅读是孩子最珍贵的宝藏，陪伴是孩子最好的成长礼物。亲子阅读以书为媒，以爱为伴，对于培育良好家教家风、促进儿童健康成长有着不可替代的重要作用。让我们积极响应北京市教委、市妇联发出的“亲子阅读在行动，书香满家筑幸福”的号召：

每天共享一段亲子阅读时间。坚持将亲子阅读作为家庭的基本生活方式，远离电视、手机等电子设备，共同制定亲子阅读计划，共享亲子阅读温馨时刻，养成“爱读书、多读书、读好书”的阅读习惯。

每周进行一次家庭读书分享。定期开展家庭阅读体会交流，鼓励孩子畅谈阅读感受与收获，培育浓厚的家庭阅读氛围，不断激发家人的阅读兴趣，享受读书带来的快乐与幸福，促进家庭成员共同成长。

每月走进一次公共文化场所。家长和孩子每月至少共同走进一次书店、图书馆、博物馆、展览馆等文化场所，一起沐浴书香，畅游知识海洋，不断陶冶情操，提升文化素养，在共同学习中融洽亲子关系。

每年互写一封家书家信寄语。家书抵万金，用文字传递浓浓亲情，表达对家人的感恩、对亲朋的祝福，沟通交流思想，相互鼓励叮嘱，在字里行间流露温馨与幸福，营造和谐的家庭氛围，传承优良的家教家风。

海不辞水，故能成其大；山不辞土，故能成其高。让我们从现在做起，从自身做起，积极响应亲子阅读“四个一”行动，让快乐阅读沁润美好生活，让缕缕书香筑起幸福家庭！

北京市教育委员会

关于认定首批“一校一品”中职优秀德育品牌的通知

京教职成〔2017〕13号

各区教委，各中等职业学校：

为贯彻落实习近平总书记在全国高校思想政治工作会议上的重要讲话精神，进一步加强和改进我市中等职业学校德育工作，培育一批具有北京特色的中职德育品牌，营造人人皆可成才、人人尽展其才的良好环境，根据《北京市教育委员会关于开展中职德育“一校一品”创建评选活动的通知》（京教函〔2016〕302号），市教委、市职教学会开展了北京市中职德育“一校一品”创建评选活动。各校高度重视此项工作，共有22所学校进行了申报。评审工作分初评、复评和终评三个阶段进行，专家组从建设理念与管理、内容与过程、效果与影响、队伍与保障、成果与特色等方面对各校上报项目进行了初评，推荐12个项目进入复评，并对进入复评的项目进行了现场考察，最终由市教委“一校一品”创评活动领导小组进行终评。经研究，认定北京市商业学校的“晨读时光”等11个项目为首批“一校一品”中职优秀德育品牌。现公布如下。

首批“一校一品”中职优秀德育品牌：

学校名称	品牌名称
北京市商业学校	晨读时光
北京市昌平职业学校	成长桥
北京国际职业教育学校	志愿星
北京市外事学校	中华礼仪之花
北京市求实职业学校	多彩社团
北京市房山职业学校	健·美·操
北京市丰台区职业教育中心学校	感动丰职
北京市密云区职业学校	五班之韵
北京市供销学校	素养之星
北京铁路电气化学校	天佑励志行
北京金隅科技学校	责育匠心

各区教委、各中职学校要高度重视“一校一品”创评工作，切实将创评工作与推进中职德育工作创新、提升学生职业素养紧密结合，学习和借鉴兄弟学校好的经验和做法，精心培育具有本校特色的德育品牌。获评学校要认真做好德育品牌的宣传和推广工作，充分利用品牌效应，带动本校教育教学各方面工作的改革与创新；要制定进一步改进和完善德育品牌的规划，积极探索品牌建设的长效机制，为提升我市中职学校德育工作的整体水平做出贡献。

2017年5月2日

北京市教育委员会

关于开展2017年“少年传承中华传统美德”系列教育活动的通知

京教基一〔2017〕12号

各区教委：

为贯彻落实党的十八大和十八届历次全会精神，结合建军90周年、纪念全民抗战爆发80周年、庆祝香港回归20周年和建团95周年等重要节点，深入开展中华优秀传统文化和革命传统教育，喜迎党的十九大胜利召开，根据中央办公厅、国务院办公厅《关于实施中华优秀传统文化传承发展工程的意见》（中办发〔2017〕5号）和教育部基础教育司、全国青少年校外教育工作联席会议办公室《关于开展2017年“少年传承中华传统美德”系列教育活动的通知》（教基司函〔2017〕3号）要求，北京市教委决定在全市中小学开展2017年“少年传承中华传统美德”系列教育活动，现将有关事项通知如下：

一、活动主题

少年传承中华传统美德

二、活动时间

2017年5—11月

三、活动对象

全市中小学生

四、活动内容

（一）“小小百家讲坛”

组织中小学生围绕中华优秀传统文化，阅读中华经典文学、民族文化、历史经典故事等经典读物，开展经典诵读和“小小百家讲坛”主题演讲活动，引导中小学生理解和认同中华优秀传统文化，增强民族自豪感和文化自信心，自觉践行社会主义核心价值观。

（二）“墨香书法展示”

在各中小学校广泛开展书法作品征集与展示活动，积极推动书法教育扎实开展，激发和培育广大中小学生学习书法的热情，引导学生感受书法魅力，提高审美能力和人文素养，增强文化自信与爱国情感。

（三）“寻访红色足迹”

在各中小学校广泛开展爱国主义和革命传统教育，通过观看优秀少儿影片、阅读优秀连环画、开展“四个一”、社会大课堂、研学旅行、网上冬令营和夏令营等活动，组织中小学生阅读革命传统故事，观看红色电影、走访革命后代，到革命历史遗址、革命历史博物馆、军事博物馆、革命先辈纪念馆、烈士陵园等场所参观和学习，引导学生学习、了解中国近现代史特别是中国革命史和中国共产党史，进一步加深对革命精神的感悟。

（四）“小小传承人”

各区和中小学校充分挖掘地方非物质文化遗产资源，通过综合社会实践活动、主题班会和队会、社团活动、社会大课堂等途径，组织学生学习体验并动手制作非物质文化遗产项目和作品，争做非遗小传承者。通过绘本、童谣、儿歌、动画等形式，鼓励学生学习宣传非遗文化。通过传承实践，引导学生将中华优秀传统文化和中华传统美德内化于心，成为个人的自觉行动。

（五）“争做美德少年”

鼓励学生积极参与首都文明办等五部门组织开展的 2017 年度“最美少年在身边——学习和争做美德少年”活动，树立学生身边

“自强不息、孝老爱亲、诚实守信、热心公益”的美德榜样，组织学生学习美德少年事迹，开展形式多样的道德实践活动，引导广大中小学生从日常生活做起，从一点一滴做起，从自身做起，争做美德少年，培养良好道德行为习惯。

五、活动要求

（一）强化组织，统筹推进

高度重视并做好活动的策划和组织工作，统一部署，层层落实，制定切实可行的工作方案，积极引导广大中小学生广泛参与，力求工作结合实际，取得实效。将系列活动与中华传统节日教育有机结合，利用传统节日纪念活动，引导学生更好地了解、认同传统节日中所蕴涵的中华传统美德和优秀传统文化。

（二）明确导向，严格把关

认真审核、严格把关，确保学生作品能够展示社会主义核心价值观、中华优秀传统文化和革命精神的内容，做到作品主题鲜明，思想观点正确，内容健康向上。

（三）加强管理，确保安全

加强安全管理，制定活动安全保障方案及应急预案，落实安全措施，在活动开始前对学生进行安全教育。同时，有条件的区和学校应为学生购买保险，确保学生的人身财产安全和身心健康。

（四）广泛宣传，营造氛围

加强沟通协调，联合相关部门，整合社会资源，精心设计活动，让学生在活动中了解中国历史和国情，深入理解中华传统美德的精神和内涵。充分利用各类媒体做好活动的宣传报道工作，扩大活动覆盖面和影响力，共同营造全社会关注中华传统美德传承、关心青少年健康成长的良好氛围。

2017 年 5 月 17 日

北京市教育委员会

转发教育部关于印发《中小学德育工作指南》文件的通知

京教基一〔2017〕19号

各区教委：

现将教育部《关于印发〈中小学德育工作指南〉的通知》（教基〔2017〕8号）（以下简称《指南》）转发给你们，并提出以下要求，请认真贯彻落实。

一、提高认识，学习领会《指南》的意义和作用

学校是对未成年人进行思想道德教育的主阵地，学校德育工作是落实立德树人根本任务的重要途径。近年来，首都中小学德育工作按照首都城市战略定位要求，全面贯彻党的教育方针，全面落实立德树人根本任务，以促进学生健康成长和全面发展为出发点，把培育和践行社会主义核心价值观融入教书育人全过程，全市中小学德育工作取得了显著成效，形成了生动活泼的德育工作新局面。但同时，学校德育工作仍存在时代性、针对性和实效性不强，德育体系机制还不够完善等问题。《指南》充分体现了党的十八大和十八届历次全会精神，贯彻了习近平总书记系列重要讲话精神和治国理政新理念新思想新战略，是指导中小学德育工作的规范性文件，为学校开展好德育工作提供了基本遵循。《指南》在构建方向正确、内容完善、学段衔接、载体丰富、常态开展的德育工作体系方面为学校提供了重要实施框架。

各区教委和学校要认真落实《指南》要求，把《指南》作为学校德育工作的基本遵循。按照要求，把学校有关德育的目标要求和内容要求统一到《指南》上来，拓展创新学校德育工作的途径和方法，进一步完善学校德育工作的管理与评价，切实将党和国家关于中小学德育工作的要求落细落小落实。

二、突出重点，落实《指南》的各项任务和要求

各区教委和学校要准确把握首都的特殊地位，发挥首都的特殊优势，着眼首都的特殊要求，结合实际，健全立德树人系统化落实机制，明确目标任务，突出工作重点，确保教育实效。

（一）构建中小学一体化德育体系

加强区域内德育顶层设计，准确把握各学段德育工作重点，整体规划中小学德育工作，建立完善相关制度机制，形成中小学纵向衔接、横向贯通、螺旋上升的育人体系。

（二）推进全员全过程全方位育人

遵循育人规律，坚持目标导向和问题导向，规范学校德育工作，大力促进德育工作专业化、规范化、实效化，努力形成“全员育人、全过程育人、全方位育人”的德育工作格局。

（三）丰富完善中小学德育内容

加强理想信念教育、社会主义核心价值观教育、中华优秀传统文化教育、法制教育、生态文明教育和心理健康教育等，引导中小学生树立理想信念，提升综合素养，培养关键能力，为成长成才、终身发展打下坚实基础。

（四）推动中小学德育特色发展

充分利用首都德育资源和优势，大力推进课堂教学主渠道育人，逐步完善学生实践活动体系，持续提升德育队伍育人能力，积极构建家校社协同育人机制，着力形成首都中小学德育品牌和特色。

三、结合实际，健全完善工作制度和机制

强化政治意识、责任意识、阵地意识和底线意识，抓好制度建设和条件保障，确保《指南》的各项任务在中小学落地生根，取得实效。

（一）强化组织领导

建立党组织主导、校长负责、群团组织参与、家庭社会联动的德育工作机制。党组织加强对德育工作的领导，紧密围绕“为谁培养人、培养什么人、如何培养人”，把握学校德育工作的政治方向，建立完善党组织对学生思想道德状况定期研究与分析制度，跟进做好有关工作。

（二）开展学习培训

通过专题部署将文件精神传达到每一所学校、每一位中小学教师，引导广大教师深入领会文件精神实质，树立全员育人意识，明确育人责任。对中小学书记、德育干部、班主任、团队干部等开展专题培训，统一思想认识，提高育人能力和水平。

（三）加强条件保障

加大对德育工作的经费投入，把德育作为提升教育质量、促进内涵发展的重要工作予以统筹考虑，将德育工作经费纳入区和学校年度预算，把教育经费更多用于促进学生健康成长和提升教师育人能力上。

（四）注重研究总结

加强德育工作基础性调研，及时发现并解决德育实践中存在的问题。加大对德育重难点问题的研究力度，为解决实际问题提供科学有效的理论依据。加强实践成果提炼，及时总结成功教育案例，推广有效经验和做法。

（五）加强督导检查

定期开展德育专项督导和业务视导，指导学校认真落实《指南》的各项要求，切实提高德育工作实效。在学校有关素质教育推进、义务教育均衡发展的考评中，把学校落实《指南》的情况作为重要考查内容。

2017 年 11 月 29 日

教育部

关于印发《中小学德育工作指南》的通知

教基〔2017〕8号

各省、自治区、直辖市教育厅（教委），新疆生产建设兵团教育局：

为全面贯彻党的十八大和十八届三中、四中、五中、六中全会精神，深入贯彻落实习近平总书记系列重要讲话精神，落实立德树人根本任务，不断增强中小学德育工作的时代性、科学性和实效性，经研究，我部制定了《中小学德育工作指南》。现印发给你们，请认真贯彻落实。

该《指南》是指导中小学德育工作的规范性文件，适用于所有普通中小学。各地要加强组织实施，将《指南》作为学校开展德育工作的基本遵循，纳入校长和教师培训的重要内容，并将其作为教育行政部门对中小学德育工作进行督导评价的重要依据，进一步提高中小学德育工作水平。

请将贯彻落实情况及时报我部。

2017年8月17日

中小学德育工作指南

为深入贯彻落实立德树人根本任务，加强对中小学德育工作的指导，切实将党和国家关于中小学德育工作的要求落细落小落实，着力构建方向正确、内容完善、学段衔接、载体丰富、常态开展的德育工作体系，大力促进德育工作专业化、规范化、实效化，努力形成全员育人、全程育人、全方位育人的德育工作格局，特制定本指南。

一、指导思想

全面贯彻党的十八大和十八届三中、四中、五中、六中全会精神，深入贯彻习近平总书记系列重要讲话精神和治国理政新理念新思想新战略，始终坚持育人为本、德育为先，大力培育和践行社会主义核心价值观，以培养学生良好思想品德和健全人格为根本，以促进学生形成良好行为习惯为重点，以落实《中小学生守则（2015年修订）》为抓手，坚持教育与生产劳动、社会实践相结合，坚持学校教育与家庭教育、社会教育相结合，不断完善中小学德育工作长效机制，全面提高中小学德育工作水平，为中国特色社会主义事业培养合格建设者和可靠接班人。

二、基本原则

（一）坚持正确方向。加强党对中小学校的领导，全面贯彻党的教育方针，坚持社会主义办学方向，牢牢把握中小学思想政治和德育工作主导权，保证中小学校成为坚持党的领导的坚强阵地。

（二）坚持遵循规律。符合中小学生年龄特点、认知规律和教育规律，注重学段衔接和知行统一，强化道德实践、情感培育和行为习惯养成，努力增强德育工作的吸引力、感染力和针对性、实效性。

（三）坚持协同配合。发挥学校主导作用，引导家庭、社会增强育人责任意识，提高对学生道德发展、成长成人的重视程度和参与度，形成学校、家庭、社会协调一致的育人合力。

（四）坚持常态开展。推进德育工作制度化常态化，创新途径和载体，将中小学德育工作要求贯穿融入到学校各项日常工作中，努力形成一以贯之、久久为功的德育工作长效机制。

三、德育目标

（一）总体目标

培养学生爱党爱国爱人民，增强国家意识和社会责任意识，教育学生理解、认同和拥护国家政治制度，了解中华优秀传统文化和革命文化、社会主义先进文化，增强中国特色社会主义道路自信、理论自信、制度自信、文化自信，引导学生准确理解和把握社会主义核心价值观的深刻内涵和实践要求，养成良好政治素质、道德品质、法治意识和行为习惯，形成积极健康的人格和良好心理品质，促进学生核心素养提升和全面发展，为学生一生成长奠定坚实的思想基础。

（二）学段目标

小学低年级

教育和引导学生热爱中国共产党、热爱祖国、热爱人民，爱亲敬长、爱集体、爱家乡，初步了解生活中的自然、社会常识和有关祖国的知识，保护环境，爱惜资源，养成基本的文明行为习惯，形成自信向上、诚实勇敢、有责任心等良好品质。

小学中高年级

教育和引导学生热爱中国共产党、热爱祖国、热爱人民，了解家乡发展变化和国家历史常识，了解中华优秀传统文化和党的光荣革命传统，理解日常生活的道德规范和文明礼貌，初步形成规则意识和民主法治观念，养成良好生活和行为习惯，具备保护生态环境的意识，形成诚实守信、友爱宽容、自尊自律、乐观向上等良好品质。

初中学段

教育和引导学生热爱中国共产党、热爱祖国、热爱人民，认同中华文化，继承革命传统，弘扬民族精神，理解基本的社会规范和道德规范，树立规则意识、法治观念，培养公民意识，掌握促进身心健康发展的途径和方法，养成热爱劳动、自主自立、意志坚强的生活态度，形成尊重他人、乐于助人、善于合作、勇于创新等良好品质。

高中学段

教育和引导学生热爱中国共产党、热爱祖国、热爱人民，拥护中国特色社会主义道路，弘扬民族精神，增强民族自尊心、自信心和自豪感，增强公民意识、社会责任感和民主法治观念，学习运用马克思主义基本观点和方法观察问题、分析问题和解决问题，学会正确选择人生发展道路的相关知识，具备自主、自立、自强的态度和能力，初步形成正确的世界观、人生观和价值观。

四、德育内容

（一）理想信念教育。开展马列主义、毛泽东思想学习教育，加强中国特色社会主义理论体系学习教育，引导学生深入学习习近平总书记系列重要讲话精神，领会党中央治国理政新理念新思想新战略。加强中国历史特别是近现代史教育、革命文化教育、中国特色社会主义宣传教育、中国梦主题宣传教育、时事政策教育，引导学生深入了解中国革命史、中国共产党史、改革开放史和社会主义发展史，继承革命传统，传承红色基因，深刻领会实现中华民族伟大复兴是中华民族近代以来最伟大的梦想，培养学生对党的政治认同、情感认同、价值认同，不断树立为共产主义远大理想和中国特色社会主义共同理想而奋斗的信念和信心。

（二）社会主义核心价值观教育。把社会主义核心价值观融入国民教育全过程，落实到中小学教育教学和管理服务各环节，深入开展爱国主义教育、国情教育、国家安全教育、民族团结教育、法治教育、诚信教育、文明礼仪教育等，引导学生牢牢把握富强、民主、文明、和谐作为国家层面的价值目标，深刻理解自由、平等、公正、法治作为社会层面的价值取向，自觉遵守爱国、敬业、诚信、友善作为公民层面的价值准则，将社会主义核心价值观内化于心、外化于行。

（三）中华优秀传统文化教育。开展家国情怀教育、社会关爱教育和人格修养教育，传承发展中华优秀传统文化，大力弘扬核心思想理念、中华传统美德、中华人文精神，引导学生了解中华优秀传统文化的历史渊源、发展脉络、精神内涵，增强文化自觉和文化自信。

（四）生态文明教育。加强节约教育和环境保护教育，开展大气、土地、水、粮食等资源的基本国情教育，帮助学生了解祖国的大好河山和地理地貌，开展节粮节水节电教育活动，推动实行垃圾分类，倡导绿色消费，引导学生树立尊重自然、顺应自然、保护自然的发展理念，养成勤俭节约、低碳环保、自觉劳动的生活习惯，形成健康文明的生活方式。

（五）心理健康教育。开展认识自我、尊重生命、学会学习、人际交往、情绪调适、升学择业、人生规划以及适应社会生活等方面教育，引导学生增强调控心理、自主自助、应对挫折、适应环境的能力，培养学生健全的人格、积极的心态和良好的个性心理品质。

五、实施途径和要求

（一）课程育人

充分发挥课堂教学的主渠道作用，将中小学德育内容细化落实到各学科课程的教学目标之中，融入渗透到教育教学全过程。

严格落实德育课程。按照义务教育、普通高中课程方案和标准，上好道德与法治、思想政治课，落实课时，不得减少课时或挪作它用。

要围绕课程目标联系学生生活实际，挖掘课程思想内涵，充分利用时政媒体资源，精心设计教学内容，优化教学方法，发展学生道德认知，注重学生的情感体验和道德实践。

发挥其它课程德育功能。要根据不同年级和不同课程特点，充分挖掘各门课程蕴含的德育资源，将德育内容有机融入到各门课程教学中。

语文、历史、地理等课要利用课程中语言文字、传统文化、历史地理常识等丰富的思想道德教育因素，潜移默化地对学生进行世界观、人生观和价值观的引导。

数学、科学、物理、化学、生物等课要加强对学生科学精神、科学方法、科学态度、科学探究能力和逻辑思维能力的培养，促进学生树立勇于创新、求真求实的思想品质。

音乐、体育、美术、艺术等课要加强对学生审美情趣、健康体魄、意志品质、人文素养和生活方式的培养。

外语课要加强对学生国际视野、国际理解和综合人文素养的培养。

综合实践活动课要加强对学生生活技能、劳动习惯、动手实践和合作交流能力的培养。

用好地方和学校课程。要结合地方自然地理特点、民族特色、传统文化以及重大历史事件、历史名人等，因地制宜开发地方和学校德育课程，引导学生了解家乡的历史文化、自然环境、人口状况和发展成就，培养学生爱家乡、爱祖国的感情，树立维护祖国统一、加强民族团结的意识。

统筹安排地方和学校课程，开展法治教育、廉洁教育、反邪教教育、文明礼仪教育、环境教育、心理健康教育、劳动教育、毒品预防教育、影视教育等专题教育。

（二）文化育人

要依据学校办学理念，结合文明校园创建活动，因地制宜开展校园文化建设，使校园秩序良好、环境优美，校园文化积极向上、格调高雅，提高校园文明水平，让校园处处成为育人场所。

优化校园环境。学校校园建筑、设施、布置、景色要安全健康、温馨舒适，使校园内一草一木、一砖一石都体现教育的引导和熏陶。

学校要有升国旗的旗台和旗杆。建好共青团、少先队活动室。积极建设校史陈列室、图书馆（室）、广播室、学校标志性景观。

学校、教室要在明显位置张贴社会主义核心价值观 24 字、《中小学生守则（2015 年修订）》。教室正前上方有国旗标识。

要充分利用板报、橱窗、走廊、墙壁、地面等进行文化建设，可悬挂革命领袖、科学家、英雄模范等杰出人物的画像和格言，展示学生自己创作的作品或进行主题创作。

营造文化氛围。凝练学校办学理念，加强校风教风学风建设，形成引导全校师生共同进步的精神力量。

鼓励设计符合教育规律、体现学校特点和办学理念的校徽、校训、校规、校歌、校旗等并进行教育展示。

创建校报、校刊进行宣传教育。可设计体现学校文化特色的校服。

建设班级文化，鼓励学生自主设计班名、班训、班歌、班徽、班级口号等，增强班级凝聚力。

推进书香班级、书香校园建设，向学生推荐阅读书目，调动学生阅读积极性。提倡小学生每天课外阅读至少半小时、中学生每天课外阅读至少1小时。

建设网络文化。积极建设校园绿色网络，开发网络德育资源，搭建校园网站、论坛、信箱、博客、微信群、QQ群等网上宣传交流平台，通过网络开展主题班（队）会、冬（夏）令营、家校互动等活动，引导学生合理使用网络，避免沉溺网络游戏，远离有害信息，防止网络沉迷和伤害，提升网络素养，打造清朗的校园网络文化。

（三）活动育人

要精心设计、组织开展主题明确、内容丰富、形式多样、吸引力强的教育活动，以鲜明正确的价值导向引导学生，以积极向上的力量激励学生，促进学生形成良好的思想品德和行为习惯。

开展节日纪念日活动。利用春节、元宵、清明、端午、中秋、重阳等中华传统节日以及二十四节气，开展介绍节日历史渊源、精神内涵、文化习俗等校园文化活动，增强传统节日的体验感和文化感。

利用植树节、劳动节、青年节、儿童节、教师节、国庆节等重大节庆日集中开展爱党爱国、民族团结、热爱劳动、尊师重教、爱护环境等主题教育活动。

利用学雷锋纪念日、中国共产党建党纪念日、中国人民解放军建军纪念日、七七抗战纪念日、九三抗战胜利纪念日、九一八纪念日、烈士纪念日、国家公祭日等重要纪念日，以及地球日、环境日、健康日、国家安全教育日、禁毒日、航天日、航海日等主题日，设计开展相关主题教育活动。

开展仪式教育活动。仪式教育活动要体现庄严神圣，发挥思想政治引领和道德价值引领作用，创新方式方法，与学校特色和学生个性展示相结合。

严格中小学升挂国旗制度。除寒暑假和双休日外，应当每日升挂国旗。除假期外，每周一及重大节会活动要举行升旗仪式，奏唱国歌，开展向国旗敬礼、国旗下宣誓、国旗下讲话等活动。

入团、入队要举行仪式活动。

举办入学仪式、毕业仪式、成人仪式等有特殊意义的仪式活动。

开展校园节（会）活动。举办丰富多彩、寓教于乐的校园节（会）活动，培养学生兴趣爱好，充实学生校园生活，磨炼学生意志品质，促进学生身心健康发展。

学校每学年至少举办一次科技节、艺术节、运动会、读书会。可结合学校办学特色和学生实际，自主开发校园节（会）活动，做好活动方案和应急预案。

开展团、队活动。加强学校团委对学生会组织、学生社团的指导管理。明确中学团委对初中少先队工作的领导职责，健全初中团队衔接机制。确保少先队活动时间，小学 1 年级至初中 2 年级每周安排 1 课时。

发挥学生会作用，完善学生社团工作管理制度，建立体育、艺术、科普、环保、志愿服务等各类学生社团。学校要创造条件为学生社团提供经费、场地、活动时间等方面保障。

要结合各学科课程教学内容及办学特色，充分利用课后时间组织学生开展丰富多彩的科技、文娱、体育等社团活动，创新学生课后服务途径。

（四）实践育人

要与综合实践活动课紧密结合，广泛开展社会实践，每学年至少安排一周时间，开展有益于学生身心发展的实践活动，不断增强学生的社会责任感、创新精神和实践能力。

开展各类主题实践。利用爱国主义教育基地、公益性文化设施、公共机构、企事业单位、各类校外活动场所、专题教育社会实践基地等资源，开展不同主题的实践活动。

利用历史博物馆、文物展览馆、物质和非物质文化遗产地等开展中华优秀传统文化教育。

利用革命纪念地、烈士陵园（墓）等开展革命传统教育。

利用法院、检察院、公安机关等开展法治教育。

利用展览馆、美术馆、音乐厅等开展文化艺术教育。

利用科技类馆室、科研机构、高新技术企业设施等开展科普教育。

利用军事博物馆、国防设施等开展国防教育。

利用环境保护和节约能源展览馆、污水处理企业等开展环境保护教育。

利用交通队、消防队、地震台等开展安全教育。

利用养老院、儿童福利机构、残疾人康复机构等社区机构等开展关爱老人、孤儿、残疾人教育。

利用体育科研院所、心理服务机构、儿童保健机构等开展健康教育。

加强劳动实践。在学校日常运行中渗透劳动教育，积极组织学生参与校园卫生保洁、绿化美化，普及校园种植。

将校外劳动纳入学校的教育教学计划，小学、初中、高中每个学段都要安排一定时间的农业生产、工业体验、商业和服务业实习等劳动实践。

教育引导学生参与洗衣服、倒垃圾、做饭、洗碗、拖地、整理房间等力所能及的家务劳动。

组织研学旅行。把研学旅行纳入学校教育教学计划，促进研学旅行与学校课程、德育体验、实践锻炼有机融合，利用好研学实践基地，有针对性地开展自然类、历史类、地理类、科技类、人文类、体验类等多种类型的研学旅行活动。

要考虑小学、初中、高中不同学段学生的身心发展特点和能力，安排适合学生年龄特征的研学旅行。

要规范研学旅行组织管理，制定研学旅行工作规程，做到“活动有方案，行前有备案，应急有预案”，明确学校、家长、学生的责任和权利。

开展学雷锋志愿服务。要广泛开展与学生年龄、智力相适应的志愿服务活动。

发挥本校团组织、少先队组织的作用，抓好学生志愿服务的具体组织、实施、考核评估等工作。

做好学生志愿服务认定记录，建立学生志愿服务记录档案，加强学生志愿服务先进典型宣传。

（五）管理育人

要积极推进学校治理现代化，提高学校管理水平，将中小学德育工作的要求贯穿于学校管理制度的每一个细节之中。

完善管理制度。制定校规校纪，健全学校管理制度，规范学校治理行为，形成全体师生广泛认同和自觉遵守的制度规范。

制定班级民主管理制度，形成学生自我教育、民主管理的班级管理模式。

制定防治学生欺凌和暴力工作制度，健全应急处置预案，建立早期预警、事中处理及事后干预等机制。

会同相关部门建立学校周边综合治理机制，对社会上损害学生身心健康的不法行为依法严肃惩处。

明确岗位责任。建立实现全员育人的具体制度，明确学校各个岗位教职员工的育人责任，规范教职工言行，提高全员育人的自觉性。

班主任要全面了解学生，加强班集体管理，强化集体教育，建设良好班风，通过多种形式加强与学生家长的沟通联系。各学科教师要主动配合班主任，共同做好班级德育工作。

加强师德师风建设。培育、宣传师德标兵、教学骨干和优秀班主任、德育工作者等先进典型，引导教师争做“四有”好教师。

实行师德“一票否决制”，把师德表现作为教师资格注册、年度考核、职务（职称）评审、岗位聘用、评优奖励的首要标准。

细化学生行为规范。落实《中小学生守则（2015 年修订）》，鼓励结合实际制定小学生日常行为规范、中学生日常行为规范，教育引导学生熟知学习生活中的基本行为规范，践行每一项要求。

关爱特殊群体。要加强对经济困难家庭子女、单亲家庭子女、学习困难学生、进城务工人员随迁子女、农村留守儿童等群体的教育关爱，完善学校联系关爱机制，及时关注其心理健康状况，积极开展心理辅导，提供情感关怀，引导学生心理、人格积极健康发展。

（六）协同育人

要积极争取家庭、社会共同参与和支持学校德育工作，引导家长注重家庭、注重家教、注重家风，营造积极向上的良好社会氛围。

加强家庭教育指导。要建立健全家庭教育工作机制，统筹家长委员会、家长学校、家长会、家访、家长开放日、家长接待日等各种家校沟通渠道，丰富学校指导服务内容，及时了解、沟通和反馈学生思想状况和行为表现，认真听取家长对学校的意见和建议，促进家长了解学校办学理念、教育教学改进措施，帮助家长提高家教水平。

构建社会共育机制。要主动联系本地宣传、综治、公安、司法、民政、文化、共青团、妇联、关工委、卫计委等部门、组织，注重发挥党政机关和企事业单位领导干部、专家学者以及老干部、老战士、老专家、老教师、老模范的作用，建立多方联动机制，搭建社会育人平台，实现社会资源共享共建，净化学生成长环境，助力广大中小学生健康成长。

六、组织实施

加强组织领导。各级教育行政部门要把中小学德育工作作为教育系统党的建设的重要内容，摆上重要议事日程，加强指导和管理。学校要建立党组织主导、校长负责、群团组织参与、家庭社会联动的德育工作机制。学校党组织要充分发挥政治核心作用，切实加强对学校德育工作的领导，把握正确方向，推动解决重要问题。校长要亲自抓德育工作，规划、部署、推动学校德育工作落到实处。学校要完善党建带团建机制，加强共青团、少先队建设，在学校德育工作中发挥共青团、少先队的思想性、先进性、自主性、实践性优势。

加强条件保障。各级教育行政部门和学校要进一步改善学校办学条件，将德育工作经费纳入经费年度预算，完善优化教育手段，提供德育工作必需的场所、设施，订阅必备的参考书、报刊杂志，配齐相应的教学仪器设备等。

加强队伍建设。各级教育行政部门和学校要重视德育队伍人员培养选拔，优化德育队伍结构，建立激励和保障机制，调动工作积极性和创造性。要有计划地培训学校党组织书记、校长、德育干部、班主任、各科教师和少先队辅导员、中学团干部，组织他们学习党的教育方针、德育理论，提高德育工作专业化水平。

加强督导评价。各级教育行政部门要将学校德育工作开展情况纳入对学校督导的重要内容，建立区域、学校德育工作评价体系，适时开展专项督导评估工作。学校要认真开展学生的品德评价，纳入综合素质评价体系，建立学生综合素质档案，做好学生成长记录，反映学生成长实际状况。

加强科学研究。各级教育行政部门、教育科研机构和学校要组织力量开展中小学德育工作研究，探索新时期德育工作特点和规律，创新德育工作的途径和方法，定期总结交流研究成果，学习借鉴先进经验和做法，增强德育工作的科学性、系统性和实效性。

北京市教育委员会

关于开展第二批职业院校德育“一校一品”创建评选活动的通知

京教函〔2017〕579号

各区教委，各职业院校：

为学习宣传贯彻党的十九大精神，“落实立德树人根本任务，发展素质教育，推进教育公平，培养德智体美全面发展的社会主义建设者和接班人”，进一步推进职业院校思想政治工作和德育工作创新，经研究，市委教工委市教委决定开展第二批职业院校德育“一校一品”创建评选活动。现将有关事宜通知如下。

一、组织机构

“一校一品”创评活动由市委教工委市教委主办、市职教学会承办，成立评选活动领导小组，市职教学会德育与学生管理工作研究会负责实施，成立评选活动工作小组与专家工作小组，秘书处设在北京市商业学校（组织机构组成详见附件）。

二、评选活动安排

（一）活动启动与学习阶段

1.2017 年 12 底召开全市第二批职业院校德育“一校一品”创评活动启动大会。

2. 各职业院校组织学习《关于开展第二批北京市职业院校德育“一校一品”评选活动的通知》内容，成立专项工作小组。

（二）准备材料与申报阶段

1. 参评主体：符合条件的我市所有职业院校均可申报。凡申报参评的学校须在德育工作方面取得相应的成果，包括：近 3～5 年，评为德育工作先进单位、德育示范学校、德育先进个人，文明风采竞赛优秀组织奖，国家及北京市教学成果奖等。

参加过第一批北京市职业院校德育“一校一品”评选活动的项目、但未获评优秀德育品牌的，可再次申报。

2. 申报时间：各职业院校依据评选通知要求，认真准备申报材料，于 2018 年 1 月 30 日前将申报材料交秘书处。

3. 申报材料包括：

（1）申报表，一式三份，加盖学校公章。

（2）德育品牌说明材料，一式三份。

说明材料内容包括：学校德育品牌建设的思考与组织实施情况，以及建设成果情况，包括理念、做法、成效及影响等方面内容的文字材料，字数 5000 字左右。

（3）德育品牌典型案例，一式三份。

典型案例内容包括：建设背景、建设目标、建设内容与过程、建设效果。内容要求具体鲜活、内容充实，特点突出，典型示范。字数 3000 字左右。

（4）德育品牌视频材料，刻成光盘。文件格式为 MP4、RMVB 或 FLV，大小不超过 300M，时间不超过 10 分钟。

（5）附件：德育品牌建设的相关成果。

（6）以上申报材料需同时提交电子版。

（三）评审阶段

1. 初评阶段

2018 年 3 月开始，组织工作小组人员对各学校提交的申报材料进行评审。推选出进入复评的项目。

2. 复评阶段

2018 年 4 月开始，组织专家工作小组，对进入到复评的项目进行复审。

3. 终评阶段

2018 年 6 月 30 日前完成复评，将复评结果报创评领导小组，由领导小组组织终评，确定获得品牌称号的项目。

三、评选内容

依据北京市教育委员会《提升中职学生职业素养指导意见》的精神，以德育“一校一品”创评活动推动职业院校德育建设和德育实践创新，促进学生职业素养全面发展，把德育贯穿于学校教育教学全过程，融汇于学校的所有教育活动中，强化育人功效，宣传推广德育工作经验，形成北京职教德育特色。

（一）建设理念与管理

先进的德育理念是学校德育品牌建设的灵魂。德育品牌建设理念评估重点：一是体现社会主义核心价值观教育与学校教育教学工作的融合，发挥社会主义核心价值观教育在培养中国精神、职业理想、职业精神等方面的引领作用；二是德育理念落地的保障措施，在切实地促进学生职业素养的提升方面，有相应的组织机构和完整的制度、机制。

（二）建设内容与过程

德育品牌建设是实践创新不断积淀的过程，也是学校德育工作特色的不断形成的过程。德育品牌建设内容与过程评估重点：一是与北京地区及学校自身特点结合，不断丰富和完善德育内容，体现创新性、时代性；二是德育工作创新成果的形成和特色的完善过程；三是结合德育内容，不断探索创新德育载体；四是对德育工作创新的反思，以典型案例的形式，提炼出德育工作创新经验和成果。

（三）建设效果与影响

德育品牌建设的可持续性在于品牌的效果与影响度。德育品牌的效果与影响评估重点：一是德育工作在促进学生和教师健康、全面成长方面的显著效果；二是德育品牌的影响度，主要是广度、深度、高度、持久度，传递出德育工作的正能量，产生出较强的德育工作吸引力和感染力。

（四）建设队伍与保障

德育品牌建设需要有队伍和基础条件的支撑保障。德育品牌的队伍与保障评估重点：一是有必要的建设经费保障；二是有必要的基础建设条件保障；三是有一支强有力的德育工作队伍支撑；四是德育已融入学校的各个方面。

（五）建设成果与特色

德育品牌建设不仅是传承、借鉴的过程，更是研发和创新的过程，是建立在实践和研究基础上的原创。德育品牌的成果与特色评估重点：一是成果的原创性，有实践和研究的基础支撑；二是成果的梳理和呈现，有成果的完整性；三是成果的特色突出，彰显职业教育育人特色。

四、表彰办法

（一）命名与颁牌

经评审专家组推荐，创评活动领导小组确认，对获评项目授予“北京市职业院校优秀德育品牌”称号，评选结果将由市教委另行发文通知，并在2018年北京市职业院校德育工作会议上进行宣布和颁牌。

（二）宣传与推广

评选结束后，组织媒体记者参加授牌表彰大会和德育品牌推介现场会，对获评的德育品牌进行宣传报道。组织专家对德育一校一品建设成果进行筛选后，编辑成册出版，同时通过电视、报刊、网络等途径在北京乃至全国范围内宣传推广一校一品建设成果。

五、工作要求

（一）高度重视。各区教委、各职业院校要高度重视“一校一品”创评工作，切实将创评工作与推进中职德育工作创新、提升学生职业素养紧密结合，将此次创评活动作为一次难得的梳理、总结、提炼学校德育工作和向兄弟院校学习交流的契机，全面推动本校德育工作的改革与创新。

（二）精心组织。各职业院校要成立工作小组，安排充足的人力、物力，指导、组织好学校德育品牌的申报与参评工作，认真选拔、推荐优秀德育品牌参加评审。尤其是进入复评阶段的学校要积极主动配合秘书处精心组织好专家现场评审工作。

（三）加强宣传。各院校、各单位在创评工作中要重视和做好德育品牌的宣传和推广工作，力求将德育品牌形象化、可视化，通过报刊、网络、影视等载体进行推广与宣传。

附件：北京市职业院校德育“一校一品”创建评选组织机构名单

2017年12月19日

附件

北京市职业院校德育“一校一品”创建评选组织机构名单

一、领导小组

组　长：黄侃　北京市教委委员

副组长：李壑　北京市职教学会会长

王东江　北京市教委职成处处长

王达品　北京市委教工委宣教处处长

成　员：寇红江　北京市委教工委宣教处副处长

吕轮超　北京市教委职成处副处长

杨帆　北京市职教学会秘书长

史晓鹤　北京市职教学会德育与学生管理工作研究会主任、北京市商业学校党委书记

二、工作小组

组　长：史晓鹤　北京市职教学会德育与学生管理工作研究会主任、北京市商业学校党委书记

副组长：胡以伦　北京市职教学会副秘书长

张新颖　北京市职教学会副秘书长

程彬　北京市职教学会德育与学生管理工作研究会副主任、北京市商业学校党委副书记

蔡丰亭　北京市职教学会德育与学生管理工作研究会副主任、北京市自动化工程学校党委书记

甄众学　北京交通运输职业学院　纪委书记

仪忠　北京市职教学会德育与学生管理工作研究会副主任、北京市工业技师学院副院长

刘亚丽　北京电子信息高级技工学校党委副书记

成　员：教育行政部门领导、职业学校主管领导及主任、学会领导、德育专家、优秀班主任及德育课骨干教师、相关企业人员

（三）专家组

组　长：李壑　北京市职教学会会长

杨颉　北京市教委职成处调研员

成　员：吕轮超　北京市教委职成处副处长

赵国伟　北京市委教工委宣教处干部

巫梅琳　北京市教委职成处

杨帆　北京市职教学会秘书长

史晓鹤　北京市职教学会德育与学生管理工作研究会主任、北京市商业学校党委书记

王霁　中国职教学会德育工作委员会副主任

孙科炎　中国职教学会德工委德育教学研究中心副秘书长

富祥武　原教育部职成司德育处处长

刘兰明　北京工业职业技术学院副院长

李宇红　北京财贸职业学院副院长

陈晓燕　北京经济管理职业学院教授

解艳华　人民政协报

杜金晶　联想集团

宋健　用友新道教育公司

（四）秘书处

秘书长：胡以伦

副秘书长：张新颖　程彬　何健勇

体育·卫生

北京市教育委员会文件选编

（2017）

北京市教育委员会

关于转发教育部 国家体育总局《关于推进学校体育场馆向社会开放的实施意见》的通知

京教体艺〔2017〕6号

各区教委，各高等学校：

现将教育部、国家体育总局《关于推进学校体育场馆向社会开放的实施意见》（教体艺〔2017〕1号）转发给你们。请结合本身实际，积极做好学校体育场馆向社会开放工作。我市也将加紧研究相关贯彻落实意见，进一步推动我市学校体育场馆向社会开放工作有序进行。

2017年3月7日

教　　育　　部
国家体育总局

关于推进学校体育场馆向社会开放的实施意见

教体艺〔2017〕1号

各省、自治区、直辖市教育厅（教委）、体育局，新疆生产建设兵团教育局、体育局：

根据健康中国建设的决策部署，为贯彻落实《国务院关于加快发展体育产业促进体育消费的若干意见》（国发〔2014〕46号）和《国务院办公厅关于强化学校体育促进学生身心健康全面发展的意见》（国办发〔2016〕27号）精神，进一步深化学校体育改革，强化学生课外锻炼，积极推进学校体育场馆向学生和社会开放，有效缓解广大青少年和人民群众日益增长的体育健身需求与体育场馆资源供给不足之间的矛盾，促进全民健身事业的繁荣发展，现提出以下意见。

一、总体要求

（一）指导思想

当前我国面临着体育场馆的教学属性和社会健身要求不相匹配，学校体育场馆设施的资源不足、使用效益不高与学校、社会需求之间的供求矛盾；面临着教学时间和社会开放时间冲突，服务运行的盈利性和公益性难以平衡及责任的认定难以区分等严峻形势。各地要提高认识，把学校体育场馆开放作为贯彻落实《“健康中国2030”规划纲要》和《全民健身条例》的重要举措，提高认识，统一思想，积极、稳妥、逐步创造条件推进开放工作，不断提高学校管理及体育工作质量和水平。

（二）基本原则

坚持政府统筹，多方参与。以政府为主导、以学校为主体，加强部门协作，引导社会力量积极参与，形成加快推动学校体育场馆向社会开放的政策体系。

坚持因地制宜，有序推进。根据地方、学校实际情况，加强分类指导、稳步推进，分批分阶段推动实施，形成健康有序的学校体育场馆开放格局。

坚持校内优先，安全为重。学校体育场馆要首先保证本校师生的教育教学需要和日常活动需求，优先向青少年学生和社会组织开放，加强安全管理，明确安全职责，形成学校体育场馆开放的安全保障机制。

坚持服务公众，体现公益。明确服务对象，完善服务条件，建立健全服务规范，立足公益，积极探索学校体育场馆开放多元化的成本补偿机制。

（三）主要目标

到2020年，建设一批具有示范作用的学校体育场馆开放典型，通过典型示范引领，带动具备条件的学校积极开放，使开放水平及使用效率得到普遍提升；基本建立管理规范、监督有力、评价科学的学校体育场馆开放制度体系；基本形成政府、部门、学校和社会力量相互衔接的开放工作推进机制，为推动全民健身事业，提高全民身体素质和健康水平做出积极贡献。

二、开放范围

根据《全民健身条例》要求，学校应当在课余时间和节假日向学生开放体育场馆，公办学校要积极创造条件向社会开放体育场馆。鼓励民办学校向社会开放体育场馆。

三、开放办法

（一）明确场馆开放学校的基本条件。具备以下基本条件的学校要积极推进体育场馆开放：

1. 学校体育场馆有健全的安全管理规范，明确的责任区分办法和完善的安全风险防控条件、机制及应对突发情况的处置措施和能力。

2. 学校体育场馆在满足本校师生日常体育活动需求的基础上，还应有向社会开放的容量和时间段。

3. 学校体育场馆区域与学校教学区域相对独立或隔离，体育场馆开放不影响学校其他工作的正常进行。

4. 学校体育场馆、设施和器材等安全可靠，符合国家安全、卫生和质量标准及相关要求。

5. 学校有相对稳定的体育场馆设施更新、维护和运转的经费，能定期对场馆、设施、器材进行检查和维护。

（二）明确场馆开放时间。学校的体育场馆开放应该在教学时间与体育活动时间之外进行。在课余时间和节假日优先向学生开放，并在保证校园安全的前提下向社会开放，可实行定时定段与预约开放相结合。学校体育场馆向社会开放的时间应与当地居民的工作时间、学习时间适当错开。国家法定节假日和学校寒暑假期间，学校体育场馆应适当延长开放时间。开放具体时段、时长由各地、各校根据实际情况予以明确规定。

（三）合理确定开放对象。学校体育场馆开放主要面向本校学生、学区内学生、学校周边社区居民和社会组织。根据体育场馆面积、适用范围和开放服务承受能力，合理确定开放对象范围和容量。

（四）确定开放场馆名录。学校室外场地设施，如操场、球场、田径场跑道等要先行开放，室内场馆设施开放由各校提出并报上级教育行政部门确定。对于高危险性体育项目场地，由县级人民政府根据当地实际制定开放名录。

（五）实施开放人群准入制度。场馆开放的具体实施部门可以根据情况，建立开放对象信息登记和发放准入证件制度，提出健康管理和安全使用场馆设施的基本要求，明确各方责任。可以要求开放对象持证入校健身，做好身份识别。

（六）明确开放的收费标准。学校体育场馆根据不同对象可采取免费、优惠或有偿开放方式，有偿开放不能以营利为目的。根据《全民健身条例》规定，学校可以根据维持设施运营的需要向使用体育设施的开放人群收取必要的费用，收费标准应经当地物价部门核准，并向社会公示。对青少年学生、老年人、残疾人等原则上实行免费。

（七）形成稳定的运营模式。学校要积极探索体育场馆开放的运营方式，建立适合当地需要的运营模式。鼓励学校开展以校管理为主的运营模式，探索建立通过政府购买服务、委托第三方专业组织运营的模式。

四、保障措施

（一）加强学校体育场馆设施建设。各地要加强公共体育设施建设的统筹和规划，积极为学校体育场馆向社会开放创造条件。教育部门要按照《国家学校体育卫生条件试行基本标准》《中小学校体育设施技术规程》及《高等学校体育工作基本标准》要求，加大学校体育场馆设施建设力度。体育部门要将公共体育设施尽可能建在学校或学校周边。

（二）加快场馆开放管理人才队伍建设。各地教育、体育部门要对学校体育场馆开放管理人员进行相应的业务培训，不断提高业务能力和水平。学校要组织体育教师和相关管理人员，积极参与场馆开放活动服务工作。体育部门要引导社会体育指导员主动服务场馆开放学校。积极鼓励具有特长的社区居民参与场馆开放工作的志愿服务，发挥其在活动组织、技术指导等方面的优势。高等学校要加强体育场馆管理人才的培养，为体育场馆开放工作提供人才储备。

（三）积极推进风险防控和安保机制建设。各地教育、体育部门要协调当地公安、医疗等部门建立健全有关加强学校体育场馆开放安全保卫方面的工作机制，加强场馆开放治安管理和安全保障。学校要协调周边社区和街道制定具体场馆开放的安保实施方案和突发事故紧急处置预案，落实安全风险防范措施，加强开放时段治安巡查，做好场馆开放后的校园安全保卫工作。要严格按照《教育部关于印发〈学校体育运动风险防控暂行办法〉的通知》（教体艺〔2015〕3号）要求，根据体育器材设施及场地的安全风险进行分类管理，防范和消除安全隐患。推动县级以上人民政府根据国家有关规定为开放学校购买专项责任保险，鼓励引导学校、社会组织、企事业单位和个人购买运动伤害类保险。

（四）加大学校体育场馆开放经费投入。各地教育部门要加大学校场馆设施建设与开放的经费投入，多途径筹措经费，不断改善学校体育场馆设施条件，支持学校体育场馆开放。各地体育部门要根据实际情况，安排必要的资金，支持学校体育场馆对外开放所致场馆日常运转和设施设备维修。可利用彩票公益金加大对开放学校的补贴，安排一定比例的资金作为场馆开放社会体育指导员工作经费。开放场馆学校所收取的费用，要严格按照财务制度进行规范管理，主要用于补贴设施运营等。

（五）鼓励社会力量积极参与体育场馆开放。支持社会力量通过投资、冠名、合伙制、捐赠等形式参与学校体育场馆建设和开放工作，充分发挥其在资金、技术、项目、运营、评估等方面的优势。鼓励社会力量通过竞标等方式对学校体育场馆开放进行市场化、专业化运营，为开放对象提供优质、低价或免费的服务。

（六）积极推进体育场馆开放信息化建设。要加强体育场馆开放的信息公开工作，通过多种方式，公开场馆开放的时段、区域、项目和相关服务，公告使用体育场馆的程序、途径和办法。建立场馆开放信息统计和上报制度，及时向上级主管部门提供体育场馆开放有关信息。各地要充分发挥“互联网＋场馆开放”技术创新，建立体育场馆开放的信息化综合平台，使信息采集、信息共享、动态监控、用户评价等多种功能一体化，实时显示体育场馆开放工作情况。

五、组织实施

（一）加强组织领导。各地要高度重视学校体育场馆开放工作，建立健全由教育或体育部门牵头，有关部门分工负责和社会力量参与的场馆开放工作协调机制，主动争取当地政府的支持，积极发挥社区、街道的管理作用，研究制定当地学校体育场馆开放工作规划或实施方案，并抓紧落实。

（二）坚持分类指导。鼓励各地积极探索学校体育场馆开放的新政策、新机制和新模式，不断完善场馆开放服务体系，持续提高场馆开放服务能力。要统筹考虑各地经济发展、学校体育条件等实际情况，因地制宜推进学校体育场馆开放在不同区域的实施和发展。

（三）强化宣传推广。加大对学校体育场馆开放相关政策的宣传和解读，引导更多的学校实施体育场馆开放工作。把学校体育场馆开放工作纳入群众体育先进集体和个人的评选范畴，及时总结和交流学校体育场馆开放的做法和经验，对模式新颖、绩效突出的地方和学校加大宣传和进行表彰奖励，不断强化示范效应，积极营造学校体育场馆开放的良好社会环境和舆论氛围。

2017 年 2 月 3 日

北京市教育委员会

关于做好学校、托幼机构传染病防控工作的通知

京教体艺〔2017〕8 号

各区教委：

根据市卫生计生委统计，2017 年 1—2 月我市共报告急性胃肠

炎聚集性疫情31起，涉及506名病例，其中28起由诺如病毒引起。31起疫情中，16起发生在幼儿园，13起发生在小学，2起发生在中学。

病原学监测显示，自2016年10月起，我市开始出现GⅡ.P16—GⅡ.2诺如病毒重组株（之前未出现过该重组株），随后该型毒株占比逐渐增多，导致聚集性疫情报告数量远高于历年同期。预计未来一段时期，我市诺如病毒聚集性疫情仍将维持较高水平。为确保广大师生身体健康，保证教育教学秩序，现提出以下工作要求：

一、强化制度，落实部门责任

各区教委要高度重视学校传染病防控工作，要监督指导中小学校和托幼机构切实落实晨午检、因病缺勤、病因追查与复课登记制度，相关情况要严格按照有关文件和规范要求及时报告辖区卫生相关机构，并协助做好流行病学调查、标本采集、检疫等工作。出现集中发热、呕吐人群的学校和托幼机构，要在卫生计生部门的指导下进行妥善处置，并与家长进行科学有效的沟通。

二、加强宣传，提高防病意识

各中小学校、托幼机构要进一步加大健康知识的宣传力度，采取通俗易懂的形式，广泛宣传和普及传染病防控知识，倡导健康的生活方式，养成良好的体育锻炼和卫生习惯，特别要加强对家长的宣传指导，提高预防流感等传染病的意识和水平。

三、加强日常管理，做好各项传染病防控工作

各学校、托幼机构要加强各类传染病防控工作的日常管理，落实防控措施。要加强教学、生活场所的通风换气，保持室内空气新鲜。做好教学设施（玩具）及饮水设备必要的清洁、消毒工作，以及食品、生活饮用水的安全管理工作。各区教委要对辖区内的中小学校、托幼机构进行监督检查，有效防控学校、托幼机构突发公共卫生事件。

2017年3月21日

北京市教育委员会

关于开展《高等学校体育工作基本标准》检查评估工作的通知

京教函〔2017〕196号

各高等学校：

为贯彻国务院办公厅《关于强化学校体育促进学生身心健康全面发展的意见》（国办发〔2016〕27号）精神，落实《高等学校体育工作基本标准》，提升高等学校体育工作整体水平，促进大学生身心健康、全面发展，经研究，决定面向首都高校开展《高等学校体育工作基本标准》检查评估。此项工作委托北京市大学生体育协会具体执行，现将有关事宜通知如下：

一、工作安排

（一）自评自查。6月，各高校对照《高等学校体育工作基本标准》开展自查自评，核实各项数据、照片和相关材料（包括学校十三五规划和年度学生体质健康标准测试结果分析及对策研究报告等），认真撰写自评报告，并填写《普通高校体育工作基本标准评估表》（附件2）（以下简称“评估表”）和《首都高等学校体育工作基本信息统计表》（附件3）（以下简称“信息表”）。自评报告和评估表需经本校体育运动委员会确认，由学校体育工作主管校长签字，并加盖学校公章于6月26日前完成上报。请各校将自评报告、评估表、信息表纸质版按一式三份，连同电子版（光盘或U盘）

统一报送至北京建筑大学体育部。

（二）集中复评。7—8 月，市教委委托北京市大体协组成专家组，对各高校上报材料进行汇总复评，初步确定各校等级，并撰写复评报告。

（三）答辩复审。9 月，举办高校体育工作优秀校汇报答辩会，将各高校按照在校学生数量 1 万人以上和在校生 1 万人以下分为两个组别，根据复评结果分别推荐前 10 名院校为优秀，并参加高校体育工作会汇报答辩。10 月，对拟获得评估优秀等级的学校进行入校实地复审，同时，对评估分值较低的学校入校督促整改。

（四）结果公示。12 月，将获得《高等学校体育工作基本标准》检查评估优秀等级的学校进行公示。并将各高校的评估结果统一在市教委和大体协网站公布。

二、评估总结

（一）结果反馈。将此次实施《高等学校体育工作基本标准》评估的结果和等级分析反馈至各高校；将评估总结报告和相关数据在市教委和北京大学生体育协会网站上公布。

（二）总结表彰。在“2018 年北京市大学生体育协会五次代表大会四次理事扩大会议”上对优秀院校进行表彰，并对获得优秀院校主管体育工作的校（院）长进行表彰。

（三）交流学习。将贯彻实施《高等学校体育工作基本标准》优秀院校的自评报告收录在北京市大学生体育协会网中，供各高校学习交流；将各高校体育信息表编辑成《2017 年首都高等学校体育工作基本情况汇编》。2018 年 8 月召开“北京市高校贯彻实施《高等学校体育工作基本标准》经验交流会”，进一步推进北京高校体育工作的改革与发展。

三、相关要求

各高校要高度重视《高等学校体育工作基本标准》检查评估工作，成立由主管校领导牵头，相关部门配合的工作小组，对照《高等学校体育工作基本标准》进行认真梳理近年来学校体育工作中的经验和问题，客观、真实、全面的反映出本校体育工作情况，按照问题导向和目标导向进行针对性改进，确保学校体育各项工作落实。对在检查评估工作中弄虚作假，虚报误报者追究相关学校和人员责任。

本通知及附件登载于市教委网站（http：//tmc. bjedu. gov. cn）公告栏和北京市大学生体育协会网站（www. bjdtx. com），请各高校自行下载。

附件：1.《高等学校体育工作基本标准》评估说明

2.高校体育工作基本标准评估表（略）

3.首都高等学校体育工作基本信息统计表（略）

2017年6月1日

附件1

《高等学校体育工作基本标准》评估说明

一、自评报告

撰写自评报告，总结三年来（2014—2016年）学校体育工作的新思路、新成果和新发展。撰写报告要实事求是，尽量以数字形式量化工作成效。报告中涉及的已获成果和取得的荣誉，需将证书、奖牌、实物、照片等原件，经扫描附在自评估报告后，并注明：时间、地点、内容等信息。自评报告统一采用A4纸打印（标题为3号黑体字；其它为小4号宋体字，1.5倍行距，字数不限），装订成册。

二、开展自评

认真填写《普通高校体育工作基本标准》评估表（附件2）进行自评，在评分权重栏中，根据本校工作实际进行打分（下载该表后，在电子版状态填写）；评估表中附加分一栏中所列项目，要根据本校已取得的成果和已得到的社会公认（证书、奖状、奖牌、实物和具体活动的名称等）据实填写。

三、填报《首都高等学校体育基本信息统计表》

填写《首都高等学校体育工作基本信息统计表》（附件3），真实反映本校体育工作的基本信息，各校填报时务求真实、准确、清晰、简炼。各校信息汇总后，将统一编写“2017年首都高等学校体育工作基本情况汇编”。

四、开展复评

根据各校自评报告、自评表、信息表以及参加首都高校体育各类竞赛、教学、群体和科研活动的记录，由专家组进行初评；初评按在校生1万人以上（包括研究生）和在校生1万人以下（包括研究生）的高校（各校学生数以北京市教委2016年12月公布的信息统计为准），分别录取得分排序在前10名的高校，参加10月份进行的由体育部主任陈述的复评汇报答辩（复评的时间地点另行通知）。

五、入校复审

组成若干专家组进入拟授予“优秀院校”的学校和评估成绩较低的学校，听取学校体育工作分管校领导和体育部主任汇报；现场检查体育工作文件、档案、各种证书、奖牌和反应工作业绩的实物；检查体育场馆设施情况，并与部分体育教师座谈。

六、评审工作报告

撰写评审工作报告，对首都高等学校的体育工作状况做出客观评价，并列出优秀、良好、合格、不合格院校名单，向市教委报告。

北京市教育委员会办公室

关于做好全国青少年校园足球特色学校复核的通知

京教办函〔2017〕2号

各区教委、燕山教委：

为落实教育部办公厅《关于做好全国青少年校园足球特色学校复核的通知》（教体艺厅函〔2017〕27号）要求，加快推进校园足球的普及发展，不断提高校园足球特色学校建设的质量，教育部决定在2015年、2016年两批全国青少年校园足球特色学校遴选工作的基础上，组织开展全国青少年校园足球特色学校复核工作。现将有关要求通知如下：

一、工作目标

校园足球特色学校建设是推进校园足球改革和发展的重点工作，各区和学校要认真贯彻落实教育部等6部门《关于加快发展青少年校园足球的实施意见》（教体艺〔2015〕6号）精神，增强特色学校建设工作的责任感和使命感，把提高校园足球特色学校、足球建设工作的质量作为深化教育教学和学校体育改革发展的重要任务来抓。各区和学校要高度重视此次复核工作，以此项工作为契机，全面总结成果、深化改革、不断创新，真正树立一批校园足球教育教学工作典型，使之在加快推进校园足球的改革发展中切实发挥示范引领作用。

二、复核范围

2015年、2016年被认定的全国青少年校园足球特色学校，详细名单见附件1。

三、复核程序

（一）组织开展复核

1. 学校自查。6 月 14 日前，各学校按照附件 2《全国青少年校园足球特色学校复核指标体系》(以下简称“《指标体系》”)，进行自查自评，并形成自查报告上报区教委。

2. 区级复核。6 月 22 日前，以区为单位组建专家团队严格按照《指标体系》，结合各校自查报告及自评结果，开展区内的校园足球特色学校复核工作，对照《指标体系》完成区级复核评分，重点复核组织领导、条件保障、教育教学、训练与竞赛等重点指标，并填写附件 3《全国青少年校园足球特色学校复核汇总表》。

3. 市级复核。6 月底，我委将委托北京市校园足球运动协会组织有关专家成立特色校复核组，赴各区和中小学校开展复核工作。了解各区青少年校园足球特色学校建设情况，听取各区校园足球工作汇报，查阅各区近几年关于青少年校园足球发展的相关文件以及各区开展特色校复核工作的相关资料。同时，深入特色学校开展调研。市级复核每区抽查 2～4 所（中小学各半）学校，复核学校名单由市级指定，提前 3 天通知。复核小组根据学校自评和区级复核结果查阅相关资料，并就校园足球相关工作进行调研。特色校复核工作小组的行程由各区教委负责安排，并提前 1 天上报北京市校园足球协会。

四、相关要求

（一）各区在复核过程中，不能随意降低标准，杜绝出现“重创建轻建设”现象，对于各学校在复核中发现的问题，要责令学校限期整改，并跟踪督查，不断完善准入退出机制。对达不到特色学校标准，整改不到位的学校，要逐级上报取缔命名。

（二）人员推荐。为加强各区之间推进校园足球工作经验的学习与交流，请各区推荐 2 人参加市级复核组工作。推荐人员建议为本区教委体卫科（中心）校园足球负责同志和体育教研员各 1 人。

（三）材料报送

1.6 月 16 日（星期五）前，将推荐参加市级复核组人员名单反馈至北京市校园足球协会。

2.6月23日（星期五）前，将本区各学校评分后的《指标体系》表和《全国青少年校园足球特色学校复核汇总表》报送至北京市校园足球协会。

五、联系人方式（略）

附件：1. 北京市全国青少年校园足球特色学校名单（2015—2016年）

2. 全国青少年校园足球特色学校复核指标体系

3. 全国青少年校园足球特色学校复核汇总表（略）

4. 各区推荐参加市级审核人员名单（略）

2017年6月8日

附件1

北京市全国青少年校园足球特色学校名单（2015—2016年）

区	学校名称	特色学校级别
东城区	北京市崇文小学	国家级（2015）
	北京市东城区安外三条小学	国家级（2015）
	北京市第五十四中学	国家级（2016）
	北京市东城区史家胡同小学	国家级（2016）
	北京市第五中学分校	国家级（2016）
	北京汇文中学	国家级（2016）
	北京市东城区府学胡同小学	国家级（2016）

续表 1

区	学校名称	特色学校级别
西城区	北京市宣武回民小学	国家级（2015）
	北京市西城区进步小学	国家级（2015）
	北京第二实验小学	国家级（2016）
	北京市西城区中古友谊小学	国家级（2016）
	北京市回民学校	国家级（2016）
	北京育才学校	国家级（2016）
	北京第二小学玉桃园分校	国家级（2016）
朝阳区	北京市朝阳区望京南湖东园小学	国家级（2015）
	北京市朝阳区定福庄第一小学	国家级（2015）
	北京市朝阳区第二实验小学	国家级（2016）
	北京市陈经纶中学	国家级（2016）
	北京市和平街第一中学	国家级（2016）
	北京市三里屯一中	国家级（2016）
	北京市望京实验学校	国家级（2016）
	北京师范大学朝阳附属小学	国家级（2016）
	北京市朝阳区新升小学	国家级（2016）
	北京市朝阳区楼梓庄中心小学	国家级（2016）
	中国人民大学附属中学朝阳学校	国家级（2016）
海淀区	清华大学附属小学	国家级（2015）
	北京市海淀区实验小学	国家级（2015）
	北京石油学院附属小学	国家级（2016）
	海淀区教师进修学校附小	国家级（2016）
	中国人民大学附属中学	国家级（2016）

续表 2

区	学校名称	特色学校级别
海淀区	北方交通大学附属中学	国家级（2016）
	北京市八一学校	国家级（2016）
	北京市海淀区中关村第三小学	国家级（2016）
	北京市海淀区永丰中心小学	国家级（2016）
	中国人民大学附属小学	国家级（2016）
	北京师范大学附属实验小学	国家级（2016）
	北京科技大学附属小学	国家级（2016）
	北京市海淀区中关村第一小学	国家级（2016）
	清华大学附属中学上地学校	国家级（2016）
	北京市十一学校	国家级（2016）
	北京市海淀区七一小学	国家级（2016）
	北京市第四十七中学	国家级（2016）
丰台区	北京市丰台区芳城园小学	国家级（2015）
	北京市第十八中学附属实验小学	国家级（2015）
	首都医科大学附属小学	国家级（2016）
	北京市丰台区草桥小学	国家级（2016）
	中央民族大学附属中学丰台实验学校（原王佐中学）	国家级（2016）
	北京市第十八中学	国家级（2016）
	北京市第十二中学	国家级（2016）
	北京市赵登禹学校	国家级（2016）
石景山区	北京市石景山区金顶街第二小学	国家级（2015）
	北京市京源学校小学部	国家级（2015）

续表 3

区	学校名称	特色学校级别
石景山区	北京市第九中学	国家级（2016）
	北京景山学校远洋分校	国家级（2016）
	北京市石景山区古城第二小学	国家级（2016）
门头沟区	北京市门头沟区大峪第二小学	国家级（2015）
	北京市门头沟区育园小学	国家级（2015）
	北京市门头沟区新桥路中学	国家级（2016）
	北京市门头沟区大峪第一小学	国家级（2016）
	首都师范大学附属中学永定分校	国家级（2016）
	北京市大峪中学	国家级（2016）
房山区	北京房山区阎村镇阎村中心小学	国家级（2015）
	北京市房山区北潞园学校	国家级（2015）
	北京市房山区窦店中心小学	国家级（2016）
	房山区琉璃河镇南召中心小学	国家级（2016）
	北京市房山区窦店中学	国家级（2016）
	北京市房山区良乡第三中学	国家级（2016）
通州区	北京市通州区运河小学	国家级（2015）
	北京市通州区潞城镇中心小学	国家级（2015）
	北京育才学校通州分校	国家级（2016）
	北京第二中学通州校区	国家级（2016）
	通州区潞河中学	国家级（2016）
	通州区马驹桥镇中心小学	国家级（2016）
	通州区第二中学	国家级（2016）

续表 4

区	学校名称	特色学校级别
顺义区	北京市顺义区南彩第二小学	国家级（2015）
	北京市顺义区后沙峪中心小学校	国家级（2015）
	北京市顺义牛栏山第一中学	国家级（2016）
	顺义区李桥中心小学校	国家级（2016）
昌平区	北京市昌平区东小口中心小学	国家级（2015）
	北京市昌平区大东流中心小学	国家级（2015）
	北京市昌平区城关小学	国家级（2016）
	北京市昌平区小汤山中心小学	国家级（2016）
	北京市昌平区第一中学	国家级（2016）
大兴区	大兴区旧宫镇第一中心小学	国家级（2015）
	大兴区魏善庄镇第一中心小学	国家级（2015）
	大兴区瀛海镇第一中心小学	国家级（2016）
	北京市大兴区魏善庄中学	国家级（2016）
	北京师范大学大兴附属小学	国家级（2016）
	大兴区魏善庄镇第二中心小学	国家级（2016）
	北京市大兴区德茂中学	国家级（2016）
平谷区	北京市平谷区第八小学	国家级（2015）
	北京市平谷区金海湖第二小学	国家级（2015）
	北师大附属中学平谷第一分校	国家级（2016）
	北京第二实验小学平谷分校	国家级（2016）
	北京市平谷区南独乐河学区	国家级（2016）
	北京市平谷区大兴庄学区	国家级（2016）

续表 5

区	学校名称	特色学校级别
怀柔区	北京市怀柔区实验小学	国家级（2015）
	北京市怀柔区怀柔镇中心小学	国家级（2015）
	北京市怀柔区九渡河镇中心小学	国家级（2016）
	北京市怀柔区第六小学	国家级（2016）
	北京市怀柔区第三中学	国家级（2016）
	北京市怀柔区第一中学	国家级（2016）
密云区	密云区溪翁庄镇中心小学	国家级（2015）
	密云区第五小学（民族小学）	国家级（2015）
	密云区河南寨镇中心小学	国家级（2016）
延庆区	延庆区康庄中心小学	国家级（2015）
	延庆区第四小学	国家级（2015）
	北京市延庆区第二中学	国家级（2016）
	北京市延庆区第三小学	国家级（2016）
	北京市延庆区第五中学	国家级（2016）
	延庆区第二小学	国家级（2016）
	北京市延庆区第一中学	国家级（2016）
燕山	北京市燕山东风小学	国家级（2015）
市属	北京西藏中学	国家级（2015）

附件 2

全国青少年校园足球特色学校复核指标体系

学校名称：________________联系人：________联系电话：__________

评审指标	主要观测点	评审内容与分值	分值分配	学校自评得分	区级复核得分
组织领导（10 分）	落实国家政策，将校园足球纳入学校发展规划（4 分）	学校体育指导思想明确，重视学校体育和学生体质健康工作，把校园足球作为增强学生体质健康的重要举措（1 分），将校园足球纳入学校发展规划和年度工作计划（1 分），有校园足球发展目标及规划并符合学校实际（2 分）。	4		
	健全工作机制（2 分）	成立校园足球工作领导小组，由校长专人负责，学校其他机构共同参与（1 分），领导小组成员分工明确（1 分）。	2		
	完善规章制度（4 分）	制定有校园足球工作招生、教学管理规章制度（1 分）、课余训练和竞赛规章制度（1 分）、运动安全防范措施与保障（1 分）、师资培训规章制度（1 分）。	4		
条件保障（27 分）	体育师资队伍（7 分）	体育教师配备达到国家标准（2 分），足球专项教师大于 3、2、1 人（含）以上（分别给 4、3、2 分），每年有一次以上培训机会（1 分）。	7		
	体育教师待遇（4 分）	体育教师开展体育教学和足球训练及活动计入工作量（2 分），并保证在评优评比与工资待遇（1 分）、职务评聘（1 分）等方面享受同等待遇。	4		

续表 1

评审指标	主要观测点	评审内容与分值	分值分配	学校自评得分	区级复核得分
条件保障（27 分）	场地设施建设（10 分）	场地设施、器械配备达到国家标准（3 分），并建设有 11、7、5 人制的足球场地（分别给 5、4、3 分），能满足教学和课余足球训练需要，足球器材数量齐备、并有明确的补充机制（2 分）	10		
	体育经费投入（6 分）	设立有体育工作专项经费，每年生均体育经费不低于生均公用经费的 10%（3 分），能为学生购买有校方责任险（1 分），并为学生新增购买运动意外伤害险（2 分）。	6		
教育教学（30 分）	教学理念（5 分）	深化学校体育改革，坚持健康第一，每学年《国家学生体质健康标准》测试率达到 100%（2 分），把足球作为立德树人的载体，积极推进素质教育（1 分），促进学生全面发展，健康成长，《国家学生体质健康标准》测试率优良率达到 30%（2 分）。	5		
	体育课时（10 分）	开足开齐体育课（1～4 年级每周 4 学时，3～6 年级每周 3 学时，7～9 年级每周 3 学时，9～12 年级每周 2 学时）（3 分），义务教育阶段把足球作为体育课必修内容（2 分），每周每班不少于一节足球教学课（3 分），高中阶段学校开设足球选修课（1 分），每天安排有体育大课间活动（1 分）。	10		
	足球课程资源（8 分）	开发和编制有足球校本教材（3 分），有详细的足球教学教案（2 分），每周实施适合学生年龄特点的足球教学和课外活动 3、2、1 次（分别给 3、2、1 分）。	8		
	校园足球文化（7 分）	每学年有 4、3、2、1 次足球主题校园文化活动（如摄影、绘画、征文、演讲等）（分别给 4、3、2、1 分），建立有校园足球信息平台（1 分），动态报道足球活动、交流工作经验、展示特色成果（2 分）。	7		

续表 2

评审指标	主要观测点	评审内容与分值	分值分配	学校自评得分	区级复核得分
训练与竞赛（30分）	足球社团组织（8分）	学校成立足球俱乐部或兴趣小组（2分），小学三年级以上建有班级代表队（1分）、年级代表队（1分），学校建有校级男足球代表队（1分）、女队（1分），学生基本达到全员参与足球（2分）。	8		
	开展训练（10分）	学校足球代表队和课外足球俱乐部制定有系统、科学的训练计划（2分），每周开展课余足球训练4、3次（分别给3、2分），并配备有安全、医疗等应急方案（1分），每学期邀请校外专业教练员提供技术指导不少于5、4、3、2次（分别给4、3、2、1分）。	10		
	组织竞赛（8分）	制订有足球竞赛制度（1分）；每年组织校内足球班级联赛（2分），每个班级参与比赛场次每年不少于10、5场（分别给2、1分），积极参加区域内校园足球联赛（2分）；承办本地足球比赛次（1分）。	8		
	文化学习（4分）	对学校足球代表队运动员参加训练、比赛，制定有具体的文化学习计划和要求（2分），其文化学习成绩达到同年级平均水平（2分）。	4		
后备人才培养（3分）	输送优秀学生运动员（3分）	近年向上一级学校足球运动队输送优秀人才不少于3、2、1名（分别给3、2、1分）。	3		
总得分					
一票否决	1. 未能确保每周一节足球课 2.《国家学生体质健康标准》优良率连续两年下降 3. 未开展校内班级联赛活动				
区级复核专家（签字）					

北京市教育委员会
北京市卫生和计划委员会

关于开展2017年中小学健康教育系列活动的通知

京教函〔2017〕412号

各区教委、卫生计生委，北京教育音像报刊总社：

为落实习近平总书记“把人民健康放在优先发展战略地位”的讲话精神，以基层为重点全面推进中小学卫生与健康工作，加强健康知识宣传力度，做好保证学生健康的基础性工作，市教委和市卫计委决定在我市中小学开展健康教育系列活动的基础上，进一步拓展活动内容，提高学校健康教育的科学性和有效性。现将有关事项通知如下：

一、开展“正确饮水，远离含糖饮料”为主题的健康月活动

长期不健康饮水行为一方面会降低儿童的认知能力、身体活动能力，也会增加儿童泌尿系统感染的发病风险。同时也会增加儿童超重肥胖、患龋齿等口腔疾病的风险。为此，2017年10月至11月，在全市中小学开展以“正确饮水，远离含糖饮料”为主题的健康月宣传教育活动，内容包括：

（一）利用学校广播、多媒体教学、宣传栏、校园网络，以及《健康咨询报·学生健康成长专刊》，开展“健康饮食、加强锻炼”为核心的预防肥胖和近视的主题宣传教育活动，活动覆盖全市所有中小学校。

（二）各学校在2017—2018学年通过健康教育课、主题班会、大讲堂、家长会等渠道，为学生及家长上好一堂“正确饮水，远离含糖饮料”主题实践健康教育课，覆盖率100%。

二、深入开展专家进校园健康大讲堂工作

为营造健康的学习和生活氛围，市教委、市卫计委组织专家深入学校针对学生家长、教师或学生围绕“防近视、控肥胖”主题开展科普宣传，2017—2018学年内平均每区不少于4场讲座。内容包括：儿童面临的主要视力问题分析及对策；学生家庭膳食营养巧搭配；青少年运动损伤的预防与处理；如何正确处理学生情绪波动；如何培养一个心理健康阳光的孩子；从青少年筑起控烟防线；爱护牙齿，学会正确刷牙。

三、开展中小学生家庭健康管理

（一）树立以学校为基础，以家庭为主体的家庭健康管理理念，指导家长每天给孩子做一次家庭护眼按摩操，并带领孩子进行不少于半小时的体育锻炼。督促孩子每天做一次眼保健操，每周对孩子的视力和体重进行一次监测，对于体重增加过快和视力下降过快的学生，学校要提醒家长带孩子到医院进行诊疗和干预。

（二）在小学二年级学生中开展“我的爱眼日记”活动，在小学三年级学生中开展视力自测活动，指导学生从小养成良好的用眼行为。

（三）学校要积极组织学生和家长参加2017年10—11月组织开展“我和家长一起锻炼·我的家庭锻炼日记”摄影活动，优秀作品将刊登在《健康咨询报·学生健康成长专刊》。

（四）加强对家长和学生进行科学的健康指导。各学校利用家长会、家长学校、校园网络平台，向家长和学生播放健康教育课程等相关内容，争取家长对学生健康管理工作的支持与配合。

四、在高中一年级新生军训期间开展应急救护培训

继续在高一新生中开展应急救护培训，请各区、各学校要合理安排时间，在确保军训正常教学的前提下，开展应急救护急培训。

五、工作要求

（一）健康教育进校园系列活动工作小组和学生应急救护培训办公室（以下简称办公室）设在北京教育音像报刊总社所属健康咨询报社。办公室要做好组织实施和培训宣传工作，统筹安排专家大讲堂活动，让更多的学生家长和老师得到专家的科学指导。同时，配合做好专家授课现场录制与评估。

（二）各区教委、区卫计委要指定专人负责开展制定本辖区内健康教育系列宣传活动计划并组织实施，按要求完成宣传月等系列活动内容，保障学校覆盖率达到100%。

（三）各区教委、各学校要注意收集文字、影像等活动资料。根据各项活动实施方案的不同要求，及时总结、上报材料。各区教委请于2017年12月15日前上报年度健康教育系列活动工作总结。

2017年9月12日

北京市教育委员会

关于做好2017年国家学生体质健康标准测试及监测等工作的通知

京教函〔2017〕453号

各区教委，各高等学校、中等职业学校：

为贯彻国务院办公厅《关于强化学校体育促进学生身心健康全

面发展的意见》(国办发〔2016〕27号),落实教育部《国家学生体质健康标准(2014年修订)》(以下简称《标准》)和《学生体质健康监测评价办法》(以下简称《办法》)等文件要求,市教委决定继续做好2017《标准》测试及监测等工作。现将有关事宜通知如下:

一、完成《标准》测试及数据上报工作

2017年本市普通高等学校、中等职业学校和中小学校要按照教育部的统一要求,面向全体学生开展《标准》测试,并按照规定的时间要求和报送途径上报测试数据。具体工作内容详见附件1。

二、配合市教委开展《标准》监测工作

(一)监测范围。为客观评价各区、各学校学生体质健康工作质量,市教委将面向16区,抽取约6万名中小学生开展《标准》监测。监测数据将作为评价各区学校体育工作的重要依据,也将作为被监测学生年度测试成绩直接上报市级数据库,对于监测中不及格和免体学生可由所在学校再安排一次补测,其它学生不再参加学校测试。

(二)监测要求。各区教委和相关学校要按照《〈标准〉监测工作要求》(附件2)及《2017年北京市中小学生国家学生体质健康标准监测工作手册》,认真落实相关工作。

(三)鼓励开展第三方监测。2017年9至12月期间,各区统一组织,面向全区中小学生通过第三方开展《标准》测试工作的,可申请免于参加市级《标准》监测,相关数据将在系统中直接提取。各区申请时需填报《2017年免于参加市级〈标准〉监测申请表》(见附件5),连同测试方案于10月18日(星期三)前上报市教委体卫艺处。

三、完成教育部《标准》抽查复核工作

2017年,教育部将继续组织专家组对各省、市组织实施《标准》测试情况进行抽查复核。各有关区教委、高等学校及中小学校要认真按照教育部工作组要求做好相关工作。具体要求见附件6《2017年教育部抽查复核工作要求》。

凡参加教育部抽查复核的中小学校将不再参加本年度市级《标准》监测。

四、工作要求

（一）规范测试。各区教委和学校要建立监督检查机制，组织相关人员对测试结果进行随机抽查核对，确保上报数据真实、准确。各区教委和各级各类学校要设立《标准》测试工作监督电话并向社会公开，接受社会咨询和监督。

（二）加强研究。各区教委和学校要通过监测评价，动态把握学生体质健康变化趋势，及时分析测试数据，查找影响因素，开展体质健康预警与干预，完善学生体质健康改善措施，提高学校体育工作的科学性、针对性、实效性。

（三）强化应用。学校要按要求制作《国家学生体质健康标准登记卡》，规范记录每一名学生的体质健康测试成绩及其评定等级。小学将体质健康测试情况列入学生成长记录或素质报告书，初中以上学校列入学生档案，作为学生综合素质评价和学业水平考试的重要指标和内容。高等学校要将体质健康测试情况作为学生评优评先、毕业考核的重要依据。各区教委要将学生体质健康状况作为评价学校教育质量的重要指标。

附件：1.《标准》测试及数据上报工作要求
2.《标准》监测工作要求
3. 监测点学校统计表（略）
4. 监测学生数量汇总表
5. 2017 年免于参加市级《标准》监测申请表（略）
6. 2017 年教育部抽查复核工作要求

2017 年 9 月 26 日

附件1

《标准》测试及数据上报工作要求

一、认真组织《标准》测试工作

鼓励各区教委和各级各类学校，创造条件采取购买社会第三方测试服务的方式，开展学生《标准》测试及数据上报、分析等相关工作。

（一）制定方案。制定《标准》测试与数据上报工作方案，明确《标准》测试工作的领导小组成员、工作职责以及具体工作安排。

（二）规范流程。测试工作要严格按照《标准》和《办法》的有关要求执行。区教委监督检查各学校使用的测试仪器要符合国家认证认可委员会（NSCC认证）的标准。学校要对测试设备、场地等进行自查，避免测试数据错误，尽可能减小或规避测试误差。

（三）确保安全。安排好测试时间，避开雾霾等恶劣天气。加强学生运动安全教育，严禁学生带病参加测试，严防学生人身伤害事故的发生。因病或残疾暂缓或免予执行《标准》的学生，要按程序办理相关手续。

（四）注重统筹。2017年9月1日后的学生体检数据可与《标准》部分项目实现数据共享，各区教委要避免重复测试。

二、认真履行工作程序

认真履行审查复核、家长回执、数据校正、网络上传、校园公示等程序，做到不漏报、不错报。

（一）校内公示。各级各类学校要坚持实行测试结果公示制度，按年级、班级、性别等不同类别在校内公布学生体质健康测试的总体结果。学校在公示体质健康信息时不得泄露学生个体的信息和侵犯其个人隐私。

（二）留存档案。家长回执单和校内公示单要作为学校体育工作档案留存、备查。对弄虚作假、误报、迟报者，要追究相关人员和学校的责任。

三、按时完成数据上报

（一）按时上报。各级各类学校要在 11 月 15 日至 12 月 20 日完成数据上报工作。各区教委要在 12 月 22 日（星期五）前，在教育部中国学生体质健康网和北京市国家学生体质健康标准服务网上完成辖区内中小学校《标准》测试数据审核确认工作。

（二）上报途径。各中小学及中等职业学校要分别向教育部中国学生体质健康网（www. csh. edu. cn）和北京市国家学生体质健康标准服务网（http：//tz. bjedu. cn）报送《标准》测试数据；高等学校向教育部中国学生体质健康网（www. csh. edu. cn）报送数据。

四、积极开展宣传培训

（一）加强宣传。各级各类学校在《标准》测试之前，要采取多种方式向学生宣讲测试工作的有关规定，涉及到学生切身利益的关键环节和工作要求，要在校园宣传栏进行公示。

（二）下载手册。各区教委、各高等学校、中等职业学校要登录市教委体卫处网站（http：//tmc. bjedu. gov. cn）通知公告栏内，分别下载《2017 年中小学校国家学生体质健康标准测试数据上报工作用户手册》《2017 年普通高等学校国家学生体质健康标准测试数据上报工作用户手册》和《2017 年中等职业学校国家学生体质健康标准测试数据上报工作用户手册》并按要求完成数据上报。

（三）区级培训。各区教委要认真做好中小学学校相关人员培训工作，全面传达市教委 2017 年《标准》测试及上报工作各项要求，确保《标准》测试及数据上报工作严谨、规范、顺利开展。

附件 2

《标准》监测工作要求

一、监测时间及地点

（一）监测时间：10 月 24 日至 11 月 4 日，双休日正常进行测试。如遇空气重污染等极端天气，按照有关要求调整测试时间。

（二）监测地点：各区自定，原则上要选取具有 400 米跑道操场的学校，尽量沿用 2016 年测试点，如有变动请根据附件 3 要求报送新测试点信息。请各区教委于 9 月 28 日（星期四）参加领队会时统一上报测试点信息，并将更换测试点信息上报至电子邮箱 bjxxtygg@126.com。

二、监测内容及对象

（一）监测项目

1. 现场监测项目：《标准》中规定的各项测试项目；

2. 问卷调查：面向部分学生及教师开展问卷调查。

（二）监测对象。按照各区中小学生总数按比例从 CMIS 电子学籍库中随机抽取约 6 万名中小学生，覆盖各区一年级至高三年级的 12 个学段。

三、监测方式

市教委采取公开招标的方式，选定同方健康科技（北京）股份有限公司作为 2017 年北京市中小学《国家学生体质健康标准》第三方监测机构，负责各区监测工作。第三方监测机构负责实施测试工作，提供现场组织、测试器材、测试人员等服务，并为各区提供监测分析报告。第三方监测机构需严格执行测试标准，并接受市、区教育行政部门和学校监督，不得随意提高或降低标准，如发现标准不统一等违规行为，将视情节轻重按违约处理。

四、抽样及领队会

（一）抽样。市教委按照各区学校及学生数量比例，抽取一定数量的学校参加监测，抽样结果将在《标准》监测前1周通知各区。

（二）领队会。9月28日（星期四）9：30在市教委312会议室召开领队会，部署监测工作，请各区教委安排1名负责同志参加。

五、相关要求

（一）加强组织领导。各区教委和中小学校要成立监测工作领导小组，制定监测工作实施方案，明确分工并责任到人，特别要做好医疗卫生、安全保卫、交通协调、应急处置等保障工作。

（二）认真部署监测工作。区教委要明确各校参加监测的具体时间，有序组织学校按计划完成监测工作；第三方监测机构要做好测试场地布置等前期筹备工作，并协助区教委做好前期策划和现场组织工作。学校要面向被监测学生开展专题安全教育，详细了解学生健康状况，对于长期免体不参加体育课或患有心脏病等不适宜参加监测的学生要严格把关，避免发生安全事故。

（三）完成学籍信息同步工作。认真组织中小学校及区学籍管理部门于10月10日（星期二）前完成学生学籍数据与市教委信息中心学籍信息同步工作。各区教委要及时做好数据更新、数据同步以及学生卡（学籍IC卡）制发等技术支持工作，确保学籍数据的完整性和准确性，保证学生学籍号、学生照片、学生姓名等信息的准确，确保被监测学生人手两卡（学籍IC卡、证件卡），无卡学生要及时上报补卡。无法读取8位教育ID号的学籍卡需要提前做好升级工作。

（四）按照程序反映和解决问题。在现场监测过程中，学校如有异议要按程序在现场向区教委负责人反映，不得直接与第三方监测机构交涉，由区教委统一与第三方监测机构进行协调解决。所有测试问题都需在现场进行确定，学生离场后所有成绩将不得更改。

附件 4

监测学生数量汇总表

区	小学人数	初中人数	高中人数	总人数
海淀区	3800	1300	900	6000
朝阳区	3700	1300	900	5900
西城区	3300	1200	900	5400
东城区	3300	1100	900	5300
丰台区	1900	1100	800	3800
通州区	1900	1100	800	3800
大兴区	1900	1100	800	3800
昌平区	1900	1100	800	3800
房山区	1700	1100	800	3600
顺义区	1700	1100	800	3600
石景山区	900	600	400	1900
密云区	900	600	400	1900
平谷区	900	600	400	1900
怀柔区	900	600	400	1900
延庆区	900	600	400	1900
门头沟区	900	600	400	1900
燕山	300	200	100	600

附件 6

2017 年教育部抽查复核工作要求

一、抽查时间

2017 年 10 月 26 日至 11 月 18 日，教育部抽查工作组将对我市进行《国家学生体质健康标准（2014 年修订）》测试。

二、抽查办法

（一）学校的抽取：本市抽取东城区、朝阳区、丰台区、石景山区、顺义区、通州区、怀柔区、延庆区 8 个区，每区抽取 1 所高中、1 所初中、2 所小学。另外，还抽取了北京大学、首都经济贸易大学、中央民族大学、北京信息职业技术学院 4 所高校开展抽查复核工作。共 36 所学校。

（二）学生的抽取：所抽查学校按照每校每年级整群抽取 1～2 个教学班，有效样本数至少 60 人（男女各至少 30 人）。每所抽查的小学各年级被抽查学生人数均不少于 30 人，其中男女各不少于 15 人。共抽取约 6660 名学生。被抽查学校的学生名单由抽查工作组于现场测试前 1 周通知学校。

（三）特别情况更换：如被抽查的学校或学生由于特殊原因无法接受抽查，则由抽查工作组与市教委和学校确认后报教育部，由教育部本着就近调整、协商补充的原则另行抽取。

三、现场测试方式

（一）现场测试工作由抽查工作组总体负责实施，测试人员主要由抽查工作组成员担任，按照抽查年级依次对每名学生进行《国家学生体质健康标准（2014 年修订）》全项目测试，并在《〈国家学生体质健康标准〉现场测试登记表》记录相关测试数据。具体组织工作由各被抽查学校协助完成。

（二）现场测试所需场地、器材，由各被抽查学校严格按照学生体质健康网（域名：http：//www.csh.edu.cn/）发布的《国家学生体质健康标准》规范测试方法视频中的有关规定和要求提前安排，并在测试前1天做好准备。

（三）抽查工作组通过被抽查学校提供的学生学籍登记表，核对被抽查学生身份信息，并在学校的协助下填写《〈国家学生体质健康标准〉现场测试情况记录表》。抽查工作组要采用摄影摄像等方式，对被抽查学校的体育设施配备、运动器材及现场测试情况进行记录。

（四）抽查工作组同时对被抽查学校进行青少年学生体育健身效果评价的问卷调查（调查表另发），摸底学生参加课外体育锻炼和全民健身活动的基本情况。

四、有关要求

（一）请各区教委加强统筹协调，为完成抽查工作提供便利条件。要认真制定本区抽查复核工作具体实施方案，主动与对口抽查工作组联系，协商确定测试时间，共同组织好本地区的现场测试工作。同时请被抽查地方协助提供抽查工作组在当地食宿、交通和联络信息，妥善处理好各类突发事件。

（二）被抽查学校做好现场测试的组织、协调和安全保障工作。被抽查学校要根据要求制定本校抽查工作的具体方案，积极动员学生和教师参加测试与问卷调查。每校要安排6至8名教师及1名校医协助抽查工作组开展工作，做好相关运动安全防范措施和预案，保障学生测试过程的安全。在现场测试前1天要向抽查工作组提供全校学生班级花名册、学生学籍登记表（纸质版和电子版）。

（三）现场测试期间，严格执行中央“八项规定”和教育部20条实施办法，严格工作纪律，学校不得组织师生迎送。

（四）未尽事宜参照《2017年国家学生体质健康标准（2014年修订）测试抽查符合工作手册》执行。

北京市教育委员会

转发教育部办公厅关于公布第一批全国青少年校园篮球特色学校名单（北京）文件的通知

京教函〔2017〕556号

各区教委：

按照《教育部办公厅关于做好2017年青少年校园篮球特色学校遴选工作的通知》（教体艺厅函〔2017〕26号）安排，认真组织了各区开展遴选工作。经教育部组织专家综合认定，最终命名我市北京市东城区和平里第一小学等130所中小学校为第一批全国青少年校园篮球特色学校（北京）。现将名单转发给你们。

各区教委要以本次评选和建设全国青少年校园篮球特色学校（以下简称特色学校）为契机，指导、带动各区深入推进校园篮球教学改革，切实发挥好示范引领作用，进一步强化体育课和课外锻炼，促进青少年全面健康成长。

附件：第一批全国青少年校园篮球特色学校名单（北京）

2017年11月15日

附件

第一批全国青少年校园篮球特色学校名单（北京）

所属区	学校名称	学校类别
东城区	北京市东城区和平里第一小学	A
	北京市东城区和平里第四小学	A
	北京市东城区体育馆路小学	A
	北京市东城区光明小学	A
	北京市东城区府学胡同小学	A
	北京市东城区灯市口小学	A
	北京市东城区广渠门中学	F
	北京市第五中学	C
	北京市第二十五中学	D
	北京市第二中学	C
	北京市东直门中学	D
	北京市第二十二中学	D
	北京市第十一中学	D
	北京市崇文小学	A
西城区	北京市第四中学	D
	北京市第三十五中学	D
	北京师范大学附属中学	D
	北京市铁路第二中学	D
	北京市第四十四中学	D

续表 1

所属区	学校名称	学校类别
西城区	北京市育才学校	F
	北京市第十五中学	D
	北京第二实验小学	A
	北京市西城区宏庙小学	A
	北京小学走读部	A
	北京市西城区育翔小学	A
	北京市西城区师范学校附属小学	A
	北京市西城区陶然亭小学	A
	北京市西城外国语学校	D
朝阳区	北京市朝阳区芳草地国际学校	A
	北京明远教育书院实验小学	A
	北京市朝阳区垂杨柳中心小学	A
	北京市朝阳师范学校附属小学	A
	首都师范大学附属实验学校	E
	北京市朝阳区芳草地国际学校富力分校	E
	北京市陈经纶中学分校	E
	北京市和平街第一中学	F
	北京市陈经纶中学	F
	北京工业大学附属中学	F
	北京师范大学朝阳附属中学	B
	东北师范大学附属中学朝阳学校	D
	北京市第八十中学	D
海淀区	北京市海淀区翠微小学	A

续表2

所属区	学校名称	学校类别
海淀区	北京市海淀区五一小学	A
	北京市海淀区中关村第三小学	A
	清华大学附属中学	D
	北京市中关村中学	D
	中国人民大学附属小学	A
	中国农业大学附属小学	A
	清华大学附属小学	A
	北方交通大学附属中学	D
	中国人民大学附属中学	D
	首都师范大学附属中学	D
	北京市海淀实验中学	D
	北京市海淀区教师进修学校附属实验学校	D
丰台区	北京市丰台区丰台第五小学	A
	北京市丰台区丰台第一小学	A
	北京市第十二中学	F
	北京市丰台区丰台第二中学	F
	北京小学丰台万年花城分校	A
	北京市大成学校	F
石景山区	北京市石景山区实验小学	A
	北京市石景山区古城第二小学	A
	北京市第九中学	D
	北方工业大学附属学校	E
	北京市京源学校	F

续表 3

所属区	学校名称	学校类别
石景山区	北京景山学校远洋分校	F
门头沟区	北京市大峪中学	D
	北京市大峪中学分校	C
	门头沟区新桥路中学	C
	门头沟区大峪第一小学	A
	北京第二实验小学永定分校	A
	门头沟区龙泉小学	A
房山区	北京市房山区琉璃河镇琉璃河中心小学	A
	北京市房山区十渡中心小学	A
	北京市房山区城关小学	A
	北京市房山区良乡第二中学	B
	北京市房山区房山第五中学	B
	北京师范大学良乡附属中学	C
通州区	北京小学通州分校	A
	北京市通州区张家湾镇中心小学	A
	北京市史家小学通州分校	A
	北京市通州区第二中学	D
	北京市通州区运河中学	D
	北京市通州区潞河中学	D
	中国人民大学附属中学通州校区（通州三中）	D
顺义区	北京市顺义区马坡第二小学	A
	北京市顺义区李桥中小学校	A
	北京市顺义区杨镇第一中学	C

续表 4

所属区	学校名称	学校类别
顺义区	北京市顺义牛栏山第一中学	C
	北京市牛栏山一中实验学校	F
	首都师范大学附属顺义实验小学	A
	北京市顺义区第二中学	D
昌平区	北京市昌平区第一中学	D
	北京市昌平区第二中学	D
	北京市昌平区第四中学	E
	北京市昌平区百善学校	E
	北京市昌平实验小学	A
	北京市昌平区城北中心小学	A
	北京市昌平区平西府中心小学	A
大兴区	北京建筑大学附属中学	F
	北京市第八中学大兴分校	F
	北京小学翡翠城分校	A
	北京市大兴区定福庄中学	B
	首都师范大学大兴附属中学	F
	北京市大兴区亦庄镇第一中心小学	A
	北京小学大兴分校	A
怀柔区	北京市怀柔区第一中学	C
	北京市怀柔区第二中学	C
	北京市怀柔区第四中学	B
	北京市一〇一中学怀柔分校	B
	北京市怀柔区第一小学	A

续表 5

所属区	学校名称	学校类别
怀柔区	北京市怀柔区第二小学	A
	北京市怀柔区实验小学	A
平谷区	北京市平谷中学	D
	北京师范大学附属中学平谷第一分校	D
	北京实验学校附属中学	B
	北京市平谷区第一小学	A
	北京市平谷区峪口中心小学	A
	北京市平谷区大华山中心小学	A
密云区	北京市密云区第二小学	A
	北京市密云区不老屯镇中心小学	A
	北京市密云区果园小学	A
	北京市密云区第六小学	A
	北京市密云区第三中学	B
	北京市密云区第六中学	B
	北京市密云区第二中学	C
延庆区	延庆区第一小学	A
	延庆区第二小学	A
	延庆区第三中学	D
	延庆区第五中学	C

北京市教育委员会

关于做好2017年北京市中小学生冰雪运动普及推广工作的通知

京教函〔2017〕599号

各区教委：

为持续做好北京市校园冰雪运动的普及推广工作，今年6月，市教委联合市体育局、冬奥组委新闻宣传部和北京奥运城市发展促进会，以“与冰雪为伴 与快乐同行”为主题，面向全市中小学生开展的2017年北京市中小学生冰雪运动普及推广活动正式启动。为进一步做好落实，12月底前将深入开展冰雪文化进校园系列活动，以及普及冰雪运动体验课。现将有关事项通知如下：

一、冰雪文化进校园

（一）活动形式

专家进校园开展相关知识宣讲，开展以冰雪运动为主题的泥塑、剪纸、绘画等艺术作品征集活动，发动学生广泛参与，体验冰雪魅力、传播冰雪文化。

（二）作品征集

冰雪运动主题艺术作品征集将以区为单位集中申报，优秀作品不少于10件，并于12月15日17：00前将信息表（附件3）及优秀作品一并报送至北京市西城区北三环中路甲29号华龙大厦B座1006室。

二、冰雪运动体验课

冰雪运动体验课包括队列滑、“轮转冰”、旱地冰球和冰壶 4 个项目。

（一）队列滑项目：聘请芬兰队列滑项目专家开展教师培训，并对学生面对面授课，具体活动方案见附件 4。

（二）“轮转冰”项目：组织有轮滑基础的学生，按照就近原则在冰上运动场馆开展相关滑冰体验课程。

（三）旱地冰球项目：组织学校开展学生体验课程，以及教师培训，教师培训具体方案见附件 5。

（四）冰壶项目：采用仿真冰壶器材，通过知识理论课和实操体验课相结合的方式，在普及冰壶运动知识的同时，指导学生利用仿真冰壶道体验冰壶运动。

三、工作要求

（一）各区教委要按照通知要求，落实好各项具体工作，指导学校提升活动质量、扩大学生参与范围。同时，积极发挥区域资源优势，创造性的开展本区冰雪运动推广普及活动，推动我市校园冰雪运动进一步发展。

（二）各冰雪运动特色校要以活动开展为契机，全面加强特色校建设，尤其是加强课程建设和师资建设，为冰雪运动在学校的普及发展充分发挥引领和辐射作用。

附件：1. 参与学校名单

2. 活动时间总体安排（略）

3. 艺术作品征集信息表（略）

4. 队列滑项目活动方案（略）

5. 旱地冰球项目教师培训方案（略）

2017 年 12 月 4 日

附件1

参加活动学校名单

区	学校	参与项目
东城区	府学胡同小学	文化进校园
	东城区前门小学	队列滑
	史家小学	队列滑
	府学胡同小学	旱地冰球
西城区	北京小学	文化进校园
	北京第二实验小学	队列滑
	北京市育才学校	轮转冰
	西城区奋斗小学	轮转冰
	中古友谊小学	旱地冰球
朝阳区	中国音乐学院附属实验小学	文化进校园
	劲松四小	队列滑
	呼家楼中心小学	旱地冰球
海淀区	花园村二小	文化进校园
	中关村三小	队列滑
	中关村二小	队列滑
	中关村一小	旱地冰球
丰台区	北京小学丰台万年花城分校	文化进校园
	丰台五小鸿业校区	轮转冰
石景山区	石景山区实验二小	文化进校园
	石景山区师范附属小学	轮转冰
门头沟区	大峪一小	文化进校园

续表

区	学校	参与项目
门头沟区	大峪第二小学	冰壶
	龙泉小学	旱地冰球
房山区	北京十二中朗悦学校	文化进校园
	北京十二中朗悦学校	轮转冰
通州区	史家小学通州分校	文化进校园
	史家小学通州分校	旱地冰球
顺义区	首师大附属顺义实验小学	文化进校园
	顺义区北务中心小学	轮转冰
	顺义一中附属小学	旱地冰球
	顺义区马坡中心小学	旱地冰球
昌平区	北京市昌平区回龙观中学	文化进校园
	百善学校	旱地冰球
	北京市昌平区小汤山中心小学	旱地冰球
大兴区	榆垡镇第一中心小学	文化进校园
	北京亦庄实验小学	旱地冰球
怀柔区	喇叭沟门小学	文化进校园
	怀柔二小	冰壶
	杨宋小学	轮转冰
平谷区	平谷一小	文化进校园
	北京实验学校附属小学	轮转冰
密云区	密云六小	文化进校园
	密云六小	冰壶
延庆区	延庆第二小学	文化进校园
	太平庄小学	轮转冰

北京市人民政府办公厅

关于强化学校体育促进学生身心健康全面发展的实施意见

京政办发〔2017〕52号

各区人民政府，市政府各委、办、局，各市属机构：

为深入贯彻落实《国务院办公厅关于强化学校体育促进学生身心健康全面发展的意见》（国办发〔2016〕27号）精神，进一步推动本市学校体育改革发展，促进学生身心健康、体魄强健、全面发展，经市政府同意，现提出以下实施意见。

一、总体要求

（一）指导思想

深入贯彻落实党的十九大精神，以习近平新时代中国特色社会主义思想为指导，全面贯彻党的教育方针，以“天天锻炼、健康成长、终身受益”为目标，改革创新体制机制，实施学校体育振兴行动计划，全面提升体育教育质量，健全学生人格品质，培养德智体美全面发展的社会主义建设者和接班人。

（二）工作目标

到2020年，全市义务教育阶段学生体质健康合格率达到98%，基础教育阶段学生优秀率达到15%以上；学生体育锻炼习惯基本养成，运动技能和体质健康水平明显提升，规则意识、合作精神和意志品质显著增强；学校体育课程更加丰富，体育课时和锻炼时间有效保障，体育场馆设施更加完善，器材配置全部达标，体育教学质量明显提高。

二、重点工作

（三）提升学校体育教学科研质量。进一步完善小学、初中和高中体育课程衔接体系，研究制定中小学体育与健康课程标准实施方案、体育课运动负荷评价标准和运动项目技能评定标准等，推进体育教育教学科学化、规范化。各级各类学校要开足开好体育课程，严禁削减、挤占体育课时，有条件的区可为中小学增加体育活动时间。积极推广“一校一品”“一校多品”教学模式，鼓励学校开设体育特色课程。科学安排运动负荷，重视实践练习，使学生在校期间至少掌握2项运动技能。提供适合不同类型残疾学生特点的体育教学内容，保障残疾学生接受体育教育的权利。建立市级体育教学资源信息化平台，促进体育教学资源的创新开发和应用共享。健全学校体育教学科研制度，完善体育教学科研体系，积极开展教学理论和实践研究，不断提升学校体育教学科研能力。建立健全专家咨询制度，强化对体育教学科研工作的指导、评估和监督。

（四）强化课外体育锻炼。健全学生体育锻炼制度，各级各类学校要将学生在校内开展的课外体育活动纳入教学计划，列入作息时间安排，保证学生每天一小时校园体育活动落到实处。幼儿园要遵循幼儿年龄特点和身心发展规律，开展丰富多彩的体育活动。中小学校要组织学生开展大课间体育活动，寄宿制学校要坚持每天出早操。支持中小学校与社区、高等学校、社会团体、企业等合作，为学生创造更多的体育锻炼机会。职业学校在学生顶岗实习期间，要合理安排学生的体育锻炼时间。高等学校要通过多种形式组织学生积极参加课外体育锻炼。

（五）健全体育训练竞赛体系。推进教育与体育深度融合，积极开展课余体育训练，为有体育特长的学生提供成才路径，为国家培养竞技体育后备人才奠定基础。健全常态化的校园体育竞赛机制，广泛开展校内院系、班级、年级体育比赛和校际体育比赛，中小学每年至少举办1次全员参与的综合性运动会或体育节，通过丰富多彩的校园体育竞赛，吸引广大学生积极参加体育锻炼。积极组织开展区域性学生体育竞赛活动，各区每年至少举办1次学生运动会。在整合赛事资源的基础上，构建体系完备，教体结合，市、区、校相互衔接的学生体育竞赛体系。

（六）加快发展校园足球。把发展青少年校园足球作为推进素质教育、引领学校体育改革创新的重要突破口，深化体制机制改革，重点加强校园足球的课堂教学、竞赛训练、教师培训、考核评价、对外交流等工作，加快形成政府主导、学校实施、社会参与的校园足球发展合力。建立健全青少年校园足球特色学校管理机制，充分发挥校园足球特色学校在发展校园足球中的骨干、示范和带动作用。实施校园足球场地设施改造建设专项工程，推动建设一批校园足球场。进一步完善足球竞赛机制，加强足球后备人才培养。

（七）完善学生体质健康测试及结果应用。鼓励各区通过政府购买服务方式引入第三方专业监测机构开展学生体质健康测试，支持各区以学区为单位集中组织学校开展学生体质健康测试。研究实施中小学生体质健康促进计划，根据体质健康测试结果完善中小学生“运动处方”，指导学生科学开展体育锻炼。将学生体质健康测试结果纳入初中学生体育过程性考核和学生综合素质评价体系。编制出台本市《国家学生体质健康标准》测试项目教学指导手册。

（八）积极开展学校健康教育。各级各类学校要通过教学、专题讲座、班会、板报等多种形式开展健康知识教育，倡导健康生活方式。改善学校卫生环境，加强控烟宣传，做好学生常见病的预防和控制工作。有针对性地开展防近视控肥胖工作，完善慢性病高危学生的健康管理制度。适时增加中小学生健康体检监测指标，建立学生健康体检和体质健康标准测试统一数据库。

（九）强化体育教师队伍建设。研究制定加强中小学体育教师队伍建设的意见，配齐配强体育教师。加强高等学校体育教育专业建设，提升体育教育教学人才培养质量。建立体育教研员准入机制，配齐专职体育教研员。探索建立体育教练员兼职准入机制，鼓励优秀教练员、退役运动员、社会体育指导员和具有体育特长的志愿人员兼任校园体育教练员。加强学校体育教师培训，着力培养一批优秀体育教师，各区要在2020年底前完成对中小学校体育教师的全员培训，同时在校长和其他教师教育培训中安排体育健康相关内容。科学合理确定中小学体育教师工作量，把组织开展课外活动、学生体质健康测试、课余训练、比赛等纳入教学工作量。加强健康教育师资队伍建设，建立合理的职称晋升机制，按要求配齐医务保健人员。

三、保障措施

（十）加强组织领导。进一步完善市青少年体育工作部门联席会议制度，督促市有关部门和单位认真履行职责，密切协作配合，抓好深化学校体育改革各项任务的落实。各区政府要把学校体育工作纳入经济社会发展规划，加强组织领导和统筹协调，建立相应工作机制，制定具体措施，加大经费投入，切实抓紧抓好、抓出成效。

（十一）强化督导考核。建立学校体育工作综合考核制度，将学校体育工作情况列入各区政府绩效考核指标、教育部门与学校负责人业绩考核评价指标。将中小学校体育工作作为教育督导重点工作，加大督导检查力度。对学生体质健康水平持续三年下降的区和学校，在教育工作评优评先中实行“一票否决”。市教委要会同有关部门定期开展学校体育专项检查，建立约谈有关主管负责人的机制。

（十二）健全风险管理。健全学校体育运动伤害风险防范机制，保障学校体育工作健康有序开展。支持各区建立学生体育安全事故第三方处理和调解机制。加强对教育从业人员和学生的安全教育，建立健全学校体育安全管理规范。进一步完善校方责任险和无过失责任险，根据实际需要适当增加保费额度，充分发挥保险在保障学生参与体育运动中的重要作用。

（十三）营造良好环境。充分利用报刊、广播、电视及网络等渠道，加强对学校体育工作的宣传，传播科学的教育观、人才观和健康观，营造全社会关心、重视和支持学校体育的良好氛围。

2017年12月29日

科技与艺术教育

北京市教育委员会文件选编

(2017)

北京市教育委员会

关于公布北京市中小学艺术教育特色学校评选认定结果的通知

京教体艺〔2017〕2号

各区教委：

为落实北京市人民政府办公厅《关于加强学校美育工作的实施意见》（京政办发〔2016〕29号），按照《北京市教育委员会关于开展2016年北京市中小学艺术教育特色学校评选认定工作的通知》（京教函〔2016〕377号）要求，市教委对北京市中小学艺术教育特色学校重新进行了评选和认定。北京市第六十五中学等235所中小学被授予北京市中小学艺术教育特色学校称号，现将学校名单予以公布。

各区要以此次评选认定工作为契机，总结美育工作经验，梳理美育工作思路，树立美育工作典型，同时，进一步加强对北京市中小学艺术教育特色学校的管理，全面提高我市中小学美育工作水平。

附件：2016年北京市中小学艺术教育特色学校名单

2017年1月23日

附件

2016年北京市中小学艺术教育特色学校名单

东城区

1. 北京市第六十五中学
2. 北京市第五中学分校
3. 北京市第五中学
4. 北京市第十一中学
5. 北京市第一六六中学
6. 北京市东直门中学
7. 北京市文汇中学
8. 北京景山学校
9. 北京市第二中学
10. 北京市广渠门中学
11. 北京市第二十七中学
12. 北京市第九十六中学
13. 北京市第一七一中学
14. 北京汇文中学
15. 北京市第二十二中学
16. 北京市第一零九中学
17. 北京市第五十中学
18. 北京市第二中学分校
19. 北京市汇文第一小学
20. 北京市东城区革新里小学
21. 北京市东城区灯市口小学
22. 北京市东城区回民实验小学
23. 北京市东城区史家胡同小学
24. 北京市东城区史家小学分校
25. 北京市东城区地坛小学
26. 北京光明小学
27. 北京市东城区和平里第四小学
28. 北京市东城区东四九条小学
29. 北京第一师范学校附属小学
30. 北京市东城区府学胡同小学
31. 北京市东城区分司厅小学

西城区

1. 北京市徐悲鸿中学
2. 北京市第一六一中学
3. 北京市第四十三中学
4. 北京市第一五六中学
5. 北京师范大学第二附属中学
6. 北京市第一五九中学
7. 北京市西城外国语学校
8. 北京师范大学亚太实验学校

9. 北京市第四中学
10. 北京市第八中学
11. 北京市第十五中学
12. 北京市第三十五中学
13. 北京市第六十六中学
14. 北京市回民学校
15. 北京市育才学校
16. 北京师范大学附属中学
17. 北京师范大学附属实验中学
18. 北京市西城区康乐里小学
19. 北京市西城区红莲小学
20. 北京市宣武回民小学
21. 北京市西城区奋斗小学
22. 北京市西城区师范学校附属小学
23. 北京市西城区白纸坊小学
24. 北京小学
25. 北京第一实验小学
26. 北京第二实验小学
27. 北京市西城区展览路第一小学
28. 北京市西城区育民小学
29. 北京市宣武师范学校附属第一小学
30. 北京市西城区五路通小学
31. 北京市西城区进步小学

朝阳区

1. 北京市陈经纶中学分校
2. 北京市润丰学校
3. 首都师范大学附属实验学校
4. 北京市陈经纶中学
5. 北京市日坛中学
6. 北京市和平街第一中学
7. 北京青年政治学院附属中学
8. 北京市五路居第一中学
9. 北京市第八十中学
10. 中国传媒大学附属小学
11. 北京市朝阳区兴隆小学
12. 北京市朝阳区劲松第四小学
13. 北京市朝阳区垂杨柳中心小学
14. 北京师范大学奥林匹克花园实验小学
15. 北京市朝阳区八里庄中心小学
16. 北京市朝阳区柏阳学校
17. 北京市朝阳区第二实验小学
18. 中国音乐学院附属北京实验学校
19. 北京市朝阳区芳草地国际学校
20. 北京市朝阳区芳草地国际学校富力分校
21. 北京市朝阳师范学校附属小学

22. 北京市朝阳区白家庄小学

海淀区

1. 北京市十一学校
2. 北京市第一〇一中学
3. 中国人民大学附属中学
4. 北京市八一学校
5. 北京市中关村中学
6. 北京市育英学校
7. 北京理工大学附属中学
8. 北京实验学校（海淀）
9. 北京市第五十七中学
10. 清华大学附属中学
11. 北京市第十九中学
12. 北京市育英中学
13. 北方交通大学附属中学
14. 北京市海淀区教师进修学校附属实验学校
15. 首都师范大学附属中学
16. 北京市第二十中学
17. 首都师范大学第二附属中学
18. 北京师范大学第三附属中学
19. 北京市海淀实验中学
20. 北京石油学院附属中学
21. 北京市海淀区中关村第二小学
22. 北京市海淀区五一小学
23. 中国农业科学院附属小学
24. 北京市海淀区实验小学
25. 北京市海淀区翠微小学
26. 北京市海淀区万泉小学
27. 清华大学附属小学
28. 北京市海淀区中关村第三小学
29. 北京大学附属小学
30. 北京市海淀区西颐小学
31. 北京市海淀区中关村第一小学
32. 中国人民大学附属小学
33. 北京市海淀区第二实验小学
34. 北京医科大学附属小学
35. 北京市海淀区七一小学
36. 北京石油学院附属小学

丰台区

1. 北京市第十二中学
2. 北京市丰台区丰台第二中学
3. 北京市首都师范大学附属丽泽中学
4. 北京市第十八中学
5. 北京市大成学校
6. 北京市赵登禹学校
7. 北京市芳星园中学
8. 清华大学附属中学丰台学校
9. 北京市丰台区丰台第一小学
10. 北京市丰台区丰台第五小学

11. 北京舞蹈学院附属中学丰台实验小学
12. 北京市丰台区长辛店中心小学
13. 北京市丰台区东高地第二小学

石景山区

1. 北京市第九中学
2. 北京景山学校远洋分校
3. 北京市同文中学
4. 北京市石景山区实验中学
5. 首都师范大学附属苹果园中学
6. 北京市京源学校
7. 北京市石景山区银河小学
8. 北京市石景山区电厂路小学
9. 北京大学附属小学石景山学校

门头沟区

1. 北京市大峪中学
2. 北京市大峪中学分校
3. 北京市育园中学
4. 首都师范大学附属中学永定分校
5. 北京市门头沟区新桥路中学
6. 北京第二实验小学永定分校
7. 北京市门头沟区大峪第一小学
8. 北京市门头沟区大峪第二小学
9. 北京市门头沟区黑山小学

房山区（含燕山）

1. 北京市房山第四中学
2. 北京市房山区房山第五中学
3. 北京市房山区良乡第二中学
4. 北京市房山区良乡第四小学
5. 北京市房山区窦店镇窦店中心小学
6. 北京市房山区良乡镇良乡中心小学
7. 北京市房山区城关第二小学
8. 北京市房山区良乡第二小学
9. 北京市燕山东风中学
10. 北京市燕山向阳小学

大兴区

1. 北京市大兴区德茂中学
2. 北京市大兴区第一中学
3. 北京市第二中学亦庄学校
4. 北京市大兴区第七中学
5. 北京市大兴区第三小学
6. 北京小学翡翠城分校
7. 北京市大兴区第二小学
8. 北京印刷学院附属小学
9. 北京市大兴区第七小学

通州区

1. 北京市育才学校通州分校
2. 北京市通州区运河中学
3. 北京市通州区第六中学

4. 北京市通州区第二中学
5. 北京市通州区潞河中学
6. 北京教育科学研究院通州区第一实验小学
7. 北京市史家小学通州分校
8. 北京小学通州分校
9. 北京市通州区永顺镇中心小学
10. 北京市通州区中山街小学

顺义区

1. 北京市顺义区第三中学
2. 北京市顺义牛栏山第一中学
3. 北京市牛栏山一中实验学校
4. 北京市顺义区第八中学
5. 北京市顺义区第九中学
6. 北京市顺义区杨镇第一中学
7. 北京市顺义区东风小学
8. 北京市顺义区杨镇中心小学校
9. 北京市顺义区石园小学

昌平区

1. 北京市昌平区第一中学
2. 北京市昌平区第二中学
3. 北京市昌平区二毛学校
4. 北京市昌平区燕丹学校
5. 北京市昌平区前锋学校
6. 北京市昌平区南口铁道北小学
7. 北京市昌平区城北中心小学
8. 北京市昌平区昌盛园小学
9. 北京市昌平第二实验小学
10. 北京市昌平区马池口中心小学

平谷区

1. 北京市平谷中学
2. 北京实验学校附属中学
3. 北京市平谷区第三中学
4. 北京市平谷区第五中学
5. 北京市平谷区黄松峪中学
6. 北京师范大学附属中学平谷第一分校
7. 北京市平谷区第一小学
8. 北京市平谷区大兴庄中心小学
9. 北京绿谷小香玉艺术学校

怀柔区

1. 首都师范大学附属红螺寺中学
2. 北京市怀柔区第二中学
3. 北京市怀柔区第三中学
4. 北京市怀柔区第五中学
5. 北京市怀柔区第一小学
6. 北京市怀柔区九渡河镇中心小学
7. 北京市怀柔区第三小学
8. 北京市怀柔区杨宋镇中心小学
9. 北京市怀柔区喇叭沟门满

族乡中心小学

延庆区

1. 北京市延庆区第一中学
2. 北京市延庆区第四中学
3. 北京市延庆区第五中学
4. 北京市延庆区永宁学校
5. 北京市延庆区第一小学
6. 北京市延庆区第二小学
7. 北京市延庆区第三小学
8. 北京市延庆区第四小学
9. 北京市延庆区康庄中心小学

密云区

1. 北京市密云区第六中学
2. 北京市密云区第二小学
3. 北京市密云区果园小学
4. 北京市密云区北庄镇中心小学
5. 北京市密云区檀营满族蒙古族乡中心小学
6. 北京市密云区东邵渠镇中心小学
7. 北京市密云区第四小学
8. 北京市密云区第一小学
9. 北京市密云区第三小学

北京市教育委员会

关于公布北京市中小学科技教育示范学校评选认定结果的通知

京教函〔2017〕32 号

各区教委：

为贯彻落实《北京市中长期教育改革和发展规划纲要（2010—2020 年）》，根据北京市人民政府办公厅印发《北京市全民科学素质行动计划纲要实施方案（2016—2020 年）》有关精神，按照《北京市教育委员会关于开展北京市中小学科技教育示范学校评审和认定工作的通知》（京教函〔2016〕233 号）要求，市教委对北京市中小学科技教育示范学校重新进行了评审和认定，决定授予北京市第二中学等 219 所中小学校北京市中小学科技教育示范学校称号，现将学校名单予以公布。

各区、各学校要以此次评审认定工作为契机，在突出特色办学的同时，真正培养学生的科学素养和科学精神，在全市发挥引领和示范作用，全面推动我市中小学科技教育水平的提升。

附件：北京市中小学科技教育示范学校名单

2017 年 2 月 10 日

附件

北京市中小学科技教育示范学校名单

东城区

北京市第二中学
北京市第一七一中学
北京市第十一中学
北京市文汇中学
北京市广渠门中学
北京市第五中学
北京市第一六六中学
北京市东城区史家胡同小学
北京汇文中学
北京景山学校
北京市东城区东四九条小学
北京市第六十五中学
北京市第五中学分校
北京第一师范学校附属小学
北京市东直门中学
北京市东城区和平里第四小学
北京市东城区府学胡同小学
北京市东城区分司厅小学
北京市东城区培新小学
北京市东城区体育馆路小学
北京市汇文第一小学
北京市第二中学分校
北京市第二十五中学
北京市第二十七中学
北京市第二十二中学

北京市东城区板厂小学
北京光明小学

西城区

北京市第四中学
北京市第八中学
北京市第十五中学
北京市第三十五中学
北京市第一六一中学
北京市育才学校
北京师范大学附属实验中学
北京师范大学第二附属中学
北京师范大学附属中学
北京第二实验小学
北京市西城区展览路第一小学
北京市第十三中学
北京市西城区阜成门外第一小学
北京市铁路第二中学
北京市西城外国语学校
北京市鲁迅中学
北京市第十四中学
北京市西城区白纸坊小学
北京市实验职业学校
北京市第一五六中学
北京市第六十六中学
北京教育学院附属中学
北京市宣武师范学校附属第一小学
北京市西城区师范学校附属小学
北京市西城区奋斗小学
北京小学
北京市西城区黄城根小学

朝阳区

北京市第八十中学
北京市陈经纶中学
北京市陈经纶中学分校
北京工业大学附属中学
北京市和平街第一中学
北京市朝阳区白家庄小学
北京市朝阳区芳草地国际学校远洋小学
北京市五路居第一中学
中国传媒大学附属小学
北京市朝阳区南磨房中心小学
北京市朝阳区劲松第四小学
北京师范大学奥林匹克花园实验小学
首都师范大学附属朝阳实验小学
北京市朝阳师范学校附属小学
北京市望京实验学校
北京市第八十中学管庄分校
北京市朝阳区三里屯小学
北京市朝阳区花家地实验小学
北京市朝阳区望京新城南湖中园小学
清华大学附属中学朝阳学校

北京市日坛中学
北京市朝阳区芳草地国际学校
北京市朝阳区垂杨柳中心小学
北京市朝阳区呼家楼中心小学
北京市朝阳区星河实验小学

海淀区

北京市海淀区中关村第一小学
北京市海淀区中关村第二小学
北京市海淀区中关村第三小学
北京大学附属小学
北京理工大学附属小学
中国人民大学附属小学
首都师范大学附属中学
北京市第十九中学
北京市中关村中学
中国人民大学附属中学
北京市第一〇一中学
北方交通大学附属中学
北京航空航天大学实验学校
北京理工大学附属中学
北京市八一学校
北京市十一学校
清华大学附属中学
北京市上地实验学校
北京市第五十七中学
北京市第二十中学
北京农业大学附属中学
北京市温泉第二中学
北京科技大学附属中学
北京市海淀区五一小学
北京市海淀工读学校
清华大学附属小学
北京市海淀区永泰小学

丰台区

北京市第十二中学
北京市第十八中学
北京市丰台区东高地第三小学
北京市丰台区丰台第二中学
北京市首都师范大学附属丽泽中学
首都师范大学附属云岗中学
北京市丰台区东铁匠营第二中学
北京市航天中学
北京市丰台区丰台第五小学
北京市丰台区丰台第一小学
北京市丰台区西罗园第五小学
北京市丰台区东高地第二小学
北京师范大学第四附属中学
北京市丰台区纪家庙小学
北京市丰台区东铁匠营第一小学

石景山区

北京市第九中学
北京市石景山区石景山中学
北京市古城中学
北京市石景山区实验中学
首都师范大学附属苹果园中学

北京大学附属小学石景山学校
北京市京源学校

门头沟区

北京市大峪中学
北京第二实验小学永定分校
北京市门头沟区大峪第二小学
北京市门头沟区大台中心小学
北京市三家店铁路中学

房山区

首都师范大学附属房山中学
北京师范大学良乡附属中学
北京市房山区良乡第五小学
北京市房山区良乡第二小学
北京市房山第四中学
北京市房山区房山第五中学
北京市房山区良乡第二中学
北京市房山区城关第二小学
北京市房山区城关小学
北京市房山区大石窝镇南尚乐中心小学
北京市房山区良乡第五中学

通州区

北京市通州区芙蓉小学
北京小学通州分校
北京教育科学研究院通州区第一实验小学
北京市通州区后南仓小学
北京市通州区永顺镇中心小学
北京市通州区潞城镇中心小学
北京市通州区潞河中学
北京市通州区第二中学
北京市通州区第四中学
北京市通州区第六中学
北京市育才学校通州分校
北京市通州区梨园学校

大兴区

北京师范大学大兴附属中学
北京市大兴区第三小学
北京师范大学大兴附属小学
北京市第八中学大兴分校
北京市大兴区第一中学
北京市大兴区第七中学
北京市大兴区长子营镇第一中心小学
北京市第二中学亦庄学校
北京市第八中学亦庄分校
北京市大兴区第五中学
北京市大兴区第五小学
北京市大兴区第三中学
北京市大兴区兴华中学
北京市大兴区大辛庄中学

顺义区

北京市顺义牛栏山第一中学
北京市顺义区第一中学
北京市顺义区杨镇第一中学
北京市顺义区东风小学
北京市顺义区石园小学
北京市顺义区高丽营第二小学

北京市顺义区李桥中心小学校
北京市顺义区北石槽中心小学校
北京市牛栏山一中实验学校

昌平区

北京市昌平区百善学校
北京市昌平实验中学
北京市昌平区昌盛园小学
北京市昌平区前锋学校
北京市昌平区南口铁道北小学
北京市昌平区城北中心小学
北京市昌平区第二中学
北京市昌平区南口铁道北中学
北京市昌平区巩华中心小学
北京市第十五中学南口学校

怀柔区

北京市怀柔区第一中学
北京市怀柔区庙城学校
北京市怀柔区第一小学
北京市怀柔区渤海镇中心小学
北京市怀柔区长哨营满族乡中心小学
北京市怀柔区第二中学

平谷区

北京市平谷中学
北京市平谷区第七小学
北京市平谷区靠山集中心小学
北京师范大学附属中学平谷第一分校
北京市平谷区第三中学
北京市平谷区第七中学
北京市平谷区黄松峪中学
北京实验学校附属中学

密云区

北京市密云区西田各庄镇中心小学
北京市密云区溪翁庄镇中心小学
北京市密云区巨各庄镇中心小学
北京市密云区大城子镇中心小学
北京市密云水库中学
首都师范大学附属密云中学
北京市密云区第二中学
北京市密云区河南寨镇中心小学
北京市密云区第二小学

延庆区

北京市延庆区第一中学
北京市延庆区第二中学
北京市延庆区第四中学
北京市延庆区第二小学
北京市延庆区第四小学
北京市延庆区小丰营中心小学

燕山

北京市燕山前进第二小学

北京市教育委员会

关于公布2016年度北京市中小学生金帆奖、银帆奖获奖名单的通知

京教体艺〔2017〕5号

各区教委、各中等职业学校：

根据《北京市中小学生金银帆奖评选办法》有关精神，按照《北京市教育委员会关于申报2016年度北京市中小学生金帆奖、银帆奖的通知》（京教函〔2016〕488号）有关要求，经市评审小组评选，并决定授予北京市第五中学李小石等36名学生北京市中小学生金帆奖，授予北京市第五中学李木子等197人北京市中小学生银帆奖，现将名单予以公布。

附件：2016年度北京市中小学生金帆奖、银帆奖获奖名单

2017年2月27日

附件

2016年度北京市中小学生金帆奖、银帆奖获奖名单

金帆奖（36人）

李小石　北京市第五中学

崔润萌　北京市第五中学

赵润岩 北京市第五中学
陈佳雯 北京景山学校
许金烨 北京景山学校
陈顺明 北京市文汇中学
陈知怡 北京市第三十五中学
朱晋苏 北京市第三十五中学
韩雨佳 北京市第三十五中学
李福临 北京市西城区师范学校附属小学
汪泽睿 北京市西城区师范学校附属小学
李子修 北京市西城区师范学校附属小学
徐乐曈 中国人民大学附属中学朝阳学校
马语彤 北京市朝阳区白家庄小学
赵米拉 北京市朝阳区白家庄小学
高博文 北京市第一〇一中学
袁荟迪 清华大学附属实验学校
刘欣芃 清华大学附属中学
刘静宜 清华大学附属中学
叶博南 清华大学附属中学
王天祎 北京市海淀区中关村第二小学
李依宣 北京市海淀区中关村第二小学
王攀硕 北京市海淀区中关村第二小学
张文琮 北京市海淀区中关村第二小学
尚凡棋 北京市海淀区中关村第三小学
陈嘉康 北京市海淀区中关村第三小学
黄晓桐 北京市海淀区中关村第三小学
刘昊祎 北京市海淀区中关村第三小学
薛俊辉 北京市海淀区中关村第三小学
王美文 北京市海淀区中关村第三小学
李耀坤 北京市海淀区中关村第三小学

刘子健 北京市海淀区中关村第三小学
李文泽 中国人民大学附属小学
赵雨洋 密云县第六中学
王艺婷 密云县第七中学
丁思嘉 密云县第三小学

银帆奖（197人）

李木子 北京市第五中学
王镕祥 北京市第五中学
章辰月 北京市第五中学
高佳 北京市第五中学
侯屹 北京市第五中学分校
路鸣 北京市第五中学分校
李芳瑜 北京市第五中学分校
刘文仲 北京市第五中学分校
刘典春 北京市第二十二中学
崔高歌 北京市第二十二中学
徐霈林 北京市第二十二中学
廉欢 北京市第二十二中学
张芮嘉 北京市第一六六中学
张子祥 北京市第一六六中学
许伊祺 北京市第一六六中学
宜怡 北京市第一六六中学
丛一聪 北京市第一七一中学
郝若瑶 北京市第一七一中学
陈思宇 北京市第一七一中学
刘奕昕 北京市东直门中学
李正东 北京市文汇中学
崔祉彤 北京市崇文门中学
李琳 北京国际职业教育学校

晗羽丰　北京市东城区分司厅小学
冯景钰　北京市东城区分司厅小学
陈思润　北京市东城区分司厅小学
曾昭华　北京市汇文第一小学
韩子钊　北京市第四中学
吴越　北京市第四中学
王玉　北京市第四中学
郭健庭　北京市第四中学
李远　北京市第四中学
王砚弈　北京市第四中学
雒亦然　北京市第四中学
黄语琦　北京市第八中学
戚可舒　北京市第八中学
孙尧　北京市第八中学
孙宁远　北京市第八中学
郑子禾　北京市第十五中学
赵松睿　北京市第三十五中学
杨天恺　北京市第六十六中学
江贵夫　北京市第六十六中学
韩雨欣　北京市西城外国语学校
赵俊腾　北京市西城外国语学校
马铭灿　北京市西城外国语学校
贺雨桐　北京市西城外国语学校
曹睿智　北京市育才学校
邵松琪　北京市育才学校
张曦文　北京师范大学附属中学
窦筝　北京师范大学附属中学
郭嘉旸　北京师范大学第二附属中学
汪星辰　北京师范大学第二附属中学

陈以霖 北京师范大学第二附属中学
陈通 北京师范大学附属实验中学
徐明宽 北京师范大学附属实验中学
聂昊明 北京师范大学附属实验中学
齐翼飞 北京市西城区展览路第一小学
赵紫祎 北京市西城区展览路第一小学
张若谷 北京市西城区展览路第一小学
张随兮 北京第二实验小学
吴澍元 北京第二实验小学
刘耘豪 北京第二实验小学
刘博北 京市第八十中学
龙逸天 北京市第八十中学
张杰瑛 北京市第八十中学
张呦呦 北京市第八十中学
董冠霆 北京市第八十中学
何冠德 北京市第八十中学
马克 北京市第八十中学
袁若为 北京市第八十中学
赵宁 北京市第八十中学
常兴阳 北京市日坛中学
卢彤彤 北京市日坛中学
张佳祺 北京市日坛中学
马紫昂 北京市日坛中学
雷瑞茜 北京市陈经纶中学
赵逸轩 北京市陈经纶中学
何悦 北京工业大学附属中学
李桐 北京工业大学附属中学
李佳晗 中国传媒大学附属小学
李雅淇 中国传媒大学附属小学

刘玉衡 中国传媒大学附属小学
马培轩 中国传媒大学附属小学
杨宇晗 中国传媒大学附属小学
张锐 中国传媒大学附属小学
郭尔雨 北京市第十九中学
王秉轩 北京市第二十中学
刘兆晖 北京市第一〇一中学
张宇博 北京市第一〇一中学
张及晨 北京市第一〇一中学
郭京松 北京市第一〇一中学
林子轩 北京市第一〇一中学
闵萌 北京市第一〇一中学
黄依白 北京市第一〇一中学
田秋实 北京市第一〇一中学
王彧辰 北京市第一〇一中学
郭彬然 北京市第一〇一中学
赵一非 北京市中关村中学
王艺菁典 北京市八一学校
曹子恒 北京市八一学校
杨颖晨 北京市十一学校
孙熠雯 北京市十一学校
吕嶷玥 北京市十一学校
王涵铄 北京市十一学校
田润泽 北京实验学校（海淀）
高敬伦 北京实验学校（海淀）
许达生 北京实验学校（海淀）
丁可 北京实验学校（海淀）
黄昊祥 首都师范大学附属中学
方子侨 首都师范大学附属中学

郭智博 北方交通大学附属中学
谢鹏晖 北方交通大学附属中学
王傲铮 北方交通大学附属中学
阚为 北京航空航天大学实验学校中学部
郝孟琦 北京航空航天大学实验学校中学部
李昕森 北京理工大学附属中学
杨洵霁 北京理工大学附属中学
齐玮 北京理工大学附属中学
刘紫晔 北京理工大学附属中学
鲁骜 清华大学附属中学
时炎炅昊 清华大学附属中学
何轩 清华大学附属中学
杜昊宸 清华大学附属中学
崔楠 清华大学附属中学
李润 清华大学附属中学
张珈鸣 清华大学附属中学
李心会 清华大学附属实验学校
黄天泽 中国人民大学附属中学
王艺霏 中国人民大学附属中学
解小曼 中国人民大学附属中学
蒋笑寒 中国人民大学附属中学
贺奕璋 中国人民大学附属中学
潘嵩阳 中国人民大学附属中学
李雨菲 中国人民大学附属中学
张天翊 中国人民大学附属中学
徐家玺 中国人民大学附属中学
郑靖茹 中国人民大学附属中学
张梦漪 中国人民大学附属中学
程炜晗 中国人民大学附属中学

王竞先	中国人民大学附属中学
龙依璇	中国人民大学附属中学
刘子幕	中国人民大学附属中学
石卓诚	中国人民大学附属中学
任绍铭	中国人民大学附属中学
郭梦杰	中国人民大学附属中学
黄滔	中国人民大学附属中学
王宇	中国人民大学附属中学
王闵捷	中国人民大学附属中学
熊景文	中国人民大学附属中学
张国豪	中国人民大学附属中学
熊景详	中国人民大学附属中学
郭梦源	中国人民大学附属中学
甄景博	中国人民大学附属中学
刘阳	中国人民大学附属中学
谭淞宸	中国人民大学附属中学
张子言	北京市海淀区五一小学
王颢景	北京市海淀区五一小学
张泽明	北京市海淀区五一小学
王众	北京市海淀区五一小学
鲁晏辰	北京市海淀区七一小学
罗一洋	北京市海淀区七一小学
赵小溪	北京市海淀区七一小学
赵一达	北京市海淀区七一小学
吕鑫雨	北京市海淀区中关村第一小学
赵玥	北京市海淀区中关村第二小学
方晗语	北京市海淀区中关村第二小学
王子侨	北京市海淀区中关村第三小学
吴永睿	北京市海淀区中关村第三小学

张耀匀 北京市海淀区中关村第三小学
贾宇萌 北京市海淀区实验小学
王艺谣 北京市海淀区实验小学
王泊岩 北京市海淀区实验小学
王博洋 北京市海淀区实验小学
冯熙雯 北京市海淀区实验小学
李霄飏 北京市海淀区翠微小学
陈奕臻 北京市海淀区上地实验小学
孙泽华 北京石油学院附属小学
周水晴 北京医科大学附属小学
张印 中国人民大学附属小学
丰赫冉 中国人民大学附属小学
曹峻桤 中国人民大学附属小学
董雨翔 中国人民大学附属小学
胡羽婵 中国人民大学附属小学
张博涵 中国人民大学附属小学银燕分校
何思远 北京市第十二中学
刘哲凯 北京市第十二中学
王曦 北京市第十二中学
邹家航 北京市第十八中学
张天潆 北京市丰台区东高地第三小学
胡雪涵 北京市丰台区东高地第三小学
黄煜 北京市丰台区东高地第四小学
罗睿 北京市第二中学亦庄分校
贾一超 北京市第二中学亦庄分校
王依 北京市第二中学亦庄分校
汪天楚 北京市第二中学亦庄分校
万芳 北京市大兴区第一中学
王俊辉 北京市顺义区第四中学

北京市教育委员会

关于开展北京市学生金帆书画院评审认定工作的通知

京教体艺〔2017〕14号

各区教委：

为贯彻落实市政府办公厅《关于加强学校美育工作的实施意见》（京政办发〔2016〕29号），进一步促进我市学校美育工作均衡、优质发展，2017年市教委决定开展北京市学生金帆书画院（以下简称“书画院”）评审认定工作。现将有关事项通知如下：

一、申报条件及数额

（一）申报条件

1. 申报学校须具有北京市中小学艺术教育特色学校称号，具体名单请参阅《关于公布北京市中小学艺术教育特色学校评选认定结果的通知》（京教体艺〔2017〕2号）。

2. 申报学校根据《北京市学生金帆书画院评价表》（以下简称“评价表”，见附件1）自评分数达到90分（含）以上。北京市教育系统所属的校外教育机构参照执行。

（二）申报数额

北京市学生金帆书画院分为美术、书法两类。其中：美术包括绘画、雕塑、工艺、设计、摄影、新媒体等；书法包括软笔书法、硬笔书法及篆刻。

按照《北京市学生金帆书画院数额表》（以下简称“数额表”，

见附件2）数量要求，每校只可申报美术或书法其中一类。其中，校外教育机构每区限报一类1个。

二、程序及安排

（一）学校申报。拟承办书画院的学校，需按照“评价表”开展自评，并根据《北京市学生金帆书画院自评报告书模板》（以下简称“报告书”，见附件3）撰写报告书，填写《北京市学生金帆书画院申报表》（以下简称“申报表”，见附件4）报区教委。

（二）区级初审。9月26日前，区教委对申报学校进行初审，按照“评价表”内容完成本区评审工作。根据数额表推荐拟承办书画院的学校，将“评价表”“自评报告书”“申报表”《北京市学生金帆书画院汇总表》（见附件5）加盖区教委公章，报市金帆书画院秘书处办公室。以上材料电子版一并发送至指定邮箱。

（三）市级评审。10月中旬，金帆书画院秘书处组织专家对各区教委推荐的学校进行现场抽查。

（四）认定公示。11月，市教委对评审认定合格的承办学校名单进行公示，无异议后正式命名。

三、工作要求

（一）高度重视，认真组织。区教委和学校要高度重视书画院申报工作，加强统筹协调与管理，制定工作方案，形成工作机制，确保申报工作落到实处。

（二）严肃纪律，确保公正。北京市学生金帆书画院秘书处、区教委要“阳光评审”，确保评审工作有序、规范、公开、公平与公正。各申报学校要坚持自评工作与学校的日常教学工作有机结合，实事求是开展自评。

（三）注重总结，促进提升。区教委和学校要建立长效机制，注重经验总结。通过申报和认定工作，全面分析、整体梳理、查找问题、创新思路，切实加强书画院的建设和管理，提高艺术教育实效。

四、联系方式（略）

附件：1. 北京市学生金帆书画院评价表（略）

2. 北京市学生金帆书画院数额表（略）
3. 北京市学生金帆书画院自评报告书模板（略）
4. 北京市学生金帆书画院申报表（略）
5. 北京市学生金帆书画院汇总表（略）

2017 年 5 月 4 日

北京市教育委员会
北京市科学技术委员会
北京市科学技术协会

关于举办第三十五届北京学生科技节的通知

京教体艺〔2017〕18 号

各区教委、科委、科协：

为贯彻落实《全民科学素质行动计划纲要实施方案（2016—2020 年）》精神，在全市中小学生中大力普及科学知识，培养科学精神，发展探究能力，增强创新意识。市教委、市科委、市科协决定于 2017 年举办第三十五届北京学生科技节（以下简称科技节）。现将有关事项通知如下：

一、指导思想

科技节活动以提升学生的科学精神、科学素养和科学态度为目标，以社会主义核心价值观为导向，围绕“立德树人”的根本任务，面向全体学生开展科学教育，实施科学实践活动。活动坚持课内外相结合、普及提高相结合；发动和鼓励学生通过多种方式参加科技节活动。

二、活动主题

体验 创造 分享

三、组织机构

成立第三十五届北京学生科技节领导小组（名单见附件 1），负责科技节的组织领导、计划安排和统筹协调。

领导小组下设北京学生科技节办公室（以下简称“办公室”），负责落实领导小组部署的任务及日常工作，办公室设在北京学生活动管理中心。

四、活动时间

2017 年 6 月至 2018 年 5 月

五、内容和形式

（一）活动内容

1. 市级活动重点组织开展“航天科普进校园”“第九届北京市中小学生科学建议奖”评选活动、“北京市学生科技文化夏令营暨第三十五届北京学生科技节开幕式”等展示和示范活动。

2. 各区活动要围绕重大科学事件和现代社会发展中的热点问题，宣讲和展示我国科技创新成就、成果，增强学生的科技意识和爱国情怀，提升民族自信心和自豪感。

3. 各区组织科技资源单位向社会（学校）开放，让广大青少年接触科技，体验科技魅力，激发他们的创新创造兴趣；开展专题科普活动，普及环境保护、应急避难、创新思维、健康生活等热点问题的基本知识。

4. 各区要通过举办“科普进校园”“科普电影”“科技下乡”“流动科技馆”“科技手拉手”等科普活动，为农村地区中小学生提供科技服务。

（二）活动形式

1. 根据青少年学生的身心特点和认知能力，策划和组织特色鲜明的互动型、体验式科普活动，吸引广大中小学生积极参与。

2. 进一步拓展活动领域，充分利用首都资源优势，搭建科技教育服务公众社会平台；进一步创新活动形式，创造“互联网＋”的发展生态，释放科技潜能，让学有所长的科技爱好者脱颖而出。

3. 依托区青少年科技馆、少年宫等校外机构和设施，因地制宜，面向乡镇中小学广泛开展科普教育活动，提升农村中小学生科学素养。

六、工作要求

（一）加强组织领导，注重活动实效

各区要高度重视，成立相应的组织机构，负责科技节的组织领导和统筹协调，有效调动各方面的积极性和创造性，认真编制本区科技节活动方案，着力提高活动实效。在活动组织过程中要力戒形式主义，落实好科技节的各项工作。

（二）加强宣传报道，促进整体提升

各区、各学校要通过各种媒介加强对科技节的宣传报道，多侧面、多角度、及时全面地宣传典型活动和事例，提高学生科技节的社会影响力；各区校外教育机构及各金鹏科技团分团、市（区）级科技示范校要充分发挥辐射引领作用，促进本区域整体工作水平的提升。

（三）强化信息工作，做好总结交流

各区要重视科技节信息工作，设专人负责及时报送各类活动信息和稿件。对本区开展科技节活动的组织实施、主要内容、活动成效、典型案例等进行认真分析和梳理，形成科技节总结报告（电子版），连同有关影像资料，于2017年11月30日前报市科技节办公室。

附件：1. 第三十五届北京学生科技节领导小组成员名单

2. 第三十五届北京学生科技节市级系列活动

2017年5月26日

附件 1

第三十五届北京学生
科技节领导小组成员名单

组　长： 刘宇辉　市教委主任

副组长： 王定东　市教委委员（正局级）

伍健民　市科委副主任

刘晓勘　市科协副主席

成　员： 王军　市教委体卫艺处处长

陈晓莉　市教委体卫艺处副处长

汤健　市科委科宣处处长

张晓虎　市科协青少年科技中心主任

张萍　北京学生活动管理中心党委书记

张京华　北京学生活动管理中心副主任

卢亭　市教委体卫艺处科技专干

办公室主任： 张京华（兼）

办公室成员： 王涛　张峥　蒋小建　李晨　赵茜　黄鑫

附件 2

第三十五届北京学生科技节市级系列活动

活动项目及类别	主办单位	承办单位	执行单位	活动时间
北京青少年科技创新大赛	市科协、市教委、市科委	北京青少年科技中心	北京青少年科技中心	2018 年 1 月—3 月
北京市中小学生科学建议奖评选活动	市教委	北京学生活动管理中心	北京学生活动管理中心	2017 年 5 月—11 月

续表 1

活动项目及类别	主办单位	承办单位	执行单位	活动时间
北京市学生科技文化夏令营	市教委	北京学生活动管理中心	北京学生活动管理中心	2017 年 7 月
北京市中小学生农业体验实践活动	市教委	北京学生活动管理中心、西城区教委	宣武青少年科技馆	2017 年 4 月—11 月
北京市中小学生环境教育系列活动	市教委	北京学生活动管理中心、西城区教委	西城区青少年科技馆	2017 年 5 月—11 月
北京市中小学生科学表演创意大赛	市教委	北京学生活动管理中心、东城区教委	东城区崇文青少年科技馆	2017 年 5 月—11 月
北京市青少年 DI 创新思维竞赛	市教委	北京学生活动管理中心、海淀区教委	海淀区青少年活动管理中心	2017 年 9 月—11 月
北京市中小学生航天科技体验与创意设计大赛	市教委	北京学生活动管理中心、丰台区教委	东高地青少年科技馆	2017 年 9 月—12 月
北京市中小学生天文观测竞赛(含天文知识竞赛)	市教委	北京学生活动管理中心、东城区教委	东城区青少年科技馆	2017 年 9 月—11 月
北京市中小学生电子与信息创意实践活动	市教委	北京学生活动管理中心、西城区教委	宣武青少年科技馆	2017 年 11 月—12 月
北京市学生机器人智能大赛	市教委			2017 年 11 月
北京市中小学生金鹏科技论坛	市教委	北京学生活动管理中心、朝阳区教委	朝阳区青少年活动中心	2017 年 11 月—2018 年 4 月
北京市中小学生科技创客秀	市教委			2018 年 3 月—5 月
北京市青少年未来工程师竞赛	市教委	北京学生活动管理中心、大兴区教委	大兴区少年宫	2018 年 3 月—5 月
北京市高中生技术设计创意大赛	市教委	北京学生活动管理中心、西城区教委	北京市第四中学	2018 年 3 月—5 月

续表 2

活动项目及类别	主办单位	承办单位	执行单位	活动时间
北京市中小学生观鸟比赛（含知识竞赛）	市教委	北京学生活动管理中心、东城区教委	东城区青少年科技馆	2018 年 4 月—5 月
北京市中小学生纸飞机比赛	市教委	北京学生活动管理中心、海淀区教委	北京市第十九中学	2018 年 4 月
北京市中小学生风筝比赛	市教委	北京学生活动管理中心、昌平区教委	昌平区少年宫	2018 年 4 月
北京市中小学生航天科普进校园活动	北京学生活动管理中心 中国运载火箭技术研究院总体设计部	北京学生活动管理中心 中国运载火箭技术研究院总体设计部	北京学生活动管理中心 中国运载火箭技术研究院总体设计部	2017 年 4 月—12 月
“放飞梦想”波音航空科普教育系列活动	北京学生活动管理中心 波音（中国）公司	北京学生活动管理中心 中国航空报社	北京学生活动管理中心 中国航空报社	2017 年 4 月—12 月

北京市教育委员会

关于印发《北京市学生金鹏科技团评审和认定工作方案》的通知

京教函〔2017〕217 号

各区教委、燕山教委：

为贯彻落实十八届六中全会精神和北京市教育“十三五”规划，根据《北京市学生金鹏科技团管理办法》中市教委每三年对北京市学生金鹏科技团进行重新评审和认定的相关要求，市教委定于2017年6月至12月对北京市学生金鹏科技团进行评审和认定。现将《北京市学生金鹏科技团评审和认定工作方案》印发给你们，请遵照执行。各区要为方案实施做好必要的准备工作，实施中如有问题和建议，要及时向市教委体育卫生与艺术教育处反馈。

2017年6月13日

北京市学生金鹏科技团评审和认定工作方案

一、指导思想

全面贯彻党的教育方针，实施“科教兴国，人才强国”战略，围绕“立德树人”的根本任务，促进北京市学生金鹏科技团的规范化建设和科学化管理，培养和提高广大中小学生科学素养，为学生终身发展奠定坚实基础。

二、组织机构

金鹏团秘书处设在北京学生活动管理中心，并在市教委领导下，负责统筹、协调相关工作。

三、申报条件

（一）全面贯彻党的教育方针，申报单位高度重视科技教育工作，设有科技教育管理机构，规章制度健全、管理规范，有切实可行的科技教育发展规划和工作计划。

（二）申报单位有科技（类）校本课程纳入选修课或必修课中。有稳定的、高水平的学生特色科技项目社团。

（三）申报单位科技教育工作特色鲜明，成果突出，能够在全市中小学起到示范和引领作用。

（四）申报单位科技教育普及程度较高，形成浓厚的科技教育氛围，并与校园文化建设相结合。

（五）新申报金鹏科技分团：申报单位须具有北京市中小学科技教育示范校称号（校外分团除外），且三年内（2015 年—2017 年）曾获得北京金鹏科技奖或科技教育工作特色突出、成果显著，方可申报。

（六）2014 年已获得金鹏分团称号，今年申报新项目分团的申报条件：新项目分团在今年区级评审中成绩优异，经区教委推荐，该单位可申报第二个项目分团。

四、评审办法

（一）对 2014 年已认定的金鹏分团：参加区级评审，区教委将评审成绩按由高至低的顺序上报金鹏团秘书处，市教委进行抽查。

（二）新申报项目由金鹏团秘书处组织专家进行市级评审。

五、评审程序及时间安排

（一）6 月中旬，召开金鹏团评审认定工作布置会。

（二）7 月 10 日前，区教委将本区新申报单位名单报送金鹏团秘书处。

（三）7 月 15 日至 8 月 15 日，申报单位进行网络申报。

（四）10 月 10 日前，完成区级评审工作。同时向金鹏团秘书处报送附件 1《北京市学生金鹏科技团申报表》（各分团一式一份）、附件 2《北京市学生金鹏科技团区级汇总表》（一式一份）。

（五）10 月底，金鹏团秘书处组织专家对部分金鹏分团进行抽查；对新申报金鹏分团单位进行评审。

（六）11 月，市教委认定，并将结果进行公示，对金鹏团授牌。

六、工作要求

（一）金鹏团在北京科技教育工作中发挥着引领示范作用，各区要通过评审工作，推动首都科技教育工作的良性发展，达到以评促建的目的。

（二）各区教委要高度重视，认真组织实施，要成立金鹏团评审工作小组，由主管领导牵头，负责本区级金鹏团的申报、评审和认定等工作。

（三）各区要通过金鹏团的评审，进一步总结工作经验，加强科学管理，不断提高中小学科技教育工作水平。

附件：1. 北京市学生金鹏科技团项目分团申报表（略）

2. 北京市学生金鹏科技团项目分团区级汇总表（略）

北京市教育委员会

关于公布本市阳光少年艺术团验收、评审结果的通知

京教函〔2017〕280号

各区教委、北京学生活动管理中心：

为进一步加强对北京阳光少年艺术团的建设和管理，不断提升校外艺术教育工作水平，根据《北京阳光少年艺术团管理办法》和市教委《关于开展北京阳光少年艺术团验收和评审的通知》（京教体艺〔2017〕1号），市教委于2017年4月组织专家组对阳光少年艺术团有关承办团进行复审和验收。根据专家组意见，经研究，确定18个分团为北京阳光少年艺术团分团。现将名单予以公布（名单见附件）。

各区、承办单位要按照《北京阳光少年艺术团管理办法》及市教委有关要求加大对艺术团的投入与管理力度，确保各项工作落到实处，要积极组织艺术团成员开展丰富的艺术活动，为学员提供更多的交流展示平台，不断巩固我市校外艺术教育活动成果，进一步打造阳光少年艺术团特色品牌，不断推动校外艺术教育工作的深入

发展。

附件：北京阳光少年艺术团分团名单

2017 年 7 月 3 日

附件

北京阳光少年艺术团分团名单

1. 北京阳光少年艺术团北京市少年宫手风琴团
2. 北京阳光少年艺术团北京市少年宫舞蹈团
3. 北京阳光少年艺术团东城区少年宫合唱团
4. 北京阳光少年艺术团东城区少年宫管弦乐团
5. 北京阳光少年艺术团东城区崇文少年宫吟诵团
6. 北京阳光少年艺术团西城区少年宫舞蹈团
7. 北京阳光少年艺术团西城区宣武少年宫合唱团
8. 北京阳光少年艺术团西城区宣武少年宫民乐团
9. 北京阳光少年艺术团西城区丰盛少年宫舞蹈团
10. 北京阳光少年艺术团西城区德胜少年宫舞蹈团
11. 北京阳光少年艺术团朝阳区青少年活动中心舞蹈团
12. 北京阳光少年艺术团朝阳区青少年活动中心打击乐团
13. 北京阳光少年艺术团丰台区少年宫民乐团
14. 北京阳光少年艺术团丰台区少年宫舞蹈团
15. 北京阳光少年艺术团海淀区青少年活动中心弹拨乐团
16. 北京阳光少年艺术团海淀区青少年活动中心管弦乐团
17. 北京阳光少年艺术团密云区少年宫舞蹈团
18. 北京阳光少年艺术团密云区少年宫合唱团

北京市教育委员会

关于遴选创建全国中小学中华优秀文化艺术传承学校的通知

京教函〔2017〕452号

各区教委：

为贯彻落实《中共中央办公厅 国务院办公厅印发〈关于实施中华优秀传统文化传承发展工程的意见〉的通知》和《国务院办公厅关于全面加强和改进学校美育工作的意见》（国办发〔2015〕71号）要求，切实将中华优秀传统文化全方位融入学校教育全过程，引领青少年学生传承中华优秀传统文化，汲取中国智慧、弘扬中国精神、传播中国价值。根据教育部《关于在全国中小学开展中华优秀文化艺术传承学校创建活动的通知》（教体艺函〔2017〕10号）精神，教育部将在全国中小学校和中等职业学校开展中华优秀文化艺术传承学校（以下简称传承学校）的创建工作，现将有关事项通知如下。

一、指导思想

传承学校创建活动要以社会主义核心价值观为引领，根植中华优秀传统文化深厚土壤，坚守中华文化立场、传承中华文化基因。以立德树人为根本任务，让青少年学生在学习中华优秀传统文化艺术、参与丰富多彩的美育活动的过程中，培育深厚的民族情感，增强文化自觉和文化自信。以优化育人环境为目标，进一步深化学校美育教学改革，全面提升学校美育质量，努力建设向真、向善、向美、向上的校园文化环境。

二、基本原则

（一）坚持先进文化、严把导向。弘扬和践行社会主义核心价值观，引领学生树立正确的审美观念，陶冶高尚的道德情操，用中华优秀传统文化浸润学生心灵。

（二）坚持育人为本、面向全体。遵循美育特点和学生成长规律，落实立德树人根本任务，以美育人、以文化人，让每个学生都能够接受中华优秀传统文化教育。

（三）坚持统筹兼顾、协调发展。统筹区域和城乡发展，兼顾城市和农村不同地区、不同类型、不同发展水平的学校，鼓励多种形式和特色，促进城乡中小学校协调发展。

（四）坚持因地制宜、整合资源。立足各校实际，充分挖掘和利用当地人文环境和历史文化传统等教育资源，整合多种资源，以点带面，形成“一校一品”“一校多品”局面。

三、目标任务

2017 年在全国中小学校和中等职业学校创建 1000 所中华优秀文化艺术传承学校，以后每两年创建一批。传承项目主要包括：戏曲、书法（篆刻）、民族民间美术、传统手工技艺、民族民间音乐、民族民间舞蹈等。

传承学校要以课程教学为基础，将传承项目纳入学校美育课程建设，开设校本课程，加强学科融合，深化教学改革。要以实践活动为载体，加强以传承项目为内容的学生艺术社团和学生工作坊建设，组织学生开展群体性、体验性、互动性的项目实践活动。要以师资队伍建设为支撑，建设一支相对稳定的传承项目专兼职教师队伍，提升项目教育教学水平。要以辐射带动为拓展，带动辐射本区中小学和社区，不断扩大传承项目的覆盖面和参与面。要以成果展示为助推，结合传统节日，因地制宜组织学生开展传承项目成果展示活动，增强学生传承中华优秀传统文化的责任感和使命感。

四、组织实施

（一）符合《中华优秀文化艺术传承学校基本要求》（见附件 1，以下简称《基本要求》）的全日制中小学校和中等职业学校均可申报，每区可申报 2 所传承学校。申报学校要认真填写《中华优秀文化艺术传承学校申报书》（见附件2，以下简称《申报书》，需加盖学校公章）。经各区教委同意后，填写《中华优秀文化艺术传承学校推荐表》（见附件3，以下简称《推荐表》），汇总后统一报市教委。市教委将按照《基本要求》，结合实际制定审核办法，组织专家通过材料审阅、现场抽查等方式进行审核，最终向教育部报送30所传承学校。2011年教育部公布的449所中华优秀文化艺术传承学校不再参与申报。

（二）各区教委要指导学校积极开展创建活动。创建传承学校不搞“终身制”，采取动态管理的方式。为保证工作健康开展，各区教委要适时对传承学校创建活动进行复核检查，同时我委将对传承学校创建活动进行动态监测。教育部将组织专家不定期进行抽样检查和成果验收，对不合格的学校，取消其传承学校称号。

五、工作要求

（一）加强管理。各区教委要切实加强对传承学校创建活动的组织领导，建立工作机制，认真做实做好。要及时解决传承学校创建活动中出现的困难和问题，指导传承学校落实工作方案，确保创建活动有序深入开展。各传承学校要创造性地开展工作，精心组织实施，形成本区本校的美育特色和品牌。

（二）政策支持。教育部将持续支持传承学校的创建工作，对经遴选认定的学校命名为“中华优秀文化艺术传承学校”，对开展工作确有成效的传承学校，将通过各种途径介绍和推广典型经验，并给予一定经费支持，重点向农村学校倾斜。

（三）示范引领。各区要充分发挥传承学校的示范引领作用，将典型引领与整体推进相结合，组织开展专题培训研讨、现场推进会、成果交流展示等活动，建立传承学校辐射带动其他学校的美育推进机制。要充分利用报刊、电视和新媒体，对传承学校的典型经验进行宣传报道。

请各区教委于2017年10月13日前，将各区推荐学校的《申报书》和《推荐表》加盖公章报送我委体卫艺处，同时将《申报书》和《推荐表》的电子版发指定邮箱。未按时间将相关材料报送我委的，我们将认为自动放弃申报权利。

附件：1. 中华优秀文化艺术传承学校基本要求

2. 中华优秀文化艺术传承学校申报书（略）

3. 中华优秀文化艺术传承学校推荐表（略）

2017 年 9 月 26 日

附件 1

中华优秀文化艺术传承学校基本要求

为确保全国中小学中华优秀文化艺术传承学校创建活动规范有序开展，明确各地遴选推荐传承学校的依据，特制定本要求。

一、组织管理

学校全面贯彻教育方针，高度重视学校美育工作，认真落实《国务院办公厅关于全面加强和改进学校美育工作的意见》。将美育纳入学校发展规划和年度工作计划，执行有力。有校级领导分管美育工作，要建立健全以专任美育教师为主，以班主任和兼职美育教师为辅，全体教职员工共同参与的传承学校创建工作机制。要建立健全传承学校创建工作组织实施、教学管理、活动开展、师资队伍、条件保障、检查督导等方面的工作方案和规章制度，项目推进扎实有效。

二、教育教学

按照国家要求，开齐开足上好美育课程，美育课程的开课率达到100%。加强传承项目课堂教学，将传承项目纳入校本课程，推进教学改革，提高教学质量。面向全体学生组织开展传承项目艺术实践活动，建立多种类型的传承项目兴趣小组、学生社团和工作坊，保证活动时间和活动效果，定期开展传承项目成果展示。加强校园文化建设，将传承项目有机融入校园文化建设中，营造向真、向善、向美、向上的校园文化环境。

三、师资队伍

按照国家课程方案规定的课时数和学校班级数配备美育教师，满足美育教学基本需求。建立相对稳定的传承项目专兼职师资队伍。根据本校传承项目的需要，充分发掘和利用当地资源，聘请校外专家、非物质文化遗产传承人或民间艺人担任美育兼职教师，切实提高该传承项目的教育教学水平。定期开展传承项目教研活动，支持教师参加各级各类美育培训和交流研讨，不断提高师资队伍素质。

四、条件保障

学校美育场地设施建设完备，器材配备基本达到国家标准。设有传承项目专用教室或活动室，配备持续开展传承项目教学活动所必须的设施设备和相关资料。安排一定的传承项目工作经费，确保传承项目教育教学的正常开展。美育教师开展传承项目教学、指导工作坊和学生社团建设、组织课外活动等计入工作量，与其他科目教师同工同酬。学校所在地教育行政部门能够切实履行美育工作职责，积极开展各项工作，为本地区学校创建传承学校工作提供必要的业务指导和政策支持。

北京市教育委员会

关于公布第十八届北京市中小学师生电脑作品评选活动获奖名单的通知

京教函〔2017〕484号

各区教委、燕山教委：

北京市第十八届中小学师生电脑作品评选活动已圆满结束。共有2636件电脑作品参加评选，其中参评学生作品1217件，参评教师作品1419件。经过组委会认真评选，评选出获奖作品1581件，其中学生获奖作品599件，教师获奖作品982件。共有294支代表队参加了机器人竞赛活动，有188支代表队获奖。现将获奖名单及作品予以公布。

各区教委要以北京市中小学师生电脑作品评选活动为契机，切实抓好中小学信息技术教育的普及和提高工作，促进中小学校教育信息资源的建设与应用。

附件：1. 北京市第十八届中小学师生电脑作品评选活动获奖名单（教师作品组，略）

2. 北京市第十八届中小学师生电脑作品评选活动获奖名单（学生作品组，略）

3. 北京市第十八届中小学师生电脑作品评选活动获奖名单（学生竞赛组，略）

2017年10月17日

北京市教育委员会
关于开展北京市基础教育阶段第十一批翱翔学员培养推选工作的通知

京教函〔2017〕499号

各区教委：

根据《北京市基础教育阶段创新人才培养项目管理办法（试

行)》，决定开展第十一批翱翔学员培养推选工作。现将《北京市基础教育阶段第十一批翱翔学员培养推选工作方案》（见附件）印发给你们，请认真落实。

各区教委要认真组织各普通高中做好推选工作，确定专人负责，统筹协调，密切配合，做好学校推荐材料的汇总、审核、上报等工作。工作中如遇有关问题应及时报市教委基教二处和北京青少年科技创新学院办公室。

2017 年 10 月 25 日

北京市基础教育阶段
第十一批翱翔学员培养推选工作方案

为进一步深化教育领域综合改革，积极践行社会主义核心价值观，坚持立德树人，北京市积极推进基础教育阶段人才培养方式创新的探索实践。翱翔学员培养作为重要内容之一，充分利用北京丰富的科技、文化与教育等资源，创设让学生“在科学家身边成长”的环境，在参与“微科研”的过程中，激发他们的创新潜能，培养科研兴趣，提高科学素养，增强社会责任感、创新精神与实践能力。

经研究决定面向全市普通高中学校开展第十一批翱翔学员培养的推选工作。

一、推选对象

学有余力、兴趣浓厚、具有创新意识和培养潜质的高一年级学生，以及达到同等学业水平的其他年级学生。

各区教委、培养基地、课程基地可结合本区域、本校实际，将在雏鹰建言行动、“小创客”培育、雏鹰爱心行动、模拟政协、“科学探秘”奥林匹克等活动中表现突出的优秀中小学生作为推选对象。

二、推选程序

推选程序包括学生申请、学校推荐、区级审核、市级评审等环节。

（一）学生申请

有意愿参加翱翔学员培养的学生进入网址（http：//58.119.158.166）注册并据实填写《第十一批翱翔学员培养学员申请表》（简称《学员申请表》，见附件1），以附件形式上传特长证明、科技创新经历及获奖证书等相关材料。

（二）学校推荐

学校对提交申请的学生在全面了解的同时，重点从创新意识、培养潜质、科研兴趣等多方面进行考察，使真正有兴趣、有特长、有潜质、肯钻研、品学兼优的学生得到推荐。示范高中每校可从申报的学生中推荐5名学生，非示范高中每校可推荐1名学生。在此基础上，在翱翔学员培养中发挥重要作用的培养基地可再推荐5名以内的学生，课程基地可再推荐3名以内的学生。对于在雏鹰建言行动、“小创客”培育、雏鹰爱心行动、模拟政协、“科学探秘”奥林匹克等活动中表现突出的优秀中小学生的推荐不受此名额限制。学校在网上填写《第十一批翱翔学员培养学校推荐表》（简称《学校推荐表》，见附件2）。

（三）区级审核

区教委汇总、审核学校上报的《学校推荐表》及《学员申请表》，并在网上填写《第十一批翱翔学员培养区推荐汇总表》（简称《区推荐汇总表》，见附件3）。

（四）市级评审

北京青少年科技创新学院办公室组织进行材料初验、网上评审和现场推选。

1. 材料初验

对全部报送材料进行完整性和规范性验收。

2. 网上评审

组织专家对通过初验的申报材料进行网上评审。

3. 现场推选

组织通过网上评审的学生参加现场评审。翱翔培养基地、课程基地和实践基地的专家、教师共同对学生在“科学探秘”奥林匹克项目中的表现予以评价；学生以“小评委”的身份评审“小创客”创意市集的部分项目。学生在“评”与“被评”的交流互动中展现出的科学素养、创新潜质、合作意识都将作为推选的重要依据。

三、相关要求

（一）时间要求

学校组织学生于10月28日至11月5日进行网上自主申报；各区教委汇总、审核后，于11月10日前报送至北京青少年科技创新学院办公室；拟定12月初组织现场推选，具体安排另行通知。

（二）材料要求

学校网上填写并导出《学校推荐表》（签字、加盖公章，1式2份），将《学校推荐表》及《学员申请表》（签字、加盖公章，1式2份）报送所在区教委，同时网上提交电子版至所在区；区教委审核、汇总学校上报的《学校推荐表》及《学员申请表》，网上填写并导出《区推荐汇总表》（签字、加盖公章，1式2份），将《区推荐汇总表》《学校推荐表》及《学员申请表》报送至北京青少年科技创新学院办公室，同时在网上提交电子版。

（三）鼓励各区积极组织推荐小创客创意作品参加创意市集，广泛征集“科学探秘”奥林匹克的实践探究活动项目方案，具体申报方式、组织方式参考翱翔学员推选机制，报送纸质材料版（见附件4～9）。

附件：1. 第十一批翱翔学员培养学员申请表（略）
2. 第十一批翱翔学员培养学校推荐表（略）
3. 第十一批翱翔学员培养区推荐汇总表（略）
4. 第三届青少年创意市集学生申请表（略）
5. 第三届青少年创意市集学校推荐表（略）
6. 第三届青少年创意市集区推荐汇总表（略）

7.“科学探秘”奥林匹克实践探究活动申请表（略）

8.“科学探秘”奥林匹克实践探究活动学校推荐表（略）

9.“科学探秘”奥林匹克实践探究活动区推荐汇总表（略）

北京市教育委员会

关于公布2017年（第九届）北京市中小学生科学建议奖获奖名单的通知

京教函〔2017〕615号

各区教委：

经市教委2017年第31次主任办公会研究，决定授予北京教育科学研究院通州区第一实验小学石涵聿等13名同学北京市中小学生科学建议奖，北京市西城区白纸坊小学李恩泽等13名同学北京市中小学生科学建议提名奖。

各区教委要以评选为契机，加大宣传力度，引导广大中小学生进一步增强科技创新意识，提高创新实践能力，在促进首都北京科技创新中心建设和首都教育现代化中发挥积极的作用。

附件：2017年（第九届）北京市中小学生科学建议奖及科学建议提名奖获奖名单

2017年12月7日

附件

2017年（第九届）北京市中小学生科学建议奖及科学建议提名奖获奖名单

一、科学建议奖获奖名单（13名）

北京教育科学研究院通州区第一实验小学 石涵聿
北京市海淀区第二实验小学 宋奇峰
北京市通州区芙蓉小学 孔昕钰、李佳怡
北京第二实验小学 白思邈
北京市海淀区翠微小学 赵闻伯
北京市海淀区育鹰小学 宋奕程、王乐遥
北京市顺义牛栏山第一中学 赵梦媛
北京第二实验小学 冯量达、汪思涵、王培元
北京市陈经纶中学分校 王子晗

二、科学建议奖提名奖获奖名单（13名）

北京市西城区白纸坊小学 李恩泽
北京市海淀区花园村第二小学 金添、蒋鸣昊
北京市海淀区育鹰小学 潘冠文
北京市海淀区中关村第一小学 陈俊廷、闻艺斐
北京市海淀区培星小学 谢思妤
北京小学 刘心语
北京市怀柔区第二小学 杨茗雅
北京第二实验小学 袁思来
北京市朝阳区星河实验小学 吴雨诺
北京市陈经纶中学嘉铭分校（东校区） 贾乐儿
北京市通州区芙蓉小学 齐一凡

校外教育

北京市教育委员会文件选编
（2017）

北京市教育委员会

关于进一步加强“四个一”活动组织管理工作的通知

京教基一〔2017〕9号

各区教委：

为贯彻落实《北京市中小学培育和践行社会主义核心价值观实施意见》（京政办〔2014〕52号）要求，2014年，北京市教委启动了“四个一”活动。三年来，已组织40余万名中小学生到天安门观礼台参加升国旗仪式，分别走进一次国家博物馆、首都博物馆、抗日战争纪念馆。按照北京市“十三五”时期教育改革和发展规划要求，市教委将在全市中小学继续开展“四个一”活动。为保障活动顺利开展，提出以下工作要求。

一、明确主责部门，落实主体责任

区教委要明确“四个一”活动的主管领导，指定教委专门科室负责本区活动的组织管理工作，并将责任部门和负责人报市教委（见附件）。学校要明确校长或书记对“四个一”活动的领导责任，本校学生到天安门观礼台参加升国旗仪式活动时，学校必须安排校级以上干部到现场全程参与指挥，确保活动安全有序开展。

区教委和学校要落实在“四个一”活动组织管理工作中的主体责任，根据市教委和市中小学生社会大课堂管理办公室的总体安排做好活动的统筹实施工作。每次组织学生外出时，要制定安全预案和突发事件应急预案，逐级签订安全责任书，确保学生外出安全措施的有效落实。

二、强化组织管理，增强教育效果

区教委和学校要按照相关要求，制定详细的活动方案，配备充足的教师，并对教师开展专项培训。参与活动的教师要按照“四个一”活动工作手册的工作流程切实履行职责，按照场馆、场所的管理规定，做好活动的组织和管理工作，保证各环节工作有效落实，确保活动安全有序开展。为保证全市整体工作目标的顺利实现，原则上区教委不对市社会大课堂管理办公室的活动安排进行调整，如有特殊原因确需调整的，应由区教委主管部门及时报市社会大课堂管理办公室，由市社会大课堂管理办公室统一协调。

学校要在活动设计上下功夫，增强活动实效性。事前做好活动设计与安排，事中做好活动组织与管理，事后做好教育意义的挖掘和教育效果的固化。同时，要将“四个一”活动与课程教学有机结合，与学生实践活动有机结合，与养成教育有机结合。

三、完善运行机制，加强活动保障

“四个一”活动特别是到天安门观礼台参加升国旗仪式，具有特殊的意义和影响，各区和学校要认真梳理总结工作经验，及时发现存在的问题，不断完善活动运行机制。要结合区域实际，选派政治素质高、责任心强、有经验、有能力的人员参与活动组织；工作中要建立请示制度，不擅自决策；要建立沟通机制，确保联系顺畅及时；要建立问题反馈机制，做到及时改进。

各区教委要建立健全“四个一”活动长效保障机制，在人力、经费方面予以充分保证。活动相关负责人员安排要稳定，确需变更时，应做好工作交接，并及时报市社会大课堂管理办公室。

附件：区教委“四个一”活动相关负责人员信息表（略）

2017年4月18日

北京市教育委员会

关于公布北京市中小学生社会大课堂第六批市级资源单位名单的通知

京教函〔2017〕584号

各区教委：

为贯彻落实《关于进一步加强中小学生社会大课堂工作的意见》（京教工〔2011〕68号）和《北京市中小学生社会大课堂资源管理办法》（京教德〔2008〕5号）精神，经过资源单位申请、区社会大课堂管理办公室推荐，北京市中小学生社会大课堂管理办公室组织专家进行资格审查、资料审阅、汇报答辩和实地抽查，并召开由市委宣传部等12家社会大课堂合作建设部门参加的联席会议，研究确定了121家单位为北京市中小学生社会大课堂第六批市级资源单位（见附件），资格时间为2018年1月1日至2019年12月31日。

各区教委要加强对新加入的市级社会大课堂资源单位的培训，指导他们做好教育资源开发、课程研制和活动设计。同时，做好2019年新资源单位的培育工作，既要关注资源单位的数量，更要强调质量，突出教育性、实践性，逐步形成结构合理、类型多样、互补性强的社会大课堂资源群，服务学生成长需求和教育教学改革需要。

为充分发挥社会大课堂信息平台的作用，更好地服务于学校和学生，市级社会大课堂资源单位的名称、地址、活动项目、收费价格均在北京市中小学生社会大课堂网站公示。未在网站公示的资源单位及活动项目，不列入中小学生社会大课堂单位及活动。

附件：北京市中小学生社会大课堂第六批市级资源单位名单

2017 年 11 月 24 日

附件

北京市中小学生社会大课堂第六批市级资源单位名单

中国华侨历史博物馆

民航博物馆

北京税务博物馆

北京自来水博物馆（北京市自来水集团有限责任公司）

北京市方志馆

保利艺术博物馆

国科机器人科技馆（深圳国科盛机器人科技有限公司北京分公司）

北京罗红艺术摄影馆（北京三芳科技有限公司）

北京中国紫檀博物馆

北京闽龙陶瓷艺术馆（北京百舵联盟科技发展有限公司）

武英造办工艺博物馆（北京盛天行健艺术印刷有限公司）

北京茶叶博物馆（北京二商京华茶业有限公司）

延庆区地质博物馆（北京妫川记忆文化传播有限公司）

北京市东城区南馆公园

北京市朝阳区望和公园

北京密云长峪沟自然休养林（北京林学会）

世界月季主题园（北京兴魏永恒投资管理有限公司）

北京雁栖湖旅游区开发总公司
北京三庆园（北京三庆园文化发展有限公司）
广德楼（广德楼文化发展有限责任公司）
北京新国戏文化创意投资管理有限公司
北京天创寰宇功夫剧院（北京天创寰宇功夫剧院有限公司）
中国农业科学院国家农业科技展示园（北京中农一百农业科技有限公司）
中国科学院自动化研究所
北京三元农业有限公司
特菜大观园（北京天安农业发展有限公司）
日升国际农业集团高科技苹果种植示范园（中果日升〈北京〉生态农业有限公司）
北京汇源农工博览园—青少年社会实践基地（北京汇源康民有机农业有限公司）
北京闽龙科技文化创意园（北京闽龙世纪教育科技发展有限公司）
蝴蝶来野艺术生态乐园（北京丰灏瑯苑生态农业发展有限公司）
北京农众实业有限公司
北京绿普方圆花卉科技有限公司
北京都市农汇农业科技发展有限公司
北京蒙草节水园林科技有限公司通州科研示范基地
北京京彩燕园苗圃（北京京彩燕园园林科技有限公司）
北京国际核桃庄园（北京大山百灵旅游开发有限公司）
晓马驹农业技术开发公司（北京晓马驹农业技术开发有限公司）
北京爱琴海农业观光有限公司
101农场（北京华世奥业生态科技有限公司）
宋庄生态蓝湖庄园（北京金宏帝怡园农业开发有限公司）
北京绿兴农场（北京绿源兴通农业科技发展有限公司）
北京纳波湾园艺有限公司（北京阡陌怡然文化传播有限公司）
北京葫芦艺术庄园（北京福禄隆昌生态农业发展有限公司）

北京龙湾巧嫂果品产销专业合作社
北京兴农天力农机服务专业合作社（北京顺天意农机服务有限公司）
北京三山有机农场（北京三山蔬菜产销专业合作社）
峨眉山快乐农庄（北京汇丰园农业产品产销合作社）
北京沱沱工社生态农业股份有限公司
蝶语（北京）昆虫生态博览园（北京乾禹森文化传播有限公司）
北京北菜园农业科技发展有限公司
北京归原生态农业发展有限公司
北京王木营蔬菜种植专业合作社
康庄循环农业示范园（北京喻海庄园餐饮有限公司）
12·5时尚农庄（北京十二点五农业种植有限公司）
北京蜜蜂大世界科技有限责任公司
北京市密云区人间花海景区（北京人间花海旅游开发有限公司）
北京智慧谷景区（北京智慧谷旅游开发有限公司）
中国古老月季文化园（北京兴润龙达旅游管理有限公司）
北京硕丰磊白山药产销专业合作社
德墨特尔葡萄庄园（北京中跆阳关文化传播有限公司）
北京国际青年营天开营地（北京青年营天开教育科技有限公司）
北京宜生源青少年实践教育基地（北京阡陌怡然文化传播有限公司）
化石探索（北京灵睿信息咨询有限公司）
北京爱情海玫瑰文化博览园（北京兴润龙达旅游管理有限公司）
北京宜德源古代石刻田野文化园（北京兴润龙达旅游管理有限公司）
田妈妈·蘑法森林（北京田妈妈教育科技有限公司）
北京洼子里乡情农艺园
中华耕织文化园（北京京安大宽农业科技发展有限公司）
盘龙翠谷魔幻冰雕科普教育基地（北京盘龙翠谷科技有限公司）
金戈铁马国防教育基地（北京大恒创新技术有限公司）
北京三育军营文化体验基地（北京三育东方文化发展有限公司）
北京昌平砺志国防教育培训学校

奥森尖锋旱雪四季滑雪场（北京奥园梦飞扬体育文化发展有限公司）
中社青少年社会文化基地丰台基地
北京华电水电有限公司
北京华电密云太阳能科技发展有限公司
丰台区循环经济产业园
华新绿源环保股份有限公司
北京首钢生物质能源科技有限公司
北京市朝阳循环经济产业园管理中心
北京顺政绿港排水有限责任公司马坡再生水厂（北京顺政绿港排水有限责任公司）
北京稻香水质净化有限公司
北京市公交汽车驾驶学校有限公司
北京义利北冰洋文化发展有限公司
北京北汽摩有限公司
北京汽车青少年科学素质教育实践基地（北京汽车股份有限公司北京分公司）
北京汽车技师学院
长安汽车北京科普教育基地（学通教育科技〈北京〉有限公司）
中粮智慧农场（中粮〈北京〉农业生态谷发展有限公司）
北京京港地铁有限公司
北京蜜蜂堂生物医药股份有限公司
天普新能源科技有限公司
中国乐谷学生体验园（北京华东乐库商贸有限责任公司）
北京致一航天科技有限公司
北京后街文化创意有限公司
北京泓文博雅文化产业有限公司
北京北科光大信息技术股份有限公司
荣宝斋（北京荣宝斋教育科技有限公司）
月坛雅集传艺荟（北京月坛雅集文化发展有限公司）

北京戴月轩湖笔徽墨有限公司
居仁堂京瓷（北京）文化有限公司
老舍茶馆（北京老舍茶馆有限公司）
北京唐人坊文化发展有限公司
北京永弘艺珐琅厂
北京人民广播电台
北京京视传媒有限责任公司
北京市第二中级人民法院
学习习惯养成训练基地（爱心美信教育科技〈北京〉有限公司）
北京猎鹰防暴恐技术推广中心
北京长河文化走廊（北京中和汇智文化发展有限公司）
黛润尼青少年珠宝学院（北京黛润尼科技文化有限公司）
北京迷你世界文化交流有限公司
北京金玲艺韵文化艺术中心
北京市心灵之声残疾人艺术团有限责任公司
北京慧食青少年食育实践基地（北京京育食品科技有限公司）
北京华海田园天文科普教育基地（北京华海田园农业科技有限公司）
北京独山清泉陶艺文化有限公司
北京微创博志自然科学教育研发体验基地（北京微创博志教育科技有限公司）
北京昊科启智教育科技有限公司
北京航空航天大学安全教育体验馆（北京北航先进工业技术研究院有限公司）
北京市大兴区第二职业学校

国防教育

北京市教育委员会文件选编

（2017）

北京市教育委员会

关于公布北京市中小学国防教育示范学校评选认定结果的通知

京教体艺〔2017〕3号

各区教委：

为深入贯彻落实《中华人民共和国国防教育法》和党中央、国务院、中央军委《关于加强新形势下国防教育工作的意见》（中办发〔2011〕8号），进一步推动我市中小学校国防教育的普及与发展，根据市教委《关于开展2016年北京市中小学国防教育示范学校评选认定工作的通知》（京教函〔2016〕393号）要求，市教委对北京市中小学国防教育示范学校进行了评选认定。北京市第一中学等126所中小学被授予“北京市中小学国防教育示范学校”称号，现将学校名单予以公布。

各区要以此次评选认定工作为契机，进一步完善管理制度，丰富教育内容，总结工作经验，梳理工作思路，充分发挥北京市中小学国防教育示范学校的辐射引领和示范作用，为推进全民国防教育的深入普及和创新发展做出新的贡献。

附件：2016年北京市中小学国防教育示范学校名单

2017年2月17日

附件

2016年北京市中小学国防教育示范学校名单

东城区

1. 北京市第一中学
2. 北京市第二十二中学
3. 北京市东直门中学
4. 北京宏志中学
5. 北京市广渠门中学
6. 北京景山学校
7. 北京国际职业教育学校
8. 北京市东城区地坛小学
9. 北京市东城区板厂小学
10. 北京市崇文小学

西城区

1. 北京市外事学校
2. 北京市第一五六中学
3. 北京市育才学校
4. 北京市铁路第二中学
5. 北京市第四十三中学
6. 北京市第四十四中学
7. 北京市第五十六中学
8. 北京市第六十六中学
9. 北京市西城区奋斗小学
10. 北京师范大学京师附小

朝阳区

1. 北京市求实职业学校
2. 北京市垂杨柳中学
3. 北京工业大学实验学校
4. 北京市电气工程学校
5. 北京市东方德才学校
6. 北京市第九十四中学朝阳新城分校
7. 北京工业大学附属中学
8. 北京市朝阳区八里庄中心小学
9. 北京市朝阳区十八里店中心小学
10. 北京市朝阳区国美家园小学
11. 北京市朝阳区石佛营小学
12. 北京市朝阳区新源里第四小学

海淀区

1. 北京航空航天大学实验学校
2. 北京市育英学校
3. 北京科技大学附属中学
4. 北京市第二十中学
5. 首都师范大学附属育新学

校

6. 北京市八一学校

7. 北京市上地实验学校

8. 北京市海淀区七一小学

9. 北京市海淀区育鹰小学

10. 北京大学附属小学

11. 北京市海淀区第二实验小学

丰台区

1. 北京市第十二中学

2. 首都师范大学附属云岗中学

3. 北京市丰台区职业教育中心学校

4. 北京市丰台区五爱屯小学

5. 北京市丰台区靛厂小学

6. 北京市丰台区扶轮小学

7. 北京市丰台区丰台第一小学

石景山区

1. 北京市第九中学

2. 北京市京源学校

3. 北京市黄庄职业高中

4. 北京市石景山区红旗小学

5. 北京市石景山区先锋小学

6. 北京大学附属小学石景山学校

门头沟区

1. 北京市大峪中学

2. 北京市门头沟区中等职业学校

3. 首都师范大学附属中学永定分校

4. 北京市育园中学

5. 北京市门头沟区东辛房小学

6. 北京市门头沟区大峪第二小学

房山区（含燕山）

1. 北京市房山第四中学

2. 北京市房山区良乡第二中学

3. 北京市房山区窦店中学

4. 北京市房山区坨里中学

5. 北京市房山区良乡中学

6. 北京市房山区房山职业学校

7. 北京师范大学燕化附属中学

8. 北京市燕山星城中学

9. 北京市房山区良乡第二小学

10. 北京市房山区青龙湖镇中心小学

11. 北京市燕山向阳小学

大兴区

1. 北京市大兴区第七中学

2. 北京市大兴区旧宫中学

3. 北京市大兴区庞各庄中学
4. 北京市大兴区第三中学
5. 北京市大兴区第一职业学校
6. 北京师范大学大兴附属小学
7. 北京小学大兴分校
8. 北京市大兴区旧宫镇第二中心小学
9. 北京市大兴区金海学校（小学部）
10. 首都师范大学附属中学大兴南校区（小学部）

通州区

1. 北京市通州区永乐店中学
2. 北京市通州区张家湾中学
3. 北京市通州区运河中学
4. 北京市通州区马驹桥学校
5. 北京市通州区潞河中学
6. 北京市通州区第二中学
7. 北京市通州区第四中学
8. 北京新城职业学校
9. 北京市通州区后南仓小学
10. 北京市通州区漷县镇中心小学

顺义区

1. 北京市顺义区第九中学
2. 北京市牛栏山一中实验学校
3. 北京市顺义区杨镇第一中学
4. 北京市顺义区第二中学
5. 北京市顺义区杨镇第二中学
6. 北京市顺义区仁和中学
7. 北京市顺义牛栏山第一中学

昌平区

1. 北京市昌平区第一中学
2. 北京市昌平区第三中学
3. 北京市昌平区前锋学校
4. 首都师范大学附属回龙观育新学校
5. 北京市昌平区下庄学校
6. 北京市昌平区阳坊中学
7. 北京市昌平职业学校
8. 北京市第十五中学南口学校
9. 北京市昌平区第二中学
10. 北京市昌平区阳坊中心小学

平谷区

1. 北京实验学校（平谷）
2. 平谷区职业学校
3. 平谷区山东庄中学
4. 平谷区第一小学

怀柔区

1. 北京市怀柔区第一中学

2. 北京市怀柔区第二中学
3. 北京市怀柔区职业学校
4. 首都师范大学附属红螺寺中学
5. 北京市怀柔区桥梓镇中心小学
6. 北京市怀柔区长哨营满族乡中心小学

延庆区

1. 北京市延庆区第一中学
2. 北京市延庆区第四中学
3. 北京市延庆区第一职业学校
4. 北京市延庆区第二小学

密云区

1. 北京市密云区第三中学
2. 北京市密云区高岭学校

北京市教育委员会

关于遴选全国国防教育特色学校的通知

京教函〔2017〕154号

各区教委，各市属高校、中等职业学校：

为落实《国家教育事业发展“十三五”规划》关于“继续推动国防教育特色学校建设”的总体部署，把国防教育纳入国民教育体系，深化学校国防教育改革，提高青少年学生国防素质，根据教育部办公厅《关于做好2017年国防教育特色学校遴选工作的通知》（教体艺厅函〔2017〕20号），现就遴选北京市全国国防教育特色学校（以下简称“特色校”）有关要求通知如下：

一、遴选范围和条件

（一）遴选范围

全市符合条件的本科院校、高职（专科）、普通高中、中等职业学校、义务教育阶段学校（含民办学校）均可申报参加遴选。

（二）遴选条件

1. 管理规范。学校高度重视国防教育工作，将国防教育纳入议事日程和年度工作计划，定期研究；有明确的分管校领导；有专门机构负责教育教学活动；有教育教学方案和计划；有健全的管理制度和绩效评估机制；有经费预算和政策支持。

2. 工作有序。教学时间有保障，相关课程中有机融入学校国防教育内容；有主题活动，并能结合重要时间节点营造良好的教育氛围；能够利用图书馆、阅览室、宣传栏、互联网站等资源开展形式多样的日常教育；学校国防教育工作得到师生员工的广泛参与。

3. 保障有力。有专职或兼职教师进行教学、组织开展各项活动；有固定的学校国防教育综合实践基地；有整合各类教育教学资源的条件和途径。

4. 特色鲜明。能够利用学校所在自然人文环境和历史传统、以及驻地部队等资源创造性地开展工作；在管理机制、课程实施、教育方式、工作模式、活动开展、师资队伍和实践基地建设等方面具有一定的特色，积累一定的经验。

二、遴选程序

（一）学校、各区教委申报

1. 本科院校及高职（专科）院校、中等专业学校：

符合遴选条件的学校，按要求填写《国防教育特色学校申报表》（以下简称“申报表”，见附件 1），并连同支撑材料加盖学校公章于 6 月 20 日前报送市教委（纸质版一式一份，同时报送电子版）。

2. 普通高中、职业高中、义务教育阶段学校：

凡符合遴选条件的学校，按要求填写申报表，并连同支撑材料加盖学校公章报所在区教委。

各区可结合实际制定审核办法，通过材料审阅、实地考察、现场答辩等多种方式组织专家对申报学校进行评审。每区可申报义务教育阶段学校 12 所、普通高中 6 所、职业高中按现有数目报。

2016年已被教育部评定为全国国防教育特色学校的不再申报，2016年被市教委认定的126所国防教育示范学校直接按要求报送（具体名单可参阅《市教委关于公布北京市中小学国防教育示范学校评选认定结果的通知》京教体艺〔2017〕3号），占用所在各区名额。各区要对拟申报的特色校进行公示，确定后填写《国防教育特色学校推荐表》（以下简称“推荐表”，见附件2）进行汇总。并请于6月20日前将申报表、学校支撑材料、推荐表（加盖区教委公章）报送市教委（纸质版一式一份，同时报送电子版）。

（二）市教委遴选

市教委根据工作要求遴选本科院校6所、高职（专科）6所；普通高中97所（每区6所，燕山1所）、中等职业学校按照实际数量、义务教育阶段学校194所（每区12所，燕山2所）报送教育部。

（三）教育部认定

教育部最终确定特色校入选名单并予以公布。

三、工作要求

（一）各区、学校要高度重视特色校遴选工作，认真组织、严格把关，按照通知要求客观、及时、准确的上报材料，确保将有条件基础、有发展意愿、有工作特色的学校遴选出来。

（二）要以此次特色校遴选为契机，推动学校创造性地开展国防教育，鼓励创新发展，探索典型经验，加快国防教育与学校教育教学融合，带动各级各类学校国防教育工作水平。

（三）教育部、北京市将在国防教育教学、骨干教师研修、巡回授课、经验交流、选送学生参加活动等方面给予特色校一定的支持。各区要完善政策措施、加强指导管理、推动经验交流，以特色校建设为引领带动区域国防教育科学发展。

四、联系方式（略）

附件：1. 国防教育特色学校申报表（略）

2. 国防教育特色学校推荐表（略）

2017年5月4日

北京市教育委员会

关于转发教育部关于加强学生军事训练管理工作文件的通知

京教体艺〔2017〕19号

各区教委，各市属高校、中等职业学校：

现将教育部《关于加强学生军事训练管理工作的通知》（教体艺〔2017〕3号）转发给你们，请遵照执行。

2017年6月6日

教育部

关于加强学生军事训练管理工作的通知

教体艺〔2017〕3号

各省、自治区、直辖市教育厅（教委），新疆生产建设兵团教育局，部属各高等学校：

青年学生是祖国的未来和民族的希望。普通高等学校和高中阶段学校学生参加军事训练是法律要求，加强军事训练对于促进学生健康成长和全面发展具有十分重要的作用。为切实加强学生军事训练管理，确保工作质量，预防事故发生，促进学生军事训练健康发展，依据《教育法》《兵役法》和《学生军事训练工作规定》，现将有关要求通知如下：

一、充分认识加强学生军事训练管理的重要性

加强学生军事训练管理，提高军事训练质量，是提升学生国防意识、军事素养和综合素质，加强国防建设和国家人才培养的重要任务，关系到学生家庭、学校乃至全社会的和谐稳定，必须高度重视。各地和普通高等学校、高中阶段学校要坚持以人为本，坚持统一领导、各司其责、科学施训、严格管理，建立健全并全面落实有关规章制度，加强工作质量监测，提高风险管理能力，确保学生军事训练工作安全有效开展。

二、切实加强学生军事训练的组织领导

各地教育行政部门和普通高等学校、高中阶段学校要会同军事机关、承训部队及其他有关部门单位建立学生军事训练工作领导小组，健全学生军事训练工作联席会议制度，切实发挥统筹协调作用；进一步健全“学校提需求，教育部门统计划，省军区搞协调”的工作运行机制，及时召开联席会议，统筹各种力量，确保工作落实；要建立健全学生军事训练安全和质量监测工作领导责任制，制定各项安全教育管理和质量保障制度，确保安全风险管理措施到位，军事理论教学和军事技能训练的内容、时间、效果等符合国家有关要求。

三、认真做好学生军事训练管理各项工作

（一）严格落实教学大纲

各地教育行政部门和普通高等学校、高中阶段学校要根据《普通高等学校军事课教学大纲》和《高级中学学生军事训练教学大纲》，科学制订计划，严格按纲施教，合理安排内容，落实保障工作。军事课应列为普通高等学校学生必修课程。军事训练和军事知识讲座作为高中阶段学校学生的必修内容，纳入社会实践活动组织实施。

按规定有计划地让学生掌握必备的军事知识、军事理论和军事技能，增强国防观念、国家安全意识以及综合素质。按照循序渐进的原则，把握训练强度和进度。根据训练科目的特点，有针对性地提出预防训练事故的要求和注意事项，并根据学生的身体反应及时调整训练强度。各地和学校要加强军事训练教学评价，采取多种方式加强学生军事训练教学质量检验。

（二）加强师生安全教育

加强学生安全教育。在军事训练开始前，学校要做到层层动员，广泛发动，学生全员参加，深刻阐明学生军事训练的重大意义，强化军事训练的安全意识、知识和技术教育。参训学生要参加入学体检，各校要严格按照《学生军事训练规定》的要求，对有严重生理缺陷、残疾或疾病的学生，经本人申请和学校批准，可以减免不适宜参加的军事技能训练科目。

加强教师专项培训。在军事训练开始前，学校要对教师进行安全教育和安全技能培训，增强教师预防和处置突发安全事件的意识和能力，凡未参加相关培训的教师不得带训。教育行政部门要商请各承训部队对帮训官兵进行安全教育和安全技能培训，增强帮训官兵科学施训、文明施训和安全施训的意识和能力；凡未参加相关培训的帮训官兵不得施训。

（三）确保训练活动安全

学校负责人应深入学生军事训练场，指导训练开展，检查训练安全，督导训练质量。教师必须全时在岗，全面掌握训练安全情况，及时解决出现的问题，指导学生正确处理突发安全事故；了解学生的身心特点，适时进行心理疏导。根据气候特点安排训练任务，在气象部门发布灾害性天气（如高温、雷电、冰雹、暴雨、大风、雾霾和沙尘等）预报达到黄色预警以上时，应及时调整训练计划，直至停止露天训练，防止发生意外伤害等事故。

在组织学生实弹射击训练之前，必须进行专门的安全教育，制订详细的安全计划和突发事件应急预案，确保开展实弹射击训练科目中的人员、器材等各个环节的绝对安全。在组织开展其他需要动用枪支的训练科目时，必须对学生进行严格的枪支操作安全教育，强调训练纪律，精心组织实施，帮训官兵全程辅导。

（四）强化集体生活管理

学生军事训练期间，应以《中国人民解放军内务条例》为依据，加强一日生活程序的安全管理。各级学生军事训练领导机构要高度重视参训师生和承训官兵的饮食卫生安全工作。单独安排军事训练学生食堂的，要为学生食堂配置专职食品安全管理员。要配备足够的专业医护人员，配置相应的医护和急救药品、器具、急救车辆，以有效应对学生受伤等突发情况。乘车外出时，必须制定周密的运输计划，指定教师随车带队。在交通复杂时段组织大规模军事训练学生运输时，应商请交通管理部门予以协助。

学校要会同承训部队和学生军事训练基地等有关方面，有针对性地制定和完善各类安全预案。学生军事训练工作实行属地化管理。学生军事训练期间发生安全事故后，学校在采取处置措施的同时，必须及时向所在地教育行政部门及相关部门报告，并及时将处理结果及改进措施上报省级教育行政部门。

（五）规范承训基地管理

学生军事训练基地要加强人员管理，明确各类人员职责，完善各项规章制度，配套安全可靠的训练、生活和体育活动设施，满足学生军事技能训练和生活需要。省级教育行政部门要高度重视学生军事训练基地的建设与管理工作，要会同军事机关和有关部门加强对军事训练基地的指导和监督检查，确保学生军事训练基地符合承训基本条件、遵守安全管理要求和执行训练质量标准。

四、建立健全学生军事训练质量监测机制

省级教育行政部门和部属高等学校从 2017 年起要向教育部提交本地区、本单位学生军事训练年度工作报告。地方各级教育督导部门要将学生军事训练纳入学校综合督导内容，开展经常性的督导检查，并向社会公示。教育部将适时组织高等学校学生军事训练工作检查。

高等学校要建立学生军事训练发展年度报告制度，报告主要内容包括军事理论课程建设与实施，军事技能训练内容、时间与效果，军事课理论教学专兼职教师配备，军事训练技能训练承训人员安排，安全风险管理措施，学生军事训练工作管理机构、机制与制度，经费投入和设施设备，学生军事训练基地建设与管理，相关国防教育活动等方面的情况，并向社会公示。

高中阶段学校要把学生军事训练纳入学校办学水平综合评价体系和教育质量评估体系。加强高中学生参加军事训练情况、军事素养和国防意识的考核，结果纳入学生综合素质评价体系，并记入学生综合素质档案，作为综合评价学生发展状况的内容。

五、积极营造学生军事训练良好环境

各级教育行政部门和普通高等学校、高中阶段学校要重视学生军事训练典型经验的推广与宣传，充分利用报刊、广播、电视、互联网、走廊、宣传栏以及微信、微博等，大力宣传学校军事训练的育人功能和先进经验做法；鼓励开展学生军事训练题材的微电影大赛、摄影大赛等。在军事训练期间，要及时向社会宣传军事训练成果，发布相关信息。遇有突发事件，应及时发布准确信息，加强舆论引导，营造政府、学校、家长和社会关心、支持学生军事训练的良好氛围。

各地教育行政部门可根据本通知制定实施细则。

2017 年 5 月 3 日

教学研究

北京市教育委员会文件选编

（2017）

北京市教育委员会
北京市人力资源和社会保障局
北京市财政局

关于开展2017年教育教学成果奖评审工作的通知

京教人〔2017〕26号

各区教委、高等学校、中等职业学校及有关单位：

为贯彻落实《国务院关于加强教师队伍建设的意见》《北京市“十三五”时期教育改革和发展规划（2016—2020年）》等文件要求，充分调动广大教育工作者从事教育教学研究，提高教学水平和教育质量，根据国务院颁布的《教学成果奖励条例》及《北京市教育教学成果奖评审奖励办法》，经市政府同意，决定开展2017年北京市教育教学成果奖评审工作。现将有关事项通知如下：

一、奖励范围

2017年北京市教学成果奖包括基础教育、职业教育、高等教育3个大类。基础教育包括学前教育、义务教育、普通高中教育；职业教育包括中等职业教育和高等职业教育；高等教育包括北京地区普通本科高等学校、独立设置的成人高等学校以及科研院所。其他类型的教育根据其所实施的教育层次，申报相应的教学成果奖。

二、遵循原则

（一）坚持贯彻落实国家教育方针，全面落实立德树人根本任务，有利于实施素质教育，促进教育公平，提高教育质量；

（二）坚持以质量为核心，突出实践性和创新性；

（三）坚持向一线教师倾斜，并有利于鼓励青年教师和优秀教师终身从教；

（四）坚持公开、公平、公正和专家评审；

（五）推荐、评审不得向申请单位和个人收取任何费用。

三、申请主体要求

（一）个人申请北京市教育教学成果奖的，应当主持并直接参与成果的方案设计、论证、研究和实践过程，并做出主要贡献。

（二）单位申请北京市教育教学成果奖的，该成果应当体现单位意志，由单位派人主持方案设计、论证、研究和实践过程，并以单位为主提供物质技术条件保障。

（三）教育教学成果由两个以上单位或者个人共同完成的，由共同完成单位或个人联合申请。

四、具体工作安排

详见2017年基础教育、职业教育、高等教育北京市教育教学成果奖评审奖励实施细则（附件1、2、3）。

附件：1. 2017年北京市基础教育教学成果奖评审奖励实施细则
2. 2017年北京市职业教育教学成果奖评审奖励实施细则
3. 2017年北京市高等教育教学成果奖评审奖励实施细则
4. 2017年北京市教育教学成果奖评审委员会名单

2017年6月2日

附件1

2017年北京市基础教育教学成果奖评审奖励实施细则

第一条 为贯彻落实《国务院关于加强教师队伍建设的意见》《北京市“十三五”时期教育改革和发展规划（2016—2020年）》

等文件要求，充分调动广大基础教育工作者从事教育教学研究，提高教学水平和教育质量，根据国务院颁布的《教学成果奖励条例》(以下简称《条例》) 和《北京市教育教学成果奖评审奖励办法》(以下简称《办法》)，结合本市基础教育实际，制定本细则。

第二条 北京市基础教育教学成果奖是市政府批准授予的北京市教育教学成果奖的组成部分，该奖项每 4 年评审一次。本市按国家有关规定批准设立的基础教育阶段学校（中小学、幼儿园、特殊教育学校)、高等学校、研究机构、学术团体和其他社会组织、教师及其他个人，均可依照本细则申请基础教育教学成果奖。

北京市基础教育教学成果要反映北京市基础教育教学改革与实践探索的重要进展，其内容包括课程、教学、评价、资源建设等方面，可以是综合性的，也可以在某些方面有所侧重。中小学教材评审办法需做进一步论证，暂不列入本届奖励范围。

第三条 北京市基础教育教学成果必须符合党和国家的教育方针政策，全面落实立德树人根本任务，培育和践行社会主义核心价值观；体现时代精神和素质教育的核心理念，遵循学生身心发展和教育教学规律，具有独创性、新颖性、实用性。

第四条 北京市基础教育教学成果必须围绕解决基础教育教学过程中的实际问题，创造性地提出科学的思路、方法和措施，经过实践检验，并具有推广价值，能够直接聚焦于教学改进和质量提升，对于实现培养目标、提高教学水平和教育质量产生明显效果，产生了广泛而积极影响，至今仍在教育教学中能够发挥示范引领作用。

第五条 北京市基础教育教学成果奖原则上共设立奖项 160 项左右，其中特等奖 10 项左右，一等奖 50 项左右，二等奖 100 项左右，分别颁发相应的证书和奖金。评审坚持优中选优的原则，确保评审的科学性、严肃性和权威性。

第六条 申报评奖的个人或单位的主要完成人须满足以下条件：

（一）忠诚于党和人民的教育事业，坚持党和国家教育方针，坚持立德树人，具有良好的职业道德和学术风范；

（二）主持并直接参与成果的方案设计、论证、研究、实践和总结全过程，并做出主要贡献，至今仍在从事教育教学研究与实践探索；

（三）原则上曾获得区级教育教学成果一等奖、市级或国家级相关教育教学类单项奖二等奖以上的成果可以优先申报；

（四）每项成果的主要完成人不得超过 5 人。

第七条 成果的主要完成单位，指成果主要完成人所在的，在成果方案设计、论证、研究和实践的整个过程中做出主要贡献的基层单位。每项成果的主要完成单位一般不超过 3 个。

第八条 申请北京市基础教育教学成果奖的成果，经过 2 年以上教育教学实践检验并取得成效，在国内或本市范围内处于领先或先进水平。时间节点为 2012 年 8 月至 2016 年 12 月。往届北京市基础教育教学成果奖获奖项目不再参加本届评审。具体要求是：

特等奖：教学成果应在教育教学理论上有建树，在教学改革实践中取得特别重大突破，经过不少于 4 年的实践检验，对提高教学水平和教育质量，实现培养目标有突出贡献，在国内具有领先水平；

一等奖：教学成果应提出自己的理论或发展和完善已有理论，经过不少于 4 年的实践检验，对教学改革实践有重大示范作用，对提高教学水平和教育质量、实现培养目标产生重大成效，在国内具有先进水平或在北京市具有领先水平；

二等奖：教学成果应在理论上有一定的创新，对教学改革实践的某一方面有所突破，经过不少于 2 年的实践检验，对提高教学水平和教育质量、实现培养目标产生显著成效，在北京市具有先进水平。

第九条 申报程序：

（一）申请者为市级单位或个人的，依据推荐指标限额经所在主管部门审核同意后申报。退休人员申报的，必须一直从事基础教育教学改革实践探索，至今没有间断，其成果仍在教育教学中发挥示范引领作用。

（二）申请者隶属于各区教委管理的单位或个人，由所在区教委在推荐指标限额内组织初审后，择优推荐，统一申报。保证推荐成果的质量和水平。

各区或单位初审确定推荐成果时，应兼顾学前、小学、初中、高中不同学段，以及特殊教育、专门教育、校外教育、民办教育、民族教育等不同类型的教育教学成果。各区申报成果中原则上应至少包含一项特殊教育成果，评选工作适当向特殊教育领域倾斜。

推荐指标分配见第五届北京市基础教育教学成果奖推荐指标分配表。

（三）评选工作坚持向教学一线倾斜，由一线教师主持和中小学幼儿园主持完成的成果不少于推荐总数的70%。

（四）未给定推荐指标的其他高校、研究机构、社会组织、学校等和个人如需申报成果，按属地原则在各区进行申报。如：北京西藏中学在朝阳区申报，北京市盲人学校在海淀区申报。

（五）申报人或申报单位要按照要求认真填写和准备申报材料，确保报送材料的完整、真实、规范。

第十条 北京市成立“北京市教育教学成果奖评审委员会”（以下简称“评审委员会”），评审委员会聘请相关专家组成“北京市基础教育教学成果奖评审专家委员会”（以下简称“专家委员会”）。专家委员会下设若干评审组。同时设立“北京市基础教育教学成果奖奖励工作办公室”（以下简称“奖励办公室”），奖励办公室设在市教委基础教育二处。

第十一条 评审委员会由市教委、市人力社保局、市财政局有关领导及相关部门负责同志组成。评审委员会职责：

（一）聘请有关专家组成专家委员会；

（二）研究并决定评审工作中的重大问题；

（三）审定专家委员会的评审结果。

第十二条 专家委员会设主任1人，副主任若干人，成员根据评审工作实际需要确定。专家委员会职责：

（一）听取评审组的工作报告，审定评审组的评审结果；

（二）对评审工作中的有关问题进行研究并提出处理意见；

（三）对完善教学成果评选奖励工作提供咨询意见。

第十三条　评审组设组长1人，副组长1人，成员3—5人。评审组的职责：

（一）听取奖励办公室的工作报告，确定申请人及其成果的参评资格；

（二）负责本组别范围内的成果初评工作，并向专家委员会报告初评结果；

（三）完成专家委员会委托的其他工作。

第十四条　奖励办公室设主任1人，副主任1—2人，成员若干人。奖励办公室的职责是：

（一）具体组织、协调评审工作；

（二）初步审核申请人及其成果的参评资格，核实推荐材料的真伪，并向评审组提交工作报告；

（三）完成评审委员会委托的其他工作。

第十五条　评审工作坚持公开、公平、公正的原则，采取无记名投票形式，实行初评、复评、终评三轮评审制度。

教学成果奖的评审实行回避制度，参评成果的主要完成人不得参与评审的领导、组织和具体评审工作。

评审结果的确定按《办法》执行。专家委员会或评审委员会对初评结果提出异议时，需另行成立复评小组对原评审材料进行复评。

第十六条　评审结果实行公示制度。

评审结果经评审委员会审定后，获奖成果名单在市教委官方网站等权威媒体上发布，接受社会监督。公示期为15天。

任何单位或个人对获奖成果有异议，均可在公示期内以书面形式向奖励办公室提出。

单位提出异议的，须写明联系人的姓名、通信地址、邮政编码和联系电话，并加盖公章；个人提出异议的，须写明本人的真实姓名、工作单位、通信地址、邮政编码和联系电话，并署本人的亲笔签名。不符合上述规定的异议，不予受理。

奖励办公室在受理异议后，先将异议告知推荐单位，由推荐单位在10个工作日内核实情况并提出处理意见，以书面形式报奖励办公室。推荐单位逾期未对异议提出处理意见的，取消该成果获奖资格。

对成果的科学性、合理性有异议的，由专家委员会裁决；对成果的权属和署名次序有异议的，由推荐该成果的行政主管部门和业务主管部门进行核实并提出处理意见。对异议的最后处理意见须经评审委员会裁决。

奖励办公室应自异议处理完毕之日起3个工作日内，将处理情况告知提出异议的单位或个人。奖励办公室对提出异议的单位或个人予以保密。

公示期满后，评审委员会将评奖结果报北京市人民政府批准。

第十七条 对北京市基础教育教学成果奖获奖单位或个人，授予获奖证书并颁发奖金。奖励标准为特等奖每项奖励5万元，一等奖每项奖励2万元，二等奖每项奖励1万元。

第十八条 教学成果奖励经费由市教委年度预算中安排解决，确保专款专用。

第十九条 北京市教育教学成果奖的奖金归获奖者所有，任何单位或者个人不得截留。

第二十条 获得北京市教育教学成果奖，应当记入获奖者本人档案，作为考核、评定职称和晋级增薪的一项重要依据。

第二十一条 本细则由奖励办公室负责解释。

2017年北京市基础教育教学成果奖推荐指标分配表

单位编号	单位	限额	单位编号	单位	限额
1	东城区	40	13	平谷区	7
2	西城区	48	14	怀柔区	9
3	朝阳区	43	15	密云区	7
4	海淀区	62	16	延庆区	6
5	丰台区	18	17	燕山	2
6	石景山区	15	18	北京教育科学研究院	22
7	门头沟区	7	19	北京教育学院	10
8	房山区	18	20	北京教育考试院	2
9	通州区	23	21	首都师范大学	9
10	大兴区	18	22	北京师范大学	14
11	昌平区	16	23	北京市教育学会	3
12	顺义区	19	24	北京特教中心	2
共计			420		

附件 2

2017 年北京市职业教育教学成果奖评审奖励实施细则

第一条 为贯彻落实《国务院关于加强教师队伍建设的意见》《北京市“十三五”时期教育改革和发展规划（2016—2020 年）》等文件要求，鼓励广大职业教育工作者积极开展研究，深化教育教学改革，提高人才培养质量，发挥职业教育在产业转型升级、京津冀协同发展中的重要作用，根据国务院颁布的《教学成果奖励条例》和《北京市教育教学成果奖评审奖励办法》，结合北京市职业教育实际，制定本实施细则。

第二条 “北京市职业教育教学成果奖”是北京市人民政府设立的“北京市教育教学成果奖”的组成部分，该奖项每 4 年评审一次。本市中等职业学校（含技工学校）、高等职业院校的教师、教辅人员和教学管理人员，在职业教育教学中取得成果的学术团体、其它社会组织和个人，均可依照本细则的规定申请北京市职业教育教学成果奖。

第三条 北京市职业教育教学成果，是指符合国家和北京市关于加快发展职业教育决定精神，反映职业教育教学规律和人才成长规律，针对目前职业教育教学改革与实践中的问题，提出有效解决办法，实施效果显著，具有科学性、创新性、实效性和推广性，对提高职业教育教学水平和教育质量、实现职业教育培养目标产生明显效果的教育教学方案。

北京市职业教育教学成果奖评奖范围主要包括：

（一）在转变教育思想、更新教育观念，落实立德树人根本任务，加强思想道德、人文素养教育，强化公共基础课教学，深化专业建设和课程改革，改进教学方法和应用信息化教学等方面具有创新性和推广价值的成果。

（二）在组织教学工作、推进教学及教学管理改革，加强师资队伍、实训基地、教学资源建设，建立教学诊断与改进的质量保障机制，实现教学管理现代化等方面具有创新性和推广价值的成果。

（三）在服务国家战略和首都教育领域改革，探索办学模式，创新人才培养模式，推进产教融合、校企合作，文化传承创新、国际交流合作，增强学生就业和创新创业能力等方面具有创新性和推广价值的成果。

（四）推广、应用已有的教育教学成果，并在实践中进一步创新和发展，显著提高人才培养质量和办学效益等方面的成果。

第四条 北京市职业教育教学成果奖共设奖项 210 项左右，其中特等奖不超过 10 项，一等奖 50 项左右，二等奖 150 项左右，特等奖和一等奖坚持宁缺毋滥的原则，确保评审的严肃性和权威性。

第五条 申请北京市职业教育教学成果奖的个人或集体的主要完成人须具备以下条件：

（一）忠诚于党和人民的教育事业，坚持党和国家教育方针，坚持立德树人，具有良好的职业道德和学术风范。

（二）主持并直接参加成果的方案设计、论证、研究和实施的全过程，并做出主要贡献（教材应为主编或第一著作人）。直接承担职业教育教学工作（含教育教学管理、教学研究和教学辅助工作），一般要有连续三年以上从事职业教育教学工作的经历。

（三）每项成果的主要完成人不得超过 5 人。对于联合申报的成果，可适当增加主要完成人数量。

第六条 成果的主要完成单位，指成果主要完成人所在的基层单位，并在成果的方案设计、论证、研究和实践的全过程中做出主要贡献的单位。每项成果的主要完成单位不得超过 3 个。

第七条 符合党和国家教育方针、政策，2013 年以来完成并经过 2 年以上教育教学实践检验，在理论上有所创新，在实践中取得成效，且达到以下标准的成果可获得市级教学成果奖：

特等奖：在职业教育教学理论上有重大创新，在职业教育教学改革实践中取得特别重大突破，对提高教学水平和教育质量、实现培养目标有突出贡献，达到国内领先水平，并经过不少于4年的教育教学实践检验；

一等奖：在职业教育教学理论上有创新，对职业教育教学改革实践有重大示范作用，对提高教学水平和教育质量、实现培养目标产生重大成效，达到全市领先，全国先进水平；

二等奖：在职业教育教学理论或者实践的某一方面有重大突破，在提高教学水平和教育质量、实现培养目标等方面取得显著成效。

实践检验的起始时间，应从正式实施（包括正式试行）教育教学方案的时间开始计算，不含研讨、论证及制定方案的时间，检验完成时间应不迟于2016年12月31日。

已经获得过国家级教学成果奖的成果，在内容相同而没有特别创新的情况下不得再次申报。

第八条　北京市成立“北京市教育教学成果奖评审委员会”（以下简称“评审委员会”），评审委员会聘请相关专家组成“北京市职业教育教学成果奖评审专家委员会”（以下简称“专家委员会”）。专家委员会下设若干评审组。同时设立“北京市职业教育教学成果奖奖励工作办公室”（以下简称“奖励办公室”），奖励办公室设在市教委职业教育与成人教育处。

第九条　评审委员会由市教委、市人力社保局、市财政局有关领导及相关部门负责同志组成。其职责是聘请有关专家组成专家委员会；研究决定市级教学成果奖励工作中的重大问题；审定专家委员会的评审结果。

第十条　专家委员会设主任1人，副主任若干人，委员人数根据评审工作需要确定。评审委员会的职责：

（一）听取评审组的工作报告，审定评审组的评审结果；

（二）对评审工作中的有关问题进行研究，并提出处理意见；

（三）对完善教学成果奖励工作提供咨询意见。

第十一条 专家委员会设组长1人，副组长1至2人，成员若干人。其职责是：

（一）复查奖励办公室提出的核查意见，确定申请人及其成果的参评资格；

（二）负责本组业务范围内的成果初评工作，并向专家委员会汇报初评结果；提出本组各级奖项的推荐意见；

（三）负责指导推荐国家成果奖的材料修改完善；

（四）完成专家委员会交办的其它工作。

第十二条 奖励办公室设主任1人，副主任1至2人，成员若干人。其职责是：

（一）具体组织评审工作；

（二）初步审核申请人及其成果的参评资格，核实推荐材料的真伪，对材料中存在的疑点问题，要求申报个人或单位作出说明，提出对申请材料的核查意见；

（三）完成评审委员会交办的其它职责。

第十三条 教学成果奖评审坚持公开、公平、公正的原则，采取无记名投票形式，实行初评、复评、终评三轮评审制度。

教学成果奖评审工作实行回避制度。被推荐为教学成果奖成果的完成人，不得参加奖励工作的领导、组织和评审工作。

第十四条 评审结果实行公示制度。评审结果经领导小组审定后，在北京市教育委员会官方网站上发布，接受社会监督，公示期为15天。

任何单位和个人对获奖成果有异议，必须在公示期内采用书面形式向领导小组办公室提出。单位提出异议的，须写明联系人姓名、通信地址、邮政编码和联系电话，并加盖公章；个人提出异议的，须写明本人的真实姓名、工作单位、通信地址、邮政编码和联系电话，并署本人亲笔签名。不符合上述规定的异议，不予受理。

异议由奖励办公室负责协调处理。奖励办公室在受理异议后，先将异议通知推荐单位，由推荐单位在10个工作日内核实情况，提出处理意见，以书面形式报奖励办公室。必要时可组织评审委员和专家对异议进行调查，提出处理意见，报请评审委员会裁决。奖励办公室应自异议处理完毕之日起3个工作日内，将处理情况告知提出异议的单位或个人。推荐单位逾期未对异议提出处理意见的，取消该成果获奖资格。奖励办公室对提出异议的单位和个人给予保密。

公示期结束后，评奖结果由评审委员会报北京市人民政府批准。

第十五条 北京市职业教育教学成果奖励经费由北京市财政专项拨款支持，获得北京市职业教育教学成果奖特等奖将授予获奖证书和5万元奖金，获得市级一等奖将授予获奖证书和2万元奖金，获得市级二等奖将授予获奖证书和1万元奖金。

第十六条 北京市职业教育教学成果奖励经费预算由北京市教育委员会编制，列入市财政预算，专款专用。

第十七条 本细则由奖励办公室负责解释。

附件3

2017年北京市高等教育教学成果奖评审奖励实施细则

第一条 为贯彻落实《国务院关于加强教师队伍建设的意见》《北京市“十三五”时期教育改革和发展规划（2016—2020年）》等文件要求，不断提高北京高等学校教育教学质量，持续提升人才培养能力和水平根据国务院颁布的《教学成果奖励条例》及《北京市教育教学成果奖评审奖励办法》的精神，结合北京高等教育的实际，制定本实施细则。

第二条 “北京市高等教育教学成果奖”是经北京市人民政府同意设立的“北京市教育教学成果奖”的组成部分。北京地区承担研究生或本科层次人才培养、开展高等继续教育的普通本科高等学校、科研院所及独立设置成人高等学校均可依照本细则申请“北京市高等教育教学成果奖”。

第三条 北京市高等教育教学成果奖，是指符合党和国家教育方针，坚持立德树人，反映教育教学规律，具有创新性、实用性、推广性，对提高高等教育教学水平和教学质量，实现培养目标产生明显效果的教育教学成果。主要包括转变教育思想观念、改革人才培养机制、创新人才培养模式、加强教学质量保障、推进优质教育资源共享、推动教学管理机制改革、优化学科专业结构、改进教学内容方法、强化实践育人环节、全面推进素质教育等方面。

第四条 2017 年北京市高等教育教学成果奖设项总数为 600 项左右，其中特等奖 10 项左右，一等奖 240 项左右，二等奖 350 项左右，特等奖和一等奖坚持宁缺毋滥的原则，确保评审的严肃性和权威性。

第五条 申请北京市高等教育教学成果奖的个人或集体的主要完成人须具备以下条件：

（一）忠诚于党和人民的教育事业，坚持党和国家教育方针，坚持立德树人，具有良好的职业道德和学术风范。

（二）主持并直接参与成果的方案设计、论证、研究和实施全过程，并做出主要贡献。直接承担高等教育教学工作（含教学管理、教学研究和教学辅助工作），一般要有连续三年以上从事高等教育教学工作的经历。

第六条 成果的主要完成单位，指成果主要完成人所在单位，并在成果的方案设计、论证、研究和实践的全过程中做出主要贡献的单位。

第七条 推荐市级奖必须从本校教学成果中择优推荐，一般情况下应为近五年内获得的教学成果，并经过两年以上（特等奖和一等奖的成果一般应经过不低于 4 年）的教育教学实践检验。实践检验的起始时间，应从正式实施（包括正式试行）教育教学方案的时间开始计算，不含科研、论证及制定方案的时间，检验完成时间应不迟于2016年12月31日。

达到以下标准的成果可获得市级教学成果奖：

在教育教学方面实现重大突破，取得重大人才培养效益，尤其是在符合国家战略定位、服务北京经济社会发展、突出学校办学特色，在全国高等教育教学领域起到引领作用，达到国内领先水平的成果，可获得市级教学成果特等奖；

在教育教学方面迈出重大步伐，尤其是在适应北京高等教育普及化发展趋势，创新人才培养模式、促进信息技术与教育教学深度融合，推动优质资源共享，有效提高教育教学质量等方面达到全市领先、全国先进水平的成果，可获得市级教学成果一等奖；

在教育教学方面取得较大成就，尤其是在结合学校办学定位和学科优势，转变教育思想，优化学科专业结构，强化实践教学，调整课程体系、教学内容及相关教材，改进教学方法等方面达到全市先进水平的成果，可获得市级教学成果二等奖。

在同等水平情况下，近年来大力推进教育教学改革创新工作并取得明显成果，获国家级或者北京市级教育教学改革相关项目支持并通过验收的项目可优先获奖。

已获得过高等教育北京市级以上教学成果奖的成果，在内容基本相同或没有特别创新的情况下不得重复申报。

第八条 北京市成立"北京市教育教学成果奖评审委员会"（以下简称评审委员会）；评审委员会聘请相关专家组成"北京市高等教育教学成果奖评审专家委员会"（以下简称专家委员会），下设若干评审组；同时设立北京市高等教育教学成果奖奖励工作办公室（以下简称奖励办公室），奖励办公室设在市教委高教处。

第九条 评审委员会由市教委、市人力社保局、市财政局等有关部门领导及相关负责同志组成。其职责是：

（一）聘请有关专家组成专家委员会；

（二）研究决定市级教学成果奖评审奖励过程中的重大问题；

（三）审定专家委员会的评审结果。

第十条 专家委员会设主任1人，副主任若干人，委员人数根据评审工作需要确定。其职责是：

（一）听取评审组的评审报告并审定评审结果；

（二）对评审工作中的有关问题进行研究并提出处理意见；

（三）对完善教学成果奖励工作提供咨询意见。

第十一条 评审组由专家委员会根据申报情况设立，设组长1人，副组长1～2人，成员若干人。其职责是：

（一）复查奖励办公室提出的核查意见，确定评审成果资格；

（二）依据网络初评情况，完成本学科（专业）范围内的成果评审工作，向专家委员会报告评审结果，提出本组各级奖项的推荐意见；

（三）专家委员会赋予的其他职责。

第十二条 奖励办公室的职责是：

（一）具体组织评审工作；

（二）核查推荐成果的推荐书及相关资料，对推荐材料中存在的疑点问题，要求其推荐单位做出说明，提出对推荐材料的书面核查意见；

（三）完成评审委员会赋予的其他职责。

第十三条 教学成果奖的评审坚持公开、公平、公正的原则，采取无记名投票形式，实行网络初评、评审组和专家委员会会评、评审委员会终评的三轮评审制度。

教学成果奖的评审实行回避制度，被推荐为教学成果奖成果的完成人，不得参加奖励的领导、组织和具体评审工作。

第十四条 教学成果奖评审结果实行公示制度。

评审结果经评审委员会审定后，在市教委官方网站上发布，接受社会监督。公示期为15天。

任何单位和个人对获奖成果有异议，必须在公示期内采取书面形式向市教委提出，并写明联系人的真实姓名、工作单位、邮政编码、联系电话，否则不予受理。

异议由奖励办公室统一处理。奖励办公室在受理异议后，先将异议通知推荐单位，由推荐单位在10个工作日内核实情况，提出处理意见，以书面形式报奖励办公室。必要时可组织评审委员和专家对异议进行调查，提出处理意见，报请评审委员会裁决。奖励办公室自处理完毕之日起3个工作日内将核实及处理情况告知提出异议的单位或个人。凡在规定截止日期前，推荐单位未对异议项目提出处理意见的，取消其获奖资格。奖励办公室对提出异议的单位和个人给予保密。

公示期结束后，评审结果由评审委员会报北京市政府批准。

第十五条　北京市高等教育教学成果奖由北京市财政专项拨款支持，获得北京市高等教育教学成果奖特等奖将授予获奖证书和5万元奖金，获得市级一等奖将授予获奖证书和2万元奖金，获得市级二等奖将授予获奖证书和1万元奖金。

第十六条　教学成果奖励经费预算由市教委编制，列入市财政经费预算，专款专用。其中项目中涉及中央在京高校项目的经费预算列入我市“北京市与中央在京高校共建项目经费”额度中统一管理。

第十七条　本细则由奖励办公室负责解释。

附件4

2017年北京市教育教学成果奖评审委员会名单

主 任 委 员： 刘宇辉　市委教育工委副书记、市教委主任

副主任委员： 郑吉春　市委教育工委常务副书记

唐立军　市委教育工委副书记、市政府教育督导室主任

郑登文　市委教育工委副书记

叶茂林　市教委副主任
李奕　市教委副主任
黄侃　市教委副主任
王文生　市纪委派驻教工委市教委纪检组长
杨晋京　市人力社保局巡视员
汪钢　市财政局副巡视员
陈江华　市委教育工委委员
冯洪荣　市教委委员
葛巨众　市教委委员

成　　员：刘晓明　市委教育工委（市教委）办公室主任
周彤　市教委（市委教育工委）办公室主任
王艳霞　市教委政策法规处处长
卢向红　市委教育工委安全稳定工作处处长
李艳春　市教委财务处处长
姚林修　市教委发展规划处处长
张小红　市教委学前教育处处处长
张凤华　市教委基础教育一处处长
徐建姝　市教委基础教育二处处长
王东江　市教委职业教育与成人教育处处长
邵文杰　市教委高等教育处处长
张宪国　市教委科学技术与研究生工作处处长
潘芳芳　市教委国际交流与合作处处长
滕继辉　市纪委派驻市委教工委市教委纪检组副组长
陶春梅　市教委审计处处长

北京市教育委员会

关于公布 2013—2015 年北京高等学校教育教学改革立项项目验收结果（第一批）的通知

京教函〔2017〕260 号

各有关高等学校：

根据市教委《关于开展 2013—2015 年北京高等学校教育教学改革立项工作的通知》（京教函〔2013〕338 号），我委组织了北京高等学校教育教学改革立项工作，共支持北京高校教改立项项目 700 余项，近期，我委根据学校申请组织专家对于部分已完成研究项目进行了验收，现将第一批验收结果予以公布。我委将适时组织第二批验收，各高校要加强对未验收项目过程指导及进度管理，确保立项项目按计划完成。

2013—2015 年教学改革立项项目验收完成后，我委将组织下一轮北京高等学校教育教学改革立项工作。各高校要根据进度安排，结合工作实际，加强管理规划，切实将教育教学改革研究作为提升人才培养能力的关键环节，加强顶层设计，完善配套政策，引导更多人员参与教育教学改革研究及实践，进一步发挥教育教学改革研究在推动人才培养模式改革、提高人才培养质量中的重要作用。

附件：2013—2015 年北京高等学校教育教学改革立项项目验收结果（第一批）

2017 年 6 月 28 日

附件

2013—2015年北京高等学校教育教学改革立项项目验收结果（第一批）

重点项目

序号	推荐单位	项目负责人	项目名称
1	北京航空航天大学	冯文全	基于人才培养质量提升的研究型大学内部质量保障体系建设
2	北京理工大学	李和章	“知能并重”的高校教学质量全面评价与监测体系的构建
3	北京交通大学	李长春	发挥行业特色优势探索中俄联合办学模式
4	北京化工大学	陈标华	学校内部质量评价与保障体系的研究与实践
5	北京林业大学	骆有庆	以学生满意度为核心的人才培养质量动态监控反馈系统的研建与实践
6	华北电力大学	郝英杰	构建“四位一体”素质教育体系促进学生全面发展
7	北京工业大学	冯士维	面向首都电子信息人才大类培养体系的探索研究
8	首都医科大学	吕兆丰	系统建设临床医学专业英文教材的研究与实践
9	首都医科大学	线福华	全科医学人才培养体系与培养模式研究
10	首都师范大学	王德胜	面向首都区域发展需要的市属高校本科专业结构调整及优化策略研究
11	首都师范大学	周建设	当代国际前沿教育理念及其对北京市属高校教育国际化的借鉴

续表

序号	推荐单位	项目负责人	项目名称
12	北京第二外国语学院	邱鸣	基于应用能力口语测试的大学英语课程改革研究
13	北京工业大学耿丹学院	丁晓良	民办本科院校完全学分制探索——以耿丹学院为例

联合项目

序号	推荐单位	项目负责人	项目名称
1	北京城市学院、北京中医药大学	敖冬梅	院校教育与师承教育相结合的中药应用型人才培养模式的改革与实践
2	北京电子科技学院、北京工业大学	吴培群	基于数据分析的北京高校内部审核式评教研究
3	北京吉利学院、浙江吉利集团	王兴贵	校企合作实施“产教协同”探索就业导向教育模式
4	北京交通大学、北京师范大学、北京信息科技大学	李长春	“双培计划”教育模式和机制的研究与实践
5	北京经贸职业学院、江泰保险经纪股份有限公司	周玉芬	基于教育部“实验班”校企合作项目的人才培养方案探索与研究
6	北京社会管理职业学院、北京北大方正软件技术学院、全国民政职业教育教学指导委员会	杨根来、潘秀峰	2014 职业院校老年服务与管理专业人才培养模式研究——以北京社会管理职业学院 96654 人才培养模式为例
7	北京社会管理职业学院、长沙民政职业技术学院、重庆城市管理职业学院、武汉城市管理职业学院	邹文开	2013 面向特殊群体民生服务的专业群综合改革
8	北京师范大学、北京交通大学、北京航空航天大学、北京理工大学	郑国民	北京市共享课程资源建设模式研究

续表 1

序号	推荐单位	项目负责人	项目名称
9	北京师范大学、中国传媒大学、北京电影学院	史培军、孙立军、贾秀清	三校一体、四年一贯、校企合作、协同育人的动漫高端人才联合培养模式研究与实践
10	北京物资学院、北京高校数学教育发展研究中心	许晓革	协同构建大学数学教学资源共享机制的研究与实践
11	首都高等工程教育研究中心、北京信息科技大学、北京建筑大学、北京石油化工学院、北京印刷学院	王兴芬	首都地方院校实施“卓越工程师教育培养计划”的研究与实践
12	北京印刷学院、北京石油化工学院	王关义、韩占生	行业特色高校设立人才培养特区与建立招生培养就业联动长效机制研究
13	对外经济贸易大学、中国人民大学、中国传媒大学	曹淑艳	计算思维视角下的北京市文科类高校大学计算机基础课程体系研究
14	国际关系学院、中国软件行业协会数据库及应用软件分会	周琳娜	面向大数据环境的数据管理与分析数学改革与实践研究
15	清华大学、北京化工大学、中国劳动关系学院、北京财贸职业学院	袁驷	构建大学生人文知识竞赛平台充实高校文化素质教育内涵
16	首都经济贸易大学、北京会计学会	蔡立新	校企联动培育集团型财务管控人才的实践研究
17	北京化工大学、有色金属协会、北京赛林泰医药技术有限公司	许家喜	实现企业成为创新主体的应用化学人才培养体系建设
18	中央民族大学、中国影视艺术协会	汤文靖	新闻学应用型人才培养模式的实践探索
19	中央民族大学、北京电视台纪实频道	朱靖江	影视人类学教学与影视媒体创作实践

续表 2

序号	推荐单位	项目负责人	项目名称
20	北京第二外国语学院、北京联合大学、北京服装学院、首都师范大学、北京石油化工学院、北京城市学院、北京第二外国语学院中瑞酒店管理学院、首都医科大学、北京信息科技大学、北京工商大学嘉华学院、北京农学院、北京建筑大学	张喜华	三位一体市属高校大学英语教育改革模式研究
21	首都高等工程教育研究中心、北京邮电大学、北京化工大学	孙洪祥	多维环境下的工程人才培养模式研究与实践

面上项目

序号	推荐单位	项目负责人	项目名称
1	北京大学	高松	北京大学本科人才培养国际化研究
2	北京大学	方新贵	以“小班化”为导向的教学方法改革
3	北京大学	卢晓东	跨学科本科专业建设的理论与实践探索
4	北京大学	唐士其	北京大学国际关系学科本科优秀学术人才培养探索与研究
5	北京大学	王维民	医学院校内部教育评价体系构建研究
6	中国人民大学	洪大用	完善本科人才培养体系，建设研究型学习制度
7	中国人民大学	贾国栋	强化学生英语综合表达能力，提升国际交流人才培养质量
8	中国人民大学	刘晓梅	以学生为本、以核心能力培育为目标的商学院本科人才培养模式改革
9	中国人民大学	李树旺	中国人民大学体育教学多层次课程设置体系的研究与实践

续表 1

序号	推荐单位	项目负责人	项目名称
10	清华大学	马春生	建设专业竞赛平台，促进实践教学改革
11	清华大学	段远源	机械工程引领人才培养模式探索与实践
12	清华大学	顾学雍	与创客文化结合的项目导向学习
13	清华大学	康重庆	以学习者为中心的多元化教学评估体系建设
14	清华大学	孙宏斌	校内外“创意创新创业”实践平台建设工作的统筹与推进
15	清华大学	王巍	清华大学文化素质课程体系改革与建设
16	北京交通大学	房海蓉	机械大类本科专业科教融合模式与机制研究
17	北京交通大学	戴胜华	电子信息类专业人才培养模式创新及实践体系建设
18	北京交通大学	蒋学清	创建社交网络英语学习平台，探索基于联通理论的英语教学模式与实践
19	北京交通大学	于双元	计算机与信息类专业人才培养体系研究与实践
20	北京交通大学	于永光	分层次全过程夯实数理基础，切实提升本科人才培养质量
21	北京交通大学	张力	经济管理类本科生全程导师制实施模式的创新研究
22	北京交通大学	姜久春	新能源领域国际化人才培养模式探索
23	北京交通大学	陈后金	一体化建设本科实验教学平台，全方位提高学生工程实践能力
24	北京科技大学	何伟	强化输出能力的多维一体创新实践型外语人才培养模式探索
25	北京科技大学	刘立	工程型拔尖人才培养体系的研究与实践
26	北京科技大学	夏德宏	宽口径的“能源与动力工程”专业培养模式与全程化的能力导向培养机制构建

续表 2

序号	推荐单位	项目负责人	项目名称
27	北京科技大学	张北根	“中国近现代史纲要”研究性教学的探索与实践
28	北京邮电大学	王文博	通信工程专业校际协同共建机制的研究与实践
29	北京邮电大学	吕廷杰	基于案例教学的电子商务创新创业能力培养研究与实践
30	北京邮电大学	李学明	数字媒体专业跨年级联合实践教学模式探索
31	北京邮电大学	纽云霄	网络互动与批判思维能力培养的教学模式研究
32	北京邮电大学	赵同刚	以卓越工程师为目标驱动的电子信息类专业实验课程改革
33	北京邮电大学	范姣莲	大学英语实验教学体系的构建与应用
34	北京邮电大学	肖井华	寓教于研，探索物理实验在创新人才培养中的新途径
35	北京邮电大学	侯文军	自主·探究·协同设计创意类人才培养新模式研究
36	北京邮电大学	郭莉	全方位·开放式·层次化创新实践教育体系的研究与建设
37	北京化工大学	李志林	大化工行业特色鲜明的材料科学与工程专业培养模式改革与实践
38	北京化工大学	朱群雄	以卓越工程师培养计划实施为推手改革大化工特色的自动化专业培养模式
39	北京化工大学	张英奎	知行合一的经管类大学生实践与创新能力培养研究
40	北京化工大学	袁其朋	制药工程专业工程化与创新能力一体化新型培养模式探索
41	北京化工大学	任新钢	全球化背景下，部属和市属高校协同培育大化工类专业工程人才新机制的研究与实践
42	北京化工大学	苏海佳	科研与教学融合培养学科交叉拔尖创新人才

续表 3

序号	推荐单位	项目负责人	项目名称
43	中国农业大学	葛长银	基于企业流程的《企业财税学》教材新编
44	中国农业大学	廖小军	食品生物工程专业建设研究
45	中国农业大学	曹志军	以实践教学改革促动物科学专业学生综合能力提升—以牛精英计划为例
46	中国农业大学	张宾	“机械工程训练”教学改革与实践
47	中国农业大学	宋正河	涉农工程类专业创新型国际化人才培养模式构建
48	中国农业大学	高万林	MOOCs 与课堂相结合的混合式教学模式在程序设计课程中的应用研究与实践
49	中国农业大学	杨小燕	高等学校教育教学质量内部评估与保障体系的理论和实践研究
50	中国农业大学	李海涛	农科院校工业设计专业人才创新培养模式探索
51	中国农业大学	陈秀凤	涉农特色卓越会计人才本科培养模式探究
52	北京林业大学	张文杰	理科基础教学质量的实时监测
53	北京林业大学	陈志泊	以程序设计与软件开发能力为主的应用型计算机专业核心课程体系改革与教学资源建设
54	北京林业大学	王玉杰	适应新形势的自然保护与环境生态类专业建设
55	北京林业大学	徐基良	基于研究性教学的自然保护区管理专业创新性人才培养模式研究
56	北京林业大学	李雄	园林专业实践基地实践课程建设
57	北京林业大学	伊松林	工程技术型人才培养模式的探索
58	北京林业大学	于志明	复合应用型专业人才培养模式的改革与实践——以北京林业大学木工、林化、保护区专业为例
59	北京林业大学	田呈明	林学类专业青年教师教学能力提升研究与实践

续表 4

序号	推荐单位	项目负责人	项目名称
60	北京中医药大学	翟双庆	北京中医药大学中医拔尖人才培养模式课程改革的研究与实践
61	北京中医药大学	陈静	北京中医药大学中医学专业课程体系改革与创新
62	北京中医药大学	倪健	中药学专业拔尖培养研究与实践
63	北京中医药大学	郭华	中医经典考级的研究
64	北京中医药大学	林燕	中医临床实践课程模块化改革
65	北京师范大学	卢忠林	化学类相关学科基础课程建设
66	北京师范大学	林丹华	《教育心理学》通识教育课程建设与教学模式构建
67	北京师范大学	姚明焰	基于学生体质健康与运动技能促进的课内外体育课程体系改革研究
68	北京师范大学	朱红文	哲学在大学通识教育课程体系中的意义的研究与实践
69	北京师范大学	康永久	迷恋自我的教育学——教育学原理课程的新实践
70	北京外国语大学	刘素梅	对高层次非英语专业人才培养模式的探索与追踪研究
71	北京外国语大学	李洪峰	高校法语专业基础阶段知识体系架构与思维能力训练研究
72	北京外国语大学	吴青	数字化时代的翻译教学与研究平台研发
73	北京外国语大学	吴江	PBL 教学模式在外语专业倾向课程中的应用研究
74	北京外国语大学	邵炜	合作建构主义视域下 MODDLE 平台在汉译外教学中的应用研究
75	中国传媒大学	贾秀清	传媒艺术人才创作素养及能力培养研究
76	中央财经大学	刘红霞	北京高校会计专业人才培养模式创新与实现路径研究
77	中央财经大学	林政	高水平财经大学学生创新实践能力培养与效果评价模型研究——基于财经学科特殊性的分析

续表 5

序号	推荐单位	项目负责人	项目名称
78	中央财经大学	冯秀军	高校思想政治理论课主题教学体系改革
79	中央财经大学	杨运杰	经济学拔尖创新人才培优计划研究与实践
80	中央财经大学	马景义	经济学门类本科生定量分析能力培养体系设计及优化
81	对外经济贸易大学	蒋先玲	经济与金融特设专业课程体系设计的探索
82	对外经济贸易大学	黄健青	财经类院校信息交互式人才培养模式探索与实践
83	对外经济贸易大学	施建军	大数据下经济统计本科人才培养模式研究
84	对外经济贸易大学	王永贵	北京市高校创新创业教育体系与人才培养模式研究
85	对外经济贸易大学	吴卫星	本硕博多层次金融工程专业人才培养改革与实践
86	中国政法大学	庞金友	高校优秀教学团队的构成要素与建设路径：基于5P建构模型的分析
87	中国政法大学	黄东	“微时代”下《中国近现代史纲要》教学互动机制研究
88	中国政法大学	邓达	基于通识教育的经济学互动教学模式研究——兼与美国高校的比较
89	中国政法大学	黄都培	文科高校信息化复合人才培养及计算机教学改革研究
90	中央音乐学院	周青青	音乐学系本科“招生基地”教改项目
91	中央音乐学院	王宪林	第二届全国高等艺术大学大学生艺术歌曲比赛
92	国际关系学院	林宏宇	加强重点学科建设，筹备国际政务学院
93	国际关系学院	李青	本科非英语专业翻译教学创新实践研究
94	国际关系学院	高红玲	传播学专业实践课的课型设置与团队建设研究

续表 6

序号	推荐单位	项目负责人	项目名称
95	国际关系学院	梁晓晖	基于认知理论、以“创新能力”培养为导向的大学英语课程教学模式改革：以国际关系学院为例
96	国际关系学院	杨华锋	国际关系学院“公共管理与国家安全”基地班的筹建与培养模式研究
97	北京航空航天大学	张有光	小班化研究型教学改革与实践
98	北京航空航天大学	丁水汀	试点学院人才培养综合改革探索
99	北京航空航天大学	郑晓齐	新型通识教育书院式教学体制改革实践研究
100	北京航空航天大学	曹庆华	实践教学开放式机制的研究
101	北京理工大学	庞海芍	专业化、制度化、常态化的教师发展体系研究与实践
102	北京理工大学	马树元	面向《华盛顿协议》的机械工程专业国际化工程教育认证体系构建
103	北京理工大学	李林英	新媒体环境下首都高校思想政治理论课 MOOC 模式创新研究
104	北京理工大学	叶云屏	“明精计划”学术用途英语课程建设
105	北京理工大学	罗森林	突出创新能力培养，强调个性发展和体现全面发展的“54321”创新实践教育保障体系研究
106	北京理工大学	薛庆	跨学科实践教学的国际化平台建设
107	北京理工大学	廖晓钟	以工程能力培养为导向的自动化专业实验教学的研究与实践
108	北京理工大学	余晓泓	MBA 教育国际化体系构建与培养模式研究
109	中央民族大学	苏发祥	和谐首都建设与中央民族大学民族学专业课程群构建
110	中央民族大学	苏和平	民族高校大学生艺术素质教育模式创新研究
111	中央民族大学	朴长天	少数民族艺术院校器乐教学改革及理论创新研究

续表 7

序号	推荐单位	项目负责人	项目名称
112	中央民族大学	王斌	民族高校生物技术专业的实践教学与民族地区生物资源保护和开发相结合模式的探索
113	中央民族大学	胥桂仙	基于计算思维能力培养的离散数学实践教学研究
114	中央民族大学	张卫国	高等院校民族预科汉语写作教学创新研究
115	华北电力大学	杨勇平	用先进科技支撑和引领热能与动力工程专业“卓越计划”工程创新人才培养
116	华北电力大学	孙淑艳	“自主型、研究型、创新型”三型一体的层次化实践教学模式的研究
117	华北电力大学	刘衍平	具有能源特色的机械工程专业实践创新人才培养模式的研究
118	华北电力大学	尹忠东	依托大学生校企联合实践基地的电气工程实践教学改革
119	华北电力大学	宁圃玉	加强语言输出能力，培养创新型、国际化卓越工程师
120	华北电力大学	陈雷	以科研引领教学，以国际化视野培养创新人才
121	华北电力大学	王修彦	面向能源与动力工程专业创新人才培养的工程热力学课程教学改革
122	华北电力大学	夏宏	计算机专业核心课程群可视化贯通教学实验平台的建设
123	中国地质大学（北京）	王果胜	优势学科拔尖人才培养模式的探索与实践
124	中国地质大学（北京）	刘大锰	基于学生学业成绩为主的本科教学质量内涵建设研究
125	中国地质大学（北京）	王红亮	“室内模型—野外露头—现代沉积—井下地质”四位一体实践教学体系建设
126	中国地质大学（北京）	安海忠	地球科学与商务国际复合型人才培养模式研究
127	中国地质大学（北京）	褚宝增	以数学思维提升现代地学人才创新能力的教学研究

续表 8

序号	推荐单位	项目负责人	项目名称
128	中国地质大学（北京）	郑新奇	泛在信息环境下高校计算机基础课教学模式创新与实践
129	中国地质大学（北京）	高淑芬	慕课时代下大学英语课程体系的构建
130	中国矿业大学（北京）	朱红青	采矿与安全工程特色专业创新型人才培养体系的建设
131	中国矿业大学（北京）	张香兰	化工专业大学生工程创新能力培养体系和培养途径的改革与探索
132	中国矿业大学（北京）	单仁亮	土木工程专业矿山建设方向课程群建设
133	中国矿业大学（北京）	宋彦琦	能源工业精英教育教学理念下数学公共基础课教学和课程体系优化研究
134	中国矿业大学（北京）	杨可明	面向就业需求的信息化测绘专业人才培养新模式研究
135	中国矿业大学（北京）	孟国营	矿山机电类专业大学生创新工程中心人才培养体系建设
136	中国矿业大学（北京）	宁云才	培养大学生实践创新能力的教学改革研究
137	中国矿业大学（北京）	许卉艳	理工科院校英语专业特色建设与人才培养模式改革
138	中国矿业大学（北京）	李春霞	煤炭院校特色的思政课教学路径探索与创新人才培养
139	北京电子科技学院	王建新	基于密码工程的电磁防护课程群建设
140	北京电子科技学院	张岩	围绕主题的程序开发辅助平台
141	北京电子科技学院	陈颖	文科高等数学教学创新的探索及应用
142	北京协和医学院	陈咏梅	建立临床前综合考核体系的探索
143	北京协和医学院	陈京立	基于课程资源理论的护理实验教学质量研究
144	外交学院	许军珂	超越教室的国际法实践教学
145	外交学院	韩银安	外交学院本科拔尖创新人才培养的实践与探索
146	外交学院	张慧莲	以研究兴趣为导向的宏观金融学课程群衔接与教学方法研究

续表 9

序号	推荐单位	项目负责人	项目名称
147	中国人民公安大学	王龙	公安大学教学及管理信息化深度整合应用研究
148	中国人民公安大学	杜芳	公安专业背景下的大学英语口语应用能力培养研究
149	北京体育大学	王安利	运动康复专业人才培养质量评价体系研究
150	北京体育大学	田慧	ESP 理论视角下体育院校英语专业学科建设
151	北京体育大学	谢慧松	北京体育大学本科教学质量保障与监控体系的研究
152	北京体育大学	王华倬	教育现代化背景下我国卓越体育教师人才培养模式的理论与实践探索
153	北京体育大学	陈世阳	新媒体环境下提升高校思想政治教育效果的策略研究——以北京体育大学为例分析
154	北京体育大学	熊开宇	以虚拟实验教学为主构建体育专业课内外相结合的实践教学体系
155	北京体育大学	周爱国	运动训练专业体能训练专业方向建设研究
156	北京体育大学	张文毅	基于高等教育滞胀率测度的高校内部专业评估研究——以北京体育大学为例
157	北京体育大学	温宇红	针对体育院校运动训练专业游泳专项学生进行双语教学的探索及实践
158	北京体育大学	练碧贞	“全面发展”教育观导向下高校篮球教育课程的构建
159	中华女子学院	齐品	以输出为驱动培养大学生听说实践能力的研究
160	中华女子学院	张洁	公益传媒人才培养体系构建与实践
161	中华女子学院	刘开南、宁玲	基于女性计算思维养成教育的研究
162	中华女子学院	李镇	艺术设计基础课程体系创新构建研究
163	中国青年政治学院	林维	多类型、多层次法学实践教学改革
164	中国青年政治学院	徐莉	大学生领导力开发系列课程教学方法综合改革

续表 10

序号	推荐单位	项目负责人	项目名称
165	中国青年政治学院	朱俭	多元化人才培养模式的计算机实践教学——以 Excel 自动阅卷系统开发为例
166	中国青年政治学院	向静	依托史学类通识课程培养大学生人文素质的方法创新与实践——2013 年校级教改立项以来的深入进展
167	中国青年政治学院	陈生洛	我校本科学生国际化视野的培育研究——基于马院相关“公选课程群”建设的一项考察
168	中国青年政治学院	林江	以核心课程为引领，构建符合我校人才培养目标的课程体系——基于促进专业教育与创新创业教育有机融合的视角
169	中国青年政治学院	孙广厦	基于协同创新视角的行政管理专业实践教学方式的综合改革
170	中国青年政治学院	宿培成	基于 Moodle 和 MOOC 的混合学习模式探讨与研究
171	中国劳动关系学院	李红卫	中国劳动关系学院院系本科教学工作评价研究与实践——定性评价与定量评价相结合
172	中国劳动关系学院	黄任民	劳动与社会保障专业应用型人才培养模式研究
173	中国劳动关系学院	任国友	职业安全与卫生紧缺人才培养模式探索研究与实践
174	中国劳动关系学院	雷世文	北京特色的高校产学研合作机制服务首都高校大学生创业的路径探索
175	中国劳动关系学院	陈焱晗	基于非统计专业本科统计教学难点的解决模式探索
176	中国劳动关系学院	李红卫	中国劳动关系学院实行小学期的必要性及可行性研究
177	北京工业大学	范晋伟	满足国际等效教育专业认证的机械工程专业卓越工程师人才培养体系的建立
178	北京工业大学	王越	注重综合素质培养的研究型大学物理课程教育教学平台建设的探索与实践

续表 11

序号	推荐单位	项目负责人	项目名称
179	北京工业大学	马雪梅	新生研讨课《生命科学经典》课程研究与实践
180	北京工业大学	戴俭	“环节教育”——创新性建筑设计教学体系与方法的研究与探索
181	北京工业大学	关峻	综合性大学第二学位经管专业教学研究
182	北京工业大学	崔有为	工科院校教师教学发展中心培训模式及其运行机制研究
183	北方工业大学	王包泉	深化教学改革，加强教学研究，推进形势与政策课规范化建设
184	北方工业大学	张常年	高等学校工科专业“3＋1”课程教学体系建设的研究与实践
185	北方工业大学	贾东	以实践创新能力培养为核心的建筑学本科设计课程群建设与人才培养模式研究
186	北方工业大学	王月海	基于大类培养的电子信息类专业群建设研究与实践
187	北京工商大学	郭馨梅	基于本科教学综合改革全面推进的经管类立体化实验教学课程体系建设
188	北京工商大学	付扬	以能力培养为目标，构建多平台、多层次电类基础课程实践教学体系
189	北京工商大学	魏中龙	以有效教与学为核心的本科教学综合改革范式研究
190	北京工商大学	吴叶兰	嵌入式系统课程群建设与创新型人才培养
191	北京工商大学	魏中龙	“互联网＋”本科教学综合改革与创新研究
192	北京印刷学院	王巍	拔尖创新人才培养模式的探索与实践——以应用型本科高校实验班研究为例
193	北京印刷学院	李晋尧	传媒类高校师资队伍建设与人才培养契合度研究
194	北京建筑大学	邹积亭	基于“卓越工程师教育培养计划”下的土木、建筑类专业课程体系协同构建与实践

续表 12

序号	推荐单位	项目负责人	项目名称
195	北京建筑大学	马英	构建建筑学专业“卓越工程师教育培养计划”实施保障体系的研究
196	北京建筑大学	金秋野	注重中国文化传承的建筑学专业卓越工程师培养教育模式的研究与实践
197	北京建筑大学	周庆辉	基于“慕课”理念的实践类课程教学改革与探索——以《力学结构模型加工与性能检测综合实验》为例
198	北京建筑大学	丁克良	工程认证背景下测绘工程专业培养机制与教学方法改革
199	北京石油化工学院	杜建卫	“卓越工程师教育培养计划”大学数学课程的改革与实践
200	北京石油化工学院	赵杰	过程装备与控制工程专业工程应用型人才培养体系的改革与实践
201	北京石油化工学院	蔡晓君	基于能力培养的机械设计核心课程目标建设与改革实践
202	北京石油化工学院	宋永吉	基于工程教育理念的化工专业基础课程教学体系的改革与实践
203	北京服装学院	王建明	具有北服特色的“卓越工程师”人才培养模式研究
204	北京服装学院	范秀娟	艺工融合类院校电子信息工程专业人才培养模式的研究与实践
205	北京服装学院	张辉	三维技术在服装CAD教学中的应用
206	北京服装学院	张慧琴	基于不同专业多元化需求的大学英语教学改革研究与实践
207	北京农学院	王文和	林学专业人才培养基地分类建设研究
208	北京农学院	赵连静	都市型农林经济管理专业卓越人才培养机制与模式研究
209	北京农学院	张艳芳	高中课改背景下高等农林院校数学教学的对策研究
210	首都医科大学	王晓民	医学拔尖创新人才培养模式改革与实践
211	首都医科大学	付丽	医学教育教学过程课程考核与评价体系建设的研究

续表 13

序号	推荐单位	项目负责人	项目名称
212	首都医科大学	付丽	临床医学专业长学制培养模式改革（与住院医师规范化培训并轨）
213	首都医科大学	贾建国	高等医学院校临床学院师资培训体系的研究与实践
214	首都师范大学	廖奕	师范生“未来教育家”潜质培养的实践研究
215	首都师范大学	罗辉	师范生教学能力培养工作的信息化研究
216	首都师范大学	胡卓玮	课程地图及其在本科生人才培养中的应用效果研究
217	首都师范大学	李学文	高校学生评教体系与教师激励机制研究
218	首都师范大学	张胜男	旅游管理本科专业实验教学体系研究
219	首都师范大学	张鲁青	基于应用型人才培养的国际经济与贸易专业实践教学改革研究
220	首都师范大学	张轶楠	秘书职业能力模型建构与秘书学专业本科教学改革研究
221	首都师范大学	骆力明	基于课程群的实训项目研究与平台实现
222	首都体育学院	骆秉全	首都体育学院课程案例教学资源库建设的研究
223	首都体育学院	张玉芹	在运动人体科学专业实习过程中加强学生能力培养的研究
224	首都体育学院	高原	首都体育学院参与小学体育发展工作——北京市小学足球项目（三年）发展规划
225	首都体育学院	刘晓华	首都体育学院参与小学体育发展工作——北京市小学生适宜篮球操的开发研究（以体育馆路小学为例）
226	首都体育学院	高天	首都体育学院校外人才培养基地的建设与实践研究
227	北京第二外国语学院	梁虹	英语专业跨文化沟通人才培养模式研究
228	北京第二外国语学院	谷慧敏	酒店管理专业建设双元创新模式探索

续表 14

序号	推荐单位	项目负责人	项目名称
229	北京物资学院	王旭东	以课程综合改革为核心的高校素质教育体系构建与实施
230	北京物资学院	贾炜莹	应用型会计学本科专业校企合作办学机制创新与实践
231	北京物资学院	王成林	多方联动的物流实验教学体系构建研究
232	北京物资学院	许晓革	地方高校依托“一来二去”校企合作模式，探索协同育人长效机制
233	北京物资学院	王淑花	基于教育生态学理论的高级应用型国际化人才培养模式的实验研究
234	首都经济贸易大学	张学平	分类特色培养框架下财经类专业质量保障体系研究
235	首都经济贸易大学	汪剑鲲	建构于交互式教学实现原则基础上的课堂教学评价体系研究
236	首都经济贸易大学	朱俊生	“专业教育与通识教育融合”的人才培养模式改革：理念、目标与路径
237	中国音乐学院	宋飞	专业音乐院校学生实践能力与创新精神培养
238	中国音乐学院	郭彪	音乐院校特色课程体系建设探索与实践
239	中国音乐学院	刘恩娜	传统音乐在中韩高等专业音乐教育中的比较研究
240	中国音乐学院	许静	传统文化背景下的民族音乐人才培养模式比较研究
241	中国戏曲学院	张文振	戏曲类人才培养模式研究
242	中国戏曲学院	刘芳	中国戏曲学院学分制的探索与思考
243	北京电影学院	穆德远	北京电影学院本科教学质量控制
244	北京电影学院	张洁	艺术类院校通识课程体系及管理方法研究
245	北京电影学院	张辉	表演教学课程体系研究
246	北京舞蹈学院	许锐	舞蹈高等教育中选修课课程体系及评价体系建设
247	北京舞蹈学院	徐颃	艺术院校大学生职业生涯规划课程建设的研究

续表 15

序号	推荐单位	项目负责人	项目名称
248	北京舞蹈学院	邹之瑞	芭蕾舞表演人才实践培养模式改革
249	北京舞蹈学院	张朝霞	项目带动式跨学科实践教学模式研究
250	北京舞蹈学院	顾丽	艺术类大学生心理健康教育课程及教材建设
251	北京信息科技大学	刘小河	控制理论系列课程理论与实践教学一体化改革与实践
252	北京信息科技大学	米洁	基于系统化知识体系的创新能力培养教学改革
253	北京信息科技大学	陈昕	面向应用型人才培养的《程序设计基础》课程过程化教学与考核改革
254	北京信息科技大学	娄小平	工程教育认证引领下的测控技术与仪器专业建设
255	北京信息科技大学	孙彦超	基于大数据的学籍状态监测与预警研究
256	北京联合大学	石美玉	旅游复合型人才培养的协同创新模式研究
257	北京联合大学	王彤	基于产学协同的跨学科多专业综合实践教学改革
258	北京联合大学	杨鹏	地方普通高校本科教学过程质量标准体系构建的研究与实践
259	北京联合大学	沈晓平	基于 AACSB 国际认证构建地方商科院校教学质量保障体系的研究与实践
260	北京城市学院	胡丽琴	以能力培养为核心的公共教育课程体系研究
261	北京城市学院	魏真	以实践性为导向的学前教育师资培养模式研究——以北京城市学院为例
262	北京城市学院	刘承水	《城市管理》专业人才培养基地建设与实践
263	北京城市学院	周建辉	基于现代职业教育体系的中高职衔接机制的研究与实践——以北京市顺义区职业教育发展为例补

续表 16

序号	推荐单位	项目负责人	项目名称
264	北京城市学院	叶映芳	北京城市学院应用型西班牙语专业综合改革
265	北京警察学院	李敏蓉	基于职业能力视阈的专业人才培养模式构建——以公安管理学专业建设为例
266	北京警察学院	宋森	侦查专业调查能力实训模式改革研究
267	北京警察学院	刘铭	面向计算思维培养的网络安全与执法专业实验课程体系研究
268	北京吉利学院	赵开华	高等职业院校内部教学质量保障体系建构研究
269	首都师范大学科德学院	王志	艺术类专业大学英语教学要求与模式研究
270	首都师范大学科德学院	张炜	国际课堂在传媒专业实践教学中的作用及模式探索
271	首都师范大学科德学院	朱小平	独立学院艺术设计类专业实践教学改革研究
272	首都师范大学科德学院	邱珂	艺术应用型独立学院大学生价值观导向研究——基于思想政治理论课语境下的德育
273	首都师范大学科德学院	于琪林	独立学院摄影专业教材建设
274	首都师范大学科德学院	王金麟	展示设计课程“十三五”期间编著精品教材的对策与途径
275	北京工商大学嘉华学院	王烨	高校思想政治理论课“课堂+博客”教学探究
276	北京工商大学嘉华学院	唐济波	商科高等学校“半翻转课堂”教学模式的研究
277	北京工商大学嘉华学院	杨晓琴	独立学院建立德育导师制度的研究与实践
278	北京邮电大学世纪学院	夏素霞	独立学院教师教学发展中心建设研究
279	北京邮电大学世纪学院	盛海燕	独立学院考试质量评价体系的研究与实践——以北邮世纪学院三个工科专业为例

续表 17

序号	推荐单位	项目负责人	项目名称
280	北京邮电大学世纪学院	秦罡引	独立学院英语公选课课程体系建设
281	北京邮电大学世纪学院	赵静静	独立学院机电一体化应用型人才培养模式的探索与实践
282	北京邮电大学世纪学院	宋丽群	《管理数量方法》课程体系构建与教学方法改革研究
283	北京邮电大学世纪学院	胡杰	教学与科研融合的创新人才培养模式探索
284	北京邮电大学世纪学院	夏素霞	民办普通高等学校应用型工程人才培养模式研究与实践——以北京邮电大学世纪学院为例
285	北京邮电大学世纪学院	刘刚	“移动互联”项目开发和“物联网”专业建设研究
286	北京邮电大学世纪学院	韩天明	《互联网金融综合实训》课程设计及系统开发
287	北京工业大学耿丹学院	邢俊英	应用型高校数学教学改革
288	北京工业大学耿丹学院	于文广	新开课《化学与生命》课程教学模式信息化改革与建设研究
289	北京工业大学耿丹学院	崔艳英	关于数学课程的分层教学探索与实践
290	北京第二外国语学院中瑞酒店管理学院	弓宝宏	课程体系改革与教学资源建设
291	北京第二外国语学院中瑞酒店管理学院	王庆林	大学生思想政治教育工作中 TEAM-LEADER 模式的构建
292	首钢工学院	张毅	职业院校实训基地共享机制研究与实践
293	首钢工学院	刘雅娟	会计核算职业能力分级考核与评价的研究
294	北京青年政治学院	老青	“幕课”视角下，高职英语教育教学属性变革的探究与实践
295	北京青年政治学院	刘彩玲	高职高专国际化特色英语课程教学改革与实践
296	北京青年政治学院	刘乃瑞	高职混合学习下的计算机基础课程教学设计与实践研究

续表 18

序号	推荐单位	项目负责人	项目名称
297	北京工业职业技术学院	张爱中	文化创意产业背景下高职“创意人才”的培养与研究
298	北京工业职业技术学院	鲍晓东	新能源汽车课程建设
299	北京工业职业技术学院	李凤	突出工具性的高职英语课程改革实践与研究
300	北京工业职业技术学院	李长青	高等职业技术教育教学资源库建设及推广应用
301	北京工业职业技术学院	宋文光	基于北京市产业调整下的高职营销类专业课程体系优化的研究与实践
302	北京工业职业技术学院	王军红	高职学生职业基本素养培养体系优化研究与实践
303	北京工业职业技术学院	刘文龙	贯通培养一体化人才培养方案开发——以无人机测绘技术方向为例
304	北京工业职业技术学院	张谛	贯通培养一体化人才培养方案开发——以安全技术管理（建筑）方向为例
305	北京京北职业技术学院	徐梅	“政校行企”四方联动创新高职专业建设机制——以北京京北职业技术学院为例
306	北京京北职业技术学院	匡星	基于职业能力提升与技能大赛衔接的土建类高职课程改革研究
307	北京京北职业技术学院	王长兴	新时期下高职院校社区康复专业人才培养模式研究
308	北京经济技术职业学院	李润坤	基于信息技术的高职英语“教、学、做、评”四位一体模式
309	北京经贸职业学院	谷宝顺	工学结合视角下的职业能力分向培养模式的研究与实践
310	北京信息职业技术学院	高慧云	高职工学结合财经类课程教学实施与控制研究
311	北京信息职业技术学院	史宝会	高职计算机网络技术专业中高职衔人才培养方案研究
312	北京信息职业技术学院	魏松	高职信息管理类专业基于项目的“双导师”培养模式改革

续表 19

序号	推荐单位	项目负责人	项目名称
313	北京信息职业技术学院	汪赵强	电子信息工程技术专业“以典型产品为载体”的人才培养模式改革
314	北京信息职业技术学院	卢小平	面向知识型产业的高职院校素质教育体系创新研究
315	北京信息职业技术学院	肖文萍	北京市高职外语类专业教育改革研究与实践
316	北京信息职业技术学院	梁德厚	五年制高职“教学做一体化”研究
317	北京教育学院	陈丽	学校教学组织变革行动研究与课程开发研究
318	北京教育学院	王春	基于教师培训的中学理科实验精品课程的研发与实践
319	北京市朝阳区职工大学	王黎明	Web2.0 背景下“网络微课程”开发的实践与研究——以学前教育专业“创意美术”课程为例
320	北京市东城区职工大学	罗卫锋	成人高校广告专业学生职业适应性平台建设与研究
321	北京市东城区业余大学	金琰	以成人高校大学生创新精神培养为目标的实践教学体系建设研究
322	北京市海淀区职工大学	赵辉	学前教育专业以工作过程为导向的课程改革研究
323	北京市西城经济科学大学	李曼	基于工商企业管理专业的校企合作人才培养模式研究与实践
324	北京宣武红旗业余大学	车亚军	独立设置成人高校“德能兼备”人才培养模式创新实践研究
325	民航管理干部学院	张涛	民航职业教育服务类课程教学实证研究——基于工作导向及服务岗位职业能力素质的分析
326	石景山区业余大学	李毅	成人高校广告设计与制作专业（专科）岗位综合职业能力实训体系研究
327	首都联合职工大学	林梅	关于《搭建电子商务人才创新型培养模式与多元化就业平台》的研究

北京市教育委员会

关于成立北京市中小学舞蹈教研组的通知

京教函〔2017〕311号

各区教委，北京教育科学研究院：

根据市政府办公厅《关于加强学校美育工作的实施意见》（京政办发〔2016〕29号），为进一步促进我市学校舞蹈教育的普及与发展，将舞蹈课程切实纳入学校课程体系，提高舞蹈教师的教育教学水平和教育科学研究能力，决定成立北京市中小学舞蹈教研组。现将有关事项通知如下：

一、职责任务

开展中小学舞蹈课程（教材、教学、教师、学生）研究与实践，促进教师专业发展，提升舞蹈教育质量，开展经常性教研工作，总结、研究与推广课程开设的成功经验，培养骨干教师队伍。同时，为教育行政部门决策提供依据，为学校教育教学提供服务。

1. 研究制定中小学生舞蹈学科核心素养；研究制定中小学舞蹈课程目标、课程内容、教学方法、教学策略、教学评价、开设条件以及学业质量标准。

2. 开展舞蹈课程开设情况、教材使用、教学效果、师资队伍建设等情况的调研。

3. 开展舞蹈课程的实践研究，总结与推广课程实践的成功经验。

4. 指导与服务舞蹈教师日常教学工作，促进舞蹈教学科学有效的进行，促进舞蹈课程开设的质量提升。

5. 组织课题研究，促进舞蹈课程实施、发展与推进，促进舞蹈教师科研能力和水平的提升。

6. 管理舞蹈教研队伍，组织舞蹈教师日常教学研究工作，促进舞蹈教师专业发展。

7. 组织开展舞蹈教育教学活动。

二、人员组成

北京市中小学舞蹈教研组设在北京教育科学研究院，人员由从事舞蹈教育教学和科研工作的专家和教师组成，由学校、区、市有关单位推荐。推荐人选原则上要符合以下标准：

（一）具有良好师德；

（二）在本区、本领域具有一定影响力；

（三）具有舞蹈专业学习的经历，掌握系统的舞蹈及舞蹈教学的专业知识和专业技能；

（四）具有舞蹈教育科研能力；

（五）具有一级教师（含）以上职称；

（六）具有六年（含）以上教龄。

名单见附件。

三、工作要求

（一）北京教育科学研究院要充分发挥教育科学研究的优势，统筹、指导、协调各区相关部门认真落实北京市中小学舞蹈教研组的各项职责，组织建设管理好舞蹈教研组的各项日常工作。

（二）各区要高度重视区域内舞蹈教育的普及发展和学校舞蹈教育的优质提升，支持北京市中小学舞蹈教研组的建设，支持舞蹈教研组成员各项工作的开展。

（三）舞蹈教研组全体人员要积极发挥作用，全面参与中小学舞蹈教育的教学、实践和研究等各方面工作，努力为推动北京市中小学舞蹈教育的内涵发展贡献力量。

附件：北京市中小学舞蹈教研组人员名单

2017 年 7 月 17 日

附件

北京市中小学舞蹈教研组人员名单

组长：程郁华　市教科院基教研中心
　　　孟艳　　北京市第二中学
成员：林清　　北京学生活动管理中心
　　　谷莉　　东城区史家胡同小学
　　　齐峰　　北京师范大学附属中学
　　　肖燕　　北京市第八十中学
　　　史渊萍　海淀区教师进修学校
　　　李君　　北京舞蹈学院附中丰台实验小学
　　　赵霞　　北京市第九中学
　　　孙惠君　北京市大峪中学
　　　刘爽　　房山区城关第四小学
　　　张丽　　燕山少年宫
　　　于淑清　大兴区教师进修学校
　　　马乐乐　北京小学通州分校
　　　殷媛媛　顺义区第一中学
　　　孙海燕　昌平区教师进修学校
　　　刘小宁　怀柔区第三小学
　　　黄凯　　北京绿谷小香玉学校
　　　孔祥慧　延庆区教育科学研究中心
　　　贾季　　密云区第三小学

北京市教育委员会

关于公布2017年普通高等学校公共艺术课展评活动结果的通知

京教函〔2017〕525号

各高等学校：

根据北京市教育委员会《关于举办普通高等学校公共艺术课展评活动的通知》（京教函〔2017〕132号），我委组织了北京市普通高等学校公共艺术课展评活动，共有20名公共艺术课教师参加了展评。

经过专家评审、评议等程序，北方工业大学沈莹获得一等奖，中国人民大学马躏非等2人获得二等奖，北京林业大学刘冠等3人获得三等奖。

各高校要以此次展评活动为契机，进一步提升普通高等学校公共艺术课程课堂教学水平的同时，促进高校公共艺术课程和教师队伍建设，从而实现改进美育教学，提高学生的审美和人文素养的目标。

附件：2017年普通高等学校公共艺术课展评活动获奖名单

2017年11月3日

附件

2017年普通高等学校公共艺术课展评活动获奖名单

一等奖

沈莹　　北方工业大学　　《美术鉴赏》

二等奖

马蹦非　中国人民大学　　《外国美术鉴赏》

杨慧子　北京联合大学　　《剪纸》

三等奖

刘冠　　北京林业大学　　《艺术史概论》

富奇　　首都医科大学　　《美术作品赏析》

李红梅　北京联合大学　　《手工扎染》

北京市教育委员会

关于印发北京市教育科学“十三五”规划2018年度课题指南的通知

京教策〔2017〕15号

各区教委，各高等学校，市教委直管直属单位：

2018年度课题申报工作自即日起启动，课题管理的具体工作由北京市教育科学规划领导小组办公室负责。《北京市教育科学“十三五”规划2018年度课题指南》经北京市教育科学规划领导小组审批通过，现印发给你们，并将申报工作的有关事项通知如下：

一、选题要求

（一）根据《北京市“十三五”期间教育科学研究规划纲要》规定，北京市教育科学“十三五”规划2018年度课题分为十个研究领域：

1. 教育宏观战略与政策研究
2. 教育基本理论与国际比较研究
3. 教育治理体系研究
4. 课程、教学、评价改革研究
5. 学生发展研究
6. 教育人才队伍建设研究
7. 教育资源配置与效益研究
8. 教育信息化研究
9. 传统文化教育与德育研究
10. 生态文明教育与可持续发展教育研究

（二）各领域分为“教育决策咨询研究”“教育基础理论研究”“教育教学实践研究”三个研究方向。

（三）2018年度课题类别包括以下六种，分别为：重大课题、优先关注课题、重点课题、青年专项课题、校本研究专项课题、一般课题。

1. 重大课题实行招标制度，申请者不得更改研究题目。重大课题的研究内容应具有创新性，取得的研究成果应具有较高理论价值或实践价值。

2. 优先关注课题应以课题指南为准，申请者不得更改研究题目，可以根据自己的专长和基础，选取独特的切入点进行研究设计。

3. 校本研究专项课题用于资助中小学、幼儿园和中等职业学校的现任校（园）级领导主持的课题。该类课题是以学校（幼儿园）为基本单位，为解决与其实践紧密相关的现实问题，由教师群体参与的具有较高组织程度的课题。

4. 重点课题、青年专项课题、校本研究专项课题、一般课题的申请者可根据自己的研究兴趣和研究基础，从十个研究领域自行设计课题名称和研究内容申请课题。

申请者填写课题申请书时，需明确填写课题所属研究领域、研究方向和课题类别。

二、资助标准

北京市教育科学规划 2018 年度课题对重大课题、优先关注课题、重点课题、青年专项课题、校本研究专项课题予以经费资助。

（一）重大课题最高资助额度为 40 万元。

（二）优先关注课题最高资助额度为 20 万元。

（三）重点课题最高资助额度为 10 万元。

（四）青年专项课题最高资助额度为 5 万元。

（五）校本研究专项课题最高资助额度为 5 万元。

申请者须根据研究工作的实际需要，按照资助标准，进行合理的经费预算。实际资助经费额度以最终评审结果为准。一般课题全部为单位资助的规划课题，其研究经费由申请者单位负责。

三、申请人条件

（一）北京市教育科学规划课题申请人须具有副高级以上专业技术职务或博士学位。

（二）不具备副高级以上专业技术职务或博士学位的，须由 2 名具有副高级以上专业技术职务的同行专家推荐。

（三）申请重大课题者应具有正高级专业技术职务，有深厚的学术研究功底与学术造诣，能有效组织研究团队，调动各种资源开展研究。

（四）申请青年专项课题者（包括课题组成员）年龄不得超过 35 周岁（1982 年 12 月 31 日之后出生）。

（五）为避免重复立项，浪费资源，特作如下规定：

1. 课题负责人只能申请1项课题。

2. 正在承担北京市教育科学规划课题的课题负责人不能申请课题。

3. 已获得全国教育科学规划、北京市哲学社会科学规划立项的课题负责人不得以相同内容课题申请北京市教育科学规划课题。

四、完成时限

（一）教育决策咨询类课题要求在1～2年内完成；教育基础理论类课题、教育教学实践类课题要求在3～4年内完成。

（二）研究期限自课题批准立项之日起计算，课题延期或相关变更须报请北京市教育科学规划领导小组办公室批准备案。

五、课题申请要求

2018年课题申请采取网上申请与文本申报两种形式，重大课题不进行网上申请。申请书文本要求一律用计算机填写。

（一）重大课题实行公开招标制度，评审采取课题申请、资格审查、会议答辩、领导小组审批的方式进行。申请者填写《北京市教育科学“十三五”规划重大课题申请书（2018年度）》，签署所在单位、二级管理单位意见后，密封投标文件，提交受托管理机构报送至北京市教育科学规划领导小组办公室。

（二）其他类别课题实行网上申请与文本申报。

1. 网上申请流程参见北京市教育科学规划领导小组办公室网站相关文件。文本申报按照所在单位隶属关系，经所在单位审查盖章后，分别通过各区或各单位的科研管理机构报送至北京市教育科学规划领导小组办公室。北京市教育科学规划领导小组办公室不直接受理个人申请。

2. 网上申请网址为北京市教育科学规划网 http：//www. gh. bjedu. cn。课题申请所需的各种材料，包括《北京市“十三五”期间教育科学研究规划纲要》《北京市教育科学“十三五”规划2018年度课题指南》《北京市教育科学规划课题管理办法（2016年5月16日修订）》《北京市教育科学规划课题管理细则》

《北京市教育科学“十三五”规划重大课题申请书（2018年度）》等均可从该网站下载。

3. 各区一般课题的申报依据《北京市教育科学“十三五”规划2018年度一般课题各区申报办法》，此申报办法另行通知。

（三）本年度网上填报起止日期为2018年3月12日至4月3日（系统开放时间）逾期不再受理新课题申请。未参加网上申请的单位和个人不得进行文本申报。市教育规划办反馈申请书材料检查意见时间为4月2日至4月4日。

本年度课题文本申报受理时间从4月10日起至4月11日止。请各区及各单位相应的科研管理机构务必按期报送，逾期不予受理。

六、报送材料要求

（一）重大课题文本材料报送至北京市教育科学规划领导小组办公室，具体要求为：

1. 将《重大课题申请书》封皮复印9份，分别贴在9个档案袋正面，以便识别。

2. 请将《申请书》封底“投标材料袋背面粘贴表”的课题组成员名单复印9份，分别贴在9个档案袋背面，以便选择评审专家时回避。

3. 报送文本材料时需同时报送申请材料电子版及加盖公章的《课题申请汇总表》。

（二）其他类别课题文本材料报送至北京市教育科学规划领导小组办公室，具体要求为：

1. 审查合格的《课题申请书》原件1份，无需装档案袋，各单位按顺序汇总报送；各单位需同时报送加盖公章的《课题申报汇总表》。

2. 申请书要求统一用A4纸双面印制，左侧装订。

七、工作要求

（一）要将本通知及时传达到所属单位及教育科研人员和教师，认真组织好北京市教育科学“十三五”规划2018年度课题的申报工作。

（二）各区、各学校和各单位要加强对本年度课题申报工作的宣传、组织、管理和指导，既要积极鼓励，又要严格把关。要依据本通知的要求对申请人进行资格审查，对申请人的信誉、申请书所有栏目填写的内容、前期研究成果、课题组的研究实力和必备条件等进行认真审核，签署明确意见，确保申报工作的质量。

附件：北京市教育科学“十三五”规划2018年度课题指南

2017年12月6日

附件

北京市教育科学“十三五”规划 2018年度课题指南

为深入贯彻落实党的十九大精神，根据《北京市“十三五”期间教育科学研究规划纲要》的部署，进一步提升首都教育现代化水平，关注首都教育发展的重大战略需求和最新改革趋势，促进首都教育科研事业的繁荣发展，特制定本年度规划课题指南。

一、重大课题

1. 教育促进国际一流的和谐宜居之都建设战略研究
2. 基础教育教学改革的“北京模式”和发展战略研究

二、优先关注课题

（一）教育宏观战略与政策研究

1. 国际一流的首都教育指标体系研究
2. 北京市职业教育产教融合与转型升级研究
3. 北京市基础教育内涵发展与质量提升的策略研究
4. 新时期北京建设学习型城市的问题与对策研究

5. 职业技术教育支持精准扶贫研究
6. 北京市学前教育发展战略与规划研究

（二）教育基本理论与国际比较研究

1. 学生关键能力培养策略的国际比较研究
2. 北京市教育国际合作现状与发展趋势研究
3. 立德树人的理论与实践模式研究

（三）教育治理体系研究

1. 北京民办教育的可持续发展研究
2. 世界一流大学内部治理的国际比较研究
3. 新时期依法治教的问题与对策研究
4. 市属高校分类发展与办学定位研究

（四）课程、教学、评价改革研究

1. 北京高考综合改革背景下课程建设研究
2. 普通高中课程改革背景下的评价指标体系研究
3. 北京市中小学研学课程创新与实践育人机制研究
4. 北京市中小学校本课程建设现状与发展趋势研究

（五）学生发展研究

1. 学习困难学生的心理健康问题及其干预对策研究
2. 学生职业能力培养研究

（六）教育人才队伍建设研究

1. 教育师资多元评价体系构建与应用研究
2. 集团化办学背景下教师队伍管理创新问题研究
3. 新时期教师师德建设的现状与对策研究
4. 特殊教育专业教师队伍培养机制研究

（七）教育资源配置与效益研究

1. 北京市城市副中心教育资源配置的策略与路径研究
2. 互联网+教育背景下城乡优质教育资源共享的有效途径研究
3. 北京市优质教育资源有效利用模式研究

（八）教育信息化研究

1. 人工智能背景下中小学 STEAM 课程的理论与实践研究

2. 应用信息技术提高教学质量的实践案例研究

3. 数字媒体学习与传统学习效果的比较研究

4. 信息化手段促进学生个性化学习的理论与实践研究

（九）传统文化教育与德育研究

1. 北京市大中小幼一体化德育体系研究

2. 学校、家庭、社会三位一体德育机制的构建与实践研究

3. 新时期德育资源开发与共享机制研究

4. 学校体育美育教学改革探索研究

（十）生态文明教育与可持续发展教育研究

1. 生态文明与可持续发展教育的实现模式与路径研究

2. 绿色学校建设与评估研究

三、自由选题领域

本年度规划课题指南只列出重大课题和优先关注课题题目，重点课题、青年专项课题、一般课题、校本研究专项课题不设具体指南，研究者可自主确定研究题目，鼓励开展教育基本问题和教育难点问题研究，鼓励开展教育实验研究。

科研管理

北京市教育委员会文件选编

(2017)

北京市教育委员会

转发教育部办公厅关于印发《国家级实验教学示范中心管理办法》的通知

京教函〔2017〕36号

各有关高等学校：

现将教育部办公厅《关于印发〈国家级实验教学示范中心管理办法〉的通知》（教高厅〔2016〕3号）转发给你们，请按照文件要求，做好国家级实验教学示范中心的建设和运行管理工作。我委将对示范中心进行定期评估，并做好省级实验教学示范中心规划建设，进一步推进实验教学改革，促进优质教学资源整合与共享。

2017年2月16日

附件：

教育部办公厅

关于印发《国家级实验教学示范中心管理办法》的通知

教高厅〔2016〕3号

各省、自治区、直辖市教育厅（教委），新疆生产建设兵团教育局，有关部门（单位）教育司（局），部属各高等学校：

为加强高等学校实践育人工作，提升大学创新人才培养能力，进一步规范和加强国家级实验教学示范中心的建设和运行管理，现将《国家级实验教学示范中心管理办法》印发给你们，请认真贯彻执行。

2016年12月3日

国家级实验教学示范中心管理办法

第一章　总　则

第一条　为加快实施国家创新驱动发展战略，提升大学创新人才培养能力，加强实践育人工作，进一步推进实验教学改革，促进优质教学资源整合与共享，规范和加强国家级实验教学示范中心（以下简称示范中心）建设与运行管理，特制定本办法。

第二条　示范中心是高等学校组织高水平实验教学、培养学生实践能力和创新精神的重要教学基地，是教育部依托相关高等学校建设的国家级实验教学示范平台。

第三条　示范中心主要任务是坚持立德树人，聚焦国家人才战略和社会发展需求，紧扣高等学校人才培养目标，开展实验教学研究，创新实验室管理机制，探索引领实验教学改革方向，共享优质实验教学资源，以高水平实验教学支撑高质量人才培养工作。

第四条　示范中心实行“教学为主、开放共享、定期评估、动态调整”的运行机制，坚持育人为本，创新引领，科教一体，产教融合。

第二章　管理职责

第五条　教育部是示范中心宏观管理部门，主要职责是：

（一）制定示范中心发展的方针和政策，编制发展规划，发布立项指南。

（二）制定示范中心管理办法，指导示范中心的建设和运行。

（三）组织或委托相关机构开展示范中心遴选、立项建设，根据省级教育行政部门评估检查结果，提出调整或撤销名单。

（四）组织或委托相关机构组建示范中心协作组织，推动示范中心开展国内外交流。

第六条　省级教育行政部门的主要职责是：

（一）制定本区域省级高等学校实验教学示范中心发展政策和规划。

（二）做好本区域省级高等学校实验教学示范中心的立项建设、评估和检查工作。

（三）指导本区域示范中心的运行和管理，组织、监管区域内示范中心的对外交流合作。

第七条　高等学校是示范中心建设和运行管理的主体，其主要职责是：

（一）将示范中心建设和基本运行经费纳入学校年度预算；在

重点改革推进、人才引进和队伍建设、自主选题研究等年度计划中对示范中心给予重点支持；提供人力资源、实验场所和仪器设备等条件保障。

（二）组织示范中心的申报、论证，定期做好自评自查工作。

（三）审议并确定示范中心名称、发展规划和目标、组织结构等重大事项的调整，经主管部门审核后报教育部备案。

（四）制定示范中心运行管理的实施细则，负责日常监督管理，组织示范中心年度考核。

（五）聘任示范中心主任，组建教学队伍和管理团队。

第三章　立项与遴选

第八条　教育部根据高等教育改革与发展规划、人才培养和学科发展的需要，结合示范中心建设整体布局，会同高等学校主管部门，不定期发布立项指南，组织开展示范中心的立项建设。

第九条　示范中心立项申请的基本条件：

（一）人才培养目标明确，实验教学体系完备，实验教学方式方法特色鲜明，学生实践能力和创新精神培养成效显著，具有典型示范意义；有承担国家和地方教学改革的能力；具备开放共享的条件，能够广泛开展国内外交流与合作。

（二）拥有一支由高水平教授负责，实验教学与理论教学队伍互通，校内外师资顺畅流动，教学、科研、技术兼容，核心骨干相对稳定，年龄、职称、知识、能力结构合理的实验教学团队。

（三）具有充足实验教学条件，人员与场所相对集中；具备优良的实验教学和实验室管理信息化、网络化、智能化条件；近 4 年未发生安全责任事故。

（四）具有较为完善的管理制度、教学质量评价和保障体系，实行中心主任负责制。

（五）示范中心申请立项时，应已经使用申报名称运行 4 年以上，同时获得省级示范中心称号 2 年以上，符合教育部立项指南发布的建设要求和申请条件等。

第十条 根据教育部发布的示范中心立项指南，符合立项申请基本条件的高等学校按规定格式填写《国家级实验教学示范中心建设申请书》。高等学校应确保申请书内容的真实性，并签署配套经费及条件保障等意见，经省级教育行政部门审核同意后报教育部。

第十一条 教育部组织或委托相关机构，根据《国家级实验教学示范中心建设申请书》等材料对申报单位进行遴选，择优立项，向高等学校批复遴选结果，并抄送其主管部门。

第四章 运行与管理

第十二条 高等学校应当重视示范中心的建设与发展，成立由校级领导牵头，教务、人事、财务、学科、实验室等管理部门参加的示范中心建设和运行管理委员会，负责落实条件保障、日常监督管理和年度考核工作，协调解决示范中心发展中的重大问题。

第十三条 示范中心实行高等学校领导下的主任负责制。示范中心主任负责示范中心的全面工作。

示范中心主任由高等学校公开招聘和聘任，报主管部门、省级教育行政部门和教育部备案。示范中心主任是高等学校聘任的全职教学科研人员，应为本领域高水平教授，具有正高级专业技术职务，具有较强的组织管理能力。

第十四条 示范中心应成立教学指导委员会，其职责是审议示范中心的人才培养目标、实验教学体系、重大教学改革项目、重大对外开放交流活动、年度报告等。教学指导委员会每年至少召开 1 次会议。

教学指导委员会主任和委员由高等学校聘任。教学指导委员会主任一般应由非示范中心所在高等学校人员担任。教学指导委员会委员由 5～7 位校内外优秀专家组成，其中示范中心所在高等学校人员不超过 1/3。鼓励聘请行业企业专家和外籍专家。1 位专家至多同时担任3个示范中心教学指导委员会委员。委员每届任期5年，一般连任不超过2届，原则上连续2次不出席教学指导委员会会议的应予以更换。

第十五条 示范中心人员由固定人员和流动人员组成。固定人员应是高等学校聘用的聘期2年以上的全职人员，包括教学、技术和管理人员。流动人员包括校内兼职人员、行业企业人员、海内外合作教学人员等。示范中心要保持适当的规模，积极吸引国内外高等学校、相关行业企业等人才。

第十六条 示范中心应围绕人才培养目标，保质保量完成年度教学计划；注重利用先进教学理念、前沿技术等推动教学体系和教学方式方法改革；不断有计划更新实验项目和内容，注重将科学前沿成果和行业产业先进技术及时转化为实验教学项目；充分发挥高等学校多学科优势，确保综合性实验项目和创新创业类实验项目的适当比例；合理调节基础实验和专业实验的比例。

第十七条 示范中心应注重教学研究，组织团队系统开展教学体系、教学内容、教学方法、教学组织、教学评估等研究；独立或联合国内外高等学校开展教学研究，积极承担国家、区域和高等学校教学改革项目；开展跨学科实验教学项目研究；开展仪器设备的自主研发和更新改造，开展实验技术方法的创新研究。

第十八条 示范中心应落实以人为本的理念，建立健全规章制度，不断完善管理体制和运行机制；保障仪器设备的功能完好、使用充分、及时更新；强化实验室安全责任意识，确保实验教学人员和国家财产的安全；加强知识产权的规范管理，在示范中心期间完成的教材、著作、论文、软件、数据库等学术性成果均应标注示范中心名称。

第十九条 示范中心应充分开放运行，在满足本单位教学需求的前提下，所有的教学资源均应面向社会开放运行；应设立公众开放日，面向社会开展科学知识传播和服务。

第二十条 示范中心应积极推进信息化与教学的深度融合，建设各类信息化教学资源，建立统一的实验教学中心信息管理平台，持续提高人员信息技术的应用能力；积极探索校企、校所、校校合作开发网络化、虚拟化教学资源。示范中心信息化建设应纳入学校信息化工作统筹管理，保证安全运行。

第二十一条 示范中心应充分发挥示范引领作用，建立校际访问学者和对外培训制度，设立开放课题，积极承担国内高等学校（特别是西部地区高等学校）实验室人才培训和培养任务；积极与国内外科研机构和行业企业联合培养创新人才，开展实践教学基地和资源建设；积极组织和参加国内外学术交流、竞赛、成果展示与培训活动，与国内外各类实验室机构和团队开展稳定的实质性合作。

第五章 考核与调整

第二十二条 示范中心必须编制年度报告，内容应包括示范中心基本数据、示范辐射和改革建设的主要工作与成效等，并在示范中心网站公布。

第二十三条 高等学校以年度报告为基础，每年组织对示范中心的年度考核，并将考核结果与年度报告一并报省级教育行政部门和教育部备案。

第二十四条 省级教育行政部门对示范中心进行定期评估，定期评估周期为5年。定期评估结果分为合格、整改、不合格三类，对评估结果为整改的示范中心要求限期整改。

第二十五条 教育部根据省级教育行政部门定期评估结果，对示范中心进行动态调整。对评估结果为不合格或整改后仍不合格的示范中心不再列入示范中心序列。

第六章 附 则

第二十六条 示范中心统一命名为“××国家级实验教学示范

中心（××大学）”，英文名称为 NationalDemonstrationCenterforExperimental（XXX）Education（××University）。如：化学国家级实验教学示范中心（北京大学），NationalDemonstrationCenterforExperimentalChemistryEducation（PekingUniversity）。

第二十七条　在示范中心运行管理中，凡是属于国家涉密范围的相关情形和内容，均应按照相关保密法规执行。

第二十八条　本办法自公布之日起施行。

北京市教育委员会

关于印发《北京高等学校高精尖创新中心建设计划领导小组工作规则》的通知

京教研〔2017〕5号

各有关高等学校：

为切实加强北京高校高精尖创新中心建设工作，根据《北京高等学校高精尖创新中心建设计划》（京教研〔2015〕1号）、《北京高等学校高精尖创新中心建设管理办法》（京教研〔2015〕5号）等文件要求，市教委制定了《北京高等学校高精尖创新中心建设计划领导小组工作规则》，现印发给你们，请遵照执行。

2017年5月12日

北京高等学校高精尖创新中心建设计划领导小组工作规则

第一章 总则

第一条 为加强对北京高等学校高精尖创新中心（以下简称"高精尖中心"）建设工作的管理，保障高精尖创新中心建设工作的稳步进行，依据市教委《北京高等学校高精尖创新中心建设计划》（京教研〔2015〕1号）和《北京高等学校高精尖创新中心建设管理办法》（京教研〔2015〕号）等文件的相关规定，制定本规则。

第二条 "高精尖计划"领导小组是高精尖中心建设的工作议事机构，在北京市党委、北京市政府授权下开展工作。领导小组负责高精尖建设的领导、组织、协调和监督；对高精尖中心建设中的重要事项作出决策；审议由办公室作出的高精尖中心建设情况报告和其他相关重要事项。

第二章 组织机构

第三条 领导小组分设组长和副组长1～2名，由市相关领导担任；小组成员若干人，由市政府相关部门主要领导组成。以上成员如有岗位或职务变动，小组成员作相应调整。

第四条 领导小组下设办公室，为领导小组办事机构，承担领导小组日常工作。

领导小组办公室设在北京市教委。

第三章 工作职责

第五条 领导小组的主要工作职责是确定高精尖中心总体布

局、框架和优先发展领域等，加强组织实施的领导与协调，宏观指导高精尖中心建设与运行，即“统筹全局、协调推动、监督检查”。

第六条 领导小组的主要任务：

（一）研究确定高精尖中心建设总体布局，把握高精尖中心建设的发展方向，选择高精尖中心优先发展领域。

（二）研究解决高精尖建设中的政策、资金、人员等相关问题，协调各方资源，保障高精尖创新中心建设工作的稳步推进。

（三）审议高精尖中心建设报告，审核高精尖中心建设规划落实情况。

（四）部署高精尖中心建设的重要工作安排。

第七条 各高精尖中心应当根据领导小组的部署做好本中心的建设工作，并将建设情况报告领导小组和办公室。

第四章 会议制度

第八条 领导小组全体会议由领导小组组长或副组长召集并主持，每年召开1～2次，也可根据需要随时召开。

第九条 领导小组召开会议，办公室应该在会议召开之前3天，将会议时间、地点、议题等事项通知各成员。参会成员应按时出席，因故不能出席者，应向领导小组组长或主持会议的副组长请假，并委托本单位其他负责同志参加，同时将对会议议题的意见或建议带到会上。

第十条 领导小组会议议题由领导小组办公室根据工作需要研究提出建议，报领导小组组长审定。领导小组其他成员和各高精尖中心拟提交的议题，需提前报送领导小组办公室，报领导小组组长审定。

第十一条 领导小组办公室负责会议记录，并在会后编写会议纪要，经领导小组组长审定后印发。

第十二条 与会成员对应该保密的会议内容和讨论情况，必须严守秘密，不得泄露。

第五章 文件制度

第十三条 以领导小组名义印发的文件由领导小组办公室负责起草，并征求领导小组成员意见。

第十四条 文件经领导小组办公室负责人初步审核后，报请领导小组组长或副组长审定并签发。

第十五条 领导小组全体会议和临时会议讨论决定的事项，除依法需要保密外，应及时公布。

第六章 领导小组办公室

第十六条 领导小组办公室是“高精尖计划”领导小组的办事机构，负责领导小组日常工作。

第十七条 领导小组办公室设在北京市教育委员会，办公室主任由北京市教委主管领导担任，办公室具体事务由市教委科研处负责。

第十八条 领导小组办公室主要职责：

（一）贯彻落实领导小组关于高精尖中心建设的决策部署。

（二）组织开展高精尖中心建设中的重要问题研究，重要事项报领导小组审定后实施。

（三）定期调查和通报各高精尖中心的建设情况，定期编制工作总结，并为各中心编制单独的工作档案，为领导小组决策提供参考。

（四）负责领导小组会议的筹备工作，研究汇总拟提请领导小组会议讨论的议题，对有关重要事项进行预备性协商讨论，提交领导小组会议研究后，编写会议纪要，报请领导小组审定印发。

（五）定期组织领导小组成员到各高精尖中心参观检查。

（六）总结推广各中心建设的有益经验和做法，定期开展各高精尖中心交流学习会议。

（七）定期检查建设各高精尖中心建设情况，及时发现高精尖中心建设中的问题，报请领导小组审议解决。

（八）完成领导小组交办的其他工作。

第十九条 各高精尖中心应及时向办公室报告建设情况，并将发展规划、阶段总结、建设报告等向办公室备案。

第七章 附则

第二十条 本规则由高精尖创新中心建设计划领导小组负责解释。

第二十一条 本规则自发布之日起施行。

附件：北京高等学校高精尖创新中心建设计划领导小组成员名单（见 848 页）

北京市教育委员会

关于印发《北京高等学校高精尖创新中心建设计划专家咨询委员会工作规定》的通知

京教研〔2017〕6 号

各有关高等学校：

为切实加强北京高校高精尖创新中心建设工作，根据《北京高等学校高精尖创新中心建设计划》（京教研〔2015〕1 号）、《北京高等学校高精尖创新中心建设管理办法》（京教研〔2015〕5 号）

等文件要求，市教委制定了《北京高等学校高精尖创新中心建设计划专家咨询委员会工作规定》，现印发给你们，请遵照执行。

2017 年 5 月 12 日

北京高等学校高精尖创新中心建设计划专家咨询委员会工作规定

第一章　总则

第一条　为加强对北京高等学校高精尖创新中心（以下简称“高精尖中心”）建设工作的管理，保障高精尖创新中心建设工作的稳步进行，依据《市教委关于印发北京高等学校高精尖创新中心建设计划的通知》，制定本规定。

第二条　“高精尖计划”专家咨询委员会是高精尖中心建设的咨询机构，在北京高等学校高精尖创新中心建设计划领导小组的领导下和领导小组办公室的组织下开展工作。

第二章　组织机构

第三条　专家咨询委员会由 15～21 名成员组成，首届专家委员人数初定为 15 名。

第四条　专家咨询委员会设主任 1 名，副主任 2 名。

第三章　专家委员选聘条件及程序

第五条　专家委员主要考虑从北京范围内相关领域的院士、高校校长（教授）及知名学者中选聘，基本条件是：

（一）遵守宪法和法律、具有较强的事业心和社会责任感，具有全面扎实的专业知识和丰富的实践经验，并在所从事的行业、领域享有较高的知名度、声誉；

（二）年龄一般不超过 65 周岁，任职的最高年龄一般不超过 70 周岁；

（三）身体健康，有时间和精力参加并完成所委托的工作。

第六条 专家委员的遴选工作由领导小组办公室负责。具体可通过向个人发函邀请、单位推荐等形式进行公开选聘。在广泛联系、甄别筛选的基础上，提出委员候选人名单进行公示，报领导小组审定后公布。

第七条 专家委员由领导小组办公室按以下程序进行选聘：

（一）征集高水平专家名单，主要包括院士、高校主要领导及知名学者。按领域遴选，提出建议名单；

（二）建议名单报送领导小组组长审定；

（三）领导小组为入选专家委员发放聘书。

第四章 工作职责

第八条 专家咨询委员会主要负责对高精尖中心的实施方案提出意见和建议，做好高精尖中心建设、考核与评议工作。

第九条 专家咨询委员会在领导小组的领导和领导小组办公室的组织下开展以下工作：

（一）审核高精尖中心的建设规划和实施方案，提出意见和建议。

（二）为高精尖中心科学研究提供咨询和建议；为科技人才的引进和培养提供咨询和建议。

（三）开展对各高精尖中心建设的评议工作，并出具专家意见书。

（四）到各高精尖中心进行调研，了解高精尖中心建设的实际情况和最新进展。

（五）针对高精尖中心建设中的重大事项，为领导小组提供专家建议。

（六）其他领导小组和办公室有关高精尖中心建设事项的委托。

第五章 工作机制

第十条 专家咨询委员会主要工作方式：

（一）全体会议、专题会议和临时会议；

（二）咨询论证会。

第十一条 专家咨询委员会全体会议由领导小组办公室召集，由办公室主任主持会议。根据需要，领导小组办公室可召集部分委员召开专题会议。

专家委员可根据实际状况，向领导小组办公室提议召开临时会议。

咨询论证会由领导小组办公室视情况需要召集。

第十二条 专家咨询委员会全体会议须有全体委员的三分之二以上（含三分之二）出席。全体会议对有关报告、规划等事项进行表决时，须经到会委员的三分之二以上（含三分之二）人数同意，方能通过。

第十三条 专家委员应对会议议题独立发表意见，对提出的意见和建议署名负责。

第十四条 领导小组办公室应提供会议相关材料，提供给与会专家委员。

第十五条 领导小组办公室负责收集整理专家的意见和建议，并在5个工作日内形成书面报告，提交领导小组。

第十六条 专家咨询意见和建议报告可作为领导小组决策的参考。

第六章 专家委员的权利和义务

第十七条 专家委员享有下列权利：

（一）独立出具或发表咨询意见；

（二）接受邀请，列席或参加高精尖中心相关会议；

（三）根据工作需要，适时组织开展实际调研，查阅和复制有关单位及高精尖中心的文件和资料；

（四）按照有关规定获得相应的咨询服务报酬。

第十八条 专家委员应当承担以下义务：

（一）存在与接受评议的高精尖中心存在利害关系等可能影响公正提供意见建议的，应及时回避；

（二）严格保守评议过程中的相关秘密，不得向第三方和外界泄露有关情况；

（三）不得直接或间接接受高精尖中心及相关个人提供的资金、物品等馈赠和其他利益；

（四）不得利用工作便利，为本人或他人牟取不正当利益；

（五）遵守其他有关规章制度。

第十九条 专家咨询委员在聘任期间有下列情形，经专家咨询委员会全体会议讨论决定，可免除或同意其辞去委员职务：

（一）主动申请辞去委员职务的；

（二）因健康状况、工作变动等原因不能履行职责的；

（三）因其他原因不能或不宜担任委员职务的

第二十条 专家委员会委员应当按照要求参加相关会议及活动，因故不能出席的，应当事先请假并说明理由，无故3次以上不参加会议或活动的将免除委员职务。

第七章 其他

第二十一条 专家咨询委员会委员的联络和日常服务工作，由领导小组办公室负责。

第二十二条 专家咨询委员会的工作经费主要包括委员咨询费、交通费和其他相关会务费用等，列入市教委年度部门预算，专款专用。

第二十三条　本规定由北京高等学校高精尖创新中心建设计划领导小组负责解释。

第二十四条　本规定自发布之日起施行。

附件：北京高等学校高精尖创新中心建设计划专家咨询委员会成员名单（见849页）

北　京　市　教　育　委　员　会
北京市哲学社会科学规划办公室

关于北京市哲学社会科学研究基地建设验收结果及启动新一期建设的通知

京教研〔2017〕8号

有关高等学校：

为全面检查掌握研究基地三年周期建设的情况，根据《北京市哲学社会科学研究基地管理办法》的规定，市教委和市社科规划办于2017年4月组织专家组对相关研究基地建设情况进行了检查验收。应急管理研究基地（清华大学）等8个研究基地评估为优秀，北京财经研究基地（中央财经大学）等16个研究基地评估为合格（验收结果名单附后）。以上24个研究基地全部进入下一周期建设，周期为3年。

我们将分别向各依托单位下发对相应研究基地的《专家组验收反馈意见》。请各研究基地召开学术委员会或专家委员会会议，认真对照专家反馈意见，聚焦和凝练主攻方向，规划设计下一个建设周期的重点目标任务，填写好进入下一期建设的任务书。《任务书》可从北京社科规划网（www.bjpopss.gov.cn）——基地资料栏下载，于7月31日前连同《学术委员会会议纪要》一并送交市社科规划办研究基地工作处（任务书一式四份，均为原件，同时报送电子版，电子版请发送到指定的电子信箱）。

希望各研究基地以建设首都新型高端智库为目标，紧紧围绕首都改革发展的重大问题，加强实证性、前瞻性研究，多出重大标志性成果，扩大研究基地的影响力，更好地服务于首都各项事业发展。

附件：北京市哲学社会科学研究基地建设项目验收结果

2017年5月31日

附件

北京市哲学社会科学研究基地建设项目验收结果优秀研究基地名单

应急管理研究基地（依托高校：清华大学）

北京产业安全与发展研究基地（依托高校：北京交通大学）

首都传媒经济研究基地（依托高校：中国传媒大学）

北京企业国际化经营研究基地（依托高校：对外经济贸易大学）

CBD发展研究基地（依托高校：首都经济贸易大学）

北京学研究基地（依托高校：北京联合大学）

北京现代制造业发展研究基地（依托高校：北京工业大学）

北京现代物流研究基地（依托高校：北京物资学院）

合格研究基地名单

中国都市经济研究基地（依托高校：北京大学）
人文北京研究基地（依托高校：中国人民大学）
北京文化发展研究基地（依托高校：北京师范大学）
北京财经研究基地（依托高校：中央财经大学）
北京影视艺术研究基地（依托高校：北京电影学院）
北京建筑文化研究基地（依托高校：北京建筑大学）
首都社会安全研究基地（依托高校：中国人民公安大学）
首都服饰文化与服装产业研究基地（依托高校：北京服装学院）
北京旅游发展研究基地（依托高校：北京第二外国语学院）
北京体育赛事管理与营销研究基地（依托高校：首都体育学院）
北京中医药文化研究基地（依托高校：北京中医药大学）
北京国际商贸中心研究基地（依托高校：北京财贸职业学院）
北京民族音乐研究与传播基地（依托高校：中国音乐学院）
北京戏曲文化传承与发展研究基地（依托高校：中国戏曲学院）
首都城市环境建设研究基地（依托高校：北京城市学院）
北京青少年教育与发展研究基地（依托高校：北京青年政治学院）

北京市教育委员会
北 京 市 财 政 局

关于印发提升北京高校科技创新能力意见的通知

京教研〔2017〕9号

各有关高等学校：

现将《关于提升北京高校科技创新能力的意见》印发给你们，请各高校根据要求深入贯彻落实。

2017年6月7日

关于提升北京高校科技创新能力的意见

高校是培养创新人才的重要基地，是基础研究和原始创新的主力军，是国家创新体系建设的重要力量。北京高校学科齐全，人才智力资源丰富，经过多年的建设和发展，北京高等教育整体水平有了显著提升，为经济社会发展做出了重要贡献，尤其是在基础前沿领域、重要战略领域积聚了较强的创新潜力，具备了支撑和引领经济社会发展的创新能力。为在今后一段时期持续提升北京高校科技创新引领水平，推进世界一流大学和一流学科建设，服务北京全国科技创新中心建设，现提出如下意见。

一、北京高校科技创新发展面临的新形势与新要求

“十三五”是全面建成小康社会和进入创新型国家行列的决胜阶段，是深入实施创新驱动发展战略、全面深化科技体制改革、实现进入创新型国家行列目标的关键时期。当前，世界新一轮科技革命和产业变革正孕育兴起，我国科技创新正由“跟跑”逐步向“并行”“领跑”转变，经济社会发展也进入“中高速、中高端、新引擎”的新常态。国家推进世界一流大学和一流学科建设、北京全国科技创新中心建设对北京高校科技创新发展提出了新要求和新任务，给北京高校科技创新带来了新机遇和新挑战。

北京高校应深刻认识并准确把握国内外科技创新的新趋势和经济发展新常态的新要求，抓住建设世界一流大学和一流学科建设、全国科技创新中心建设的新机遇，围绕国家全局和长远发展目标，树立创新自信，增强忧患意识，勇于攻坚克难，系统谋划创新发展新路径，聚焦需求和问题，科学规划，超前部署，全面提升科技创新引领能力，成为国家和北京市创新发展的战略科技力量，为实现建设世界科技强国的伟大目标做出重要贡献。

二、指导思想

全面贯彻落实党的十八大和十八届三中、四中、五中、六中全会精神，深入贯彻习近平总书记系列重要讲话精神，认真落实全国科技创新大会、北京市科技创新大会精神、北京加强全国科技创新中心建设总体方案的战略部署，面向世界科技前沿、面向经济主战场、面向国家重大需求，坚持“五位一体”总体布局和“四个全面”战略布局，坚持创新、协调、绿色、开放、共享发展理念，按照自主创新、重点跨越、引领发展、科教融合的指导方针，以国家和北京需求为导向，以促进科教融合为主线，以深化高校科技体制机制改革为动力，持续优化高校科技创新环境，充分激发创新主体活力，建设高质量创新平台，打造高水平创新人才队伍，全面提升北京高校原始创新能力，有效推进世界一流大学和一流学科建设、全国科技创新中心建设，为京津冀协同发展等国家战略提供有力支撑。

三、发展目标

北京高校科技创新能力显著提升，科技创新人才辈出，高水平创新平台和高质量创新项目得到系统整合与优化，高校创新体系整体效能显著提升，科技创新引领学科建设与人才培养的作用显著增强，社会服务水平显著增强，有效推进世界一流大学和一流学科建设，有力支撑全国科技创新中心建设。

——科技创新能力显著提升。支持高校围绕增强原始创新能力，培育重要战略创新力量。持续加强基础研究，聚焦重大科学问题，着力增强承担国家重大任务的能力，力争在基础前沿和战略性领域实现率先突破，在哲学社会科学研究中产生新思想和新成果，充分发挥北京高校在构建中国特色哲学社会科学中的重要作用，北京高校国际影响力和国际竞争力大幅增强。

——科技队伍整体实力显著增强。培育一批能够承接重大任务、取得尖端成果、做出卓越贡献的顶尖人才，一批具有国际影响力的科学家、科技领军人才、高水平创新团队，一批具有深厚功底的名师大家和传承创新的艺术家，支持青年创新人才脱颖而出，壮大高水平创新人才队伍。

——创新体系整体效能显著提升。深化高校科技创新体制机制改革，建立激发科研活力的体制机制，健全基础研究、应用研究、技术开发、成果转化和产业化紧密结合、协调发展的创新链条，完善高校科技创新支撑体系建设，增强哲学社会科学创新发展能力，提升创新管理服务水平。

——科技创新引领作用显著增强。以提升科技创新质量和贡献为核心，建立以高水平科技创新引领学科建设、以高水平科技创新支撑高质量人才培养、以高水平科研创新服务经济社会发展的创新体系，全面推进哲学社会科学各领域创新，全面增强科技创新引领作用。

四、主要任务

围绕国家和区域发展重大需求，着眼未来、明确定位、优化布局、创新管理，加强北京高校科技创新平台体系建设，集聚资源、服务需求，打造创新发展战略支撑策源地；坚持自由探索和目标导向相结合，构建系统高效的科研项目体系，尊重创新规律，完善北京高校高层次创新人才培养体系；优化高校创新环境，完善评价制度，营造创新氛围，激发创新动力和活力。促进科教融合，以科技创新引领和支撑学科建设与人才培养，以学科发展推进世界一流大学和一流学科建设。

（一）加强创新平台体系建设，领前沿强服务

瞄准世界科技前沿和产业变革趋势，聚焦国家和北京市战略需求，本着“集成资源、整合增效、服务发展”的原则，加强顶层规划、组织预研、创新机制、优化布局，围绕关乎国家竞争力、国家安全和国家改革发展的重大创新领域，推进北京高校高精尖创新中心、北京实验室、科技成果转化中心、人文社科研究中心等创新平台建设，推进京津冀高校协同创新共同体建设，积极培育国家实验室、重大科技基础设施等科学大平台，充分发挥创新平台的资源聚集效应，提升北京高校科技创新全链条支撑引领能力，为落实首都城市战略定位，推动京津冀协同发展，深入实施创新驱动发展战略提供科技支撑。

1. 推进高精尖创新中心建设计划，提升高校战略支撑能力

北京高校高精尖创新中心是北京高校服务国家创新驱动战略、支撑北京全国科技创新中心建设，形成前沿引领、解决国家重大战略需求的新型高端创新平台。深入推进高精尖创新中心建设计划，实施卓越青年科学家项目，汇聚一批具有国际影响力的科学家和创新团队，深度参与中关村科学城、怀柔科学城、未来科学城和北京经济技术开发区“三城一区”建设。探索建立符合大科学时代科研规律的科学研究组织形式、学术和人事管理制度，最大限度激发和

释放科研人员创造活力，打造顶尖人才密集、创新高度活跃、成果贡献突出的科技特区和人才特区。树立相关学科领先地位，提升高校在加强全国科技创新中心建设中的战略支撑能力。

2. 加强北京实验室体系建设，提升高校自主创新能力

北京实验室以提高高校科技自主创新能力和竞争力为宗旨，围绕前沿科技和行业需求，协同多方创新力量，承担重大科研项目，开展协同攻关，已成为北京高校服务国家和北京发展的重要创新基地。聚焦前沿发展和国家战略新需求，进一步加强北京实验室体系建设，整合优化北京市重点实验室、北京高校工程研究中心、协同创新中心等创新平台，升级或新建一批北京实验室，完善布局、扩大开放、动态调整、滚动支持。打造具有核心竞争力和影响力的科技创新平台，培育创新人才、突出学科优势、强化技术源头供给、解决发展重大问题，全面提升高校自主创新能力。

3. 加强科技成果转化中心建设，提升高校社会服务能力

高校科技创新与成果转化是高校科技活动的重要内容，也是经济发展转型升级的重要支撑。通过整合优化北京市技术转移中心、大学科技园等创新平台，建设一批北京高校科技成果转化中心，建立校企合作长效机制，发挥高校多学科协同、交叉优势及在行业产业方面的技术、理念引领作用，为企业发展提供持续不断的创新技术，鼓励高校创新成果在京津冀地区进行中试、孵化及产业化发展，打造北京高校科技开发、成果转移转化的综合平台，推动高校科技成果转化，提升高校社会服务能力。

4. 加强人文社会科学研究，提升高校人文社会科学创新发展能力

深化高校人文社会科学领域综合改革，建设现代科研管理体制，加强资源优化整合，改进科研组织方式，建设创新平台，优化项目体系，培养创新人才，创新发展人文社会科学。完善符合人文社科研究规律的新型科研组织方式，按照“高端、聚合、原创、引领”的理念，注重积累，鼓励创新，强调传承，发扬中华优秀文

化，推动协同创新，建设一批北京人文社科研究中心，发现、汇聚和培养一批名师大家、学科带头人、学术骨干，打造经典力作，提出体现中国立场、中国智慧、中国价值的理念、主张、方案。发挥高校人才优势、智力优势、学科优势，优化人文社科项目体系，以问题为导向，加强理论和实践研究，立足发展实际，融通古今中外，挖掘新材料、发现新问题、提出新观点、构建新理论，指导新实践，推进学科体系、学术体系、话语体系建设和创新。充分发挥人文社会科学教化育人功能，着力培养传承创新的高水平人才，大力提升北京高校人文社会科学创新发展能力。

5. 加强重大科技基础条件平台建设，打造高校科研重器

瞄准科技前沿研究和国家重大战略需求，根据重大科技基础设施发展的国际趋势和市属高校基础，在事关国家核心利益和长远发展的科技领域，优先选择具有相对优势、科技发展急需或科技突破先兆已经显现的科学前沿和学科交叉领域，选准主攻方向，集中优势资源，在市属高校建设若干重大科技基础条件平台，积极培育、参与、承建国家重大科技基础设施，打造北京高校科研重器，促进北京高校引领科学发展前沿，建设、发展新兴交叉和优势特色学科，培养和聚集学术大师，产生重大科研成果，实现重点领域跨越发展，支撑一流大学和一流学科建设。

（二）构建高效科研项目体系，育人才出成果

面向科学前沿，聚焦实际需求，遵循科研创新和人才成长规律、鼓励自由探索和目标导向相结合，构建高效的科研项目体系，系统实施科研计划一般项目、科研计划重点项目和科研计划重大项目，发挥科研项目牵引作用，扶持青年人才、支持中青年英才、造就一批具有国际影响力的科学家。

1. 实施科研计划一般项目，扶持青年创新人才

青年创新人才是我国科技创新动力最足、活力最旺和最具潜力的战略力量，是增强我国自主创新能力的生力军、建设世界科技强国的核心人才储备。根据国家和北京经济社会发展需求，实施科研

计划一般项目，不断创新机制，建立健全激励措施，优化青年科技人才成长环境，鼓励崭露头角的优秀青年创新人才结合学校发展规划和个人科研兴趣，夯实学术基础，大胆开展自由探索，通过探索与尝试，提升独立从事创新性科学研究的能力和水平，成为未来高校科技创新的关键力量。

2. 实施科研计划重点项目，支持中青创新英才

中青年英才是国家科技创新的主力军，是在科技前沿或重要领域产出重要成果，培养新人、提携后学，推动国际科研前沿发展的重要力量。面向科技前沿和重点发展领域，实施科研计划重点项目，加大对已经取得一定水平科研成果、有一定学术影响力、具有明显发展潜力的中青年人才及其创新团队的培养，引导他们自由探索与目标导向相结合，瞄准学术前沿、围绕国家需求，带领青年科研人员与研究生参与科研攻关，成为未来高校科技的中坚力量。

3. 实施科研计划重大项目，造就创新领军人才

领军人才是全面推动国家科技创新能力提升的先行军，在其从事的领域有精深的研究和学术造诣及深远的战略眼光，能够把握世界科技发展趋势和国家战略需求，开拓新领域或新方向。围绕国家和北京市战略部署，主动对接国家和北京市重大科学和社科计划，实施科研计划重大项目，支持高层次创新人才领衔团队，开展解决重大科学问题的未来研究和前沿科学研究，造就一批卓越领军人才，力争在科学前沿或若干重要领域取得突破，取得一批原始创新成果，成为未来改变创新格局的战略力量。

（三）加强创新制度建设，创环境激活力

1. 改革科技管理体制机制，激发创造活力与动力

进一步完善科研项目和经费预算管理，建立符合高校科技创新规律、科学规范、公开透明、监管有力的科研项目和经费管理办法；改革科研经费管理机制，探索采用后补助、间接投入等科研支持模式；完善保障性支持和竞争性支持协调发展的机制，加大稳定支持力度，扶持探索性强、风险性高的非共识项目，营造宽松创新

环境，使高校科研人员可以心无旁骛地开展创新活动。

2. 改革科研评价制度，回归科技创新本质

深化科研评价制度改革，营造激发活力、潜心研究、追求科学本质、追求卓越创新的学术环境。探索建立涵盖创新质量和水平、贡献和影响、人才培养、科学普及、科研诚信等内容的多学科、多领域、多层次的分类评价体系，改变科研评价指标单一化、评价标准定量化、评价结果功利化等问题倾向，使科研回归初心，创新回归本质。

3. 优化学术氛围，支持高校追求卓越

弘扬科学精神，鼓励自由探索，营造尊重科学、崇尚创新、诚信求真、风清气正的创新氛围。创新源于探索，支持高校营造自由创新、宽容失败的学术氛围，瞄准科学前沿、服务重大需求。弘扬高尚的创新文化，营造参与创新、支持创新、推动创新的良好氛围，让一切有利于创新的愿望得到尊重，创造活动得到鼓励，创造才能得到发挥，创造成果得到肯定。

（四）着力推进科教融合，建机制育人才

科教融合是现代高等教育的核心理念，支撑人才培养是高校科技创新工作的内在要求。高校科技工作必须与人才培养更紧密的结合起来，实现良性互动，有机统一。要通过北京高校高精尖创新中心、北京实验室、科技成果转化中心、人文社科研究中心和重大科技基础设施等高水平创新平台建设支撑高水平学科发展，提升高校创新人才培养质量和水平。加快高校科技创新资源向教育教学资源的转化，加快创新研究成果向知识体系、教学内容的转化，探索用科研计划引领创新人才培养，推动研究生或本科生参与各类科研项目，加快最新科研成果进教材进课堂，建立各类创新平台向人才培养开放的长效机制，把科技创新纳入人才培养全过程，培育科学精神、创新思维、创造能力。

五、实施保障

（一）加强统筹，优化管理。市教委负责统筹协调、经费投入、

绩效评价等，各高校是各类平台和项目的承担单位，负责具体实施，组织协调、过程监督和管理服务工作。

（二）加大支持，简化评估。确保经费投入的持续稳定，改革经费投入管理机制，切实保障重点项目的顺利实施，充分发挥财政资金对科技创新的激励引导作用，积极探索多元化项目和平台的周期性评价体系，简化评估环节，为科研人员创造稳定创新的科研环境。

（三）加强宣传，营造氛围。大力宣传加强科技创新工作的重要性和紧迫性，激发广大高校科技工作者的创新热情，倡导艰苦奋斗、诚实守信、严谨治学、忠于真理的科学精神，健全学术不端行为惩治制度，形成崇尚科学、勇于创新的和谐氛围。

北京市教育委员会

关于下达2017年度科技计划以及社科计划资助项目的通知

京教函〔2017〕283号

有关市属高等学校：

根据市教委、市财政局《北京市属高等学校提高科技创新能力建设项目管理办法（试行）》（京教研〔2013〕8号）的文件规定，经过项目申请、学校初选推荐、专家评审等项目立项工作程序，产生了2017年度北京市教育委员会科技计划（以下简称“科技计划”）和北京市教育委员会社科计划（以下简称“社科计划”）资助项目451项。其中，科技计划资助项目264项，包括重点项目30

项；社科计划资助项目 187 项，包括重点项目 32 项。现予公布（项目名单见附件）。重点项目的经费额度以财政评审后确定的经费额度为准；一般项目由学校从科研水平提高专项中予以支持。

请各有关高校加强对本计划项目的管理，提供必要的条件支持并督促项目组开展研究工作，确保科研计划的顺利实施。

本通知可从首都高校科研网 http：//usrn. bjedu. gov. cn/下载。

附件：北京市教育委员 2017 年度科技计划、社科计划批准立项项目（略）

2017 年 7 月 5 日

北京市教育委员会
北京市财政局

关于进一步加强北京高校高精尖创新中心建设工作的通知

京教研〔2017〕11 号

各有关高等学校：

按照《北京高等学校高精尖创新中心建设计划》《北京高等学校高精尖创新中心建设管理办法》的要求，已立项建设的北京高校高精尖创新中心的组织机构已基本建立，科研体制机制基本形成，各类规章制度逐步健全，人才引进、平台搭建、科学研究等各方面工作全面推进。根据加强财政统筹管理和高校科研“放管服”改革实践的要求，结合各高精尖中心建设以来遇到的问题和政策需求，为进一步加强高精尖创新中心建设，深化服务，激发活力，现将有关事项通知如下：

一、全面完善制度管理，落实各项政策和创新举措

在建设过程中，各高精尖中心和依托高校要按照高精尖创新中心建设计划的要求，积极探索和大胆尝试新机制、新办法，边建设、边探索、边完善高精尖中心治理结构和各类管理办法。以创新政策推动中心建设，以中心建设促进政策创新，互相协同，以点带面，通过高精尖中心这一科技特区、人才特区，带动高校整体科研体系的创新与改革。

二、实行滚动预算管理，科学合理编制经费预算

高精尖创新中心建设以五年为一个建设周期，在建设周期内，经费按照“总额控制、按需申报、监督检查、绩效评价”原则安排项目预算，市教委、市财政将加强科学论证，尊重科研规律，以实际需求、合理规划、目标任务为导向，结合当年财力状况及历年预算执行情况下达资金预算，提供连续稳定的资金支持。

三、坚持动态绩效管理，形成“有出有进”的动态机制

北京高校高精尖创新中心总体规模应保持相对稳定，市教委、市财政应建立第三方评价和任务成果导向的绩效评价机制，制定中期评估和追踪问效办法，注重期中评价和期末评价，根据评估结果及时动态调整，建立“有出有进”的动态管理机制，各高精尖中心应有效发挥资金效益，注重绩效评估的结果应用，推动高精尖计划可持续发展。

四、突出职工薪酬管理，制定合理的人员经费使用方案

高精尖创新中心建设计划的关键是要创新体制机制，引进国内外高端人才要结合建设任务和目标，建立健全与科研人员岗位职责、工作业绩、实际贡献相匹配的激励机制。薪酬体系的建设应参考市场标准，同时兼顾常规与特殊需要人才、校内与校外人员、科研与管理等不同岗位需求，可在核定的绩效工资总量内采取年薪制、协议工资、项目工资等灵活多样的分配形式和分配办法，充分调动每一位中心工作人员的积极性与创造性。

五、严格内控规范管理，注重建设中心发展内生动力

各依托高校要加大对中心建设的保障力度，在场地条件、实验环境、经费使用等方面给予支持，各依托高校要将高精尖中心纳入全校内控管理范畴，严格工作流程，明确授权审批，形成沟通顺畅、公开透明、规范高效的创新科研平台。落实内控评价规范，严格按照高校科研经费改革要求加强信息公开，突出新机制的创新活力。

2017 年 7 月 27 日

北京市教育委员会

关于印发北京高等学校高精尖创新中心建设计划领导小组和专家咨询委员会成员名单的通知

京教研〔2017〕12 号

各有关高校：

为加强北京高等学校高精尖创新中心建设工作，根据《北京高等学校高精尖创新中心建设计划》和《北京高等学校高精尖创新中心建设管理办法（试行）》的有关精神，成立“北京高等学校高精尖创新中心建设计划领导小组”（以下简称“领导小组”）和“北京高等学校高精尖创新中心建设计划专家咨询委员会”（以下简称

“专家咨询委员会”)。

领导小组根据《北京高等学校高精尖创新中心建设计划领导小组工作规则》(京教研〔2017〕5号)开展工作,专家咨询委员会根据《北京高等学校高精尖创新中心建设计划专家咨询委员会工作规定》(京教研〔2017〕6号)开展工作。

特此通知。

2017年8月3日

北京高等学校高精尖创新中心建设计划领导小组成员名单

组　长：林克庆　北京市委常委、教育工委书记

王宁　北京市人民政府副市长

副组长：刘宇辉　北京市教育委员会主任

成　员：北京市发展和改革委员会

北京市教育委员会

北京市科学技术委员会

北京市财政局

北京市人力资源和社会保障局

中关村管委会

(各委办局相关领导)

北京高等学校高精尖创新中心建设计划专家咨询委员会成员名单

高松	院士	北京大学
薛其坤	院士	清华大学
张军	院士	北京航空航天大学
胡海岩	院士	北京理工大学
谭天伟	院士	北京化工大学
孙宝国	院士	北京工商大学
吴付来	教授	中国人民大学
董琦	教授	北京师范大学
李召虎	教授	中国农业大学
李宇明	教授	北京语言大学
柳贡慧	教授	北京工业大学
宫辉力	教授	首都师范大学
张爱林	教授	北京建筑大学
尚永丰	教授	首都医科大学
王黎光	教授	中国音乐学院

北京市教育委员会

关于转发教育部办公厅关于2017—2020年开展示范性虚拟仿真实验教学项目建设的通知

京教高〔2017〕14号

各市属本科高等学校：

近日，教育部下发了《教育部办公厅关于2017—2020年开展示范性虚拟仿真实验教学项目建设的通知》（教高厅〔2017〕4号），决定于2017—2020年在普通本科高等学校开展示范性虚拟仿真实验教学项目建设认定工作。现将此文件转发你们。

请各高校高度重视此项工作，将建设和使用虚拟仿真实验教学项目作为推进完善现有实践教学体系、提高实验教学质量的重要举措。要认真学习文件精神，准确把握建设目标和8项重点建设内容，了解2017—2020年开展示范性虚拟仿真实验教学项目建设规划，并按照各校相关学科及专业实际情况做好建设规划，加强建设支持，为申报工作做好准备。2017年的申报评审认定工作预计将于11月开展，具体评审方案另文通知。

2017年9月14日

教育部办公厅

关于2017—2020年开展示范性虚拟仿真实验教学项目建设的通知

教高厅〔2017〕4号

各省、自治区、直辖市教育厅（教委），新疆生产建设兵团教育局，有关部门（单位）教育司（局），部属各高等学校：

为贯彻落实习近平总书记关于强化实践育人工作的重要指示精神和全国高校思想政治工作会议精神，根据《教育信息化十年发展规划(2011—2020年)》和《2017年教育信息化工作要点》等相关要求，深入推进信息技术与高等教育实验教学的深度融合，不断加强高等教育实验教学优质资源建设与应用，着力提高高等教育实验教学质量和实践育人水平，经研究，决定在高校实验教学改革和实验教学项目信息化建设的基础上，于2017—2020年在普通本科高等学校开展示范性虚拟仿真实验教学项目建设工作。现就相关工作通知如下：

一、建设目标

紧紧围绕立德树人根本任务，适应经济社会快速发展对人才培养的新要求、现代大学生成长的新特点、信息化时代教育教学的新规律，以提高学生实践能力和创新精神为核心，以现代信息技术为依托，以相关专业类急需的实验教学信息化内容为指向，以完整的实验教学项目为基础，建设示范性虚拟仿真实验教学项目，推动高校积极探索线上线下教学相结合的个性化、智能化、泛在化实验教学新模式，形成专业布局合理、教学效果优良、开放共享有效的高等教育信息化实验教学项目示范新体系，支撑高等教育教学质量全面提高。

二、建设内容

实验教学项目作为高校开展实验教学的基本单元，其建设水平直接决定实验教学的整体质量。开展示范性虚拟仿真实验教学项目建设，是推进现代信息技术与实验教学项目深度融合、拓展实验教学内容广度和深度、延伸实验教学时间和空间、提升实验教学质量和水平的重要举措。示范性虚拟仿真实验教学项目应具有：

（一）以学生为中心的实验教学理念

坚持一切从学生的需求出发，注重对学生社会责任感、创新精神、实践能力的综合培养，注重知识传授、能力培养、素质提高的协同实施，调动学生参与实验教学的积极性和主动性，激发学生的学习兴趣和潜能，增强学生创新创造能力。

（二）准确适宜的实验教学内容

坚持问题导向，重点解决真实实验项目条件不具备或实际运行困难，涉及高危或极端环境，高成本、高消耗、不可逆操作、大型综合训练等问题。坚持需求导向，紧密结合经济社会发展对高校人才培养的需求，紧密结合专业特色和行业产业发展最新成果，紧密结合学校定位和人才培养特点，采用现代信息技术，研发原理准确、内容紧凑、时长合理、难度适宜的虚拟仿真实验教学项目。

（三）创新多样的教学方式方法

始终关注信息化时代背景下学生需求，重点实行基于问题、案例的互动式、研讨式教学，倡导自主式、合作式、探究式学习。创新实验教学项目资源呈现方式，注重通过文字、图片、视频等各种媒介促进教学准备、线上讨论、线下交流。加强网络化条件下实验教学规律研究，探索提升实验教学效果的方式方法。

（四）先进可靠的实验研发技术

虚拟仿真实验教学项目的研发要以完成教学要求和内容为目标，综合应用多媒体、大数据、三维建模、人工智能、人机交互、传感器、超级计算、虚拟现实、增强现实、云计算等网络化、数字化、智能化技术手段，提高实验教学项目的吸引力和教学有效度。

加强相关技术可靠性研究，注重对学生使用虚拟仿真实验教学项目的全方位、多层次防护，切实保障学生健康。

（五）稳定安全的开放运行模式

充分考虑不同区域、不同层次、不同类型学生接入实验教学项目的运行需求，搭建具有开放性、扩展性、兼容性和前瞻性的虚拟仿真实验教学项目运行平台。注重对相关实验教学项目自有或共有知识产权的保护，注重对学生个人信息等的保护，严格遵守我国教育、知识产权、互联网等相关法律法规，按照“谁开发、谁负责，谁使用、谁负责”的原则确定基本安全责任。积极探索在线虚拟仿真实验教学项目可持续运行的有效模式。

（六）敬业专业的实验教学队伍

重视实验教学队伍建设，围绕虚拟仿真实验教学项目建设运行，建设师德高尚、热爱教学、知识丰富、能力过硬、结构合理的虚拟仿真实验教学团队。健全完善实验教学队伍考核、奖励、监督机制，鼓励和支持教师参与虚拟仿真实验教学项目研发和教学实践。

（七）持续改进的实验评价体系

将虚拟仿真实验教学项目纳入相关专业培养方案和教学课程，制订相关教学效果评价办法。根据学生和教师反馈，持续改进相关教学评价机制。鼓励高校探索有利于虚拟仿真实验教学项目开放共享的教学绩效激励机制，建立高校间相关实验教学项目成绩互认、学分转换机制。

（八）显著示范的实验教学效果

虚拟仿真实验教学效果显著，受益面大，学生实验兴趣浓厚，自主学习能力明显增强，实践创新能力明显提高。通过开展在线教学服务或技术支持等，积极发挥对专业类内实验教学信息化建设的示范引领作用。

三、建设规划和建设方式

（一）建设规划

根据本科学科门类中专业类的当前布局和发展情况，结合高校专业类实验室建设情况和专业类实验教学信息化发展需求等因素，统筹规划到2020年认定1000项左右示范性虚拟仿真实验教学项目（具体规划见附件）。

（二）建设方式

采取先建设应用、后评价认定、持续监测评估的方式，按建设规划分年度认定示范性虚拟仿真实验教学项目。虚拟仿真实验教学项目建设将综合考察实验教学理念、实验教学内容、实验教学方式与方法、实验技术与运行、实验教学团队建设与服务、实验教学效果评价与评估等要素。优先支持向中西部高校、特别是西部地区高校优先定向在线开放的虚拟仿真实验教学项目。

四、组织管理

（一）教育部根据经济社会发展情况、高校实验教学改革发展情况和现代信息技术发展情况，统筹编制示范性虚拟仿真实验教学项目建设发展规划，按年度发布立项指南，协同国家有关部门依据网络与信息安全相关政策法规履行相应管理职能。教育部高等教育司负责具体年度建设工作的部署，组织“示范性虚拟仿真实验教学项目”认定；组织或委托相关机构或专家组织开展政策研究、理论研究、运行机制和关键技术研究等工作，实施示范性虚拟仿真实验教学项目的教学实践与效果、服务质量、持续更新等内容的跟踪监测和综合评价。

（二）省级教育行政部门根据区域高校布局和专业布局，结合区域经济社会发展情况，制定本区域虚拟仿真实验教学项目发展政策和规划，指导推动区域高校开展虚拟仿真实验教学项目建设和应用，给予相应政策支持，加强对相关实验教学项目的监管。负责遴选汇总所在地普通本科高校的申请，统一向教育部报送。

（三）普通本科高校是虚拟仿真实验教学项目建设和应用的主体。各高校应将建设和使用虚拟仿真实验教学项目作为推进完善现有实践教学体系、提高实验教学质量的重要举措。加大对实验教学队伍的培养培训，着力提升信息技术与实验教学深度融合的意识、使用信息技术改造传统实验教学项目的能力和水平。根据实验教学计划和实际情况，在坚持“能实不虚”的基础上加大虚拟仿真实验教学项目建设力度，探索线上线下教学相结合的新型实验教学模式。加强对虚拟仿真实验教学项目应用管理，建立健全适应网络化学习的实验教学成绩考核评价指标体系，促进实验教学质量稳步提高。

请各省级教育行政部门和普通本科高校要高度重视此项工作，根据本通知要求和本地区、本学校的实际情况，科学规划，加强领导，精心组织，做好示范性虚拟仿真实验教学项目建设有关工作。

2017 年 7 月 11 日

附件

2017—2020 年示范性虚拟仿真实验教学项目建设规划

序号	示范性虚拟仿真实验教学项目分类	规划数量	分年度建设规划			
			2017 年	2018 年	2019 年	2020 年
1	物理学类	20	—	—	10	10
2	化学类	20	—	10	10	—
3	天文学类	10	—	—	—	10
4	地理科学类	10	—	—	—	10
5	大气科学类	10	—	—	—	10
6	海洋科学类	10	—	—	—	10
7	地球物理学类	10	—	—	—	10
8	地质学类	10	—	—	—	10
9	生物科学类	30	15	15	—	—

续表1

序号	示范性虚拟仿真实验教学项目分类	规划数量	分年度建设规划			
			2017年	2018年	2019年	2020年
10	心理学类	5	—	5	—	—
11	力学类	10	—	—	—	10
12	机械类	30	15	15	—	—
13	仪器类	10	—	—	—	10
14	材料类	20	—	—	—	20
15	能源动力类	10	—	10	—	—
16	电气类	20	—	—	10	10
17	电子信息类	20	10	—	—	10
18	自动化类	10	—	—	—	10
19	计算机类	15	—	—	—	15
20	土木类	20	—	10	10	—
21	水利类	15	—	—	—	15
22	测绘类	10	—	10	—	—
23	化工与制药类	20	10	10	—	—
24	地质类	10	—	10	—	—
25	矿业类	10	—	—	10	—
26	纺织类	10	—	—	—	10
27	轻工类	10	—	—	—	10
28	交通运输类	10	5	5	—	—
29	海洋工程类	10	—	—	—	10
30	航空航天类	15	—	10	5	—
31	兵器类	10	—	—	10	—
32	核工程类	15	10	5	—	—
33	农业工程类	10	—	—	10	—
34	林业工程类	10	—	—	10	—

续表 2

序号	示范性虚拟仿真实验教学项目分类	规划数量	分年度建设规划			
			2017 年	2018 年	2019 年	2020 年
35	环境科学与工程类	10	—	10	—	—
36	生物医学工程类	10	—	—	—	10
37	食品科学与工程类	10	—	10	—	—
38	建筑类	10	—	—	10	—
39	安全科学与工程类	10	—	—	—	10
40	生物工程类	10	—	—	—	10
41	公安技术类	10	—	—	—	10
42	植物类	30	—	15	15	—
43	动物类	30	—	15	15	—
44	自然保护与环境生态类	10	—	—	10	—
45	医学基础类	35	—	15	20	—
46	临床医学类	50	25	25	—	—
47	公共卫生与预防医学类	5	—	—	5	—
48	中医类	25	—	15	10	—
49	药学类	25	10	15	—	—
50	法医学类	5	—	—	5	—
51	医学技术类	5	—	—	5	—
52	护理学类	5	—	5	—	—
53	经济管理类	80	—	—	40	40
54	法学类	20	—	—	10	10
55	教育学类	15	—	10	5	—
56	体育学类	10	—	—	10	—
57	文学类（含新闻传播学）	40	—	—	20	20
58	历史学类	10	—	—	10	—
59	艺术学类	50	—	—	25	25

续表 3

序号	示范性虚拟仿真实验教学项目分类	规划数量	分年度建设规划			
			2017 年	2018 年	2019 年	2020 年
60	其它类	15	—	—	—	15
合计		1000	100	250	300	350

备注：分年度建设规划将根据高校实验教学需求和虚拟仿真实验教学项目建设情况等因素做适当调整。

北京市教育委员会

关于认定“北京材料基因工程高精尖创新中心”的通知

京教函〔2017〕474 号

北京科技大学：

根据市教委《关于印发北京高等学校高精尖创新中心建设计划的通知》（京教研〔2015〕1 号）的相关规定，你校所申报“北京材料基因工程高精尖创新中心”，经宏观及领域专家论证，并提交市教委主任办公会审议通过，同意认定其为“北京高等学校高精尖创新中心”。

请按照高精尖创新中心建设相关要求，积极探索高精尖创新中心的运行体制与管理机制，广聚国际国内领军创新人才，切实做好高精尖中心的建设与管理工作。

2017 年 10 月 16 日

北京市教育委员会

关于批准北京交通大学国家经济安全预警工程北京实验室的通知

京教函〔2017〕508号

北京交通大学：

根据市教委《关于在高等学校中建设北京实验室的意见》（京教研〔2011〕4号），由你校牵头联合北京信息科技大学、中国航天科工集团北京仿真中心等单位组织申报的国家经济安全预警工程北京实验室，经论证答辩、专家评议，决定批准为北京实验室。

请按照相关要求和批准后的《国家经济安全预警工程北京实验室建设申请书》为目标，切实做好实验室的建设与管理工作，并悬挂“国家经济安全预警工程北京实验室”标志牌。

2017年10月30日

北京市教育委员会

关于批准北京信息科技大学光纤传感与系统北京实验室的通知

京教函〔2017〕544号

北京信息科技大学：

根据市教委《关于在高等学校中建设北京实验室的意见》（京教研〔2011〕4号），由你校牵头联合清华大学、北京天银星际科技有限责任公司等单位组织申报的光纤传感与系统北京实验室，经论证答辩、专家评议，决定批准为北京实验室。

请按照相关要求和批准后的《光纤传感与系统北京实验室建设申请书》为目标，切实做好实验室的建设与管理工作，并悬挂“光纤传感与系统北京实验室”标志牌。

2017年11月17日

招生·考试

北京市教育委员会文件选编

(2017)

北京市教育委员会

关于做好我市 2017 年高等职业教育自主招生工作的通知

京教计〔2017〕2 号

各有关市属高等学校：

为深入贯彻落实《国务院关于深化考试招生制度改革的实施意见》（国发〔2014〕35 号）、《国务院关于加快发展现代职业教育的决定》（国发〔2014〕19 号）和《教育部关于积极推进高等职业教育考试招生制度改革的指导意见》（教学〔2013〕3 号）精神，根据《北京市深化考试招生制度改革的实施方案》（京教计〔2016〕15 号）要求，加快推进我市高职院校分类考试，探索和健全“文化素质＋职业技能”考试招生方式，为学生接受高等职业教育提供多样化入学形式，促进高等职业教育健康持续发展，2017 年继续开展高等职业教育自主招生工作（以下简称“高职自主招生”）。现将有关事项通知如下：

一、院校及招生计划

2017 年参加高职自主招生的院校有 28 所，招生计划总计 12892 人，其中计划招收农村户籍学生 6329 人（分校、分专业招生计划见附件）。

二、有关工作要求

（一）各高职自主招生院校要按照《教育部关于做好 2017 年普通高校招生工作的通知》（教学〔2017〕1 号）的要求，依法办学，诚信办学，进一步规范招生行为，严格执行“30个不得”招生工作禁令。要高度重视此项工作，按照“严格程序、加强管理、接受监督”的原则，认真做好报名、考核、录取、公示等各个环节的工作。

（二）继续探索和健全“文化素质+职业技能”考试招生方式，注重对学生职业技能的考查。按照“条件明确化、程序规范化、招生办法公开化、录取结果公示化”的要求，根据各学校条件制定详细可行的自主选拔录取方案，报主管部门审核通过后向社会公布，在整个录取工作中严格认真执行，对有违规招生的学校，将按照相关规定严肃处理，依法追究当事人及相关人员责任，并取消学校高职自主招生工作试点资格。

（三）高职自主招生计划纳入各校2017年总计划数内，已录取的考生不再参加当年普通高等学校招生全国统一考试和录取。

附件：2017年高职自主招生院校与招生计划表（略）

2017年3月3日

北京市教育委员会

关于做好2017年初中入学体育艺术和科技特长生工作的通知

京教体艺〔2017〕12号

各区教委：

为深化教育领域综合改革，落实《教育部办公厅关于做好

2017 年义务教育招生入学工作的通知》（教基一厅〔2017〕1 号）以及北京市教育委员会《关于 2017 年义务教育阶段入学工作的意见》（京教基二〔2017〕7 号）精神，现就 2017 年初中入学特长生工作通知如下：

一、可招收特长生学校

（一）体育类：北京奥林匹克教育学校体育后备人才培养基地、国家级体育传统项目学校、北京市体育传统项目学校。

（二）艺术类：北京市中小学艺术教育特色学校、北京市学生金帆艺术团承办学校。

（三）科技类：北京市中小学科技教育示范学校、北京市学生金鹏科技团承办学校。

具有招生资格的学校名单可登录市教委网站查询。（网址：www. bjedu. gov. cn）

二、招生范围

具有招收体育、艺术和科技特长生资格的学校面向本区进行招生，招生项目要向中华优秀传统文化、非物质文化遗产相关项目倾斜，具体项目由各区结合地域特色选择设立。

三、工作要求

（一）明确标准，制定方案

各区要根据市教委相关要求，制定本区体育、艺术和科技特长生招生工作方案（含招生学校、项目、名额等信息），并于 4 月 28 日前，报送我委体卫艺处进行备案（区教委主管主任签字，并加盖区教委公章），同时将电子版发送至 twycgy@163. com 邮箱。市教委制定艺术、科技特长生的考查标准，各区参照执行。

（二）规范程序，严谨操作

按照《北京市教育委员会关于 2017 年义务教育阶段入学工作的意见》，各区要加强对初中入学特长生工作科学化和规范化管理，在 5 月 20 日至 21 日期间开展体育、艺术和科技特长生入学考查工作并对录取的特长生进行审核。严禁在初中入学工作中组织任何形式的文化课考试，严禁将各种竞赛成绩、奖励证书作为报名及入学的依据。

（三）信息公开，阳光录取

各区要在公平、公正和公开的前提下，将初中入学体育、艺术、科技特长生工作方案，以及录取后的信息（含入学登记号、姓名、性别、小学所在学校、项目、拟录取初中学校等）在区教育考试中心或区教委官方网站进行公示。公示时间不少于5日。

2017年4月13日

北京市教育委员会

关于公示2017年具有招生资格的高级中等学校名单的通知

京教计〔2017〕13号

各区教委：

为保障人民群众接受教育的合法权益，完善社会监督机制，维护高级中等学校招生考试工作的正常秩序，确保招生录取工作依法“公开、公平、公正”进行，坚决杜绝违规招生行为，我市2017年继续实行高级中等学校招生资格公示制度。为便于社会监督，现将经市教委、市人力社保局审定的具有招生资格的高级中等学校向社会公示。未经公示的高级中等学校，不得擅自开展招生活动。

附件：1.2017年具有招生资格的普通高中学校名单

2.2017年具有招生资格的普通中专学校名单

3.2017 年具有招生资格的职业高中学校名单

4.2017 年具有招生资格的技工学校名单

5.2017 年具有举办五年制高职资格的高职学院名单

2017 年 4 月 24 日

附件 1

2017 年具有招生资格的普通高中学校名单

东城区

1. 北京市第二中学
2. 北京市第五中学
3. 北京市第十一中学
4. 北京市第五十中学
5. 北京市第五十五中学
6. 北京市第一零九中学
7. 北京市第一六六中学
8. 北京市第一七一中学
9. 北京市广渠门中学
10. 北京汇文中学
11. 北京市东直门中学
12. 北京景山学校
13. 北京市第一中学
14. 北京市第二十一中学
15. 北京市第二十二中学
16. 北京市第二十四中学
17. 北京市第二十五中学
18. 北京市第二十七中学
19. 北京市第五十中学分校
20. 北京市第五十四中学
21. 北京市第六十五中学
22. 北京市第九十六中学
23. 北京汇文实验中学（北京市第一二五中学）
24. 北京市第一四二中学
25. 北京宏志中学
26. 北京市第一六五中学
27. 中央工艺美术学院附属中学
28. 北京市龙潭中学
29. 北京市崇文门中学
30. 北京市翔宇中学
31. 北京市阳光情学校

西城区

1. 北京市第四中学

2. 北京市第八中学
3. 北京市第十三中学
4. 北京市第十四中学
5. 北京市第十五中学
6. 北京市第三十五中学
7. 北京市第六十六中学
8. 北京市第一六一中学
9. 北京市铁路第二中学
10. 北京市育才学校
11. 北京市回民学校
12. 北京市西城外国语学校
13. 北京师范大学附属中学
14. 北京师范大学第二附属中学
15. 北京师范大学附属实验中学
16. 北京市第三中学
17. 北京市第七中学
18. 北京市第三十一中学
19. 北京市第三十九中学
20. 北京市第四十三中学
21. 北京市第四十四中学
22. 北京市第五十六中学
23. 北京市第一五六中学
24. 北京市第一五九中学
25. 外交学院月坛中学
26. 北京市徐悲鸿中学
27. 北京市鲁迅中学
28. 北京师范大学实验华夏女子中学
29. 北京教育学院附属中学
30. 北京市宣武外国语实验学校
31. 北京师范大学亚太实验学校
32. 北京启喑实验学校

朝阳区

1. 北京市第十七中学
2. 北京市第八十中学
3. 对外经济贸易大学附属中学（北京市第九十四中学）
4. 北京市日坛中学
5. 北京市陈经纶中学
6. 北京市三里屯一中
7. 北京化工大学附属中学
8. 北京市和平街第一中学
9. 北京第二外国语学院附属中学
10. 北京工业大学附属中学
11. 北京中医学院附属中学
12. 清华大学附属中学朝阳学校
13. 中国科学院附属实验学校
14. 北京市垂杨柳中学
15. 北京青年政治学院附属中学
16. 北京市团结湖第三中学

17. 北京市东方德才学校
18. 北京市朝阳外国语学校
19. 北京世青国际学校
20. 北京市私立新亚中学
21. 北京拔萃双语学校
22. 北京爱迪学校
23. 北京市朝阳区爱迪外国语学校
24. 北京市华侨城黄冈中学
25. 北京市力迈外国语学校
26. 北京市朝阳区人大附中朝阳分校
27. 中国人民大学附属中学朝阳学校
28. 华中师范大学第一附属中学朝阳学校
29. 北京市实验外国语学校
30. 东北师范大学附属中学朝阳学校
31. 北京国际艺术与科学学校
32. 北京八十学校
33. 北京市朝阳区清华附中国际学校
34. 北京中学

海淀区

1. 中国人民大学附属中学
2. 中国人民大学附属中学翠微学校
3. 中国人民大学附属中学第二分校
4. 人大附中西山学校
5. 北京航空航天大学实验学校
6. 北京市第一〇一中学
7. 北京市十一学校
8. 北京交通大学附属中学（原北方交通大学附属中学）
9. 北京交通大学附属中学东校区
10. 北京市八一学校
11. 北京市八一学校附属玉泉中学
12. 北京市中关村中学
13. 北京市中关村中学知春分校（原北京市知春里中学）
14. 北京市第二十中学
15. 首都师范大学附属中学
16. 首都师范大学第二附属中学
17. 首都师范大学附属育新学校
18. 清华大学附属中学
19. 清华大学附属中学永丰学校
20. 北京理工大学附属中学
21. 北京大学附属中学
22. 北京医学院附属中学

23. 北京市育英学校
24. 北京市第十九中学
25. 北京市海淀区教师进修学校附属实验学校
26. 北京市第五十七中学
27. 北京市育英中学
28. 北京实验学校（海淀）
29. 中国农业大学附属中学
30. 北京科技大学附属中学
31. 北京石油学院附属中学
32. 北京师范大学第三附属中学
33. 北京市玉渊潭中学
34. 中国矿业大学（北京）附属中学
35. 中国地质大学附属中学
36. 北大附中香山学校
37. 北京外国语大学附属中学
38. 北京市第四十七中学
39. 北京市海淀实验中学
40. 中央民族大学附属中学
41. 中国人民大学附属中学分校
42. 清华大学附属实验学校
43. 北京理工大学附属中学分校
44. 北京市师达中学
45. 北京市二十一世纪国际学校
46. 北京市清华育才实验学校
47. 北京市北外附属外国语学校
48. 北京市清华志清中学
49. 北京市建华实验学校
50. 北京市海淀区尚丽外国语学校
51. 北京市中关村外国语学校
52. 北京市海淀外国语实验学校
53. 北京市一零一实验学校
54. 人大附中北大附小联合实验学校
55. 北京市海淀国际学校
56. 北京海淀凯文学校

丰台区

1. 北京市第十二中学
2. 北京市第十中学
3. 北京市第十八中学
4. 北京市丰台区丰台第二中学
5. 北京市首都师范大学附属丽泽中学
6. 北京师范大学第四附属中学
7. 北京市丰台区东铁匠营第一中学
8. 首都经济贸易大学附属中学
9. 中国教育科学研究院丰台实验学校
10. 北京市大成学校

11. 首都师范大学附属云岗中学
12. 北京市航天中学
13. 北京市丰台区长辛店第一中学
14. 中国人民大学附属中学丰台学校
15. 北京市第八中学怡海分校
16. 北京市中桥外国语学校
17. 北大附属实验学校
18. 北京十二中高中分校
19. 北京市丰华中学
20. 北京市明德中学
21. 北京新桥外国语高中学校

石景山区

1. 北京市京源学校
2. 北京市古城中学
3. 北京大学附属中学石景山学校
4. 首都师范大学附属苹果园中学
5. 北京市第九中学
6. 首钢矿业公司职工子弟学校第一中学
7. 北京景山学校远洋分校
8. 北京师范大学附属中学京西分校
9. 北京市礼文中学

门头沟区

1. 北京市大峪中学
2. 首都师范大学附属中学永定分校
3. 北京市育园中学
4. 北京市第八中学京西校区

房山区

1. 北京师范大学良乡附属中学
2. 北京市房山区实验中学
3. 北京市房山区房山中学
4. 北京市房山区良乡中学
5. 北京市房山区周口店中学
6. 北京市房山区交道中学
7. 北京市房山区坨里中学
8. 首都师范大学附属房山中学
9. 北京四中房山分校
10. 北京市博文学校

燕山

1. 北京师范大学燕化附属中学

昌平区

1. 北京市昌平区第一中学
2. 北京市昌平区第二中学
3. 北京市昌平区第三中学
4. 北京市昌平区实验学校
5. 北京市昌平区前锋学校
6. 北京市昌平区沙河中学
7. 北京市第十五中学南口学校
8. 首都师范大学附属回龙观育新学校
9. 北京师范大学第二附属中

学未来科技城学校
10. 首都师范大学附属中学昌平学校
11. 北京市私立汇佳学校
12. 北京王府学校
13. 北京昌平新东方外国语学校
14. 北京昌平临川育人学校
15. 北京昌平凯博外国语学校
16. 北京市昌平区佳莲学校

大兴区

1. 北京市大兴区第一中学
2. 北京市大兴区兴华中学
3. 北京师范大学大兴附属中学
4. 首都师范大学大兴附属中学
5. 北京市大兴区第三中学
6. 北京市大兴区第五中学
7. 北京市第八中学大兴分校（原北京市大兴区第八中学）
8. 北京市大兴区旧宫中学
9. 北京市大兴区魏善庄中学
10. 北京市大兴区采育中学
11. 北京市大兴区榆垡中学
12. 北京市私立君谊中学
13. 北京市第二中学亦庄学校
14. 北京亦庄实验中学

通州区

1. 北京市通州区潞河中学
2. 北京市通州区运河中学
3. 北京市通州区永乐店中学
4. 北京市通州区张家湾中学
5. 北京潞河国际教育学园
6. 北京中加学校
7. 中国人民大学附属中学（通州校区）
8. 首都师范大学附属中学（通州校区）
9. 北京理工大学附属中学（通州校区）
10. 北京市第二中学（通州校区）

顺义区

1. 北京市顺义牛栏山第一中学
2. 北京市顺义区第一中学
3. 北京市顺义区杨镇第一中学
4. 北京市顺义区第二中学
5. 北京市顺义区第九中学
6. 北京市第四中学顺义分校
7. 北京市牛栏山一中实验学校
8. 北京市新英才学校
9. 北京市顺义区君诚学校
10. 北京市新府学外国语学校

怀柔区

1. 北京市怀柔区第一中学
2. 北京市怀柔区第二中学
3. 首都师范大学附属红螺寺中学

平谷区

1. 北京市平谷中学
2. 北京市平谷区第五中学
3. 北京师范大学附属中学平谷第一分校
4. 北京实验学校
5. 北京市平谷区育才中学

延庆区

1. 北京市延庆区第一中学
2. 北京市延庆区第二中学
3. 北京市延庆区第三中学
4. 北京市延庆区第五中学

密云区

1. 首都师范大学附属密云中学
2. 北京市密云区第二中学
3. 北京师范大学密云实验中学
4. 北京市密云区新农村中学
5. 北京市密云区巨各庄中学
6. 北京市密云区太师庄中学

附件 2

2017 年具有招生资格的普通中专学校名单

一、北京市学校

1. 北京水利水电学校
2. 北京交通运输职业学院中专部
3. 北京市商务科技学校
4. 北京市自动化工程学校
5. 北京市经济管理学校
6. 北京市园林学校
7. 北京金隅科技学校
8. 北京市对外贸易学校
9. 北京市商业学校
10. 北京商贸学校
11. 北京市供销学校
12. 北京市振华旅游学校（丰台区管理）
13. 北京铁路电气化学校
14. 首都医科大学附属卫生学校
15. 北京市海淀区卫生学校
16. 北京市昌平卫生学校
17. 北京体育职业学院中专部
18. 北京市什刹海体育运动学校
19. 北京市第三体育运动学校
20. 首都体育学院附属竞技体育学校

21. 北京市国际艺术学校
22. 中国戏曲学院附属中等戏曲学校
23. 北京舞蹈学院附属中等舞蹈学校
24. 中国音乐学院附属中等音乐专科学校
25. 北京戏曲艺术职业学院中专部
26. 北京市爱莲舞蹈学校

二、中央部委在京学校

27. 中央音乐学院附属中等音乐学校
28. 中央美术学院附属中等美术学校
29. 北京体育大学附属竞技体育学校

附件 3

2017 年具有招生资格的职业高中学校名单

东城区

1. 北京市第一七九中学
2. 北京现代职业教育学校
3. 北京国际职业教育学校
4. 北京市国际美术学校
5. 北京市东城区古城职业高中
6. 北京市东城区特殊教育学校
7. 北京市东城区中央音乐学院鼎石实验学校
8. 北京市育人中等职业学校

朝阳区

1. 北京市求实职业学校
2. 北京市劲松职业高中
3. 北京市电气工程学校
4. 北京市朝阳区职业技术学校
5. 北京市朝阳区金色河畔高尔夫学校

海淀区

1. 北京市信息管理学校
2. 北京市军乐艺术学校
3. 北京市盲人学校
4. 北京市海淀寄读学校
5. 北京市健翔学校

丰台区

1. 北京市丰台区职业教育中心学校
2. 北京市八一艺术学校
3. 北京市文化艺术职业学校

4. 北京新桥外国语高中学校

石景山区

1. 北京市黄庄职业高中
2. 北京市古城旅游职业学校

门头沟区

1. 北京市门头沟区中等职业学校

房山区

1. 北京市房山区第二职业高中
2. 北京市房山区房山职业学校

燕山

1. 北京市燕山职业学校

昌平区

1. 北京市昌平职业学校
2. 北京少林武术学校

大兴区

1. 北京市大兴区第一职业学校
2. 北京市大兴区第二职业学校
3. 北京现代艺术学校

通州区

1. 北京新城职业学校
2. 北京市现代音乐学校

顺义区

1. 北京市顺义区新大方职业学校
2. 北京国际标准舞研修学院中专部
3. 北京市音乐舞蹈学校

怀柔区

1. 北京市怀柔区职业学校
2. 北京百汇演艺学校

平谷区

1. 北京市平谷区职业学校

延庆区

1. 北京市延庆区第一职业学校

密云区

1. 北京市密云区职业学校

附件 4

2017年具有招生资格的技工学校名单

1. 北京市工贸技师学院
2. 北京市仪器仪表高级技工学校
3. 北京电子信息技师学院
4. 北京汽车技师学院
5. 北京市工业技师学院
6. 北京市新媒体技师学院
7. 北京轻工技师学院
8. 北京科技高级技术学校

9. 首钢技师学院
10. 北京市应用高级技工学校
11. 北京市工艺美术高级技工学校
12. 北京市经贸高级技术学校
13. 北京市公共交通高级技工学校
14. 北京地铁技术学校
15. 北京市市政管理高级技术学校
16. 北京市实验技工学校
17. 北京二七机车厂技工学校
18. 北京飞机维修工程有限公司航空技工学校
19. 北京市顺义区人力资源和社会保障局高级技工学校

附件5

2017年具有举办五年制高职资格的高职学院名单

1. 北京电子科技职业学院
2. 北京信息职业技术学院
3. 北京工业职业技术学院
4. 北京农业职业学院
5. 北京政法职业学院
6. 北京京北职业技术学院
7. 北京体育职业学院
8. 北京交通运输职业学院
9. 北京劳动保障学院
10. 北京卫生职业学院
11. 北京财贸职业学院
12. 北京第二外国语学院
13. 首都师范大学学前教育学院
14. 北京联合大学师范学院
15. 北京城市学院

北京市教育委员会

关于公布2017年成人中等职业学历教育招生专业的通知

京教职成〔2017〕14号

各区教委，有关中等职业学校：

为贯彻落实《北京市人民政府关于加快发展现代职业教育的实施意见》及《北京市中长期教育改革和发展规划纲要（2010—2020年）》，进一步拓展中等职业学校的办学功能，加大职业技能培训的力度，加快职业技能型人才培养，提高劳动者素质，促进就业与再就业，2017年本市中等职业学校成人中专班和独立设置的成人中等专业学校将继续对社会招生。现将招生专业予以公布（见附件），并提出如下要求，请认真贯彻落实。

各学校要按照教育部《关于制定中等职业学校教学计划的原则意见》（教职成〔2009〕2号）、《关于中等职业学校德育课课程设置与教学安排的意见》（教职成〔2008〕6号）、《关于印发中等职业学校德育课课程教学大纲的通知》（教职成〔2008〕7号）、《关于印发新修订的中等职业学校语文等七门公共基础课程教学大纲的通知》（教职成〔2009〕3号）、《关于印发中等职业学校公共艺术课程教学大纲的通知》（教职成厅〔2013〕2号）等文件精神开展教育教学。此外，各学校要根据成人学习特点制定专业教学计划、教学大纲，建立和完善本校成人学历教育教学管理制度，深化教育教学改革，积极推行学分制等弹性学习制度，探索建立“学分银行”制度和学习成果认证制度，鼓励学生终身学习，为成人学生半工半读、工学交替、分阶段完成学业创造条件。

附件：2017 年北京市成人中等职业学历教育招生专业

2017 年 5 月 2 日

附件

2017 年北京市成人中等职业学历教育招生专业

一、普通中专

北京水利水电学校

水利水电工程施工

建筑工程施工

机电技术应用

给排水工程施工与运行

工程测量

生态环境保护

工程造价

北京市经济管理学校

经济信息管理

产品质量监督检验（食品安全与质量检验）

会计

计算机网络技术

计算机平面设计

电子商务

计算机与数码产品维修
数字媒体技术应用
影像与影视技术
商务助理

北京市商业学校

会计
金融事务（银行金融）
商务助理（商务管理）（国际班）
旅游服务与管理
高星级酒店服务与管理（国际酒店）（国际班）
航空物流服务与管理
市场营销（汽车服务与管理）
汽车运用与维修
城市轨道交通运营管理
互联网信息技术服务
电子商务
美术设计与制作（网络美工）
珠宝玉石加工与营销
眼视光与配镜
学前教育（保育员）
老年人服务与管理

北京商贸学校

会计（税务代理）
金融事务（投资理财）
学前教育（保育员）
电子商务
物流服务与管理（航空物流）
食品生物工艺（食品营养与安全）

北京市昌平卫生学校

药剂
康复技术
医学检验技术
中药

北京市供销学校

城市轨道交通运营管理
铁道运输管理
学前教育（保育员）
电子商务
演艺设备安装与调试（舞台灯光系统、音响调音系统安装与调试）
影像与影视技术（摄影摄像及后期制作）
计算机应用
会计
计算机网络技术
大数据技术应用（数据中心运维）

北京市对外贸易学校

国际商务
会展服务与管理
电子商务
商务英语
航空服务
学前教育（保育员）
会计
物流服务与管理

北京市园林学校

古建筑修缮与仿建

北京金隅科技学校

建筑工程施工

数控技术应用
楼宇智能化设备安装与运行
城市轨道交通信号
电动汽车运用与维修
电气运行与控制（电梯运行与维护）
建筑装饰（建筑特艺装修施工）
工程造价
计算机动漫与游戏制作
计算机与数码产品维修
电子商务
软件与信息服务
建筑与工程材料
环境监测技术
电气运行与控制
机电设备安装与维修
硅酸盐工艺及工业控制
建材装备运行与维护
现代雕刻艺术

北京交通运输职业学院（中专部）

汽车运用与维修

二、职业高中

北京国际职业教育学校

服装展示与礼仪

北京市育人中等职业学校

工艺美术
旅游服务与管理
物业管理

北京市东城区古城职业高中

汽车运用与维修

物业管理

北京市信息管理学校

计算机应用

计算机网络技术

计算机网络技术（网络信息安全）

网站建设与管理

物联网技术应用

电子商务

金融事务

会计

商务英语

影像与影视技术

动漫游戏

美术设计与制作

铁道运输管理

航空服务

计算机与数码产品维修

中餐烹饪与营养膳食

西餐烹饪

北京市盲人学校

中医康复保健

北京市电气工程学校

数字广播电视技术

软件与信息服务

电子与信息技术

制冷和空调设备运行与维修

供热通风与空调施工运行

楼宇智能化设备安装与运行

电气运行与控制

城市轨道交通车辆运用与检修
城市轨道交通运营管理
园林技术
园林绿化
观光农业经营

北京市劲松职业高中

高星级饭店运营与管理
影像与影视技术
乐器修造
电子商务
老年人服务与管理
中餐烹饪与营养膳食
西餐烹饪
美发与形象设计
计算机动漫与游戏制作
家政服务与管理
商务英语
音乐
数字影像技术

北京市求实职业学校

文秘
商务助理
金融事务
会计
连锁经营与管理
计算机网络技术
数字媒体技术应用
动漫游戏
航空服务

民航运输
学前教育
戏剧表演

北京市朝阳区职业技术学校

电气运行与控制
建筑装饰

北京新城职业学校

学前教育（保育员）
数字媒体技术应用
汽车运用与维修
电子技术应用
电子商务
计算机应用
数控技术应用
旅游服务与管理

北京市大兴区第一职业学校

计算机网络技术
航空服务（空港地勤）
汽车运用与维修
动漫游戏
学前教育（保育员）
机电技术应用
计算机应用
电子商务
计算机与数码产品维修

北京市大兴区第二职业学校

生物技术制药
物流服务与管理
计算机应用

机械制造技术
电子商务
环境监测技术

北京市门头沟区中等职业学校

中餐烹饪与营养膳食
高星级饭店运营与管理
旅游服务与管理
汽车运用与维修
计算机网络技术
动漫游戏
美术设计与制作
学前教育
计算机应用
物业管理
会展服务与管理
电子技术应用（物联网）
电子商务

北京市黄庄职业高中

学前教育
计算机网络技术（信息安全）
计算机网络技术（物联网应用技术）
美发与形象设计
服装设计与工艺
义齿设计与制作（口腔修复工艺）
会计
金融事务
计算机动漫与游戏制作
影像与影视技术（影视拟音制作）
钟表维修

电子商务
计算机应用
北京市古城旅游职业学校
中餐烹饪与营养膳食
旅游服务与管理
高星级饭店运营与管理
旅游服务与管理（冰雪服务与运营）
北京市怀柔区职业学校
学前教育（保育员）
汽车运用与维修
机械加工技术（数控加工）
会展服务与管理
航空服务（空港服务）
旅游服务与管理
计算机动漫与游戏制作
计算机网络技术
北京市昌平职业学校
园林技术（生态装饰）
园林绿化（花卉装饰、栽培养护、观光农业信息传播）
食品生物工艺（食品营养与检测）
宠物养护与经营（宠物美容、宠物行为训练、宠物医师助理）
汽车运用与维修（汽车机电维修、汽车维修业务接待、汽车保险、电动汽车销售、电动汽车检测与维修）
数控技术应用（数控车削加工、数控铣削加工、加工中心加工、数控机床调试与维修）
学前教育（保育员）
中餐烹饪与营养膳食（中式烹调、中式面点、营养配餐）
西餐烹饪（西餐烹调、西式面点制作、西点烘焙）

金融事务（银行、证券、投资理财、中小企业创业与经营）
旅游服务与管理（旅行社导游、旅行社计调、5A级景区讲解服务、智慧旅游）
休闲体育服务与管理（冰雪运动、现代马术）
美容美体（美容、化妆、形象设计）
城市轨道交通车辆运用与检修（城市轨道交通车辆驾驶、城市轨道交通车辆检修）
计算机平面设计（桌面排版技术、图文信息处理、平面广告设计与制作、工程效果设计、数码照片艺术处理）
计算机网络技术（综合布线设计与施工、网络设备安装与调试、网络管理与维护、网络产品营销、网络与信息安全、数据恢复、物联网技术）
计算机动漫与游戏制作（动画片制作、电脑游戏制作与运营）
数字影像技术（摄影与摄像、视频宣传片制作、影视后期特效制作、三维动画制作）
电子商务（网店美工与设计、网店运营与管理、网络营销、网站建设与管理）
无人机应用技术（多旋翼无人机飞行与控制、无人机的安装调试、无人机维护）
航空服务（民航安全检查、航空乘务、空港地面服务）
城市轨道交通运营管理（城市轨道交通客运服务、车站管理、高铁乘务员）

北京市房山区房山职业学校

旅游服务与管理
物流服务与管理
会计
计算机应用
社会文化艺术

中餐烹饪与营养膳食

北京市房山区第二职业高中

建筑工程施工

计算机应用

汽车制造与检修（汽车钣金与涂装）

家政服务与管理

北京市密云区职业学校

客户信息服务

汽车运用与维修

数控技术应用

计算机应用

会计

学前教育（保育员）

北京市延庆区第一职业学校

中餐烹饪与营养膳食

西餐烹饪

计算机应用

学前教育（保育员）

商务英语

高星级饭店运营与管理

旅游服务与管理

建筑工程施工

电气技术应用

汽车运用与维修

汽车车身修复

汽车美容与装潢

汽车整车与配件营销

美容美体

美发与形象设计

园林技术
园林绿化
影像与影视技术
计算机网络技术

北京市丰台区职业教育中心学校

影视化妆
物联网技术应用
老年人服务与管理
中餐烹饪与营养膳食
西餐烹饪
高星级饭店运营与管理
影像与影视技术
动漫游戏
美术设计与制作
服装设计与工艺
珠宝玉石加工与营销
汽车运用与维修
电子与信息技术（物联网设备的安装与应用）
计算机网络技术
通信运营服务
学前教育
会计
电子商务
公关礼仪
航空服务
数字影像技术
园林技术
医学生物技术
建筑工程施工

通信技术（移动互联应用技术）
互联网安全防御
新能源电子技术
非遗产品设计与应用

三、独立设置的成人中专

北京市广播电视中等专业学校
机械加工技术
机电技术应用
汽车制造与检修
计算机应用
计算机应用（高中起点一年制）
会计
会计（高中起点一年制）
建筑工程施工
建筑工程施工（高中起点一年制）
物业管理
商务英语
工商行政管理事务
舞蹈表演

北京市经济贸易学校
机电技术应用
服装制作与生产管理
计算机应用
计算机网络技术
电子技术应用
会计
商品经营
市场营销
电子商务

商务英语
物流服务与管理
高星级饭店运营与管理
美术设计与制作
工商行政管理事务
物业管理

中国煤矿文工团艺术学校

音乐（器乐）
音乐（声乐）
舞蹈表演
戏剧表演（影视表演）
美术设计与制作

北京市农业广播电视学校

果蔬花卉生产技术（果树栽培）
果蔬花卉生产技术（蔬菜栽培）
果蔬花卉生产技术（花卉栽培）
现代农艺技术
园林技术
农村经济综合管理（农村经济管理）
农村经济综合管理（乡镇企业经营与管理）
农村经济综合管理（村级经济管理）
农村经济综合管理（农民专业合作社）
农村经济综合管理（家庭农场）
循环农业生产与管理（农村新能源利用技术）
建筑工程施工
社会文化艺术
畜牧兽医
物业管理
计算机应用

会计
农产品营销与储运
法律事务
家政服务与管理
物流服务与管理
旅游服务与管理
人口与计划生育管理
给排水工程施工与运行（给水排水运行与维护）
休闲体育服务与管理（休闲体育）
农业机械使用与维护（智能农业装备）
农业机械使用与维护（现代农业设施）

北京市九华旅游职业学校

高星级饭店运营与管理

北京市海淀区职业学校

计算机应用

北京百年农工子弟职业学校

电气技术应用
楼宇智能化设备安装与运行
制冷和空调设备运行与维修
物业管理

北京市教育委员会

关于推进市属高校标准化考点建设的通知

京教函〔2017〕198号

各市属高等学校：

自2012年研究生入学考试标准化考点建成投入使用后，极大地促进了考试管理手段现代化，有效遏制了各类考试违规行为，对确保考试安全顺利，加强考生诚信体系建设起到了积极作用。近年来，随着教育部关于统筹全日制和非全日制研究生管理等改革举措的实施，北京地区参加全国硕士研究生招生考试的考生人数呈大幅上升趋势，现有标准化考点、考场资源已不能满足实际考试需求，极需扩容我市市属高校标准化考点建设。

为保证市属高校标准化考点扩容升级工作顺利进行，现印发《市属高校标准化考点扩容升级工作方案》，请各有关高校依据此方案和《市教委市财政局关于进一步加强信息化建设运维升级改造工作的通知》（京教函〔2015〕387号）要求，按期完成建设工作。各高校要在本年度经费中，优先安排此项目，确保任务如期完成。

附件：市属高校标准化考点扩容升级工作方案

2017年6月1日

附件

市属高校标准化考点扩容升级工作方案

一、指导思想

适应未来几年研究生入学考试人数的增加趋势，调整研究生考试标准化考点布局，扩充考场数量，完善技术手段，进一步净化考试环境，确保考试的公平公正。

多考统筹，减少重复建设，提高设备利用率。以满足研究生入学考试为主，兼顾校内考试、四六级考试等考试需要。

二、建设内容和目标

1. 建设内容：在市属高校中增建标准化考点、考场，拟增加的总考位数约 10000 个。完善技防手段，更新、增配无线信号屏蔽仪、无线信号探测器、身份鉴别仪、金属探测仪等防高科技作弊设备。对中控室进行必要的改造，对转发服务器等巡查系统核心设备进行必要的升级。加强对考点内重点部位的视频监控。其他必要的装修、电力改造等由各考点因需申报。

2. 数量配备：每 30 个考位为一个考场（不足 30 个考位的，按一个考场计），每个考场须配备 1 套视频巡监控点、配备 1 台多功能无线信号屏蔽仪；每 5 个考场配置 1 台无线信号探测器；每 3 个考场配置 1 台身份鉴别仪；每 10 个考场配备 1 支金属探测器。

考点存放试卷的保密室、考点大门及考生候考区域、考务室、中控室等关键部位须按要求配备视频监控摄像头。

3. 质量目标：确保视频巡查系统能以高清方式与市考试院端互联互通，确保改造后的考场相关基础信息完整进入考务综合管理平台，确保能有效侦测、阻断常见的无线作弊信号，有效甄别考生身份。

4. 进度目标：升级改造建设工作于 2017 年 11 月前完成，

2018年研究生入学考试时启用。

三、费用测算参考标准

按我市标准化考场建设历次招标结果和市场行情，建议各单项预算参考标准如下。未涉及的内容请各高校依市场行情进行测算。

1. 视频巡查系统：单点折算价格约8000元。

巡查系统包括考场前端摄像机、编码设备、镜头、识音器、防护罩，存储、转发设备，以及电视墙、管理主机等监控平台。此单价为上述建设内容折合成每个监控点后的平均价格，相关设备不再单独设置预算。

2. 无线信号屏蔽仪：每台约1500元。

3. 无线信号探测器：每台约500元。

4. 身份鉴别仪：每台约4000元。

5. 金属探测器：每支约100元。

四、建设进度安排

各高校接到通知后，应立即结合前期的摸底和考试院的具体要求，按京教函〔2015〕387号的要求，进行立项申报、前期准备、招标采购、建设实施等工作。考试院按下列进度安排，统筹推进全市的项目建设。

5月31日前，各高校把本考点拟进行的扩充升级改造方案报考试院。

6月30日前，落实项目资金，做好招标采购准备。

7月中旬，建设施工。

10月，项目初验。

11月，项目验收。

12月，正式投入使用。

五、工作要求

（一）研究生入学考试是事关我国高端人才选拔、事关社会公平和稳定的重要工作，各高校要提高认识，加强对考点建设的领导、组织与管理，统筹协调，精心组织，为建设工作的顺利开展创造有利条件，切实做到推进落实到位。

（二）本次建设遵循“统一规划、统一标准、分级负责、自建自管”原则，各高校要严格按相关规定，切实履行项目立项、招标采购、建设实施工作，切实履行主体责任。

（三）各高校按附件1的建设口径，制定实施方案，明确建设任务和责任部门，统筹相关部门力量，确保按期完成。各高校可以根据具体情况，进行相关配套工程建设。

（四）巡查系统建设管理及技术标准在遵从京教函〔2015〕387号的基础上，参照《国家教育考试网上巡查系统视频标准技术规范》(2017版）的相关技术要求。新建系统必须能与现有巡查系统无缝对接。

（五）无线信号屏蔽仪、无线信号探测器、身份鉴别仪、金属探测器等设备的技术要求见附件2。

附件：1. 考点扩容及升级改造内容

2. 相关设备技术要求

附件1

考点扩容及升级改造内容

序号	单位代码	单位名称	需要新建考场及配置设备				
			标准化考场	无线信号屏蔽仪	无线信号探测器	身份鉴别仪	金属探测器
1	10005	北京工业大学	0	135	27	45	14
2	10009	北方工业大学	25	27	5	23	7
3	10011	北京工商大学	10	20	6	20	0
4	10012	北京服装学院	26	63	13	21	7
5	10015	北京印刷学院	0	0	3	9	0

续表

序号	单位代码	单位名称	需要新建考场及配置设备				
			标准化考场	无线信号屏蔽仪	无线信号探测器	身份鉴别仪	金属探测器
6	10016	北京建筑大学	10	27	0	16	0
7	10017	北京石油化工学院	0	6	4	12	0
8	10020	北京农学院	10	27	0	9	0
9	10025	首都医科大学	24	0	0	23	5
10	10028	首都师范大学	0	110	22	37	11
11	10029	首都体育学院	10	20	4	7	0
12	10031	北京第二外国语学院	30	58	8	20	6
13	10038	首都经济贸易大学	21	17	0	35	0
14	10046	中国音乐学院	25	25	0	9	0
15	10049	中国戏曲学院	16	43	9	15	5
16	10050	北京电影学院	20	97	20	33	10
17	10051	北京舞蹈学院	0	25	0	9	0
18	11417	北京联合大学	0	61	12	21	6
19	11232	北京信息科技大学	6	22	5	8	2
20	10037	北京物资学院	50	50	10	17	5
合计			283	833	148	389	78

附件 2

相关设备主要技术要求

一、无线信号屏蔽仪主要技术要求

全功能考场作弊信号屏蔽仪，能全面屏蔽一代、二代字符型无线数传作弊信号；全面屏蔽无线隐形耳机、对讲机、手机等作弊信号；有效屏蔽最新的第二代字符型无线数传作弊信号。

主要技术参数：

<table>
<tr><th>指标</th><th colspan="2">技术规格</th><th>备注</th></tr>
<tr><td>屏蔽范围</td><td colspan="2">有效屏蔽直径 40 米±5 米</td><td></td></tr>
<tr><td>发射方式</td><td colspan="2">球状发射</td><td></td></tr>
<tr><td rowspan="10">发射频段
发射功率</td><td>135～175MHz</td><td>≥30dBm</td><td rowspan="3">低频频段，屏蔽无线数传、无线隐形耳机、骨传导耳机、对讲机</td></tr>
<tr><td>400～470MHz</td><td>≥30dBm</td></tr>
<tr><td>470～540MHz</td><td>≥30dBm</td></tr>
<tr><td>869～880MHz</td><td>≥30dBm</td><td rowspan="3">屏蔽 2G 手机</td></tr>
<tr><td>925～960MHz</td><td>≥30dBm</td></tr>
<tr><td>1780～1990MHz</td><td>≥30dBm</td></tr>
<tr><td>2010～2025MHz</td><td>≥30dBm</td><td rowspan="2">屏蔽 3G 手机</td></tr>
<tr><td>2110～2145MHz</td><td>≥20dBm</td></tr>
<tr><td>2300～2485MHz</td><td>≥20dBm</td><td rowspan="2">屏蔽 4G 手机、Wi-Fi、蓝牙</td></tr>
<tr><td>2555～2655MHz</td><td>≥20dBm</td></tr>
<tr><td>屏蔽类型</td><td colspan="2">字符型无线数传、无线隐形耳机、对讲机、手机、Wi-Fi、蓝牙</td><td></td></tr>
<tr><td>电源电压</td><td colspan="2">市电交流电</td><td></td></tr>
<tr><td>过热保护</td><td colspan="2">内置双风扇散热，内置过热断电保护装置</td><td></td></tr>
</table>

产品须通过中国疾病预防控制中心环境与健康相关产品安全检测，各采样点的电磁场强度测量值不得高于《电磁辐射防护规定》（GB8702-88）的规定上限。

二、无线信号探测器主要技术要求

手机式探测设备，可探测对象包括各类无线隐形耳机等无线作弊工具，在考场内使用，可通过 LED 信号分级指示来判断检测效果，通过多级增益调节，锁定作弊嫌疑人的位置。

具有广谱探测、精确定位、实时监听、录音取证、环保节约、无线调度、柔性定制等功能。

探测对象：各类无线语音（耳机）作弊工具，无线作弊设备。

主要技术参数：

探测范围	探测半径 R=3～18 米，定位精度 r=10～30 厘米
供电电源	内置锂电池，充电使用
方向辨别	<±13°
信号指示	LED 分级指示
信号指示颜色	3 种（黄/蓝/绿）
待机时长	1～2 小时充电即可使用 12 小时
增益级别	4 级

三、身份鉴别仪主要技术要求

手持式身份鉴别仪，主要功能为读取、验证居民二代身份证信息（包括二代身份证物理 ID、文字、照片、指纹等），可以利用设备本身的摄像机进行现场人像的拍照比对，可以对指纹进行比对。

主要技术参数：

指标	技术规格
屏幕	不小于 7.0 英寸高清电容式触摸屏屏幕；分辨率不低于 1024×600
操作系统	采用 Android 主流系统
处理器	处理器主频不低于 1.0GHz；双核内存 4GFlash+1GSRAM；支持 TF 卡扩展功能支持最大 32G（随机标配 32G 存储卡）
电池及容量	电池支持更换容量不少于 6000mA；工作时间不少于 16 小时
USB	具有 USB 2.0 接口（支持 OTG）、MiniUSB 数据接口
Wi-Fi	支持 Wi-Fi 连接；支持 802.11b/g/n 协议
二代身份证模块	符合 ISO/IEC 14443 type B 标准；以及《GA450-2003 台式居民身份证阅读器通用技术要求》；采用身份证核查系统专用模块。读取时间<3S；读卡距离 0～3cm；工作频率 13.56MHz±7kHz
人脸识别	主摄像头不低于 500 万像素；副摄像头不低于 200 万像素。能从二代居民身份证内读取身份证照片或使用数据库中存储照片与现场持证人进行实时对比，并实时返回验证结果。在进行考生身份验证时，可保存现场考生图像

续表

指标	技术规格
指纹模块	符合公安部《GA/T1011－2012 居民身份证指纹采集器标准》；指纹图像分辨率不小于 500DPI；指纹有效图像大小：320×480；指纹图像采集时间＜2s，指纹对比时间＜1s，实现指纹图像保存；在进行考生身份核验时，可保存考生现场所按压指纹图像，具有指纹原始图像输出接口，具有指纹原始图像保存功能

四、金属探测器主要技术要求

多功能手持式金属探测器。可探测被隐藏在人体身上的所有种类的金属物体，包括手枪、小型刀具、箱形刀架、首饰，电器元器件等。

典型金属物探测距离为：

大头针 30～60mm；六四式手枪 180～195mm；六寸匕首 160～180mm；直径 20mm 钢球 120mm；一元硬币 75～100mm；

采用可充电锂电池。具有 LED 灯光、鸣声报警和振动报警功能。

北京市教育委员会

关于下达 2017 年市属高校研究生分学校招生计划的通知

京教计〔2017〕19 号

有关市属高等学校：

根据《教育部办公厅关于做好 2017 年研究生招生计划编制和

管理工作的通知》（教发厅〔2017〕2号）和《教育部关于下达2017年全国研究生招生计划的通知》（教发〔2017〕11号）精神，2017年市属高校研究生招生计划14634人，其中博士生招生计划959人，硕士生招生计划13675人。现将2017年北京市属高校研究生分学校招生计划下达给你们，请遵照执行，并就有关事项通知如下：

一、认真学习贯彻党的十八大和十八届三中、四中、五中、六中全会精神，全面深化研究生教育综合改革、推进内涵发展，坚持以服务需求、提高质量为主线，着力调整优化结构，为建设创新型国家和人力资本强国、全面建成小康社会发挥关键支撑作用。

二、进一步改进和完善招生计划管理，推进内涵发展、调整优化结构，支持学校特色优势学科发展、高精尖创新中心建设、重大科研项目建设，以高水平科学研究支撑高质量研究生教育。学校在安排分专业招生计划时要综合考虑科研经费、师资力量、硬件条件、教学科研水平和考生报考、毕业生就业等因素。不断优化学位类型招生结构，继续提高专业学位研究生招生比例，加大应用型、复合型高层次人才培养力度，提升人才培养适应性。

三、各校要按照教育部和我委有关要求，做好研究生招生计划编制工作。建立招生计划联动机制，统筹考虑研究生、普通高等教育和成人高等教育协调发展。进一步改善办学条件，特别是加强研究生导师队伍建设，不断改善研究生培养所需的学习、科研、生活等条件，提高研究生教育质量。

四、认真落实各类专项招生计划。协同创新中心研究生专项招生计划、“千人计划”研究生专项招生计划、“少数民族高层次骨干人才”研究生招生计划、“服务国家特殊需求人才培养项目”试点高校研究生专项招生计划、退役大学生士兵专项硕士研究生招生计划均包含在各校招生总规模以内。请有关高校按照要求，认真落实所承担的各类专项招生计划。

五、各校在招生录取过程中，要认真遵守国家有关研究生招生的政策和规定，坚决维护招生计划的严肃性。未经批准，任何单位和个人不得擅自变更招生计划。

附件：1. 2017 年研究生招生计划汇总表

2. 2017 年协同创新中心研究生专项招生计划表

3. 2017 年“千人计划”研究生专项招生计划汇总表

4. 2017 年“少数民族高层次骨干人才”研究招生计划汇总表

5. 2017 年“服务国家特殊需求人才培养项目”试点高校研究生专项招生计划汇总表

6. 2017 年退役大学生士兵专项硕士研究生招生计划汇总表

7. 2017 年硕士研究生分专业招生计划汇总表（略）

2017 年 7 月 1 日

附件 1

2017 年研究生招生计划汇总表

单位：人

单位名称	全日制博士生			硕士生						
	合计	学术学位	专业学位	合计	全日制	全日制中：学术学位	全日制中：专业学位	非全日制	非全日制中：学术学位	非全日制中：专业学位
合计	959	775	184	13675	12194	5289	6905	1481	11	1470
北京工业大学	294	294	—	2581	2148	1069	1079	433	—	433
北方工业大学	8	8	—	766	689	351	338	77	—	77
北京工商大学	10	10	—	1001	960	408	552	41	—	41

续表

单位名称	全日制博士生			硕士生						
	合计	学术学位	专业学位	合计	全日制	全日制中：学术学位	全日制中：专业学位	非全日制	非全日制中：学术学位	非全日制中：专业学位
北京服装学院	8	8	—	370	366	170	196	4	—	4
北京印刷学院	—	—	—	300	300	120	180	—	—	—
北京建筑大学	9	9	—	701	560	205	355	141	—	141
北京石油化工学院	—	—	—	110	110	—	110	—	—	—
北京农学院	—	—	—	456	353	93	260	103	—	103
首都医科大学	318	134	184	1200	1200	308	892	—	—	—
首都师范大学	175	175	—	2245	2030	1098	932	215	—	215
首都体育学院	8	8	—	280	235	106	129	45	—	45
北京第二外国语学院	—	—	—	550	495	229	266	55	—	55
北京物资学院	—	—	—	271	231	110	121	40	—	40
首都经济贸易大学	81	81	—	1219	1188	501	687	31	—	31
中国音乐学院	20	20	—	184	149	79	70	35	—	35
中国戏曲学院	—	—	—	150	107	39	68	43	—	43
北京电影学院	28	28	—	275	207	75	132	68	10	58
北京舞蹈学院	—	—	—	117	67	26	41	50	1	49
北京信息科技大学	—	—	—	504	473	203	270	31	—	31
北京联合大学	—	—	—	160	160	99	61	—	—	—
北京城市学院	—	—	—	235	166	—	166	69	—	69

附件 2

2017 年协同创新中心研究生专项招生计划表

单位：人

中心名称	参与单位	博士增量安排	存量安排		总规模	
			博士	硕士	博士	硕士
出土文献与中国古代文明研究协同创新中心	其中： 首都师范大学	2	1	3	3	3

附件 3

2017 年“千人计划”研究生专项招生计划汇总表

单位：人

单位名称	博士	硕士
合计	19	35
北京工业大学	12	25
北京工商大学	2	—
北京石油化工学院	—	5
首都医科大学	3	3
首都经济贸易大学	2	2

附件 4

2017 年“少数民族高层次骨干人才”研究生招生计划汇总表

单位：人

单位名称	博士招生规模	硕士招生规模
合计	10	148

续表

单位名称	博士招生规模	硕士招生规模
北京工商大学	2	54
北京印刷学院	—	38
北京建筑大学	—	6
中国音乐学院	6	28
北京电影学院	2	10
北京联合大学	—	12

附件5

2017年"服务国家特殊需求人才培养项目"试点高校研究生专项招生计划汇总表

单位：人

单位名称	全日制博士生			硕士生						
	合计	学术学位	专业学位	合计	全日制	全日制中：学术学位	全日制中：专业学位	非全日制	非全日制中：学术学位	非全日制中：专业学位
合计	43	43	—	345	276	—	276	69	—	69
北方工业大学	8	8	—	—	—	—	—	—	—	—
北京工商大学	10	10	—	—	—	—	—	—	—	—
北京服装学院	8	8	—	—	—	—	—	—	—	—
北京建筑大学	9	9	—	—	—	—	—	—	—	—
北京石油化工学院	—	—	—	110	110	—	110	—	—	—
首都体育学院	8	8	—	—	—	—	—	—	—	—
北京城市学院	—	—	—	235	166	—	166	69	—	69

附件 6

2017 年退役大学生士兵专项硕士研究生招生计划汇总表

单位：人

单位名称	招生计划
合计	32
北方工业大学	5
北京工商大学	5
北京服装学院	1
北京石油化工学院	2
北京农学院	6
首都师范大学	5
首都体育学院	1
中国戏曲学院	1
北京联合大学	3
北京城市学院	3

北京市教育委员会

关于下达2017年北京市普通高中和职业高中招生规模的通知

京教计〔2017〕20号

各区教委：

根据《北京市“十三五”时期教育改革和发展规划（2016—2020年）》和北京市教委《关于做好2017年高级中等学校考试招生工作的意见》（京教计〔2017〕4号）精神，确定2017年北京市普通高中招生计划总规模为54157人，其中，名额分配计划9841人，市级统筹计划1962人，校额到校计划2758人，乡村计划310人；职业高中招生计划总规模为4625人。现将2017年北京市分区普通高中和职业高中招生计划下达给你们，并就计划执行过程中的有关事项通知如下，请一并遵照执行：

一、认真学习贯彻国家和北京市“十三五”时期教育改革和发展规划精神，充分发挥教育事业计划在普通高中和职业高中发展中的引导作用，通过认真编制和落实招生计划，统筹区域教育资源，积极推动普通高中多样化发展，优化中等职业教育结构，整体提升高中阶段教育办学水平和教育质量。

二、继续加强普通高中教育资源的统筹规划和布局调整，不断扩大优质教育资源的覆盖程度，逐步满足人民群众日益增长的对优质教育资源的需求。积极引导职业高中进一步调整优化专业结构，提高人才培养质量，适应社会需求。

三、进一步加强计划、招生管理工作。各区要立足首都教育发展大局，对所属普通高中和职业高中提出明确要求，严格执行招生计划，维护计划工作的严肃性，未经我委批准，任何单位不得擅自增减招生计划和变更招生方式，严格依照北京教育考试院中招办备案后的新生名册为新生建立学籍。

四、各区和普通高中要认真做好名额分配、市级统筹、校额到校和乡村计划等招生工作，确保此项工作公平、公正、公开进行，从而促进义务教育均衡发展、城乡教育协调发展。

附件：2017 年北京市分区普通高中和职业高中招生规模表

2017 年 7 月 1 日

附件

2017 年北京市分区普通高中和职业高中招生规模表

区	普通高中招生计划					职业高中招生计划
	合计	其中：名额分配计划	其中：市级统筹计划	其中：校额到校计划	其中：乡村计划	
合计	54157	9841	1962	2758	310	4625
东城	5741	1338	40	86	48	200
西城	7163	1222	206	268	140	—
朝阳	4478	1161	72	47	32	750
丰台	2537	363	145	83	20	245
石景山	1490	216	150	10	—	120
海淀	13832	1813	820	713	70	900
门头沟	744	169	70	34	—	120

续表

区	普通高中招生计划					职业高中招生计划
	合计	其中：名额分配计划	其中：市级统筹计划	其中：校额到校计划	其中：乡村计划	
燕山	270	54	—	81	—	50
房山	2550	387	104	231	—	280
通州	2005	728	—	66	—	200
顺义	3195	658	55	200	—	60
昌平	2171	560	140	11	—	520
大兴	2452	348	40	337	—	310
怀柔	1184	82	—	4	—	120
平谷	1395	540	120	—	—	150
密云	1800	—	—	520	—	350
延庆	1150	202	—	67	—	250

北 京 市 教 育 委 员 会
北京市发展和改革委员会

关于下达2017年北京市普通中等专业学校招生规模的通知

京教计〔2017〕17号

各有关委办局（总公司），各普通中等专业学校、有关高等职业学校：

根据《北京市关于加快发展现代职业教育的实施意见》（京政

发〔2015〕57 号）和《北京市教育委员会关于做好 2017 年高级中等学校考试招生工作的意见》（京教计〔2017〕4 号）精神，适应首都经济社会发展和产业转型升级对职业技术人才的实际需求，现将 2017 年本市普通中等专业学校、五年制高等职业教育试点和高端技术技能人才贯通培养试验招生规模下达给你们，并就有关招生工作提出如下要求：

一、各普通中等专业学校、五年制高职试点学校和高端技术技能人才贯通培养试验学校要牢固树立服务首都的意识，围绕首都经济建设与社会发展对职业技术人才的需要和市民对职业教育多样化的需求，通过认真编制和落实招生计划，进一步明确办学定位，突出职业教育特色。

二、各校要进一步整合融通各级各类优质教育资源，探索优质高效育人的教育发展新模式。对接首都经济社会发展和产业转型升级需要，改革专业设置，调整教学计划，全面加强校企合作，提升职业学校办学水平和教育质量，增强职业教育对首都经济社会发展的贡献力和影响力。同时，要统筹好招生、培养和就业工作，提高人才培养的适应性。

三、进一步规范办学行为和计划、招生管理工作。各校要按照《教育部办公厅关于进一步完善招生工作机制规范中等职业学校招生秩序的通知》（教职成厅〔2014〕4 号）的要求规范招生行为，按照招生计划在规定范围内开展招生工作。在招生录取过程中，要严格执行招生工作纪律，自觉维护招生工作秩序，未经批准，任何学校不得擅自到外省招生。

四、艺体类中等专业学校、北京体育职业学院从外省（市、自治区）招收的学生，须经当地教育行政部门或考试招生部门的批准，报北京教育考试院核准备案后，由北京教育考试院统一将录取名单报市公安局人口管理处，学校自行办理北京市城镇集体户口手续。

五、艺体类中等专业学校的学生在校期间户口不得随意转出；应届毕业生在京报考高等学校，艺术类考生只准报考全国统一招生艺术类专业，体育类考生只准报考体育类单独招生。未被高等学校录取或未能择优录用的毕业生，其户口当年必须转回生源所在地。

北京体育职业学院招收的外地生源，在完成三年中专学段教育后，运动成绩达到入队水平，通过校内升学考试后，可升入两年制高职学段学习。未符合升学条件者颁发中等专业学校毕业证书，其户口当年必须转回生源所在地。

附件：1. 2017年北京市普通中等专业学校在京招生规模表（略）
2. 2017年北京市高端技术技能人才贯通培养试验招生规模表（略）
3. 2017年北京市五年制高等职业教育试点招生规模表（略）
4. 2017年北京市普通中等专业学校外省招生规模表（略）

2017年7月5日

北京市教育委员会
北京市发展和改革委员会

关于下达2017年市属高等学校普通高等教育招生计划的通知

京教计〔2017〕18号

各市属高等学校：

根据教育部《关于做好2017年普通高等教育招生计划编制和

管理工作的通知》(教发〔2017〕9号)的精神，现将2017年市属普通高等学校普通高等教育分校分专业招生计划下达给你们，并就做好招生计划编制和管理工作通知如下：

一、按照“十三五”时期教育改革和发展规划确定的目标和任务，结合疏解非首都功能和京津冀协同发展国家战略要求，统筹兼顾社会、经济发展对高层次人才需要和人民群众接受高等教育的需求，2017年安排市属高校普通高等教育招生计划总规模为76803人，其中本科招生计划47236人，高职（专科）招生计划29567人。

二、各高校要认真贯彻党的十八大和十八届三中、四中五中、六中全会精神，进一步深化高等教育综合改革，把结构调整放到更加突出的位置，着力提高质量，推动高校提高教学水平和创新能力，优化学科专业布局和人才培养机制。充分发挥事业计划在学校发展中的龙头作用和引导作用，通过认真编制和落实招生计划，稳定高等教育规模，促进高等教育入学机会公平，推动高等教育内涵式发展。

三、各高校要严格执行教育部“30个不得”招生工作禁令，依法办学，诚信办学，进一步规范招生行为。不得借联合办学的名义，设立分校或校外办学点，严禁中等学校挂靠高等学校举办高等教育、专科层次院校挂靠本科院校举办本科层次教育；严禁与“中介机构”或个人签署招生协议；严禁任何形式的不实招生宣传，学校法定代表人应对学校招生章程及有关宣传材料的真实性负责，继续执行录取通知书签发人制度；严禁擅自组织生源、未经省级招办核准按拟录取名单擅自寄发录取通知书。我委将对招生计划制定和执行过程进行全程监督，对违规安排和执行计划的高校，按照有关规定严肃问责学校和相关责任人。

四、严格计划执行管理，维护计划的严肃性。任何单位和个人，未经教育行政部门批准，不得擅自调整计划；对于未经批准擅自超计划招生的学校，将被核减下年度招生计划，并停止在违规招生省份投放计划；严格实行高校招生资格、招生计划与新生学籍电子注册和学历证书电子注册相挂钩的政策，未经核准计划或未经省级招办办理录取手续的学生，一律不予新生学籍电子注册。

附件：1. 2017年市属高等学校普通高等教育招生计划（总计划，略）

2. 2017年市属高等学校普通高等教育招生计划（分省分层次，略）

3. 2017年市属高等学校普通高等教育招生计划（分省分专业，略）

4. 2017年市属高等学校普通高等教育招生计划（国家专项、地方专项、定向计划，略）

5. 2017年市属高等学校普通高等教育招生计划（分计划类别，略）

2017年7月12日

北京市教育委员会

关于中、高考英语听说计算机考试有关事项的通知

京教函〔2017〕308号

各区教委，北京教育考试院：

为落实《北京市深化考试招生制度改革的实施意见》精神，推进我市中、高考英语科目改革，我市将于今年年底开始实施中考英

语听力口语考试和高考英语听力考试改革。为确保两项考试改革的顺利实施，现将有关事项通知如下：

一、考试安排

英语听说计算机考试（以下简称“英语听说机考”）实行一年两考，时间定在每年的3月和12月举行。具体安排如下：

（一）高考英语听力考试

考试时间：2017年12月16日（星期六），2018年3月17日（星期六）。

（二）中考英语听力口语考试

考试时间：2017年12月23日（星期六），2018年3月24日（星期六）。

二、考试方式

两项考试均采用计算机考试模式。

三、工作要求

（一）加强领导。中、高考英语听说机考事关我市招生考试改革大局。各区教育委员会（简称“各区教委”）、北京教育考试院（简称“考试院”）要高度重视，切实加强领导，按照我委《关于做好中、高考英语听说计算机考试考点建设的通知》（京教办〔2016〕5号）要求，强化责任落实，加强部门协调，确保英语听说机考工作组织到位、建设到位、管理到位、人员落实到位。

（二）精心准备。在前期建设的基础上，各区教委要认真组织好区级层面考点考场建设质量、设备、环境等方面的检查验收工作，确保考点考场设备、环境符合建设与考试要求。考试院要组织开展对考试软件系统的第三方安全测评，确保考试系统安全运行；7月底前制定并公布北京市中、高考英语听说机考《考试说明》。考试院要结合机考考试特点，研究制定好考试实施方案。各区教委要结合本区考点考场建设实际，做好考试组考工作方案和处置突发事件预案，为考试的安全顺利实施做好各项准备。

（三）加强培训。英语听说计算机考试能否顺利实施，关键在人。各区教委、考试院要高度重视英语听说机考管理队伍的建设，认真做好考点考务工作人员特别是系统管理员、监考员的业务培训，不经培训不得上岗。教学中，要加强对学生英语听说的训练和应试规则、机考模式的宣传与练习，使之提高英语听说的能力，熟悉规则程序要求，最大限度地减少非正常操作给考试带来的影响。

为确保中、高考英语听说机考的顺利实施，今年9月考试院将对全市各区考点考场的建设情况进行检查。

2017年7月15日

北京市教育委员会

关于做好高端技术技能人才贯通培养试验项目学生高考报名事宜的通知

京教函〔2017〕493号

北京教育考试院：

按照《北京市教育委员会关于开展高端技术技能人才贯通培养试验的通知》（京教职成〔2015〕5号）相关要求，自2015年起，支持部分职业院校与示范高中和本科院校合作，选择对接产业发展的优势专业招收应届初中毕业生，开展7年制的贯通培养试验。此改革试验项目在政策制定时提出“学生在第3学年，符合高考报名条件的，可以报名参加当年的普通高等学校招生考试，被录取者不再保留贯通培养资格”。

现在2015年招收的学生已经进入第3学年，经过前期意向调查和信息收集工作，现有电子科技职业学院、工业职业技术学院、财贸职业学院等3所学校的56名学生有参加高考的意愿。因此，请你院协助做好贯通培养试验项目学生参加2018年高考的报名事宜。

附件：2015级贯通培养试验项目拟参加高考学生名单

2017年10月23日

附件

2015级贯通培养试验项目
拟参加高考学生名单

序号	所在学校	学生姓名	性别
1	电子科技职业学院	王思睿	女
2	电子科技职业学院	李超	男
3	电子科技职业学院	刘京	男
4	工业职业技术学院	李婧湉	女
5	工业职业技术学院	程舒琪	女
6	工业职业技术学院	陈欣宇	男
7	工业职业技术学院	李卓然	女
8	工业职业技术学院	马润芝	女
9	工业职业技术学院	田雪	女
10	工业职业技术学院	梁宇涵	女
11	工业职业技术学院	任清源	男
12	工业职业技术学院	鲁淼	女

续表1

序号	所在学校	学生姓名	性别
13	工业职业技术学院	汪兴源	男
14	财贸职业学院	暴鑫宇	男
15	财贸职业学院	王雨畅	女
16	财贸职业学院	赵嘉珩	男
17	财贸职业学院	于迪敬	女
18	财贸职业学院	郑子熙	女
19	财贸职业学院	王尚	女
20	财贸职业学院	尹唯	女
21	财贸职业学院	张妍	女
22	财贸职业学院	张悦	女
23	财贸职业学院	潘高牧屹	女
24	财贸职业学院	高之源	女
25	财贸职业学院	李浩哲	男
26	财贸职业学院	戚汉轩	男
27	财贸职业学院	赵舜祺	男
28	财贸职业学院	王嘉贺	男
29	财贸职业学院	刘森	女
30	财贸职业学院	李兆鑫	女
31	财贸职业学院	刘玉丹	女
32	财贸职业学院	张敬慈	女
33	财贸职业学院	安若渺	女
34	财贸职业学院	周嘉宁	女
35	财贸职业学院	刘千慧	女

续表 2

序号	所在学校	学生姓名	性别
36	财贸职业学院	任子轩	女
37	财贸职业学院	杜羽飞	女
38	财贸职业学院	韩天舒	男
39	财贸职业学院	唐玮鸿	女
40	财贸职业学院	洪宇萱	女
41	财贸职业学院	赫雷	男
42	财贸职业学院	张志勇	男
43	财贸职业学院	龙君贺	男
44	财贸职业学院	王宇辰	男
45	财贸职业学院	耳玉姣	女
46	财贸职业学院	陈飞	男
47	财贸职业学院	王江珊	女
48	财贸职业学院	李子轩	女
49	财贸职业学院	杜敬怡	女
50	财贸职业学院	赵倩倩	女
51	财贸职业学院	李彤	女
52	财贸职业学院	张宇	女
53	财贸职业学院	宋瀚哲	男
54	财贸职业学院	张昊盟	男
55	财贸职业学院	盖炳林	男
56	财贸职业学院	徐帅铎	男

北京市教育委员会

关于下达2017年北京市属高等学校成人高等教育招生计划的通知

京教计〔2017〕31号

有关市属高等学校：

根据《教育部办公厅关于做好2017年全国成人高校考试招生工作的通知》（教学厅〔2017〕12号），结合首都经济建设和社会发展对人才的需求，综合考虑学校办学条件、报名人数等因素，确定2017年市属高等学校成人高等学历教育招生计划总数为22765人，其中本科招生计划13109人，高职（专科）招生计划9656人。现将招生计划下达给你们，并就计划执行过程中的有关事项通知如下，请一并遵照执行。

一、各高校要认真贯彻落实《国务院关于深化考试招生制度改革的实施意见》，严格执行教育部和本市相关文件精神，加强对本地区、本行业成人高等教育需求分析预测，充分体现成人高等教育为在职从业人员服务、以业余学习为主的特点，严格执行脱产、业余、函授等学习形式的有关规定。贯彻落实“疏解北京非首都核心功能”战略方针，按照“严禁扩大成人教育、网络教育、自考助学的在京面授教育办学规模”的要求，严格控制招生规模，不断优化结构，提高办学质量和水平。积极发展各种形式的非学历教育，特别是大学后继续教育和高层次岗位培训，为首都学习型城市建设和构建终身教育体系做出积极贡献。

二、独立设置成人高校要根据首都经济建设和社会发展的实际需要和本校办学条件，加快调整成人高等教育学科、专业结构，不断提高成人学历教育的培养质量。同时，积极探索社会培训等各种形式的非学历继续教育，不断拓展为社会教育服务的渠道。

三、普通高校举办成人高等学历教育，应与学校举办的研究生、普通本专科等教育事业发展相协调，统筹安排、综合利用学校各项办学条件，确保必要的办学条件，特别是专任教师的数量和质量。普通高校不得安排脱产形式招生计划。

四、各高校要依法办学。要切实加强管理，加大投入，改善条件，提高办学质量。教育部和我委将加大对高校办学条件的监测和审核力度，对基本办学条件达不到规定要求的学校，将在高等教育计划安排等方面给予适当限制，并通过媒体向社会公布。严禁任何形式的“超前班”；严禁以“联合办学”等名义将招生计划投放到低层次学校和非高等学历教育机构。对在成人高等教育和继续教育中违规招生和违规办学的单位，将按照暂停招生或限制招生进行处理并予以公布。

五、各高校在招生录取过程中，要严格执行招生计划，维护招生计划管理的严肃性。未经批准，任何单位和个人不得擅自变更下达的招生计划。

附件：1. 2017 年市属高等学校分学校成人高等教育招生来源计划总表（略）

2. 2017 年市属高等学校分学校成人高等教育招生来源计划（专升本）总表（略）

3. 2017 年市属高等学校分学校成人高等教育招生来源计划（高起本）总表（略）

4. 2017 年市属高等学校分学校成人高等教育招生来源计划（高起专）总表（略）

5. 2017 年市属高等学校分学校分专业成人高等教育招

生来源计划表（略）

6. 2017年市属高等学校分学校分专业成人高等教育招生来源计划（专升本）表（略）

7. 2017年市属高等学校分学校分专业成人高等教育招生来源计划（高起本）表（略）

8. 2017年市属高等学校分学校分专业成人高等教育招生来源计划（高起专）表（略）

2017年11月21日

北京市教育委员会

关于听力及言语障碍考生参加2018年中考英语听说计算机考试有关事项的通知

京教基二〔2017〕24号

各区教委：

根据《北京市教育委员会关于本市中招与初中教学改进工作的通知》（京教计〔2015〕35号）精神，2018年中考英语科目分值调整为100分，其中60分为卷面考试成绩，40分为听力、口语考试。听力口语考试与统考笔试分离，采取计算机考试方式（以下简称“英语听说机考”）。为了维护残疾学生的合法权益，保障残疾学生享有同等接受高中阶段教育的机会，为残疾考生提供合理便利，现就听力及言语障碍考生参加中考英语听说机考有关事项通知如下：

一、凡持有第二代《中华人民共和国残疾人证》（以下简称“残疾人证”）的听力、言语残疾考生或听力言语多重残疾的考生参加中考时，可不参加英语听说机考，听说部分按满分计入英语成绩。

二、因各种原因存在言语障碍且无残疾人证的考生，持各区残联指定的言语残疾鉴定医院开具的言语障碍证明，报区考试部门审核批准后可参加英语听说机考中“听后选择”和“听后记录”题型的考试，并按实际作答给分，除此以外涉及口语部分成绩计 0 分。

三、听力及言语障碍考生应在当次英语听说机考前 30 天向区考试部门提出免试或参加听力部分考试的申请。具体办法按北京教育考试院规定执行。

四、各类学校均应按规定录取符合录取条件的听力及言语残疾学生，职业类学校对听力或言语有特殊要求的专业录取时按照规定的体检标准执行。

五、各区要高度重视残疾等特殊学生参加英语听说机考有关工作，做好政策宣传。要积极与各区残联部门沟通，密切配合，为考生做好服务，确保考试招生公平公正。

2017 年 11 月 29 日

学生管理

北京市教育委员会文件选编

（2017）

北京市教育委员会

转发教育部关于做好2017届全国普通高校毕业生就业创业工作文件的通知

京教学〔2017〕1号

各普通高校、研究生培养单位：

为深入贯彻党的十八大和十八届三中、四中、五中、六中全会精神，学习贯彻习近平总书记系列重要讲话精神，落实党中央、国务院关于促进高校就业创业工作的决策部署，促进北京地区高校毕业生就业创业质量稳步提升，现将教育部《关于做好2017届全国普通高校毕业生就业创业工作的通知》（教学〔2016〕11号）转发给你们，并结合北京实际提出如下意见，请一并遵照执行。

一、进一步提升就业服务水平

（一）继续提高认识，确保就业稳定

2017年全国高校毕业生总量压力和结构性矛盾依然突出，北京地区高校毕业生人数持续增长至24万人，就业形势依然复杂严峻。各高校要切实将毕业生就业工作放在重要位置，切实落实就业工作“一把手”工程，强化就业工作体系建设，以高度的政治责任感抓好大学生就业工作，确保2017届毕业生就业工作继续保持在较高水平，毕业生就业质量稳步提升。

（二）完善工作机制，提高服务能力

各高校要积极落实教育部、北京市相关要求，结合自身特点建立参与就业全员化、指导服务系统化、市场开拓多元化的工作机制，形成分工合作、协同参与、齐抓共管的良好工作局面。要切实做到“机构、人员、场地、经费”四到位，为广大毕业生提供良好就业服务。市教委将对各高校落实“四到位”的情况进行检查，对典型经验做法进行宣传推广，对落实不力的，进行通报追责。

（三）加强组织引导，服务重点领域

引导大学生树立正确的世界观、价值观和就业观，将个人理想与国家需求结合起来。鼓励毕业生服务“一带一路”“京津冀协同发展”等国家发展战略，在新技术、新产能、新业态中发挥作用。落实中央《关于进一步引导和鼓励高校毕业生到基层工作的意见》，引导毕业生投身扶贫开发和农业现代化建设，到中西部地区、东北地区和艰苦边远地区就业，鼓励毕业生到基层机关事业单位和中小微企业就业，支持毕业生到基层创新创业。开展广泛宣传动员，鼓励优秀大学生参军报国，优化高校征兵工作流程，落实好退役大学生士兵专项硕士研究生招生计划、学费资助、复学升学等优惠政策。

二、深入推进大学生创新创业工作

（一）加强组织领导，健全工作机构

各高校要切实将大学生创新创业工作放在学校各项工作突出位置，健全组织领导体系，做好顶层设计，形成多部门联动，责任分工明确的工作机制，不断完善政策措施，加大投入，为全面推进创新创业工作提供切实保障。建立健全由校级领导牵头的工作机构，做好顶层规划设计和统筹管理，建立就业、招生、教学、学生、团委等部门会商机制，明确责任分工，逐项落实创新创业相关政策，全面推进创新创业工作有序开展。

（二）落实相关政策，搭建支持平台

各高校要认真贯彻落实国家和北京市创新创业相关支持政策，以《北京地区高校高质量就业创业计划》为抓手，不断创新工作思路，提高创业工作软硬件条件，搭建各类指导服务平台。市教委将继续加大对各高校创业工作支持力度，带动高校创业园建设，进一步完善以“一街三园”为载体的北京高校大学生创业园孵化体系。市教委将继续开展“北京地区高校示范性创业中心”评选工作，持续提升北京高校大学生创业工作水平，已当选“示范性创业中心”高校要积极发挥示范带头作用。

（三）提高服务水平，营造良好氛围

各高校要聘请创业成功者、企业家、专家学者等各领域专家担任创业导师，为学生提供更专业、更多元化的指导服务。组织各类创新创业竞赛，注重参赛团队的指导帮扶，遴选出一批具有核心竞争力和良好发展潜力的创业团队并给予支持。市教委将继续开展北京地区高校大学生创业优秀团队评选工作，加大对优秀创业团队的支持力度。各高校要充分利用微信、移动客户端、网站等多种媒体平台，加大创新创业工作宣传力度，挖掘创新创业典型案例，营造良好的创新创业氛围。

三、有关具体事项

（一）各高校要对办理就业手续的毕业生进行资格审核，完成学历证书电子注册的相关工作。

（二）毕业生派遣至非生源城市就业的，须提供当地人力社保部门接收函或具有相应效力的材料。

（三）毕业生与用人单位签订就业协议并办理了《就业报到证》，如无特殊情况不予调整。有特殊情况需要调整改派的，由学校提出调整意见及申请（其调整必须符合国家就业政策导向），经市教委同意，为其办理调整手续。毕业生调整改派须在报到证签发之日起一年之内办理，已派遣且办理转正定级手续的毕业生，不予办理调整改派手续，其调整按在职人员有关规定办理。

（四）毕业离校时，各高校报送就业方案为考研、考博的毕业生，录取后提出不再攻读的，回生源省（直辖市、自治区）就业；中途退学的研究生按已有毕业学历和就业政策可以就业的，可办理回生源省（直辖市、自治区）的就业手续（《就业报到证》上注明

"退学")。毕业后，京外生源毕业生拟考研、拟出国（境）等暂不就业情况的，应办理二分回生源地手续。

（五）定向生、委培生应按照合同就业。各高校要从严定向生改派管理，为进一步规范定向生改派手续办理工作，我委将出台有关实施意见。

（六）对于离校时尚未落实就业单位的北京生源毕业生，应将档案转回户籍所在区人力资源和社会保障局毕业生就业工作部门。对于10月底前尚未落实就业单位的京外生源毕业生，由学校将其户口、档案二分回生源地，待落实单位后办理相关手续。

（七）毕业时参军入伍毕业生，档案经学校所属区的武装部门转至服役部队。服役期满后的就业手续办理，按有关政策执行。

（八）师范生的就业按有关政策执行。

2017年2月16日

教育部

关于做好2017届全国普通高等学校毕业生就业创业工作的通知

教学〔2016〕11号

各省、自治区、直辖市教育厅（教委），有关省、自治区人力资源社会保障厅，部属各高等学校：

为贯彻落实党的十八大和十八届三中、四中、五中、六中全会精神，深入学习贯彻习近平总书记系列重要讲话精神，进一步引导和鼓励高校毕业生到基层工作，组织实施高校毕业生就业创业促进计划，现就做好2017届高校毕业生就业创业工作通知如下：

一、积极拓宽基层和重点领域就业渠道

1. 引导和鼓励毕业生到城乡基层就业。各地各高校要落实好毕业生到县以下基层就业学费补偿和国家助学贷款代偿等政策，并结合实际进一步完善政策措施，鼓励毕业生到城乡社区从事教育文化、医疗卫生、健康养老等工作，引导毕业生到中西部地区、东北地区和艰苦边远地区就业创业。继续组织实施好“教师特岗计划”“大学生村官”“三支一扶”“西部计划”等中央基层就业项目，鼓励各地巩固并扩大实施地方基层就业项目。

2. 鼓励毕业生到中小微企业就业。充分发挥中小微企业吸纳毕业生就业的主渠道作用。各地各高校要广泛收集中小微企业的招聘信息，组织中小微企业进校园招聘，办好全国中小企业网上百日招聘活动。各地教育部门要积极配合人力资源社会保障、税务、中小企业主管部门等，落实小微企业吸纳毕业生的社保补贴、培训补贴、税费减免等优惠政策。

3. 服务国家发展战略开拓就业岗位。各地各高校要围绕“一带一路”“长江经济带”“京津冀协同发展”等国家重大战略，主动对接人才需求，向重点地区、重大工程、重大项目、重要领域输送毕业生。要抓住实施“中国制造2025”“互联网+”行动计划等契机，引导毕业生到先进制造业、现代服务业和现代农业等领域就业创业。

4. 持续做好大学生征兵工作。各地各高校要主动会同兵役机关，组织开展征兵政策咨询周、宣传月等活动，对高校毕业生、在校生和新生等不同群体开展广泛宣传动员。在高校放暑假前对体检、政考合格的学生发放“大学生预定兵通知书”。落实好“退役大学生士兵”专项硕士研究生招生计划以及学费资助、复学升学等优惠政策。加强高校大学生征兵机构建设，在人员、场地、经费等方面予以保障。

5. 支持高校毕业生到国际组织实习任职。鼓励有条件的高校结合国际组织人才需求，开展培养推送高校毕业生到国际组织实习任职工作。将国际组织基本情况、招聘要求、职业发展路径等内容，纳入大学生就业指导教材和课程。为毕业生到国际组织实习任职和参加志愿活动等，提供信息、咨询、培训等服务。

二、深入推进创新创业教育和自主创业工作

6. 推进高校创新创业教育改革。各地各高校要把深入推进创新创业教育改革作为高等教育综合改革的突破口和重中之重，在培养方案、课程体系、教学方法等方面加大改革力度。着力强化创新创业实践，搭建实习实训平台，实施大学生创新创业训练计划，办好各级各类创新创业竞赛，不断增强学生的创新精神、创业意识和创新创业能力。

7. 落实创新创业政策。各地教育部门要配合有关部门进一步完善落实工商登记、税费减免、创业贷款等优惠政策，为大学生创业开辟“绿色通道”。各高校要改革教学和学籍管理制度，完善细化创新创业学分积累与转换、弹性学制管理和保留学籍休学创业等政策，支持创业学生复学后转入相关专业学习。

8. 加大创新创业场地建设和资金投入。各地各高校要充分利用大学科技园、大学生创业园、创业孵化基地等创新创业平台，为大学生创业提供场地支持，孵化一批创新创业项目。高校科研设施、仪器设备等资源原则上要面向全体学生开放，优先向大学生创办的小微企业转移高校的科技成果。通过政府支持、学校自设、校外合作、风险投资等多渠道筹措资金，扶持大学生自主创业。

9. 提升创新创业服务水平。建立健全国家、省级、高校大学生创业服务网络平台，为大学生提供政策解读、项目对接和培训实训等指导服务。各地各高校要加强创新创业教师队伍建设，聘请行业专家、创业校友等担任创新创业导师。开展全国高校创新创业总结宣传工作，以点带面，引领和推动高校提升创新创业工作质量。

三、进一步提升就业指导水平和服务能力

10. 强化精准服务。各地各高校要充分利用“互联网＋就业”

新模式，准确掌握毕业生求职意愿和用人单位岗位需求信息，实现人岗精准对接。通过手机等移动终端，针对毕业生不同特点和需求，送岗位、送政策、送指导。充分发挥校园市场的主体作用，积极组织用人单位参加各类招聘活动。鼓励有条件的地区和高校联合搭建跨区域、跨行业、跨类别的综合信息招聘服务平台，支持东北地区与有关省份联合开展毕业生招聘活动。

11. 加强就业指导能力建设。各地各高校要系统开展就业指导教师培训，着力提升政策理论水平和职业指导能力。在专业技术职务评聘中充分考虑就业指导教师的工作性质和工作业绩，并在同等条件下予以适当倾斜。要不断完善职业发展与就业指导课程体系，将课程与学科专业相融合。

12. 加强对就业困难群体帮扶。各地各高校要准确掌握家庭困难、少数民族、身体残疾等毕业生群体的具体情况，开展个性化辅导，组织专场招聘活动，配合有关部门落实好求职创业补贴等政策，实施精准帮扶。对特别困难的离校未就业毕业生，有条件的高校要调动多方资源开发校内外实习岗位，帮助他们实现实习与就业的过渡。要与人力资源社会保障部门做好离校未就业毕业生的信息衔接和服务接续工作。

13. 进一步规范就业工作管理。各地各高校要严格按照就业统计工作要求，通过“全国高校毕业生就业管理系统”及时上报、更新就业信息，确保数据真实准确。认真落实就业签约“四不准”要求，不准以任何方式强迫毕业生签订就业协议和劳动合同，不准将毕业证书、学位证书发放与签约挂钩，不准以户档托管为由劝说毕业生签订虚假协议，不准将顶岗实习、见习证明材料作为就业证明材料。不得发布含有歧视性内容的招聘信息，严密防范招聘欺诈、求职陷阱等。要确保校园招聘等活动安全、有序，防止挤踏等意外事故发生。

四、推动高校人才培养主动适应经济社会发展需要

14. 优化高等教育结构。各地要根据经济社会发展需要，建立完善高校学科专业、层次、类型动态调整机制。主动对接地区、行业、产业需求，引导部分地方普通本科高校向应用型转变，培养更多高层次应用型人才。完善职业教育产教融合协同育人机制，培养打造一批具有工匠精神的技术技能人才。

15. 深化教育教学改革。各地各高校要动态调整课程设置，强化实践教学，加强实习实训，完善产学研用结合的协同育人模式，切实增强学生的创新精神和实践能力。要认真吸纳用人单位和毕业生对人才培养改革的意见建议，进一步完善人才培养方案，增强人才培养和社会需要的契合度。加强和推广职业教育现代学徒制培养。

16. 健全毕业生就业创业状况反馈机制。各地各高校要在每年年底前编制和发布就业质量年度报告，科学、客观地反映高校毕业生就业创业状况和特点。要深入分析研究本地本校各专业就业率、就业去向、就业满意度、创业数量和类型等状况，进一步完善学科专业预警与退出机制，健全就业与招生计划、人才培养、经费拨款、院校设置、专业调整的联动机制。

五、加强组织领导和督促检查

17. 强化组织领导。各地各高校要把高校毕业生就业创业工作摆在突出重要位置，切实落实“一把手”工程，层层落实责任，确保就业创业工作“机构、人员、经费、场地”四到位。省级教育部门要与人力资源社会保障等相关部门密切配合，高校要建立健全就业部门牵头，学工、招生、教学、武装等部门参与的工作机制，形成合力共同做好毕业生就业创业工作。

18. 加强督查落实。各地各高校要建立高校毕业生就业创业工作定期督查机制，对就业创业政策和工作落实情况逐条逐项认真检查，以督查促落实，以督查促整改。对真抓实干、成效明显的要表扬推广，对落实不力、不作为的要限期整改并追究责任。

19. 大力宣传引导。各地各高校要充分运用各种媒体，宣传解读国家和地方促进高校毕业生就业创业的政策措施，帮助毕业生熟悉和用好政策。要广泛宣传基层就业、自主创业的毕业生典型事迹，教育引导毕业生转变就业观念。要坚持正确的舆论导向，积极开展正面宣传，努力营造有利于促进就业创业的良好氛围。

2016 年 11 月 25 日

北京市教育委员会

关于调整北京市成人中专新生学籍注册工作的通知

京教职成〔2017〕10 号

各区教委，各有关学校：

为深入贯彻落实中央京津冀协同发展战略，有序疏解北京市非首都核心功能，助力北京市中等职业学校转型升级和内涵发展的需要，自 2017 年秋季招生起，北京市教委将对成人中专学籍注册有关事项做出调整，内容如下：

一、基本思路

北京市成人中等专业教育要紧密结合中央京津冀协同发展战略，积极转向内涵发展，重点面向在职职工提升岗位技术技能水平服务，服务于我市行政区域内企事业单位在职职工、北京市疏解企业的紧缺技术技能人才、北京市市民以及对口支援和精准扶贫地区。

二、学籍注册调整

各中职学校开展成人中专教育对象必须完成九年义务教育，并获得初中毕业证书。从 2017 年起，北京市成人中专新生学籍注册进行如下调整。

（一）招收北京市户籍的应（往）届初中（及以上学历）毕业生开展成人中专教育

新生注册学籍时，需交验入学新生北京市户籍证明、初中（及以上学历）毕业证书复印件。

（二）面向企事业单位在职职工开展成人中专教育

1. 企事业单位委托中职学校对在职职工开展成人中专培养。企事业单位应与中职学校建有相对稳定的培养合作关系，并有正式协议。委托单位需在北京市行政区域内，协议需明确单位年度送培规模，培养目标，培养经费来源及标准，协议有效期等内容。

新生学籍注册时，需交验校企委托培养协议、职工与单位签订的有效劳动用工合同、入学新生的初中（及以上学历）毕业证书复印件。

2. 企事业单位派出在职职工参加成人中专学习。企事业单位根据在职职工学历或者岗位技能水平提升的需要，派出本单位在职职工接受成人中专教育。

新生学籍注册时，需交验派出单位出具的派出学习证明、职工与单位签订的有效劳动用工合同、入学新生的初中（及以上学历）毕业证书复印件。

3. 学校承担上级主办单位（包括本行业系统）内部职工培养任务。

新生学籍注册时，需交验学校上级主办单位任务委托书、入学新生的初中（及以上学历）毕业证书复印件。

（三）面向北京市疏解企业、对口支援和精准扶贫地区开展成人中专教育

在企业疏解地、对口支援和精准扶贫地举办的成人中专班，实际办学地点在北京市行政区域之外。

新生注册学籍时，需交验入学新生的初中（及以上学历）毕业证书复印件，并在学籍库中明确标明学生学习所在地。

三、相关工作要求

（一）在疏解非首都核心功能背景下进行的成人中专新生学籍注册工作调整，需各有关学校高度重视，严格执行，规范办学。

（二）各校在启动成人中专招生工作开始前，要及时向上级主办单位报告年度成人中专招生办学情况，与上级工作要求保持一致。

（三）各校所在区教委及行业（企业）对举办成人中专教育有明确疏解控规任务的，学校要及时以书面形式向市教委报告，确保相关工作步调的一致性。

2017 年 4 月 17 日

北京市教育委员会

关于授予黄语琦等 11 名学生 2016—2017 学年度“北京市优秀学生”荣誉称号的决定

京教基一〔2017〕8 号

各区教委，中等职业学校、北京西藏中学：

根据教育部和北京市评选省（市）级优秀学生的文件精神，今年市教委继续在本市高中阶段（包括普通高中、职业高中、技工学校、中等专业学校）应届毕业生中按照万分之一比例评选北京市优秀学生。依照评选程序，经北京市优秀学生评审小组评审和市教委 2017 年第 10 次主任办公会研究决定，授予北京市第八中学黄语琦等11名学生2016—2017学年度“北京市优秀学生”荣誉称号。

希望各区及学校加大优秀学生的宣传力度，充分发挥优秀学生的典型示范作用，激励和引导广大中小学生以他们为榜样，坚定理想，全面发展，学有特长，服务社会，自觉培育和践行社会主义核心价值观，成为德智体美全面发展的社会主义建设者和接班人。

附件：2016—2017学年度北京市优秀学生名单

2017年4月11日

附件

2016—2017学年度北京市优秀学生名单（11人）

（排名不分先后）

1. 北京市第八中学	黄语琦（女）
2. 北京师范大学附属实验中学	熊天鸿
3. 北京汇文中学	张雨杉（女）
4. 北京市第一〇一中学	杨　翟（女）
5. 北京市陈经纶中学	崔佳玉（女）
6. 北京市第十二中学	杨一宁
7. 北京市昌平区第一中学	黄思宇（女）
8. 北京市商业学校	王思思（女）
9. 北京金隅科技学校	刘金月
10. 北京市经济管理学校	张金坤（女）
11. 北京国际职业教育学校	满缘圆（女）

北京市教育委员会

关于转发《普通高等学校学生管理规定》的通知

京教学〔2017〕3号

各高等学校、各研究生培养单位：

为贯彻中央关于高等教育的新要求，适应经济社会发展的新需要，体现高校教育与管理的新变化，教育部于近期颁布了《普通高等学校学生管理规定》(教育部令第41号，以下简称《规定》)，自2017年9月1日起施行。现将《规定》转发给你们，并结合我市实际情况，提出如下工作要求，请一并遵照执行。

一、高度重视，深刻领会《规定》精神

《规定》是指导和规范高等学校、研究生培养单位（以下简称“各高校”或“学校”）实施学生管理的重要依据和基本制度，对于维护学校正常教育教学秩序、保障学生权益、规范学生行为、促进学生全面发展具有重要作用，将对普通高校的管理和在校大学生的学习生活产生重要影响。各高校要组织师生广泛开展学习宣传活动，使高校管理者和学生真正了解《规定》、认真落实《规定》。

二、全面梳理，抓紧做好学校学生管理规定的修订工作

各高校要建立由主要校领导牵头、相关职能部门参加的《规定》落实工作机制，全面梳理与学生管理相关的校规校纪，对于与《规定》要求不相符的内容要及时修订，对于《规定》要求“由学校规定、按学校规定”的内容要做出明解、具体、可操作的规定。

三、严格落实，确保完成学生管理规定审核备案任务

为做好《规定》落实工作，市教委成立了主管委领导牵头，学生处、政策法规处等相关处室为成员单位的“北京市落实《普通高等学校学生管理规定》工作领导小组”，领导小组办公室设在学生处，负责各高校学生管理规定或者纪律处分规定的审核备案工作。

各高校要按照《规定》要求，将制定或修改的学校学生管理规定或者纪律处分规定，提交校长办公会讨论通过，于 2017 年 6 月 15 日前报市教委备案。备案审核合格的，由市教委书面通知合格并给予备案；备案审核不合格的，要根据市教委反馈意见和时限要求，抓紧修改完善并再报备案审核，直至合格、备案；对于未按规定时间进行备案的学校，市教委将进行督查。

落实《规定》工作，时间紧、任务重、要求高，希望各高校立即启动落实工作，制定落实计划和时间表，确保新《规定》9 月 1 日正式施行。

2017 年 4 月 17 日

普通高等学校学生管理规定

教育部令第 41 号

第一章 总则

第一条 为规范普通高等学校学生管理行为，维护普通高等学校正常的教育教学秩序和生活秩序，保障学生合法权益，培养德、智、体、美等方面全面发展的社会主义建设者和接班人，依据教育法、高等教育法以及有关法律、法规，制定本规定。

第二条 本规定适用于普通高等学校、承担研究生教育任务的科学研究机构（以下称学校）对接受普通高等学历教育的研究生和本科、专科（高职）学生（以下称学生）的管理。

第三条 学校要坚持社会主义办学方向，坚持马克思主义的指导地位，全面贯彻国家教育方针；要坚持以立德树人为根本，以理想信念教育为核心，培育和践行社会主义核心价值观，弘扬中华优秀传统文化和革命文化、社会主义先进文化，培养学生的社会责任感、创新精神和实践能力；要坚持依法治校，科学管理，健全和完善管理制度，规范管理行为，将管理与育人相结合，不断提高管理和服务水平。

第四条 学生应当拥护中国共产党领导，努力学习马克思列宁主义、毛泽东思想、中国特色社会主义理论体系，深入学习习近平总书记系列重要讲话精神和治国理政新理念新思想新战略，坚定中国特色社会主义道路自信、理论自信、制度自信、文化自信，树立中国特色社会主义共同理想；应当树立爱国主义思想，具有团结统一、爱好和平、勤劳勇敢、自强不息的精神；应当增强法治观念，遵守宪法、法律、法规，遵守公民道德规范，遵守学校管理制度，具有良好的道德品质和行为习惯；应当刻苦学习，勇于探索，积极实践，努力掌握现代科学文化知识和专业技能；应当积极锻炼身体，增进身心健康，提高个人修养，培养审美情趣。

第五条 实施学生管理，应当尊重和保护学生的合法权利，教育和引导学生承担应尽的义务与责任，鼓励和支持学生实行自我管理、自我服务、自我教育、自我监督。

第二章 学生的权利与义务

第六条 学生在校期间依法享有下列权利：

（一）参加学校教育教学计划安排的各项活动，使用学校提供的教育教学资源；

（二）参加社会实践、志愿服务、勤工助学、文娱体育及科技文化创新等活动，获得就业创业指导和服务；

（三）申请奖学金、助学金及助学贷款；

（四）在思想品德、学业成绩等方面获得科学、公正评价，完成学校规定学业后获得相应的学历证书、学位证书；

（五）在校内组织、参加学生团体，以适当方式参与学校管理，对学校与学生权益相关事务享有知情权、参与权、表达权和监督权；

（六）对学校给予的处理或者处分有异议，向学校、教育行政部门提出申诉，对学校、教职员工侵犯其人身权、财产权等合法权益的行为，提出申诉或者依法提起诉讼；

（七）法律、法规及学校章程规定的其他权利。

第七条 学生在校期间依法履行下列义务：

（一）遵守宪法和法律、法规；

（二）遵守学校章程和规章制度；

（三）恪守学术道德，完成规定学业；

（四）按规定缴纳学费及有关费用，履行获得贷学金及助学金的相应义务；

（五）遵守学生行为规范，尊敬师长，养成良好的思想品德和行为习惯；

（六）法律、法规及学校章程规定的其他义务。

第三章 学籍管理

第一节 入学与注册

第八条 按国家招生规定录取的新生，持录取通知书，按学校有关要求和规定的期限到校办理入学手续。因故不能按期入学的，应当向学校请假。未请假或者请假逾期的，除因不可抗力等正当事由以外，视为放弃入学资格。

第九条 学校应当在报到时对新生入学资格进行初步审查，审查合格的办理入学手续，予以注册学籍；审查发现新生的录取通知、考生信息等证明材料，与本人实际情况不符，或者有其他违反国家招生考试规定情形的，取消入学资格。

第十条 新生可以申请保留入学资格。保留入学资格期间不具有学籍。保留入学资格的条件、期限等由学校规定。

新生保留入学资格期满前应向学校申请入学，经学校审查合格后，办理入学手续。审查不合格的，取消入学资格；逾期不办理入学手续且未有因不可抗力延迟等正当理由的，视为放弃入学资格。

第十一条 学生入学后，学校应当在 3 个月内按照国家招生规定进行复查。复查内容主要包括以下方面：

（一）录取手续及程序等是否合乎国家招生规定；

（二）所获得的录取资格是否真实、合乎相关规定；

（三）本人及身份证明与录取通知、考生档案等是否一致；

（四）身心健康状况是否符合报考专业或者专业类别体检要求，能否保证在校正常学习、生活；

（五）艺术、体育等特殊类型录取学生的专业水平是否符合录取要求。

复查中发现学生存在弄虚作假、徇私舞弊等情形的，确定为复查不合格，应当取消学籍；情节严重的，学校应当移交有关部门调查处理。

复查中发现学生身心状况不适宜在校学习，经学校指定的二级甲等以上医院诊断，需要在家休养的，可以按照第十条的规定保留入学资格。

复查的程序和办法，由学校规定。

第十二条 每学期开学时，学生应当按学校规定办理注册手续。不能如期注册的，应当履行暂缓注册手续。未按学校规定缴纳学费或者有其他不符合注册条件的，不予注册。

家庭经济困难的学生可以申请助学贷款或者其他形式资助，办理有关手续后注册。

学校应当按照国家有关规定为家庭经济困难学生提供教育救助，完善学生资助体系，保证学生不因家庭经济困难而放弃学业。

第二节 考核与成绩记载

第十三条 学生应当参加学校教育教学计划规定的课程和各种教育教学环节（以下统称课程）的考核，考核成绩记入成绩册，并归入学籍档案。

考核分为考试和考查两种。考核和成绩评定方式，以及考核不合格的课程是否重修或者补考，由学校规定。

第十四条 学生思想品德的考核、鉴定，以本规定第四条为主要依据，采取个人小结、师生民主评议等形式进行。

学生体育成绩评定要突出过程管理，可以根据考勤、课内教学、课外锻炼活动和体质健康等情况综合评定。

第十五条 学生每学期或者每学年所修课程或者应修学分数以及升级、跳级、留级、降级等要求，由学校规定。

第十六条 学生根据学校有关规定，可以申请辅修校内其他专业或者选修其他专业课程；可以申请跨校辅修专业或者修读课程，参加学校认可的开放式网络课程学习。学生修读的课程成绩（学分），学校审核同意后，予以承认。

第十七条 学生参加创新创业、社会实践等活动以及发表论文、获得专利授权等与专业学习、学业要求相关的经历、成果，可以折算为学分，计入学业成绩。具体办法由学校规定。

学校应当鼓励、支持和指导学生参加社会实践、创新创业活动，可以建立创新创业档案、设置创新创业学分。

第十八条 学校应当健全学生学业成绩和学籍档案管理制度，真实、完整地记载、出具学生学业成绩，对通过补考、重修获得的成绩，应当予以标注。

学生严重违反考核纪律或者作弊的，该课程考核成绩记为无效，并应视其违纪或者作弊情节，给予相应的纪律处分。给予警告、严重警告、记过及留校察看处分的，经教育表现较好，可以对该课程给予补考或者重修机会。

学生因退学等情况中止学业，其在校学习期间所修课程及已获得学分，应当予以记录。学生重新参加入学考试、符合录取条件，再次入学的，其已获得学分，经录取学校认定，可以予以承认。具体办法由学校规定。

第十九条 学生应当按时参加教育教学计划规定的活动。不能按时参加的，应当事先请假并获得批准。无故缺席的，根据学校有关规定给予批评教育，情节严重的，给予相应的纪律处分。

第二十条 学校应当开展学生诚信教育，以适当方式记录学生学业、学术、品行等方面的诚信信息，建立对失信行为的约束和惩戒机制；对有严重失信行为的，可以规定给予相应的纪律处分，对违背学术诚信的，可以对其获得学位及学术称号、荣誉等作出限制。

第三节 转专业与转学

第二十一条 学生在学习期间对其他专业有兴趣和专长的，可以申请转专业；以特殊招生形式录取的学生，国家有相关规定或者录取前与学校有明确约定的，不得转专业。

学校应当制定学生转专业的具体办法，建立公平、公正的标准和程序，健全公示制度。学校根据社会对人才需求情况的发展变化，需要适当调整专业的，应当允许在读学生转到其他相关专业就读。

休学创业或退役后复学的学生，因自身情况需要转专业的，学校应当优先考虑。

第二十二条 学生一般应当在被录取学校完成学业。因患病或者有特殊困难、特别需要，无法继续在本校学习或者不适应本校学习要求的，可以申请转学。有下列情形之一，不得转学：

（一）入学未满一学期或者毕业前一年的；

（二）高考成绩低于拟转入学校相关专业同一生源地相应年份录取成绩的；

（三）由低学历层次转为高学历层次的；

（四）以定向就业招生录取的；

（五）研究生拟转入学校、专业的录取控制标准高于其所在学校、专业的；

（六）无正当转学理由的。

学生因学校培养条件改变等非本人原因需要转学的，学校应当出具证明，由所在地省级教育行政部门协调转学到同层次学校。

第二十三条 学生转学由学生本人提出申请，说明理由，经所在学校和拟转入学校同意，由转入学校负责审核转学条件及相关证明，认为符合本校培养要求且学校有培养能力的，经学校校长办公会或者专题会议研究决定，可以转入。研究生转学还应当经拟转入专业导师同意。

跨省转学的，由转出地省级教育行政部门商转入地省级教育行政部门，按转学条件确认后办理转学手续。须转户口的由转入地省级教育行政部门将有关文件抄送转入学校所在地的公安机关。

第二十四条 学校应当按照国家有关规定，建立健全学生转学的具体办法；对转学情况应当及时进行公示，并在转学完成后3个月内，由转入学校报所在地省级教育行政部门备案。

省级教育行政部门应当加强对区域内学校转学行为的监督和管理，及时纠正违规转学行为。

第四节 休学与复学

第二十五条 学生可以分阶段完成学业，除另有规定外，应当在学校规定的最长学习年限（含休学和保留学籍）内完成学业。

学生申请休学或者学校认为应当休学的，经学校批准，可以休学。休学次数和期限由学校规定。

第二十六条 学校可以根据情况建立并实行灵活的学习制度。对休学创业的学生，可以单独规定最长学习年限，并简化休学批准程序。

第二十七条 新生和在校学生应征参加中国人民解放军（含中国人民武装警察部队），学校应当保留其入学资格或者学籍至退役后2年。

学生参加学校组织的跨校联合培养项目，在联合培养学校学习期间，学校同时为其保留学籍。

学生保留学籍期间，与其实际所在的部队、学校等组织建立管理关系。

第二十八条 休学学生应当办理手续离校。学生休学期间，学校应为其保留学籍，但不享受在校学习学生待遇。因病休学学生的医疗费按国家及当地的有关规定处理。

第二十九条 学生休学期满前应当在学校规定的期限内提出复学申请，经学校复查合格，方可复学。

第五节 退学

第三十条 学生有下列情形之一，学校可予退学处理：

（一）学业成绩未达到学校要求或者在学校规定的学习年限内未完成学业的；

（二）休学、保留学籍期满，在学校规定期限内未提出复学申请或者申请复学经复查不合格的；

（三）根据学校指定医院诊断，患有疾病或者意外伤残不能继续在校学习的；

（四）未经批准连续两周未参加学校规定的教学活动的；

（五）超过学校规定期限未注册而又未履行暂缓注册手续的；

（六）学校规定的不能完成学业、应予退学的其他情形。

学生本人申请退学的，经学校审核同意后，办理退学手续。

第三十一条 退学学生，应当按学校规定期限办理退学手续离校。退学的研究生，按已有毕业学历和就业政策可以就业的，由学校报所在地省级毕业生就业部门办理相关手续；在学校规定期限内没有聘用单位的，应当办理退学手续离校。

退学学生的档案由学校退回其家庭所在地，户口应当按照国家相关规定迁回原户籍地或者家庭户籍所在地。

第六节 毕业与结业

第三十二条 学生在学校规定学习年限内，修完教育教学计划规定内容，成绩合格，达到学校毕业要求的，学校应当准予毕业，并在学生离校前发给毕业证书。

符合学位授予条件的，学位授予单位应当颁发学位证书。

学生提前完成教育教学计划规定内容，获得毕业所要求的学分，可以申请提前毕业。学生提前毕业的条件，由学校规定。

第三十三条 学生在学校规定学习年限内，修完教育教学计划规定内容，但未达到学校毕业要求的，学校可以准予结业，发给结业证书。

结业后是否可以补考、重修或者补作毕业设计、论文、答辩，以及是否颁发毕业证书、学位证书，由学校规定。合格后颁发的毕业证书、学位证书，毕业时间、获得学位时间按发证日期填写。

对退学学生，学校应当发给肄业证书或者写实性学习证明。

第七节 学业证书管理

第三十四条 学校应当严格按照招生时确定的办学类型和学习形式，以及学生招生录取时填报的个人信息，填写、颁发学历证书、学位证书及其他学业证书。

学生在校期间变更姓名、出生日期等证书需填写的个人信息的，应当有合理、充分的理由，并提供有法定效力的相应证明文件。学校进行审查，需要学生生源地省级教育行政部门及有关部门协助核查的，有关部门应当予以配合。

第三十五条 学校应当执行高等教育学籍学历电子注册管理制度，完善学籍学历信息管理办法，按相关规定及时完成学生学籍学历电子注册。

第三十六条 对完成本专业学业同时辅修其他专业并达到该专业辅修要求的学生，由学校发给辅修专业证书。

第三十七条 对违反国家招生规定取得入学资格或者学籍的，学校应当取消其学籍，不得发给学历证书、学位证书；已发的学历证书、学位证书，学校应当依法予以撤销。对以作弊、剽窃、抄袭等学术不端行为或者其他不正当手段获得学历证书、学位证书的，学校应当依法予以撤销。

被撤销的学历证书、学位证书已注册的，学校应当予以注销并报教育行政部门宣布无效。

第三十八条 学历证书和学位证书遗失或者损坏，经本人申请，学校核实后应当出具相应的证明书。证明书与原证书具有同等效力。

第四章 校园秩序与课外活动

第三十九条 学校、学生应当共同维护校园正常秩序，保障学校环境安全、稳定，保障学生的正常学习和生活。

第四十条 学校应当建立和完善学生参与管理的组织形式，支持和保障学生依法、依章程参与学校管理。

第四十一条 学生应当自觉遵守公民道德规范，自觉遵守学校管理制度，创造和维护文明、整洁、优美、安全的学习和生活环境，树立安全风险防范和自我保护意识，保障自身合法权益。

第四十二条 学生不得有酗酒、打架斗殴、赌博、吸毒，传播、复制、贩卖非法书刊和音像制品等违法行为；不得参与非法传销和进行邪教、封建迷信活动；不得从事或者参与有损大学生形象、有悖社会公序良俗的活动。

学校发现学生在校内有违法行为或者严重精神疾病可能对他人造成伤害的，可以依法采取或者协助有关部门采取必要措施。

第四十三条 学校应当坚持教育与宗教相分离原则。任何组织和个人不得在学校进行宗教活动。

第四十四条 学校应当建立健全学生代表大会制度，为学生会、研究生会等开展活动提供必要条件，支持其在学生管理中发挥作用。

学生可以在校内成立、参加学生团体。学生成立团体，应当按学校有关规定提出书面申请，报学校批准并施行登记和年检制度。

学生团体应当在宪法、法律、法规和学校管理制度范围内活动，接受学校的领导和管理。学生团体邀请校外组织、人员到校举办讲座等活动，需经学校批准。

第四十五条 学校提倡并支持学生及学生团体开展有益于身心健康、成长成才的学术、科技、艺术、文娱、体育等活动。

学生进行课外活动不得影响学校正常的教育教学秩序和生活秩序。

学生参加勤工助学活动应当遵守法律、法规以及学校、用工单位的管理制度，履行勤工助学活动的有关协议。

第四十六条 学生举行大型集会、游行、示威等活动，应当按法律程序和有关规定获得批准。对未获批准的，学校应当依法劝阻或者制止。

第四十七条 学生应当遵守国家和学校关于网络使用的有关规定，不得登录非法网站和传播非法文字、音频、视频资料等，不得编造或者传播虚假、有害信息；不得攻击、侵入他人计算机和移动通讯网络系统。

第四十八条 学校应当建立健全学生住宿管理制度。学生应当遵守学校关于学生住宿管理的规定。鼓励和支持学生通过制定公约，实施自我管理。

第五章 奖励与处分

第四十九条 学校、省（区、市）和国家有关部门应当对在德、智、体、美等方面全面发展或者在思想品德、学业成绩、科技创造、体育竞赛、文艺活动、志愿服务及社会实践等方面表现突出的学生，给予表彰和奖励。

第五十条 对学生的表彰和奖励可以采取授予“三好学生”称号或者其他荣誉称号、颁发奖学金等多种形式，给予相应的精神鼓励或者物质奖励。

学校对学生予以表彰和奖励，以及确定推荐免试研究生、国家奖学金、公派出国留学人选等赋予学生利益的行为，应当建立公开、公平、公正的程序和规定，建立和完善相应的选拔、公示等制度。

第五十一条 对有违反法律法规、本规定以及学校纪律行为的学生，学校应当给予批评教育，并可视情节轻重，给予如下纪律处分：

（一）警告；

（二）严重警告；

（三）记过；

（四）留校察看；

（五）开除学籍。

第五十二条 学生有下列情形之一，学校可以给予开除学籍处分：

（一）违反宪法，反对四项基本原则、破坏安定团结、扰乱社会秩序的；

（二）触犯国家法律，构成刑事犯罪的；

（三）受到治安管理处罚，情节严重、性质恶劣的；

（四）代替他人或者让他人代替自己参加考试、组织作弊、使用通讯设备或其他器材作弊、向他人出售考试试题或答案牟取利益，以及其他严重作弊或扰乱考试秩序行为的；

（五）学位论文、公开发表的研究成果存在抄袭、篡改、伪造等学术不端行为，情节严重的，或者代写论文、买卖论文的；

（六）违反本规定和学校规定，严重影响学校教育教学秩序、生活秩序以及公共场所管理秩序的；

（七）侵害其他个人、组织合法权益，造成严重后果的；

（八）屡次违反学校规定受到纪律处分，经教育不改的。

第五十三条 学校对学生作出处分，应当出具处分决定书。处分决定书应当包括下列内容：

（一）学生的基本信息；

（二）作出处分的事实和证据；

（三）处分的种类、依据、期限；

（四）申诉的途径和期限；

（五）其他必要内容。

第五十四条 学校给予学生处分，应当坚持教育与惩戒相结合，与学生违法、违纪行为的性质和过错的严重程度相适应。学校对学生的处分，应当做到证据充分、依据明确、定性准确、程序正当、处分适当。

第五十五条 在对学生作出处分或者其他不利决定之前，学校应当告知学生作出决定的事实、理由及依据，并告知学生享有陈述和申辩的权利，听取学生的陈述和申辩。

处理、处分决定以及处分告知书等，应当直接送达学生本人，学生拒绝签收的，可以以留置方式送达；已离校的，可以采取邮寄方式送达；难于联系的，可以利用学校网站、新闻媒体等以公告方式送达。

第五十六条 对学生作出取消入学资格、取消学籍、退学、开除学籍或者其他涉及学生重大利益的处理或者处分决定的，应当提交校长办公会或者校长授权的专门会议研究决定，并应当事先进行合法性审查。

第五十七条 除开除学籍处分以外，给予学生处分一般应当设置6～12个月期限，到期按学校规定程序予以解除。解除处分后，学生获得表彰、奖励及其他权益，不再受原处分的影响。

第五十八条 对学生的奖励、处理、处分及解除处分材料，学校应当真实完整地归入学校文书档案和本人档案。

被开除学籍的学生，由学校发给学习证明。学生按学校规定期限离校，档案由学校退回其家庭所在地，户口应当按照国家相关规定迁回原户籍地或者家庭户籍所在地。

第六章 学生申诉

第五十九条 学校应当成立学生申诉处理委员会，负责受理学生对处理或者处分决定不服提起的申诉。

学生申诉处理委员会应当由学校相关负责人、职能部门负责人、教师代表、学生代表、负责法律事务的相关机构负责人等组成，可以聘请校外法律、教育等方面专家参加。

学校应当制定学生申诉的具体办法，健全学生申诉处理委员会的组成与工作规则，提供必要条件，保证其能够客观、公正地履行职责。

第六十条 学生对学校的处理或者处分决定有异议的，可以在接到学校处理或者处分决定书之日起10日内，向学校学生申诉处理委员会提出书面申诉。

第六十一条 学生申诉处理委员会对学生提出的申诉进行复查，并在接到书面申诉之日起15日内作出复查结论并告知申诉人。情况复杂不能在规定限期内作出结论的，经学校负责人批准，可延长15日。学生申诉处理委员会认为必要的，可以建议学校暂缓执行有关决定。

学生申诉处理委员会经复查，认为做出处理或者处分的事实、依据、程序等存在不当，可以作出建议撤销或变更的复查意见，要求相关职能部门予以研究，重新提交校长办公会或者专门会议作出决定。

第六十二条 学生对复查决定有异议的，在接到学校复查决定书之日起15日内，可以向学校所在地省级教育行政部门提出书面申诉。

省级教育行政部门应当在接到学生书面申诉之日起30个工作日内，对申诉人的问题给予处理并作出决定。

第六十三条 省级教育行政部门在处理因对学校处理或者处分决定不服提起的学生申诉时，应当听取学生和学校的意见，并可根据需要进行必要的调查。根据审查结论，区别不同情况，分别作出下列处理：

（一）事实清楚、依据明确、定性准确、程序正当、处分适当的，予以维持；

（二）认定事实不存在，或者学校超越职权、违反上位法规定作出决定的，责令学校予以撤销；

（三）认定事实清楚，但认定情节有误、定性不准确，或者适用依据有错误的，责令学校变更或者重新作出决定；

（四）认定事实不清、证据不足，或者违反本规定以及学校规定的程序和权限的，责令学校重新作出决定。

第六十四条 自处理、处分或者复查决定书送达之日起，学生在申诉期内未提出申诉的视为放弃申诉，学校或者省级教育行政部门不再受理其提出的申诉。

处理、处分或者复查决定书未告知学生申诉期限的，申诉期限自学生知道或者应当知道处理或者处分决定之日起计算，但最长不得超过 6 个月。

第六十五条 学生认为学校及其工作人员违反本规定，侵害其合法权益的；或者学校制定的规章制度与法律法规和本规定抵触的，可以向学校所在地省级教育行政部门投诉。

教育主管部门在实施监督或者处理申诉、投诉过程中，发现学校及其工作人员有违反法律、法规及本规定的行为或者未按照本规定履行相应义务的，或者学校自行制定的相关管理制度、规定，侵害学生合法权益的，应当责令改正；发现存在违法违纪的，应当及时进行调查处理或者移送有关部门，依据有关法律和相关规定，追究有关责任人的责任。

第七章 附则

第六十六条 学校对接受高等学历继续教育的学生、港澳台侨学生、留学生的管理，参照本规定执行。

第六十七条 学校应当根据本规定制定或修改学校的学生管理规定或者纪律处分规定，报主管教育行政部门备案（中央部委属校同时抄报所在地省级教育行政部门），并及时向学生公布。

省级教育行政部门根据本规定，指导、检查和监督本地区高等学校的学生管理工作。

第六十八条 本规定自2017年9月1日起施行。原《普通高等学校学生管理规定》（教育部令第21号）同时废止。其他有关文件规定与本规定不一致的，以本规定为准。

北京市教育委员会

关于公布第二批北京市深化创新创业教育改革示范高校名单的通知

京教高〔2017〕8号

各有关高等学校：

根据教育部办公厅《关于开展第二批深化创新创业教育改革示范高校认定工作的通知》（教高厅函〔2017〕23号）精神，我委组织了第二批深化创新创业教育改革示范高校申报。经专家评审及公示，现将第二批北京市深化创新创业教育改革示范高校名单予以公布（见附件）。

各高校要以示范校认定为契机，继续深化学校创新创业教育改革，进一步更新理念、统筹资源、健全机制、加大投入、强化实践，不断增强学生的创新精神、创业意识和创新创业能力。各示范高校要充分发挥示范引领作用，加强校企间、院校间交流合作，共同推动北京高校创新创业教育改革走向深入，为国家及北京市培养更多富有创新精神、具备创业素质、勇于投身实践的创新创业人才。

附件：第二批北京市深化创新创业教育改革示范高校名单

2017 年 5 月 27 日

附件

第二批北京市深化创新创业教育改革示范高校名单

1. 北京化工大学
2. 北京林业大学
3. 北京中医药大学
4. 中央财经大学
5. 中央美术学院
6. 中国科学院大学
7. 北京工商大学
8. 北京建筑大学
9. 北京石油化工学院
10. 北京财贸职业学院
11. 北京电子科技职业学院
12. 北京信息职业技术学院
13. 北京交通运输职业学院
14. 北京青年政治学院

北京市教育委员会

关于同意张国旺等590名专科入伍退役后复学学生免试升入本科学习的通知

京教函〔2017〕324号

各有关高等学校、北京教育考试院：

按照北京市教委、北京市人民政府征兵办《关于做好专科学生退役后免试专升本工作的通知》（京教学〔2011〕8号）和《关于做好专科学生退役后免试专升本工作的通知》（京教学〔2013〕3号）的有关要求，经审核，现有北京交通大学张国旺等43所高校的590名专科入伍退役后复学学生符合免试升本相关要求。经研究，我委同意这批学生免试升入本科，请按照有关规定办理相关手续。

附件：张国旺等590名学生基本情况（略）

2017年7月20日

北京市教育委员会

关于公布2017年北京地区高校大学生优秀创业团队评选结果的通知

京教函〔2017〕340号

各普通高等学校：

为全面贯彻落实国家和北京市关于“大众创业、万众创新”的精神和要求，深入实施《北京高校高质量就业创业计划》，切实对高校大学生创业给予支持，树立大学生创业典型，营造良好创新创业氛围，按照年初工作计划，今年4月至7月，北京市教育委员会组织开展了2017年北京地区高校大学生优秀创业团队评选工作。来自50所高校报送的414支创业团队参加了此次评选。经专家复评，遴选出180支团队参加现场答辩，最终评选出150支优秀创业团队，其中一等奖31个，二等奖50个，三等奖69个（详见附件）。经公示环节无异议，现予公布。

附件：2017年北京地区高校大学生优秀创业团队评选获奖名单

2017年7月27日

附件

2017 年北京地区高校大学生
优秀创业团队评选获奖名单

一等奖

拉酷	清华大学
北京湃生生物科技有限公司	中国地质大学（北京）
Aeroband 空气拨片团队	北京科技大学
悬镜安全（北京安普诺信息技术有限公司）	北京大学
空气洗手团队	清华大学
Glory Kingdom 独立洋装设计	北京服装学院
自然信使	北京科技大学
北京建筑大学测绘与城市空间信息学院爱智绘团队	北京建筑大学
会一科技（北京）有限公司	清华大学
针创杏林团队	北京中医药大学
虚戈（北京）文化传媒有限公司	中国戏曲学院
优职学堂	北京林业大学
中金储能新能源研究院（北京）有限公司	对外经济贸易大学
禾斗教育科技有限公司	北京师范大学
“风火轮”智能机器人底盘	清华大学
北京创宁教育科技有限公司	首都师范大学
北京启鸣光电科技有限公司	北京工业大学
麦哒哒烘焙小屋	中国农业大学
创翼星工坊	北方工业大学
球学者 APP 团队	中国人民大学
AIIR	华北电力大学

一号哨位	中国人民大学
蓝色意念	北京科技大学
NANO LIGHT	北京化工大学
爱心降糖小屋	北京联合大学
北京人人众包科技有限公司	北京邮电大学
北京市左一餐饮管理有限公司	中央民族大学
再生纸缘	中国石油大学（北京）
北京仙鸟悦歌文化传媒有限公司	中国传媒大学
北京肆野创视科技有限公司	中国戏曲学院
121 体育®	北京体育大学

二等奖

延河教育	北京理工大学
315 小分队	北京印刷学院
智享停车	北京工业大学
映秀宏宇	北京戏曲艺术职业学院
北京橙彩教育科技有限责任公司	中央民族大学
Super Moms 孕动健康团	北京体育大学
Explorer Studio	北京邮电大学
北京耀能科技有限公司	华北电力大学
“民大面孔”摄影工作室	中央民族大学
北京创衣创意设计有限责任公司	北京工业大学
中国传媒大学 MBA2016 级朱丹丹队	中国传媒大学
星环假肢矫形器远程系统科技	北京社会管理职业学院
源清科技	北京化工大学
非遗项目——胶东花饽饽	中国人民大学
TPlus 义工旅行团队	中国政法大学
中和生物高分子材料有限公司	北京化工大学
清彩科技	清华大学

杏林思创科技教育网络 APP	北京中医药大学
北京绿色生活家政服务有限公司	北京电子科技职业学院
创意地质人	中国地质大学（北京）
绿山谷生机	首都经济贸易大学
甲壳虫	北京中医药大学
“麟甲”户外战术手环	北京联合大学
“飞手汇”无人机应用平台项目团队	中国矿业大学（北京）
Data Pro 信息咨询有限公司	中国政法大学
1DAY	北京联合大学
NEW 租客有限责任公司	中国地质大学（北京）
北京激活文化传播有限公司	首都经济贸易大学
朴生	中央美术学院
方．精酿啤酒	中国农业大学
蓝叙扎染艺术创意研发有限公司	中央民族大学
红蝎子文化投资有限公司	北京物资学院
meeta 团队	中国传媒大学
职场达人	首都经济贸易大学
响尾蛇微实客	北京化工大学
北京洋葱体育科技有限公司	北京体育大学
一起刷高数	北京邮电大学
植韵	中国农业大学
指明灯数据服务平台	对外经济贸易大学
F-group	北京物资学院
七植花所（北京）文化传播有限公司	北京林业大学
北京京师铎艺创新科技有限公司	北京师范大学
乙王朱宝（北京）贸易有限公司	中国地质大学（北京）
菜鸟汇	北京物资学院
北京大塔科技有限公司	北京理工大学
极致创新教育团队	北京信息科技大学

大楼立面检测机器人	北京信息科技大学
BIGMOM	北京工商大学
北京限噢服装有限公司	北京服装学院
果行教育——留学服务全新商业模式	中国矿业大学（北京）

三等奖

艺匠	北京邮电大学
Data Eye	北京工业大学
北京工大元亨科技服务有限公司	北京工业大学
知雅工作室	中华女子学院
刻度心理直播	对外经济贸易大学
北京名树达检测技术服务有限公司	北京林业大学
小桔灯团队	北京化工大学
北京利成之星国际体育发展有限公司	北京体育大学
I'M 创艺设计团队	北京印刷学院
瓦屋科技	首都师范大学
拾礼民族文化创意项目	中央民族大学
中矿源能（北京）教育科技有限公司	中国矿业大学（北京）
精匠魔客空间	北京交通大学
妙音鸟文化传媒有限公司	中央民族大学
印象 APP 项目团队	中国地质大学（北京）
寻蜜人生	中国农业大学
北京忆影文化传媒有限公司	北京科技大学
Z＋创业团队	北京林业大学
北京慧明欧迈科技有限公司	北京工商大学
北京行克创意工作室	北京联合大学
宏图教育	北京林业大学
司房	中国政法大学
伊牧云	北京邮电大学

满天星民族文化传播公益组织	北京师范大学
北京职灵教育科技有限公司	北京语言大学
艺洋洋文化发展有限公司	中央民族大学
艺本书	首都师范大学
合和之道	北京印刷学院
见人记	北京城市学院
北京针道堂科技开发公司	北京中医药大学
乘风破焰	北京信息科技大学
五四青年小分队	北京化工大学
Fasport 小众体育平台	北京交通大学
北京君生品牌管理有限公司	北京工商大学嘉华学院
果果重生项目组	首都经济贸易大学
海丽脑科医生	首都医科大学
彩虹智达	北京师范大学
Heating	对外经济贸易大学
ESTONG 企业 IT 俱乐部	中国地质大学（北京）
塑声	中国传媒大学
北京博雅合众环保新科技有限公司	中国地质大学（北京）
民风和美创意服饰有限公司	中央民族大学
北邮信达团队	北京邮电大学
大牛奶	北京信息职业技术学院
随梦而行	首都经济贸易大学
CUOR 新媒体联合平台	中国劳动关系学院
老铁家族	首都经济贸易大学
YOYO 切克闹	首都经济贸易大学
“90 一代”文化主题休闲空间有限责任公司	中央民族大学
北京宇迪明天教育科技有限公司	中央民族大学
KEDORM	北京科技大学
启智天空模块化无人机教育	北京信息科技大学

光·JPG——可涂色线条画及产品定制服务	中央财经大学
北京微泛科技有限公司	北京大学
实习党	北京化工大学
同学校园	中国地质大学（北京）
悟源教育直播平台	北京物资学院
胜利之战	北京化工大学
易范创新科技工作室	北京师范大学
师情化衣工作室	北京师范大学
突出科技	北京城市学院
同道建筑工作室	北京交通大学
北京狂潮盛世电影有限责任公司	中央戏剧学院
拖鞋网	中央财经大学
北京体育大学华武功夫团	北京体育大学
七次元	中国传媒大学
片刻校园——打造高校食堂2.0	对外经济贸易大学
中央民族大学CC校园创业团队	中央民族大学
互联网＋城市种植	中国传媒大学

北京市教育委员会

关于公布第二批北京地区高校示范性创业中心名单的通知

京教函〔2017〕344号

各普通高等学校：

为全面贯彻落实国家和北京市关于“大众创业、万众创新”的精神和要求，深入实施《北京高校高质量就业创业计划》，进一步发挥高校示范引领作用，全面提升北京地区高校大学生创业工作水平，市教委于2014年开始开展北京地区高校示范性创业中心建设工作。2014年至2015年，44所高校被先后确定为示范性创业中心建设校，每校给予一定资金支持。2016年，市教委评选出第一批北京地区高校示范性创业中心28个。

按照《北京市教育委员会关于开展北京地区高校示范性创业中心建设工作的通知》（京教学〔2014〕4号）、《北京市教育委员会关于开展第二批北京地区高校示范性创业中心评选工作的通知》（京教函〔2017〕92号）等文件要求，2017年4月至7月，市教委组织开展了第二批北京地区高校示范性创业中心评选工作，共计19所高校申报参评。本着“公平、公正、公开”的原则，通过书面评审和答辩评审相结合的方式，经过评审委员会评审，最终评选出第二批北京地区高校示范性创业中心13个。经公示等环节，现予公布。

各高校示范性创业中心要进一步健全大学生创业工作机制，充分发挥示范引领作用，带动北京地区高校整体提升创业指导和创业服务工作水平，促进大学生实现高质量就业创业。

附件：第二批北京地区高校示范性创业中心名单

2017 年 7 月 27 日

附件

第二批北京地区高校示范性创业中心名单

（按学校代码排序）

序号	学校代码	学校
1	10009	北方工业大学
2	10017	北京石油化工学院
3	10027	北京师范大学
4	10031	北京第二外国语学院
5	10036	对外经济贸易大学
6	10037	北京物资学院
7	10053	中国政法大学
8	10054	华北电力大学
9	10857	北京信息职业技术学院
10	10858	北京电子科技职业学院
11	11413	中国矿业大学（北京）
12	11414	中国石油大学（北京）
13	14430	中国科学院大学

北京市教育委员会

关于北京地区普通高等学校新修订学生管理规定备案工作的通知

京教函〔2017〕345 号

各高等学校：

按照《普通高等学校学生管理规定》（教育部令第 41 号）第六十七条“学校应当根据本规定制定或修改学校的学生管理规定或者纪律处分规定，报主管教育行政部门备案（中央部委属校同时抄报所在地省级教育行政部门），并及时向学生公布”的要求，2017 年 6 月 15 日至 7 月 10 日，北京地区各高校将新修订的学生管理规定等材料报我委备案。现将备案学校名单公布如下（详见附件）。

各高校要强化依法办学意识，组织力量做好相关工作，确保新修订的学生管理规定等校内制度规定的合法性，并依法实施。要增强自主办学意识，正确行使办学自主权，承接落实好由学校自主办理的相关事宜。修改完善后的学生管理规定，以正式校文形式抄报市教委一份。市教委将适时对各高校贯彻执行 41 号令情况开展督查。

附件：北京地区普通高等学校学生管理规定备案学校名单

2017 年 7 月 27 日

附件

北京地区普通高等学校学生管理规定备案学校名单（76所）

10001	北京大学	10037	北京物资学院
10003	清华大学	10038	首都经济贸易大学
10004	北京交通大学	10040	外交学院
10005	北京工业大学	10042	国际关系学院
10007	北京理工大学	10043	北京体育大学
10008	北京科技大学	10045	中央音乐学院
10009	北方工业大学	10046	中国音乐学院
10010	北京化工大学	10047	中央美术学院
10011	北京工商大学	10048	中央戏剧学院
10012	北京服装学院	10049	中国戏曲学院
10013	北京邮电大学	10050	北京电影学院
10015	北京印刷学院	10051	北京舞蹈学院
10017	北京石油化工学院	10054	华北电力大学
10019	中国农业大学	10853	北京工业职业技术学院
10020	北京农学院	10857	北京信息职业技术学院
10022	北京林业大学	10858	北京电子科技职业学院
10023	北京协和医学院	11090	北京京北职业技术学院
10026	北京中医药大学	11092	北京交通职业技术学院
10029	首都体育学院	11149	中华女子学院
10031	北京第二外国语学院	11232	北京信息科技大学
10032	北京语言大学	11413	中国矿业大学（北京）
10033	中国传媒大学	11414	中国石油大学（北京）
10034	中央财经大学	11415	中国地质大学（北京）
10036	对外经济贸易大学	11417	北京联合大学

11418	北京城市学院	13630	北京工商大学嘉华学院
11626	北京青年政治学院	13703	北京科技职业学院
11831	首钢工学院	13901	北京邮电大学世纪学院
12448	北京农业职业学院	13904	北京工业大学耿丹学院
12451	北京政法职业学院	14019	北京警察学院
12453	中国劳动关系学院	14073	北京经济管理职业学院
12561	北京财贸职业学院	14075	北京劳动保障职业学院
12564	北京北大方正软件职业技术学院	14139	北京社会管理职业学院
12565	北京经贸职业学院	14201	北京第二外国语学院中瑞酒店管理学院
12566	北京经济技术职业学院	14215	北京体育职业学院
12567	北京戏曲艺术职业学院	14279	北京交通运输职业学院
12568	北京汇佳职业学院	14395	北京卫生职业学院
12802	北京吉利学院	14430	中国科学院大学
13629	首都师范大学科德学院	41119	北京培黎职业学院

北京市教育委员会

关于北京地区普通高等学校新修订学生管理规定补充备案工作的通知

京教函〔2017〕494 号

各高等学校：

按照《普通高等学校学生管理规定》（教育部令第 41 号）第六

十七条“学校应当根据本规定制定或修改学校的学生管理规定或者纪律处分规定，报主管教育行政部门备案（中央部委属校同时抄报所在地省级教育行政部门），并及时向学生公布”的要求，2017年7月17日，北京大学等76所高校完成备案，9月1日后，中国人民大学等14所高校进行了补充备案。现将补充备案学校名单公布如下（详见附件）。

各高校要强化依法办学意识，组织力量做好相关工作，确保新修订的学生管理规定等校内制度规定的合法性，并依法实施。要增强自主办学意识，正确行使办学自主权，承接落实好由学校自主办理的相关事宜。修改完善后的学生管理规定，以正式校文形式抄报市教委一份。市教委将适时对各高校贯彻执行41号令情况开展督查。

附件：北京地区普通高等学校学生管理规定补充备案学校名单

2017年10月24日

附件

北京地区普通高等学校学生管理规定备案学校名单（14所）

10002　中国人民大学
10006　北京航空航天大学
10016　北京建筑大学
10018　北京电子科技学院
10025　首都医科大学
10027　北京师范大学
10028　首都师范大学
10030　北京外国语大学
10041　中国人民公安大学
10052　中央民族大学
10053　中国政法大学
12733　北京科技经营管理学院
14140　北京艺术传媒职业学院
14588　北京网络职业学院

北京市教育委员会

转发教育部关于促进普通高校毕业生到国际组织实习工作文件的通知

京教高〔2017〕15号

各高等学校：

现将教育部《关于促进普通高校毕业生到国际组织实习工作的通知》（教学〔2017〕6号）转发给你们，请你们结合学校办学实际贯彻执行。有关要求通知如下：

一、充分认识促进北京高校毕业生到国际组织实习任职工作的重要意义

各校要提高对加快培养推送高校毕业生到国际组织实习任职工作在学校提高人才培养质量、服务国家发展战略和重大需求、服务北京四个中心建设、拓宽毕业生就业领域、更高质量就业的重要意义的认识。切实增强紧迫感和责任意识，抢抓机遇，采取有效措施，提高培养推送高校毕业生到国际组织实习任职工作的水平。

二、加强学生到国际组织实习任职工作组织管理

学校应成立由教务、学生、研究生、就业、财务、国际合作交流等相关部门组成的培养推送毕业生到国际组织实习工作领导机构，负责指导此项工作。要建立相应的工作机制，整体规划、责任落实。学校应将培养推送高校毕业生到国际组织实习任职工作纳入学校总体工作计划，各部门根据人才培养、教育教学、宣传引导、指导服务、财务支持等工作环节，协调联动，分工落实，整体推进。

三、构建国际化、创新性人才培养体系

学校要将国际组织人才需求与学校人才培养定位、教育教学改革深度融合，开发建设符合学校学科专业特色的国际组织人才培养课程，将国际组织实习实践纳入培养计划。加强和改进外语教学，通过各种方式培养复合语种人才。与国际组织机构加强交流合作，建立实习与培养基地或开展人才培养项目。

四、加强保障

学校要整合校内外资源，积极拓展工作渠道；研究制定学籍管理、学分管理、经费资助等相关的配套措施和支持政策，为学生到国际组织实习工作提供有效保障。

五、及时报送信息

学校要全面准确掌握本校学生到国际组织实习任职情况，每年7月底和12月底，通过全国高校毕业生就业管理系统向教育部高校学生司集中报送当年度本校在校生和应届毕业生到国际组织实习任职信息。

附件：教育部关于促进普通高校毕业生到国际组织实习工作的通知

2017年10月9日

附件

教育部

关于促进普通高校毕业生到国际组织实习工作的通知

教学〔2017〕6号

各省、自治区、直辖市教育厅（教委），新疆生产建设兵团教育局，部属各高等学校：

国际组织是制定国际规则、协调多边事务、分配国际资源的重要平台，是全球治理的重要阵地。加快培养推送高校毕业生到国际组织实习任职，有助于扩大到国际组织工作的后备人才队伍，提升我国在国际组织人员规模，对于更好地统筹国内和国际两个大局、增强我国在国际规则制定中的话语权，对于提高高等教育人才培养质量、实现毕业生更宽领域和更高质量就业，具有重要意义。各地各高校要切实增强紧迫感和责任感，抢抓机遇，采取有效措施，把教学〔2017〕6号培养推送高校学生到国际组织实习任职工作提高到一个新水平。为促进高校毕业生到国际组织实习，现就有关事项通知如下：

一、加强政策支持

1. 加大资助力度。国家留学基金委进一步拓展国际组织实习项目领域和范围，制定选派管理办法，将高校与有关国际组织开展合作进行选派的学生以及自行联系获得国际组织实习岗位的学生，纳入资助范畴，经评审后予以资助。鼓励各地各高校采取地方专项扶持、高校配套、社会捐助和学生个人共同承担的经费支持方式，积极推送高校学生到国际组织实习。

2. 完善教学管理。各地各高校要根据《普通高等学校学生管理规定》，进一步完善现行政策，建立灵活的学习制度，给予计算相应学分等政策支持。高校在校生到国际组织实习，学校可为其保留学籍，最长至两年；学生实习期满后应向学校提出复学申请，学校经审查合格后同意复学，并可根据其实习经历和实习内容认定为公共必修课或实践实习课程的学分。

3. 优化就业服务。到国际组织实习的毕业年度内高校毕业生，毕业时其户口档案可申请保留在学校两年（直辖市按有关规定执行）。两年内落实就业单位的，可视为应届毕业生，根据相关规定，为其办理就业手续。超过两年的，学校将其在校户口及档案迁回家庭所在地。

4. 支持升学深造。高校在制定本校推免生遴选办法时，结合本校具体情况，将学生到国际组织实习情况纳入推免生遴选指标体系。

二、加强指导服务

1. 强化信息服务。教育部新职业网已开通高校毕业生到国际组织实习任职信息服务平台（http://gj.ncss.cn），收集整理国际组织情况介绍，实时跟踪采集国际组织招聘信息。各地各高校要在本地、本校就业网显著位置分享平台链接，及时向平台报送国际组织招聘信息、工作动态、典型事迹等内容，积极组织学生使用平台，并将国际组织招聘信息精准推送至有需求的学生。高校要通过科研合作、出国访学、项目交流等契机广泛联系对口国际组织，充分挖掘国际组织的实习任职岗位。

2. 广泛宣传发动。各地各高校要通过举办讲座报告、编印宣传手册、开展咨询、开设相关课程、举行国际组织项目推介会、有计划地组织参观国际组织机构、支持学生组建社团等形式，利用网络、手机新媒体等多种渠道，帮助学生认识国际组织、了解到国际组织实习任职对国家和个人发展的重要意义，知晓相关政策，引导更多优秀毕业生积极报名应聘国际组织。

3. 做好指导培训。各地各高校要将国际组织实习任职等相关内容纳入就业指导课程，积极邀请有国际组织工作经验的官员、考官、专家等到学校开展有针对性的培训，提高学生应试、应聘能力。要发掘各种资源，充分利用国际、国内和校友资源，为毕业生到国际组织实习任职和参加志愿活动等，提供信息、资金、咨询指导等帮助。

三、加强人才培养

1. 推进人才培养改革。各地各高校要整合办学资源配置，改革人才培养模式，主动适应国家发展战略新需求，加快培养多层次、多类型具有参与全球治理能力和素质的各类人才。要进一步完善和改进高校外语教学模式，推动有关高校特别是语言类高校开展英法语等复合语种人才培养，开设外语非通用语种新专业，建立多语种、跨学科的人才培养平台。针对性加强双学位、辅修、兼修学位等培养项目建设，鼓励非外语类专业学生兼修外语类学位或课程。

2. 开展项目合作交流。具备条件的高校要开设相关专业课程和选修课程，建立国际组织人才培养基地或项目，加强国际组织相关学科建设，完善课程体系和人才培养方案。鼓励和支持高校与国际组织机构间合作，签订实习生协议，联合建立实习和培训基地，积极输送学生到国际组织实习。

四、加强组织管理

1. 建立工作机制。各地各高校要落实责任，把培养推送高校毕业生到国际组织实习任职工作摆上重要议事日程。有条件的高校要成立工作领导小组，明确牵头校领导，建立健全就业、学工、教学、外事等多部门联动的工作机制，围绕办学特色和优势，制订具体工作方案和详细工作进度，明确目标任务并分解到相应部门和院（系），落实工作责任。要结合学校实际，制订相应管理办法，做好学生到国际组织实习核查等管理服务工作；采取切实措施，为学生到国际组织实习任职提供资金、人员、场地等条件保障，鼓励和支持更多高校毕业生到国际组织实习任职。

2. 做好信息报送。各高校要全面准确掌握本校学生到国际组织实习任职情况，每年7月底和12月底，通过全国高校毕业生就业管理系统向教育部高校学生司集中报送当年度本校在校生和应届毕业生到国际组织实习任职信息。

2017年6月26日

北京市教育委员会

转发教育部办公厅关于做好在内地（祖国大陆）普通高校就读的港澳台应届毕业生就业服务工作文件的通知

京教学〔2017〕7号

各普通高等学校、研究生培养单位：

现将教育部办公厅《关于做好在内地（祖国大陆）普通高校就读的港澳台应届毕业生就业服务工作的通知》（教学厅〔2017〕9号）转发给你们，请遵照执行。

2017年10月24日

教育部办公厅

关于做好在内地（祖国大陆）普通高校就读的港澳台应届毕业生就业服务工作的通知

教学厅〔2017〕9号

各省、自治区、直辖市教育厅（教委），有关省、自治区人力资源社会保障厅，部属各高等学校：

按照《普通高等学校招收和培养香港特别行政区、澳门特别行政区及台湾地区学生的规定》（教港澳台〔2016〕96号）要求，现就做好在内地（祖国大陆）普通高校就读的港澳台应届毕业生（以下简称港澳台毕业生）就业服务工作通知如下：

一、高度重视做好港澳台毕业生就业工作。港澳台毕业生在内地（祖国大陆）就业问题，事关其切身利益，各地各高校要从准确贯彻“一国两制”方针、对台工作大政方针角度出发，对有意愿留在内地（祖国大陆）就业的港澳台毕业生提供帮助和支持。

二、积极为港澳台毕业生提供就业信息服务。各地各高校要把港澳台毕业生纳入就业指导和服务范畴，积极组织其参加各类网上和现场招聘活动，有条件的高校要采用就业网、手机短信、就业APP、微信等方式，持续精准推送用人信息和相关政策。

三、积极开展对港澳台毕业生的就业指导。各地各高校要针对港澳台毕业生在内地（祖国大陆）就业的实际情况和需要，提供针对性强的就业指导和咨询。要梳理港澳台人员在内地（祖国大陆）就业的法律法规、政策支持、用工管理、社会保障等方面规定，通过就业指导课程、讲座、沙龙、咨询等方式，为毕业生提供职业生涯规划和就业指导。

四、认真做好就业管理工作。各地各高校要为有就业意愿符合条件的港澳台毕业生发放《就业协议书》，签发《全国普通高等学校本专科毕业生就业报到证》或《全国毕业研究生就业报到证》，认真负责、方便快捷地为其办理有关离校手续，做好港澳台毕业生在内地（祖国大陆）就业的数据统计工作。

2017 年 6 月 23 日

北京市教育委员会

关于进一步深化北京高校大学生创业园孵化体系建设工作的通知

京教学〔2017〕8 号

各普通高等学校：

为贯彻落实党中央、国务院和市委市政府关于做好高校毕业生就业创业工作的部署和要求，市教委印发并实施《北京高校高质量就业创业计划的通知》（京教学〔2015〕1 号），提出要积极构建“一街三园”北京高校大学生创业园孵化体系，在此基础上，推动高校加强大学生创业园或创业孵化基地建设，力争形成定位准确、布局合理、功能齐全、市校两级互动互补的创业园孵化体系。为充分发挥高校学科领域及地理位置优势，进一步扩大北京地区高校市级大学生创业园辐射能力，为大学生提供高质量、全方位创业指导与孵化服务，经研究，决定开展进一步深化北京高校大学生创业园孵化体系建设工作，现将有关事宜通知如下：

一、指导思想

深入贯彻落实国家和市委市政府关于做好高校大学生就业创业工作的部署，本着“优势突出、市校互补、合理布局、资源共享”的原则，分步骤、分层次、分批次，几年内遴选出一批特色鲜明、功能完善、承载力强的校级大学生创业园或孵化基地，将其纳入市级创业园体系，在市教委统一引导和支持下，进一步发挥高校学科领域及地理位置优势，有序推进北京地区高校大学生创业园高校分园建设，拓展市级创业园孵化体系纵深发展，为北京地区高校大学生提供便捷高效、内涵丰富、全方位创业指导与孵化服务，促进大学生实现高质量就业创业。

二、申请基本条件

1. 体制机制完善。创业园目标、定位、发展方向明确，特色鲜明；具备科学规范的创业团队进入退出、考核评价、安全卫生等园区管理制度；拥有较强业务水平的专职管理服务团队，统一综合管理和配套服务。

2. 基本条件完备。具有不少于500平方米的可自主支配的专门用于大学生创业孵化场地；配套基础设施较完备，环境良好；具备维持创业园正常运转的经费。

3. 服务功能健全。园区建立专业的创业服务机制，能为大学生创业提供较完善的政策咨询、资金扶持、导师指导、法律咨询、人力资源等创业孵化服务。

4. 具备辐射能力。能发挥学科领域内示范引领效应及地域优势，在保障本校大学生创业基本需求的基础上，愿意共享部分园区场地，接纳符合园区定位及发展要求的有入驻需求的其他北京地区高校大学生创业团队入驻孵化，辐射、服务其他高校大学生创新创业。

5. 工作实效显著。成为大学生创新创业实践教育，高校创新型人才培养的重要平台；大学生创新创意交流、创新创业大赛、创业培训等活动丰富；积极发掘和扶持优秀大学生创业团队，日常在孵化基地办公的学生创业团队数量应不少于20支；创业团队成员创业能力明显提升，在孵团队满意度较高。

三、工作程序

（一）申请

1. 申报材料：申报高校要如实填写申请表（附件1)，结合申请基本条件，撰写申报材料（4000字以内)，并准备支撑材料备查。

2. 材料报送：申请表、申报材料（均一式八份，加盖学校公章)，支撑材料（一份，参考附件2)，纸质材料报送至市教委学生处，同时发送申请表、申报材料电子版至邮箱。

（二）遴选

1. 遴选机制。市教委成立由主管委领导及相关处室参加的工作领导小组，聘请高校及社会有关专家组成评审组，坚持“公平、公正、公开”的原则开展遴选工作。工作领导小组办公室设在市教委学生处，负责遴选工作的具体事宜。

2. 遴选办法。采取审阅高校申报材料、专家集中评议推选和工作领导小组决议相结合的方式进行遴选，并确定初选结果。

（三）结果确定

初选结果经工作领导小组审议后，在北京地区高校范围内进行公示，公示后确定为“北京高校大学生创业园高校分园”，纳入“一街三园多点”市级大学生创业园孵化体系，共享市级园创业孵化资源及获得有关支持。

四、有关要求

1. 纳入北京地区高校大学生创业园孵化体系的高校分园将由市教委统一引导，分园具体运营维护。分园在自身特色建设基础上，应完善与市级创业园的联动，做好辐射、服务周边其他高校大学生创业团队孵化工作。市教委将定期组织对分园进行考核，对考核不合格的分园将停止享受扶持政策。

2. “一街三园多点”北京高校大学生创业园孵化体系建设工作是市教委支持大学生创业的重要举措。市教委将根据“一街三园多点”布局及北京高校大学生创业实际需求，有步骤、分批次推进高校分园建设工作。各高校要高度重视，积极申报，遵循实事求是、公开透明的原则，严禁弄虚作假。

附件：1. 北京高校大学生创业园孵化体系建设高校分园申请表（略）

2. 北京高校大学生创业园孵化体系建设高校分园申请支撑材料清单（略）

2017 年 11 月 7 日

北 京 市 教 育 委 员 会
北京市人民政府征兵办公室

关于做好 2018 年专科学生退役后专升本工作的通知

京教学〔2017〕9 号

各有关高校、区人民政府征兵办公室：

为做好 2018 年普通高校全日制专科（高职）学生（以下简称“专科学生”）退役后专升本工作，按照北京市教育委员会、北京市人民政府征兵办公室《关于进一步明确专科学生退役后专升本工作的通知》（京教学〔2015〕007 号，以下简称“通知”）要求，现就有关事项通知如下：

一、符合免试专升本的条件及手续办理

（一）符合以下条件的，可以申请免试专升本

1.2013 年（含）后专科应届毕业生从本市应征入伍，2017 年、2018 年退出现役或 2013 年（含）后在校生从本市应征入伍，且退役后复学并按照学校有关规定完成专科（高职）学业，2018 年取得毕业证书或入伍期间取得毕业证书的。其中，2018 年退出现役的，既可选择参加 2018 年免试专升本，也可选择退役后免试专升本，但只可享受一次政策。上述人员在服役期间综合表现良好，服役期满并被评为“优秀义务兵（士官）”一次（含）以上的（进藏兵不受限制）。

2. 在校生 2013 年（不含）前从本市应征入伍，且退役复学并按照学校有关规定完成专科（高职）学业，2018 年取得毕业证书的，须满足服役期满荣立三等功（含）或被评为“优秀义务兵（士官）”两次（含）以上的（进藏兵不受限制）。

（二）免试专升本手续的办理

1. 符合退役后免试专升本条件的专科学生，北京生源京外高校学生必须在退出现役两个月内，向入伍所在区征兵办公室提出免试专升本申请；北京高校学生必须在退出现役两个月内，向原就读学校提出免试专升本申请，原就读学校撤销的，向托管院校或市教育主管部门提出免试专升本申请（2018 年退出现役的，须在 2018 年 3 月 1 前向所属机构提出免试专升本申请），相关部门按有关规定收集材料并进行审核。

2.2018 年 4 月 1 日前，高校将相关材料报市教委，区征兵办公室将相关材料报市征兵办公室，由市征兵办统一汇总至市教委。

3.2018 年 6 月，经市教委核准后，根据专科（高职）升本科的有关规定，由北京市教育考试院，协调安排本科学校，为学生办理免试专升本录取手续。

（三）免试专升本的相关材料

1. 学生本人“专升本”书面申请。

2. 学生本人所获奖励证明材料：优秀义务兵（士官）及以上奖励登记表复印件、优秀义务兵（士官）证书或立功证书原件及复印件。

3. 学生本人退出现役登记证原件及复印件（2018 年退出现役的需提供团以上政治部门同意免试专升本的证明）。

4. 学校行校文向市教委报送专升本请示（盖学校章）及《退役大学生士兵免试专升本名册》（见附件 1）。

5. 区征兵办向市征兵办报送专升本请示（盖章）及《退役大学生士兵免试专升本名册》（见附件 1）。

6. 学校及区征兵办认为有必要提供的材料。

二、符合考试专升本的条件及手续办理

（一）符合下列条件的可直接报名参加专升本考试

1. 2013 年（含）后专科应届毕业生从本市应征入伍，2017 年、2018 年服役期满退出现役的。其中 2018 年退出现役的，既可选择参加 2018 年专升本考试，也可选择退役后专升本考试，但只可享受一次政策。

2. 在校生从北京市入伍，退役后复学完成学业且于 2018 年取得毕业证书或 2013 年（含）后入伍，在部队期间取得毕业证书的。

（二）考试专升本手续的办理

1. 北京生源京外高校学生必须在退出现役两个月内，向入伍所在区征兵办公室提出专升本考试申请并报名；北京高校学生必须在退出现役两个月内，向原就读学校提出专升本考试申请并报名，原就读学校撤销的，向托管院校或市教育主管部门提出申请（2018 年退出现役的，须在 2017 年 12 月 15 前向所属机构提出考试专升本申请），相关部门按有关规定收集材料并进行审核。

2. 2018 年 1 月 10 日前，高校将相关材料报市教委，区征兵办公室将相关材料报市征兵办公室，由市征兵办统一汇总至市教委。

3. 2018 年 2 月底前，经市教委核准后，由北京市教育考试院为学生办理专升本考试手续。

4. 退役大学生士兵专升本考试计划单列，根据考试成绩，单独划线，按照不低于50%比例进行录取。

（三）考试专升本的相关材料

1. 学生本人参加“专升本”考试书面申请。

2. 学生本人退出现役登记证原件及复印件（2018 年退出现役的需提供团以上政治部门同意考试专升本的证明）。

3. 学校行校文向市教委报送专升本请示（盖学校章）及《退役大学生士兵考试专升本人员名册》（见附件 2）。

4. 区征兵办向市征兵办报送专升本请示（盖章）及《退役大学生士兵考试专升本人员名册》（见附件 2）。

5. 学校及区征兵办认为有必要提供的材料。

三、材料报送的时间及地点

（一）专升本申请人须登录首都征兵网“专升本报名系统”进行报名并下载打印相关表格，与其他材料一并提交所在学校或入伍所在区征兵办审核，网上电子数据内容必须与报送纸质材料数据相一致。

（二）各高校在规定期限内，前往北京高校毕业生就业指导中心学籍就业工作服务部报送有关材料。

（三）各区人民政府征兵办公室在规定期限内，前往北京市人民政府征兵办公室报送材料。

附件：1. 退役大学生士兵免试专升本人员名册（略）
　　　2. 退役大学生士兵考试专升本人员名册（略）

2017 年 11 月 17 日

北京市教育委员会

关于公布北京地区高校大学生创业园高校分园名单的通知

京教函〔2017〕645号

各普通高等学校：

为全面贯彻落实国家和北京市关于“大众创业、万众创新”的精神和要求，深入实施《北京高校高质量就业创业计划》，充分发挥高校学科领域及地理位置优势，进一步扩大北京地区高校大学生创业园辐射能力，为大学生提供高质量、全方位创业指导与孵化服务，市教委开展了进一步深化北京高校大学生创业园孵化体系建设工作。

按照《北京市教育委员会关于进一步深化北京高校大学生创业园孵化体系建设工作的通知》（京教学〔2017〕8号）要求，11月，市教委组织开展了北京地区高校大学生创业园高校分园遴选工作，22所高校创业园申报参加遴选。本着“公平、公正、公开”的原则，通过集中审阅材料、专家评议、工作领导小组审议等环节，最终遴选出8所高校创业园纳入“一街三园”北京地区高校大学生创业园孵化体系，确定为“北京地区高校大学生创业园高校分园”。经公示环节无异议，现予公布。

各高校分园要充分发挥学科领域内示范引领效应及地理位置优势，强化与市级创业园联动互补，做好辐射、服务周边其他高校大学生创业团队孵化工作，整体提升北京地区高校大学生创业指导与服务水平，促进大学生实现高质量就业创业。

附件：北京地区高校大学生创业园高校分园名单

2017 年 12 月 26 日

附件

北京地区高校大学生创业园高校分园名单

（按学校代码排序）

中国人民大学大学生创业园

北京工业大学大学生创业园（G 星系创客空间）

北京航空航天大学创业园

北京工商大学学生创业园

北京中医药大学杏林众创空间

北京外国语大学“歆创”孵化器

北京信息科技大学大学生创新创业基地

北京财贸职业学院创业孵化中心

人事·师资

北京市教育委员会文件选编

（2017）

北京市教育委员会

关于转发教育部关于追授黄大年同志“全国优秀教师荣誉称号”的决定的通知

京教人〔2017〕18号

各区教委人事科、各市属高校、各直属单位：

现将教育部《关于追授黄大年同志“全国优秀教师”荣誉称号的决定》转发给你们，请认真学习。

2017年4月27日

教育部

关于追授黄大年同志“全国优秀教师”荣誉称号的决定

教师〔2017〕3号

黄大年，男，汉族，1958年8月出生，中共党员，生前系国家“千人计划”入选专家，国家“千人计划”专家联谊会第三届执委会副会长，吉林大学新兴交叉学科学部学部长、地球探测科学与技术学院教授、博士生导师。2017 年 1 月 8 日，因病不幸去世，年仅 58 岁。

黄大年同志热爱祖国，品格高尚，始终把祖国富强、民族振兴作为矢志不移的追求目标，2009 年毅然放弃国外优越条件回到祖国，成为东北地区第一批国家“千人计划”专家。他师德高尚，诲人不倦，主动担任本科层次“李四光实验班”班主任，鼓励学生将个人价值与国家前途命运紧密联系在一起，积极提升青年教师和团队成员国际交流互动能力，培养了一批“出得去、回得来”的人才。他刻苦钻研，业绩突出，作为国家“863 计划”首席科学家，突破国外禁运和技术封锁瓶颈，取得一系列重大成果，填补多项国内技术空白。他不求名利，甘于奉献，长年不休，带病工作，把生命最绚丽的部分献给他钟情的教育科研事业。黄大年同志用毕生努力实现了爱国之情、强国之志、报国之行的统一，是新时期归国留学人员和高校教育工作者的杰出代表。为表彰先进，弘扬正气，我部决定追授黄大年同志“全国优秀教师”荣誉称号。

全国广大教师和教育科研工作者要以黄大年同志为榜样，学习他热爱祖国、立志为祖国和人民奉献全部的赤子情怀；学习他恪尽职守、为国家培养凝聚人才的高尚风范；学习他创新创造、勇追国际前沿科技的可贵担当；学习他勤奋拼搏、为实现强国梦鞠躬尽瘁的崇高精神。要自觉将学习黄大年同志精神与加强和改进高校思想政治工作、培育和践行社会主义核心价值观相结合，紧密团结在以习近平同志为核心的党中央周围，以更加昂扬的精神状态和务实的工作作风，撸起袖子加油干，立足岗位做贡献，为全面建成小康社会、实现中华民族伟大复兴的中国梦而努力奋斗，以优异成绩迎接党的十九大胜利召开！

2017 年 4 月 5 日

北 京 市 教 育 委 员 会
北京市人力资源和社会保障局

关于做好2017年北京市特级教师评选工作的通知

京教人〔2017〕22号

各区教委、燕山地区教委、市教委有关直属事业单位：

为进一步加强本市教师队伍建设，充分发挥特级教师在师德修养、教书育人、教育科研、指导培养青年教师方面的作用，根据原国家教委、人事部、财政部《特级教师评选规定》和《北京市特级教师管理办法（修订）》（京教人〔2015〕12号）等文件相关要求，市教委、市人力社保局决定于2017年开展新一批北京市特级教师评选工作，现将有关事项通知如下。

一、评选的范围、对象

（一）评选范围：本市幼儿园、中小学、职业高中、区教师培训院校、教学研究机构、少年宫（含少年之家、青少年科技馆、站）、特殊教育学校、工读学校。

（二）评选对象：2016年12月31日前在职在岗的符合参评条件的教师。

二、评选条件

（一）基本条件

1. 拥护中国共产党的领导，热爱祖国，热爱人民，遵守教育法律法规，全面贯彻党和国家的教育方针政策，忠诚于党和人民教育事业，自觉践行社会主义核心价值观，具有良好的思想政治素质。

2. 具有崇高的职业理想和职业道德，爱岗敬业、教书育人、勇挑重担、无私奉献，坚持以德立身、以德立学、以德立教，为人师表、师德高尚。

3. 具有深厚的教育教学基础理论和知识，教育思想、教育理念先进，积极探索、勇于创新，为学生健康成长发挥了指导者和引路人的作用，在全面实施素质教育中发挥了引领和示范作用。

4. 具有系统的深厚的专业理论基础和专业知识，掌握所教学科课程标准，积极探索所教学科课程与教材改革，具有很强的教育教学能力和丰富的教育教学经验，形成富有个性的教育教学风格，教育教学业绩显著。

5. 具有较强的教育教学研究能力，结合工作实际，积极开展教育教学理论研究，形成具有较高水平的教育教学研究成果，具有较高的学术价值与推广价值。

6. 具有良好的团队协作精神，积极承担培养和指导青年教师任务，在提高青年教师思想政治和师德水平、专业水平、教育教学能力和实际工作效果等方面成效明显；积极参与教育综合改革，在促进教育公平、提高教育质量等方面发挥引领和辐射作用，为本校和本区骨干教师队伍建设做出贡献。

7. 具有《中华人民共和国教师法》规定的合格学历，且具有正高级专业技术职务或具有高级教师专业技术职务 5 年以上（含），幼儿园教师具有高级教师专业技术职务 3 年及以上，特别优秀的中青年教师、农村学校、特教学校教师专业技术职务任职年限可适当放宽。

（二）除满足上述评选条件以外，下列人员还需满足以下条件：

1. 专任教师参评特级教师，须在近五年内承担过市级及以上教育教学主管部门组织的研究课 1 次或承担区级教育教学主管部门的研究课不少于 3 次。近五年来所承担的教学工作周课时数不少于

8 课时（除学校正职领导以外兼课的行政人员，周课时数不少于 6 课时）。

2. 教研员参评特级教师，须在教学一线任教 9 年（含）以上。任教研员后，经常深入教学一线示范教学、听课、评课，指导教育教学。以多种形式指导教师推进教育教学改革，提高教育教学质量，善于发现并总结推广优秀的成果，得到教师充分认可。近五年内主持并承担完成市级以上科研课题（科研项目）或公开发表、出版本专业的论文、论著，并具有较高的学术水平和应用价值。

3. 幼儿园教师参评特级教师，能够以幼儿为主体，充分调动和发挥幼儿的主动性。遵循幼儿身心发展特点和保教活动规律，提供适合的教育。能够将学前教育理论与保教实践相结合，在学前教育领域做出突出贡献，并具有影响力，能够发挥引领示范作用。

4. 学校领导（正职）参评特级教师须在参评学科承担教学工作，近五年所承担的教学工作周课时数不少于 4 课时。在规范科学管理、深化教育综合改革、提升教育质量，提高办学水平等方面经验丰富，业绩突出。

（三）在同等条件下，符合以下情形之一者，可优先考虑。

1. 具有从城区学校、优质资源校到农村学校、一般学校全职交流任教一年及以上且表现突出的教师，到京外地区参加支教且表现突出的教师。

2. 国家级、市级劳动模范、优秀教师、优秀班主任及相当荣誉称号获得者；

3. 坚持在农村学校、特教学校从事教育教学工作 10 年（含）以上的教师。

4. 担任班主任工作 20 年（含）以上的教师。

5. 积极参与市级教育综合改革项目且表现突出的教师。

三、评选名额

全市拟评选特级教师 220 名左右，其中农村专项 20 名左右。农村专项专门用于乡村和镇区中小学教师（推荐名额分配表见附件 1）。

四、评选程序

（一）个人申请，学校考核推荐

符合申报条件的教师，可自主向所在单位提出参评申请。学校在本单位组织进行民主测评，参加测评的人数不少于所在单位在职专任教师的三分之二（含），且同意推荐的比例不低于参加测评人数的三分之二（含）。同时征求被推荐教师所教学生及家长意见。

（二）区遴选推荐

各区教委要成立特级教师评选推荐领导小组，组织专家组按学科类别深入课堂进行听课，了解参评教师的师德和教育教学效果，进行综合评议，并做出评议意见。区评选推荐领导小组根据民主测评和专家评议意见，拟定推荐人选，根据得票多少进行排序，并将推荐人选的名单及其业绩在本区教委网站进行公示，同时纸质材料由推荐人选所在学校进行公示，公示期为7天。确无不良反映，报经区人民政府同意后上报市教委。

（三）专家评审与批准

市教委、市人力社保局共同组成由教育、人事部门领导、教育领域专家和特级教师等参加的特级教师评选委员会。评选委员会下设学科评议组，由5～7名专家组成，负责对区教委推荐人选进行综合评议（审查书面材料，说课和答辩等，答辩时间另行通知），学科评议组提出评价意见，作为评审的重要依据。评选委员会对学科评议组推荐人选进行评审，采取无记名投票方式表决，全体参会委员三分之二及以上同意方为通过。通过名单经市教委网站面向社会进行公示，公示期为7天。公示无异议后经市教委和市人力社保局审定，报市政府批准。

五、材料报送要求

各区教委及市教委直属单位请于2017年6月19日前将推荐名册及个人申报材料按照以下要求报北京市教育系统人才交流服务中心：

（一）个人材料按每人一袋准备，并在材料袋封面注明编号（编号按申报者所在区、学校类别、申报学科顺序编写，如：东城区中学数学第一号，编号为：东中数1号）、姓名、单位、学科，具体材料包括：

1. 北京市特级教师申报表（附件2）一式7份；

2. 相关获奖、最高学历、专业技术职务证书等证明材料复印件一式一份（原件由区教委主管部门审核），代表本人业务水平的论文或论著不超过3件（均需原件）；

3. 北京市特级教师推荐人选民主测评结果表（附件3）；

（三）北京市特级教师人选推荐名册（附件4）1份（请用excel制表，并报送电子版）。

六、工作要求

（一）各有关部门要切实加强组织领导，认真做好评选推荐的组织工作。严禁弄虚作假、营私舞弊，确保评选质量。

（二）各区在特级教师评选中，要体现向一线教师、学前教育教师、特殊教育教师、农村教师、长期从事班主任工作的教师倾斜。

（三）各区推荐的特级教师人选中要兼顾各类学校的比例以及各学科之间的平衡。

（四）教研员和学校领导（正职）的参评比例原则上不得超过20%。

（五）农村专项可适当放宽评选条件。

（六）除市教委直属单位外，评选范围内的他办校（园）按照属地的原则进行推荐申报。

附件：1. 北京市特级教师推荐名额分配表

2. 北京市特级教师申报表（略）

3. 北京市特级教师推荐人选民主测评结果表（略）

4. 北京市特级教师人选推荐名册样表（略）

2017年5月12日

附件 1

北京市特级教师推荐名额分配表

序号	区	推荐指标	农村专项	合计
1	东城	20	—	20
2	西城	26	—	26
3	朝阳	48	1	49
4	海淀	45	1	46
5	丰台	23	—	23
6	石景山	9	—	9
7	房山	15	3	18
8	通州	19	3	22
9	顺义	15	3	18
10	昌平	20	3	23
11	大兴	19	3	22
12	门头沟	4	2	6
13	怀柔	7	3	10
14	平谷	7	2	9
15	密云	8	3	11
16	延庆	6	3	9
17	燕山	1	—	1
18	直属单位	12	—	12
	合计	304	30	334

北京市教育委员会

关于开展第十三届北京市高等学校教学名师奖暨首届北京市高等学校青年教学名师奖评选工作的通知

京教高〔2017〕9号

各有关高等学校：

为发挥教学名师的示范榜样作用，深化教育教学改革，促进教育质量内涵发展，根据市教委、市财政局《关于印发提升北京高校人才培养能力意见的通知》（京教函〔2017〕号），市教委决定组织开展第十三届北京市高等学校教学名师奖暨首届北京市高等学校青年教学名师奖评选表彰工作，现将有关事项通知如下：

一、评选范围

北京市高等学校教学名师奖（以下简称教学名师奖）、北京市高等学校青年教学名师奖（以下简称青年教学名师奖）评选范围为普通高等学校及独立设置成人高等学校（经教育部正式批准或核准）中承担本科、高职高专教学任务的专任教师。

各校在规定限额内（附件1）推荐候选人，限额在2人及以上学校至少推荐1名青年教学名师奖候选人，限额为1人学校可自主选择教学名师奖候选人或青年教学名师奖候选人其一推荐。前十二届市级教学名师奖获得者不参加本届教学名师奖及青年教学名师奖评选。

已退休参评教师须为学校返聘教师，并由学校出具返聘证明。

二、表彰奖励

本届拟表彰教学名师奖获得者80名左右、青年教学名师奖获得者40名左右，获奖教师由市教委颁发荣誉证书。

三、评选条件

（一）本届教学名师奖及青年教学名师奖评选优先考虑长期承担基础课教学任务、教学效果好、学生评价高、同行专家认可的一线教师，特别是为低年级学生授课的优秀教师。

（二）各高校现任校级领导原则上不参加此次评审。

（三）本科院校教学名师奖候选人一般应具有20年以上（含20年，统计时间截止到2016年12月31日）高等教育教学经历，青年教学名师奖候选人一般应具有10年以上（含10年，统计时间截止到2016年12月31日）高等教育教学经历且年龄不超过45岁（含45岁，截止到2016年12月31日）。教学名师奖及青年教学名师奖候选人均需具有高级专业技术职称；2014—2016年度，面向本校本科学生实际课堂教学平均不少于64学时/年（临床医学类实际授课学时计算可包括临床带教学时数）。

（四）高职高专院校及独立设置成人高校教学名师奖候选人一般应具有15年（含15年，统计时间截止到2016年12月31日）以上高职高专或独立设置成人高等教育教学经历，青年教学名师奖候选人一般应具有10年以上（含10年，统计时间截止到2016年12月31日）以上高职高专或独立设置成人高等教育教学经历且年龄不超过45岁（含45岁，截止到2016年12月31日）。教学名师奖及青年教学名师奖候选人在2014—2016年度承担本校教学任务平均不少于240学时/年。

（五）其它条件请参照《北京市高等学校教学名师奖评选指标体系（普通高校本科部分）》《北京市高等学校青年教学名师奖评选指标体系（普通高校本科部分）》（附件2），《北京市高等学校教学名师奖评选指标体系（普通高校高职高专部分）》（附件3），《北京市高等学校教学名师奖评选指标体系（独立设置成人高校部分）》（附件 4）。

四、评选程序

（一）符合上述评选条件的教师向所在学校提出申请，由学校择优向市教委推荐。

（二）为真实反映候选人的教学水平和教学效果，本届教学名师奖评选将采取评价课堂教学录像、查阅文字资料、听取现场授课和会议终评等方式确定教学名师奖名单及青年教学名师奖名单。

（三）申报教学名师奖及青年教学名师奖的候选人要提交其主讲的一门课程中两学时的课堂教学录像。评审期间，市教委将在北京市教学名师奖建设项目专题网站（网址：http：//mstd. bnu. edu. cn/）上公开各候选人的教学录像，并接受专家、教师、学生的评价。

（四）各高校推荐的市级教学名师奖及青年教学名师奖候选人还须准备 20 分钟现场观摩课。观摩课时间安排等相关事宜另行通知。

（五）请各高校在 2017 年 6 月 12 日前，将下列申报材料报送至北京师范大学教务处，逾期不报视为放弃。

1. 纸质版材料：

（1）候选人汇总表（附件 5），加盖学校公章，一式 1 份；

（2）候选人推荐表一式 6 份（含一份原件），如有附件请单独装订成册，并限报 1 份；

（3）候选人本年度承担教学任务的课表复印件 1 份（加盖学校公章）。

2. 电子版材料：（电子版文件全部用 U 盘拷贝提交）

（1）候选人汇总表电子版（附件 5）；

（2）候选人推荐表电子版；

（3）候选人个人资料电子版（资料符合附件 6 要求）；

（4）候选人两学时课堂教学录像（教学录像符合附件 7 要求）；

候选人推荐表及相关表格可登录北京市教委高等教育处网站 http：//gjc. bjedu. gov. cn 查看下载。

（六）申报教师须如实填写申报表，提交有关材料。凡存在弄虚作假、徇私舞弊行为者，一经查实，取消其评选资格，且连续三届不得申报“教学名师奖”。

（七）评审结果将在市教委网站进行公示。各高校在评选、推荐过程中，也须设立公示环节。各高校要高度重视教学名师奖评审工作，并认真组织，坚持标准，宁缺毋滥。

（八）请各高校上报1名教学名师奖工作联系人，并于6月6日前，通过电子邮件将联系人有关情况（附件8）发至市教委高教处信箱。

附件：1. 第十三届北京市高等学校教学名师奖、首届北京市高等学校青年教学名师奖候选人名额分配方案（略）

2. 北京市高等学校教学名师奖、北京市高等学校青年教学名师奖评选指标体系（普通高校本科部分）

3. 北京市高等学校教学名师奖、北京市高等学校青年教学名师奖评选指标体系（普通高校高职高专部分）

4. 北京市高等学校教学名师奖、北京市高等学校青年教学名师奖评选指标体系（独立设置成人高校部分）

5. 第十三届北京市高等学校教学名师奖候选人汇总表（略）

6. 第十三届北京市高等学校教学名师奖候选人个人资料清单（略）

7. 课堂教学录像要求（略）

8. 第十三届北京市高等学校教学名师奖评选表彰工作联系人信息表（略）

2017年5月27日

附件 2

北京市高等学校教学名师奖评选指标体系（普通高校本科部分）

<table>
<tr><th colspan="2">评选指标</th><th>评选内容</th></tr>
<tr><td colspan="2">1. 教师风范</td><td>政治立场坚定，积极实施素质教育；师德高尚，爱岗敬业、关爱学生、教风端正、教书育人、为人师表；严谨笃学，富有创新协作精神。</td></tr>
<tr><td rowspan="5">2. 教学能力与水平</td><td>教学思想与内容</td><td>遵循教育规律和人才成长规律，教育思想先进，符合时代要求；教学内容安排合理，条理性强，符合认知规律；理论联系实际，注重学生综合素质和能力培养；能及时把国内外教改成果以及学科最新发展成果引入教学，信息量大，达到国际同类课程水平。</td></tr>
<tr><td>教学艺术与方法</td><td>注重学思结合，注重因材施教；课程讲授能激发学生的学习兴趣，培育学生的主动精神和创造性思维；积极开展教学方法研究与应用，科学、合理、有效使用现代教育技术，效果好，有自己研制的多媒体课件；注重知行统一；中文授课部分使用普通话。</td></tr>
<tr><td>教学改革与成就</td><td>主持过重大教改项目，在教学内容、教学方法改革方面取得突出成绩，做出重要贡献，获得省部级以上奖励；发表多篇高质量的教改教研论文或出版具有一定影响的教改教研专著。</td></tr>
<tr><td>教学效果</td><td>教学效果好，主讲课程在全国同领域内有较大影响；形成独特而有效的教学风格，在国内起到示范作用；学生评价优秀。</td></tr>
<tr><td>教材建设</td><td>自编、主编高水平、有特色、版本新的教材，获省部级以上奖励。</td></tr>
<tr><td colspan="2">3. 教学梯队建设与贡献</td><td>自觉指导和帮助中青年教师不断提高教学水平，重视教学队伍建设，作为课程主持人或主讲教师对形成结构合理的教学梯队、形成本校该领域教学的历史地位做出重要贡献。</td></tr>
<tr><td rowspan="3">4. 科学研究与学术水平</td><td>科研能力</td><td>主持或承担多项高级别科研项目，科研成果多，获省部级以上奖励（特殊学科的，酌情考虑）。</td></tr>
<tr><td>学术成就</td><td>出版多部科研专著或发表多篇高质量的科研论文，科研成果的学术意义或社会经济效益大。</td></tr>
<tr><td>学术地位</td><td>具有高尚的学术道德，学术造诣高，在同领域具有较高学术地位和知名度。</td></tr>
<tr><td colspan="2">5. 外语水平</td><td>具有宽广的国际视野，外语交流能力强，有用外语发表的学术论文，能使用外语讲授课程知识要点（特殊学科的，酌情考虑）。</td></tr>
</table>

备注：本表各项指标不设具体分值。

北京市高等学校青年教学名师奖评选指标体系
（普通高校本科部分）

<table>
<tr><th colspan="2">评选指标</th><th>评选内容</th></tr>
<tr><td colspan="2">1. 教师风范</td><td>政治立场坚定，积极实施素质教育；师德高尚，爱岗敬业、关爱学生、教风端正、教书育人、为人师表；严谨笃学，富有创新协作精神。</td></tr>
<tr><td rowspan="5">2. 教学能力与水平</td><td>教学思想与内容</td><td>遵循教育规律和人才成长规律，教育思想先进，符合时代要求；教学内容安排合理，条理性强，符合认知规律；理论联系实际，注重学生综合素质和能力培养；能及时把国内外教改成果以及学科最新发展成果引入教学，信息量大，达到国际同类课程水平。</td></tr>
<tr><td>教学艺术与方法</td><td>注重学思结合，注重因材施教；课程讲授能激发学生的学习兴趣，培育学生的主动精神和创造性思维；积极开展教学方法研究与应用，科学、合理、有效使用现代教育技术，效果好，有自己研制的多媒体课件；注重知行统一；中文授课部分使用普通话。</td></tr>
<tr><td>教学改革与成就</td><td>主持过教改项目，在教学内容、教学方法改革方面取得明显效果，做出重要贡献；发表过高质量的教改教研论文或出版具有一定影响的教改教研专著。</td></tr>
<tr><td>教学效果</td><td>教学效果好，主讲课程在全市同领域内有较大影响；形成独特而有效的教学风格，在北京市起到示范作用；学生评价优秀。</td></tr>
<tr><td>教材建设</td><td>自编或参与编写过高水平、有特色、版本新的教材。</td></tr>
<tr><td colspan="2">3. 教学协作能力</td><td>积极参与教学团队建设，作为课程主持人或主讲教师对建设结构合理的教学梯队、构建具有良好效果的人才培养模式、提升本领域人才培养效果做出过重要贡献。</td></tr>
<tr><td rowspan="2">4. 科学研究与学术水平</td><td>科研能力</td><td>主持或参与过高级别科研项目，取得过相应科研成果，获省部级以上奖励（特殊学科的，酌情考虑）。</td></tr>
<tr><td>学术成果</td><td>出版过科研专著或发表过高质量的科研论文，科研成果具有较大的学术意义或社会经济效益。</td></tr>
<tr><td colspan="2">5. 外语水平</td><td>具有宽广的国际视野，外语交流能力强，有用外语发表的学术论文，能使用外语讲授课程知识要点（特殊学科的，酌情考虑）。</td></tr>
</table>

备注：本表各项指标不设具体分值。

附件3

北京市高等学校教学名师奖评选指标体系
（普通高校高职高专部分）

评选指标		评选内容
1. 教师风范与教学经历		政治立场坚定，以教书育人为己任；敬业爱岗，以全身心投入为常态；治学严谨，知行统一，师德高尚，为人师表。
2. 企业经历与行业影响力		累计具有企业相关技术岗位3年以上工作经历，拥有至少一项中级（国家职业资格四级）以上有效职业资格；一直在行业协会（或企业、单位、机构等）中兼任相关技术职务或担任一定职务，在行业企业的技术领域具有一定影响力，且近3年取得有实质性工作成果。
3. 教学能力与水平	教学效果	教学效果好。注重分析学生个体特点，坚持因材施教、个性化发展；关心学生成长，注重培养学生的职业道德和职业精神；教学设计重视学生在校学习与实践工作的一致性，积极开展行动导向教学实践；教学方法灵活多样，有效激发学生学习兴趣；通过导师制等形式提高学生自主学习能力；合理利用信息技术和现代教育技术，建立了先进的现代教学环境，提高教学效率。教学效果学生反映良好。
	教学研究	教学研究能力强。学习、借鉴先进职业教育理念和经验，结合我国国情，积极研究高等职业教育教学特点与规律，发展高等职业教育理论；及时跟踪产业发展趋势和行业动态，制定科学的专业发展规划和实施方案；分析职业岗位（群）任职要求和变化，积极开展人才培养模式改革研究与实践，成效显著。
	资源建设	资源整合能力强。有效整合社会资源，开展教学条件特别是实训实习条件的建设，开发实训项目，建设各类实训平台；编写先进、适用的高职（数字化）教材，开展以企业为核心的教学资源建设，并为其他高职院校共享，社会认可度高。
	教学管理	教学管理水平高。根据高职教育特点，探索出校企合作、工学结合人才培养的有效教学组织、实施形式；在教学做合一、生产性实训、顶岗实习等方面的机制、制度建设有创新举措；改革学生学习评价方法，利用信息技术平台，提高教学管理水平，成效显著。
4. 社会服务能力		面向行业企业实际需求，开展相关培训、生产和技术服务项目，取得良好实际效果，服务收益高；独立或与行业企业合作开展技术应用性研究及应用推广，成效显著。
5. 教学团队建设		利用自身影响力，有效吸引行业企业一线技术骨干参与专业人才培养，兼职教师队伍水平高；指导专业教师参与教学实践和项目实施，不断提高青年教师教学水平；重视师德教风建设，促进教师职业素质养成，带动形成良好的“传、帮、带”团队文化。教学团队建设水平高。

备注：本表各项指标不设具体分值，青年教学名师评选参照本指标体系。

附件 4

北京市高等学校教学名师奖评选指标体系（独立设置成人高校部分）

<table>
<tr><th colspan="2">评选指标</th><th>评选内容</th></tr>
<tr><td colspan="2">1. 教师风范与教学经历</td><td>政治立场坚定，以教书育人为己任；敬业爱岗，以全身心投入为常态；治学严谨，知行统一，师德高尚，为人师表。</td></tr>
<tr><td rowspan="4">2. 教学能力与水平</td><td>教学效果</td><td>教学效果好。注重分析学生个体特点，坚持因材施教、个性化发展；关心学生成长，注重培养学生的职业道德和职业精神；教学设计重视学生在校学习与实践工作的一致性，积极开展行动导向教学实践；教学方法灵活多样，有效激发学生学习兴趣；通过导师制等形式提高学生自主学习能力；合理利用信息技术和现代教育技术，建立了先进的现代教学环境，提高教学效率。教学效果学生反映良好。</td></tr>
<tr><td>教学研究</td><td>教学研究能力强。学习、借鉴先进职业教育理念和经验，结合我国国情，积极研究高等继续教育教学特点与规律，发展高等继续教育理论；及时跟踪产业发展趋势和行业动态，制定科学的专业发展规划和实施方案；分析职业岗位（群）任职要求和变化，积极开展人才培养模式改革研究与实践，成效显著。</td></tr>
<tr><td>资源建设</td><td>资源整合能力强。有效整合社会资源，开展教学条件特别是实训实习条件的建设，开发实训项目，建设各类实训平台；编写先进、适用的高等继续教育（数字化）教材，开展以岗位职业能力为核心的教学资源建设，并为其他高等继续教育院校共享，社会认可度高。</td></tr>
<tr><td>教学管理</td><td>教学管理水平高。根据高等继续教育特点，探索出校企合作、工学结合人才培养的有效教学组织、实施形式；在专业建设、课程体系建设、实践实训体系建设等方面有创新举措；改革学生学习评价方法，利用信息技术平台，提高教学管理水平，成效显著。</td></tr>
<tr><td colspan="2">3. 社会服务能力</td><td>面向区域、行业、系统和社区需求，开展培训及相关服务，取得良好效果，成效显著。</td></tr>
<tr><td colspan="2">4. 教学团队建设</td><td>利用自身影响力，有效吸引行业企业专家参与专业人才培养，指导专业教师参与教学实践和项目实施，不断提高青年教师教学水平；重视师德教风建设，促进教师职业素质养成，重视教学团队建设，带动形成良好的“传、帮、带”团队文化。</td></tr>
</table>

备注：本表各项指标不设具体分值，青年教学名师评选参照本指标体系。

北京市教育委员会

关于公布2017年度北京市属高校高水平教师队伍建设支持计划资助名单的通知

京教函〔2017〕222号

各市属高校：

根据市委教工委、市教委《关于印发〈“十三五”时期北京市属高校高水平教师队伍建设支持计划〉的通知》（京教工〔2017〕18号），在学校推荐和专家评议的基础上，经北京教育系统人才工作领导小组审定，确定了中国戏曲学院袁慧琴等15人入选高层次人才引进与支持计划，中国戏曲学院都文伟等31人入选特聘教授支持计划，中国戏曲学院颜全毅等24人入选长城学者培养计划，中国戏曲学院马瑞等101人入选青年拔尖人才培育计划，中国音乐学院金平等17人入选高水平创新团队建设计划。现将名单予以公布。

各市属高校要按照市教委文件精神和各项目管理办法的要求精心组织，在经费使用和项目进展等方面加强管理和监督考核，积极创造条件保证各项目的顺利实施，全力促进教师职业发展，全面提高市属高校的教学质量。

附件：1. 2017年度北京市属高校高水平教师队伍建设支持计划高层次人才引进和支持计划项目资助名单

2. 2017年度北京市属高校高水平教师队伍建设支持计

划特聘教授支持计划项目资助名单

3. 2017 年度北京市属高校高水平教师队伍建设支持计划长城学者培养计划项目资助名单
4. 2017 年度北京市属高校高水平教师队伍建设支持计划青年拔尖人才培育计划项目资助名单
5. 2017 年度北京市属高校高水平教师队伍建设支持计划高水平创新团队建设计划项目资助名单

2017 年 6 月 15 日

附件 1

2017 年度北京市属高校高水平教师队伍建设支持计划高层次人才引进项目资助名单

中国戏曲学院

袁慧琴 CIT&TCD20170101

中国音乐学院

金辉 CIT&TCD20170102

北方工业大学

冯翔 CIT&TCD20170103

闫江 CIT&TCD20170104

北京工业大学

宋惠远 CIT&TCD20170105

郑宏 CIT&TCD20170106

赵衍刚 CIT&TCD20170107

高学云 CIT&TCD20170108

北京石油化工学院

罗明生 CIT&TCD20170109

北京第二外国语学院

林允清 CIT&TCD20170110

首都师范大学

张萍 CIT&TCD20170111

郭国栋 CIT&TCD20170112

郭威 CIT&TCD20170113

童纪龙 CIT&TCD20170114

首都经济贸易大学

杨春学 CIT&TCD20170115

附件 2

2017 年度北京市属高校高水平教师队伍建设支持计划特聘教授支持计划项目资助名单

中国戏曲学院

都文伟 IDHT20170201

中国音乐学院

李心草 IDHT20170202

北方工业大学

王笑京 IDHT20170203

李小俚 IDHT20170204

李德才 IDHT20170205

查正军 IDHT20170206

北京工业大学

Khamid Mahkamov IDHT20170207

刘文清 IDHT20170208

郝洪 IDHT20170209

鄧仕明 IDHT20170210

北京电影学院

王乐文 IDHT20170211

任鸣 IDHT20170212

昆特·国斯浩里兹 IDHT20170213

北京石油化工学院

陈迎春 IDHT20170214

董洪标 IDHT20170215

北京印刷学院

周志颖 IDHT20170216

北京第二外国语学院

刘康 IDHT20170217

孙歌 IDHT20170218

曹顺庆 IDHT20170219

北京联合大学

毛基业 IDHT20170220

李德毅 IDHT20170221

林梅村 IDHT20170222

袁其朋 IDHT20170223

裴韬 IDHT20170224

北京舞蹈学院

AP. RalphBuck IDHT20170225

James Charles Christopher Bannerman IDHT20170226

首都师范大学

倪梁康 IDHT20170227

程巍 IDHT20170228

首都医科大学

Karen Van Dyke Lamb IDHT20170229

首都经济贸易大学
陈敏 IDHT20170230
常凯 IDHT20170231

附件3

2017年度北京市属高校高水平教师队伍建设支持计划长城学者培养计划项目资助名单

中国戏曲学院
颜全毅 CIT&TCD20170301
中国音乐学院
付晓东 CIT&TCD20170302
北方工业大学
张永昌 CIT&TCD20170303
北京工业大学
刘超 CIT&TCD20170304
安全福 CIT&TCD20170305
张跃飞 CIT&TCD20170306
北京工业职业技术学院
王军红 CIT&TCD20170307
北京工商大学
毛新述 CIT&TCD20170308
北京石油化工学院
张华 CIT&TCD20170309
北京农学院
刘芳 CIT&TCD20170310
张杰 CIT&TCD20170311
北京建筑大学
王红春 CIT&TCD20170312
李海燕 CIT&TCD20170313
北京服装学院
张慧琴 CIT&TCD20170314
詹炳宏 CIT&TCD20170315
北京物资学院
王可山 CIT&TCD20170316
周丽 CIT&TCD20170317
北京第二外国语学院
吴建设 CIT&TCD20170318
北京舞蹈学院
邹之瑞 CIT&TCD20170319
首都师范大学
孙晓娅 CIT&TCD20170320
张振雷 CIT&TCD20170321
尚媛园 CIT&TCD20170322
首都医科大学
高艾 CIT&TCD20170323
高伟 CIT&TCD20170324

附件 4

2017 年度北京市属高校高水平教师队伍建设支持计划青年拔尖人才培育计划项目资助名单

中国戏曲学院

马瑞 CIT&TCD201704001

王云鹏 CIT&TCD201704002

王睿 CIT&TCD201704003

中国音乐学院

任恺 CIT&TCD201704004

李琳 CIT&TCD201704005

康啸 CIT&TCD201704006

谢文辉 CIT&TCD201704007

北方工业大学

田青 CIT&TCD201704008

刘蕾 CIT&TCD201704009

杨坤一 CIT&TCD201704010

范涵奇 CIT&TCD201704011

荣鑫 CIT&TCD201704012

崔光耀 CIT&TCD201704013

阎昱 CIT&TCD201704014

童泽林 CIT&TCD201704015

葛婧 CIT&TCD201704016

蒋贵凰 CIT&TCD201704017

北京工业大学

王娟 CIT&TCD201704018

邓积光 CIT&TCD201704019

司鹏搏 CIT&TCD201704020

艾小青 CIT&TCD201704021

乔小勇 CIT&TCD201704022

戎路 CIT&TCD201704023

闫胤洲 CIT&TCD201704024

汪滢莹 CIT&TCD201704025

柯小行 CIT&TCD201704026

贾俊峰 CIT&TCD201704027

郭翔鹰 CIT&TCD201704028

韩红桂 CIT&TCD201704029

翟天瑞 CIT&TCD201704030

瞿志学 CIT&TCD201704031

北京工业职业技术学院

张明珠 CIT&TCD201704032

北京工商大学

王晶 CIT&TCD201704033

刘国荣 CIT&TCD201704034

张慧子 CIT&TCD201704035

李科 CIT&TCD201704036

李健 CIT&TCD201704037

邹亚莎 CIT&TCD201704038

陈红倩 CIT&TCD201704039
陈雅君 CIT&TCD201704040
周洪福 CIT&TCD201704041
赵磊 CIT&TCD201704042
唐颖 CIT&TCD201704043
魏伟 CIT&TCD201704044

北京电子科技职业学院
谭坤 CIT&TCD201704045

北京电影学院
李博 CIT&TCD201704046

北京石油化工学院
李蕾 CIT&TCD201704047
徐文星 CIT&TCD201704048

北京农学院
曲江兰 CIT&TCD201704049
盛熙晖 CIT&TCD201704050

北京印刷学院
莫黎昕 CIT&TCD201704051

北京建筑大学
王传涛 CIT&TCD201704052
刘祥磊 CIT&TCD201704053
俞天琦 CIT&TCD201704054
宫永伟 CIT&TCD201704055
胡沅胜 CIT&TCD201704056
徐荣吉 CIT&TCD201704057

北京物资学院
张喜才 CIT&TCD201704058
袁瑞萍 CIT&TCD201704059
韩嵩 CIT&TCD201704060

北京信息科技大学
王圣华 CIT&TCD201704061
孙婷 CIT&TCD201704062
苏鹏 CIT&TCD201704063
姚彦鑫 CIT&TCD201704064
徐湛 CIT&TCD201704065
崔瑜 CIT&TCD201704066

北京第二外国语学院
唐承财 CIT&TCD201704067

北京联合大学
刘洁 CIT&TCD201704068
刘晓晓 CIT&TCD201704069
刘婧娟 CIT&TCD201704070
李翀 CIT&TCD201704071
陈默 CIT&TCD201704072
徐华 CIT&TCD201704073
耿玉环 CIT&TCD201704074
盛晓娟 CIT&TCD201704075

北京舞蹈学院
毛毳 CIT&TCD201704076
史博 CIT&TCD201704077
闫桢桢 CIT&TCD201704078
李卿 CIT&TCD201704079
赵知博 CIT&TCD201704080

首都师范大学
王佳 CIT&TCD201704081
王晶 CIT&TCD201704082
龙玉其 CIT&TCD201704083
孙健 CIT&TCD201704084

吴玄娜 CIT&TCD201704085
宋素胜 CIT&TCD201704086
张波 CIT&TCD201704087
李姗 CIT&TCD201704088
夏婧 CIT&TCD201704089
高太平 CIT&TCD201704090
魏萍 CIT&TCD201704091
首都体育学院
周龙峰 CIT&TCD201704092
赵卓伦 CIT&TCD201704093
赵晶晶 CIT&TCD201704094
首都医科大学
金增亮 CIT&TCD201704095
麻微微 CIT&TCD201704096
谢萍 CIT&TCD201704097
首都经济贸易大学
王伟 CIT&TCD201704098
朱路 CIT&TCD201704099
陈奉先 CIT&TCD201704100
窦昌胜 CIT&TCD201704101

附件 5

2017 年度北京市属高校高水平教师队伍建设支持计划高水平创新团队建设计划项目资助名单

中国音乐学院
金平 IDHT20170501
北京工业大学
王金淑 IDHT20170502
杜修力 IDHT20170503
陈树君 IDHT20170504
北京工商大学
徐丹丹 IDHT20170505
北京电影学院
侯光明 IDHT20170506
北京石油化工学院
宇波 IDHT20170507
北京建筑大学
李爱群 IDHT20170508
北京服装学院
詹凯 IDHT20170509
北京信息科技大学
祝连庆 IDHT20170510
北京联合大学
李学伟 IDHT20170511
北京舞蹈学院
许锐 IDHT20170512
首都师范大学
马力耕 IDHT20170513

王德胜 IDHT20170514 首都体育学院

尚永丰 IDHT20170516 首都经济贸易大学

尹军 IDHT20170515 首都医科大学

张军 IDHT20170517

北京市教育委员会

关于公布2017年北京市属高等学校教师发展基地研修人员录取名单的通知

京教函〔2017〕296号

各市属高校：

经学校推荐并经市教委审核，2017年北京大学、清华大学、北京师范大学、中国人民大学、北京外国语大学、北京交通大学和北京航空航天大学7个“北京市属高等学校教师发展基地”（以下简称“教师发展基地”）共录取108名研修学员，现将名单予以公布。

研修学员拟于2017年8月下旬或9月上旬到各教师发展基地开展为期1年的研修工作，具体报到时间将由北京市高等学校师资培训中心另行通知。请各有关高校安排好本校研修学员在研修期间的各项工作。

附件：2017年北京市属高等学校教师发展基地研修人员录取名单

2017年7月10日

附件

2017年北京市属高等学校教师发展基地研修人员录取名单

北京大学录取研修学员名单（20人）

姓名	所在学校	接受部/院系	专业
吴建辉	首都医科大学	工学院	生物医学工程
吴立锋	首都师范大学	工学院	控制理论与控制工程
张宏伟	首都体育学院	光华管理学院	市场营销学
陈楠	中国音乐学院	光华管理学院	组织与战略管理
杨洋	北京经济管理职业学院	光华管理学院	工商管理市场营销
郭莹	首都体育学院	体育教研部	体育教育
尤悦	首都师范大学	考古文博学院	考古学
员雅丽	首都师范大学	考古文博学院	考古学
周华	北京联合大学	考古文博学院	文物保护技术
柴帅	中国音乐学院	历史学系	艺术史
毛毳	北京舞蹈学院	中文系	比较文学
张颖之	首都师范大学	社会学系	社会学
王小利	北京工业大学	生命科学学院	生理学
夏伶莉	北京联合大学	数学科学学院	代数数论
李静	首都医科大学	医学部	药剂学
郑宏韬	北京财贸职业学院	经济学院	金融学
任文惠	北京舞蹈学院	艺术学院	艺术学理论
任宏	中国戏曲学院	艺术学院	艺术学
温雅欣	北京电影学院	艺术学院	音乐剧
孙焘	中国戏曲学院	哲学系	哲学

清华大学录取研修学员名单（19人）

姓名	所在学校	接受部/院系	专业
梅杨	北方工业大学	电机工程与应用电子技术系	电机工程
刘亚娜	首都师范大学	公共管理学院	公共管理
季君	北京电子科技职业学院	机械工程系	机器人技术及自动化
江洁	北京青年政治学院	经济管理学院	组织管理
王传涛	北京建筑大学	经济管理学院	管理科学与工程
王楠	北京工商大学	经济管理学院	创新创业与战略
王俞	北京第二外国语学院	经济管理学院	领导力与组织管理
班文林	中国音乐学院	美术学院	信息艺术设计
代虹	北京服装学院	美术学院	服装艺术设计
刘尧远	北京电子科技职业学院	美术学院	雕塑
芦岩	首都师范大学	美术学院	绘画
王亚东	中国戏曲学院	美术学院	信息设计
魏玮	中国戏曲学院	美术学院	服装艺术设计
杨智坤	北京服装学院	美术学院	服装艺术设计
张媛媛	北京联合大学	美术学院	工业设计
张秀彦	北京财贸职业学院	土木工程系	土木工程
罗晨	北京第二外国语学院	外国语言文学系	英美文学
李佳	首都医科大学	微电子学研究所	新型传感器
王那	首都师范大学	艺术教育中心	艺术教育

北京师范大学录取研修学员名单（18人）

姓名	所在学校	接受部/院系	专业
花楠	北京青年政治学院	体育与运动学院	体育教育训练学
张睿鹏	北京农学院	生命科学学院	生物学

续表

姓名	所在学校	接受部/院系	专业
耿新玲	首都医科大学	心理学部	认知神经科学
赵勇军	北京服装学院	体育与运动学院	体育教育训练学
李双石	北京电子科技职业学院	生命科学学院	细胞生物学
李喆	北京联合大学	哲学学院	马克思主义哲学
贾京鹏	北京联合大学	心理学部	心理学
邵洋	中国戏曲学院	艺术与传媒学院	舞蹈
张辉	首都医科大学	心理学部	心理学
王玥	首都师范大学	社会学院	社会工作
黄颖	北京电影学院	艺术与传媒学院	美术
陈默	北京联合大学	信息科学与技术学院	计算机应用技术
戴雪伶	北京联合大学	生命科学学院	细胞生物学
张艳红	中国戏曲学院	文学院	中国古代文学
高潇倩	中国戏曲学院	文学院	中国古典文献学
陈昱霖	北京财贸职业学院	教育学部	高等教育学
田旭红	首都体育学院	汉语文化学院	语言学及应用语言学
刘森晶	北京经济管理职业学院	艺术与传媒学院	美术

中国人民大学录取研修学员名单（18人）

姓名	所在学校	接受部/院系	专业
冯春海	北京联合大学	新闻学院	传播学
洪峰	北方工业大学	商学院	会计学
佟凡	北京经济管理职业学院	商学院	会计学
武淑平	北京物资学院	商学院	市场营销
郑延婷	北京工商大学	财政金融学院	金融

续表

姓名	所在学校	接受部/院系	专业
徐凤	北京工商大学	财政金融学院	金融学
朱静	北京财贸职业学院	财政金融学院	金融
程燕	北京经济管理职业学院	财政金融学院	金融学
徐小茗	北京工商大学	财政金融学院	应用金融学
魏曼	北京经济管理职业学院	财政金融学院	保险学
李雅宁	北京联合大学	农业与农村发展学院	农村经济与金融
刘红霞	首都师范大学	公共管理学院	公共组织与人力资源
杨娜	北京建筑大学	社会与人口学院	老年学
李红武	北京青年政治学院	社会与人口学院	老年学
刘峻杉	首都师范大学	哲学院	中国哲学
田宏杰	北京青年政治学院	马克思主义学院	思想政治教育
陈玉华	北京电子科技职业学院	马克思主义学院	思想政治教育
张晓荣	首都医科大学	马克思主义学院	马克思主义中国化

北京外国语大学录取研修学员名单（16 人）

姓名	所在学校	接受部/院系	专业
赖花	北京工商大学	许国璋高等研究院	应用语言学
汤惠敏	北京工商大学	许国璋高等研究院	外国语言学及应用语言学
高亚妹	北京财贸职业学院	语言所	英语教育
何静	北京财贸职业学院	专用英语学院	翻译
康竞春	北京第二外国语学院	英语学院	翻译
刘晓玉	北京建筑大学	中国外语教育研究中心	英语教育
窦文娜	北京建筑大学	中国外语教育研究中心	应用语言学

续表

姓名	所在学校	接受部/院系	专业
梅雪	北京舞蹈学院	中国外语教育研究中心	语言学与教育前沿
田甜	北京物资学院	英语学院	英语语言文学
孟海蓉	首都师范大学	中国外语教育研究中心	儿童语言习得
张平	北京电子科技职业学院	英语学院	翻译理论
李智芹	首都医科大学	英语学院	翻译学
何冰	北京服装学院	英语学院	外国语言学及应用语言学
熊硕	北京服装学院	英语学院	高级翻译
明焰	北京信息科技大学	英语学院	认知语言学、语用学
吴丹	北京联合大学	英语学院	英语语言文学

北京交通大学录取研修学员名单（9人）

姓名	所在学校	接受部/院系	专业
吴红霞	北京财贸职业学院	经管学院	经济管理
杨淼	北京农学院	计算机学院	物联网工程
张翱	北京印刷学院	理学院	光学
纪婕	北京财贸职业学院	建艺学院	艺术设计
刘莹莹	北京农学院	计算机学院	计算机科学
刘敏杰	北京电子科技职业学院	机电学院	车辆工程
王强	北京联合大学	理学院	数学
赵进	北京联合大学	经管学院	经济学
王东栋	北京印刷学院	理学院	光学

北京航空航天大学录取研修学员名单（8人）

姓名	所在学校	接受部/院系	专业
芮嘉明	北京物资学院	可靠性与系统工程学院	质量与可靠性工程

续表

姓名	所在学校	接受部/院系	专业
谭小慧	首都师范大学	计算机学院	计算机
金冬月	北京工业大学	电子信息工程学院	微电子学与固体电子学
李之红	北京建筑大学	交通科学与工程学院	交通工程
彭珍	北京石油化工学院	经济管理学院	管理科学与工程
张晓晶	北京电子科技职业学院	电子信息工程学院	通信与信息系统
边海宁	北京电子科技职业学院	经济管理学院	金融
毛潭	北方工业大学	机械工程及自动化学院	测控技术与仪器

北京市教育委员会

转发北京市人力资源和社会保障局关于贯彻执行《事业单位工作人员处分暂行规定》有关工作文件的通知

京教人〔2017〕36 号

各市属高校，各直属单位：

现将北京市人力资源和社会保障局关于贯彻落实人力资源和社

会保障部《关于贯彻执行〈事业单位工作人员处分暂行规定〉若干问题的意见》的通知（京人社专技发〔2017〕159号）转发给你们，请认真贯彻执行。

2017年8月16日

北京市人力资源和社会保障局

关于贯彻落实人力资源和社会保障部《关于贯彻执行〈事业单位工作人员处分暂行规定〉若干问题的意见》的通知

京人社专技发〔2017〕159号

各区人力资源和社会保障局，市属各委、办、局人事（组织）部门，各直属事业单位：

近日，人力资源和社会保障部印发了《关于贯彻执行〈事业单位工作人员处分暂行规定〉若干问题的意见》（人社部规〔2017〕11号）（以下简称《意见》）。按照中央和市委从严管理干部的要求，为进一步规范事业单位工作人员处分工作，现就贯彻落实好《意见》有关事项通知如下：

一、充分认识《意见》出台的重要意义

《意见》总结了各地在《事业单位工作人员处分暂行规定》施行过程中需要进一步明确的问题，是妥善解决处分工作实际问题的重要依据，对进一步规范处分工作具有普遍的指导作用。各区、各单位要充分认识《意见》出台的重要意义，把贯彻落实《意见》作为当前事业单位人事管理工作的一项重要任务抓紧抓好。

二、认真做好《意见》的贯彻落实工作

各区、各单位要切实加强领导，精心组织，抓好落实；要在公正、公平和教育与惩处相结合的原则下，结合工作实际，严格执行处分相关规定，确保《意见》贯彻落实到位；要加强政策宣传，积极开展学习培训，使广大事业单位工作人员全面理解、准确把握《意见》的政策内容和精神实质，在实际操作中，做到定性准确、处理恰当、合法规范。

三、及时研究解决工作中遇到的问题

各区、各单位要严格履行事业单位工作人员处分的工作职责，依法依规行使处分职权，有效开展处分工作，严肃事业单位工作纪律。工作中要及时梳理总结遇到的具体问题，积极研究解决，妥善处理处分的相关问题，加强沟通协调，将有关情况报送市人力社保局。

附件：人力资源和社会保障部关于贯彻执行《事业单位工作人员处分暂行规定》若干问题的意见

2017 年 7 月 20 日

附件

人力资源和社会保障部

关于贯彻执行《事业单位工作人员处分暂行规定》若干问题的意见

人社部规〔2017〕11 号

各省、自治区、直辖市及新疆生产建设兵团人力资源社会保障厅（局），中央和国家机关各部委、各人民团体组织人事部门：

《事业单位工作人员处分暂行规定》（以下简称《处分规定》）颁布施行以来，部分地方和单位提出一些需要进一步明确的问题，为落实中央从严管理干部要求，进一步规范事业单位处分工作，妥善解决实际工作中的问题，经商中央组织部、监察部，现提出如下意见。

一、《处分规定》所称事业单位主管部门，除有特别规定外，均以事业单位法人证书中“举办单位”栏所记载的部门为准。

二、事业单位工作人员被依法判处刑罚的，按照《处分规定》第二十二条的规定执行，不适用第十三条、第十四条关于减轻处分或者免予处分的规定。

三、受降低岗位等级或者撤职处分的事业单位工作人员，已按规定调整岗位且年度考核被确定为不合格档次的，不再以年度考核不合格为由重复处理。

四、事业单位工作人员在受处分期间，不得聘用到其他类别岗位，根据相关规定不得在现类别岗位工作的除外。

五、对同时在管理和专业技术两类岗位任职的事业单位工作人员发生违纪违法行为，给予降低岗位等级或者撤职处分时，应当同时降低两类岗位的等级，并根据违纪违法的情形与岗位性质的关联度确定降低岗位类别的主次。

六、对被判处刑罚事业单位工作人员的处分决定，应当在判决生效后一个月内作出。

七、事业单位工作人员存在违纪违法行为，有关单位不处分或者不按规定处理的，应当根据《处分规定》第四十五条规定追究相关人员责任。因上述情形造成办案期限超过 12 个月的，由事业单位人事综合管理部门或者主管部门责令相关单位或部门在 1 个月内依法作出处分决定。

八、处分期满后，原处分决定单位批准解除处分的，应当自处分期满之日起一个月内作出，处分解除时间自处分期满之日起计算，并在解除处分决定中注明。

九、事业单位工作人员在受处分期间交流到其他事业单位工作或者原处分决定单位出现合并、分立等情形的，由与其建立人事关系的新单位执行原处分决定。

十、公务员在受处分期间交流到事业单位的，原处分决定继续执行。处分期满后，由所在事业单位商原处分决定单位按照有关规定解除处分决定。

十一、事业单位工作人员受到降低岗位等级处分，无岗位等级可降而降低薪级工资的，处分解除后，不视为恢复受处分前的薪级工资。

十二、按照《处分规定》第四十四条规定，已经退休的事业单位工作人员涉嫌违纪违法的，不再作出处分决定，但应当立案调查并按程序作出调查结论，明确其应受处分的种类。对于应当给予降低岗位等级或者撤职以上处分的，其养老保险等相应待遇按有关规定执行。

十三、本意见自发布之日起执行。

2017 年 6 月 21 日

中共北京市委教育工作委员会
北 京 市 教 育 委 员 会

关于印发《北京市职业院校教师素质提升计划（2017—2020年）》的通知

京教人〔2017〕40号

各有关单位：

《北京市职业院校教师素质提升计划（2017—2020年）》已经市教委2017年第18次主任办公会同意，现印发给你们，请认真贯彻落实。

2017年8月17日

北京市职业院校教师素质提升计划（2017—2020年）

为贯彻落实《教育部关于深化职业教育教学改革全面提高人才培养质量的若干意见》（教职成〔2015〕6号）、《教育部财政部关于实施职业院校教师素质提高计划（2017—2020年）的意见》（教师〔2016〕10号）、《北京市人民政府关于加快发展现代职业教育的实施意见》(京政发〔2015〕57号)等文件精神和要求,进一步加强职业院校“双师型”教师队伍建设,推动职业教育发展实现新跨越,全面提升职业教育服务经济社会发展的能力,结合本市职业院校教育改革发展和教师队伍建设的实际,特制定本《计划》。

一、指导思想与目标任务

(一)指导思想

以党的十八大和十八届三中、四中、五中、六中全会精神和习近平总书记系列重要讲话精神为指导,协调推进“四个全面”战略布局,全面落实“创新、协调、绿色、开放、共享”发展理念,坚持以立德树人为根本,以服务职业教育综合改革发展为宗旨,以着力提高技术技能人才培养水平为导向,遵循职业教育教师专业发展规律,创新教师成长新途径、新模式,加快建成一支师德高尚、素质优良、技艺精湛、结构合理、专兼结合的高素质专业化的“双师型”教师队伍,全面促进首都职业教育现代化建设,为首都经济社会发展、产业转型升级和京津冀协同发展提供有力人才支撑。

(二)目标任务

2017—2020年,进一步完善职业院校吸引人才、培养人才和使用人才的体制、机制与政策,增强教师的竞争意识和创新能力,形成有利于人才发展和发挥作用的良好环境。重点培养30名左右在职业教育领域具有一定影响力、知名度、居于国内同领域专业前列的职业教育名师和100名左右专业基础扎实、专业成果突出并在国内有一定影响的专业带头人;重点支持50个左右专业创新团队在促进首都经济社会发展和教育教学改革中发挥积极作用;努力培养400名左右优秀青年骨干教师,使其成为教育教学、教学实践以及技术开发的骨干力量;资助50名特聘专家,支持职业院校聘请行业企业顶级专业技术人才担任特聘专家,密切学校专业教学与行业企业的联系,加强专业建设、推进教师队伍能力建设;加强教师培训基地建设,搞好职业院校教师的国内培训和国外培训工作,采取多种形式支持教师到企业生产、建设、管理和服务一线进行实践活动，进一步提高教师教育教学能力和实践能力，加快“双师型”教师队伍建设。

二、实施范围

本计划在北京市属职业院校（包括高等职业学院、中等职业学校）范围内实施。市教委、市财政局安排专项经费保障本计划的实施。

三、主要内容

北京市职业院校教师素质提升计划主要包括教师培训计划和高水平教师队伍建设支持计划两大部分。计划将主要依托校企协同共建的师资培训基地、京学网、重点职业院校协同开展。

（一）教师培训计划

1. 全员素质提升项目

建立健全职业院校教师继续教育与培训制度，以提高教育教学实践能力为重点，全面提高教师整体素质。坚持面向全体教师全面加强思想政治工作，引导教师要坚持教育者先受教育，成为先进思想文化的传播者、党执政的坚定支持者，更好担起学生健康成长指导者和引路人的责任。加强教师职业理想、职业道德、法治和心理健康教育，把教育培养和自我修养结合起来，引导广大教师以德立身、以德立学、以德施教，增强广大教师教书育人的责任感和使命感。坚持面向全体专任教师，普遍开展教师岗位培训，加强新任教师上岗培训，培训时间不少于 120 学时，重点提升职业教育认知水平、师德素养和教学能力；定期组织专任教师岗位培训，每年不少于 30 课时，培训内容包括教育理念、课堂教学基本功、学生管理能力、信息化教学能力和教师综合专业素养。培训方式上以校本培训为主，以“京学网”为依托，应用“互联网＋”技术创新教师培养培训模式，加强教师的现代信息技术应用能力和先进教学方法培训，通过组织开展教学基本功大赛、信息化教学大赛等途径，全面提高教师课堂教学实践能力。

2. 专业带头人领军能力研修项目

组织职业院校具有中级以上职称、主持过相关科研教改课题或项目的专业带头人，采取集中面授、返岗实践、再集中面授的交替进行的方式，进行为期不少于4周的培训，重点提升教师的团队合作能力、应用技术研发与推广能力、专业建设能力、课程开发技术、教研科研能力、教学实践能力，培养一批具备专业领军水平、能够传帮带培训教学团队的“种子”名师。

3.“双师型”教师专业技能培训项目

组织职业院校不同层次和基础水平的“双师型”教师，采取集中培训和网络研修结合的方式，进行不少于4周的专项培训。开设专业教学法、课程及资源开发与应用、技术技能实训、教学实践与演练等培训模块，重点提升教师的理实一体教学能力、专业实践技能、信息及时应用能力等“双师”素质。

4.优秀青年教师跟岗访学项目

组织职业院校有发展潜力的优秀青年教师到京内外国家级（省级）重点学校、示范学校等优质学校，采取听课观摩、集体备课与案例研讨、参与教科研项目等方式，以“师带徒”模式进行为期不少于8周的跟岗访学，通过全面参与培训院校教育教学实践和管理工作，帮助教师更新教育理念，提升教学能力、研究能力和管理能力，解决教育教学中的实际问题。

5.干部管理能力提升项目

组织职业院校校长分类开展专题研修。围绕集团化办学、校企合作、现代学徒制、学校治理、中高职衔接、专业设置与建设、教师队伍建设等内容，重点提高校长改革创新意识、决策领导能力、依法办学和治校能力，培养一批具有较高知名度、精通现代学校治理的“职教专家型”名校长。针对新校长、骨干校长、知名校长的实际情况，采取集中面授、名校观摩、跟岗培训、专题研讨等相结合的形式，开展不少于2周的专题研修。

组织职业院校中层管理人员分类、分岗、分层开展专题培训。围绕职业教育改革发展重点任务，更新管理观念、健全管理制度和机制、创新管理方式，促进内涵发展等内容，重点提升中层管理人员的管理能力和水平。采取集中面授、名校观摩、跟岗培训、专题研讨等相结合的形式，开展不少于 2 周的专题培训。

6. 中高职衔接专业教师协同研修项目

遴选国家级（市级）中高职示范学校具有教学专长的专业带头人、教学名师等主持建立“双师型”名师工作室，牵头组织中高职衔接专业教师，采取集中面授和网络研修相结合的方式，进行为期不少于 4 周的团队研修。重点开展理实一体课程开发、行动导向的教学实践与演练、教科研交流与项目合作，协同提升教师实践教学能力、科研教研能力、研究协作能力等，共同研究开发中等和高等职业教育人才接续培养课程、教材及数字化资源。

7. 紧缺领域教师技术技能传承创新实训项目

面向智能制造、高新技术、传统（民族）技艺、养老护理、学前教育、网络安全等紧缺专业，遴选具备条件的优质职业院校、应用型本科、校企共建的职教师资培养培训基地建立教师技艺技能传承创新平台，组织具有绝招绝技的技能名师、兼职教师领衔，采取集中面授、项目合作研发相结合的方式，面向区域内中高职教师进行为期不少于 4 周的技术技能实训。重点开展新技术技能的开发与应用、传统（民族）技艺传承、实习实训资源开发、创新创业教育经验交流，提升教师专业实践操作技能、技术应用与创新能力等。

8. 骨干培训专家团队研修项目

面向承担培训任务的单位、基地管理人员和专兼职培训者，采取集中面授、网络研修、课程开发相结合的方式，进行为期不少于 2 周的培训组织实施能力专项研修，提升培训者的培训需求诊断能力、教学设计实施能力、课程与数字化资源开发能力、核心技能创新与推广能力、工作室（平台）主持能力和绩效考核评估能力。

9. 教师企业实践项目

2017—2020 年，联合行业组织，遴选、建设 20 家校企共建的教师企业实践基地，支持企业常设一批教师企业实践岗位（工作站）。鼓励并支持职业院校专业课教师根据实际需要，到现代企业生产、管理和服务一线，采取考察观摩、技能培训、跟岗实习、顶岗实践、在企业兼职或任职、参与产品技术研发等形式，进行总计不少于4周的企业实践，重点学习掌握产业结构转型升级及发展趋势、前沿技术研发、关键技能应用等领域，以及企业的生产组织方式、工艺流程、岗位（工种）职责、操作规范、技能要求、用人标准、管理制度、企业文化、应用技术需求等内容，推进企业实践成果向教学资源转化，结合实践改进教学方法和途径，发掘学校技术服务企业发展的方式和途径，切实提高教师专业实践能力、实践教学能力。

10. 设立兼职教师特聘岗项目

重点面向战略性新兴产业、高新技术产业等国家亟需特需专业及技术技能积累、民族文化传承与创新等方面专业，支持职业院校设立一批兼职教师特聘岗位，聘请企业高技能人才、工程管理人员、能工巧匠等到学校任教，兼职教师每人每学期任教时间不少于80学时。建立本地区对接产业、实时更新、动态调整的兼职教师资源库，开展兼职教师教育教学能力岗前培训，支持兼职教师参与“双师型”名师工作室建设、校本研修、产学研合作研究等。根据本市实际需要、行业特点、人力资源成本等，具体确定兼职教师聘用人数和补贴标准。

11. 国（境）外研修项目

根据职教改革与提高质量对国际化、高水平师资的迫切需要，选拔优秀校长及院校管理者、骨干教师，根据不同专业、岗位派赴国（境）外接受有针对性的短期研修，学习、借鉴发达国家（地区）职业教育的先进理念、方法及本专业领域的新技术、新工艺、新技能，形成国际化视野、增进职教领域国际交往经验、迅速提高师资的专业素养与专业能力和水平。

（二）高水平教师队伍建设支持计划

1. 特聘专家项目

职业院校根据人才培养和专业建设的实际需求，从相关行业企业聘请优秀专业技术人员或高水平技术技能型人才作为特聘专家，指导学校加强专业建设和队伍建设，密切学校与行业企业的联系，改革教育教学方法，提高学校教育教学质量和水平。2017—2020年期间计划分两批共遴选30名左右特聘专家。特聘专家在聘期内在学校工作时间不少于3个月。

（1）入选条件

①忠诚于党和人民的教育事业，全面贯彻党的教育方针，为人师表，师德高尚；

②具有大学本科以上学历或企业工匠，具有技师以上专业技术资格或工程师以上专业技术职务。年龄在60岁以下（有特殊技术才能的专业技术人员可适当放宽条件），身体健康，事业心、责任感强；

③专业技术水平在行业内处于领先地位，承担过重大科技或工程、技术改造等项目，成果突出；在行业中具有较强的影响力；在专业建设中发挥核心和指导作用；

④参与过职业院校专业建设或教学，有一定职业教育教学经验，能够把握专业教学过程；指导学校专业建设工作；能够胜任学校安排的教育教学和教师培养等工作。

（2）经费支持方向

支持特聘专家在聘期内承担与本领域技术发展、专业建设、人才培养、教育教学相关的科研、教研课题或实验项目，推动创新；带领和指导学校完善专业建设，开发符合本领域技术发展方向、适应职业岗位需要的课程和教材；协助学校加强与相关行业企业的联系，加强产学研合作，联系工作岗位观摩和指导学生开展校内外专业实践活动；协助学校加强相关专业团队建设，培养重点和骨干教师，指导年轻专业教师和实习指导教师；开设专业课程、承担专业教学工作，训练学生的技术技能等方面任务。

2. 职教名师培养项目

在职业院校专任教师中遴选并重点支持一批师德高尚、业务精湛、综合素质好的优秀教师，使他们在创新职业教育体制机制、改革职业教育人才培养模式、提升职业院校师资队伍水平、提高职业院校办学质量等方面发挥示范和引领作用，打造职业教育师资品牌。2017—2020年期间计划分两批共遴选50名左右职教名师。

（1）入选条件

①忠诚于党和人民的教育事业，全面贯彻党的教育方针，为人师表，师德高尚；

②职教名师为职业院校专任教师，年龄不超过50岁；

③大学本科及以上学历、10年及以上教龄、副高及以上专业技术职务，专业课教师需具有行业企业工作经验或具备“双师素质”；

④获得过市级及以上奖励或荣誉称号；

⑤具有深厚的专业理论基础，精湛的专业技术技能，教育理念先进、教学水平高、专业能力强，在人才培养、学术建设和社会服务等方面业绩突出，在本市、本行业、本区域具有较高知名度、美誉度。

（2）经费支持方向

经费支持职教名师主要用于国内外培训、企业实践、教学改革、课题研究、著作出版等。

3. 专业带头人培养项目

在职业院校骨干特色专业及具备发展条件的专业中，遴选并重点支持一批专业带头人，带动职业院校专业建设及师资队伍水平的提高，增强职业院校专业的核心竞争力。2017—2020年期间计划分两批共遴选100名左右专业带头人。

（1）入选条件

①忠诚于党和人民的教育事业，全面贯彻党的教育方针，为人师表，师德高尚；

②专业带头人为职业院校专任教师，年龄不超过50岁；

③应具有大学本科及以上学历、5年及以上教龄和副高及以上专业技术职务，专业课教师需要具有与所授专业相关或相近的高级

专业技能证书、职业资格证书；

④具有全面的专业建设能力、较高的专业水准和突出的专业成果；

⑤近三年主持过市级及以上研究课题或项目，具有较强的应用技术研究推广、市场把握能力和业务指导能力，具有两年以上相关行业企业工作经历或为企业提供技术服务的经历，与行业企业联系紧密。

（2）经费支持方向

经费支持专业带头人主要用于专业进修、企业实践、教育科研、参加专业学术会议等。

4. 优秀青年骨干教师培养项目

加强职业院校教师队伍核心能力建设，培养一批思想道德过硬、教学能力强、专业水平高的优秀青年骨干教师，提升职业院校教师队伍整体水平，提高教育教学质量。2017—2020年期间计划分两批共遴选400名左右表现突出、能发挥骨干带头作用的优秀青年教师给予重点培养。

（1）入选条件

①忠诚于党和人民的教育事业，全面贯彻党的教育方针，为人师表，师德高尚；

②优秀青年骨干教师为职业院校专任教师，年龄不超过40岁；

③基础理论和专业知识扎实，有较高水平的教学效果；

④完成学校规定的教学和科研任务，科研成果显著，具有较大的发展潜力；

⑤一般应具有硕士学位；

⑥"十二五"期间获得优秀青年骨干教师资助的教师。

（2）经费支持方向

经费支持优秀青年骨干教师主要用于专业进修、企业实践、教育科研、参加专业学术会议等。

5. 专业创新团队建设项目

在职业院校骨干特色专业及具备发展条件的专业中，遴选并重点支持一批专业创新团队，带动职业院校教师专业水平的提高，增强专业教师的合作意识和团队创新能力。2017—2020年期间计划分两批共遴选50个左右专业创新团队。

（1）入选条件

①忠诚于党和人民的教育事业，全面贯彻党的教育方针，为人师表，师德高尚；

②一般应在学校骨干特色专业内形成，也可在具备发展条件的专业内形成，在同类专业中具有领先优势，成员间应有合作的基础与条件；

③所在职业院校应有良好的支撑环境，团队带头人和成员应有充分的时间和精力从事团队建设的各项工作；

④由带头人及核心成员组成，原则上不多于8名，成员结构合理，以学校专任教师为主，同时吸收少量行业企业专业人员及相关职业院校教师参加；

⑤专业创新团队带头人应具有副高及以上专业技术职务，具备扎实的专业基础、突出的专业成果，具有较强的组织、协调、管理能力；核心成员应善于合作，具有较强的教学、科研和专业能力，与行业企业联系紧密。年龄不超过50岁。

（2）经费支持方向

经费支持专业创新团队主要用于以队伍建设为核心的课程改革、技能培训与竞赛、教科研活动、学术交流、成果出版、进修、考察等项目。

四、保障措施

1. 组织保障

市教委成立北京市职业院校教师素质提升计划领导小组。领导小组下设办公室，办公室设在市教委人事处，负责提出年度工作计划，协调监督计划的实施。成立北京市职业院校教师素质提升计划专家委员会，负责计划实施过程中的相关工作的研究和指导工作。

委托北京教育科学研究院组织实施职业院校教师培训计划。

各培训基地要高度重视教师培训工作，设立专门机构和人员，负责教师培训工作的组织实施，为教师培训提供良好条件，建立并完善相关工作制度。

各职业院校要按照计划领导小组的统一部署和要求，负责做好计划在本校的实施与管理，大力支持本校教师参加全市组织的教师培训。

2. 制度保障

一是经费保障机制。教师培训计划部分由本市研制具体的实施方案向教育部申报立项，争取国家经费支持。高水平教师队伍建设支持计划部分所需经费由市级财政保障，计划在2017—2020年期间分两批遴选并资助；各个项目在申报时必须明确年度职责任务、绩效目标、合理经费预算；由市教委在年度经费总额度内，组织专家综合评审确定各个项目支持规模。

二是完善激励机制。市教委将建立教师培训证书制度，将教师参加培训作为教师职称评定、评优晋级和出国培训的重要条件，调动广大教师参与培训的积极性。建立教师培训基地定期评估检查制度和实行教师培训基地动态调整制度，评选并奖励年度优秀教师培训基地，调动教师培训基地工作的积极性。建立教师培训优秀院校评选制度，促使各个职业院校积极参与教师素质提升计划的组织实施。

三是完善申报制度。特聘专家、职教名师培养、专业带头人培养、优秀青年骨干教师培养、专业创新团队建设等五个项目以职业院校为单位统一申报，不接受个人申报。市教委分别组织有关专家对院校所推相关项目的人选（团队）进行综合评议，根据评议意见，拟定入选名单，并进行公示，公示期为7个工作日。经公示无异议，市教委主任办公会确认相关入选名单。

四是完善绩效考评与审计制度。职业院校应与入选者（团队）签订工作任务书，作为绩效考评、审计的重要依据，且所列绩效目标及成果形式应与申请表对应内容保持一致。职业院校应组织专家和相关管理部门，根据申请表、任务书的相关要求对入选者（团队）进行资助期满考核，考核结果应于考核后7个工作日内报市教委备案。对在资助期内调离职业院校的入选者，所在单位应及时向市教委提交书面报告，由市教委决定终止资助。对未能履行工作职责，或违反职业道德、弄虚作假或触犯法律的入选者停止资助，并由所在院校视其情节轻重按有关规定给予处理。

中共北京市委教育工作委员会
北 京 市 教 育 委 员 会
北京市人力资源和社会保障局
北 京 市 财 政 局
中国教育工会北京市委员会

关于表彰北京市优秀教师北京市优秀教育工作者的决定

京教人〔2017〕39号

各区委教工委、区教委、教育工会，市政府有关委办局（总公司），各高等学校，市教委直属单位：

党的十八大以来，本市广大教师以习近平总书记系列重要讲话精神为指导，以强烈的事业心、责任感和饱满的工作热情，全面贯彻党的教育方针，在深化教育改革、推进素质教育、促进教育公平、提高教育质量等方面做出了突出成绩和贡献，涌现出一大批优秀教师和教育工作者。

为表彰他们对教育事业做出的成绩和贡献，弘扬他们的高尚师德，进一步激发广大教师和教育工作者的积极性、创造性，努力开创教育工作的新局面，中共北京市委教育工作委员会、北京市教育委员会、北京市人力资源和社会保障局、北京市财政局、中国教育工会北京市委员会决定，授予荣新江等625名同志“北京市优秀教师”称号；授予方新贵等75名同志“北京市优秀教育工作者”称号。希望受到表彰的同志保持荣誉、继续努力，进一步发挥模范带头作用，在教育事业的改革和发展中取得更加优异的成绩。

受到表彰的优秀教师和优秀教育工作者是全市教师和教育工作者的优秀代表，他们在平凡的工作岗位上做出了不平凡的成绩。全市教育战线广大教师和教育工作者要以他们为榜样，保持昂扬向上、奋发有为的精神状态，立足本职，扎实工作，开拓创新，为办好人民满意的首都教育做出更大贡献。

附件：1. 北京市优秀教师名单

2. 北京市优秀教育工作者名单

2017年8月25日

附件1

北京市优秀教师

荣新江	北京大学
李四龙	北京大学
车浩	北京大学

周飞舟	北京大学
张会峰	北京大学
柳彬	北京大学
王宇钢	北京大学
刘忠范	北京大学
张海霞（女）	北京大学
吴立玲（女）	北京大学
詹思延（女）	北京大学
刘刚	北京大学
岳林（女）	北京大学
李文新（女）	北京大学
郭雳	北京大学
王子今	中国人民大学
史际春	中国人民大学
王化成	中国人民大学
王向明	中国人民大学
张威	中国人民大学
吴璟	清华大学
冯平法	清华大学
于歆杰	清华大学
史元春（女）	清华大学
骆广生	清华大学
李景虹	清华大学
王宏伟	清华大学
史静寰（女）	清华大学
赵超	清华大学
李焰（女）	清华大学
史红梅（女）	北京交通大学
贾斌	北京交通大学

石志飞	北京交通大学
蒋学清（女）	北京交通大学
艾渤	北京交通大学
汪夏燕（女）	北京工业大学
薛毅	北京工业大学
贺定勇	北京工业大学
彭永臻	北京工业大学
王华明	北京航空航天大学
黄安平	北京航空航天大学
刘克松	北京航空航天大学
郭林	北京航空航天大学
李敏	北京航空航天大学
刘建伟	北京航空航天大学
谢惠媛（女）	北京航空航天大学
刘红（女）	北京航空航天大学
王涌天	北京理工大学
王兆华	北京理工大学
李树奎	北京理工大学
夏元清	北京理工大学
吴惠彬	北京理工大学
曹文斌	北京科技大学
张志刚	北京科技大学
魏钧	北京科技大学
付冬梅（女）	北京科技大学
曲洪权	北方工业大学
李志强	北方工业大学
闫寿科	北京化工大学
高正明	北京化工大学
杨屹（女）	北京化工大学

托娅（女）	北京邮电大学
李秀萍（女）	北京邮电大学
周慧玲（女）	北京邮电大学
桑新柱	北京邮电大学
许长桥	北京邮电大学
孙万军	北京印刷学院
李艳（女）	北京印刷学院
肖建杰（女）	北京建筑大学
吴波	北京石油化工学院
罗道全	北京石油化工学院
娄嘉鹏	北京电子科技学院
廖小军	中国农业大学
张福锁	中国农业大学
陈奎孚	中国农业大学
刘金华	中国农业大学
李瑞芬（女）	北京农学院
谭锋	北京农学院
张志强	北京林业大学
张志翔	北京林业大学
冯仲科	北京林业大学
孙承文	北京林业大学
黄宇光	北京协和医学院
姜晶梅（女）	北京协和医学院
刘芝华（女）	北京协和医学院
邹海欧（女）	北京协和医学院
赵明（女）	首都医科大学
吴瑛（女）	首都医科大学
孙志伟	首都医科大学
刘志翔（女）	首都医科大学

李林（女）	首都医科大学宣武医院
刘春生	北京中医药大学
杜守颖（女）	北京中医药大学
王庆甫	北京中医药大学
李庚银	华北电力大学
王修彦	华北电力大学
李继清（女）	华北电力大学
陈勇	北京信息科技大学
张奇志	北京信息科技大学
邵龙义	中国矿业大学（北京）
易成	中国矿业大学（北京）
陈春茂	中国石油大学（北京）
邱楠生	中国石油大学（北京）
刘慧卿	中国石油大学（北京）
苏新（女）	中国地质大学（北京）
于炳松	中国地质大学（北京）
丁文龙	中国地质大学（北京）
陈波珍（女）	中国科学院大学
宗成庆	中国科学院大学
袁亚湘	中国科学院大学
刘国强	中国科学院大学
胡伟武	中国科学院大学
刘红艳（女）	北京工商大学
葛红玲（女）	北京工商大学
刘娟（女）	北京服装学院
宁俊（女）	北京服装学院
王立军	北京师范大学
刘全儒	北京师范大学
江怡	北京师范大学

辛涛	北京师范大学
保继光	北京师范大学
黄荣怀	北京师范大学
刘城（女）	首都师范大学
沈京玲（女）	首都师范大学
印莉萍（女）	首都师范大学
田国秀（女）	首都师范大学
方平	首都师范大学
赵治治	首都体育学院
侯毅凌	北京外国语大学
王炳钧	北京外国语大学
武光军	北京第二外国语学院
王成慧	北京第二外国语学院
吴敏苏（女）	中国传媒大学
李胜利	中国传媒大学
蒋伟	中国传媒大学
姬德强	中国传媒大学
陈华彬	中央财经大学
卢远瞩	中央财经大学
戴长征	对外经济贸易大学
郝旭光	对外经济贸易大学
李邢西（女）	北京物资学院
顾奋玲（女）	首都经济贸易大学
郭媛媛（女）	首都经济贸易大学
王燕（女）	外交学院
樊学勇	公安大学
杜彦辉	公安大学
刘跃进	国际关系学院
周越	北京体育大学

黄俊亚（女）	北京体育大学
章华英（女）	中央音乐学院
李秀军	中国音乐学院
吕越（女）	中央美术学院
麻文琦	中央戏剧学院
张煜	中国戏曲学院
王瑞	北京电影学院
田露（女）	北京舞蹈学院
蒙曼（女）	中央民族大学
汪立珍（女）	中央民族大学
朱靖江	中央民族大学
席涛	中国政法大学
冯晓青	中国政法大学
王露（女）	中华女子学院
张远索	北京联合大学
杭孝平	北京联合大学
鲁彦娟（女）	北京联合大学
徐鲲（女）	北京联合大学
贾少英（女）	北京联合大学
何庆仁	中国青年政治学院
黄任民	中国劳动关系学院
李宁	北京警察学院
刘业辉	北京工业职业技术学院
李学礼	北京信息职业技术学院
黄敦华	北京电子科技职业学院
陈秋荣	北京城市学院
孙巧云（女）	北京城市学院
于莉（女）	首钢工学院
杨永杰	北京农业职业学院

谢利苹（女）	北京政法职业学院
杜海霞（女）	北京财贸职业学院
马爱娟（女）	北京北大方正软件技术学院
孙建华	北京经济技术职业学院
徐辉（女）	北京戏曲艺术职业学院
李田	北京汇佳职业学院
高娟（女）	北京工商大学嘉华学院
施一飞	北京吉利学院
牛国良	北京经济管理职业学院
宁玉红（女）	北京劳动保障职业学院
赵巧云（女）	北京社会管理职业学院
韩明茗（女）	北京培黎职业学院
崔超	北京第二外国语学院中瑞酒店管理学院
杨德武	北京卫生职业学院
王悦（女）	北京开放大学
袁薇（女）	国家开放大学
赵力（女）	北京教育学院
杨学东	北京市第五中学
陈东升	北京市第二十一中学
上官卫红（女）	北京市第二十七中学
李梦莉（女）	北京市第五十五中学
王玉中	北京市第六十五中学
张英新（女）	北京汇文实验中学
秦悦（女）	北京市第一六六中学
张述林	北京市第一七一中学
林红焰（女）	北京景山学校
梁琦（女）	北京市第十一中学
梁亚平（女）	北京汇文中学
魏艳辉（女）	北京市第五十中学

许静（女）	北京市文汇中学
刘丽烨（女）	北京市龙潭中学
周传章	北京市第二中学
于春华（女）	北京市广渠门中学
刘文军	北京市东城区工读学校
顾彤（女）	北京现代职业学校
徐蕾（女）	北京景山学校
黄颖（女）	北京市东城区和平里第四小学
谷莉（女）	北京市东城区史家胡同小学
赵芸（女）	北京市东城区新景小学
范学军	北京市东城区府学胡同小学
周颖（女）	北京市东城区板厂小学
王朝霞（女）	北京市东城区永生小学
王相又（女）	北京市东城区特殊教育学校
王心红（女）	北京市东城区定安里小学
李辉（女）	北京第一师范学校附属小学
宋燕晖（女）	北京市东城区灯市口小学
刘睿	北京市东城区青少年科技馆
关媛（女）	北京市东城区教师研修中心
朱虹（女）	北京市东城区教育研修学院
韦娅（女）	北京市第三中学
刘葵（女）	北京市第四中学
童其琳（女）	北京市第八中学
聂勇	北京市第十三中学
魏晓莉（女）	北京市第十四中学
彭硕（女）	北京市第十五中学
王新（女）	北京市第三十一中学
崔巍（女）	北京市第三十五中学
潘蔚（女）	北京市第四十四中学

王越	北京市回民学校
况莉（女）	北京师范大学附属中学
尹嵘	北京市铁路第二中学
张晶强	北京市西城外国语学校
修伟荣（女）	北京市育才学校
李爱华（女）	北京市三帆中学
王华	北京师范大学第二附属中学
金光泽	北京师范大学附属实验中学
戴文凯（女）	北京市财会学校
薛铮（女）	北京市西城区黄城根小学
王冬梅（女）	北京市西城区白纸坊小学
高丽杰（女）	北京小学
王琛琛（女）	北京市西城区进步小学
段艳红（女）	北京市西城区三里河第三小学
吴文念（女）	北京第二实验小学
隗芃（女）	北京第一实验小学
周艳青（女）	北京市西城区志成小学
张敏（女）	北京市西城区师范学校附属小学
许红（女）	北京市西城区育民小学
王红（女）	北京市西城区中古友谊小学
邵海鹏	北京小学走读部
苏咏霞（女）	北京市宣武师范学校附属第一小学
丁小棋（女）	北京市西城区德胜少年宫
王磊（女）	北京市西城区教育研修学院
谢卫军（女）	北京工业大学附属中学
徐慢（女）	北京教育学院朝阳分院
曹永芹（女）	北京市第十七中学
王来田	北京中学
赵慧（女）	北京市第八十中学

潘勇	北京市和平街第一中学
王春香（女）	北京市五路居第一中学
孙秀兰（女）	北京市樱花园实验学校
周艳玲（女）	北京市朝阳外国语学校北苑分校
尹德利	北京市东方德才学校
孙静（女）	北京市日坛中学
李兆锋	对外经贸大学附属中学
申海英（女）	北京市第十六中学
张辉（女）	北京市陈经纶中学
李京兰（女）	北京师范大学朝阳附属中学
石琳（女）	清华大学附属中学朝阳学校
赵继洪	北京市电气工程学校
宋瑞	北京市朝阳区工读学校
滕桂玲（女）	中国音乐学院附属北京实验学校
马妍（女）	北京市朝阳区教育研究中心
周冬梅（女）	清华附属小学商务中心区实验小学
薛宝卫	中国传媒大学附属小学
杨秀晶（女）	北京市朝阳区白家庄小学
张荣华（女）	北京市朝阳区芳草地国际学校世纪小学
秦翠华（女）	北京市朝阳区呼家楼中心小学
陶文迪（女）	北京市朝阳区望京南湖东园小学
庄重	北京市朝阳区劲松第四小学
刘辉（女）	北京市朝阳区王四营中心小学
王素梅（女）	北京市朝阳区花家地实验小学
王秀梅（女）	北京市朝阳区三里屯小学
张玉芬（女）	对外经济贸易大学附属小学
董春艳（女）	北京市朝阳区酒仙桥中心小学
张宏亮	北京市朝阳区兴隆小学
钱进（女）	北京市朝阳区黄胄艺术实验小学

郭新新（女）	北京市朝阳师范学校附属小学
王云主	北京市朝阳区十八里店小学
陈晓军（女）	北京市朝阳区苇沟小学
顾艳娟（女）	北京市朝阳区左家庄第二小学
史屹（女）	北京第二实验小学朝阳学校
门卫华（女）	北京市朝阳区酒仙桥第二小学
于立君（女）	北京市海淀区翠微小学
刘丽（女）	北京市第五十七中学
王双贝（女）	北京市十一学校一分校
李俊鹏	北京市育英学校
周松梅（女）	北京市育英中学
赫秀辉（女）	首都师范大学附属中学第一分校
曹艳（女）	北京市海淀区玉泉小学
赵长宏（女）	中央民族大学附属中学
何小青	北京市海淀区花园村第二小学
楼薇琳（女）	北京市海淀区实验小学
王严（女）	北京市海淀区教师进修学校附属实验学校
杨敏（女）	首都师范大学附属小学
李勇	北京市师达中学
才滨（女）	北方交通大学附属中学
贾红斌（女）	北京师范大学实验小学
郝昀铮	北京航空航天大学实验学校
陈頔（女）	北京医科大学附属小学
王华蓓（女）	北京市八一学校
陈俊荣（女）	北京市海淀区中关村第三小学
王浩	北京市信息管理学校
马珏（女）	北京市中关村中学
商红领	北京市海淀区中关村第一小学
朱莉（女）	中国人民大学附属中学实验小学

刘青（女）	北京市第一〇一中学
岳志刚	中国农业大学附属小学
王丽星	清华大学附属小学
何艳阳（女）	北京市北达资源中学
崔丽（女）	北京科技大学附属中学
邵钦（女）	北京石油学院附属小学
王楠（女）	北京市海淀区第二实验小学
宋跃生	北京市第二十中学
鲁爱茹（女）	北京市第二十中学附属实验学校
宋春艳（女）	北京石油学院附属实验小学
刘桂章	清华大学附属中学永丰学校
张海霞（女）	北京市海淀区红英小学
李凤水	北京市温泉第二中学
刘丽娜（女）	北京市海淀区台头小学
姚鹏龄	北京市海淀工读学校
王红霞（女）	北京市健翔学校
苏嘉（女）	北京市海淀区青少年活动管理中心
申军红（女）	北京市海淀区教师进修学校
刘国富	北京市第十二中学
严彩莉（女）	北京市丰台区丰台第二中学
郑海生	北京市海淀区实验小学丰台分校
李颖（女）	北京市首都师范大学附属丽泽中学
马洪波	北京教育学院丰台分院
徐娜（女）	北京师范大学第四附属中学
孟学文（女）	北京市丰台区时光小学
李同（女）	北京市大成学校
王新艳（女）	北京市丰台区长辛店第七小学
王秀菊（女）	首都师范大学附属云岗中学
洪彦（女）	北京市丰台区东高地第四小学

罗琳（女）	北京教育学院附属丰台实验学校
赵雅臣（女）	北京市丰台区芳城园小学
王春和	北京市第十二中学
张林靖	北京市第十八中学
张红梅（女）	丰台区东高地第二小学
李思（女）	北京市丰台区丰台第五小学
陈海印	北京市第十中学
王妍（女）	北京市丰台区少年宫
娄斌	北京市丰台区职工大学
薛长龙	北京市丰台区小井小学
王强	北京小学丰台万年花城分校
吕乐彬（女）	北京市丰台区西罗园第六小学
游宏（女）	北京市第九中学
王辉	首都师范大学附属苹果园中学
刘莎莎（女）	北京市京源学校
刘芳（女）	北京市古城中学
叶慧（女）	北京市黄庄职业高中
程影（女）	北京景山学校远洋分校
刘晓群（女）	北京市石景山区爱乐实验小学
闫文婧（女）	北京市石景山区金顶街第二小学
董朝红（女）	北京市石景山区北辛安小学
刘峥（女）	北京市石景山区炮厂小学
索玲（女）	北京市大峪中学
梁爽（女）	首都师范大学附属中学永定分校
王娜（女）	北京市王平中学
李志勇	北京市门头沟区教师进修学校
李莉（女）	北京市门头沟区大台中心小学
李蕊（女）	北京市门头沟区军庄中心小学
王海悦（女）	北京市门头沟区育园小学

杨秀英（女）	北京市门头沟区教师进修学校
张海生	北京市房山区窦店中学
闻超（女）	北京师范大学良乡附属中学
赵洪浩（女）	北京市房山区良乡第六中学
张玉荣（女）	北京市房山区房山中学
王晓军（女）	北京市房山区良乡第三中学
魏云（女）	首都师范大学附属房山中学
徐丽微（女）	北京市房山区实验中学
贲鎏（女）	北京市房山区交道中学
李颂（女）	北京市房山区阎村中心校
张常明（女）	北京市房山区琉璃河镇南召中心小学
任国鹏	北京市房山区史家营乡史家营中心小学
殷剑明	北京市房山区河北中心校
宁子竹（女）	北京市房山区窦店中心小学
刘大伟	北京市房山区城关第二小学
霍晓建	北京市房山区第二职业高中
梁一凡（女）	北京市房山区教育信息与现代教育技术中心
郭子亮	北京市通州区潞河中学
侯晓青（女）	北京市通州区第六中学
李云鹏	北京市通州区运河中学
张颖华（女）	北京市通州区大杜社中学
王翠霞（女）	北京市通州区永乐店中学
杜金茹（女）	北京市通州区次渠中学
聂满欣（女）	北京教育科学研究院通州区第一实验小学
奚瑞香（女）	北京市通州区北苑小学
金卫华	北京第二实验小学通州分校
王书敏（女）	北京市通州区教师研修中心实验学校
高彩（女）	北京市通州区宋庄镇中心小学
李术伟	北京市通州区漷县镇中心小学

闫玉竹（女）	北京市通州区梨园学校
徐心蕊（女）	北京市通州区培智学校
曹雅玉（女）	北京市通州区青少年活动中心
曹增坤（女）	北京市通州区教师研修中心
张海英（女）	北京市顺义区第八中学
马会放（女）	北京市顺义区第一中学
田春霞（女）	北京市顺义区第十二中学
王翠芹（女）	北京市顺义区杨镇第二中学
张杰	北京市顺义区杨镇第一中学
吴燕东（女）	北京市顺义区第十一中学
李向红（女）	北京市顺义区教育研究和教师研修中心
梁博（女）	北京市顺义区牛栏山第一中学
韩亚茹（女）	北京市第四中学顺义分校
周建英（女）	北京市顺义区牛山第二中学
朱秋庭（女）	北京市顺义区杨镇中心小学校
任春艳（女）	北京市顺义区东风小学
陈静（女）	北京市顺义区裕龙小学
吴志红（女）	北京市顺义区天竺第二小学
马丽娟（女）	北京市顺义区河南村中心小学校
王瑛玮（女）	北京市顺义区马坡中心小学校
金艳华（女）	北京市顺义区仁和中心小学校
张跃宗	北京市顺义区高丽营第二小学
郭建华（女）	北京市顺义区石园小学
康维（女）	北京市顺义区李桥中心小学校
郭婷婷（女）	北京市昌平职业学校
回春荣（女）	北京市昌平区第一中学
王海霞（女）	首都师范大学附属回龙观育新学校
佟雪艳（女）	北京市昌平区第五中学
徐金侠（女）	北京市昌平区第三中学

蔡迎新（女）	北京市昌平区流村中学
张远（女）	北京市昌平区亭自庄学校
杨福增	北京市昌平区黑山寨学校
李小霞（女）	北京市昌平区长陵学校
王淑阳（女）	北京市昌平区昌盛园小学
王丽娜（女）	北京市昌平区城关小学
李燕（女）	北京市昌平区城北中心小学
沈玉海	北京市昌平区二毛学校
郑金霞（女）	北京市昌平区回龙观第二小学
王玉荣（女）	北京市昌平区特殊儿童教育学校
王鹏飞	北京师范大学第二附属中学未来科技城学校
郑海荣（女）	北京市昌平区天通苑小学
夏讴杨（女）	北京王府学校
韩金哲（女）	北京市大兴区定福庄中学
王健宇（女）	北京市大兴区金海学校
何艳芳（女）	北京市大兴区青云店中学
高从容（女）	北京市第二中学亦庄学校
孙雅贤（女）	北京市大兴区孙村中学
柳建伟（女）	北京市第八中学大兴分校
战东林	北京市大兴区第一中学
杨海英（女）	北京市大兴区第七中学
高新明（女）	北京市大兴区教师进修学校
张艳清（女）	北京市大兴区第二小学
贾晓村（女）	北京小学大兴分校
卢健（女）	北京市大兴区第六小学
赵迁（女）	北京市大兴区庞各庄镇第一中心小学
杨霞（女）	北京印刷学院附属小学
杨健	北京市大兴区青云店镇第一中心小学
何丹赫（女）	北京市大兴区第四小学

胡戈（女）	北京市大兴区旧宫镇第二中心小学
王健（女）	北京市大兴区特殊教育中心
刘东红（女）	北京市怀柔区第一小学
杜淑娟（女）	北京市怀柔区第二小学
李明	北京第二实验小学怀柔分校
黄丽（女）	北京市怀柔区杨宋镇中心小学
于淑雯（女）	北京市怀柔区宝山镇中心小学
刘良田	首都师范大学附属红螺寺中学
刘宗军	北京市怀柔区第五中学
李艳花（女）	北京市第一〇一中学怀柔分校
崔建平（女）	北京市怀柔区教科研中心
学立亚（女）	北京市怀柔区渤海中学
刘贵良	北京市平谷区第五中学
王国丰	北京市平谷中学
景振刚	北京市平谷区教育研修中心
王雪梅（女）	北京市平谷区大华山中学
张敬贤（女）	北京市平谷区第五中学
刘春梅（女）	北京市平谷区山东庄中心小学
张继英（女）	北京市平谷区门楼中心小学
张凤珍（女）	北京市平谷区第二小学
刘春青（女）	北京市平谷区第一小学
牛晓娜（女）	北京市密云区河南寨中学
常秀莉（女）	北京市密云区新城子中学
高明珠（女）	北京市密云区第二中学
张憬（女）	北京市密云区第五中学
张红侠（女）	首都师范大学附属密云中学
马丽（女）	北京市密云区第二小学
李二伟	北京市密云区新城子镇中心小学
王化伦	北京市密云区第六小学

王锁柱	北京市密云区檀营满族蒙古族乡中心小学
汪春红（女）	北京市密云区太师屯镇中心小学
蔡玉梅（女）	北京市密云区河南寨镇中心小学
韩冰（女）	北京市延庆区第三中学
丁红霞（女）	北京市延庆区第四中学
孙红梅（女）	北京市延庆区永宁学校
贺艳霞（女）	北京市延庆区第二小学
于森（女）	北京市延庆区第三小学
张立芳（女）	北京市延庆区旧县中心小学
张宝春（女）	北京市延庆区四海中心小学
马彩云（女）	北京市延庆区教育科学研究中心
黄俊平（女）	北京市延庆区职业技术教育中心
马洁（女）	北京市燕山前进第二小学
王忠华（女）	北京市燕山东风中学
高惠荣（女）	北京市燕山教研中心
马丽萍（女）	首都师范大学附属中学
李莺燕（女）	北京市盲人学校
赵红艳（女）	首都师范大学附属育新学校
黄建民	北京市自动化工程学校
吉瑜敏（女）	北京市商务科技学校
殷杰	北京市供销学校
梁剑锋	北京市对外贸易学校
张策（女）	北京市经济管理学校
李婷（女）	北京市什刹海体育运动学校
杜海凤（女）	北京水利水电学校
丁宾	北京金隅科技学校
王雪梅（女）	北京铁路电气化学校
王红蕾（女）	北京市商业学校
赵戈	中国音乐学院附属中等音乐专科学校

杨春鹏	北京市工贸技师学院
郝永刚	北京市工业技师学院
王影建	北京科技高级技术学校
宫英伟（女）	北京汽车技师学院
张磊（女）	北京轻工技师学院
张岩	首钢技师学院
邓宁	北京市应用高级技工学校
李新平（女）	北京市第一幼儿园
周丽娜（女）	北京市第七幼儿园
付琪（女）	北京市东城区东四五条幼儿园
穆东燕（女）	北京市东城区东棉花胡同幼儿园
宋晶晶（女）	北京市东城区大方家回民幼儿园
金东（女）	北京市东城区崇文第三幼儿园
任晓燕（女）	北京市东城区光明幼儿园
刘玉秀（女）	北京市东城区卫生局第三幼儿园
王欣欣（女）	北京市北海幼儿园
汪京莉（女）	北京市西城区曙光幼儿园
魏芳（女）	北京市西城区洁民幼儿园
周煊（女）	北京洁如幼儿园
齐振燕（女）	北京市第六幼儿园
蒋小燕（女）	北京市西城区棉花胡同幼儿园
张妍（女）	北京市西城区三教寺幼儿园
衣飞燕（女）	北京市公安局幼儿园
苗菁（女）	北京市朝阳区安华里第二幼儿园
李慧芹（女）	北京市朝阳区三里屯幼儿园
曹颖（女）	北京市朝阳区惠新里幼儿园
张伟利	北京市朝阳区劲松第一幼儿园
程绍丽（女）	北京市朝阳区西坝河第一幼儿园
张雅静（女）	北京市朝阳区翠成幼儿园

赵红（女）	北京市朝阳区奥园幼儿园
王效琦（女）	北京市朝阳区光华路幼儿园
林玉萍（女）	北京市朝阳区教研中心
冯淑兰（女）	北京市朝阳区亚运村第二幼儿园
魏洁（女）	中国人民解放军海军机关幼儿园
刘静（女）	北京市海淀区北部新区实验幼儿园
刘燕（女）	北京大学附属幼儿园
原伟（女）	北京市海淀区人民政府机关幼儿园
崔雅楼（女）	北京交通大学幼儿园
任雅娟（女）	北京市海淀区恩济里幼儿园
殷珺（女）	北京市六一幼儿院
齐春婷（女）	北京市海淀区美和园幼儿园
金瑛（女）	北京师范大学实验幼儿园
佟磊	北京明天幼稚集团
吴东慧（女）	北京市丰台区芳庄第三幼儿园
庄惠清（女）	北京市丰台区蒲黄榆第一幼儿园
范建华（女）	北京市丰台区群英幼儿园
刘玉红（女）	北京市丰台区蒲黄榆第二幼儿园
王秀莉（女）	北京市丰台区丰台第一幼儿园
梁莉（女）	北京市丰台区丰台第三幼儿园
张琪（女）	北京市石景山区第二幼儿园
高颖（女）	北京市石景山区第三幼儿园
刘珊珊（女）	北京市石景山区实验幼儿园
郑伟（女）	北京市京源学校
刁彦霞（女）	北京市石景山区师范学校附属幼儿园
崔跃华（女）	北京师范大学石景山附属幼儿园
周丽娜（女）	北京市门头沟区第一幼儿园
王楠（女）	北京市门头沟区第二幼儿园
孙敖然（女）	北京市门头沟区第三幼儿园

欧元元（女）	北京市房山区西潞街道办事处中心幼儿园
李雪（女）	北京市良乡第二幼儿园
陈曦（女）	北京市房山区长沟镇中心幼儿园
隗洪霞（女）	北京市房山区佛子庄乡中心幼儿园
马晓庆（女）	北京市通州区教工幼儿园
刘营（女）	北京市通州区大方居幼儿园
李新波（女）	北京市通州区新城东里幼儿园
徐金丽（女）	北京市通州区永顺镇中心幼儿园
姚宇（女）	北京市通州区张家湾中心幼儿园
宋艳利（女）	北京市通州区华远铭悦幼儿园
李淑芳（女）	北京市顺义区杨镇中心幼儿园
张武威（女）	北京市顺义区宏城幼儿园
李海霞（女）	北京市顺义区吉祥幼儿园
王冬梅（女）	北京市顺义区双兴幼儿园
倪苗（女）	北京市昌平区滨河幼儿园
张雪梅（女）	北京市昌平区财贸幼儿园
佟红攀（女）	北京市昌平区回龙观镇中心幼儿园
李平（女）	北京市昌平区机关幼儿园
李迎春（女）	北京市昌平区工业幼儿园
樊晓雷（女）	北京昌房幼儿园
郭青（女）	北京市大兴区第二幼儿园
张洋（女）	北京市大兴区第九幼儿园
李娇（女）	北京市大兴区庞各庄镇中心幼儿园
王苗苗（女）	北京市大兴区第一幼儿园
姚宝丹（女）	北京市大兴区第四幼儿园
孙帅（女）	北京市大兴区民族幼儿园
丛辉（女）	北京市怀柔区第一幼儿园
彭立霞（女）	北京市怀柔区第二幼儿园
宋春英（女）	北京市怀柔镇中心幼儿园

于昕（女）	北京市怀柔区桥梓镇中心幼儿园
张邱岳（女）	北京市平谷区第三幼儿园
李娜（女）	北京市平谷区第四幼儿园
周娜（女）	北京市平谷区南独乐河幼儿园
宋杰（女）	北京市平谷区第一幼儿园
季立英（女）	北京市密云区第二幼儿园
裴立苹（女）	北京市密云区第四幼儿园
安辛（女）	北京市延庆区第二幼儿园
田桂红（女）	北京市延庆区第三幼儿园
李佳丽（女）	北京市延庆区第一幼儿园
孙博（女）	北京市延庆区康庄幼儿园
张姗（女）	北京市燕山小天使幼儿园
吴雪燕（女）	北京市燕山星城幼儿园

附件 2

北京市优秀教育工作者

方新贵	北京大学
刘凤良	中国人民大学
郑力	清华大学
吴命利	北京交通大学
郭福	北京工业大学
刘畅（女）	北京理工大学
侯爱军	北京理工大学
曲选辉	北京科技大学
白传栋	北方工业大学
姜广峰	北京化工大学

牛磊	北京建筑大学
刘为民	中国农业大学
贾建国	首都医科大学宣武医院
黄志刚	北京工商大学
葛仁霞（女）	中央财经大学
王云海	对外经济贸易大学
雷明光	中央民族大学
李秀云（女）	中国政法大学
陶云明	北京电子科技职业学院
卢少梅（女）	北京京北职业技术学院
周海霞（女）	北京经贸职业学院
史月东	北京体育职业学院
詹伟华	北京教育科学研究院
薛丽霞（女）	北京市东直门中学
洪伟	北京市东城区史家胡同小学
冯雅男（女）	北京市东城区板厂小学
吴田荣（女）	北京市东城区和平里第四小学
熊劲	北京市第一四二中学
李亚明	北京市第一五九中学
吴伟东（女）	北京市第一六一中学
张洁（女）	北京市西城区北长街小学
齐小兵	北京市宣武青少年科学技术馆
陈秀珍（女）	北京市和平街第一中学
蒋立红（女）	北京师范大学朝阳附属中学
陈立华（女）	北京市朝阳区实验小学
张丽荣（女）	中国传媒大学附属小学
杨碧君（女）	北京市朝阳区教研中心
吴颖惠（女）	北京市海淀区教育科学研究院
高峰	北京市海淀区玉泉小学

杨刚	北京市海淀区中关村第二小学
于会祥	北京市育英学校
管杰	北京市第十八中学
吴亚民（女）	北京市丰台区长辛店第一小学
王英（女）	北方工业大学附属学校
李明智	北京市门头沟区社区学院
佟明河	北京市房山区良乡第二中学
陈大勇	北京市房山区阎村镇社区成人职业学校
陈金香（女）	北京教育科学研究院通州区第一实验小学
李建军	北京市顺义区社区教育中心
杨玉松（女）	北京市顺义区建新小学
崔小青	北京市昌平区天通苑学校
李慧民（女）	北京市大兴区兴华中学
张凤勤（女）	北京市怀柔区桥梓中学
小香玉（女）	北京绿谷小香玉艺术学校
魏国民	北京市密云区第三小学
王云平（女）	北京市延庆区十一学校
马熙玲（女）	北京师范大学燕化附属中学
张京华（女）	北京学生活动管理中心
徐明（女）	北京市对外贸易学校
刘建平	北京电子信息技师学院
李丽华（女）	北京市东城区新中街幼儿园
曲云丹（女）	北京市西城区虎坊路幼儿园
颜磊（女）	北京市朝阳区安华里第二幼儿园
历春香（女）	北京市海淀区立新幼儿园
张艳君（女）	北京市石景山区实验幼儿园
贾文红（女）	北京市门头沟区第二幼儿园
杜桂芳（女）	北京市房山区良乡幼儿园
凤和礼（女）	北京市通州区幼儿园

张玲（女）	北京市顺义区幸福幼儿园
闫淑玉（女）	北京市昌平区教工幼儿园
白晓霞（女）	北京市怀柔区北房镇中心幼儿园
赵国清（女）	北京市平谷区大华山幼儿园
王艳平（女）	北京市密云区第三幼儿园
李卫新（女）	北京市延庆区第一幼儿园
杜桂红（女）	北京市燕山学前教育中心

北京市教育委员会

关于公布第十三届北京市高等学校教学名师奖、首届北京市高等学校青年教学名师奖获奖名单的通知

京教函〔2017〕403号

各普通高等学校：

根据市教委《关于开展第十三届北京市高等学校教学名师奖暨首届北京市高等学校青年教学名师奖评选工作的通知》（京教高〔2017〕9号），经学校推荐、现场教学观摩课评价、评审专家组评议、评审委员会投票、市教委审核并公示，决定授予北京大学李玲等82名教师第十三届北京市高等学校教学名师奖、中国人民大学张翔等50名教师首届北京市高等学校青年教学名师奖，并将获奖名单予以公布。

各高校要进一步加强师资队伍建设，不断完善体现教学岗位特

点的激励约束机制，积极发挥教学名师奖及青年教学名师奖获得者的示范引领作用，调动和增强各级各类教师参与教学、投身育人的积极性和主动性，不断提升教师个人及团队人才培养能力。

附件：1. 第十三届北京市高等学校教学名师奖获奖名单

2. 首届北京市高等学校青年教学名师奖获奖名单

2017 年 8 月 29 日

附件 1

第十三届北京市高等学校教学名师奖获奖名单

李玲	北京大学
马中水	北京大学
王志军	北京大学
胡永华	北京大学
刘少杰	中国人民大学
孔祥智	中国人民大学
赵青	清华大学
曾攀	清华大学
高云峰	清华大学
李睦	清华大学
刘伊生	北京交通大学
郭宇春	北京交通大学
孙莹	北京科技大学
张朝晖	北京科技大学
李齐方	北京化工大学
于丽	北京邮电大学

林家儒	北京邮电大学
蒋秀根	中国农业大学
李保云	中国农业大学
刘志成	北京林业大学
毕华兴	北京林业大学
陈明	北京中医药大学
卢忠林	北京师范大学
刘慧平	北京师范大学
程晓堂	北京师范大学
刘洪涛	北京师范大学
张莲	北京外国语大学
吴敏苏	中国传媒大学
陈晓鸥	中国传媒大学
张云起	中央财经大学
梁俊娇	中央财经大学
赵卯生	中国政法大学
宋翠翠	国际关系学院
曹晓青	中央音乐学院
杭海	中央美术学院
张娟	华北电力大学
李英骏	中国矿业大学（北京）
陈建义	中国石油大学（北京）
王贵文	中国石油大学（北京）
樊运晓	中国地质大学（北京）
林岩	北京航空航天大学
胥国红	北京航空航天大学
张艳丽	北京理工大学
薛庆	北京理工大学
王美玲	北京理工大学

曹英	中国人民公安大学
徐刚	北京体育大学
苗向军	北京体育大学
曾煜	中华女子学院
冯琦	中国科学院大学
宋晏蓉	北京工业大学
吴水才	北京工业大学
马礼	北方工业大学
温变英	北京工商大学
杜明义	北京建筑大学
闫笑非	北京石油化工学院
任晓明	北京农学院
王伟	首都医科大学
康骅	首都医科大学
李美霞	北京第二外国语学院
纪韶	首都经济贸易大学
闫华红	首都经济贸易大学
李月红	中国音乐学院
舒桐	中国戏曲学院
杨越	北京舞蹈学院
米洁	北京信息科技大学
汪艳丽	北京联合大学
王廷梅	北京联合大学
武磊	北京警察学院
弓宝宏	北京第二外国语学院中瑞酒店管理学院
盖克荣	北京工业职业技术学院
王萍	北京电子科技职业学院
李艳芳	北京农业职业学院
杨桂芹	北京财贸职业学院

王芯	北京信息职业技术学院
王显廷	北京劳动保障职业学院
叶承芳	北京青年政治学院
缑庆伟	北京交通运输职业学院
陈天舒	北京体育职业学院
李海红	北京市东城区职工业余大学
卜小玲	北京宣武红旗业余大学
陈军	北京市丰台区职工大学

附件2

首届北京市高等学校青年教学名师奖获奖名单

杨立华	北京大学
毕明辉	北京大学
王月丹	北京大学
张翔	中国人民大学
王易	中国人民大学
杨祎罡	清华大学
张晓东	北京交通大学
黄辉	北京交通大学
冯妍卉	北京科技大学
覃京燕	北京科技大学
李秀萍	北京邮电大学
贾云鹏	北京邮电大学
曹金珍	北京林业大学
张媛	北京中医药大学
吴江	北京外国语大学

施家炜	北京语言大学
穆杨	北京语言大学
曾祥敏	中国传媒大学
李自杰	对外经济贸易大学
赵洱岽	华北电力大学
左建平	中国矿业大学（北京）
张广清	中国石油大学（北京）
郭颖	中国地质大学（北京）
钱政	北京航空航天大学
王菲	北京理工大学
蒙曼	中央民族大学
薛华丹	北京协和医学院
钱菁华	北京体育大学
池丽萍	中华女子学院
曾薇	北京工业大学
王鲁娜	北京工商大学
张改梅	北京印刷学院
李蕊	北京农学院
杨静	首都医科大学
李静	首都师范大学
刘永厚	北京第二外国语学院
赵晓楠	中国音乐学院
颜全毅	中国戏曲学院
李莘	北京舞蹈学院
宋淼	北京警察学院
祁颖	北京城市学院
张丽丽	北京工业职业技术学院
李双石	北京电子科技职业学院
程建军	北京农业职业学院

曲琳娜	北京财贸职业学院
刘昂	北京政法职业学院
冯秀娟	北京经济管理职业学院
方麟	北京教育学院
柳健	北京市崇文区职工大学
孟红霞	北京市石景山区业余大学

北京市教育委员会

关于做好 2017 年下半年北京市教师管理信息系统有关工作的通知

京教函〔2017〕414 号

各有关高校，各区教委、燕山教委：

按照教育部办公厅《关于做好全国教师管理信息系统部署与启用工作的通知》（教师厅〔2016〕3 号）和北京市教育委员会《关于印发〈北京市教师管理信息系统部署与启用工作实施方案〉的通知》（京教人〔2016〕25 号）的要求，市教委结合我市实际，在原北京市教职工管理信息系统的基础上完成了平台建设升级、指标字段增加与修订、首轮的信息采集审核和报送工作。按照《教育部关于全面推进教师管理信息化的意见》（教师〔2017〕2 号）要求，每年上下半年各上报一次更新的教师信息。为做好 2017 年下半年教师管理信息系统各项任务，现将有关工作通知如下：

一、充分认识北京市教师管理信息系统的重要意义

北京市教师管理信息系统作为北京市教师信息来源的唯一系统，其任务是实现北京市各级各类教师基础信息的伴随式采集，并在此基础上实现教师基础信息的开放共享，为相关系统提供教师信息数据来源，为每一名教师建立电子信息档案，并通过数据分析及应用为学校和教育行政部门优化教师队伍管理和决策提供支持服务。

北京市教师管理信息系统对数据标准进行了统一规范，将教师基础数据实时共享到北京市教育数据交换中心，市、区、高校相关应用系统通过对接数据交换中心获取教师基础数据，避免了重复采集。

深入应用北京市教师管理信息系统是实现教师信息化科学、精准、高效管理，提升教师队伍建设治理水平的重要保障，是创新教师管理方式，运用信息技术开展大数据分析，评价教师队伍现状，提升科学决策水平的重要依据。

二、北京市教师管理信息系统的采集范围和信息指标

市教委结合实际，在系统采集范围和信息指标方面进行了拓展。

（一）单位范围

由政府、企业事业组织、社会团体、其他社会组织及公民个人依法举办的幼儿园、中小学校、教师研修（培训）机构、校外教育机构、中等职业学校、特殊教育学校、高等学校，在此基础上将各区教委直属的无学生机构、校外教育机构、研修机构等单位全部纳入。

（二）教师范围

学校在编教职工，签订一年以上合同的教师岗位、其他专业技术岗位和管理岗位教职工，在此基础上离退休返聘人员一并纳入范围（高校除外）。

（三）信息范围

根据学校类别不同，相应采集教师基本信息、学习经历、工作经历、岗位聘任、教育教学、培训研修、交流轮岗、获奖情况等方面的基础信息。在此基础上，拓展采集基础教育学校的基本信息（名称、地址、所在区）、办学类型、（驻地）城乡类型、举办单位、

举办者类型，教师继续教育编号、各级骨干教师类型等。

三、北京市教师管理信息系统的功能和建设内容

（一）实现功能

1. 实现一次采集数据共享

以教师管理信息系统为支撑，逐步实现教师系统与相关教育管理服务平台的互通、衔接。通过北京市教育数据交换中心，纵向向上对接全国教师管理信息平台，完成数据上报教育部的工作；向下实时对接各区相应数据交换平台。横向与北京市中小学学籍云平台实现数据互通，并通过学籍云平台将教师基础数据同步至北京市初中实践活动管理服务平台、北京市初中学生综合素质评价平台等多个平台；同时与北京市中小学教师开放型教学实践活动管理服务平台、北京市中小学教师继续教育信息管理系统、北京市幼儿园教师继续教育信息化平台、北京市教育技术研究课题管理平台和北京市教育督导管理应用平台等实现数据共享。

2. 实现教师管理业务

为每名教师建立电子档案，方便查阅，随时更新，通过统一确认审核和上报，成为北京市教师信息的唯一来源。通过教师变动管理、交流轮岗管理实现实时变动和更新；通过北京市中小学教师继续教育信息管理系统和北京市幼儿园教师继续教育信息化平台对接培训学分（学时）管理业务模块，实现继续教育基本信息的同步登载。推进教师系统及相关教育管理服务平台与教师工作的深度融合，为教师资格定期注册、职称评审、评优评先、考核评价等工作提供信息和管理服务，实现教师信息“一次生成、多方复用，一库管理、互认共享”，实现教师管理过程精细化、治理工作精细化，优化教师管理核心工作，不断提升教师管理服务水平。

3. 实现服务优化决策

通过高效采集和有效整合教师系统和相关教育管理服务平台生成的教师信息，进行数据分析并形成教师队伍的大数据，将为教师队伍建设决策和政策制定提供详实的数据支持。进行多角度、多层面、多方位的关联分析、融合利用，在教师培养和培训、资源配置和结构等方面评价教师队伍发展状况、找准发展问题、研判发展趋势、确定发展重点、提升决策的科学性、针对性和有效性。

4. 个性化功能拓展

系统支持应用拓展功能，可对市、区、高校提出的功能需求进行个性化定制，满足不同用户的使用需求。通过数据统计分析功能模块化自定统计字段并生成教师多维度统计分析报表。系统还支持用户建立离退休库，定期将已经离退休的教师信息进行归集。

（二）建设内容

北京市教师管理信息系统采用顶层设计，分期建设的步骤。一期建设内容主要实现信息采集功能，单位信息维护，人员信息维护，系统管理功能。二期建设内容主要涉及完善数据采集与管理，实现数据开放共享，多维度统计分析数据，实现初步的分析决策支持。三期建设内容是提升管理服务平台的综合容纳能力，拓展和对接各种管理类应用，并实现大数据分析与应用，通过数据的汇集实现真正意义上的数据决策分析。

四、北京市教师管理信息系统更新内容

（一）增加已审核信息变更模块

本模块用于变更教师已审核通过的信息，可由教师个人发起申请，学校管理员、区/市级管理员逐级审核，或由学校管理员发起变更申请，由区/市级管理员进行审核，最终审核通过后，变更信息成功，并于次日零点同步该信息至市级教育数据交换中心，以便其他应用系统使用。

（二）增加教师调动、教师交流轮岗审核流程

教师调动、教师交流轮岗将由调入校管理员提出调动（交流轮岗）申请，依次经调入校所在区管理员、调出校所在区管理员、调出校管理员审核通过后，此次教师调动、教师交流轮岗方可生效，并于次日零点同步该信息至市级教育数据交换中心，以便其他应用系统使用。

（三）增加统计分析功能

本功能将以列表和统计图的形式展示教职工基本情况、教职工岗位类别、教职工学位情况、教职工调动情况等。

（四）部分优化内容

教师各项信息表增加“是否为当前状态”字段，方便教师查看哪一条数据为当前状态；对部分树形数据项进行优化，增加节点选择限制，提高数据准确性；增加信息采集各项填写说明，完善提示框信息等。

五、做好北京市教师管理信息系统相关工作的要求

（一）高度重视，做好保障

各级教育行政部门和学校、市属高校要组织系统维护、管理和使用人员认真学习《北京市教师管理信息系统部署与启用工作实施方案》（京教人〔2016〕25号）和本通知，在人员配备、技术和经费上做好保障。各区要建立机制，按照采集单位范围重点督促落实不到位的单位，按照工作时间点和流程完成各项工作，按时上报工作总结。

（二）优先使用，来源唯一

为保证北京市教师管理信息系统作为教师信息数据来源的唯一性和实时性，要求各校、各区统一优先使用北京市教师管理信息系统维护本校、本区教师基本信息和变化操作，以教师管理信息系统的数据作为源数据，通过数据交换中心对接本校、本区其他各项系统。确保本系统的基础信息地位，作为教师和教育工作的唯一数据来源。

（三）伴随采集，高频审核

要将使用教师管理信息系统对教师进行信息化管理列为人事管理的常规工作，校、区要指定专人负责教师管理信息系统的技术支持和日常维护工作，做到线上与线下的同步更新，实现伴随式采集更新和高频度审核，确保数据“常新”。

（四）明确责任，保证质量

数据的真实准确是做好教师信息化管理和政策决策的基本前提

和关键保障。按照“谁填报、谁负责，谁审核、谁负责”的原则，建立信息填报审核责任制。教师信息的录入、更新和调整要与人事工作紧密结合，数出有据，严格校、区/市二级审核制度，校长作为第一责任人要切实把关，确保数据“真”和“准”。

（五）加强研究，注重应用

数据应用是系统的核心，随着系统的建设和不断完善，校、区、市三级管理部门要加强信息分析研究能力，通过各项分析和应用让鲜活的数据为校、区、市三级教师队伍建设管理和决策发挥作用，实现系统建设的根本目的。

（六）严格保密，确保安全

各区各校要高度重视系统信息安全工作，建立管理人员台账制度，确保账号密码专人保管，严格按照人事管理规定对于教师各项信息进行保密，严禁未经区市两级教育行政部门允许将数据交于第三方。按照《网络安全法》等相关法律法规要求，完善安全制度，明确安全责任，加强管理与技术双重保障体系，确保信息安全和应用可靠。

请各区、高校尽早启动，于2017年10月13日前按照《2017年下半年教师管理信息系统集中维护内容》（附件1）完成系统集中维护以及审核报送工作，报送《北京市教师管理信息系统采集审核工作情况报告》（附件2）和《北京市教师管理信息系统采集审核情况表》（附件3）。

新修订的《北京市教师管理信息系统教师基础信息指标及指标字典》和《北京市教师基础信息管理系统使用手册》请登录邮箱下载。

附件：1. 2017年下半年教师管理信息系统集中维护内容

2. 北京市教师管理信息系统采集审核工作情况报告（模板）（略）

3. 北京市教师管理信息系统采集审核情况表（略）

2017年9月1日

附件1

2017年下半年教师管理信息系统集中维护内容

一、维护更新内容阶段

1. 学校信息变更

根据上半年学校新建撤并情况，由区级管理员完成学校账户的新建和核销工作。

2. 教师个人信息的采集更新

学校管理员为新教师填写基本信息，生成教育ID号，新教师本人填报必填信息（与首次采集一致）。

采用统一认证方式，由教师本人使用教育ID号登录系统核对并更正已填信息，增加新信息。

学校管理员填报教师专业技术职务、基本待遇、年度考核、师德信息4个模块由学校管理员（人事干部）进行更新。其中凡纳入今年3月市教委人事处布置的绩效工资调研采集工作范围的单位，教师2016年的“基本待遇”要与采集数据保持一致。

3. 应用管理的更新

学校和区级管理员按照相应流程完成教师变动、交流轮岗的操作。

由于系统采取伴随式采集更新方式，数据时间截止点为当前，上次已采集的全体教师各项数据要更新至当前状态，特别是要增加2016年度和2016—2017学年度的各项信息。请学校布置和审核时重点关注。

二、两级审核和上报市教委阶段

1. 区辖域内中小学校、中等职业学校、特殊教育学校、幼儿园由学校管理员进行一级审核（初审），区级管理员进行二级审核

（终审）。

2. 本科院校、高职专科院校由学校管理员进行一级审核（初审），市级管理员进行二级审核（终审）。

3. 各区和高校提交工作总结和审核表。

三、数据准确性分析和上报教育部阶段

两级审核后的数据，市教委将采用分析工具进行合理性分析，整体数据合格后上报教育部教师工作司。

中共北京市委教育工作委员会
北 京 市 教 育 委 员 会
北京市人力资源和社会保障局
北 京 市 财 政 局
中国教育工会北京市委员会

关于表彰北京市人民教师的决定

京教人〔2017〕41号

各区委教工委、区教委、区教育工会，市政府有关委办局（总公司），各高等学校，市教委直属单位：

党的十八大以来，本市广大教师以习近平总书记系列重要讲话精神为指导，以强烈的事业心、责任感和饱满的工作热情，全面贯彻党的教育方针，在深化教育改革、推进素质教育、促进教育公平、提高教育质量等方面做出了突出成绩和贡献，涌现出一大批优秀教师。

为表彰献身教育事业并做出突出贡献的优秀教师，宣传优秀教师的先进事迹，形成尊师重教的良好社会风气，进一步推动本市教育事业发展，经市政府批准，授予尹伟伦、祁京生、汪艳、张美荣、林崇德、郑丹娜、崔海明、韩玮、游向红9名同志“北京市人民教师”称号。同时，中共北京市委教育工作委员会、北京市教育委员会、北京市人力资源和社会保障局、北京市财政局、中国教育工会北京市委员会授予马春英、许美琳、孙建宁、孙洪军、李文凤、张亚红、林建华、高海颜、诸欣平、路书芳10名同志“北京市人民教师提名奖”称号。希望受到表彰的同志保持荣誉、继续努力，进一步发挥模范带头作用，在教育事业的改革和发展中取得更加优异的成绩。

受到表彰的同志是全市教师的杰出代表，他们在平凡的工作岗位上做出了突出贡献，展现了新时期人民教师的良好精神风貌。全市教育战线广大教师要以他们为榜样，牢记使命，爱岗敬业，为人师表，教书育人，为率先实现首都教育现代化，努力办好人民满意的教育做出更大贡献，以更加饱满的热情迎接中国共产党第十九次代表大会的胜利召开！

附件：1. 北京市人民教师奖获得者名单

2. 北京市人民教师提名奖获得者名单

2017年9月4日

附件1

北京市人民教师奖获得者名单

（按姓氏笔画排序）

尹伟伦	北京林业大学
祁京生	北京市通州区潞河中学
汪艳（女）	北京市第八中学
张美荣（女）	北京轻工技师学院
林崇德	北京师范大学
郑丹娜（女）	北京市朝阳区垂杨柳中心小学
崔海明	北京市怀柔区长哨营满族乡中心小学
韩玮（女）	北京市大峪中学
游向红（女）	北京市丰台区第二幼儿园

附件2

北京市人民教师提名奖获得者名单

（按姓氏笔画排序）

马春英（女）	北京铁路电气化学校
许美琳（女）	北京市朝阳区教育研究中心
孙建宁（女）	北京中医药大学
孙洪军	北京市平谷区夏各庄中心小学
李文凤（女）	北京市房山区蒲洼乡蒲洼中心小学
张亚红（女）	北京市八一学校
林建华	北京外国语大学
高海颜（女）	北京市密云区新城子中学

诸欣平（女） 首都医科大学

路书芳（女） 北京市昌平区流村中心小学

北京市教育委员会

关于做好 2017 年秋季北京地区高等学校教师资格认定工作的通知

京教函〔2017〕430 号

各高等学校：

2017 年秋季高校教师资格认定工作即将开始。为了保证此项工作的顺利进行，现将有关事项通知如下：

一、认定范围

北京地区高等学校中专门从事教学工作、拟受聘于高校教师职务的在编在岗教师。

二、时间安排

10 月 10 日至 14 日，申请人登录 www.jszg.edu.cn（中国教师资格网）进行网上申报；

10 月 16 日至 22 日期间，各高校对本校申请人员进行 7 天公示；

10 月 24 日至 25 日，非授权委托认定高校报送申请人员材料；

10 月 30 日前，授权委托认定高校完成对申报人员的公示、体检、认定材料审核、教育教学能力测试、专家审查委员会表决等相关工作；

10 月 30 日至 31 日，授权委托认定高校报送申请人员材料；

11 月 3 日起，非授权委托认定高校须参加教育教学能力测试人员下载打印准考证（网址为 http：//www. bjtcc. org. cn）；

11 月 11 日至 12 日，非授权委托认定高校申请人员参加教育教学能力测试（以准考证上测试时间为准）；

11 月 16 日，非授权委托认定高校参加教育教学能力测试人员查询成绩（网址为 http：//www. bjtcc. org. cn）；

11 月底，发放教师资格证书。

三、报送材料要求

（一）授权委托认定高校

1.《教师资格认定申请表》（含思想品德鉴定表）原件一式 2 份；

2.《北京市申请认定高等学校教师资格人员情况汇总表》1 份（见附件 1），按姓名拼音升序排序；

3.《申请认定高等学校教师资格人员公示名单》1 份（见附件 2）；

4.《申请认定高等学校教师资格人员公示结果》1 份（见附件 3）；

5. 标准一寸证件照 1 张（制作证书时携带）。

（二）非授权委托认定高校

1.《教师资格认定申请表》（含思想品德鉴定表）原件一式 2 份；

2. 修学高等教育学、高等教育心理学证明原件及复印件；

3. 学历证明复印件；

4.《北京市教师资格认定体格检查表》原件及原件的封面、个人信息页、结论页复印件；

5.《普通话水平测试等级证书》原件及复印件；

6. 身份证明复印件；

7. 标准一寸证件照 1 张（背面注明申请人姓名）放入信封；

8.《北京市申请认定高等学校教师资格人员情况汇总表》1 份（见附件 1），按姓名拼音升序排序；

9. 公办校提供申请人《北京市事业单位聘用合同书》原件及复印件，如聘用合同中未体现岗位名称，还需提供《岗位任务书》的原件及复印件。

民办高校和独立学院提供申请人劳动合同书原件及复印件。

10.《申请认定高等学校教师资格人员公示名单》1份（见附件2）；

11.《申请认定高等学校教师资格人员公示结果》1份（见附件3）；

补发、换发证书的相关要求详见北京市教师资格网（网址：http：//www.bjtcc.org.cn），相关材料于秋季报送申请认定材料时一并报送。

四、工作要求

（一）教师资格认定作为教育行政许可事项，程序合法性、办结时效性强，各高校要高度重视，加强组织领导，须确定专人负责，要严格按照全市统一部署精心组织，周密安排，积极做好相关政策的宣传和解释工作。各高校要严格执行教师资格认定政策，加强对申请人员教育教学能力测试，保证质量，确保认定工作的顺利开展。

（二）各授权委托高校要严格按照教师资格认定工作程序，制定本年度的教师资格认定工作方案，做好本校申请人员的申请及受理、面试与试讲、审核与认定等相关工作。各类表格填报内容真实，信息完整。

（三）各非授权委托高校要做好信息发布、人员组织管理、申请资格审查、材料收集及初审等各项工作，掌握各时间节点，及时通知本校需要参加教育教学能力测试人员按时参加测试并做好后期测试结果的反馈。

（四）各高校应安排专人作为网络系统管理员负责核实和确认本校申请人的网报信息。按要求规范操作，核实和确认本校申请人员网报信息的真实性以及与报送的《教师资格认定申请表》内容的一致性。妥善保管登录账户和密码，确保申请人信息安全。

《教师资格认定申请表》中简历应填写到至今项，至今项职务应如实填写。“现从事职业”一栏，高校教师应填写“在职教学人员”；高校专职辅导员应填写“其他专业技术和管理人员”，申报学科只能是“思想政治教育”或“马克思主义哲学与思想政治教育”；没有专业技术职务的人员对应项选“无”。

（五）各高校要做好申请人申请认定资料整理归档工作，及时将《教师资格认定申请表》归入个人人事档案。

（六）各高校在开展教师资格认定工作中，须严肃纪律、依法实施，严禁弄虚作假。特别是对申请人是否具备申请资格进行严格自查。对违反规定，损害申请人利益、甚至影响教师资格制度依法实施，并造成严重后果的，将按照相关法律、法规追究有关人员的责任。对授权委托高校弄虚作假，违反政策规定的，将按照《教师资格条例》和《〈教师资格条例〉实施办法》取消其授权委托资格。

（七）教师资格认定的相关政策请查询北京市教师资格网(http://www.bjtcc.org.cn)。

五、联系方式

北京市教师资格认定事务中心地址：西城区德外黄寺大街什坊街2号北京教育学院北楼313。

邮编：100120

附件：1. 北京市申请认定高等学校教师资格人员情况汇总表（略）

2. 申请认定高等学校教师资格人员公示名单（样表，略）

3. 申请认定高等学校教师资格人员公示结果（公示无异议模板，略）

2017年9月14日

北京市教育委员会

关于公布入选第五批北京市中小学名师发展工程培养对象人选的通知

京教函〔2017〕425号

各区教委、燕山教委，各有关单位：

根据市委教工委、市教委《关于实施北京市中小学名师名校长发展工程的意见》（京教工〔2012〕48号）要求，经各区教委推荐，市教委组织专家进行综合评议，2017年北京市教育委员会第24次主任办公会研究通过，确定了第五批北京市中小学名师发展工程培养对象人选（以下简称：被培养对象），现予以公布。

各区教委要充分认识名师发展工程的重大意义，定期了解、督促被培养对象的学习情况。被培养对象所在学校要创造条件，支持其参加工程的所有活动，适当核减其在校的工作量。被培养对象要投入充分的时间和精力，圆满完成培养任务。具体培养时间、培养地点和培养方案另行通知。

附件：第五批北京市中小学名师发展工程培养对象人选名单

2017年9月19日

附件

第五批北京市中小学名师发展工程培养对象人选名单

序号	姓名	工作单位	区属
1	于萍	北京小学	西城区
2	张杰	北京市东城区教师研修中心	东城区
3	赵东	昌平区南口铁道北小学	昌平区
4	杨立宪	北京市第十二中学	丰台区
5	李大永	北京市海淀区教师进修学校	海淀区
6	杨灵	西城教育研修学院	西城区
7	邵钦	北京石油学院附属小学	海淀区
8	付绘	北京教育学院丰台分院	丰台区
9	王思锦	北京市海淀区教师进修学校	海淀区
10	李桂娟	北京市西城区育民小学	西城区
11	张玉峰	北京教育科学研究院	直属单位
12	张跃强	北京教育学院朝阳分院	朝阳区
13	马珏	北京市中关村中学	海淀区
14	焦锟	北京教育学院石景山分院	石景山区
15	李秋艳	北京市东城区和平里第四小学	东城区
16	赵文娟	北京市朝阳区教育研究中心	朝阳区
17	南海涛	北京教育学院石景山分院	石景山区
18	张丽雅	北京师范大学附属中学	西城区
19	王琦	北京市京源学校	石景山区
20	纪秋香	北京教育学院石景山分院	石景山区
21	王红霞	北京市健翔学校	海淀区
22	边业凝	北京市育才学校	西城区

续表 1

序号	姓名	工作单位	区属
23	魏发团	北京市广渠门中学	东城区
24	刘娜	北京市朝阳区教育研究中心	朝阳区
25	白建娥	清华大学附属中学	海淀区
26	孙宏慧	北京小学丰台万年花城分校	丰台区
27	雷霞辉	首都师大附属中学	直属单位
28	高雪松	北京师大二附中	西城区
29	李新会	平谷区教育研修中心	平谷区
30	陈俊荣	中关村第三小学	海淀区
31	盛志武	西城教育研修学院	西城区
32	齐宝卫	北京市陈经纶中学	朝阳区
33	马德利	北京市房山第四中学	房山区
34	张羽燕	首都师范大学附属实验学校	朝阳区
35	叶欣	北京工业大学附属中学	朝阳区
36	秦悦	北京市第一六六中学	东城区
37	庞军	北京第二实验小学	西城区
38	王化伦	北京市密云区第六小学	密云区
39	何艳阳	北京大学附属中学	海淀区
40	张英华	首都师范大学附属房山中学	房山区
41	马燕	北京市朝阳区花家地实验小学	朝阳区
42	杨雪莲	教研和教师研修中心	顺义区
43	李德胜	北京市第四中学	西城区
44	贾一震	北京市通州区潞河中学	通州区
45	高新明	大兴区教师进修学校	大兴区

续表 2

序号	姓名	工作单位	区属
46	汤亚宁	北京市东城区史家小学分校	东城区
47	马山	北京市第四中学顺义分校	顺义区
48	石素芝	中国人民大学附属中学第二分校	海淀区
49	宋薇	清华大学附属中学	海淀区
50	刘刚	北京市第十二中学	丰台区
51	商晓绪	北京市朝阳区教育研究中心	朝阳区
52	柏春庆	北京市海淀区教师进修学校	海淀区
53	李永恒	朝阳区芳草地国际学校	朝阳区
54	徐雁	北京市第四中学	西城区
55	张春明	昌平区沙河中心小学	昌平区
56	杲振洪	北京中学	朝阳区
57	齐春平	北京市密云区太师庄中学	密云区
58	王玉平	平谷区第三中学	平谷区
59	杨冬香	北京市温泉第二中学	海淀区
60	马淑杰	通州区运河中学	通州区
61	郝昀铮	北航实验学校（中学部）	海淀区
62	王静	北京教科院通州区第一实验小学	通州区
63	王爽	首都师范大学大兴附属中学	大兴区
64	蒋志超	北京市史家小学通州分校	通州区
65	贾晓村	北京小学大兴分校	大兴区

中共北京市委教育工作委员会
北　京　市　教　育　委　员　会

转发市人力社保局等四部门关于进一步做好机关事业单位防治“吃空饷”加强长效管理工作文件的通知

京教人〔2017〕43号

各市属高校、直属单位组织、人事等相关部门：

为落实市人力社保局、市委组织部、市编办、市财政局印发的《关于进一步做好机关事业单位防治“吃空饷”加强长效管理工作的通知》（京人社专技发〔2017〕206号，以下简称《通知》）的精神和要求，从源头上、机制上防治“吃空饷”问题，加快推进事业单位建立防治“吃空饷”问题长效机制，现将《通知》转发给你们，并对落实工作提出以下要求：

一、高度重视，正面引导。事业单位防治“吃空饷”工作，既是一项政治任务，也是一项民心工程，要充分认识防治“吃空饷”问题的重要性，把防治“吃空饷”问题长效机制建设摆到维护公平正义、加强党风廉政建设、提高党和政府公信力的高度，推进防治工作常态化、制度化。要紧紧围绕加强长效管理的要求做好相关工作，密切关注舆情，积极营造事业单位人员参与、支持、配合、监督治理“吃空饷”工作的良好氛围，注意做好政策解释以及正面宣传和社会舆情引导工作。

二、加强组织领导，明确责任分工。市教育两委成立防治“吃空饷”问题联合工作小组，由市委教育工委、市教委领导和相关处室负责同志组成。工作小组下设办公室，设在市教委人事处。工作小组负责指导、协调、监管各事业单位防治“吃空饷”总体工作；研究进一步完善防治“吃空饷”工作长效机制；研究确定防治“吃空饷”年度工作任务；组织开展专项监督检查；研究督查重点问题，处理“吃空饷”问题等。

各单位要按照分级管理、分工负责的原则，成立相应的防治“吃空饷”问题工作协调联动机构，明确职责分工，建立工作责任制，不断完善防治“吃空饷”问题长效机制。单位主要负责同志作为第一责任人，要切实负起领导责任，要加强统筹领导，明确责任部门，通过建制度、强监督，对“吃空饷”问题切实从源头上、机制上加强综合防治。

三、加强基础管理，健全长效机制。各单位要严格按照《通知》要求，进一步规范和完善事业单位公开招聘、干部交流、岗位聘用、日常考勤、工作考核、工资发放、人员退出、人员离岗等工作，全面从严从实加强基础管理。要健全和完善自查、自纠、公示、通报等制度，切实促进防治“吃空饷”问题工作机制的常态化、长效化。

四、完善工作机制，严肃责任追究。市教育两委联合工作小组定期召开会议，研究传达、贯彻上级有关文件或会议精神；通报重大情况；推进完成全年工作任务；部署、指导各单位对“吃空饷”问题开展自查活动，不定期组织对重点单位“吃空饷”问题的联合检查；健全对事业单位防治“吃空饷”问题的日常监督机制；健全对事业单位存在“吃空饷”问题研究处理、问责机制。

各单位要将防治“吃空饷”问题纳入党风廉政建设工作范畴。对“吃空饷”问题，保持“零容忍”。一经发现，坚决查处、严厉追责。通过多方联动、全民监督，加大对“吃空饷”问题的查处力度，定期通报、公开曝光，严肃处理负有责任的领导人员和相关责任人。对出现“吃空饷”问题的单位，坚决追缴“吃空饷”金额，核减相应编制、岗位与预算，形成持续高压态势，确保事业单位防治“吃空饷”长效机制落地生根。

2017 年 11 月 8 日

北京市人力资源和社会保障局
中共北京市委组织部
北京市机构编制委员会办公室
北京市财政局

关于进一步做好机关事业单位防治“吃空饷”加强长效管理工作的通知

京人社专技发〔2017〕206 号

各区组织部、编办、人力社保局、财政局，市属各部委、办、局、直属单位组织、人事等相关部门：

为从源头上、机制上防治“吃空饷”问题，加快推进机关事业单位建立防治“吃空饷”问题长效机制，结合进一步落实《人力资源社会保障部、中央组织部、中央编办、财政部关于建立机关事业单位防治“吃空饷”问题长效机制的指导意见》（人社部规〔2016〕6 号）文件要求，在前期我市开展的机关事业单位“吃空饷”问题专项整治与“回头看”工作的基础上，现就进一步做好机关事业单位防治“吃空饷”，加强长效管理工作通知如下。

一、正确界定"吃空饷"情形

（一）工作范围为全市各级机关事业单位编制内工作人员和离退休人员。

（二）"吃空饷"问题主要是指以下情形：

1. 在机关事业单位挂名并未实际到岗上班，但从机关事业单位领取工资、津贴补贴的。

2. 因请假、因公外出期满无正当理由逾期不归或旷工等原因，按规定单位应当与其终止人事关系，但仍在原单位领取工资、津贴补贴的。

3. 已与单位终止人事关系或已办理离退休手续，仍按在职人员领取工资、津贴补贴的。

4. 已死亡或被人民法院宣告死亡、失踪，仍由他人继续领取工资、津贴补贴的。

5. 受党纪政纪处分及行政、刑事处罚等，按规定应当停发或降低工资待遇，但仍未停发或按原标准领取工资、津贴补贴的。

6. 机关事业单位隐瞒事实、虚报人员编制或实有人数套取财政资金的。

7. 其他违纪违规领取工资、津贴补贴的。

二、从严从实基础管理

（一）严格人员日常管理。各区、各主管部门要按照公务员考试录用、事业单位公开招聘、岗位聘用、干部交流、人才引进等规定选拔、使用人员，严格按照政策规定和工作程序办理入职手续，严格执行公务员登记制度和事业单位工作人员实名统计制度。充分利用信息化手段，及时采集、更新在岗人员信息和工资发放信息，逐步建立机构编制、人员在岗、工资发放、人员交流等情况内部公示制度。加强考勤管理，机关事业单位工作人员因病、因事请假须严格履行请销假制度，并按照干部管理权限进行报批、备案，对违反规定的行为要及时处理。严格落实考核制度、岗位聘用变化备案制度、编制实名制和年报统计制度，将日常考核、年度考核与人员晋升、岗位和工资调整紧密挂钩。机关事业单位工作人员与单位解除、终止人事关系的，或者已死亡或被人民法院宣告死亡、失踪的，应按规定及时办理工资核销与社会保险关系转移或终止手续。

（二）严格工资发放管理。机关事业单位工作人员病假期间，按国家及我市有关政策执行相应的工资福利待遇，符合病退、退职条件的，应及时办理相关手续，执行相应的待遇。受党纪政纪处分的，须按规定取消、停发或降低工资待遇。机关事业单位工作人员被审判、检察、公安、国家安全机关采取强制措施和受行政刑事处罚，所在单位在收到告知书后，要按规定对其工资待遇进行处理，并按照干部管理权限报告有关单位和部门。工作人员按规定办理退休手续后，须在退休次月执行相应的退休待遇。

（三）严格离岗人员管理。机关事业单位一般不得以日常工作为由借调人员，因完成专项工作或者重点任务确需借调工作人员，须经借出、借入单位领导集体研究，并按照干部管理权限履行审批程序，明确借调期限，借调期满后继续借用的，须重新履行审批手续。严格禁止各种形式的非组织借调行为。机关事业单位工作人员离岗进修培训、挂职锻炼、对口援建等，需按照干部管理权限审批，并按有关规定抓好日常管理。对按照国家和我市有关文件要求离岗创业的高校、科研机构等事业单位专业技术人员，各区、各主管部门要通过完善聘用合同管理、强化考核等办法，加强规范管理。

三、加强联动监督

（一）成立协调联动机构

调整完善我市防治“吃空饷”问题协调联动机构，成立北京市机关事业单位防治“吃空饷”问题联合工作小组（以下简称工作小组），由市人力社保局、市委组织部、市编办、市财政局四家单位组成。组长由市人力社保局主要领导担任，常务副组长由市人力社保局主管领导担任，副组长由市委组织部、市编办、市财政局主管领导担任，小组成员由四家成员单位相关处室负责同志担任。工作小组下设办公室，办公室设在市人力社保局专业技术人员管理处

（事业单位人事管理处），办公室主任由该处室主要负责同志担任，办公室联络员由各成员单位一名具体业务负责同志担任。

（二）明确职责分工

工作小组：负责指导、协调、监管我市机关事业单位防治“吃空饷”总体工作；研究进一步完善防治“吃空饷”工作长效机制；研究确定防治“吃空饷”年度工作任务；组织开展专项监督检查；研究督查重点问题，处理“吃空饷”问题等。

工作小组办公室：负责“吃空饷”问题受理、协调联络、任务分工、工作落实、会议组织等日常事务。

市委组织部、市人力社保局：负责健全统一指导、分级调控、分类管理的干部人事管理体制；完善干部人事管理制度，加强对各类人员管理及工资待遇执行等方面的政策指导；强化干部人事监管，健全各项管理程序，完善人员流动管理机制。

市编办：负责全面实行机构编制实名制管理，探索人员编制使用核准备案制度，强化部门间联动管理综合约束机制，依法依规推进机构人员编制信息公示公开；加强机构运行和编制使用情况的动态监测，切实加大案件查处工作力度。

市财政局：负责做好防治“吃空饷”所需经费保障工作；会同市人力社保局等部门进一步加强财政拨款工资管理和监督检查。

（三）完善工作机制

市机关事业单位防治“吃空饷”联合工作小组定期召开会议，研究传达、贯彻上级有关文件或会议精神；通报重大情况；研究制定全年工作任务；工作小组成员单位按照职责分工，认真落实相关工作，部署、指导各机关事业单位对“吃空饷”问题开展自查活动，不定期组织对重点机关事业单位“吃空饷”问题的联合检查；对“吃空饷”问题的重点、难点进行研究会商，集体研判；对“吃空饷”问题有关责任人按相关规定进行处理，并定期通报处理情况。设立防治“吃空饷”问题监督举报电话，成员单位结合职责分工，对问题线索进行研究处理。

四、严肃责任追究

各级党政机关事业单位要将防治“吃空饷”问题纳入党风廉政建设工作范畴。市委组织部将防治“吃空饷”纳入结合巡视开展选人用人专项检查工作中，并将检查结果作为领导班子考核评价的重要内容。市审计局将防治“吃空饷”纳入全市党政主要领导干部经济责任审计、检查范畴。对“吃空饷”问题，保持“零容忍”。一经发现，坚决查处、严厉追责。通过多方联动、全民监督，加大对“吃空饷”问题的查处力度，定期通报、公开曝光，严肃处理负有责任的领导人员和相关责任人，对因管理不严造成“吃空饷”并产生恶劣影响的，追究主管部门和所在单位领导责任；对违纪违规的，按照党纪、政纪等有关规定给予处理；对涉嫌违法犯罪的，移交司法机关处理。对出现“吃空饷”问题的单位，坚决追缴“吃空饷”金额，核减相应编制、岗位与预算，形成持续高压态势，确保机关事业单位防治“吃空饷”长效机制落地生根。

各区、各部门要按照分级管理、分工负责的原则，成立相应的机关事业单位防治“吃空饷”问题工作协调联动机构，明确职责分工，建立工作责任制，不断完善防治“吃空饷”问题长效机制。用人单位主要负责人是防治“吃空饷”问题第一责任人，要加强统筹领导，明确责任部门，通过建制度、强管理，从源头上杜绝“吃空饷”问题的产生，切实将防治“吃空饷”长效机制落实到位。

2017 年 9 月 25 日

北 京 市 教 育 委 员 会
北京市人力资源和社会保障局

关于授予雷海环等 222 名同志北京市特级教师荣誉称号的决定

京教人〔2017〕44 号

各区教委、燕山教委，市教委有关直属单位：

根据原国家教委、人事部、财政部《特级教师评选规定》和北京市教育委员会、北京市人力资源和社会保障局《关于做好 2017 年北京市特级教师评选工作的通知》（京教人〔2017〕22 号），经北京市特级教师评选委员会评选、公示，并报市政府批准，决定授予雷海环等 222 名同志“北京市特级教师”荣誉称号，从 2017 年 11 月 1 日起享受特级教师津贴等有关待遇。

希望受到表彰的特级教师珍惜荣誉，再接再厉，认真履行特级教师职责，坚持工作在教育教学第一线，为学生健康成长发挥指导者和引路人的作用，在全面实施素质教育中发挥引领和示范作用；积极参与教育综合改革，在促进教育公平、提高教育质量等方面发挥引领和辐射作用；积极承担培养和指导青年教师任务，为我市教师队伍建设做出贡献。

各区教委和有关直属单位要进一步加强对特级教师的管理工作，积极创造有利条件提高其业务能力和师德水平，充分发挥特级教师的示范带头作用，按照市区两级的安排，有计划地组织新评选的特级教师到远郊区、农村学校进行交流和开展送教、帮教活动，为我市义务教育均衡发展做出贡献。

广大教师和教育工作者要向受表彰的北京市特级教师学习，全面贯彻党和国家的教育方针政策，忠诚于党和人民教育事业，坚持以德立身、以德立学、以德施教，爱岗敬业、教书育人、勇挑重担、无私奉献。

附件：2017 年北京市特级教师名单

2017 年 11 月 8 日

附件

2017 年北京市特级教师名单

序号	姓名	性别	任教学科	工作单位	所在区
1	雷海环	女	学前教育	北京明天幼稚集团	海淀
2	李凤莲	女	学前教育	北京市朝阳区花家地幼儿园	朝阳
3	梁燕京	女	学前教育	北京市北海幼儿园	西城
4	刘淑新	女	学前教育	北京市昌平区机关幼儿园	昌平
5	刘金玉	女	学前教育	北京市第一幼儿园	东城
6	马炳霞	女	学前教育	北京师范大学石景山附属幼儿园	石景山
7	肖延红	女	学前教育	北京市海淀区北部新区实验幼儿园	海淀
8	游向红	女	学前教育	北京市丰台区丰台第二幼儿园	丰台
9	张玲	女	学前教育	北京市顺义区幸福幼儿园	顺义
10	孟春燕	女	学前教育	北京市宣武回民幼儿园	西城

续表1

序号	姓名	性别	任教学科	工作单位	所在区
11	何成文	女	学前教育	北京市第四幼儿园长阳分园	房山
12	闫淑玉	女	学前教育	北京市昌平区教工幼儿园	昌平
13	龚春玲	女	学前教育	北京市通州区大方居幼儿园	通州
14	历春香	女	学前教育	北京市海淀区立新幼儿园	海淀
15	解春荣	女	学前教育	北京市延庆区第一幼儿园	延庆
16	齐振燕	女	学前教育	北京市第六幼儿园	西城
17	高雅跃	女	小学语文	北京市西城区康乐里小学	西城
18	张海宏	男	小学语文	北京市海淀区中关村第一小学	海淀
19	王永红	女	小学语文	北京市西城区黄城根小学	西城
20	尹超	女	小学语文	北京大学附属小学	海淀
21	张海滨	男	小学语文	北京市房山区良乡行宫园学校	房山
22	张宝萍	女	小学语文	北京市海淀区实验小学	海淀
23	陈燕	女	小学语文	北京市东城区史家胡同小学	东城
24	蒋秀云	女	小学语文	北京教育学院朝阳分院	朝阳
25	魏芳	女	小学语文	北京市密云区巨各庄镇中心小学	密云
26	杨杰	女	小学语文	北京市东城区府学胡同小学	东城
27	胡美茹	女	小学语文	北京市怀柔区第二小学	怀柔
28	刘月霞	女	小学语文	北京市昌平区城关小学	昌平
29	白纯舵	女	小学语文	北京市大兴区第七小学	大兴
30	王书敏	女	小学语文	北京市通州区教师研修中心实验学校	通州

续表 2

序号	姓名	性别	任教学科	工作单位	所在区
31	宋燕晖	女	小学数学	北京市东城区灯市口小学	东城
32	刘克臣	男	小学数学	北京市西城区教育研修学院	西城
33	施银燕	女	小学数学	北京第二实验小学	西城
34	王来田	男	小学数学	北京中学	朝阳
35	王薏	女	小学数学	北京市朝阳区芳草地国际学校	朝阳
36	孙京红	女	小学数学	北京市海淀区教师进修学校	海淀
37	李志芳	女	小学数学	北京市海淀区五一小学	海淀
38	赵震	男	小学数学	北京育翔小学回龙观学校	昌平
39	崔建梅	女	小学数学	北京市大兴区瀛海镇第一中心小学	大兴
40	王雅薇	女	小学数学	北京市房山区教师进修学校	房山
41	单红兵	女	小学数学	北京市顺义区裕龙小学	顺义
42	李淑芳	女	小学数学	北京市延庆区第一小学	延庆
43	禹芳	女	小学数学	北京市昌平第三实验小学	昌平
44	刘文波	女	小学数学	北京市门头沟区大峪第一小学	门头沟
45	白淑兰	女	品德与生活	北京市崇文小学	东城
46	赵璐玫	女	品德与生活	北京市海淀区实验小学	海淀
47	杨刚	男	品德与社会	北京市海淀区中关村第二小学	海淀
48	刘显洋	男	品德与社会	北京小学丰台万年花城分校	丰台
49	钟亚利	女	品德与生活	北京市朝阳区垂杨柳中心小学	朝阳
50	邱晓云	女	中学语文	清华大学附属中学	海淀

续表 3

序号	姓名	性别	任教学科	工作单位	所在区
51	李万峰	男	中学语文	北京市通州区教师研修中心	通州
52	王彤彦	女	中学语文	北京教育科学研究院	直属
53	陈沛	女	中学语文	北京教育学院朝阳分院	朝阳
54	任海霞	女	中学语文	首都师范大学附属中学	直属
55	赵慧	女	中学语文	北京市第八十中学	朝阳
56	董卫红	女	中学语文	北京市房山区长阳中学	房山
57	刘颖	女	中学语文	北京市昌平区黑山寨学校	昌平
58	张凤勤	女	中学语文	北京市怀柔区桥梓中学	怀柔
59	张慧林	女	中学语文	北京市通州区于家务中学	通州
60	盛志武	男	中学语文	北京市西城区教育研修学院	西城
61	涂洁	女	中学语文	北京市第八十中学	朝阳
62	陈金华	女	中学语文	北京市延庆区第一中学	延庆
63	上官卫红	女	中学语文	北京市第二十七中学	东城
64	周京昱	男	中学语文	北京教育学院宣武分院	西城
65	王屏萍	女	中学语文	北京市第五中学	东城
66	张冬立	男	中学语文	北京实验学校	平谷
67	周曼云	女	中学语文	北京市海淀区教师进修学校	海淀
68	李晓凤	女	中学语文	首都师范大学附属密云中学	密云
69	王岭	女	中学语文	北京市第十二中学	丰台
70	张英华	女	中学语文	首都师范大学附属房山中学	房山
71	马玉梅	女	中学语文	北京市顺义区第一中学	顺义
72	康珺	女	中学语文	北京市大兴区第一中学	大兴
73	杨桂杰	女	中学语文	北京市怀柔区第一中学	怀柔

续表 4

序号	姓名	性别	任教学科	工作单位	所在区
74	刘青	女	中学语文	北京市第一〇一中学	海淀
75	邢玉英	女	中学语文	北京市第十二中学	丰台
76	邵文武	男	中学数学	北京市海淀区教师进修学校	海淀
77	张如意	男	中学数学	北京市通州区潞河中学	通州
78	李青霞	女	中学数学	北京教育科学研究院	直属
79	吴鹏	男	中学数学	北京景山学校	东城
80	高建钢	男	中学数学	北京市第十七中学	朝阳
81	杨林军	男	中学数学	北京市大兴区教师进修学校	大兴
82	吴中才	男	中学数学	中国人民大学附属中学	海淀
83	许成文	男	中学数学	北京市顺义牛栏山第一中学	顺义
84	何苗	女	中学数学	北京市昌平区第一中学	昌平
85	杨冬香	女	中学数学	北京市温泉第二中学	海淀
86	高欣	女	中学数学	北京市顺义区教育研究和教师研修中心	顺义
87	杨学东	男	中学数学	北京市第五中学	东城
88	郑新春	男	中学数学	北京市丰台区丰台第二中学	丰台
89	胡亚萍	女	中学数学	北京市顺义牛栏山第一中学	顺义
90	王新	女	中学数学	北京市通州区玉桥中学	通州
91	魏晓莉	女	中学数学	北京市第十四中学	西城
92	刘刚	男	中学数学	北京市第十二中学	丰台
93	施景辉	男	中学数学	北京市大兴区第一中学	大兴
94	程国红	女	中学数学	北京市第四中学	西城
95	李龙强	男	中学数学	北京市通州区永乐店中学	通州

续表5

序号	姓名	性别	任教学科	工作单位	所在区
96	马力芬	女	中学数学	北京市延庆区教育科学研究中心	延庆
97	张留杰	男	中学数学	北京市陈经纶中学	朝阳
98	田媛	女	中学数学	北京市第一〇一中学	海淀
99	张勃	女	中学数学	北京市房山区良乡第二中学	房山
100	孙世林	男	中学数学	北京市第八十中学	朝阳
101	周春红	女	中学数学	北京市京源学校	石景山
102	王献春	男	中学数学	北京市延庆区第四中学	延庆
103	朱静珍	女	中学数学	北京市密云区第三中学	密云
104	齐春平	男	中学数学	北京市密云区太师庄中学	密云
105	姜民	女	中学物理	北京大学附属中学	海淀
106	王华	男	中学物理	北京师范大学第二附属中学	西城
107	何艳阳	女	中学物理	北京大学附属中学	海淀
108	秦晓文	男	中学物理	北京教育科学研究院	直属
109	魏华	男	中学物理	北京市第四中学	西城
110	何春生	男	中学物理	北京市第八十中学	朝阳
111	庄国先	男	中学物理	北京市朝阳区教育研究中心	朝阳
112	李志	男	中学物理	北京市东城区教师研修中心	东城
113	刘亦工	女	中学物理	北京市第八十中学	朝阳
114	孙世芳	男	中学物理	北京市大兴区第七中学	大兴
115	傅国辉	女	中学物理	北京市第十中学	丰台
116	侯爱琴	女	中学物理	北京市第十二中学	丰台
117	杨旭升	男	中学物理	北京市通州区永乐店中学	通州

续表 6

序号	姓名	性别	任教学科	工作单位	所在区
118	马山	男	中学物理	北京市第四中学顺义分校（北京市顺义区第十中学）	顺义
119	秦蕾	女	中学化学	北京大学附属中学	海淀
120	杨晓琳	女	中学化学	北京市第二中学	东城
121	孙敏	女	中学化学	北京师范大学第二附属中学	西城
122	曹宇辉	女	中学化学	北京市陈经纶中学	朝阳
123	冯清华	女	中学化学	清华大学附属中学朝阳学校	朝阳
124	王笃年	男	中学化学	北京市十一学校	海淀
125	白建娥	女	中学化学	清华大学附属中学	海淀
126	孟祥雯	女	中学化学	北京市通州区潞河中学	通州
127	李向红	女	中学化学	北京市顺义区教育研究和教师研修中心	顺义
128	裴颖丽	女	中学化学	北京市房山区实验中学	房山
129	张斌	男	中学生物	北京市十一学校	海淀
130	曹仁明	男	中学生物	北京师范大学附属实验中学	西城
131	苏明学	男	中学生物	北京理工大学附属中学	海淀
132	马会放	女	中学生物	北京市顺义区第一中学	顺义
133	平亚茹	女	中学生物	北京市第一〇一中学	海淀
134	闫景娟	女	中学生物	北京市大兴区教师进修学校	大兴
135	陈侠	女	中学生物	北京教育学院朝阳分院	朝阳
136	张秀梅	女	中学生物	北京市通州区运河中学	通州
137	宋绍勇	男	中学生物	北京市昌平区第二中学	昌平
138	贺千红	女	中学历史	北京市十一学校	海淀
139	闫竞	女	中学历史	北京市第八十中学	朝阳

续表 7

序号	姓名	性别	任教学科	工作单位	所在区
140	梁立民	男	中学历史	北京市昌平区第一中学	昌平
141	刘芳	女	中学历史	北京市古城中学	石景山
142	吴波	男	中学历史	北京教育学院丰台分院	丰台
143	牛广芬	女	中学历史	首都师范大学附属红螺寺中学	怀柔
144	赵永春	男	中学历史	北京市延庆区第一中学	延庆
145	朱克西	女	中学地理	北京教育学院丰台分院	丰台
146	党为民	男	中学地理	北京市朝阳区教育研究中心	朝阳
147	杜文红	女	中学地理	北京市第八十中学	朝阳
148	马卫华	女	中学地理	北京市和平街第一中学	朝阳
149	李静	女	中学地理	北京市通州区运河中学	通州
150	马珏	女	中学地理	北京市中关村中学	海淀
151	刘景奎	男	中学地理	清华大学附属中学	海淀
152	梁博	女	中学地理	北京市顺义牛栏山第一中学	顺义
153	蔡碧虹	女	中学政治	北京市顺义区杨镇第一中学	顺义
154	唐敏	女	中学政治	北京市第十二中学	丰台
155	曾阳	男	中学政治	北京市西城区教育研修学院	西城
156	唐翠萍	女	中学政治	北京市第九中学	石景山
157	徐慢	女	中学政治	北京教育学院朝阳分院	朝阳
158	闫丽红	女	中学政治	北京市房山区教师进修学校	房山
159	李婉华	女	中学政治	北京市东城区教师研修中心	东城
160	蒋京丽	女	中学英语	北京教育科学研究院	直属
161	蔡琼	女	中学英语	北京景山学校	东城
162	李艳	女	中学英语	北京市第十二中学	丰台

续表 8

序号	姓名	性别	任教学科	工作单位	所在区
163	刘桂章	男	中学英语	清华大学附属中学永丰学校	海淀
164	王常忠	男	中学英语	北京市密云区第二中学	密云
165	聂青华	女	中学英语	北京市顺义牛栏山第一中学	顺义
166	庞淼	女	中学英语	北方交通大学附属中学	海淀
167	刘云凤	女	中学英语	北京市第三十五中学	西城
168	窦飒	女	中学英语	北京市朝阳区教育研究中心	朝阳
169	王于	女	中学英语	北京市日坛中学	朝阳
170	唐和平	女	中学英语	北京市密云区教师研修学院	密云
171	蔡吉	男	中学英语	北京教育学院石景山分院	石景山
172	李继伟	女	中学英语	北京市大兴区第一中学	大兴
173	杨丽娟	女	中学英语	北京师范大学良乡附属中学	房山
174	李得武	男	中学英语	北京市第二中学通州分校	通州
175	杨立宪	男	中学英语	北京市第十二中学	丰台
176	孙刚	男	中学英语	北京市昌平区第二中学	昌平
177	孙月芬	女	中学英语	北京市通州区潞河中学	通州
178	谢卫军	女	中学英语	北京工业大学附属中学	朝阳
179	王桂英	女	中学英语	北京市大峪中学	门头沟
180	金小红	女	英语	北京国际职业教育学校	东城
181	刘娜	女	中学音乐	北京市朝阳区教育研究中心	朝阳
182	翟晓江	女	小学音乐	北京市海淀区前进小学	海淀
183	鞠红	女	中学音乐	清华大学附属中学	海淀
184	许德昌	男	中学音乐	北京市第一七一中学	东城
185	孟庆梅	女	中学音乐	北京市昌平区第一中学	昌平

续表 9

序号	姓名	性别	任教学科	工作单位	所在区
186	李秀军	女	小学音乐	北京市昌平区南邵中心小学	昌平
187	韩国文	男	中学音乐	北京市怀柔区九渡河中学	怀柔
188	王珏	女	中学音乐	北京市求实职业学校	朝阳
189	张尊高	女	中学美术	北京市八一学校	海淀
190	许红	女	小学美术	北京市西城区育民小学	西城
191	陶涛	男	中学美术	北京教育科学研究院	直属
192	吴金荣	女	小学美术	北京市平谷区第二小学	平谷
193	刘良田	男	中学美术	首都师范大学附属红螺寺中学	怀柔
194	崔海明	男	小学体育与健康	北京市怀柔区长哨营满族乡中心小学	怀柔
195	魏敬	男	小学体育与健康	北京市通州区漷县镇中心小学	通州
196	王立新	女	小学体育与健康	北京市昌平区二毛学校	昌平
197	王晓东	男	小学体育与健康	北京市朝阳区教育研究中心	朝阳
198	王芳	女	小学体育与健康	北京市海淀区万泉小学	海淀
199	张金玲	女	小学体育与健康	北京市通州区教师研修中心	通州
200	武杰	女	中学体育与健康	北京师范大学附属中学	西城
201	张洪斌	男	中学体育与健康	北京市密云区第二中学	密云
202	黄斌	男	中学体育与健康	北京市第八十中学	朝阳
203	孙泽民	男	中学体育与健康	北京市首都师范大学附属丽泽中学	丰台

续表 10

序号	姓名	性别	任教学科	工作单位	所在区
204	谢学军	男	中学体育与健康	北京市大兴区第七中学	大兴
205	范颖	男	小学科学	北京市朝阳区芳草地国际学校	朝阳
206	芦燕云	女	特殊教育	北京市西城区培智中心学校	西城
207	李作林	男	通用技术	中国人民大学附属中学	海淀
208	肖毅	女	校外教育	北京市西城区少年宫	西城
209	张月英	女	信息技术	北京师范大学大兴附属中学	大兴
210	王灵华	女	小学科学	北京市平谷区教育研修中心	平谷
211	李冬梅	女	心理	北京市顺义牛栏山第一中学	顺义
212	范学军	男	小学科学	北京市东城区府学胡同小学	东城
213	王秀芹	女	心理	北京市怀柔区教科研中心	怀柔
214	商会艳	女	小学科学	北京市平谷区山东庄中心小学	平谷
215	陶术研	男	综合实践活动	北京市大峪中学	门头沟
216	沈耘	女	信息技术	北京市海淀区中关村第二小学	海淀
217	李元	女	特殊教育	北京市盲人学校	直属
218	刘秀华	女	心理	北京市大兴区兴华中学	大兴
219	赵继洪	男	中央空调	北京市电气工程学校	朝阳
220	何琳	女	计算机网络技术	北京市求实职业学校	朝阳
221	张玲	女	美发	北京市黄庄职业高中	石景山
222	张亚君	女	财务会计	北京市房山区房山职业学校	房山

北京市教育委员会

关于公布2018年度北京市属高校高水平教师队伍建设支持计划资助名单的通知

京教函〔2017〕613号

各有关单位：

根据市委教工委、市教委《关于印发〈“十三五”时期北京市属高校高水平教师队伍建设支持计划〉的通知》（京教工〔2017〕18号），在学校推荐和专家评议的基础上，经北京教育系统人才工作领导小组审定，确定了北京工业大学李小军等10人入选高层次人才引进与支持计划，北方工业大学韦亚一等22人入选特聘教授支持计划，中国戏曲学院张晶等37人入选长城学者培养计划，中国戏曲学院陈晓娟等100人入选青年拔尖人才培育计划，北方工业大学曲洪权等21人入选高水平创新团队建设计划。现将名单予以公布。

各有关单位要按照市教委文件精神和各项目管理办法的要求精心组织，在经费使用和项目进展等方面加强管理和监督考核，积极创造条件保证各项目的顺利实施，全力促进教师职业发展，全面提高市属高校的教学质量。

附件：1. 2018年度北京市属高校高水平教师队伍建设支持计划高层次人才引进和支持计划项目资助名单

2. 2018年度北京市属高校高水平教师队伍建设支持计划特聘教授支持计划项目资助名单

3. 2018 年度北京市属高校高水平教师队伍建设支持计划长城学者培养计划项目资助名单
4. 2018 年度北京市属高校高水平教师队伍建设支持计划青年拔尖人才培育计划项目资助名单
5. 2018 年度北京市属高校高水平教师队伍建设支持计划高水平创新团队建设计划项目资助名单

2017 年 12 月 7 日

附件 1

2018 年度北京市属高校高水平教师队伍建设支持计划高层次人才引进项目资助名单

学校名称	姓名	项目编号
北京工业大学	李小军	CIT&TCD20180101
北京建筑大学	王坚	CIT&TCD20180102
北京建筑大学	周惠兴	CIT&TCD20180103
首都师范大学	刘晓	CIT&TCD20180104
首都师范大学	李小军	CIT&TCD20180105
首都师范大学	吴春福	CIT&TCD20180106
首都经济贸易大学	刘安国	CIT&TCD20180107
首都经济贸易大学	陈宇峰	CIT&TCD20180108
首都经济贸易大学	郭荣星	CIT&TCD20180109
首都经济贸易大学	麻宝斌	CIT&TCD20180110

附件 2

2018 年度北京市属高校高水平教师队伍建设支持计划特聘教授支持计划项目资助名单

学校名称	姓名	项目编号
北方工业大学	韦亚一	IDHT20180201
北方工业大学	洪文	IDHT20180202
北方工业大学	彭木根	IDHT20180203
北京石油化工学院	虞心红	IDHT20180204
北京电影学院	丁如如	IDHT20180205
北京电影学院	吴凌	IDHT20180206
北京建筑大学	寇子明	IDHT20180207
北京信息科技大学	WeiXiang（向维）	IDHT20180208
北京联合大学	阮榕生	IDHT20180209
北京联合大学	李文华	IDHT20180210
北京联合大学	李德紘	IDHT20180211
北京联合大学	陈锦雄	IDHT20180212
北京联合大学	戴琼海	IDHT20180213
北京舞蹈学院	于平	IDHT20180214
首都师范大学	严登华	IDHT20180215
首都师范大学	杜桂萍	IDHT20180216
首都经济贸易大学	李一军	IDHT20180217

续表

学校名称	姓名	项目编号
首都经济贸易大学	杨金海	IDHT20180218
首都经济贸易大学	杨瑞龙	IDHT20180219
首都经济贸易大学	汪旭光	IDHT20180220
首都经济贸易大学	喻国明	IDHT20180221
首都经济贸易大学	穆阿扎姆·马穆德	IDHT20180222

附件 3

2018 年度北京市属高校高水平教师队伍建设支持计划长城学者培养计划项目资助名单

学校名称	姓名	项目编号
中国戏曲学院	张晶	CIT&TCD20180301
中国音乐学院	刘蔓	CIT&TCD20180302
中国音乐学院	黄虎	CIT&TCD20180303
北方工业大学	张萌萌	CIT&TCD20180304
北京工业大学	李健	CIT&TCD20180305
北京工业大学	范立峰	CIT&TCD20180306
北京工业大学	郑坤	CIT&TCD20180307
北京工业大学	赵丽娇	CIT&TCD20180308
北京工业大学	崔玲丽	CIT&TCD20180309

续表1

学校名称	姓名	项目编号
北京工商大学	杨浩雄	CIT&TCD20180310
北京工商大学	张正平	CIT&TCD20180311
北京工商大学	钱立军	CIT&TCD20180312
北京石油化工学院	孙东亮	CIT&TCD20180313
北京石油化工学院	张小红	CIT&TCD20180314
北京电影学院	赵宁宇	CIT&TCD20180315
北京印刷学院	严晨	CIT&TCD20180316
北京农学院	曹庆芹	CIT&TCD20180317
北京财贸职业学院	杜海霞	CIT&TCD20180318
北京物资学院	王成林	CIT&TCD20180319
北京服装学院	车飞	CIT&TCD20180320
北京服装学院	张秀芹	CIT&TCD20180321
北京建筑大学	侯妙乐	CIT&TCD20180322
北京建筑大学	王崇臣	CIT&TCD20180323
北京建筑大学	焦朋朋	CIT&TCD20180324
北京信息科技大学	王灯山	CIT&TCD20180325
北京联合大学	张远索	CIT&TCD20180326
北京联合大学	鲍新中	CIT&TCD20180327
北京舞蹈学院	苏娅	CIT&TCD20180328
首都师范大学	张桃洲	CIT&TCD20180329
首都师范大学	金滢坤	CIT&TCD20180330

续表 2

学校名称	姓名	项目编号
首都师范大学	廖清	CIT&TCD20180331
首都医科大学	王玉记	CIT&TCD20180332
首都医科大学	陈志国	CIT&TCD20180333
首都体育学院	王庆伟	CIT&TCD20180334
首都体育学院	付全	CIT&TCD20180335
首都经济贸易大学	安树伟	CIT&TCD20180336
首都经济贸易大学	李婧	CIT&TCD20180337

附件 4

2018 年度北京市属高校高水平教师队伍建设支持计划青年拔尖人才培育计划项目资助名单

学校名称	申报人姓名	项目编号
中国戏曲学院	陈晓娟	CIT&TCD201804001
中国音乐学院	杨婷婷	CIT&TCD201804002
中国音乐学院	胡廷江	CIT&TCD201804003
中国音乐学院	晏璐婷	CIT&TCD201804004
北方工业大学	杨鑫	CIT&TCD201804005
北方工业大学	郭伟伟	CIT&TCD201804006
北京工业大学	马立民	CIT&TCD201804007

续表1

学校名称	申报人姓名	项目编号
北京工业大学	刘晓	CIT&TCD201804008
北京工业大学	刘婧芳	CIT&TCD201804009
北京工业大学	闫秋实	CIT&TCD201804010
北京工业大学	杨海胜	CIT&TCD201804011
北京工业大学	周颖	CIT&TCD201804012
北京工业大学	郭现伟	CIT&TCD201804013
北京工商大学	王立	CIT&TCD201804014
北京工商大学	王楠	CIT&TCD201804015
北京工商大学	王攀	CIT&TCD201804016
北京工商大学	王永京	CIT&TCD201804017
北京工商大学	许朵霞	CIT&TCD201804018
北京工商大学	孙铭欣	CIT&TCD201804019
北京工商大学	李杰琼	CIT&TCD201804020
北京工商大学	杨绍祥	CIT&TCD201804021
北京工商大学	张明	CIT&TCD201804022
北京工商大学	张婵	CIT&TCD201804023
北京工商大学	张伟华	CIT&TCD201804024
北京工商大学	录驰冲	CIT&TCD201804025
北京工商大学	赵莉	CIT&TCD201804026
北京工商大学	贾焱	CIT&TCD201804027

续表 2

学校名称	申报人姓名	项目编号
北京工商大学	郭志超	CIT&TCD201804028
北京工商大学	曹倩	CIT&TCD201804029
北京工商大学	靳玉娟	CIT&TCD201804030
北京工商大学	熊海涛	CIT&TCD201804031
北京石油化工学院	卢密林	CIT&TCD201804032
北京石油化工学院	刘昱	CIT&TCD201804033
北京石油化工学院	刘强	CIT&TCD201804034
北京石油化工学院	谷庆阳	CIT&TCD201804035
北京石油化工学院	彭珍	CIT&TCD201804036
北京石油化工学院	韩东旭	CIT&TCD201804037
北京印刷学院	张馥玫	CIT&TCD201804038
北京农学院	金君华	CIT&TCD201804039
北京农学院	徐广才	CIT&TCD201804040
北京青年政治学院	花楠	CIT&TCD201804041
北京服装学院	王阳	CIT&TCD201804042
北京服装学院	刘娜	CIT&TCD201804043
北京服装学院	李煌	CIT&TCD201804044
北京服装学院	肖璐然	CIT&TCD201804045
北京服装学院	赵静	CIT&TCD201804046
北京服装学院	赵勇军	CIT&TCD201804047

续表 3

学校名称	申报人姓名	项目编号
北京服装学院	索珊	CIT&TCD201804048
北京服装学院	高丹丹	CIT&TCD201804049
北京建筑大学	刘建华	CIT&TCD201804050
北京建筑大学	张晓然	CIT&TCD201804051
北京建筑大学	武利园	CIT&TCD201804052
北京信息科技大学	王丽婕	CIT&TCD201804053
北京信息科技大学	刘琼	CIT&TCD201804054
北京信息科技大学	李卓	CIT&TCD201804055
北京信息科技大学	李莉	CIT&TCD201804056
北京信息科技大学	张涛	CIT&TCD201804057
北京信息科技大学	倪渊	CIT&TCD201804058
北京信息科技大学	黄文奇	CIT&TCD201804059
北京第二外国语学院	朱华	CIT&TCD201804060
北京第二外国语学院	孙俊新	CIT&TCD201804061
北京第二外国语学院	李彬	CIT&TCD201804062
北京第二外国语学院	柳思思	CIT&TCD201804063
北京第二外国语学院	院成纯	CIT&TCD201804064
北京联合大学	李小贝	CIT&TCD201804065
北京联合大学	张雨	CIT&TCD201804066
北京舞蹈学院	马明	CIT&TCD201804067

续表 4

学校名称	申报人姓名	项目编号
北京舞蹈学院	王欣	CIT&TCD201804068
北京舞蹈学院	田淅	CIT&TCD201804069
北京舞蹈学院	胡岩	CIT&TCD201804070
首都师范大学	王烁	CIT&TCD201804071
首都师范大学	朱慧玲	CIT&TCD201804072
首都师范大学	刘良玉	CIT&TCD201804073
首都师范大学	孙青	CIT&TCD201804074
首都师范大学	苏佳	CIT&TCD201804075
首都师范大学	赵亮	CIT&TCD201804076
首都师范大学	荣利颖	CIT&TCD201804077
首都师范大学	胡涛	CIT&TCD201804078
首都师范大学	段鹏	CIT&TCD201804079
首都师范大学	侯磊	CIT&TCD201804080
首都师范大学	宫天然	CIT&TCD201804081
首都师范大学	崔国鑫	CIT&TCD201804082
首都师范大学	谭笑	CIT&TCD201804083
首都医科大学	王星	CIT&TCD201804084
首都医科大学	刘舒萌	CIT&TCD201804085
首都医科大学	许焕丽	CIT&TCD201804086
首都医科大学	杨曼	CIT&TCD201804087

续表 5

学校名称	申报人姓名	项目编号
首都医科大学	单琳	CIT&TCD201804088
首都医科大学	段军超	CIT&TCD201804089
首都医科大学	郭彩霞	CIT&TCD201804090
首都医科大学宣武医院	刘佳	CIT&TCD201804091
首都体育学院	王骏昇	CIT&TCD201804092
首都体育学院	毕学翠	CIT&TCD201804093
首都体育学院	陈岐岳	CIT&TCD201804094
首都体育学院	黄兴	CIT&TCD201804095
首都经济贸易大学	申萌	CIT&TCD201804096
首都经济贸易大学	吴康	CIT&TCD201804097
首都经济贸易大学	陆文婷	CIT&TCD201804098
首都经济贸易大学	范林元	CIT&TCD201804099
首都经济贸易大学	胡磊	CIT&TCD201804100

附件 5

2018 年度北京市属高校高水平教师队伍建设支持计划高水平创新团队建设计划项目资助名单

学校名称	姓名	项目编号
北方工业大学	曲洪权	IDHT20180501

续表

学校名称	申报人姓名	项目编号
北方工业大学	周京华	IDHT20180502
北京工业大学	宋晓艳	IDHT20180503
北京工业大学	高学云	IDHT20180504
北京工业大学	路德春	IDHT20180505
北京工商大学	王静	IDHT20180506
北京开放大学	黄先开	IDHT20180507
北京石油化工学院	靳海波	IDHT20180508
北京农学院	秦岭	IDHT20180509
北京物资学院	李珍萍	IDHT20180510
北京服装学院	兰翠芹	IDHT20180511
北京建筑大学	张大玉	IDHT20180512
北京信息科技大学	黄民	IDHT20180513
北京联合大学	何勤	IDHT20180514
北京联合大学	孟斌	IDHT20180515
北京舞蹈学院	郭磊	IDHT20180516
首都师范大学	付红兵	IDHT20180517
首都师范大学	任东	IDHT20180518
首都师范大学	解小青	IDHT20180519
首都体育学院	孟涛	IDHT20180520
首都经济贸易大学	柳学信	IDHT20180521

北京市教育委员会

关于公布2018年度北京市职业院校教师素质提升计划资助名单的通知

京教函〔2017〕614号

各区教委，市政府有关委、办、局（总公司）、各高等职业院校、中等职业学校：

根据《北京市职业院校教师素质提升计划（2017—2020年）》，在学校推荐和专家组评议的基础上，经北京市职业院校教师素质提升计划领导小组审定，现将入选2018年北京市职业院校高水平教师队伍建设支持计划特聘专家、职教名师、专业带头人、专业创新团队和优秀青年骨干教师五项目名单予以公布（见附件）。

各有关职业院校要按照市教委文件精神和各项目管理办法的要求精心组织，在经费使用和项目进展等方面加强管理和监督考核，保证北京市职业院校教师素质提升计划各项目的顺利实施。

附件：1.2018年北京市职业院校特聘专家名单

2.2018年北京市职业院校职教名师名单

3.2018年北京市职业院校专业带头人名单

4.2018年北京市职业院校专业创新团队名单

5.2018年北京市职业院校优秀青年骨干教师名单

2017年12月7日

附件 1

2018 年北京市职业院校 特聘专家名单

北京工业职业技术学院	张向前
北京电子科技职业学院	赵斌
北京市工艺美术高级技工学校	李东
北京市丰台区职业教育中心学校	屈浩
北京市求实职业学校	徐雪鹏
北京市昌平职业学校	曹继桐
北京市商业学校	秦英瑞
北京交通运输职业学院	张可
北京戏曲艺术职业学院	艾兵
北京劳动保障职业学院	王小龙
北京体育职业学院	魏庆华
北京汽车技师学院	赵郁
北京国际职业教育学校	周海宽
北京轻工技师学院	苏然
北京信息职业技术学院	蔺增金

附件 2

2018 年北京市职业院校 职教名师名单

中央音乐学院附属中等音乐学校	石海彬
北京工业职业技术学院	赵小平

北京电子科技职业学院	王婧
北京电子科技职业学院	张虎成
北京市工业技师学院	郝永刚
北京市工贸技师学院	韩嘉鑫
北京市电气工程学校	陈琢
北京市延庆区第一职业学校	吴玉忠
北京市园林学校	于红立
北京市应用高级技工学校	邓宁
北京市劲松职业高中	王金玲
北京市盲人学校	李元
北京市实美职业学校	姜勇清
北京市信息管理学校	王浩
北京市黄庄职业高中	张玲
北京市商业学校	王彩娥
北京市商业学校	侯德成
北京交通运输职业学院	李曙辉
北京农业职业学院	陈明莉
北京财贸职业学院	梁毅炜
北京社会管理职业学院	方新
北京国际职业教育学校	金小红
北京信息职业技术学院	林小兰
北京铁路电气化学校	张福顺
首都医科大学附属卫生学校	付红焱

附件 3

2018 年北京市职业院校专业带头人名单

中国音乐学院附中	赵嘉楠
中国音乐学院附中	容世杰
北京工业职业技术学院	方园
北京工业职业技术学院	黄玉芬
北京卫生职业学院	杨德武
北京卫生职业学院	郝晶晶
北京水利水电学校	黄晓明
北京电子科技职业学院	冯志新
北京电子科技职业学院	李双石
北京市工业技师学院	李椿方
北京市工贸技师学院	闫毅平
北京市工贸技师学院	曹怀明
北京市电气工程学校	桑舸
北京市求实职业学校	张玉秋
北京市园林学校	乔程
北京市昌平职业学校	朱翠艳
北京市盲人学校	王红民
北京市经济管理学校	高颖
北京市信息管理学校	张磊
北京市商业学校	刘冬美
北京市商务科技学校	康莹
北京市密云区职业学校	刘凤良
北京汇佳职业学院	王俞

北京交通运输职业学院	姚建玲
北京交通运输职业学院	倪颐
北京农业职业学院	句荣辉
北京农业职业学院	苏晓敬
北京戏曲艺术职业学院	许翠
北京劳动保障职业学院	张慧霞
北京劳动保障职业学院	董丽君
北京财贸职业学院	胡君晖
北京体育职业学院	李铂
北京社会管理职业学院	李高峰
北京社会管理职业学院	赵学慧
北京青年政治学院	张国芝
北京青年政治学院	景晓娟
北京金隅科技学校	董海云
北京实验职业学校	李瑞霞
北京经济管理职业学院	陈红军
北京政法职业学院	王雨静
北京信息职业技术学院	李晶
北京信息职业技术学院	蔺宁
北京铁路电气化学校	赵立恒
北京铁路电气化学校	常国兰
北京商贸学校	薛自萍
北京新媒体技师学院	刘宇
北京新媒体技师学院	郝金亭
延庆区第一职业学校	李云霞
首钢技师学院	范宝华
首都医科大学附属卫生学校	李砚池

附件 4

2018 年北京市职业院校专业创新团队名单

北京工业职业技术学院	贾民政
北京工业职业技术学院	高吕和
北京卫生职业学院	李晖
北京电子科技职业学院	黄敦华
北京市工业技师学院	张萌
北京市工贸技师学院	王文媛
北京市丰台区职业教育中心学校	王鸿波
北京市电气工程学校	冯佳
北京市外事学校	龚威威
北京市外事学校	鞠海虹
北京市求实职业学校	何琳
北京市昌平职业学校	贾光宏
北京市盲人学校	李元
北京市实美职业学校	周京红
北京市经济管理学校	谢海燕
北京市黄庄职业高中	张玲
北京市商业学校	刘相俊
北京市商业学校	李颖超
北京农业职业学院	吴晓云
北京农业职业学院	曹授俊
北京戏曲艺术职业学院	李青
北京戏曲艺术职业学院	吴蕾
北京劳动保障职业学院	屈冠银

北京财贸职业学院	谭智俐
北京社会管理职业学院	刘利君
北京社会管理职业学院	何振锋
北京青年政治学院	王红霞
北京青年政治学院	厉育纲
北京国际职业教育学校	韩琼
北京京北职业技术学院	刘琼
北京经贸职业学院	葛红
北京信息职业技术学院	李学礼

附件5

2018年北京市职业院校优秀青年骨干教师名单

丰台区职业教育中心学校	巩琳珊
中央音乐学院附中	王崇武
中国音乐学院附中	任奕潼
东城区古城职业学校	王峥
北大方正软件技术学院	马爱娟
北大方正软件技术学院	刘晨
北大方正软件技术学院	李雪芹
北大方正软件技术学院	钟霖
北京工业职业技术学院	刘海英
北京工业职业技术学院	孙川
北京工业职业技术学院	杨民峰
北京工业职业技术学院	陈蕊花
北京工业职业技术学院	曾锦翔

北京卫生职业学院	王晓燕
北京卫生职业学院	李伟
北京卫生职业学院	李卓
北京卫生职业学院	贾小莹
北京水利水电学校	王艳
北京水利水电学校	田伟
北京水利水电学校	张勇
北京公共交通技校	李凤琪
北京电子科技职业学院	马淑燕
北京电子科技职业学院	王瑜
北京电子科技职业学院	刘新华
北京电子科技职业学院	李晔
北京电子科技职业学院	景妮琴
北京市工艺美术技校	杜文涛
北京市工业技师学院	石全波
北京市工业技师学院	赵超
北京市工业技师学院	姜洪强
北京市工贸技师学院	申小荣
北京市工贸技师学院	赵会霞
北京市工美技校	王建明
北京市大兴二职	黄静
北京市大兴区二职	姚艳训
北京市古城旅游职业学校	尤凤娇
北京市电气工程学校	刘宏
北京市电气工程学校	刘品生
北京市电气工程学校	赵维
北京市仪器仪表技校	李小福
北京市仪器仪表技校	周旋
北京市仪器仪表技校	郝欣悦

北京市外事学校	杨海虹
北京市外事学校	周晶
北京市外事学校	索杨
北京市对外贸易学校	陈霏
北京市对外贸易学校	董晓净
北京市自动化工程学校	马红芹
北京市自动化工程学校	李坤妃
北京市求实职业学校	孙诺
北京市求实职业学校	沈天瑢
北京市求实职业学校	张然
北京市园林学校	王丽萍
北京市园林学校	包永霞
北京市园林学校	汪莹
北京市财会学校	王蕊
北京市财会学校	孙华飞
北京市应用高级技工学校	宋静雅
北京市应用高级技工学校	陈海霞
北京市劲松职业高中	李百灵
北京市劲松职业高中	裴春录
北京市国际艺术学校	朱筱杨
北京市国际艺术学校	刘瀛
北京市国际艺术学校	米磊
北京市昌平卫生学校	刘雪莲
北京市昌平职业学校	金海英
北京市供销学校	刘洁
北京市供销学校	薛飞
北京市盲人学校	何祖永
北京市经贸高级技术学校	刘曼
北京市经济管理学校	张策

北京市信息管理学校	丁沫
北京市信息管理学校	贾艳光
北京市信息管理学校	郭富娜
北京市海淀区卫生学校	陈艳
北京市培黎职业学院	邹方亮
北京市培黎职业学院	张文馨
北京市培黎职业学院	谢秀娥
北京市黄庄职业高中	古春燕
北京市黄庄职业高中	李洋
北京市商业学校	任义娥
北京市商业学校	陈蔚
北京市商业学校	武政朝
北京市商务科技学校	吉瑜敏
北京市商务科技学校	李仁平
北京市密云区职业学校	杨鑫鑫
北京汇佳职业学院	李荣辉
北京汇佳职业学院	高瑜
北京汇佳职业学院	郭明珠
北京汇佳职业学院	靳维琴
北京延庆职教中心	张学兰
北京交通运输职业学院	刘楠
北京交通运输职业学院	张磊
北京交通运输职业学院	孟熙
北京交通运输职业学院	赵莉弘
北京交通运输职业学院	侯红宾
北京交通职业技术学院	刘洁
北京交通职业技术学院	汤辉
北京交通职业技术学院	贾文婷
北京交通职业技术学院	蒋志杰

北京农业职业学院	李玉舒
北京农业职业学院	张凡建
北京农业职业学院	柳青
北京戏曲艺术职业学院	王媛媛
北京戏曲艺术职业学院	田石杰
北京戏曲艺术职业学院	岳芃晖
北京戏曲艺术职业学院	赵艺
北京劳动保障职业学院	王强
北京劳动保障职业学院	王文焕
北京劳动保障职业学院	石玉峰
北京劳动保障职业学院	吴学文
北京劳动保障职业学院	谭小锋
北京财贸职业学院	王新玉
北京财贸职业学院	付丽茹
北京财贸职业学院	郭米娜
北京财贸职业学院	斯日古冷
北京财贸职业学院	蔡丽伟
北京体育职业学院	牛群群
北京体育职业学院	朱丽敏
北京体育职业学院	李建亚
北京体育职业学院	盖洋
北京汽车技师学院	张凌燕
北京汽车技师学院	梁金娥
北京社会管理职业学院	亓娜
北京社会管理职业学院	李文文
北京社会管理职业学院	张斐
北京社会管理职业学院	张丽秀
北京社会管理职业学院	周大伟
北京青年政治学院	刘晓晶

北京青年政治学院	赵飞
北京青年政治学院	姜丽
北京青年政治学院	韩文琰
北京青年政治学院	温慧卿
北京国际职业教育学校	孙宁宁
北京国际职业教育学校	杨蕊
北京国际职业教育学校	梁瑞雪
北京金隅科技学校	马蔷
北京金隅科技学校	宣世宏
北京金隅科技学校	高小燕
北京实美职业学校	李莹
北京实美职业学校	贾宁莉
北京实美职业学校	常剑平
北京实验职业学校	林超
北京实验职业学校	郑玉平
北京实验职业学校	孟宪刚
北京经贸职业学院	王建
北京经贸职业学院	李盈
北京经贸职业学院	岳茜玫
北京经贸职业学院	徐雅
北京经济技术职业学院	王亚男
北京经济技术职业学院	卞晨明
北京经济技术职业学院	孙建华
北京经济技术职业学院	李佳亮
北京经济管理职业学院	丁杰
北京经济管理职业学院	丁春玲
北京经济管理职业学院	刘颖
北京经济管理职业学院	程燕
北京政法职业学院	江昀

北京政法职业学院	苏娜
北京政法职业学院	李焕春
北京政法职业学院	张菡
北京政法职业学院	柳春香
北京轻工技师学院	王颖为
北京轻工技师学院	吕甫群
北京轻工技师学院	沈贝妮
北京科技高级技术学校	王娅娜
北京科技职业学院	马琳琳
北京科技职业学院	卢娣娣
北京科技职业学院	张绨
北京科技职业学院	赵欣
北京信息职业技术学院	邓先丽
北京信息职业技术学院	曲丹丹
北京信息职业技术学院	章青
北京铁路电气化学校	王丽娟
北京铁路电气化学校	白崇彪
北京铁路电气化学校	李巧兰
北京商贸学校	张丽娟
北京商贸学校	敖海英
北京新城职业学校	李彩霞
北京新媒体技师学院	刘雯方
北京新媒体技师学院	李晓琳
北京新媒体技师学院	张赛
市政管理高级技术学校	刘丽华
市政管理高级技术学校	褚梦乔
延庆区第一职业学校	牛春芳
延庆区第一职业学校	刘秋月
延庆区第一职业学校	张颖

怀柔区职业学校	沈秀梅
怀柔区职业学校	易玲玲
京北职业学院	匡星
京北职业学院	伦墨华
京北职业学院	李建军
京北职业学院	赵丹
京北职业学院	秦爱梅
房山职业学校	孙艳梅
顺义区人力社保局技校	刘晓林
顺义区人力社保局技校	史金花
首钢工学院	张超
首钢工学院	陈爽
首钢工学院	林瑜
首钢技师学院	王鹏
朝阳区职业技术学校	孙煜

财　务

北京市教育委员会文件选编

（2017）

北京市教育委员会
北　京　市　财　政　局

关于印发 2018 年度教育部门预算重点投入方向与项目指南的通知

京教计〔2017〕27 号

各区教委、财政局，市属高等学校、中等职业学校，市教委直属单位：

为充分反映教育事业发展对公共财政的需求，明确年度部门预算投入，发挥预算计划对资金安排的指导作用，提高资金使用效益，结合“十三五”时期北京市教育改革发展规划和年度工作思路，特编制《2018 年度北京市教育部门预算重点投入方向与项目指南》。现印发给你们，请遵照执行。

2017 年 9 月 28 日

2018年度北京市教育部门预算重点投入方向与项目指南

为充分反映教育事业发展对公共财政的需求，增强预算编制的前瞻性、预算决策的科学性和预算执行的准确性，结合“十三五”时期北京市教育改革发展规划和年度工作思路，特编制2018年度教育部门预算重点投入方向与项目指南。

一、指导思想

全面贯彻党的十八大，十八届三中、四中、五中、六中全会和即将召开的党的十九大精神，深入贯彻习近平总书记系列重要讲话精神和党中央治国理政新理念新思想新战略，深入贯彻习近平总书记两次视察北京重要讲话精神和对北京工作的一系列重要指示精神，落实市第十二次党代会精神，坚持稳中求进工作总基调，牢固树立新发展理念，牢牢把握首都城市战略定位，深入实施京津冀协同发展战略，充分发挥公共财政的保障、支撑和引导、激励作用，加大市级统筹力度，突出重点，解决难点，分类投入，提质增效，着力提高教育质量，促进教育公平，优化教育结构，为加快发展国际领先、中国特色、首都特点的现代化首都教育提供强有力的财力支持。

二、基本原则

——坚持规划引导，保障重点。年度部门预算项目要与“十三五”规划的年度实施紧密结合，围绕落实首都城市战略定位，满足首都经济社会发展实际需要，顺应首都广大群众对办好人民满意教育的新期待。在市委、市政府确定的重点工作和实事工程项目、改革试点、安全稳定等优先保障项目以及年度工作重点等方面，加大市对区的补助力度，集中财力解决主要问题，向教育发展重大项目、最急需领域和最薄弱环节倾斜，保证在规划指导下资金投入的有效性。

——坚持持续投入，分步推进。根据教育发展总体目标及教育周期性长的特点，对跨年度的项目在制定好分年度投资计划的基础上，分步推进，以保证资金投入效益的整体性和连续性。

——坚持优化结构，促进均衡。注重教育内涵发展，集中资源强化教学环节，提高教育质量。坚决保障各级各类学校落实国家和本市建设标准，进一步突出人才培养和教师队伍建设等软性投入。完善投入保障机制，优化教育资源配置，扩大优质教育覆盖面，促进义务教育均衡发展。

——坚持绩效优先，精细化管理。进一步完善财务管理制度，强化预算约束力，提高预算执行力。落实厉行节约长效机制，切实控制和降低行政运行成本。推进信息公开，加强资金和资产的监督管理。全面推进预算绩效管理，开展全部经费和预算管理过程的绩效评价，不断提高教育经费的使用效益。

三、2018 年度预算重点投入方向与项目

2018 年度教育部门预算投入重点是全面深入实施素质教育等十个方面，其中重中之重是增加学前教育资源供给、扩大优质基础教育资源供给并优化布局、高考综合改革任务所需的条件设施准备和教育教学改革、推进高校“双一流”建设、提升北京城市副中心和雄安新区教育品质、强化教育人才培养培训等。

（一）全面深入实施素质教育

1. 深入推进社会主义核心价值观教育。构建以社会主义核心价值观为引领的大中小幼一体化德育体系。加强中小学社会大课堂建设，深入开展“四个一”活动。实施养成教育三年行动计划，推动养成教育特色校建设。加强中小学班主任队伍建设，建立“紫禁杯”优秀班主任工作室，开展班主任基本功培训和展示活动。加强家庭教育，推动家庭、学校、社会合力育人。加强中华优秀传统文化教育，弘扬中华传统美德。

2. 完善实践育人体系。深入开展初中开放性科学实践活动和初中综合社会实践活动，实施基础教育阶段创新人才培养项目。推进外籍教师参与中小学英语教学改革，实施初中学农学工和游学项目，推进中小学劳动教育。提升体育课堂教学质量，健全竞赛活动体系，加快发展校园足球，大力推进冰雪运动进校园。深入推进高校、社会力量支持小学体育美育发展，广泛开展各类学生艺术节。扎实推进戏曲进校园，扩大民族艺术进校园活动受益面，注重引导优质资源支持农村地区学校体育美育改革发展。优化校外教育供给资源，在义务教育阶段学校全面实施课外活动计划。加强健康教育，做好学校卫生防病工作。强化爱国主义教育，规范开展学生军训工作。深入开展“北京市民语言文化大讲堂”、国学朗诵活动、“中小学生语言能力提升”工作。

3. 加强和改进大学生思想政治教育。全面落实全国和北京高校思想政治工作会议精神。高标准建设市级重点马克思主义学院和一流马克思主义学科，支持北京高校思政课教师，资助出版“北京高校马克思主义理论与思想政治工作研究文库”。支持北京高校中国特色社会主义理论研究协同创新中心，实施高校教师中国特色社会主义理论培训计划、哲学社会科学教学科研骨干研修计划和青年教师助力工程。构建大学生服务保障体系，实施社会主义核心价值观校园传播计划和新生引航工程。实施高校辅导员专业素养提升计划，发放一线辅导员补贴，评选建设一批辅导员工作室。推动高校思想政治工作改革创新，实施“难点攻关”计划、新媒体建设工程，开发校园思想文化阵地管理系统，开展专项课题研究，资助出版高水平研究成果。

（二）扩大基础教育优质资源供给

1. 增加学前教育资源供给。深入实施第三期学前教育三年行动计划。继续稳定并扩大教育部门办园，鼓励、支持部门办园，大力支持普惠性民办园发展，构建以公办幼儿园和普惠性民办幼儿园为主体、公办民办并举的多种形式的学前教育公共服务体系。推进幼儿园新建改扩建、社区学前教育服务中心建设、社区办园点等项目落地。实行公办、普惠性民办幼儿园办园条件标准、保教费收费标准、财政补助标准的统一。加强师资培养和培训，提高师资供给能力。丰富办园形式，提供多样化的学前教育服务。

2. 推动义务教育资源优质均衡发展。推进义务教育学校管理标准建设，设立义务教育学校管理建设专项。实施第二阶段扩大优质教育资源改革，支持中心城区帮扶远郊区提升一批学校办学水平，在近郊区、重点项目和人才引进密集地区统筹新建10所左右优质学校。深入推进高校、教科研组织支持中小学发展，进一步扩大民办教育机构参与中小学学科教学改革力度，支持区域集团化办学、学区制改革和九年一贯制办学，培育一批新的优质学校。积极推进城乡义务教育一体化，实施农村教育质量提升专项。

3. 推进高中多样化发展。优化调整高中学校布局，扩大优质高中规模。支持优质高中继续保持发展优势，支持办学质量较好、周边百姓认可度高的一贯制学校和集团化办学高中学校快速提升教育质量，支持在人文、科技、艺术、体育等领域学科优势明显、办学特色鲜明的学校建设精品特色高中。开展普职融通育人模式探索，在农村地区建设综合高中。支持民办高中发展，为非义务教育阶段学生提供多样选择。支持城区优质高中国际部转制，探索多元体制。

4. 完善课程教材体系。构建义务教育育人标准体系和学生学业标准体系，完善义务教育学生综合素质评价体系。加大高中选修课程、实践课程等开发力度。加强教材管理，完善地方课程教材编写、审查、实验、修订、退出机制。建设市级教育质量监测体系，设立市级教科研自主课题支持专项，鼓励基层学校教师自主申报课题。培养一批一线教育教学名师，形成一批鲜活的课堂教学成果，宣传推广名师教育思想。建设全市高中教学资源库。

5. 落实高考综合改革任务。稳妥推进中高考改革和相应的课程改革，进一步改革教学内容，丰富教学形式和方法，积极推广走班制。加强中学生学业规划指导。保障学校教学、实验等资源配置，加强教师和教学管理队伍落实高考改革相关培训。完善考试招生技术设备配备，做好命题中心和标准化考点建设。

6. 保障特殊群体受教育权益。落实义务教育政府各项保障责任，开展来京务工人员随迁子女教育支持。加大留守儿童、困境儿童教育保障资源、能力建设，推进专门教育改革发展。支持特殊学校建设，扩大特殊教育学位供给。改善承办“内地民族班”学校和民族中小学办学条件。

（三）完善现代职业教育格局

1. 提高人才培养质量。实施匠心育人工程，提升学生综合素养。建设“职业院校学生职业素养护照”学生综合评价系统。设立职业院校专业建设指导委员会，改进人才培养模式，推进“小班化”“模块化”教学改革试验。在10所职业院校建设创新创业教育实践基地，搭建“双创”教育平台。支持开展校企招生、联合培养的现代学徒制订单班试点，支持国内外龙头企业与职业院校共建30个工程师学院。

2. 畅通人才培养渠道。逐步扩大中高职院校“3＋2”衔接，稳步推进中高本“3＋2＋2”贯通培养试验。引导本科院校开展应用技术型本科人才培养，努力探索“3＋4”模式的职业院校与应用型本科联合培养试点，推动相关院校或本科专业转型试点。支持职业院校与行业企业共建技术技能大师工作室、公共实习实训中心和专兼职教师培训基地共30个左右。

3. 加强基础能力建设。实施布局优化工程，支持城市核心区职业教育转型发展，建设服务中小学生和广大市民的综合实践基地、职业体验中心。开展高水平院校和高水平专业建设，重点建设10所左右办学定位准确、专业特色鲜明、社会服务能力强、行业发展优势突出的职业院校。开展教育教学改革立项，整体提升专业发展水平，打造一批国内一流并具有国际竞争力的特色专业群。

（四）提高高校创新服务能力

1. 提升高校人才培养质量。设立人才培养能力提升研究专项，开展一流专业及一流专业群、优质课程，优秀创新育人团队、教学名师奖及青年教学名师奖资助，智慧教室、专业图书馆、教学重点实验室，共享实习实训基地、优秀大学生创新创业能力提升基地、示范性创新创业人才培养基地等建设项目，实施北京高校人才培养能力提升计划，全面提升北京高校人才培养能力。深入实施高水平人才交叉培养计划，推动协同育人及资源共享。设立一批民办高等教育发展促进项目，支持鼓励定位准确、质量优良、特色鲜明的民办学校发展。

2. 提升高校科技创新水平。统筹推进北京高校一流大学和一流学科建设，支持进入国家一流大学和一流学科建设行列的高校和学科，支持建设若干所国内一流、国际上有影响力的地方高水平大学。持续推进北京高校高精尖创新中心建设，依托高精尖创新中心推进学科建设，布局建设100个左右高精尖学科，打造高精尖学科集群。重点支持建设一批优势、特色和新兴交叉学科，建设一批服务京津冀协同发展的学科，加强人文社会科学学科建设。整合优化北京市重点实验室、北京高校工程研究中心、协同创新中心等创新平台，建设一批北京实验室、高校科技成果转化中心、北京人文社会科学研究中心。实施北京高校科技创新能力提升计划。启动实施北京高等学校卓越青年科学家计划和北京高校科研计划重大项目，继续推进北京高校产学研及国内外联合研究生培养基地建设。

3. 加强高校学生就业创业服务。落实北京高校高质量就业创业计划，重点抓好大学生创新创业，实施“一街三园”大学生创业园孵化体系建设与维护项目。深化北京高校示范性创业中心建设，继续开展北京高校大学生优秀创业团队支持项目。切实加强学籍学历管理。继续做好大学生征兵工作。

（五）服务市民终身学习需求

推进北京市学习型城市示范区及市民终身学习示范基地建设，统筹开展老年教育、家庭教育、新型职业农民培训，针对不同群体提供精准教育服务。

（六）推进京津冀教育协同发展

1. 有序疏解部分教育功能。聚焦非首都功能疏解重点项目，加快推进北京信息科技大学昌平校区、北京工商大学良乡校区、北京电影学院怀柔校区、北京城市学院顺义校区和北京建筑大学大兴校区建设。积极推进良乡、沙河两个高教园区规划建设。深入开展“疏解整治促提升”专项行动，依法依规调整压缩培训机构，治理非法办学（园）。

2. 提升北京新的“两翼”教育品质。加快推进城市副中心重点项目建设。通过集团化、一体化办学等方式引进优质教育资源到城市副中心举办高品质学校（幼儿园）。实施促进通州区教师素质提升支持计划。主动加强与雄安新区的教育规划、政策和项目对接，支持优质教育资源与雄安新区合作，推动符合雄安新区定位的部分教育功能向新区疏解。

3. 深化京津冀教育合作。深化落实中小学教师校长培训、数字学校资源共享、职业教育协同合作、大学生思想政治教育合作、教育督导协作等相关京津冀教育合作协议。支持高校、职业院校在京津冀区域内合作办学、学科共建，成立学校联盟。推动优质基础教育学校通过一体化办学、集团学校、联盟学校等方式辐射带动周边地区发展。加强教育对口支援，实施“教育＋产业＋文化”精准扶贫。

（七）深化教育对外交流合作

1. 优化首都教育对外交往格局。建设北京市“一带一路”国际化人才培养基地，推动北京高校与沿线国家高校开展联合办学，支持北京职业院校与沿线国家共建若干职业教育合作基地和特色专业，举办职业教育论坛。实施北京市中小学友好校交流项目。加强港澳台教育交流力度，实施京港澳姊妹校、京港澳学生交流夏令营项目，举办北京长城夏令营等活动。

2. 提升国际化人才培养能力。继续推进高水平中外合作办学项目，支持职业院校开展国际化办学能力建设，加强对高中中外合作办学机构和项目的评估。实施北京市职业学校学生留学奖励计划，资助300名优秀学生赴境外交流学习。加强与足球强国的交流与合作，引进国外优质足球教练资源。

3. 提升首都教育国际影响力。继续实施北京市外国留学生奖学金项目和外国留学生“一带一路”奖学金项目。实施2018年国际学生北京夏令营、北京—首尔青少年体育交流大会、北京—世宗青少年艺术交流活动等品牌项目。积极开展汉语国际推广，推进英文授课精品课程建设，组织外国留学生汉语辩论赛等活动。

（八）加强教师队伍建设

1. 加强基础教育教师队伍建设。对中小学干部教师分阶段实施社会主义核心价值观与中华优秀传统文化全员培训。扩大市属高校师范生的培养规模，鼓励职业院校扩大学前教育专业教师培养规模。继续实施北京市名师、名校长（园长）发展工程，遴选65名教师、27名校长、12名园长重点培养。实施中青年骨干校长能力提升、骨干队伍国内及国际高端研修、中小学教师开放型教学实践活动、中学教师开放型在线辅导和协同创新学校等项目计划。支持乡村教师队伍建设和乡村学校发展，实施乡村教师素质提升计划。设置中小学教师专项绩效奖励经费，重点向承担市级统筹任务、跨区办学任务学校校长、主要团队管理成员和一线教师倾斜。统筹解决高中选课带来的师资结构性短缺问题。完善绩效工资方案，提高教师待遇。

2. 加强职业院校教师队伍建设。做好特聘专家、职教名师、专业创新团队、专业带头人、优秀青年骨干教师的资助培养工作，重点培养10名左右职教名师和30名左右学科带头人，重点支持建立15个左右教学创新团队。发挥教师培训基地和培训学校作用，进一步加强专业教师教学技能培训。

3. 加强市属高校教师队伍建设。做好高层次人才、特聘教授、长城学者、教学名师、卓越青年科学家、青年拔尖人才、高水平创新团队的选拔支持培养，推进教师职业发展等工作。继续开展多方位培训，支持参与国际交流。

（九）加快现代教育督导体系建设

1. 科学开展评估监测。组织开展学前教育、中小学生综合素质、中小学生学业质量、义务教育优质均衡发展、国家义务教育质量、职业院校、区域高等教育质量、研究生培养、民办高等学校等领域的评估监测。探索开展对市属高等学校学科建设状况和质量的评估监测。加强普通高校本科专业评估和市属高校本科教学工作审核评估，发布本科教学质量年报。开展北京市区域教育工作满意度调查。

2. 强化督政督学。围绕区级政府履职、义务教育优质均衡发展、办学治理改革、学前教育发展、教师队伍建设等重点问题开展综合督政。组织实施区域教育现代化、中小学校实践育人、中高职衔接与贯通培养、高等教育等督导评估工作。对中小学德育、体育、美育以及学前教育、特殊教育、民族教育、语言文字等工作开展督导调研和标准研制。开展中小学校培育和践行社会主义核心价值观工作情况、中小学校实施素质教育情况综合督导。做好争创国家级责任督学挂牌督导创新区工作。

3. 健全支持保障体系。开展教育督导立法调研，加强教育督导与评价理论研究，推动落实各项教育督导改革任务。筹备第十次全国教育督导与评价研讨会，筹建北京教育督导评估监测与督学研修中心。开展跨区域教育督导合作交流。加强督学队伍专业化建设，加大培训力度，开发督学培训教材和网络课程资源，建设督学培训现场教学基地。深入推进教育督导信息系统建设、管理和使用，研发教育督导大数据及信息呈现项目。

（十）提升教育信息化综合管理和服务水平

完善义务教育入学管理服务平台，建设契合中高考改革新模式下的课程管理支撑平台和学生综合素质评价平台。探索信息化教学应用模式，深化数字资源统筹整合、共享开放与应用服务，探索智慧化校园应用模式，统筹建设30所智慧校园样板校。推进学生实践活动平台整合和应用，支持校园足球活动的在线组织管理。建设职业教育大数据体系，建成“实培计划”工作平台，建设学位与研究生教育管理平台。做实全市教师基础信息平台，构建高中教育教学资源库与师资动态编制管理调配体系。构建教育大数据体系，推进支持教育管理决策应用，保障和促进深化教育综合改革实施。以集约高效建设为导向构建教育云应用服务体系，支持北京教育信息网持续稳步发展，重点保障信息安全、政务云服务融合等。

（十一）强化教育发展保障措施

1. 推进教育法治建设。实施北京教育法治研究基地项目，建立若干教育法治研究培训基地，推进实施法治培训工作。建设青少年法治教育实践基地和学生法治教育平台。评选出一批有成效、有特色、有代表性的市级示范校。继续开展全市中小学教师法治教育基本能力大赛。继续做好“一刊一网一支队伍”建设工作，努力提升“国家宪法日”等主题教育活动质量。依法规范民办高校办学行为，促进健康发展。

2. 加强学生资助和后勤安全建设。构建“奖、助、贷、勤、补、免”六位一体资助体系，覆盖从学前教育到研究生教育完整学段。加强大中小学后勤标准化建设，支持有条件的中小学自办食堂或购买社会服务。开展中小学校服研发推广。开展节能减排和节约型绿色生态校园建设，实施学校节水、节电、节气、节能设备改造，改善学校教学科研、学生居住条件，推动实施架空线入地、校园智能化工程，建设高校节能减排智能管理信息化项目。推动校园垃圾分类管理，制定校园分类管理标准，采用多种方式处理生活性垃圾、生产性垃圾、厨余垃圾等，试点垃圾分类与学生评价相挂钩的机制。推进大中小学“平安校园”建设，全面加强校园安全人防、物防、技防建设。

3. 加强教育新闻宣传。拓展与新闻媒体的合作，强化宣传优秀典型与改革成果的舆论阵地。健全教育舆情监测体系，建立更加完善的舆情预警机制。加强网络评论员队伍建设，强化首都教育正面声音。加强首都教育新媒体服务型传播平台建设，不断提升服务与引导能力。

北京市教育委员会
北京市财政局
北京市统计局
北京市发展和改革委员会
北京市科学技术委员会

关于本市2016年教育经费执行情况的公告

京教财〔2017〕20号

《中华人民共和国教育法》第五十五条规定："全国各级财政支出总额中教育经费所占比例应当随着国民经济的发展逐步提高"，第五十六条规定："各级人民政府教育财政拨款的增长应当高于财政经常性收入的增长，并使按在校学生人数平均的教育费用逐步增长，保证教师工资和学生人均公用经费逐步增长"。现将2016年北京市教育经费执行情况公告如下：

一、教育经费执行总体情况

本市地方各级政府公共财政教育经费（包括教育事业费、基建经费、教育费附加）882.29亿元，比上年增长4.11%。财政部于2004年1月印发了《关于统一界定地方经常性收入口径的意见》

(财预〔2004〕20 号)，对财政经常性收入口径做出了界定，按此口径调整 2016 年财政经常性收入 4321.87 亿元，比上年增长 12.70%，公共财政教育经费增长比例低于财政经常性收入增长比例 8.59 个百分点。

2016 年本市公共财政支出 6406.77 亿元，公共财政教育经费占公共财政支出的比例为 13.77%，比上年下降了 1 个百分点。

二、各级教育生均公共财政预算教育事业费支出增长情况

2016 年全市普通小学、普通初中、普通高中、职业高中、普通高等学校、中等职业学校生均公共财政预算教育事业费支出情况是：

（一）全市普通小学为 25793.55 元，比上年的 23757.49 元增长 8.57%。

（二）全市普通初中为 45516.37 元，比上年的 40443.73 元增长 12.54%。

（三）全市普通高中为 50802.57 元，比上年的 42192.74 元增长 20.41%。

（四）全市职业高中为 46699.44 元，比上年的 36599.25 元增长 27.60%。

（五）全市普通高等学校为 55687.68 元，比上年的 61343.96 元降低 9.22%。主要因为 2016 年高校退休人员养老金不再由教育支出列支。

（六）全市中等职业学校为 38661.50 元，比上年的 34433.36 元增长 12.28%。

三、各级教育生均公共财政预算公用经费支出增长情况

2016 年全市普通小学、普通初中、普通高中、职业高中、普通高等学校、中等职业学校生均公共财政预算公用经费支出情况是：

（一）全市普通小学为 10308.69 元，比上年的 9753.38 元增长 5.69%。

（二）全市普通初中为 16707.86 元，比上年的 15945.08 元增长 4.78%。

（三）全市普通高中为 18425.09 元，比上年的 14807.38 元增长 24.43％。

（四）全市职业高中为 12854.09 元，比上年的 9808.04 元增长 31.06％。

（五）全市普通高等学校为 29346.33 元，比上年的 32147.32 元下降 8.71％。主要因为 2016 年安排的高校新校区建设专项资金未实际形成支出。

（六）全市中等职业学校为 15587.33 元，比上年的 14945.67 元增长 4.29％。

特此公告。

附件：2016 年北京市教育经费执行情况统计表

2017 年 12 月 5 日

附件

2016 年北京市教育经费执行情况统计表

表一 公共财政教育经费增长情况

地区	公共财政教育经费（亿元）	公共财政教育经费占公共财政支出比例（%）	公共财政教育经费本年比上年增长（%）	财政经常性收入本年比上年增长（%）	公共财政教育经费与财政经常性收入增长幅度比较（百分点）
东城区	49.78	20.95	13.77	13.33	0.44
西城区	54.95	12.90	24.80	24.00	0.80
朝阳区	88.57	19.55	4.67	4.00	0.67
丰台区	31.00	15.97	-21.30	-0.10	-21.20
石景山区	16.72	17.07	-4.05	14.85	-18.90
海淀区	100.73	17.45	7.34	2.52	4.82

续表

地区	公共财政教育经费（亿元）	公共财政教育经费占公共财政支出比例（%）	公共财政教育经费本年比上年增长（%）	财政经常性收入本年比上年增长（%）	公共财政教育经费与财政经常性收入增长幅度比较（百分点）
门头沟区	14.48	16.54	9.60	5.56	4.04
房山区	34.26	15.28	6.93	6.25	0.68
通州区	29.67	8.77	10.90	9.98	0.92
顺义区	31.90	13.34	10.12	9.80	0.32
昌平区	31.58	19.70	-3.81	-2.12	-1.69
大兴区	32.73	13.67	1.68	9.55	-7.87
怀柔区	16.74	15.58	-2.17	3.08	-5.25
平谷区	19.69	16.25	-6.94	0.36	-7.30
密云区	18.75	16.52	2.08	2.00	0.08
延庆区	15.65	16.93	12.90	9.82	3.08

表二（1）　各级教育生均公共财政预算教育事业费增长情况

单位：元

地区	普通小学	普通初中	普通高中	职业高中	普通高等学校	中等职业学校
东城区	30564.25	47001.45	56133.96	56938.13	—	56986.70
西城区	19386.09	33972.45	45681.37	68343.71	—	68343.71
朝阳区	28799.46	44960.24	55663.22	47236.01	—	47236.01
丰台区	19139.59	35448.44	48168.08	23174.29	—	22876.69
石景山区	26140.89	51175.58	43136.03	20241.36	—	20241.36
海淀区	26277.36	42293.97	47390.57	55702.05	—	45446.26
门头沟区	42242.87	73602.51	62279.79	137316.15	—	137316.15
房山区	22256.62	43947.32	38523.04	36044.59	25535.05	37940.68
通州区	17591.20	33166.70	54127.90	43496.48	24581.88	43496.48
顺义区	33179.37	72092.56	69704.34	20665.80	—	60291.94

续表

地区	普通小学	普通初中	普通高中	职业高中	普通高等学校	中等职业学校
昌平区	25975.64	47813.04	53402.65	27888.01	19502.54	22310.75
大兴区	21202.03	40328.76	42423.68	72729.49	—	72729.49
怀柔区	28056.88	51126.75	44236.44	38189.93	19596.72	35908.97
平谷区	42181.54	86503.31	48999.30	273593.42	—	303792.51
密云区	20830.51	41950.96	33716.07	38037.52	17233.83	38037.52
延庆区	30946.24	48209.85	42523.75	39062.27	—	39062.27

表二（2） 各级教育生均公共财政预算公用经费增长情况

单位：元

地区	普通小学	普通初中	普通高中	职业高中	普通高等学校	中等职业学校
东城区	11638.60	16373.88	16119.65	16956.50	—	16966.32
西城区	5730.16	8898.87	13528.73	16748.54	—	16748.54
朝阳区	14760.15	19912.70	27287.22	17391.38	—	17391.38
丰台区	6694.88	11761.90	20571.36	4547.34	—	4488.94
石景山区	8771.45	20429.44	10847.06	3813.30	—	3813.30
海淀区	12485.93	17832.55	18841.02	16039.66	—	13965.62
门头沟区	22648.04	41416.29	35033.23	25609.19	—	25609.19
房山区	6358.13	13195.62	8322.45	5194.34	4576.03	5194.34
通州区	6792.23	12702.48	27648.19	12306.44	5269.72	12306.44
顺义区	8124.83	17551.22	18303.83	11550.29	—	15230.26
昌平区	8269.54	16396.81	21746.55	7734.62	11599.77	5870.27
大兴区	7476.24	12765.77	11923.81	14725.62	—	14725.62
怀柔区	8293.80	13523.45	11241.13	7723.05	3573.85	7209.34
平谷区	16486.31	33847.73	14355.91	157443.41	—	159368.77
密云区	6834.17	14636.00	9040.71	7877.53	400.54	7877.53
延庆区	7965.93	12721.78	12131.06	3807.19	—	3807.19

学校后勤

北京市教育委员会文件选编

（2017）

北京市教育委员会

关于印发《北京市教育系统“十三五”时期节能减排行动计划》的通知

京教勤〔2017〕7号

各区教委，各高等学校、中等专业学校，市教委直属单位：

现将《北京市教育系统“十三五”时期节能减排行动计划》印发给你们，请认真贯彻执行。

附件：北京市教育系统“十三五”时期节能减排行动计划

2016年4月19日

附件

北京市教育系统“十三五”时期节能减排行动计划

为贯彻落实《北京市国民经济和社会发展第十三个五年规划纲要》《北京市“十三五”时期节能降耗应对气候变化规划》《北京市“十三五”时期公共机构节能减碳规划》等文件的要求，深入推进本市教育系统节能减排工作，特制订本行动计划。

一、指导思想与工作原则

（一）指导思想

全面贯彻落实党的十八大，十八届三中、四中、五中、六中全会精神和深入贯彻习近平总书记系列重要讲话精神和治国理政新理念新思路新战略，按照国家和本市关于坚持节约资源和保护环境的基本国策，加快推进生态文明建设，实现绿色循环低碳发展等决策部署，立足首都城市战略定位，牢固树立创新、协调、绿色、开放、共享的发展理念，以节约型校园建设为基础，以节能减排环保教育为重点，加强制度建设，强化考核评价，发挥学校在节能减排中的主体和基础作用，开展节能减排学科教学、主题教育和实践活动，培育节能减排校园文化，持续推进节能改造和新能源利用，不断提高能源利用效率，确保完成教育系统节能目标，推动教育系统节能减排工作转型升级。

（二）工作原则

育人为本，全面实施。紧扣节能减排这一主题，把育人作为核心，全面做好组织管理、宣传教育和校园建设等各项工作。

突出重点，培育特色。以节能减排环保教育为重点，根据学校的自身特点，开展富有特色的节能减排工作，创建丰富多彩的品牌活动项目。

改革创新，求真务实。适应发展新常态，创新思路、举措，按照学校发展实际，增强工作的针对性和实效性，把节能减排工作引向深入。

学校为主，协同推进。突出学校主体地位，加强与社会联动合作，在更大范围内共同应对气候变化，倡导勤俭节约、绿色低碳、文明健康的生活方式和消费模式。

二、主要目标与工作措施

（一）主要目标

1. 培育节能环保高素质人才。培育学生节能减排的意识、品德和能力，使其成为适合生态文明建设要求的合格公民。

2. 完成约束性量化指标。完成《北京市“十三五”时期节能降耗及应对气候变化规划》《北京市“十三五”时期公共机构节能减碳规划》所规定的约束性指标：单位建筑面积能耗下降10%、人均能耗下降12%。

3. 构建节能减排管理机制。建立总量控制、指标分解、教育导入、考核评价、奖优惩劣的管理机制。

4. 实现文化引领和技术创新。培育大中小学节能减排校园文化，发挥首都高校科技创新优势，实现对社会的文化引领和技术支撑，使教育系统成为全市节能减排的排头兵。

5. 促进学校可持续发展。促进学校资源节约和环境改善，降低资源消耗和各项运行成本，提高办学效益，实现可持续发展。

（二）工作措施

1. 强化政策标准规范引领。制定完善教育系统节能减排相关地方标准、高校节能目标责任考评工作方案，统筹指导，强化规范，实施能耗限额管理和绩效考核，健全能耗公示制度，开展能源审计等工作，不断提高教育系统节能减排规范化水平。

2. 健全能源消费统计制度。落实能耗数据统计报送工作，充分发挥北京教育系统节能减排应用平台功能，全面覆盖规定的统计调查范围，实现对教育系统内单位用能指标的监控，通过统计数据质量抽查会审，提升数据采集和处理能力，切实提高教育系统能源消费统计数据质量。

3. 加强学校能源管理体系和设施建设。推动学校能源和碳排放管理体系建设，明确机构内部节能减排管理组织机制，提升能源管理队伍能力。严格执行能源计量相关标准规范，推进学校计量器具规范化、标准化、智能化配置和升级。推广能源计量、能耗在线监测、能耗智能化管控“三位一体”的节能低碳管理体系，支持能源管控中心建设，促进节能管理可视化。

4. 广泛开展节能减排宣传教育。发挥学校育人主阵地作用，支持鼓励学校研发节能减排相关校本课程，开展节能环保教育。在各级各类学校开展丰富多彩的主题教育活动和实践活动，培育节能减排的公民意识和校园文化。充分利用教育系统的社会影响力，引领全社会积极开展节约能源资源工作。

5. 鼓励学校开展对外交流合作。支持引入社会资源，参与学校节能减排建设与人才培养。鼓励学校与政府、科研院所、社会团体的广泛深入合作，促进学校成果的转化和应用。支持适时开展京津冀及国内国际先进理念与成功经验交流。

三、重点项目

（一）深化节约型学校建设项目

以生态文明建设和可持续发展战略为引领，以深化《北京中小学校节约型学校建设指导意见》《北京高等学校节约型学校建设指导意见》的实施为重点，在已建成300所节约型示范校的基础上，进一步研究修订指导意见，将培育大中小学生节约环保素养工作融入学校办学理念与教学过程，开展节能、节水、节粮、新能源利用、垃圾分类、绿化环保等主题教育活动，推进节能技术改造和创新，以更高标准促进节约型学校建设转型升级。

（二）品牌教育活动项目

推广“新能源与可再生能源教育支持项目”等品牌教育项目的成果，建成10个新能源示范教室，开发相关课程和在线资源。结合学生认知特点，开展知识竞赛、演讲比赛、文艺作品大赛、青少年交流研讨论坛、学生志愿服务等多种形式的活动，增强学生节能环保意识，发挥教育活动项目的社会效益。

（三）节能减排监测项目

进一步做好市教育系统节能减排应用平台的运行维护工作。完善能耗数据统计报送制度，将数据报送工作纳入高校节能目标责任考评，实施节能减排指标监控和限额管理。

（四）专业能力建设项目

充分利用首都优势和国内外资源，实施各级各类学校校长、后勤主管、科技教师等分层培训，提升节能减排教育工作者的业务能力。开展青少年专题研讨，培育一批节能减排的“金种子”。支持学校参与京津冀及国内国际节能减排教育合作交流。

四、保障措施

（一）加强组织领导

市教委“十三五”节能减排行动领导小组统筹领导全市教育系统节能减排工作，研究、审议、决策重大事项。各区教委、各级各类学校要建立完善符合本区、本单位特点的节能减排管理工作机制。完善节能联络员制度，进一步加强协调联动和信息、资源共享，协同推进全市教育系统节能减排工作。

（二）落实考核监督

建立节能减排目标责任制，将市属高校节能减排目标完成情况纳入市教委绩效考核，作为对相关单位考核评价的重要内容。健全节能减排监督检查机制，对各级各类学校节能减排工作开展不定期抽查。

（三）加大资金保障力度

充分发挥现有财政拨款、补贴等政策的引导作用，积极协调相关部门，进一步完善资金保障机制，提高资金使用效益。对于节能考核优秀单位，纳入市教委预算绩效拨款。

（四）强化技术支撑

利用本市资源优势，加强市区专家团队建设，充分发挥相关智库的专家咨询作用。依托高校、科研院所，开展制度宣传、技术推介和经验推广，协同推进学校节能减排工作。

五、“十三五”期间重点工作安排

（一）制定实施《高等学校能源消耗限额》和《高校碳排放管理规范》地方标准。

（二）修订完善《北京市节约型中小学建设指导意见》和《北京市节约型高等学校建设指导意见》。

（三）实施能耗限额管理，开展市属高校节能目标责任考评工作，纳入市教委绩效考核内容。

（四）落实市政府《关于全面推进节水型社会建设的意见》，制定实施节水型高校创建工作方案，实现到2020年节水型高校不低于60%。

（五）进一步推进垃圾分类减量工作，配合市城市管理委，开展垃圾分类示范校园建设。

（六）深化大中小学节约型学校建设。会同市发展改革委、市环保局、市城市管理委、市水务局等单位，每年组织教育系统开展丰富多彩的节能减排、垃圾分类、节水节粮、绿色环保等主题宣传教育。制作印发专题宣传材料，免费向中小学、幼儿园师生发放。

（七）每年实施各级各类学校校长、业务主管、教师的培训。开展节能专家进校园活动。

（八）开展青少年专题研讨沙龙和论坛活动，促进有志于节能减排事业的优秀学生相互交流学习。

（九）组织各级各类学校参加国家和北京市举办的节能产品展览会、新技术与新成果展示会以及高校节能专委会组织的观摩节能改造工程现场会。

（十）进一步实施“新能源与可再生能源教育支持项目”，建成10个新能源示范教室，开发相关课程和在线资源。

附件：北京市教育系统“十三五”节能减排行动领导小组名单

附件

北京市教育系统“十三五”节能减排行动领导小组名单

组　长：刘宇辉　市教委主任

副组长：王定东　市教委委员（正局级）

成 员： 周 彤 市教委办公室主任
姚林修 市教委发展规划处处长
杨江林 市教委人事处处长
李艳春 市教委财务处处长
张 龙 市教委基本建设处处长
张小红 市教委学前教育处处长
张凤华 市教委基础教育一处处长
徐建姝 市教委基础教育二处处长
王东江 市教委职业教育与成人教育处处长
邵文杰 市教委高等教育处处长
王 军 市教委体育卫生与艺术教育处处长
武怀海 市教委学校后勤处处长

北京市教育系统“十三五”节能减排行动领导小组办公室设在市教委学校后勤处，成员由领导小组成员处室相关负责同志组成。

北京市教育委员会

关于印发《北京市教育系统推进“阳光餐饮”工程实施方案》的通知

京教勤〔2017〕25号

各区教委：

为进一步加强学校食品安全管理工作，全面提升学校食品安全管理水平，根据市政府办公厅关于印发《北京市推进“阳光餐饮”

工程工作方案》（京政办发〔2017〕30号）的通知要求，市教委制定了《北京市教育系统推进“阳光餐饮”工程实施方案》，现印发给你们，请认真贯彻落实。

附件：北京市教育系统推进“阳光餐饮”工程实施方案

2017年7月6日

附件

北京市教育系统推进“阳光餐饮”工程实施方案

为认真贯彻落实市政府办公厅关于印发《北京市推进“阳光餐饮”工程工作方案》（京政办发〔2017〕30号）的通知精神，深入推进本市中小学校、幼儿园（以下简称“学校”）食品安全信息公开和食品加工操作过程可视化，全面提升学校食品安全管理水平，结合教育系统工作实际，制定本方案。

一、指导思想

认真贯彻落实党中央、国务院和市委、市政府关于加强食品安全工作和创建国家食品安全城市的总体部署，以保障学校师生员工身体健康与生命安全为出发点和落脚点，进一步提升师生对校园食品安全工作满意度，为促进学生健康成长营造良好的校园食品安全环境。

二、工作目标

利用3年时间，在属地政府的主导下，全市学校食堂基本完成“阳光餐饮”工程建设任务，学校食品安全保障能力得到全面增强，“餐桌污染”问题得到有效治理，广大师生对学校食堂食品安全满意度进一步提高。

三、重点任务

（一）推进学校食堂食品安全信息公开

督促学校食堂严格落实食品安全信息公开要求，主动在学生就餐场所公示食品经营许可资质、餐饮服务食品安全量化分级等级、食品从业人员健康证明以及主要食品原料采购来源、食品添加剂使用等信息。

（二）实现食品加工操作过程可视化

引导学校食堂全面推行“明厨亮灶”，通过改造透明玻璃隔断墙、隔断窗或者安装图像采集和视频传输设备等形式，使食堂食品粗加工、切配、烹饪、糕点制作和餐饮具清洗消毒、餐厨废弃物管理等关键环节以及备餐、分餐等重点区域场所直观、公开、可视，供广大师生和学生家长监督查看。

（三）依托互联网实现信息实时查询

针对学校食堂特点，运用移动互联网等现代信息技术，依托北京市餐饮业公众评价系统，实现学生和家长实时查看学校食堂食品安全基本信息和加工操作过程，参与学校食品安全监督和信用评价，形成学校食堂社会评价信息。

（四）强化学校食品安全责任落实

督促学校建立完善食品安全管理制度，严格执行各项规范要求，切实履行校园食品安全管理的主体责任，认真落实食品安全校长负责制，明确食品安全管理人员和每个环节、每个岗位从业人员的安全职责，层层签订食品安全责任书。充分发挥健康教育阵地作用，将食品安全纳入健康教育的重要内容。健全学校食品安全应急处置体系，定期开展应急演练，坚决杜绝隐瞒、缓报食品安全事故的行为。加强部门协作，建立食品监管、综治、教育、城市管理等部门共同参与的校园及周边食品安全综合治理机制。

四、实施步骤

（一）启动阶段（2017 年 7 月）

2017 年 7 月中旬前，根据《北京市推进“阳光餐饮”工程工作方案》要求，市教委出台全市教育系统实施方案，启动相关工作。各区教委和学校按照工作方案，结合本区“阳光餐饮”工程建设实施进度，制定本区学校“阳光餐饮”工程建设行动方案，在属地政府的主导下，全面启动“阳光餐饮”工程建设工作。2017 年 9 月 30 日前，按照属地管理原则，各学校将工作方案报区教委备案，区教委将本区学校“阳光餐饮”工程建设方案报市教委、区食品安全委员会办公室备案。

（二）实施阶段（2017 年 12 月—2019 年 12 月）

各区教委在属地食品药品监管部门的统一组织下，根据本区“阳光餐饮”工程建设总体部署和时间节点，明确学校食堂“阳光餐饮”工程建设时间表和路线图，推动各项工作顺利实施。在“阳光餐饮”工程建设过程中，要加强与属地相关管理部门沟通协调，积极向属地政府汇报建设工作中的困难与问题，确保 2017 年 12 月底前，学校食堂“阳光餐饮”工程建设参与率达到 50%以上，申请创建北京市食品安全示范区的参与率达到 100%；2018 年 12 月底前，全市学校食堂参与率达到 80%以上；2019 年 12 月底前，全市学校食堂“阳光餐饮”工程建设任务基本完成。

五、工作要求

（一）深化思想认识，加强组织领导

推进“阳光餐饮”工程建设是市政府创建国家食品安全城市、实施食品安全监管工作的一项创新内容，也是强化学校食品安全诚信体系建设的重要举措。各区教委和学校要高度重视“阳光餐饮”工程建设工作，按照属地政府总体安排和时间节点要求，将各项任务纳入本区教育系统年度重要工作，建立督导检查和日常跟踪机制，定期通报各学校建设工作开展情况，扎实推进各项任务落实。要明确责任分工、任务目标、工作措施和时间节点，加强统筹谋划、工作协调和督促指导，不断加大在人、财、物等方面的支持力度，形成工作合力，确保取得实效。

（二）加强宣传引导，营造浓厚氛围

要充分利用校园网、校园广播、微信、微博、宣传橱窗、信息公布栏等校园信息平台，广泛宣传实施“阳光餐饮”工程的重要意义，动员学校和师生全面积极参与，引导学校食堂依法经营、规范经营、诚信经营，促进学校食堂“阳光餐饮”工程建设活动深入开展，稳步提升师生和学生家长满意度。

（三）强化监督检查，抓好推进落实

“阳光餐饮”工程建设已纳入市政府绩效考核，列入对各区教委年度食品安全工作考核评价指标。市教委将通过现场检查和暗查暗访等方式，对各区学校食堂“阳光餐饮”建设情况开展督查，及时掌握工作进展情况，督促各地按时完成工作任务。各区教委和学校要将“阳光餐饮”工程纳入“平安校园”建设，主动争取属地政府和财政部门的专项资金支持，加强与属地食品安全委员会办公室的联系，确保有序推进，按时完成目标任务。

附件：中小学校幼儿园食堂“阳光餐饮”工程建设工作统计表（________年）（略）

北京市教育委员会

关于做好2017—2018学年度校方责任保险及附加无过失责任保险工作的通知

京教函〔2017〕465号

各区教委，各中等专业学校：

为贯彻落实《北京市中小学生人身伤害事故预防与处理条例》和教育部等三部委《关于推行校方责任保险完善校园伤害事故风险

管理机制的通知》（教体艺〔2008〕2号）要求，进一步加强教育风险管理，现将做好2017—2018学年度校方责任保险及附加无过失责任保险工作的有关事项通知如下：

经公开招标，2015—2018学年度校方责任保险及附加无过失责任保险由中国人寿财产保险股份有限公司北京市分公司（以下简称“人寿财险北京市分公司”）和中国太平洋财产保险股份有限公司北京分公司（以下简称“太平洋财险北京分公司”）承保，校方责任保险及附加无过失责任保险经纪机构由北京联合保险经纪有限公司北京分公司（以下简称“联合北分”）承担。其中东城区、朝阳区、丰台区、石景山区、门头沟区、房山区、顺义区、延庆区及中等专业学校由人寿财险北京市分公司承保；西城区、海淀区、通州区、昌平区、大兴区、平谷区、怀柔区、密云区、燕山地区由太平洋财险北京分公司承保。

一、投保程序

（一）各区教委投保校方责任保险程序

10月19日至20日，向联合北分提交如下材料并缴纳保费：

1. 加盖区教委公章的北京市中小学、幼儿园校方责任保险名册（在册学生人数截止到10月10日）；

2. 投保单（加盖区教委公章）；

3. 区教委与确定的承保机构签订的协议书（一式4份）；

4. 保费（5元/生）。

（二）各区教委投保附加无过失责任保险程序

10月19日至20日，向联合北分提交如下材料并缴纳保费：

1. 加盖区教委公章的北京市中小学附加无过失保险名册（在册学生人数截止到10月10日）；

2. 投保单（加盖区教委公章）；

3. 区教委与确定的承保机构签订的协议书（一式4份）；

4. 保费（5元/生）。

（三）中等专业学校投保校方责任保险程序

10月23日至24日，向联合北分提交如下材料并缴纳保费：

1. 加盖学校公章的北京市中等专业学校校方责任保险名册（在册学生人数截止到10月10日）；

2. 投保单（加盖区学校公章）；

3. 学校与确定的承保机构签订的协议书（一式4份）；

4. 保费（5元/生）。

二、有关事项

（一）按照市教委、市财政局《关于调整北京市基础教育公用经费定额标准的通知》（京教财〔2010〕50号）规定，公办中小学、幼儿园校方责任保险保费在公用经费中列支，中等专业学校校方责任保险保费由中等专业学校承担。

经批准的社会力量办学、办园单位校方责任保险保费由举办者承担。

（二）附加无过失责任保险投保范围是公办的中小学（普通中小学、职业高中、特教学校、工读学校），保险保费在公用经费中列支。

经批准的社会力量办学单位可参照投保，保费由举办者承担。

（三）按照《政府采购法》等有关法律规定，各区教委和各中等专业学校在协议期内只能与负责本区、本学校中标承保机构或授权的保险公司签订有关校方责任保险及附加无过失责任保险协议并投保。

三、工作要求

（一）投保校方责任保险及附加无过失责任保险是建立并不断完善教育风险管理服务体系、保障学校及学生合法权益的一项重要工作，各区教委，各中等专业学校、中小学和幼儿园要进一步加强对此项工作的领导，明确职能部门的具体职责，加强监督，严肃纪律，认真组织好投保工作，及时总结工作经验和解决存在的问题，不断提高工作服务水平。

（二）各区教委、各中等专业学校要在本学期专门开展关于校方责任保险及附加无过失责任保险的宣传和培训活动，要让每一位校长、班主任、教师、学生知晓校方责任保险及附加无过失责任保险，会用校方责任保险及附加无过失责任保险。

（三）各区教委，各中等专业学校、中小学和幼儿园要坚持预防为主的原则，一是进一步落实安全工作责任，完善安全工作制度，消除各类安全隐患，有效预防学生人身伤害事故的发生；二是要加强对学生的安全教育，不断提升安全教育的针对性和有效性，切实提高学生的安全意识和防范能力。

（四）为及时有效发挥校方责任保险及附加无过失责任保险的作用，保障学校和学生合法权益，各区教委、各中等专业学校要确保按时足额缴纳保费。

2017 年 9 月 30 日

安全·保卫

北京市教育委员会文件选编

(2017)

北京市教育委员会

关于做好本市教育系统2017年烟花爆竹安全管理工作的通知

京教勤〔2017〕1号

各区教委，各高等学校、中等职业学校，各直属单位：

2017年春节烟花爆竹安全管理工作，根据市烟花爆竹安全管理工作领导小组的工作部署，按照“各级政府组织实施，职能部门全程监管，行业系统监督指导，属地全面管理，责任单位自行看护，广大市民自觉遵守”的原则，以确保本市教育系统不因燃放烟花爆竹引发重大事故为目标，全力保障校园和广大师生员工安全。为此，现将做好2017年教育系统烟花爆竹安全管理工作有关要求通知如下：

一、高度重视，加强组织领导

按照市政府部署，各单位要成立以主管领导为组长、各部门（院、系）为成员的烟花爆竹安全管理领导小组。负责本单位烟花爆竹安全管理，组织本单位对烟花爆竹安全管理工作进行动员部署、宣传教育、禁放点看护、防火巡视等工作，加强与本单位防火组织的联动，确保本单位安全。

二、提高认识，落实管理责任

各单位要提高对烟花爆竹安全管理工作的认识，高度重视烟花爆竹安全管理工作。严格落实安全主体责任，明确责任单位、责任领导、责任部门、责任力量、责任时间、责任岗位、责任措施、责任效果等“八个责任”。以实现“确保禁放点、燃放点安全”为目标，落实“组织部署、宣传发动、安全管理、隐患排查、秩序维护、禁放看护、应急处置”等规定动作，确保依法、文明、安全燃放，确保校园安全。

三、开展宣传教育，提升环保、安全意识

2017 年全市烟花爆竹安全管理宣传工作的主题是“依法、文明、安全燃放”，提倡“少燃放一组烟花爆竹，多呼吸一口新鲜空气”的环保理念。宣传中要从环保角度出发，教育师生勤俭节约，少放、不放烟花爆竹；要重点宣贯《北京市空气重度污染应急预案》，当本市启动空气质量预警相应等级时，按照空气质量等级要求，教育师生自觉少放、不放烟花爆竹。

各单位充分利用校内电视台、广播、报纸、论坛、宣传栏、板报等各种宣传手段和召开专题工作会、校会、班会及《致家长的一封信》等形式开展宣传教育活动，提高广大师生员工的自律意识、公德意识、安全意识和环保意识。

按照“依法、文明、安全燃放”要求，寒假放假前集中进行宣传教育，一是让师生做到“知禁放部位、知责任领导、知落实部门、知看护力量、知看护措施”；二是把正确的燃放方法、禁放时间、禁放点作为宣传教育的主要内容，通过案例、图片、现身说法等多种形式开展，告知师生违法违章燃放烟花爆竹的严重危害性，引导广大师生员工远离非法、伪劣超标品种；三是加强对在校未成年人及其家长的安全燃放知识的教育、宣传，敦促家长尽到监护义务，防止青少年、儿童因燃放烟花爆竹致伤事故的发生。

四、加强安全管理，确保禁放点安全

按照《北京市烟花爆竹安全管理规定》和市政府公告发布的十六类禁放点的要求，其中中小学校、幼儿园为禁放点、建筑工地、设有外墙保温材料的建（构）筑物为禁放范围，10 层以上或高于 24 米以上的建（构）筑物周围 30 米范围内是禁放区域。根据《关于梳理核对禁放点的通知》的要求，请各区教委对本区教育系统禁放点进行梳理核对，填写《各区禁放点调查统计表》（见附件），并于1月20日17：00前将电子版报市教委。

各相关单位要加强对禁放点和禁放区域的看护，一是坚决杜绝禁放点储存、燃放烟花爆竹；二是在禁放点安全距离内设立统一、永久的禁放标识；三是有家属区的校园，要按规定划定可燃放区域；四是与消防、医疗部门和周边社区建立协作配合机制，组织人员劝阻群众，不要在禁放点安全距离内燃放；五是及时清理禁放点周边烟花爆竹残屑，防止引发火情；六是成立火灾事故处置队，组织消防灭火演练，要在发现火情的第一时间进行控制、扑救。

五、强化隐患整改，严防发生火灾

在春节前集中开展隐患排查，一是及时清理可燃物，适时采取浇湿阻燃措施；二是确保疏散通道和消防通道畅通；三是对各类消防设施设备进行全面检查，确保消防设施设备齐全、完好有效。

六、完善应急预案，提高应急能力

结合自身特点，制定和完善燃放烟花爆竹安全管理应急工作预案，加强重点时段秩序的维护。组织单位内部安全保卫力量和居（家）委会等社会组织，及时查处违规燃放行为，配备扫帚、沙袋、铁锹等器具，遇有火情，第一时间进行扑救。

七、加强值班和信息报送

严格值班制度，坚持应急值班和领导24小时带班制度，并全天候值守，加强巡逻检查，做好应急准备。信息报送要按照“先口头，后书面”的原则立即报告有关部门和上级教育部门，严禁漏报、瞒报事件发生。

烟花爆竹安全管理工作中出现的情况、存在的问题和遇到的困难要及时报告市教委。

附件：各区禁放点调查统计表（略）

2017年1月13日

北京市教育委员会

转发教育部基础教育一司关于做好2017年中小学生安全教育工作文件的通知

京教基一〔2017〕6号

各区教委、燕山教委：

日前，我委接到教育部基础教育一司《关于做好2017年中小学生安全教育工作的通知》（教基一司函〔2017〕9号）（以下简称《通知》），现转发给你们，请各区结合实际，认真贯彻执行。并将有关工作要求通知如下：

一、提高认识，加强领导

做好安全教育是教育系统做好各项工作的基础和前提，安全教育也是学校教育的首要任务，各区教委要加强安全教育的组织领导，切实保障中小学生安全健康成长，全力维护教育系统和谐稳定。

二、明确任务，落实责任

《通知》对做好常规安全教育工作和推动互联网安全教育工作，提出明确工作内容和任务，各区教委要根据《通知》要求，明确管理部门，落实主体责任，确保安全教育各项工作落到实处。

三、突出重点，注重实效

各区和学校要把减少中小学生伤害事故作为工作重点，切实加强防范校园伤害、预防溺水、应对自然灾害、交通安全、消防安全、网络安全、危险化学品及毒品安全等方面的教育。通过建立健全督查机制，创新工作机制和活动载体，增强学生安全意识，提高学生安全素养。

四、认真总结，加强宣传

各区要结合区域实际，加强业务指导和培训，提升教师安全教育授课水平。建立典型引领机制，搭建展示交流平台，认真总结并及时宣传推广安全教育工作中的典型经验和好的做法，提高安全教育工作实效和整体水平。

2017年3月23日

教育部基础教育一司

关于做好2017年中小学生安全教育工作的通知

教基一司函〔2017〕9号

各省、自治区、直辖市教育厅（教委），新疆生产建设兵团教育局：

为持续提升中小学校安全教育水平，不断提高中小学生安全素养，进一步减少中小学生伤害事故和非正常死亡人数，切实保障中小学生安全健康成长，全力维护教育系统和谐稳定，现就做好2017年中小学生安全教育工作通知如下。

一、继续做好常规安全教育工作。要在日常安全教育中突出教育重点、突出放假前和开学后等重点时段，切实加强预防溺水、交通安全、消防安全、网络安全、应对自然灾害、防范校园伤害、危险化学品安全等方面教育，上好安全教育地方课程和校本课程，并因地因时制宜设计安排好相关安全活动。要按照《中小学幼儿园应急疏散演练指南》和即将印发的《中小学幼儿园应急疏散演练技术规程》要求，做到中小学校每月一次、幼儿园每季度一次应急疏散演练，并确保演练安全和效果。要认真做好演练准备工作，加强对演练的过程监测和数据采集，坚决防止发生拥挤踩踏、烟雾中毒等安全事故。要积极组织中小学生参与水上交通安全教育、消防安全教育暑期专项行动等专题活动。2017 年 3 月 27 日是第 22 个全国中小学生安全教育日。各地教育部门要以安全教育日为契机加强中小学生安全教育，做好对安全教育日活动的组织领导。我司将于 3 月 27 日 18：00—18：30 在湖南卫视《新闻大求真》栏目播出安全教育日专题节目，请组织中小学生届时收看。

二、进一步推动互联网安全教育工作。深化互联网＋安全教育工作，使广大师生随时随处可学安全知识。各地要积极参加安全教育实验区工作，扩大实验区覆盖范围，把参加安全教育实验区作为全面提升安全教育水平的创新抓手。已经加入实验区的地区要继续深化各项工作，确保实验工作取得成效。要注重安全教育实验工作典型经验总结，打造一批在全国起到引领示范作用的国家级安全教育示范区。各实验区教育部门和学校要通过中国教育学会安全教育信息化平台完成安全教育工作的部署、动态监测、数据采集及分析，根据大数据分析结果，强化对薄弱环节的安全教育，提高安全教育的针对性和有效性。要继续积极组织参加第五届全国中小学生安全知识网络竞赛公益活动（参赛网址：http：//aqjs. ciwong. com）。

三、进一步完善安全教育工作机制。各地教育部门要探索将中小学校安全教育工作开展情况和中小学生伤害事故、非正常死亡人数纳入年度教育工作目标考核内容，进行量化考核。探索建立安全教育督查机制，开展经常性、随机性、专题性督查，发现问题及时矫正。推动建立安全教育教研机制，分析当地常见安全问题，精准确定教学内容，科学设置教学计划，加强对安全教育授课教师的业务培训，提升教师的安全教育授课水平。建立典型引领机制，加强业务指导，认真总结安全教育工作中的典型经验做法并及时全面推广，提高安全教育工作整体水平。进一步完善监护人安全责任提醒落实机制，督促中小学校密切家校联系，通过专题家长会、家访等形式，建立周末和节假日安全提醒制度，告知家长履行监护人职责，承担起学生脱离学校监管后的看护责任。强化对家长预防学生溺水的提醒，继续做好预防溺水《致全国中小学生家长的一封信》（附件）的复印发放、回执回收保管工作，上报溺亡情况时必须附溺亡学生家长签字的该信回执。

附件：致全国中小学生家长的一封信（略）

2017年2月17日

北京市教育委员会

关于转发教育部办公厅关于加强高校教学实验室安全工作的通知

京教高〔2017〕2号

各市属高等学校：

现将教育部办公厅《关于加强高校教学实验室安全工作的通知》（教高厅〔2017〕2号））转发给你们，请认真贯彻落实。

高校教学实验室安全工作，直接关系国家及广大师生生命财产安全，关系学校和社会的安全稳定。各校要高度重视教学实验室安全工作，树立教学实验室安全红线意识，落实教学实验室安全责任制，强化教学实验室安全宣传教育和安全意识养成，大力改善教学实验室安全设施，完善教学实验室安全运行机制，提高教学实验室安全水平，切实把教学实验室安全工作落到实处。

2017 年 3 月 29 日

教育部办公厅

关于加强高校教学实验室安全工作的通知

教高厅〔2017〕2 号

各省、自治区、直辖市教育厅（教委），新疆生产建设兵团教育局，有关部门（单位）教育司（局），部属各高等学校：

为深入贯彻落实党中央、国务院领导同志关于安全生产工作的系列重要指示精神，按照我部关于切实维护高校安全稳定的统一部署，通过加强高校教学实验室安全工作，不断提高师生安全意识，增强师生安全防护能力，提升高校校园安全和人才培养整体水平，现就相关工作要求通知如下：

一、深化认识，增强教学实验室安全红线意识

高校教学实验室是高校开展实验教学的主要阵地，是支撑科学研究工作的重要场所，覆盖学科范围广，参与学生人数多，实验教学任务量大，仪器设备和材料种类多，潜在安全隐患与风险复杂。高校教学实验室安全工作，直接关系广大师生的生命财产安全，关系学校和社会的安全稳定。

加强高校教学实验室安全工作，必须坚持以人为本、安全第

一、预防为主、综合治理的方针，切实增强红线意识和底线思维。高校要根据实际情况和教学实验室安全工作的复杂性，始终坚持把国家法律法规规章和国家强制性标准作为高校教学实验室安全工作的底线，不折不扣予以执行。

二、强化担当，健全教学实验室安全责任体系

高校是教学实验室安全责任的主体。高校要严格按照“党政同责，一岗双责，齐抓共管，失职追责”和“管行业必须管安全、管业务必须管安全”的要求，在学校统一领导下，构建由学校、二级单位、教学实验室组成的三级联动的教学实验室安全管理责任体系。

高校应根据“谁使用、谁负责，谁主管、谁负责”的原则，逐级分层落实责任制。高校党政主要负责人是学校安全工作第一责任人。分管高校教学实验室工作的校领导协助第一责任人负责教学实验室安全工作，是教学实验室安全工作的重要领导责任人。其他校领导在分管工作范围内对教学实验室安全工作负有监督、检查、指导和管理职责。学校二级单位党政负责人是本单位教学实验室安全工作主要领导责任人。学校教学实验室安全管理机构和专职管理人员负责学校教学实验室的日常安全管理。学校教学实验室负责人是本实验室安全工作的直接责任人。

三、细化管理，完善教学实验室安全运行机制

高校教学实验室安全工作要坚持精细化原则，系统总结教学实验室安全工作的经验教训，科学分析不同专业门类教学实验室、不同岗位、不同人员的安全风险因素和行为，推动科学管理、规范管理和高效管理，实现对教学实验室安全的全过程、全要素、全方位的管理和控制。

高校要根据学校基础条件和教学实验室的专业门类特性，不断完善教学实验室全生命周期安全运行机制。对新建教学实验室，应把安全风险评估与审核作为建设立项的必要条件。对改建、扩建教学实验室，应根据相应法律法规对建设方案进行评估。明确和落实建设项目立项、规划、设计、施工等环节的安全责任。项目建设验收时，要同步进行安全验收。教学实验项目要进行事前安全风险评估，明确标识安全隐患和应对措施。对实验教学过程中需要使用的物品，建立采购、运输、存储、使用、处置等全流程安全监控制度。要建立教学实验室安全定期评估制度，及时发现问题，切实消除隐患。要树立“隐患就是事故”的观念，依法依规建立教学实验室安全事故隐患排查、登记、报告、整改等制度，实行“闭环管理”，确保整改责任、资金、措施、时限和预案“五落实”。要建立完善实验用危险废弃物处置备案制度，协调有资质的企业及时进行处置。

四、创新举措，推进教学实验室安全宣传教育

开展系统的安全宣传教育是做好教学实验室安全工作的重要基础。安全宣传教育要以中央领导同志关于安全生产系列重要指示精神为指引，按照“全员、全程、全面”的要求，系统学习相关法律法规规章和标准中涉及教学实验室安全的具体内容，通过案例式教学、规范性培训和定期的检查考核等方式，不断提高广大师生的安全意识和对安全风险的科学认知水平。

高校要根据师生特点，积极创新安全宣传教育形式。在传统课堂教学、讲座等形式的基础上，积极利用传统媒体和新媒体等多种宣传阵地刊播教学实验室安全宣传教育内容。要依托教学实验室定期开放日，积极宣讲教学实验室安全常识。要充分利用教学实验室的有效空间营造安全文化氛围。

高校要建立教学实验室的安全准入制度，对进入实验室的师生必须进行安全技能和操作规范培训，未经相关安全教育并取得合格成绩者不得进入教学实验室。鼓励高校开设有学分的安全教育课程。要把安全宣传教育作为日常安全检查的必查内容，对安全责任事故要一律倒查安全教育培训责任。

五、突出重点，开展教学实验室安全专项检查

高校要加强对教学实验室所有危险化学品、辐射、生物、机械、特种设备等实验设施、设备与用品等重大危险源的规范管理。

对重大危险源涉及的采购、运输、储存、使用和处置等环节安全风险进行重点摸排和全过程管控，建立重大危险源安全风险分布档案和相应数据库。

高校要对教学实验室重大危险源开展专项定期检查，核查安全制度及责任制落实情况；安全宣传教育情况；分布档案和数据库情况；规范使用和处置情况；检测及应急处置装置情况；安全隐患及其整改成效等。鼓励有条件的高校，试点建立施行重大危险源分级分类管理制度。

六、多方联动，提高教学实验室安全应急能力

加强教学实验室安全应急能力建设是重要的基础性工作。高校教学实验室安全应急工作涉及预案管理、应急演练、指挥协调、遇险处理、事故救援、整改督查等工作。

高校要统筹制定教学实验室安全应急预案，根据实验项目变化加强动态修订。要建立落实教学实验室安全应急预案逐级报备制度，加强自上而下的各部门应急预案的衔接。要完善教学实验室安全应急组织架构，按照“精干、合成、高效”的要求调整理顺相关部门职能，确保功能完备、人员到位、装备齐全、响应及时。要建立健全应急演练制度并定期开展应急演练，对实验室专职管理人员至少每学年进行一次相关安全知识和应急能力培训，不断提高各层级、各部门、各单位相关人员的应急意识，不断提高现场救援时效和实战处置能力。要切实做好应急人员、物资和经费的保障工作，完善教学实验室安全急救设施和个人防护器材配备，确保突发事件预防、现场控制等工作的及时开展。教学实验室发生事故时，要按照相关规定启动应急预案，妥善开展应急处置，做好信息及时报送，全力保障师生生命财产安全，防止事态扩大和蔓延。

七、齐抓共管，夯实教学实验室安全工作基础

高校要把教学实验室安全工作纳入学校安全整体工作之中，做到安全工作与业务工作同规划、同部署、同落实、同检查。要进一步加强组织领导，将加强教学实验室安全工作作为全面履行高校安全管理工作职能的一项重要任务，不断完善体制机制，以遏制重特大事故为重点，着力消除监管死角和盲区。要创新安全监管方式方法，着力构建安全风险分级管控和隐患排查双重预防机制。要建立学校教学实验室安全工作年度报告制度。要加强安全队伍建设，不断提高人员素质和能力。要保证教学实验室安全经费投入，加强安全物资保障，确保必要的安全防范设施和装备齐全有效。要不断提高教学实验室安全工作的信息化水平，建设全校统一的教学实验室安全管理信息化系统，及时登记、记录全流向、闭环化的危险源信息数据，实现安全信息汇总、分析、发布、监督、追踪等综合有效管理，基本实现教学实验室安全工作全生命周期信息化管理和信息共享，促进信息技术与安全工作的深度融合。

各高校的主管部门要高度重视所属高校教学实验室安全工作，切实担负起安全责任，加强组织领导，完善规章制度，定期开展专项督查。各省级教育行政部门、有关部门（单位）教育司（局）按年度向教育部报送所属高校教学实验室安全工作情况，教育部直属高校按年度直接报送。

附件：高等学校教学实验室安全工作部分法律、行政法规、部门规章和国家强制性标准目录

2017 年 2 月 16 日

附件

高等学校教学实验室安全工作部分法律、行政法规、部门规章和国家强制性标准目录

一、部分法律

中华人民共和国劳动法

中华人民共和国环境噪声污染防治法

中华人民共和国职业病防治法

中华人民共和国安全生产法

中华人民共和国环境影响评价法

中华人民共和国放射性污染防治法

中华人民共和国固体废物污染环境防治法

中华人民共和国突发事件应对法

中华人民共和国水污染防治法

中华人民共和国消防法

中华人民共和国特种设备安全法

中华人民共和国环境保护法

中华人民共和国大气污染防治法

二、部分行政法规

医疗用毒性药品管理办法

放射性同位素与射线装置放射防护条例

建设项目环境保护管理条例

危险化学品安全管理条例

使用有毒物品作业场所劳动保护条例

特种设备安全监察条例

医疗废物管理条例

病原微生物实验室生物安全管理条例
劳动保障监察条例
放射性同位素与射线装置安全和辐射防护条例
麻醉药品和精神药品管理条例
民用爆炸物品安全管理条例
生产安全事故报告和调查处理条例
特种设备安全监察条例
放射性物品运输安全管理条例
易制毒化学品管理条例
危险化学品安全管理条例
放射性废物安全管理条例
女职工劳动保护特别规定

三、部分部门规章

城市放射性废物管理办法
实验动物管理条例
放射性环境管理办法
高等学校实验室工作规程
电磁辐射环境保护管理办法
放射事故管理规定
实验动物许可证管理办法（试行）
国家职业卫生标准管理办法
机关、团体、企业、事业单位消防安全管理规定
放射工作人员职业健康管理办法
安全生产行政复议暂行办法
放射源编码规则
劳动保障监察条例
动物病原微生物分类名录
剧毒化学品购买和公路运输许可证管理办法
废弃危险化学品污染环境防治法

放射源分类办法
人间传染的病原微生物名录
生产经营单位安全培训规定
病原微生物实验室生物安全环境管理办法
射线装置分类管理办法
危险化学品建设项目安全许可实施办法
生产安全事故报告和调查处理条例
放射工作人员职业健康管理办法
危险化学品建设项目安全设施目录（试行）
安全生产违法行为行政处罚办法
安全生产事故隐患排查治理暂行规定
放射性同位素与射线装置安全许可管理办法
动物病原微生物菌（毒）种保藏管理办法
安全评价机构管理规定
高等学校消防安全管理规定
环境行政处罚办法
药品类易制毒化学品管理办法
特种作业人员安全技术培训考核管理规定
农业部重点实验室管理办法
新化学物质环境管理办法
学生伤害事故处理办法
工伤认定办法
放射性同位素与射线装置安全和防护管理办法
首批重点监管的危险化学品安全措施和事故应急处置原则
特种设备作业人员监督管理办法
易制爆危险化学品名录
危险化学品重大危险源监督管理暂行规定
危险化学品生产企业安全生产许可证实施办法
安全生产培训管理办法

企业安全生产费用提取和使用管理办法
危险化学品建设项目安全监督管理办法
工作场所职业卫生监督管理规定
职业病危害项目申报办法
用人单位职业健康监护监督管理办法
职业卫生技术服务机构监督管理暂行办法
建设项目职业卫生“三同时”监督管理暂行办法
危险化学品登记管理办法
危险化学品安全使用许可证实施办法
职业病诊断与鉴定管理办法
危险化学品安全使用许可证实施办法
工贸企业有限空间作业安全管理与监督暂行规定
化学品物理危险性鉴定与分类管理办法
工伤职工劳动能力鉴定管理办法
用人单位职业病危害告知与警示标识管理规范
危险化学品目录（2015 版）
职业健康检查管理办法
安全生产检测检验机构管理规定
建设项目环境影响评价分类管理名录 2015
气瓶安全监督规定

四、部分国家强制性标准

GB5172—1985	粒子加速器辐射防护规定
GB15603—1995	常用化学危险品贮存通则
GB9133—1995	放射性废物分类标准
GB16351—1996	医用 γ 射线远距治疗设备放射卫生防护标准
GB16352—1996	一次性医疗用品 γ 射线辐射灭菌标准
GB16354—1996	使用密封放射源的放射卫生防护要求
GB16368—1996	含密封源仪表的放射卫生防护标准
GB12265.3—1997	机械安全避免人体各部位挤压的最小间距

GB50084—2001	自动喷水灭火系统设计规范
GB18597—2001	危险废物贮存污染控制标准
GB14500—2002	放射性废物管理规定
GB18871—2002	电离辐射防护与辐射源安全基本标准
GB50261—2005	自动喷水灭火系统施工及验收规范
GB11806—2004	放射性物质安全运输规程
GB50140—2005	建筑灭火器配置设计规范
GB4717—2005	火灾报警控制器
GB12158—2006	防止静电事故通用导则
GB14194—2006	永久气体气瓶充装规定
GB50311—2007	综合布线系统工程设计规范
GB5085—2007	危险废物鉴别标准
GB50166—2007	火灾自动报警系统施工及验收规范
GB12348—2008	工业企业厂界环境噪声排放标准
GB50444—2008	建筑灭火器配置验收及检查规范
GB15631—2008	特种火灾探测器
GB19489—2008	实验室生物安全通用要求
GB17568—2008	γ辐照装置设计建造和使用规范
GB4053—2009	固定式钢梯及平台安全要求
GB18218—2009	危险化学品重大危险源辨识
GB4075—2009	密封放射源一般要求和分级
GB13076—2009	溶解乙炔气瓶定期检验与评定
GB14193—2009	液化气体气瓶充装规定
GB13690—2009	化学品分类和危险性公示通则
GB15258—2009	化学品安全标签编写规范
GB10252—2009	γ辐照装置的辐射防护与安全规范
GB16362—2010	远距治疗患者放射防护与质量保证要求
GB17945—2010	消防应急照明和疏散指示系统
GB16348—2010	医用X射线诊断受检者放射卫生防护标准

GB6566—2010	建筑材料放射性核素限量
GB11930—2010	操作非密封源的辐射防护规定
GB14925—2010	实验动物环境及设施
GB14925—2010	实验动物环境及设施
GB26851—2011	火灾声和/或光警报器标准
GB17589—2011	X射线计算机断层摄影装置质量保证检测规范
GB50346—2011	生物安全实验室建筑技术规范
GB16163—2012	瓶装气体分类
GB16361—2012	临床核医学的患者防护与质量控制规范
GB12268—2012	危险货物品名表
GB15383—2011	气瓶阀出气口连接型式和尺寸
GB16804—2011	气瓶警示标签
GB6944—2012	危险货物分类和品名编号
GB50034—2013	建筑照明设计标准
GB17914—2013	易燃易爆性商品储藏养护技术条件
GB17915—2013	附着性商品存储养护技术条件
GB17916—2013	毒害性商品存储养护技术条件
GB50016—2014	建筑设计防火规范
GB3095—2012	环境空气质量标准
GB18597—2001	危险废物贮存污染控制标准

中共北京市委教育工作委员会
北　京　市　教　育　委　员　会

关于印发《北京市教育系统学校危险化学品安全综合治理三年行动计划（2017—2020年）实施方案》的通知

京教勤〔2017〕28号

各区教委，各高等学校，两委有关处室、直属单位：

按照《北京市人民政府办公厅关于印发〈北京市危险化学品安全综合治理三年行动计划（2017年6月—2020年5月）〉的通知》（京政办发〔2017〕28号）要求，经北京市教育委员会第20次主任办公会通过，现将《北京市教育系统学校危险化学品安全综合治理三年行动计划（2017—2020年）实施方案》印发给你们，请认真贯彻执行。

附件：北京市教育系统学校危险化学品安全综合治理三年行动计划（2017—2020年）实施方案

2017年7月28日

附件

北京市教育系统学校危险化学品安全综合治理三年行动计划（2017—2020年）实施方案

为贯彻党中央、国务院关于加强危险化学品安全管理工作的一系列重要决策部署，落实《北京市危险化学品安全综合治理三年行动计划（2017年6月—2020年5月）》，全面加强全市教育系统危险化学品使用安全管理工作，有效防范遏制各类危险化学品事故，确保首都教育系统师生生命财产安全，结合工作实际，现制定全市教育系统学校危险化学品安全综合治理三年行动计划（2017—2020年）实施方案如下：

一、指导思想

以习近平总书记视察北京重要讲话精神为根本遵循，牢固树立安全发展理念，坚持把校园师生安全放在首位，坚守安全红线，落实“党政同责、一岗双责、齐抓共管、失职追责”以及“管行业必须管安全、管业务必须管安全、管生产经营必须管安全”要求，按照“谁使用、谁负责、谁主管、谁负责”原则，坚持标本兼治、完善制度、压实责任、严格管理，全面加强学校危险化学品安全管理工作，坚决遏制校园危险化学品重特大事故，切实维护校园师生安全。

二、工作目标

全市各级各类学校危险化学品安全风险防控责任得到有效落实，危险化学品安全风险和重大危险源得到有效管控，隐患排查治理体系不断完善，危险化学品使用管理水平不断提高，集中管理体系初步建立，信息化管理水平进一步提高。危险化学品安全管理体制进一步理顺、机制进一步完善，安全保障水平进一步提升，危险化学品事故得到有效遏制。

三、组织领导

学校危险化学品安全综合治理工作由市委教育工委、市教委学校实验室危险化学品安全管理工作领导小组负责组织领导，各有关处室、直属单位按照两委关于《加强学校实验室危险化学品安全管理工作方案》有关职责分工分别做好分管业务领域内危险化学品安全管理工作。各高校、各区教委成立党政一把手任组长的组织领导机构，负责组织开展好各高校、各区中小学校（含职业高中）危险化学品安全管理工作。

四、时间进度和工作安排

2017 年 7 月开始至 2020 年 5 月结束，分三个阶段进行。

1. 部署阶段（2017 年 7 月）。各高校、各区教委结合实际制定具体实施方案，开展动员部署，明确措施，细化责任，广泛开展宣传，营造良好氛围。

2. 治理阶段（2017 年 8 月至 2020 年 3 月）。其中 2017 年 8 月至 2018 年 9 月开展综合治理，并取得阶段性成果；2018 年 10 月至 2020 年 3 月深化提升，重点解决难点问题；2020 年 3 月进行全面验收。

3. 总结阶段（2020 年 4 月）。各高校、各区教委总结综合治理成果，形成总结报告报送市教委。

五、治理内容、工作措施及责任分工

（一）健全完善学校危险化学品安全管理体制机制

各高校、各区教委要严格按照市政府有关要求，依据《安全生产法》《危险化学品安全管理条例》等法律法规和有关规定，厘清本校、本区各部门职责范围，不断健全完善管理体制机制，加强院系之间、部门之间、科室之间协调配合，形成统一领导、分工明确、责任落实、齐抓共管的学校危险化学品安全管理格局。各区教委要严格依法履行安全管理责任，主动加强与属地安监、公安、消防、质监、环保等部门的沟通配合，结合学校特点和实际，不断强化对所属学校危险化学品的安全管理。

责任分工：各高校、各区教委负主责；安全稳定工作处负责指导督促高校落实；学校后勤处、北京教育技术设备中心和北京学校后勤事务中心协助指导督促各区教委落实。

完成时限：2018 年 9 月底前取得阶段性成果，2018 年 10 月至 2020 年 3 月深化提升。

（二）落实学校危险化学品安全管理主体责任

学校要切实承担起本校安全管理的主体责任，实行校长负责制，不断强化学校危险化学品的安全管理，不断强化组织机构建设，不断完善规章制度、操作规程，不断规范实验用废弃化学品处置备案制度，按规范处置化学品废弃物；不断加强对危险化学品，特别是剧毒、易制毒、易制爆试剂的规范管理；不断完善安全隐患排查、分级分类登记、风险监测管控、隐患整改销账等制度；不断加强宣传教育培训，不断提升学校危险化学品安全管理水平。

责任分工：各高校、各区教委负主责；安全稳定工作处、基础教育二处、职业教育与成人教育处、高等教育处、科学技术与研究生工作处、学校后勤处依照分管业务范围指导督促落实。

完成时限：2018 年 9 月底前取得阶段性成果，2018 年 10 月至 2020 年 3 月深化提升。

（三）全面摸排学校危险化学品安全风险

各高校、各区教委根据国务院安委会印发的《涉及危险化学品安全风险的行业品种目录》，认真组织摸排本校、本区危险化学品安全风险。按照《国务院安委会办公室关于实施遏制重特大事故工作指南构建双重预防机制的意见》要求，全面彻底摸清本校、本区危险化学品底数，对校园内危险化学品购买、储存、使用、回收、废弃处置等环节和实验室、油气管道、电网线路、水电气设施、化学品库房等部位进行安全风险辨识，开展安全风险等级评定，建立安全风险分布档案，制定相应管控措施。

责任分工：各高校、各区教委负主责；高等教育处、科学技术与研究生工作处负责指导督促普通高校落实，职业教育与成人教育处负责指导督促职业院校落实，基础教育二处负责、北京教育技术设备中心协助指导督促各区教委落实。

完成时限：2018 年 9 月底前完成。

（四）有效防范遏制学校危险化学品事故

各高校、各区教委要建立一支具有较强安全意识、较高专业技能的危险化学品管理人员队伍，做到定人定岗。开展多种形式的危险化学品安全宣传普及活动和培训，不断增强管理人员和师生的安全意识，提升应急处置能力。开展危险化学品安全隐患定期排查和专项治理，加强日常安全检查，做到横向到边、纵向到底，不留死角、不留盲区。对排查出的安全隐患、问题要逐项制表列出清单，建立安全台账，明确整改时限，加强痕迹管理，切实落实整改措施，彻底堵塞漏洞，坚决予以消除。

责任分工：各高校、各区教委负主责；安全稳定工作处、基础教育二处、职业教育与成人教育处、高等教育处、科学技术与研究生工作处、学校后勤处依照分管业务范围指导督促落实。

完成时限：2018 年 9 月底前取得阶段性成果，2018 年 10 月至 2020 年 3 月深化提升。

（五）完善高校实验室危险化学品安全标准

协助市安监局制定高校实验室危险化学品安全地方标准，完善有关安全规程，明确高校实验室危险化学品采购、储存、使用、废弃化学品处置等环节的规范要求。加强对高校实验室危险化学品安全标准的宣贯、培训和组织实施。

责任分工：学校后勤处牵头，安全稳定工作处、职业教育与成人教育处、高等教育处、科学技术与研究生工作处、北京学校后勤事务中心协助落实。

完成时限：2018 年 9 月底前取得阶段性成果，2018 年 10 月至 2020 年 3 月深化提升。

（六）持续推进全市教育系统学校实验室危险化学品集中管理

信息化平台建设

各高校、各区教委充分运用大数据、云计算和物联网等信息化手段，负责推进各高校、各区学校实验室危险化学品集中管理信息化平台建设。依托全市危险化学品集中管理体系平台，协助市安监局按照职责分工负责推进全市高校实验室危险化学品集中管理信息化平台建设。各区教委协助各区安监部门负责推进本区学校实验室危险化学品集中管理信息化平台建设。通过推进全市教育系统学校实验室危险化学品集中管理信息化平台建设，实现危险化学品全过程集中管理及信息共享，全面提升本市学校危险化学品安全管理水平。

责任分工：各高校、各区教委负责各高校、各区学校实验室危险化学品管理信息化平台建设；科学技术与研究生工作处牵头，高等教育处、职业教育与成人教育处、学校后勤处、安全稳定工作处、北京教育网络和信息中心协助，负责推进全市高校实验室危险化学品集中管理信息化平台建设，指导督促各高校实验室危险化学品管理信息化平台建设；基础教育二处牵头、北京教育技术设备中心协助负责指导督促各区教委推进本区学校实验室危险化学品集中管理信息化平台建设。

完成时限：2018 年 9 月底前取得阶段性成果，2018 年 10 月至 2020 年 3 月深化提升。

（七）加强学校危险化学品应急预案管理

各高校、各区教委研究制订各高校、各区学校处置学校危险化学品事故应急预案，组建应急处置队伍，配备应急保障物资，组织事故应急宣传培训，定期组织开展应急演练并做好效果评估，不断提高应急预案的科学性、针对性、实用性和可操作性。主动加强与属地安监、公安、消防、质监、环保等专业部门的沟通联系，及时、快速、有效的处置危险化学品安全事故。

责任分工：各高校、各区教委负主责；安全稳定工作处负责指导督促各高校落实；学校后勤处负责、北京学校后勤事务中心协助指导督促各区教委落实。

完成时限：2018 年 9 月底前取得阶段性成果，2018 年 10 月至 2020 年 3 月深化提升。

（八）加强危险化学品管理人才培养

落实《教育部国家安全监管总局关于加强化工安全人才培养工作的指导意见》，依托高校和职业院校相关学科、专业优势，举办危险化学品安全监管人员培训班，提高危险化学品安全监管人员能力和水平。积极探索创新人才培养模式，改革教学内容、教学方法，积极拓展生源渠道，通过定向培养、校企联合办学和委托培养等方式，加强危险化学品专业人才培养。

责任分工：职业教育与成人教育处、高等教育处、科学技术与研究生工作处依照分管业务范围分别推进实施，相关学校配合落实。

完成时限：2018 年 9 月底前取得阶段性成果，2018 年 10 月至 2020 年 3 月深化提升。

六、工作要求

（一）高度重视，加强领导

实验室是学校安全工作的重要领域，参与的师生多，仪器设备和实验材料种类多，潜在安全风险隐患多，情况复杂，管理难度大。各高校、各区教委、各有关处室和直属单位要深刻认识当前实验室危险化学品安全形势的严峻性和危险性，加强组织领导，密切协作配合，精心组织实施，确保取得实效，并于每季度末将工作进展情况报送市教委学校实验室危险化学品安全管理工作领导小组办公室。

（二）制定方案，狠抓落实

各高校、各区教委、各有关处室和直属单位要按照工作责任分工和完成时限要求，结合工作实际，研究制定具体实施方案，狠抓方案落实，并分别确定 1 名主管领导、1 名部门负责人和 1 名负责日常工作的联络员，于 2017 年 9 月底前将具体实施方案和人员名单一并报送市教委学校实验室危险化学品安全管理工作领导小组办公室。

（三）强化责任，加强督查

各高校、各区教委要不断完善本学校、本区的监督检查机制，推动各项责任落实，推进各项工作顺利开展。市委教育工委、市教委将适时对各高校、各区教委危险化学品安全综合治理工作进行检查验收通报，并将检查验收情况纳入对各高校、各区考核。

中共北京市委教育工作委员会
北　京　市　教　育　委　员　会
北京市人民政府教育督导室

关于开展2017年全市教育系统校园安全和秋季开学工作大检查的通知

京教勤〔2017〕29号

各区委教工委、区教委、区政府教育督导室，各有关高校，各有关直属单位：

为贯彻落实党中央、国务院和教育部以及市委、市政府有关工作部署要求，督促各区、各高校落实校园安全主体责任，做好秋季开学各项准备工作，确保首都教育系统安全稳定形势，为迎接党的十九大在北京胜利召开营造良好环境，经与市综治、公安、安监、食药监等部门沟通协调，市委教工委、市教委、市政府教育督导室定于8月至10月在全市教育系统组织开展校园安全和秋季开学工作大检查。现将《2017 年全市教育系统校园安全和秋季开学工作大检查实施方案》印发给你们，请结合实际，认真组织落实。

附件：2017 年全市教育系统校园安全和秋季开学工作大检查实施方案

2017 年 8 月 1 日

附件

2017 年全市教育系统校园安全和秋季开学工作大检查实施方案

为贯彻落实党中央、国务院和教育部以及市委、市政府有关工作部署要求，督促各区、各高校落实校园安全主体责任，做好秋季开学各项准备工作，确保首都教育系统安全稳定形势，为迎接党的十九大在北京胜利召开营造良好环境，经与市综治、公安、安监、食药监等部门沟通协调，市委教育工委、市教委、市政府教育督导室定于 8 月至 10 月在全市教育系统组织开展校园安全和秋季开学工作大检查。具体实施方案如下：

一、目标任务

以习近平总书记系列重要讲话精神为根本遵循，牢固树立安全发展理念，坚持把校园师生安全放在首位，坚守安全红线，落实“党政同责、一岗双责、齐抓共管、失职追责”以及“管行业必须管安全、管业务必须管安全、管生产经营必须管安全”要求。检查重点包括：校园安全管理和安全教育、校园及周边治安综合治理、校园及周边食品安全、学校实验室危险化学品使用安全、防治中小学生欺凌和暴力、安全隐患和矛盾排查调处、应急值班和突发事件处置、开学条件保障、安全大检查和秋季开学工作动员部署落实情况等。通过督促检查，层层压实安全责任，认真完善开学保障，确保首都教育系统安全稳定和教育教学科研工作的顺利开展。

二、检查范围

各区委教工委、区教委、区政府教育督导室及所属中小学、幼儿园；党的关系在市委的55所高校、5家直属单位、民办高校、民办高等教育机构。

三、组织实施

市委教工委、市教委、市政府教育督导室组建16个检查组，分别由委主要领导和分管领导担任检查组组长，联络员由有关处室处长担任。检查组组长可根据工作实际，增加责任处室或直属单位。具体分组附后。

四、检查方式

（一）电话方式

各检查组通过电话等方式对本组负责的检查单位开展“全覆盖”式检查，掌握各单位安全保卫维稳和开学准备工作情况，及时掌握工作动态和问题隐患，做好工作指导。本次检查工作联系人为各区教委、各高校、各直属单位办公室主任。

（二）现场方式

各检查组根据电话检查掌握的情况，选取问题隐患和薄弱环节相对突出的单位开展现场检查，各检查组现场检查单位不少于3个。现场检查以听取汇报、查看资料、实地走访等明查方式为主，以突击检查等暗访方式为辅。

五、检查安排

本次大检查工作分为三个阶段：8月1日—20日为部署动员全面自查阶段；8月21日—31日为市级检查阶段；9月1日—10月31日为重点督查整改提高阶段。

（一）自查阶段

8月1日至20日，各单位按照通知要求，认真对照检查项目开展自查，全面排查安全风险点和问题隐患，建立问题隐患清单和整改清单，并形成自查报告。

（二）市级检查阶段

8月21日至31日，各检查组按照工作分工，对组内单位进行检查，采取现场方式检查的，要现场反馈检查意见，对检查中发现的问题隐患要严格落实整改责任，制定切实措施，立即整改落实。

（三）重点督查整改提高阶段

9月1日—10月31日，针对前两个阶段中存在的突出问题隐患，以及校园安全、食品安全、危化品使用管理安全等重点领域，采取专项检查、回头检查、随机抽查等多种方式，进行重点督查，促进整改提高。

六、工作要求

（一）加强组织领导，认真周密部署

各单位要高度重视大检查工作，强化对大检查工作的领导，党政主要负责同志要切实履行安全工作第一责任人的责任，研究制定实施方案，精心组织，周密部署，明确分工，细化措施，狠抓落实。要真查、真改、真见效，切实保证校园安全和开学工作不出问题。

（二）强化协调联动，狠抓责任落实

校园安全和开学工作涉及到各单位各部门的方方面面，各单位要结合自身实际制定工作措施，协调联动，通力协作，形成合力，确保大检查各项工作扎实有效开展。要严肃追责问责，对自查整改不认真、隐患整治不彻底、大检查责任不落实、组织不得力的，要严肃追究相关单位及部门负责人的责任。因责任和措施落实不到位导致事故发生的，依法问责。本次检查结果作为年底考核重要依据。

（三）加强宣传教育，营造良好环境

各单位要充分发挥各类媒体作用，采取多种形式，对校园安全和开学工作大检查进行广泛宣传发动，多种形式开展安全教育，形成强大宣传声势，营造浓厚的舆论氛围。要建立举报奖励机制，动员师生员工举报各类事故隐患和违法违规行为。

（四）及时做好大检查信息统计和报送工作

请各单位分别于8月20日前将大检查实施方案、自查报告和《校园安全大检查联络表》，9月20日前将大检查发现的突出问题及整改落实情况，10月20日前将大检查总结报告报送市教委。同时，请各单位定期报送大检查工作信息，及时反映主要做法、工作进展和发现突出问题，原则上每周至少报送一条工作信息，每两周至少报送一次典型案例（尽量有完整文字材料和图片等资料）。请各单位分别于8月20日、9月20日、10月20日前报送《重大安全问题隐患及整改情况统计表》。

请各检查组于8月31日前将各检查组检查工作情况形成书面材料报送至市教委学校后勤处。

附件：1. 2017年全市教育系统校园安全和秋季开学工作重点检查内容
2. 2017年全市教育系统校园安全和秋季开学工作检查组工作安排表（略）
3. 2017年全市教育系统校园安全和秋季开学工作大检查工作联络表（略）
4. 校园安全重大问题隐患及整改情况统计表（略）

附件1

2017年全市教育系统校园安全和秋季开学工作重点检查内容

一、校园安全管理和安全教育情况

1. 学校“三防”建设落实情况。学校是否配齐必要的安全防护、应急处置装备，校园重点部位是否安装视频监控，寄宿制校园是否设专职宿舍管理员，校园安全管理制度是否完善。

2. 重点领域治理情况。是否严防溺水事故，坚决避免群体性溺水事故。是否防止校园拥挤踩踏事故，维持好高峰时段学生上下楼秩序。是否强化校园消防安全防控，进行电器火灾综合治理，落实消防安全责任制，定期检查消防设施和器材配置及完好有效情况，组织开展消防演练和应急疏散演练，消除安全事故隐患，杜绝中小学校宿舍明火取暖现象。

3. 高校校园安全稳定情况。是否落实反恐怖工作责任制要求，强化反恐防范知识宣传教育，全面清缴恐怖音视频，完善反恐防范工作预案，强化应急处突工作准备，加强网络安全和舆情引导，确保高校安全稳定。是否加强危险化学品及特种设备的管理，及时处理学校实验用废弃危化品，并落实处置备案制度，及时消除安全隐患。

4. 防范非法入侵校园导致学生伤亡情况。是否制定健全舆情信息分析安全预警快速反应和排查化解联动处置机制和工作责任制，是否加强安全保卫工作队伍建设，是否定期开展安全应急演练工作，是否经常性对师生开展法治教育、公共安全教育和反邪教警示教育。

5. 中小学生安全教育情况。是否利用开学初对中小学生集中开展安全教育，是否突出防溺水、交通安全、消防安全等安全教育重点，是否定期组织学生开展应急疏散演练。

6. 学生上下学交通安全和校车安全管理情况。是否制定《校车安全管理条例》实施办法和升级校车服务方案，校车管理机构及协调工作机制是否健全。是否存在使用拼装车、报废车、未取得校车使用许可车辆接送学生，以及未取得校车驾驶资格人员驾驶校车、超速、超员、不按许可路线行驶等违法行为。校车运营是否按照要求落实各项安全管理制度，学校门口道路是否设置警示牌、减震带。是否针对不同季节交通安全特点，完善事故应急处置预案，开展事故逃生演练和应急处置演练。

二、校园及周边治安综合治理

7. 警校联动机制是否有效，校园周边公安机关高峰勤务、“护学岗”和群防群治机制是否健全，属地派出所民警是否经常到校沟通联系、指导工作，各区校园及周边治安综合治理专项组是否协调有关部门对校园周边区域进行专项排查整治。校园周边是否存在无照商贩、黑车拉客等安全隐患。

三、校园及周边食品安全管理情况

8. 食品与饮水安全管理情况。是否加强学校食品安全管理工作，不断完善学校食堂就餐环境。学校食堂食品采购环节、运输环节、储存环节、加工环节等是否存在卫生和安全隐患。对外托管或承包食堂学校是否严格准入要求，是否进行监督和管理。食品经营许可证是否合法有效且未超出许可经营范围。是否有消除老鼠、蟑螂、苍蝇和其他有害昆虫及孳生条件的防护措施，是否有足够的通风和排烟装置，定期清洁。从业人员是否持有有效的体检合格证上岗，且建立了从业人员健康管理档案，严格执行“晨检制度”。各中小学幼儿园是否制定有本校开展节俭养德节约行动工作的方案。学校食堂是否有半份菜、小份饭出售，是否配备一名专兼职营养师。自备水源、二次供水及直饮水设施、食堂蓄水池等是否清洁、消毒，是否进行水质检测。中小学、幼儿园推进学校食堂开展“阳光餐饮”工程建设情况。

四、学校实验室危险化学品管理情况

9. 实验室危险化学品管理。是否建立实验室危险化学品安全管理责任制，有牵头部门和管理负责人进行管理。是否对危险化学品购买、储存、使用等相关人员及实验室管理人员进行了危险化学品安全管理和应急能力培训。学校购买剧毒危险化学品、易制爆危险化学品是否到公安部门办理了相关手续，购买易制毒危险化学品前是否到公安部门进行了备案。危险化学品是否储存在专用仓库、专用场地或者专用储存室内，废弃危险化学品是否有统一存放场所并加强管理。实验室是否按要求配备了消防设施设备，并保持完好有效。实验室消防通道是否通畅，公共场所、通道是否无堆放仪器、物品现象。是否建立危险化学品信息化管理系统。

五、防治中小学生欺凌和暴力工作情况

10. 中小学生欺凌和暴力治理情况。是否建立防治欺凌和暴力工作领导小组，是否集中对学生开展以欺凌和暴力治理为主题的专题教育，是否建立学校安全风险预防、管控与处置制度和工作机制，是否制定校园突发欺凌和暴力事件应急预案。

六、安全隐患和矛盾排查调处

11. 是否排查了各种可能影响校园安全稳定的问题隐患、各类涉校矛盾纠纷，并分类建立工作台账，明确责任部门、单位和化解整治措施、时限；是否对短期难以整治的突出矛盾纠纷和安全隐患制定稳控措施。

七、应急值班和突发事件处置情况

12. 是否落实 24 小时领导带班和值班制度，是否严格按照“第一时间、先口头、后书面”的要求做好突发情况信息报送工作。是否结合实际制定了各类突发事件应急处置预案，是否及时发现并迅速有效处置突发事件。

八、2017 年秋季开学条件保障情况

13. 组织师生按时返校情况。教职员工是否及时到岗，学生是否按时返校。

14. 落实学生资助政策情况。是否积极落实国家资助政策，是否出现学生因家庭经济困难而辍学。

15. 教材和教辅材料符合国家规定要求情况。是否及时在开课前将课本发放到学生手中，是否违背自愿原则强制学生订购教辅材料。

16. 实验室及实习、实训保障情况。高校实验室、实习场所及其设施设备配置是否符合教学需要，运行维护是否符合国家规范。职业院校校内实训基地和校外实习基地条件是否满足教学计划需要，管理制度是否健全，“双师型”教师是否满足教育教学需要。

17. 后勤保障情况。学校网络、多媒体设备、教学终端等各种教学设施设备及生活设施设备是否经过检修维护，饮食、住宿、水电气暖等各种后勤保障工作是否到位。

18. 经费保障机制落实情况。是否统一城乡义务教育学校生均公用经费基准定额并落实资金，是否对学生规模不足100人的村小学和教育点按100人核定公用经费，是否存在经费截留问题。是否落实高职生均拨款制度，是否建立中职生均拨款制度。

19. 开学主题教育活动情况。是否认真落实《中小学生守则(2015年修订)》，做到上墙、入屏，并开展爱学习、爱劳动、爱祖国“三爱”和节粮、节水、节电“三节”教育活动以及安全防范主题教育活动。高校是否做好新生心理健康状况普查和心理危机排查工作，对心理危机事件做到早发现、早干预。

20. 校舍隐患排查情况。是否建立中小学校舍安全年检制度，定期对校舍进行安全隐患排查，并将排查信息录入全国中小学校校舍信息管理系统，消除所有D级危房。是否建立高效危旧房屋排查整治台账，尤其对高校老校区危旧房屋建立整治规划，及时维修、改造和加固，对D级危房是否及时封存并落实拆除措施。

交流合作

北京市教育委员会

关于公布北京市“一带一路”国家人才培养基地项目入选学校名单的通知

京教函〔2017〕354号

各高等院校、职业院校：

根据《北京市“一带一路”国家人才培养基地项目管理办法（试行）》（京教外〔2017〕4号），我委组织开展了北京市“一带一路”国家人才培养基地项目的申报评审工作。经学校申报、专家评审、我委审核等程序，最终认定26个学校（名单详见附件）为北京市“一带一路”国家人才培养基地。现予以公布，并将有关事项通知如下：

一、各院校要贯彻国家和北京市关于做好教育对外开放的有关精神，以及推进“一带一路”教育合作的有关要求，以提升北京教育服务“一带一路”国家战略的贡献力为宗旨，逐步建立“一带一路”国家人才培养的新机制。通过开展“一带一路”国家高端人才培养和相关学科专业建设，积极发挥院校的学科专业优势，配合行业企业“走出去”；同时，不断推动本校人才培养、学科建设和科学研究水平的提升，推进“一流大学”和“一流学科”建设。

二、此次批准立项的国家人才培养基地建设时间为3年，市教委将给予建设经费支持并适时组织对项目建设情况的检查评估。此次批准立项的国家人才培养基地建设项目的主持学校，要负责本校项目经费执行情况验收并列入学校的绩效管理范围，进一步建立健全管理制度，加强“一带一路”国家高端人才培养和相关学科专业建设的研究，为北京地区各类高等学校提供可推广、借鉴的示范性经验。

请各院校严格按照项目管理办法，做好项目实施工作。

附件：北京市“一带一路”国家人才培养基地项目入选学校名单

2017 年 7 月 31 日

附件

北京市“一带一路”国家人才培养基地项目入选学校名单

北京大学

清华大学

中国人民大学

北京师范大学

北京交通大学

北京化工大学

北京邮电大学

北京中医药大学

中国传媒大学

对外经济贸易大学

中国政法大学

中国石油大学（北京）

外交学院

中华女子学院

北京工业大学

北方工业大学

北京印刷学院

北京建筑大学

首都医科大学

首都师范大学

首都经济贸易大学

北京舞蹈学院

北京联合大学	北京信息职业技术学院
北京工业职业技术学院	北京交通运输职业学院

北京市教育委员会

关于公布2018年度北京市外国留学生“一带一路”奖学金入选项目的通知

京教函〔2017〕490号

各有关高校、科研院所：

为了贯彻落实教育部《推进共建“一带一路”教育行动》（教外〔2016〕46号），推进我市高校与沿线国家开展人才培养合作，促进我市来华留学工作整体发展，根据《北京市外国留学生“一带一路”奖学金项目管理办法（试行）》（京教外〔2016〕8号），我委组织开展了2018年度北京市外国留学生“一带一路”奖学金项目的申报评审工作。我委共接收2018年度申请项目93个。经过专家评审，结合我市实际情况，2018年度共有32个项目入选（名单详见附件）。请各单位严格按照项目管理办法，做好项目实施工作。

附件：2018年度北京外国留学生“一带一路”奖学金入选项目清单

2017年10月19日

附件

2018 年度北京外国留学生“一带一路”奖学金入选项目清单

序号	项目名称	学校	资助年限
1	中俄硕士“1+1”双学位联合培养项目（全英文授课）	对外经济贸易大学	1 年
2	“一带一路”沿线国家林学博士教育项目	北京林业大学	3 年
3	中国科学院东南亚生物多样性研究中心博士生项目	中国科学院大学	3 年
4	巴基斯坦空间技术应用研究生培养	北京航空航天大学	2—4 年
5	丝绸之路经济带国家中俄翻译人才培养项目	北京语言大学	4 年
6	中俄本科双学位联合培养项目	北京交通大学	3 年
7	“一带一路”沿线国家中学师资培养项目	北京师范大学	4 年
8	“一带一路”国际商务复合型人才培养项目（本科）	北京外国语大学	4 年
9	投资学硕士（全英文）项目	中央财经大学	2 年
10	面向东盟十国的未来网络人才培养计划	北京邮电大学	2 年
11	北京中医药大学“一带一路”奖学金中、英文授课中医本科专项	北京中医药大学	5 年
12	“一带一路”农产品加工与质量安全博士教育项目	中国农业科学院研究生院	3—4 年

续表 1

序号	项目名称	学校	资助年限
13	北京物资学院—东盟物流管理人才国际班	北京物资学院	4 年
14	基础建设专业技术人才及管理专业人才本科培养项目	北方工业大学	4～5 年
15	华北电力大学—巴基斯坦工程与应用科学学院（PIEAS）高端核电人才联合培养项目	华北电力大学	3 年
16	“一带一路”法律外交复合型人才	中国政法大学	3～4 年
17	旅游管理/MBA 全英文授课硕士专项奖学金	北京第二外国语学院	2 年
18	石油化工类“一带一路”国际化人才培养项目	北京石油化工学院	4 年
19	“1+3”教育联盟战略合作项目	首都经济贸易大学	4 或 3 年
20	北京科技大学本科全英文授课“一带一路”奖学金项目	北京科技大学	4 年
21	北京市外国留学生“一带一路”专项奖学金项目	北京体育大学	4 年
22	信息技术类全英文硕士“一带一路”奖学金项目	北京工业大学	2 年
23	“一带一路”战略背景下传统文化与现代技术融合的印刷出版国际留学生奖学金项目	北京印刷学院	4 年
24	面向东南亚国家信息、机械类专业人才培养项目	北京理工大学	4 年
25	“一带一路”沿线国家警察院校本科生联合培养	中国人民公安大学	1 年
26	“一带一路”国家优秀学生奖	北京工商大学	2～4 年
27	信息类专业留学生教育建设	北京信息科技大学	4 年

续表 2

序号	项目名称	学校	资助年限
28	首都医科大学 留学生“一带一路”奖学金	首都医科大学	6 年
29	北京市外国留学生“一带一路”奖学金项目	首都师范大学	2～4 年
30	北京市外国留学生东南亚优秀人才奖学金项目（新生）	北京大学	4 年
31	“一带一路”传媒艺术类人才培养项目	中国传媒大学	2～4 年
32	北京市外国留学生“一带一路”奖学金	中国人民大学	2～4 年

语言文字

北京市教育委员会文件选编

(2017)

北京市教育委员会
北京市语言文字工作委员会

关于进一步加强学校语言文字工作的意见

京教语〔2017〕1号

各区教委、语委，市属各高等学校：

最近，教育部、国家语委印发了《关于进一步加强学校语言文字工作的意见》（教语用〔2017〕1号），为贯彻落实文件精神和工作要求，结合《北京市“十三五”时期教育改革和发展规划》《北京市语言文字事业“十三五”发展规划》，提出以下意见，请认真贯彻执行。

一、进一步提高对加强学校语言文字工作的认识

学校是语言文字工作的基础阵地，切实做好语言文字工作、加强语言文化建设，是各级各类学校的法定义务，是学校依法办学的基本要求；语言文字工作是学校教育工作的重要组成部分，良好的口语、书面语表达水平和阅读能力、书写能力、语言综合运用能力，是国民综合素质的基础要素，对于个人的成长、成才、成功至为关键；语言文字事业是文化软实力的重要组成部分，是国家综合实力的重要支撑力量，做好学校语言文字工作，是全面建成小康社会的必然要求。

二、明确学校语言文字工作的总体目标和师生目标

学校语言文字工作应在全社会发挥示范引领作用，打造全社会语

言文字应用规范化建设的示范标杆，培养“一种能力”即语言文字应用能力，培养“两种意识”即语言文字应用的自觉规范意识和中华优秀传统文化的自觉弘扬意识。良好的口语、书面语表达水平和阅读能力、书写能力、语言综合运用能力，成为学校师生的基本功。

三、明确学校语言文字工作的措施和要求

（一）要加强学校语言文字工作的机制建设、规范化建设、督导评估、组织领导和经费保障。

（二）要加强语言文字工作与教育教学工作的融合。

（三）要巩固语言文字规范化示范创建工作的成果。发挥 300 所市级语言文字规范化示范校、示范园的示范带动作用。

（四）要制定学校语言文字工作达标建设时间进度表。自 2017 年至 2020 年，用 4 年时间，完成全市各级各类学校（包括幼儿园）语言文字工作达标建设。市教委、市语委、市政府教育督导室按照《北京市教育委员会北京市语言文字工作委员会关于加强高等学校语言文化建设的意见》（京教语〔2015〕1 号，该文件请见北京语言文字网），负责市属高等学校语言文字工作的达标评价与验收；各区教委、区语委、区政府教育督导室按照本意见及其附件《中小学语言文字工作指导标准》负责中小学语言文字工作的达标评价与验收（幼儿园参照执行），市教委、市语委、市政府教育督导室按学校总数的 5%实施随机抽查。请各区教委语委、各市属高等学校认真研究，于 2017 年 4 月 30 日前将学校语言文字工作达标建设工作方案报送市语委办公室。

附件：教育部、国家语委关于进一步加强学校语言文字工作的意见

2017 年 2 月 22 日

教　　育　　部
国家语言文字工作委员会

关于进一步加强学校语言文字工作的意见

教语用〔2017〕1号

各省、自治区、直辖市教育厅（教委）、语委，新疆生产建设兵团教育局、语委，部属各高等学校：

为深入贯彻党和国家的语言文字方针政策、法律法规，落实《国家中长期教育改革和发展规划纲要（2010—2020年）》《国家中长期语言文字事业改革和发展规划纲要（2012—2020年）》及《国家语言文字事业“十三五”发展规划》，切实发挥学校在语言文字工作中的基础作用，现就进一步加强学校语言文字工作提出如下意见：

一、进一步提高对加强学校语言文字工作的认识

（一）学校是语言文字工作的基础阵地。学校是推广和普及国家通用语言文字、培养国民语言文字规范意识、增强国民文化自信的重点领域，使用和推广国家通用语言文字是各级各类学校的法定义务，是学校依法办学的基本要求。学校教育教学是提高国民语言文字应用能力、提升人力资源素质的主要渠道。学校师生是传承弘扬中华优秀传统文化、革命文化和社会主义先进文化的重要力量。扎实做好学校语言文字工作，是切实发挥语言文字事业基础性、全局性作用的关键环节。

（二）学校语言文字工作是学校教育工作的重要组成部分。说好普通话、用好规范字、提高语言文字应用能力是学校培养高素质人才的基本内容。语言文字应用能力的培养要从小抓起，良好的口语、书面语表达水平和语言综合运用能力，是国民综合素质的重要构成要素，在个人成长成才过程中具有不可替代的作用。提高学生的语言文字应用能力，是实施素质教育的必然要求，是强化学生能力培养的重要内容，是提高学生学习能力、实践能力、创新能力的坚实基础。学校做好语言文字工作，对学生掌握科学文化知识、全面提高综合素质、自觉践行社会主义核心价值观、增强文化自信具有重要意义。

（三）做好学校语言文字工作，是全面建成小康社会的必然要求。语言文字事业是文化软实力的重要组成部分，是国家综合实力的重要支撑力量，与社会同发展、与时代共进步，对全面建成小康社会具有重要的推动作用。做好学校语言文字工作，充分发挥学校的人才培养及社会辐射作用，将语言文字工作从校园向社会延伸，提高全民尤其是农村、边远贫困地区、民族地区学生和青壮年的语言文字应用能力，是实施科教兴国战略和人才强国战略的内在需求，是全面建成小康社会的必然要求，也是实现中华民族伟大复兴的重要环节。

二、学校语言文字工作的主要目标

（一）总体目标。学校语言文字工作的总体目标是打造全社会语言文字规范化建设的示范标杆，培养学生的“一种能力两种意识”。“一种能力”即语言文字应用能力；“两种意识”即自觉规范使用国家通用语言文字的意识和自觉传承弘扬中华优秀文化的意识。

（二）教师目标。熟悉党和国家语言文字方针政策及相关法律法规，普通话水平达标，汉字应用规范、书写优美，具有一定的朗诵水平和书法鉴赏能力，熟练掌握相关语言文字规范标准；具有高度的文化自觉和文化自信；普遍具有自觉推广国家通用语言文字与中华优秀文化的意识和自豪感。

（三）学生目标。普通话水平达标，口语表达清晰达意，交流顺畅；掌握相应学段应知应会的汉字和汉语拼音，具有与学段相适应的书面写作能力、朗读水平和书写能力，高校学生应具有一定的书法鉴赏能力；具有对中华优秀文化的认同感、自豪感和自信心。

三、工作措施和要求

（一）加强学校语言文字工作机制建设。各级各类学校要深入贯彻执行党和国家语言文字方针政策、法律法规，建立完善语言文字工作机制和管理制度，加强队伍建设，在学校内涵建设和育人目标中明确语言文字工作要求，定位准确，目标明晰，措施到位。建立切实可行的工作制度和评价体系，相关要求贯穿于学校常规工作和主要环节，常抓不懈，确保学校语言文字工作有序开展，取得实效。

（二）坚持学校语言文字工作与教育教学工作相互促进。各级各类学校要将语言文字工作纳入学校工作的日常管理，列入科研项目的总体计划，把提高学生语言文字应用能力列入培养目标的基本要求，作为教育教学的基本内容，将学生语文素养的培养融入到德育、智育、体育、美育、社会实践等各项教育活动及校园文化建设中。通过高标准的语言文字工作要求，促进学校管理水平的提升；通过加强语言文字能力培训，促进整体师资水平的提升；通过增强语言文字应用能力，促进学生综合素质和能力的提升。

（三）加强学校语言文字工作规范化建设。各地根据《中小学语言文字工作指导标准》（见附件）的要求，结合原有工作基础和本地区实际情况，制订适合各级各类学校的建设标准和评分细化方案，开展学校语言文字工作达标建设。高等学校应更加注重语言文字法律法规和规范标准的宣传推广，语言文字科学研究、工作方法和活动组织的创新实践；幼儿园应更加注重校园语言文字环境规范建设、教师的语言文字规范意识及应用能力的培养和建设，结合幼儿的学习特点，积极发展幼儿的倾听、理解和表达能力，民族地区双语幼儿园应注重为幼儿创设普通话交流的语言环境。有条件的地区，应在2020年前完成所有学校语言文字工作达标建设；暂不具备条件的地区，可适当推迟达标时限，所有学校最迟应在2025年前完成达标建设工作，2020年前应完成一半以上。各地可在学校达标建设的基础上，开展各级语言文字示范校创建工作。

（四）加强学校语言文字工作督导评估。各级教育督导部门和语言文字工作部门在按照《语言文字工作督导评估办法》开展督导工作时，要将学校作为语言文字工作督导评估的重点领域，切实按照每5年一轮的频度对学校语言文字工作进行督导评估，确保学校语言文字工作规范化建设有序推进，达标建设任务按时完成。

（五）加强组织领导。各级教育行政部门负有主管语言文字工作的职责，应有专门机构和人员专管或兼管语言文字工作。各级语言文字工作机构要主动协调教育行政部门内部的相关职能部门，明确职责，分工协作，切实负起责任，共同做好职责范围内的各级各类学校语言文字工作。

（六）健全经费保障机制。各级教育行政部门和语言文字管理部门要保障学校语言文字工作经费，充分调动各方积极性，形成合力，共同推动工作开展。

附件：中小学语言文字工作指导标准

2017年1月17日

附件

中小学语言文字工作指导标准

一级指标	二级指标	考核要点	分值
1 制度建设 （25分）	1—1 工作机构	有语言文字工作机制，有校内部门分工负责制度。	5分
	1—2 长效机制	语言文字工作有计划、有过程、有总结。校长熟悉语言文字法律法规、方针政策。将语言文字工作纳入日常管理，在学校发展规划和年度工作计划、总结中有语言文字工作内容；在用语用字、学生培养、教育实践过程中有关于语言文字使用的规章制度，并有定期检查落实制度；在职务评聘、教育教学考核评价等制度中，有关于语言文字应用能力、应用情况的明确要求。按照规定开设写字课和书法课。建立奖惩机制，对学校语言文字工作做出突出贡献的组织和个人给予表彰奖励。	10分
	1—3 校园环境	普通话是学校的工作语言和基本交际语言。校内有永久性国家通用语言文字宣传标识或标语，学校主页有语言文字工作宣传。重视环境对学生语言文化素养的熏陶作用，校内公文、文件、网站、宣传信息平台以及名称牌、指示牌、校风校训、标语、建筑物等用语用字符合规范及相关要求，汉语拼音使用规范，外文使用符合标准、规范。	6分
	1—4 经费保障	语言文字工作经费管理严格、使用规范、效益显著。	4分
2 能力建设 （30分）	2—1 规范意识	教师熟悉国家语言文字方针政策和法律法规，自觉规范使用语言文字的意识强，学生有自觉规范使用语言文字的意识；高年级学生有较强的中华文化和语言的自豪感。	5分
	2—2 教师能力	将语言文字应用能力纳入教师培训方案，强调培训效果。重视教师语言文字基本功训练，通过定期培训、综合培养等方式，提高教师语言文字应用能力，并适应教育教学的新要求。教师普通话水平达标。	10分
	2—3 学生能力	学生培养目标中有明确的语言文字规范意识和应用能力的要求，逐步提高学生语言文字应用能力，并达到课程标准的相应要求。学生能熟练规范地使用普通话；熟练掌握和使用应知应会的规范汉字和汉语拼音，书写规范。	15分

续表

一级指标	二级指标	考核要点	分值
3 教育教学 （25分）	3—1 教学活动	以国家通用语言文字为基本的教育教学用语用字。教师在授课、教案、讲义、板书、课件、试卷、作业批改等教育教学活动中的用语、用字和书写规范。语文教师熟悉、掌握相关语言文字规范标准。建立学生语言文字应用能力培养方案，各学科教学中都重视学生语言文字规范意识和应用能力的培养和训练。语文课重视学生口语交际能力的培养和训练，有日常和定期的口语考核。	15分
	3—2 文化传承	完善中华优秀传统文化教育体系，注重中华民族优秀文化传统和革命传统教育教学，将爱父母、爱家乡、爱祖国的教育贯穿于各个教育环节。学校广泛开展中华经典诵、写、讲等活动；教师自觉成为传承弘扬中华优秀文化的表率；学生有相关兴趣小组或社团，学生对中华优秀文化有认同感、自豪感和自信心。	10分
4 宣传普及 （10分）	4—1 法治宣传	将语言文字方针政策、法律法规和规范标准列入学校普法宣传教育，网站、信息屏或宣传栏中有相关内容并定期更新。教职工熟悉掌握、高年级学生基本了解国家语言文字方针政策、法律法规和规范标准。	4分
	4—2 推广普及	每年推广普通话宣传周组织开展形式多样、寓教于乐的宣传活动。积极发挥学校在家校互动中的重要作用和对社会的辐射带动作用，带动社会研究和实践，并通过“小手拉大手”等活动，为家长和社会提供有关语言文字规范化的咨询或培训服务。	6分
5 科学发展 （10分）	5—1 科学研究	重视学生语言学习方法研究，有可以指导教育实践的研究成果。研究建立学生语言文字应用能力评价体系，重视并开展学生口语测试评价。积极开展中华优秀传统文化教育教学方法研究。	5分
	5—2 创新实践	结合本地和本校实际情况及办学特色，积极探索学校语言文字工作新途径、新方法。创造性地开展各种语言文化活动，形成品牌或传统。自主研发语言文字校本课程、教材或教辅材料，取得良好的教育教学效果。	5分
说明：1. 满分为100分，70分及以上为合格，其他等级要求由各地自行制定；2. 指标1—3中，学校名牌、公章等用字不规范的此项不得分；3. 指标2—2中，普通话达标率低于98%的此项不得分；4. 各地可自行设定加分项目，总分不超过5分。			

北京市教育委员会
北京市语言文字工作委员会

关于开展国家通用语言文字普及攻坚工程和普通话基本普及县域验收工作的通知

京教语〔2017〕2号

各区教委、语委：

根据教育部 国家语委《关于印发国家通用语言文字普及攻坚工程实施方案的通知》和《关于开展普通话基本普及县域验收工作的通知》两个文件精神，经研究，市语委决定结合本市实际情况，抓好这两项工作的落实。现将有关事项通知如下：

一、按照教育部 国家语委的总体工作部署，本市在全国率先完成一、二类城市语言文字评估工作；为巩固城市评估工作的成果，本市又开展了语言文字规范化示范街道乡镇的创建工作。通过持之以恒的努力，国家通用语言文字的社会应用在全市范围内已基本实现普及。现阶段本市在语言文字规范化建设方面的着力点主要是进一步提升国家通用语言文字的应用水平，提升市民语言能力。特别是在平谷区、延庆区两个方言特色比较突出的地区以及外来务工人员比较集中的行业领域，进一步做好普通话水平的提升工作。

请各区教委、语委对照《普通话基本普及县域验收指标》和《普通话普及情况调查表》的要求，总结梳理已经做过的工作，按要求制定进一步普及提高的工作方案。

二、市语委拟将国家通用语言文字普及攻坚工程、普通话基本普及县域验收工作与北京市语言文字工作专项督导和学校语言文字规范化达标建设相结合，一并进行督促检查。请各区于 6 月 20 日前将国家通用语言文字普及攻坚工程和普通话基本普及县域验收工作实施方案及《普通话普及情况调查表》（附后）上报市语委办公室。

附件：1. 教育部、国家语委关于印发《国家通用语言文字普及攻坚工程实施方案》的通知

2. 关于开展普通话基本普及县域验收工作的通知

3. 普通话普及情况调查表（略）

2017 年 5 月 31 日

附件 1

教 育 部
国家语委

关于印发《国家通用语言文字普及攻坚工程实施方案》的通知

教语用〔2017〕2 号

各省、自治区、直辖市教育厅（教委）、语委，新疆生产建设兵团教育局、语委：现将《国家通用语言文字普及攻坚工程实施方案》

印发给你们，请遵照执行。请及时总结经验，发现问题，将实施过程中的有关情况报我部语言文字应用管理司。

2017 年 3 月 14 日

国家通用语言文字普及攻坚工程实施方案

为贯彻落实《国家语言文字事业“十三五”发展规划》，确保“到 2020 年，在全国范围内基本普及国家通用语言文字”目标的实现，推动“国家通用语言文字普及攻坚工程”（以下简称普及攻坚工程）有效实施，制定本方案。

一、总体要求

（一）充分认识在我国普及国家通用语言文字的重要意义。我国作为一个多民族、多语言、多方言的人口大国，树立国家通用语言文字认同感，有利于培育中华民族共同体意识、增进文化认同和国家认同，有利于弘扬以爱国主义为核心的民族精神，增强中华民族的凝聚力和向心力。加强国家通用语言文字推行力度、提高普及程度和应用规范水平，具有重要的政治和社会意义，不仅能够方便各地域间人们的沟通、各民族间的交流交往交融，也事关整个中华民族历史文化传承，将对维护国家统一和民族团结，建设中华民族共有精神家园产生重要作用。强国必先强语，强语助力强国。

（二）高度重视基本普及国家通用语言文字在国家发展大局中的重要作用。随着新型工业化、城镇化的深入发展，社会人口流动更加频繁，全国统一的劳动力市场逐步形成，迫切需要国民具备普通话的沟通能力和较高的语言文字应用水平，提升自身的综合素质。虽然我国的普通话平均普及率已超过 70%，但东西部之间、城乡之间发展很不平衡，西部与东部有 20 个百分点的差距；大城市的普及率超过 90%，而很多农村地区只有 40%左右，有些民族地区则更低。中西部地区还有很多青壮年农民、牧民无法用普通话进行基本的沟通交流，这已经成为阻碍个人脱贫致富、影响地方经济社会发展、制约国家全面建成小康社会，甚至影响民族团结和谐的重要因素。扶贫首要扶智，扶智应先通语。

（三）准确把握普及攻坚工程的重点目标和主要任务。“十三五”期间，实现国家通用语言文字基本普及，是党中央、国务院为国家语言文字工作确定的首要目标。必须坚持创新、协调、绿色、共享、开放的发展理念，迎难而上。要结合国家精准扶贫、精准脱贫基本方略，结合新型城镇化和社会主义新农村建设，以农村地区和民族地区为重点，以劳动力人口为主要对象，摸清攻坚人群基本情况和需求，制定普通话普及攻坚具体实施方案，大力提高普通话的普及率，为经济发展提供新动力，为文化建设提供强助力，为打赢全面小康攻坚战奠定良好基础。

二、基本原则

（一）坚持政府主导，协同推进。落实地方政府主体责任，省级统筹，市级为主，县级实施，动员社会各方面力量参与，发挥中央支持政策的引导激励作用，形成攻坚合力。

（二）坚持突出重点，精准发力。综合地域、人口、经济、教育、文化等基础因素和条件保障，找准突出问题，聚焦薄弱地区和人群，集中力量打好攻坚战。

（三）坚持因地制宜，分类指导。统筹考虑地域差别和城乡差距，制定适合不同情况的具体办法，统一规划，分步实施，保证攻坚目标如期达成。

（四）坚持制度建设，注重长效。立足当前，着眼长远，着力加强语言文字工作基础建设，构建长效机制，提高治理能力，完善工作机制，确保国家通用语言文字推行普及工作常抓不懈。

三、工程目标

（一）总体目标。本工程的总体目标是确保“到2020年，在全国范围内基本普及国家通用语言文字”，具体设定为全国普通话普及率平均达到80%以上。

（二）区域和省级目标。根据现有的普通话基础和全国总体目标，各地要制定各自的具体目标和任务：

——东部地区重点是提高水平。各地要将普通话普及率提高到85%以上，对普及率较低的县域，要采取相应攻坚措施，确保在“十三五”末达到80%以上。

——中部地区重点是普及达标。各地要将普通话普及率提高到80%以上，对普及率较低的县域重点攻坚，至少提高到75%以上。

——西部地区重点是普及攻坚。各地要按照国家总体目标和地域实际情况制定具体目标。有条件的要力争将普通话普及率提高到80%以上；基础较差的要确保将普通话普及率提高到70%以上；特别困难的要加大工作力度，采取多种办法，确保每个县域的普及率在现有基础上至少提高10个百分点，原则上到2020年特殊困难县域的普及率不得低于50%。

（三）攻坚任务。

——各地对普及率已经达到70%以上的县域进行集中提高，其中75～79.9%的县域争取于2018年年底之前、70～74.9%的县域争取于2019年年底之前提高到80%。

——各地对普及率已经达到50%以上的县域进行普及攻坚，大幅度提高普通话普及率，力争至2020年年底之前实现一半以上的县域普及率达到70%，其中城市地区达到普及率80%的目标。

——各地对普及率50%以下的县域要加快工作进度，确保在2020年年底之前将各县域普及率提高10个百分点以上；原则上要将所有县域的普及率提高到50%以上，为进一步实现基本普及目标打好基础。

四、重点措施

（一）大力提升教师国家通用语言文字应用能力。

1. 在各级各类校长综合培训和教师业务培训中，加入国家语言文字法律法规、方针政策和规范标准等内容，强化校长和教师的国家通用语言文字意识，确保普通话和规范汉字为教育教学的基本用语用字，为学生创设良好的国家通用语言文字学习使用环境。

2. 通过脱产培训、远程自学、帮扶结对等方式，使普通话未达到国家规定标准的教师，尤其是民族地区双语教师快速提高普通话水平。力争在“十三五”内使所有教师的普通话水平达标；民族地区双语教师的普通话能够胜任双语教学工作。

3. 严把教师入口关，新任教师普通话水平必须达到国家规定的标准。有条件的地区，可以进一步开展教师普通话水平提高培训和中华经典诵读教师培训，进一步提高教师的国家通用语言文字意识、语言文字应用能力和中华优秀语言文化传授能力。

（二）全面提升基层干部职工普通话能力。

4. 切实发挥公务员在推行普及国家通用语言文字工作中的表率作用，加强对党政机关公务员及事业单位职员等基层干部的普通话培训。“十三五”内国家机关公务员的普通话水平应达到国家规定的相应等级标准。新录入公务员应具备相应的普通话水平。

5. 切实落实“国家机关以普通话和规范汉字为公务用语用字”的法律规定，重视并提高对基层干部国家通用语言文字意识和应用能力的要求。各地要加大对基层干部的培训力度，采取多种措施，通过集中学习、“一对一”互帮互学等有效方式，对不具备国家通用语言文字沟通能力的县以下基层干部进行专门培训，使其能够用普通话进行沟通交流，能够读懂国家通用语言文字政策文件，能够用国家通用语言文字写作公文。

6. “十三五”期间，党政机关及学校、新闻媒体、公共服务行业的主管部门应采取多种措施，确保这些重点领域从业人员的普通话全部达标，为社会做出良好的表率，切实发挥带头示范和窗口作用。

（三）增强青壮年农民、牧民普通话应用能力。

7. 以中西部农村尤其是西部民族农村地区为重点，创造学习条件，创新学习方式，结合当地旅游服务、产业发展等需求和农村职业技能培训，对不具备普通话沟通能力的青壮年农民、牧民进行专项培训，使其具有使用普通话进行基本沟通交流的能力，并进一步达到工作就业和职业发展所需要的水平，提高就业竞争力，拓展职业发展空间。

8. 外来务工人口较多的城市，应将外来常住人员纳入本地语言文字工作范围，将普通话培训纳入职业技能培训的重要内容，增强外来人员适应和融入本地生活的能力以及参与城市建设工作的能力。

9. 参与对口支援建设工作的省市，要将语言文字工作支援列入援助工作的重要内容，采取有力措施，切实帮助受援地青壮年农民、牧民提高普通话交流水平，提升其自主就业和创业的能力，提升当地经济发展“造血”能力。

五、条件保障

（一）强化政府责任。各地要将基本普及国家通用语言文字作为全面建成小康社会和“十三五”脱贫攻坚的重要基础工作，明确县级以上各级人民政府责任，结合本地区实际情况，加强统筹规划，制定时间表和路线图，细化具体措施，确保攻坚目标如期达成。教育部、国家语委要加强统筹协调，跟踪了解各地普及任务完成情况，及时发现问题，总结推广有益经验，并建立定期监测机制，及时全面掌握国家语言文字基础情况。

（二）加强督导验收。各地要以县为单位对基本普及国家通用语言文字情况进行逐个验收，结果向社会公布。各地要把普及国家通用语言文字作为考核地方政府教育和语言文字工作实绩的重要内容。国家语委将联合国务院教育督导部门，以地市为单位，重点对西部和民族地区开展语言文字专项督导。

（三）加大经费投入。各地要根据本地区的普及攻坚任务和目标，按照各级人民政府的责任，保障经费投入，确保各项攻坚措施有效实施。语言文字工作各相关部门和行业应确保语言文字工作经费投入，依法落实本领域国家通用语言文字的普及要求。教育部、国家语委将加强资源统筹，重点对西部地区尤其是民族地区普及攻坚工作给予支持。

（四）发挥学校作用。学校是推行普及国家通用语言文字、培养国民语言文字规范意识的重点领域，学校教育是提高国民语言文字应用能力的主要渠道。各级各类学校要重视加强学校的语言文字工作，通过学校语言文字规范化建设工作，创造良好的普通话使用环境，确保学生具有较强的语言文字规范意识和语言文字应用能力。同时注意发挥学校对社会和家庭的辐射带动作用，鼓励学生帮助家长学习提高普通话水平，提供条件、鼓励教师积极承担本地青壮年农民、牧民的普通话培训等相关工作。

（五）加强宣传动员。坚持推广普通话"以党政机关为龙头、学校为基础、新闻媒体为榜样、公共服务行业为窗口"的方略，充分调动语言文字工作各相关部门的积极性，各负其责，各尽其力，从本部门和本行业的特点出发，加大本领域推广普及力度。加强政策宣传引导，积极构建平台网络，鼓励和吸引企业、社会团体为国家通用语言文字普及贡献力量。

附件 2

教 育 部
国家语委

关于开展普通话基本普及县域验收工作的通知

教语用函〔2017〕1 号

各省、自治区、直辖市教育厅（教委）、语委，新疆生产建设兵团教育局、语委：

为贯彻落实《国家语言文字事业“十三五”发展规划》，确保“到2020年，在全国范围内基本普及国家通用语言文字”目标的实现，加强语言文字规范化建设，决定开展普通话基本普及县域验收工作（以下简称验收工作）。现将有关事项通知如下：

一、提高认识，服务大局

“十三五”期间，实现国家通用语言文字基本普及，是党中央、国务院为国家语言文字工作确定的首要目标。实现“基本普及国家通用语言文字”的目标，主要在于普通话普及率的提升。我国的普通话平均普及率虽已超过70%，但东西部之间、城乡之间发展很不平衡，县域发展基础差异非常大。据统计，目前我国多数大城市的普通话普及率超过90%，但很多农村地区只有40%左右，有些民族地区则更低。而我国绝大部分县域内农村占有广阔空间，开展普通话基本普及县域验收工作，既有利于提高全社会语言文字规范意识和规范化水平、提升国民语言文字应用能力，也有利于促进县域经济和社会发展、服务国家全面建成小康社会的需求。

二、摸清底数，统筹规划

各省级语言文字工作（教育）部门应立刻行动起来，通过多种渠道，在原有调查了解的基础上，进一步摸清目前的普通话普及情况。各地应于2017年6月底前完成此项工作，并按照《普通话普及情况调查表》（附件1）的格式，将有关数据报国家语委备案。各地要在此基础上，依照教育部、国家语委《国家通用语言文字普及攻坚工程实施方案》（教语用〔2017〕2号）的总体目标和区域目标要求，根据本地区普及攻坚重点任务的完成时间，制定验收工作的时间表和路线图。

三、明确任务，分步实施

验收工作可以按照从易到难的顺序开展，合格一个验收一个的原则分步进行。各地要根据国家总体目标和本地的实际情况，制定验收工作实施办法，并参照《普通话基本普及县域验收指标》（附件2）制定验收标准细则。省级语言文字工作（教育）部门要督促或会同市级语言文字工作（教育）部门一起开展验收工作，确保验收工作按时保质完成。

四、以验促建，稳步推进

验收工作重点是考察县域普通话的普及情况，同时对县级政府和各级各类学校的语言文字工作机构、制度建设、环境建设及长效机制等方面进行考察。验收工作要结合当地实际，采用易于操作的方式实施，可以与各地三类城市评估、督导评估检查、学校语言文字规范化建设、中华经典诵写讲等工作结合进行。各地应通过验收工作，切实加强基层语言文字工作机构和队伍建设，建立完善“政府主导、语委统筹、部门支持、社会参与”的语言文字工作管理体制。

五、加强领导，保证实施

验收工作作为贯彻落实《国家语言文字事业“十三五”发展规划》和“国家通用语言文字普及攻坚工程”的一项重要措施，要在各级人民政府统一领导下进行，纳入政府语言文字工作管理目标，获得必要的经费支持。各级教育行政部门和语言文字工作部门要加强对县域普通话基本普及验收工作的规划，做好组织协调；有关部门和行业系统要相互配合，齐抓共管，共同做好验收工作。国家语言文字督导评估将结合普及攻坚和县域验收工作，从2017年起，率先从普及率低于70%的县域开展督导。国家语言文字工作部门将采取适当方式对验收工作进行监督检查，并适时公布各地工作进展情况，对做出突出贡献的部门和个人予以表扬，对工作进展不利的地方予以通报。

附件：普通话基本普及县域验收指标（略）

北 京 市 教 育 委 员 会
中 共 北 京 市 委 宣 传 部
北京市人力资源和社会保障局
北　京　市　文　化　局
北 京 市 新 闻 出 版 广 电 局
北 京 市 语 言 文 字 工 作 委 员 会
北　京　卫　戍　区　政　治　部
共　青　团　北　京　市　委

关于开展第 20 届全国推广普通话宣传周活动的通知

京教语〔2017〕3 号

各区教委、党委宣传部、人力社保局、文委、广电中心、语委，卫戍区各单位，团委，各市属高校：

根据全国推普周领导小组工作安排，第 20 届全国推广普通话宣传周活动时间定于 2017 年 9 月 11 日至 17 日。现将教育部等九部门《关于开展第 20 届全国推广普通话宣传周活动的通知》（教语用函〔2017〕2 号）转发给你们，并就有关事项通知如下：

一、突出主题

今年是推普周活动举办 20 周年，也是贯彻中办、国办《关于实施中华优秀传统文化传承发展工程的意见》的开局之年，本届推普周活动要以此为契机，紧紧围绕“大力推广和规范使用国家通用语言文字，自觉传承弘扬中华优秀传统文化”的宣传主题，以全面贯彻落实国家语言文字的法律法规、方针政策和语言文字规范标准知识为主要内容，大力推广和规范使用国家通用语言文字，提升国民语言能力，传承弘扬社会主义核心价值观和中华民族优秀传统文化，提高国家文化软实力，为建设与综合国力相适应的语言文化强国、全面建成小康社会提供有力支撑，为党的十九大胜利召开营造良好的社会语言环境。

二、创新方式

各单位、各部门要依托学校、党政机关、新闻媒体、公共服务行业等重点领域，广泛发动社会各界群众，组织开展具有地方或行业特色的宣传教育活动，充分利用各种媒体加大宣传力度，拓宽覆盖面，扩大影响力，切实增强宣传效果。同时注重拓展活动的载体和途径，创新工作方式，积极运用网络、微信、微博、手机报等新媒体，探索开展投入少、效果好、人民群众乐于接受的活动形式。要贯彻落实中央八项规定，坚持绿色发展，厉行节约，反对浪费，节俭举办各项活动。

三、注重实效

各单位、各部门要高度重视，认真策划，精心组织，使广大群众通过活动增强依法、规范应用国家通用语言文字的意识，不断提高国家通用语言文字应用水平，充分发挥语言文字在传承弘扬中华优秀传统文化中的重用作用。各区语委、市语委各成员单位应结合本地区、本系统实际制定推普周活动方案。各高校推普周活动由本校语言文字工作领导小组负责组织实施。推普周活动方案请于8月30日前报市语委办公室。

四、做好总结

市语委决定9月17日为全市集中宣传活动日。请各区语委、市语委各成员单位、各高校积极开展各具特色的宣传教育活动，自行设计制作宣传品。市语委将制作本届推普周主题宣传画，与光明日报《教育家》杂志社联合推出《北京市开展全国推广普通话宣传周20周年》纪念专刊，领取时间另行通知。推普周活动结束后，请及时总结并于9月30日前报市语委办公室。

2017年7月5日

教　　育　　部
国　家　语　委
中央宣传部
人力资源社会保障部
文　　化　　部
新闻出版广电总局
国家公务员局
中央军委政治工作部
共青团中央

教育部等九部门关于开展第20届全国推广普通话宣传周活动的通知

教语用函〔2017〕2号

各省、自治区、直辖市教育厅（教委）、语委、党委宣传部、人力资源社会保障厅（局）、文化厅（局）、新闻出版广电局、公务员局、团委，各战区、各军兵种、军委机关各部门、军事科学院、国防大学、国防科学技术大学、武警部队政治工作部（政治工作局、政治部），各军区善后工作办公室政工组，新疆生产建设兵团教育局、语委、党委宣传部、人力资源社会保障局、文化局、新闻出版广电局、公务员局、团委，教育部直属各高等学校：

经国务院批准，自 1998 年起，每年 9 月第三周为全国推广普通话宣传周（以下简称推普周）。经研究，定于 2017 年 9 月 11 日至 17 日举办第 20 届全国推普周。为做好本届推普周的相关工作，现就有关事项通知如下：

一、指导思想

全面贯彻党的十八大和十八届三中、四中、五中、六中全会精神，深入学习贯彻习近平总书记系列重要讲话精神，紧紧围绕“五位一体”总体布局和“四个全面”战略布局，坚定道路自信、理论自信、制度自信和文化自信，贯彻创新、协调、绿色、开放、共享的发展理念，全面贯彻国家语言文字方针政策和法律法规，大力推行和规范使用国家通用语言文字，提升国民语言能力，传承弘扬中华优秀传统文化，为建设与综合国力相适应的语言文化强国、全面建成小康社会提供有力支撑，为党的十九大胜利召开营造良好的社会语言环境。

二、活动主题

本届推普周主题定为：大力推广和规范使用国家通用语言文字，自觉传承弘扬中华优秀传统文化。

习近平总书记指出：“中华民族伟大复兴需要以中华文化发展繁荣为条件，必须结合新的时代条件传承和弘扬中华优秀传统文化。”2017 年 1 月，中共中央办公厅、国务院办公厅印发了《关于实施中华优秀传统文化传承发展工程的意见》，其中提出“大力推广和规范使用国家通用语言文字”“实施中华经典诵读工程”。要充分发挥语言文字在传承弘扬中华优秀传统文化中的重要作用，用普通话诵读经典，写规范字传承文明。通过形式多样的宣传和实践活动，引领广大群众尤其是青少年更加热爱和亲近经典，不断增强自觉规范使用国家通用语言文字的意识，不断增强自觉传承弘扬中华优秀传统文化的意识，树立高度的文化自觉和文化自信。

三、工作要求

（一）紧扣主题，开展多种形式宣传活动。今年是推普周活动举办20周年，也是贯彻中办、国办《关于实施中华优秀传统文化传承发展工程的意见》的开局之年，又适逢“八一”南昌起义、中国人民解放军建军90周年，中华民族全面抗战爆发（七七事变）80周年，各地要紧扣主题，围绕传承中华优秀传统文化和革命文化，大力弘扬爱国主义精神和优秀革命传统，宣传国家语言文字法律法规和方针政策，积极开展中华经典诵读、书写、讲解等相关活动。

（二）行业联动，提升推普活动综合成效。各级教育、语言文字、宣传、人力资源社会保障、文化、新闻出版广电、公务员管理、共青团、少先队等部门、组织及军队相关部门，都要结合本届推普周主题和各行业的特点，开展各具特色的宣传活动。各地教育和语言文字工作部门要大力支持、配合相关部门和行业系统开展推普周宣传活动。各级各类学校要根据自身特点认真组织开展推普周宣传活动，充分发挥学校主阵地作用。

（三）城乡协调，推动国家通用语言文字普及攻坚。《国家语言文字事业“十三五”发展规划》提出“到2020年，在全国范围内基本普及国家通用语言文字”的目标。要坚持共享发展，在夯实城市推普工作基础的同时，加大农村、边远、民族地区推普工作力度，实施国家通用语言文字普及攻坚工程，不断提高城乡人民群众对学习掌握国家通用语言文字重要性的认识，提升规范使用国家通用语言文字的意识和水平。

（四）创新方式，切实增强宣传活动实效。创新活动内容、载体和方式，充分利用各种媒体宣传形式，加大宣传力度，拓宽覆盖面，扩大影响力。应特别重视发挥“互联网＋”对于推普工作的重要作用，探索开展投入少、效果好、社会群众乐于接受的活动形式。应创新社会参与机制，鼓励社会单位、媒体、企业等根据各行各业特点，开展公益性推普宣传活动，为国家语言文字事业做出贡献。

四、组织实施

（一）推普周期间，全国推普周领导小组将继续组织推普周开幕式及重点宣传活动，并组织领导小组成员单位赴有关重点城市和重点行业进行巡视、观摩、检查。全国推普周领导小组办公室（教育部语用司）将制作推普周开展20周年宣传片，组织开展系列活动，并继续制发宣传海报和公益广告。各省（区、市）和各行业系统也可结合本届推普周主题及各自特色，自行设计制作各种宣传品，并通过各类媒体、各种活动进行广泛宣传。

（二）各地要加强领导，统筹谋划，坚持协调发展，建立和完善分工协作、齐抓共管、准确有效的推普工作机制。充分发挥推普周整合引领作用，将推普周宣传活动与日常工作有机结合。要严格贯彻落实中央八项规定精神，坚持绿色发展，厉行节约，反对浪费，节俭举办各项活动。

（三）各省级语言文字工作部门要根据本通知要求，积极会同宣传、教育、人力资源社会保障、文化、新闻出版广电、公务员管理、共青团、少先队等部门、组织及军队相关部门，尽快制定本地区推普周活动方案，并于推普周后对活动成效及时总结。请将活动方案和活动总结分别于8月15日前、11月15日前报送全国推普周领导小组办公室。

（四）各省级宣传、人力资源社会保障、文化、新闻出版广电、公务员管理、共青团等部门、组织，军队相关部门，请将各自活动方案及有关总结情况及时报中央各部门和中央军委政治工作部宣传局，并抄送全国推普周领导小组办公室。

（五）联系方式（略）

2017年6月7日

北 京 市 教 育 委 员 会
北京市语言文字工作委员会

关于 2017 年度语言文字工作规范化建设达标学校认定的通知

京教语〔2017〕6 号

各区教委、语委：

为落实《教育部 国家语委关于进一步加强学校语言文字工作的意见》（教语用〔2017〕1 号）及《市教委 市语委关于进一步加强学校语言文字工作的意见》（京教语〔2017〕1 号），各区教委、语委已制定 2017 年至 2020 年各级各类学校语言文字规范化达标建设进度计划。11 月 28 日至 12 月 8 日，市语委、市政府教育督导室联合开展了 2017 年度学校语言文字工作规范化达标建设检查调研。本次检查调研，为迎接国务院教育督导委员会、国家语委对本市语言文字工作的督导打下了基础。

通过听取各区语委和 32 所中小学、幼儿园语言文字工作规范化达标创建汇报，实地考察 16 所中小学语言文字工作，包括听课、考查校园语言文化环境、查阅档案、座谈交流，检查调研工作达到了提高认识、总结经验、促进建设的目的。各区教委、语委对创建工作高度重视、精心组织，基层学校扎实工作，各有特色。检查调研组对各区各学校的工作有针对性地提出了指导意见：如正确处理科学运用现代化教学工具与加强“三字一话”教师基本功训练的关系；正确处理推广国家通用语言（普通话）和保护方言文化的关系；正确处理涉及繁体字使用的书法文化教育和国家通用文字（规范汉字）书写教学的关系；广泛开展富有特色的校园语言文化活动，打造语言文化景观鲜明的主题校园；重视长城故事传说、运河故事传说等语言类非物质文化遗产的传承；抓住2022年冬奥会举办、新机场建设、城市副中心建设、京津冀一体化战略实施等契机，优化美化净化语言文化环境，提升语言服务能力，深化京津冀语言文化交流，拓展语言文字工作格局，丰富语言文字工作内涵；适应中考、高考改革强化语文教育、阅读教学、写字教学的趋势和中华优秀传统文化传承发展的大势，语言文字工作要担当使命、顺势而为、大有作为。

现将北京景山学校、北京第一实验小学、北京市劲松职业高中、北京市海淀区中关村第二小学等32所语言文字工作规范化达标建设优秀学校名单（附件1），305所语言文字工作规范化达标建设学校名单（附件2）公布如下。作为在新的起点上，语言文字工作规范化建设第一批全面达标单位，希望你们认真学习贯彻党的十九大精神和中共中央办公厅、国务院办公厅《关于实施中华优秀传统文化传承发展工程的意见》，着力培养学生的“一种能力”即语言文字应用能力和“两种意识”即自觉规范使用国家通用语言文字的意识和自觉传承弘扬中华优秀传统文化的意识，在全社会发挥示范标杆作用。

附件：1. 北京市语言文字工作规范化达标建设优秀学校名单（第一批）

2. 北京市语言文字工作规范化达标建设学校名单（第一批）

2017年12月26日

附件 1

北京市语言文字工作规范化达标建设优秀学校名单（第一批）

东城区

北京景山学校

北京市东城区西中街小学

西城区

北京第一实验小学

北京市第一五六中学

朝阳区

北京市劲松职业高中

北京市朝阳区翠城幼儿园

北京市朝阳区劲松第二幼儿园

海淀区

北京市海淀区中关村第二小学

北京市海淀区九一小学

中国农业大学附属中学

丰台区

北京市丰台区新发地小学

北京市丰台区西罗园第六小学

北京四中璞瑅学校

石景山区

首都师范大学附属苹果园中学分校

门头沟区

北京市门头沟区育园小学

房山区

北京市房山区葫芦垡中学

北京市房山区第二职业高中

北京市房山区大石窝镇南尚乐中心小学

通州区

北京市通州区教师研修中心实验学校

北京市通州区第二中学

北京市通州区张家湾镇张家湾中心幼儿园

顺义区

北京市顺义区后沙峪中心小学

北京市顺义区第三中学

北京市顺义区西辛幼儿园

昌平区

北京市昌平区十三陵小学

北京市昌平区马池口中心小学

大兴区

北京小学翡翠城分校

北京师范大学大兴附属小学

平谷区

北京实验学校

怀柔区

北京市怀柔区第三小学

密云区

北京市密云区石城镇中心小学

延庆区

北京市延庆区永宁学校

附件 2

北京市语言文字工作规范化达标建设学校名单（第一批）

东城区 2017 年语言文字工作规范化达标建设学校名单（3 所）

北京市东城区天坛东里小学

北京市东城区大方家回民幼儿园

北京市东城区北新桥小学

西城区 2017 年语言文字工作规范化达标建设学校名单（27 所）

北京市西城区西单小学

北京市西城外国语学校附属小学

北京市西城区实验小学

北京市西城区红莲小学

北京市西城区厂桥小学

北京市西城区五路通小学

北京市西城区自忠小学

北京市西城区新世纪实验小学

北京市西城区白纸坊小学

北京小学走读部

北京师范大学京师附小

北京市西城区中古友谊小学

北京市第六十六中学

北京市第一五九中学

北京市第五十六中学

北京师范大学附属实验中学

北京市第十四中学

北京市第四十三中学

北京师范大学实验华夏女子中学

北京市第十三中学分校

北京市宣武外国语实验学校

北京市西城区民族团结幼儿园

北京市西城区曙光幼儿园

北京市西城区虎坊桥幼儿园

北京市西城区三教寺幼儿园

北京市西城区洁如幼儿园

北京市西城区实验幼儿园

朝阳区 2017 年语言文字工作规范化达标建设学校名单（33 所）

北京市电气工程学校
北京市求实职业学校
北京市朝阳区三里屯幼儿园
北京市朝阳区垡头幼儿园
北京市朝阳区花家地幼儿园
中国人民大学朝阳幼儿园
北京市朝阳区团结湖第一幼儿园
北京市朝阳区京通幼儿园
北京市朝阳区清友实验幼儿园
北京市朝阳区泛海幼儿园
北京市朝阳区水碓子北里幼儿园
北京市朝阳区西坝河第一幼儿园
北京市朝阳区福怡园幼儿园
北京市朝阳区丽景幼儿园
北京市朝阳区枣营幼儿园
北京市朝阳区西坝河第三幼儿园
北京市朝阳区望京新城幼儿园
北京市朝阳区新源里幼儿园
北京市朝阳区群星幼儿园
北京市朝阳区华洋紫竹幼儿园
北京市朝阳区新源里第二幼儿园
北京市朝阳区和平街幼儿园
北京市朝阳区康泉新城幼儿园
北京市朝阳区光华路幼儿园
北京市朝阳区惠新里幼儿园
北京市朝阳区奥园幼儿园
北京市朝阳区安华里第二幼儿园
北京市朝阳区劲松第一幼儿园
北京市朝阳区秀园幼儿园
北京市朝阳区北辰福第幼儿园
北京市朝阳区定福家园幼儿园
北京市朝阳区安华里幼儿园
北京市朝阳区松榆里幼儿园

海淀区2017年语言文字工作规范化达标建设学校名单（28所）

北京市海淀区羊坊店第四小学
北京市玉渊潭中学
北京市育英中学
北京市海淀区培英小学
北京市海淀区图强第二小学
首都师范大学附属中学第一分校
北京实验学校（海淀）小学部
北京理工大学附属中学
首都师范大学附属小学
北京市海淀区教师进修学校附属实验学校
北京市海淀区第四实验小学
首都师范大学附属玉泉学校
首都师范大学附属育新学校
首师大附属育新学校
北京医学院附属中学
北京市上地实验学校
中国地质大学附属中学
北京石油学院附属小学
北京市海淀区培星小学
北京市海淀区上地实验小学
北京市海淀区翠湖小学
清华大学附属中学永丰学校

北京市海淀区清河第一小学
北京石油学院附属实验小学
北京市清河中学
北京市第二十中学
北京市海淀区和平小学
北京市海淀工读学校

丰台区2017年语言文字工作规范化达标建设学校名单（33所）

北京市丰台区东高地第一小学
北京市丰台区东高地第二小学
北京市丰台区东高地第三小学
北京市丰台区东高地第四小学
北京市丰台区五爱屯小学
北京市丰台区槐房小学
北京市丰台区南苑镇第一小学
北京市航天中学
北京市丰台区和义学校
北京市丰台区西罗园第六小学
北京市丰台区南苑中学
北京市丰台区时光小学
北京市丰台区东铁匠营第一小学
北京市第十八中学附属实验小学
北京市丰台区蒲黄榆第一小学
北京市丰台区成寿寺小学
北京市丰台区芳星园第二小学
北京市丰台区芳群园第一小学
北京市丰台区芳城园小学
北京市丰台区芳古园小学
北京市丰台区东铁匠营第二中学
北京市丰台区大红门第一小学
北京市丰台区大红门第二小学
北京教育科学研究院丰台第二实验小学
北京市丰台区东罗园小学
北京市丰台区苏家坡小学
北京市丰台区分钟寺小学校
北京市第十八中学
北京市丰台区东铁匠营第二小学
北京市芳星园中学
北京市第十八中学左安门分校
北京市丰台区东铁匠营第一中学
北京市佟麟阁中学

石景山区2017年语言文字工作规范化达标建设学校名单（7所）

北京师范大学石景山附属幼儿园
北京市石景山区第二幼儿园
北京大学附属小学石景山学校
北京市石景山区金顶街第二小学
北京市石景山区金顶街第四小学
北京市第九中学分校
北京市古城中学

门头沟区2017年语言文字工作规范化达标建设学校名单（1所）

北京市育园中学

房山区2017年语言文字工作规范化达标建设学校名单（30所）

北京市房山区良乡镇良乡中心小学

北京市房山区实验中学
北京市房山区良乡小学
北京市房山区琉璃河镇琉璃河中心小学
北京市房山区大安山乡大安山中心小学
北京市房山区城关小学
北京市房山区阎村镇阎村中心小学
北京市房山区窦店镇窦店中心小学
北京市房山区长沟中学
北京市房山第四中学
北京市房山区长阳镇长阳中学
北京市房山区昊天学校
北京市房山区北潞园学校
北京市房山区石楼镇夏村中学
北京市房山区良乡第二中学
北京市房山区房山长育中心小学
房山区燕山星城小学
北京市房山区良乡第六中学
北京市房山区良乡第三中学
北京市房山区窦店镇窦店中学
北京市房山区长沟镇长沟中心幼儿园
北京市燕山向阳小学
北京市燕山前进中学
北京市房山区房山中学
北京市房山区韩村河镇五侯中心小学
北京市房山区大石窝镇中心幼儿园
北京市房山区大宁学校
首都师范大学附属房山中学
北京市房山区长阳镇葫芦垡中心小学
北京市房山区琉璃河镇北洛中学

通州区2017年语言文字工作规范化达标建设学校名单（22所）

北京市通州区潞河中学
北京市通州区北关中学
北京市通州区第四中学
北京市通州区宋庄中学
北京市通州区永乐店中学
北京市通州区西集中学
北京市通州区郎府中学
北京市通州区梨园学校
北京市通州区东方小学
北京市通州区宋庄镇中心小学
北京市通州区芙蓉小学
北京市通州区贡院小学
北京小学通州分校
北京市通州区潞城镇中心小学
北京市通州区西集镇中心小学
北京市通州区永顺镇中心幼儿园
北京市通州区台湖镇中心幼儿园
北京市通州区幼儿园
北京市通州区教工幼儿园

北京市通州区大方居幼儿园
北京市通州区花石匠幼儿园
北京市通州区西集镇中心幼儿园

顺义区 2017 年语言文字工作规范化达标建设学校名单（28 所）

北京市顺义区第九中学
北京市顺义区第十中学
北京市顺义区第二中学
北京市顺义牛栏山第一中学
北京市顺义区杨镇第一中学
北京市顺义区第八中学
北京市顺义区第五中学
北京市顺义区木林中心小学
北京市顺义区石园小学
北京市顺义区东风小学
北京市顺义区马坡中心小学
北京市顺义区西辛小学
北京市顺义区天竺中心小学
北京市顺义区光明小学
北京市顺义区双兴小学
北京市顺义区仁和中心幼儿园
北京市顺义区建南幼儿园
北京市顺义区石园北区幼儿园
北京市顺义区宏城幼儿园
北京市顺义区幸福幼儿园
北京市顺义区怡馨幼儿园
北京市顺义区港馨幼儿园
北京市顺义区双兴幼儿园
北京市顺义区金汉绿港幼儿园
北京市顺义区杨镇中心幼儿园
北京市顺义区牛栏山第二幼儿园
北京市顺义区李桥中心幼儿园
北京市顺义区后沙峪第一幼儿园

昌平区 2017 年语言文字工作达标建设学校名单（19 所）

北京市昌平区第一中学
北京市昌平区第二中学
北京市昌平区第四中学
北京市昌平区中滩中学
北京市昌平区十三陵中学
北京市昌平区小汤山中心小学
北京市第十五中学南口学校
北京市昌平区巩华中心小学
北京市昌平区南口中心小学
北京市昌平区南口镇小学
北京市昌平区沙河中心小学
北京市昌平区南口职业学校
北京市昌平区上苑中心小学
北京市昌平区南口学校
北京市昌平区北七家中心小学
北京市昌平区实验幼儿园
北京市昌平区沙河镇中心幼儿园
北京市昌平区延寿镇中心幼儿园
北京市昌平区沙河镇第二幼儿园

大兴区 2017 年语言文字工作规范化达标建设学校名单（25 所）

北京师范大学大兴附属中学
北京市大兴区兴华中学

北京市大兴区第一中学
北京市大兴区第三中学
北京市大兴区礼贤民族中学
北京市大兴区青云店中学
北京市大兴区庞各庄中学
北京市大兴区定福庄中学
北京市大兴区孙村中学
北京市大兴区魏善庄中学
北京市大兴区亦庄中学
北京市大兴区青云店第一中心小学
首都师范大学附属中学大兴南校区
北京市大兴区庞各庄镇第一中心小学
北京市大兴区庞各庄镇第二中心小学
北京第二实验小学大兴实验学校
北京市大兴区采育镇第三中心小学
北京市大兴区榆垡镇第一中心小学
北京市大兴区第二小学
北京市大兴区亦庄镇第一中心小学
北京市大兴区长子营镇第二中心小学
北京市大兴区亦庄镇第二中心幼儿园
北京市大兴区亦庄第六幼儿园
北京市大兴区青云店镇中心幼儿园
北京市大兴区庞各庄镇中心幼儿园

平谷区 2017 年语言文字工作达标建设学校名单（15 所）

北京市平谷中学
北京市平谷区第三中学
北京市平谷区第五中学
北京市平谷区第四中学
北京实验学校附属中学
北京实验学校附属小学
北京市平谷区第一小学
北京市平谷区第二小学
北京市平谷区第三小学
北京市平谷区第五小学
北京市平谷区第六小学
北京市平谷区第八小学
北京第二实验小学平谷分校
北京市平谷区第一幼儿园
北京市平谷区第二幼儿园

怀柔区 2017 年语言文字工作达标建设学校名单（11 所）

首都师范大学附属红螺寺中学
北京市怀柔区第三中学
北京市怀柔区第四中学
北京市怀柔区第五中学

北京市怀柔区第一小学
北京市怀柔区第二小学
北京市怀柔区长哨营满族乡中心小学
北京市怀柔区第一幼儿园
北京市怀柔区第二幼儿园
北京市怀柔区第三幼儿园
北京市怀柔区桥梓镇中心幼儿园

密云区2017年语言文字工作达标建设学校名单（14所）

北京市密云区河南寨中学
北京市密云区不老屯中学
北京市密云区东邵渠中学
北京师范大学密云实验中学
首都师范大学附属密云中学
北京市密云区职业学校
北京市密云区第四小学
北京市密云区古北口镇中心小学
北京市密云区冯家峪镇中心小学
北京市密云区南菜园小学
北京市密云区第一幼儿园
北京市密云区第二幼儿园
北京市密云区第三幼儿园
北京市密云区第五幼儿园

延庆区2017年语言文字工作达标建设学校名单（9所）

北京市延庆区香营学校
北京市延庆区千家店学校
北京市延庆区康庄中学
北京市延庆区四海中心小学
北京市延庆区井庄中学
北京市延庆区大柏老中心小学
北京市延庆区姚家营中心小学
北京市延庆区刘斌堡中心小学
北京市延庆区第四幼儿园

教育督导

北京市教育委员会文件选编

（2017）

北京市教育委员会
北京市人民政府教育督导室

关于加强中小学校和在职中小学教师有偿补课长效治理工作的意见

京教督〔2017〕1号

各区人民政府：

为深入贯彻落实中共中央关于坚决整治和查处侵害群众利益的不正之风的有关部署，落实教育部《严禁中小学校和在职中小学教师有偿补课的规定》（教师〔2015〕5号）、《中小学教师违反职业道德行为的处理办法》（教师〔2014〕1号）、《关于建立健全中小学师德建设长效机制意见》（教师〔2013〕10号）等工作要求，进一步规范本市教育教学和招生入学秩序，规范中小学校办学和教师从教行为。现提出以下意见：

一、工作目标

认真贯彻落实习近平总书记系列重要讲话精神，全面贯彻党的教育方针，深入落实立德树人的根本任务，大力推进素质教育。长效治理本市群众反映强烈的教育行风问题，坚决遏制中小学校和在职中小学教师有偿补课等不正之风，坚决查处影响教育行风的违规违纪行为，坚决治理校内外违反招生考试制度、扰乱升学与教育秩序的现象，营造良好的教育生态，助力学生成长成才。

二、工作内容

（一）严禁中小学校组织、要求学生参加有偿补课；

（二）严禁中小学校与校外培训机构联合进行有偿补课；

（三）严禁中小学校为校外培训机构有偿补课提供教育教学设施或学生信息；

（四）严禁在职中小学教师组织、推荐和诱导学生参加校内外有偿补课；

（五）严禁在职中小学教师参加校外培训机构或由其他教师、家长、家长委员会等组织的有偿补课；

（六）严禁在职中小学教师为校外培训机构和他人介绍生源、提供相关信息；

（七）严肃治理校外培训机构各类违法违规行为。

三、工作机制

（一）建立常态举报监督机制

市、区教育行政部门分别向社会公开监督举报电话，畅通举报渠道，常态接受社会监督，发现一起，查处一起，对典型案例予以曝光。市教委公布监督举报电话：96391 首都教育咨询服务热线；举报邮箱：youchangbuke@bjedu. gov. cn；来信地址：西城区前门西大街 109 号，举报有偿补课（收）；邮编：100031。各区教育行政部门相应公布监督举报渠道，并由学校告知每位师生和家长。

（二）建立严格的学校内控机制

各中小学校要切实强化内部管理，建立严格的内部管理制度，党政领导带头执行规定，坚决杜绝学校组织或参与有偿补课行为，并加强对教师从教行为的管理，将在职教师是否组织或参与有偿补课，作为年度考核、职称评审、岗位聘用、实施奖惩的重要依据。结合实际细化教育部《严禁中小学校和在职中小学教师有偿补课的规定》，并制定相应的处理办法，从学校内部切断校外有偿补课来源。

（三）建立市、区、校专项检查督查机制

市教委、市教育督导室将治理有偿补课纳入年度工作重点，每年开展专项检查督查。各区要建立健全工作机制，对辖区所有中小学校进行检查督查，将有偿补课检查督查纳入教育收费检查、审计监督和专项督导等工作内容之中，对存在的问题，及时督促学校和相关部门查实处理。各中小学校要建立常态自查机制，通过自查，及时发现处理各类有偿补课问题。

（四）建立责任追究机制

按照“谁主管、谁负责”的原则，各区教育行政部门是责任主体，中小学校长、书记是治理有偿补课的第一责任人，全面落实相关管理责任。区级教育行政部门和学校要进一步健全责任落实和倒查追责机制，对有偿补课行为及时组织调查核实。依据教育部《中小学教师违反职业道德行为处理办法》《严禁中小学校和在职中小学教师有偿补课的规定》等相关要求进行严肃处理，对监管不力、社会反响强烈的学校，追究学校负责人的责任。市教委和教育督导部门建立专项督导和约谈追责制度，针对问题督促整改落实。

（五）建立教育联合执法机制

建立区教育、工商、公安、民政、城管、税务等部门校外有偿补课联合执法机制，切实净化校外培训环境。对无证机构依法取缔，对非法广告和欺诈广告进行全面清理，对违法违规的校外培训机构依法依规进行查处，及时公布执法检查结果，加强动态监控管理。

（六）健全完善师德师风建设和减负监测机制

进一步健全完善中小学师德建设长效机制，加强教育培训，引导广大教师践行社会主义核心价值观，自觉拒绝有偿补课。加强中小学校教师聘用管理，与教师签订聘用合同时应明确教师不得参与有偿补课。宣传优秀教师典型，充分展示广大教师教书育人、无私奉献、崇德向善的精神风貌。建立健全市、区两级教育行政部门对中小学生课业负担全面性、常态性监测制度，切实提升学校办学品质，提升教师专业素养和能力，提升学生学习能力。

（七）建立工作情况报告和通报机制

各中小学校每学期要向区教育行政部门报告相关制度规定落实执行情况和校外有偿补课检查结果。各区教育行政部门每年要向市教育行政部门报告工作开展情况，对发现并查实的违规违纪问题要及时上报。全市将适时通报各区有偿补课治理情况。

四、工作要求

（一）加强组织领导

各区政府要高度重视治理中小学校和在职中小学教师有偿补课治理工作，多方联动，统筹推进，坚决治理。各级教育行政部门、学校和教师要统一思想，提高认识，切实做好自查整顿，关注寒暑假、法定节假日等重要时间节点，将有偿补课治理与学校内部管理相结合，与行政部门监管责任追究相结合，有效遏制有偿补课现象。

（二）落实主体责任

各区教育行政部门要进一步健全领导责任制和工作机制，增强工作自觉性、主动性和积极性。中小学校长、书记和学校班子成员承担有偿补课治理工作的直接责任，对出现“点招”“占坑班”问题的单位，区招生考试部门负责人、校长要承担相应责任。对监管不力、问题频发、社会反响强烈的学校和地区，区、校两级主要责任人要承担相应责任。对查实的有偿补课行为，要根据管理权限依法依规进行处理。

（三）严格日常监督

持续加强师德师风建设，广泛发动和支持社会各界监督举报包括在职中小学教师有偿补课在内的师德师风问题，积极构建学校、教师、学生、家长及社会广泛参与的监督体系，共同营造风清气正的教育环境。

（四）强化宣传教育

市、区教育行政部门通过多种方式，及时将相关要求传达到中小学校、教职员工、学生和家长。教育引导广大教师甘当学生锤炼品格、学习知识、创新思维、奉献祖国的“四个引路人”。做好新闻宣传和舆论引导，广泛宣传优秀教师典型，及时回应群众关切，疏导化解社会误解，传播教育正能量。

2017 年 2 月 17 日

北 京 市 教 育 委 员 会
北京市人民政府教育督导室

关于认定东城区等六个区为“北京市中小学校责任督学挂牌督导创新区”的通知

京教督〔2017〕5 号

各区人民政府：

根据国务院教育督导委员会办公室印发的《关于开展全国中小学校责任督学挂牌督导创新县（市、区）评估认定工作的通知》（国教督办函〔2015〕32 号）及北京市教育委员会、北京市人民政府教育督导室《关于中小学校责任督学挂牌督导创新区县工作的意见》（京教督〔2015〕4 号）和《关于印发〈2016 年北京市责任督学挂牌督导创新区评估认定工作方案〉的通知》（京教督〔2016〕13 号）文件精神，我市开展了 2016 年中小学校责任督学挂牌督导创新区评估认定工作，现将评估认定结果通报如下。

2016 年 9 月，各区对照北京市评估标准进行自查自评，东城区、西城区、石景山区、门头沟区、通州区、昌平区六个区提出了评估认定申请，并上报了相关申报材料。市教委、市政府教育督导室成立了评估认定专家组，对申报区责任督学挂牌督导工作进行了评估检查。通过审核申报材料、听取各区工作陈述、深入各区和学校实地检查等，专家组对六个区工作情况进行了量化评分，经专家组分析研究，一致认为六个区高度重视中小学校责任督学挂牌督导工作，工作机制和制度健全，各项措施落实到位，责任督学工作成效显著，基本符合北京市中小学校责任督学挂牌督导创新区评估标准。经北京市教育委员会 2017 年第 1 次主任办公会议审定，授予东城区、西城区、石景山区、门头沟区、通州区、昌平区六个区“北京市中小学校责任督学挂牌督导创新区”。

希望各区要进一步加强中小学校责任督学挂牌督导工作，将责任督学挂牌督导工作作为助推首都教育督导改革和基础教育综合改革的重要举措，加强挂牌督导的规范管理，将督学责任区建设和挂牌督导工作有机结合，高起点、高标准、高质量提升中小学校责任督学挂牌督导工作水平。

2017 年 3 月 21 日

北 京 市 教 育 委 员 会
北京市人民政府教育督导室

关于转发《国务院教育督导委员会办公室关于公布第一批全国中小学校责任督学挂牌督导创新县（市、区）名单的通知》的通知

京教督〔2017〕7号

各区人民政府：

现将《国务院教育督导委员会办公室关于公布第一批全国中小学校责任督学挂牌督导创新县（市、区）名单的通知》（国教督办〔2017〕1号）转发给你们，请获得“全国中小学校责任督学挂牌督导创新县（市、区）”称号的区按照通知要求，充分发挥示范引领作用，带动全市责任督学挂牌督导工作进一步创新发展。其他各区要学习借鉴创新区工作经验，结合本区实际，加强督学责任区建设，做好北京市和国家级责任督学挂牌督导创新区争创工作。

2017年3月31日

国务院教育督导委员会办公室

关于公布第一批全国中小学校责任督学挂牌督导创新县（市、区）名单的通知

国教督办〔2017〕1号

各省、自治区、直辖市教育厅（教委）、人民政府教育督导部门，新疆生产建设兵团教育局、教育督导部门：

自2012年开展中小学校责任督学挂牌督导工作以来，各地加强组织领导、狠抓落实，积极按照《中小学校责任督学挂牌督导创新县（市、区）工作方案》（国教督办〔2015〕3号）和《关于开展全国中小学校责任督学挂牌督导创新县（市、区）评估认定工作的通知》（国教督办函〔2015〕32号）的有关要求开展工作，涌现出一批体制机制健全、方式方法创新、保障措施落实、结果运用有效的先进典型。在各地推荐的基础上，经材料审查、实地核查，认定北京市朝阳区等29个县（市、区）为第一批全国中小学校责任督学挂牌督导创新县（市、区）。

希望被认定的全国中小学校责任督学挂牌督导创新县（市、区）再接再厉、继续创新，充分发挥示范引领作用，带动中小学校责任督学挂牌督导工作水平全面提升，为推动教育督导改革发展、促进教育质量提升发挥更大作用。

附件：第一批全国中小学校责任督学挂牌督导创新县（市、区）名单

2017年2月28日

附件

第一批全国中小学校责任督学挂牌督导创新县（市、区）名单（北京）

北京市朝阳区
北京市顺义区
北京市大兴区
北京市怀柔区

北 京 市 教 育 委 员 会
北京市人民政府教育督导室

关于印发《关于进一步加强中小学校经常性督导工作的意见（试行）》的通知

京教督〔2017〕8号

各区教委、人民政府教育督导室：

为进一步贯彻落实国家和北京市相关文件精神，扎实推进中小学校经常性督导工作，市教委、市政府教育督导室研究制定了《关于进一步加强中小学校经常性督导工作的意见（试行）》，现印发你们，请遵照执行。

附件：关于进一步加强中小学校经常性督导工作的意见（试行）

2017 年 4 月 25 日

附件

关于进一步加强中小学校经常性督导工作的意见（试行）

为扎实推进中小学校经常性督导工作，强化教育督导职能，促进学校内涵发展，特制定本意见。

一、指导思想和工作目标

（一）指导思想

认真贯彻落实国务院《教育督导条例》《国务院教育督导委员会办公室关于印发〈中小学校责任督学挂牌督导办法〉的通知》《北京市人民政府办公厅关于深化教育督导改革的实施意见》等文件要求，紧紧围绕立德树人的根本任务，创新教育督导方式，夯实基层基础工作，推动学校督导工作制度化、常态化建设，促进学校规范办学，促进教育教学质量提升，促进学生健康成长和发展。

（二）工作目标

经常性督导是督学受市、区教育督导部门的指派，不定期地深入学校了解情况、检查指导工作、听取意见和反馈结果的督导活动。深入推进中小学校经常性督导工作，旨在强化经常性督导职能，促进各区创新学校督导工作模式，完善教育督导工作体系；加强对中小学校工作的监督与指导，促进学校全面贯彻党的教育方针，依法依规办学，全面实施素质教育，切实提高育人质量和办学水平。

二、主要任务

（一）创新完善督学责任区建设。各区要因地制宜，根据行政区划、学校类别、学校数量等因素，科学划分督学责任区，确保将每一所中小学校纳入督学责任区，完善督学责任区工作机制，组织督学对责任区内学校办学情况进行经常性的督导检查。创新督学责任区组织模式，保障经常性督导职能充分发挥。

（二）健全经常性督导工作体系。各区政府教育督导室要统筹协调、指导相关部门与督学，共同做好经常性督导工作。以督学责任区建设为基础，健全完善经常性督导工作的体制、机制和制度，强化责任督学挂牌督导的主体作用，建立健全覆盖中等及中等以下各级各类学校（含民办）的经常性督导工作体系，切实做到经常性督导工作“有人抓”“有人做”“有实效”。

（三）落实经常性督导工作职责。各区要推动经常性督导工作职责有效落实。挂牌责任督学承担经常性督导的基本职责，主要负责对学校校务管理和制度执行情况；招生、收费、择校情况；课程开设和课堂教学情况；学生学习、体育锻炼和课业负担情况；教师职业道德和专业发展情况；校园及周边安全情况，学生交通安全情况；食堂、食品、饮水及宿舍卫生情况；校风、教风、学风建设情况八大方面实施经常性督导，并根据工作需要，完成市、区教育督导部门交办的其他督导任务。挂牌责任督学对学校的督导原则上每月不少于一次。区政府教育督导室要全面加强经常性督导工作，根据经常性督导的职责任务，有效组织开展督导检查，特别要针对学校办学发展中的重要领域工作、热点难点问题、新学期开学等重要时间节点工作，进一步加强经常性督导，确保各项责任落实到位。

（四）加强经常性督导队伍建设。夯实挂牌责任督学队伍建设，提高专职督学比例，优化督学队伍的专业结构和年龄结构。根据工作需要，进一步配齐配强与经常性督导任务相适应的督导队伍。健全市、区两级教育督导队伍的培训体系，提高培训内容的针对性，创新培训方式与组织形式，有效运用现代网络技术手段，提升督导培训的系统性与实效性。加强督学队伍培训效果的评估监测。

（五）探索经常性督导方式方法。结合区域实际，创新经常性督导的组织方式、工作方法。根据督导任务和督导学校的不同情况，探索组建不同的协作小组，采取随机听课、查阅资料、列席会议、座谈走访、问卷调查、校园巡视等方式实施经常性督导。针对不同的督导事项，在督导信息采集方式、督导方法等方面积极探索，不断总结工作规律，固化工作模式，形成区域特色。

（六）完善经常性督导制度体系。进一步健全责任督学挂牌督导工作制度；加强督学责任区相关管理制度建设，重点包括责任区例会制度、考核制度、表彰制度等；健全督学选拔、聘任、培训、考核、评价等队伍管理制度；完善工作过程管理制度，重点建立经常性督导工作档案制度、督导结果反馈和报告制度、督导结果使用制度等，细化经常性督导工作流程，保障经常性督导工作规范有序开展。

（七）提高经常性督导信息化水平。加强经常性督导的信息化建设，健全完善市、区督导信息管理系统，对经常性督导实现网络信息化管理。提高督学现代信息技术应用能力，在深入学校开展实地督导的基础上，探索建立经常性督导网络评价机制，积极开展网上督导工作，实现网上工作部署、工作交流、信息报送、意见反馈、考核评价、网络培训及向学校下达整改要求。

（八）强化经常性督导结果使用。完善经常性督导结果使用机制，提高经常性督导的权威性和实效性。督学要定期向区教育督导部门报告经常性督导结果，及时向学校反馈督导意见，督促学校落实整改并解决相关问题。各区教育督导部门要定期整理汇总经常性督导结果，综合反映学校办学情况，特别是对督导工作中发现的重大问题，及时向区教育行政部门通报。各区教育行政部门要对经常性督导结果进行研究，落实责任，督促学校形成落实经常性督导意见建议和整改要求的工作机制。经常性督导结果作为对学校综合评价等工作的重要依据，切实提高经常性督导结果的使用效能。

三、组织保障

（一）加强统筹领导。各区要高度重视经常性督导工作，将其列入本区深化教育督导改革的重要议事日程，结合本区实际，研究制定实施办法。各相关部门要认真履行职责，建立联动机制，加强协调配合。各区教育督导部门要统筹做好本区经常性督导工作，做好年度计划安排，指导督学责任区制定经常性督导工作方案，认真组织实施，并及时做好总结。各区教育行政部门要积极支持配合经常性督导工作的开展，与教育督导部门建立定期会商机制，研究解决问题，不断完善工作体系。市、区教育督导部门要加强对经常性督导工作的指导和检查，有效推动各项任务落实。

（二）注重条件保障。各区要加大经费投入，充分保障经常性督导工作经费和人员经费；加强新建督学责任区和督学办公条件建设，为督学开展经常性督导工作创造良好的办公、学习、交流、研究等工作条件；配备信息化工作设备、加强信息化平台建设，提高经常性督导工作的基础保障水平。

（三）做好宣传推广。各区要大力开展宣传推广工作，引导学校、家庭、社会正确理解经常性督导的职责，关注、支持经常性督导工作，为进一步加强经常性督导工作营造良好氛围。借助各种宣传平台，总结经验、树立典型、鼓励先进，推动经常性督导工作顺利实施。

北 京 市 教 育 委 员 会
北京市人民政府教育督导室

关于做好幼儿园办园行为督导评估工作的通知

京教督〔2017〕16号

各区教委、区人民政府教育督导室：

2017年4月，教育部印发《关于〈幼儿园办园行为督导评估办法〉的通知》（教督〔2017〕7号）（见附件1），从内容与方式、组织实施、督导评估结果运用等方面明确了幼儿园办园行为督导评估办法，提出了督导评估指标和要点。2017年9月，国务院教育督导委员会办公室印发《关于〈开展幼儿园办园行为督导评估工作〉的通知》（国教督办函〔2017〕59号）（见附件2），要求各地高度重视幼儿园办园行为督导评估工作，建立完善督导评估机制，全面部署幼儿园办园行为督导评估工作。为贯彻教育部和国务院教育督导办文件精神和工作部署，决定开展全市幼儿园办园行为督导评估工作，以完善本市幼儿园督导评估制度，促进幼儿园规范办园行为，提高保教质量。现将有关事宜通知如下：

一、市级统筹，全面部署推动工作开展

幼儿园办园行为督导评估工作遵循“以评促建、客观公正、注重实效”原则，以为3～6岁儿童提供保育教育服务的幼儿园（班、点）为督导评估对象，分幼儿园自评，区级教育督导部门督导评估，市级教育督导部门抽检抽查、综合评估三个阶段进行。

10 月 31 日前，为幼儿园自评和区级督导评估阶段。幼儿园完成自评，各区全面完成辖区幼儿园督导评估工作。

11 月 1 日至 15 日，为市级重点抽检抽查、综合评估阶段。市政府教育督导室将会同市教委，组织教育行政、教育督导部门相关负责同志以及部分市区级兼职督学，对各区幼儿园办园行为督导评估工作进行重点抽检抽查，对各区幼儿园办园行为进行综合评估，具体方案将根据各区自查情况另行安排。

二、区级主责，认真组织实施督导评估

根据属地管理原则，由各区政府教育督导室协调相关部门，认真组织实施本区幼儿园办园行为督导评估工作，研究制定本区幼儿园办园行为督导评估工作方案，指导本区幼儿园认真开展自评，确保幼儿园办园行为督导评估工作的实效。

（一）组织学习。各区要高度重视，认真学习文件精神，制定工作方案，全面部署工作，明确工作要求，做好贯彻落实。

（二）指导幼儿园自评。幼儿园认真对照办园行为 32 个督导评估要点，实事求是进行自评，并按时上交自评报告。

（三）有效进行实地督导。在指导幼儿园开展自评的基础上，结合区域实际情况，组织专门力量对本区幼儿园办园行为开展督导检查，对幼儿园办园行为提出督导意见。

（四）按时报告督导情况。各区于 10 月 31 日前将幼儿园办园行为督导情况报告反馈市政府教育督导室。督导报告主要内容包括：督导工作开展情况，本区规范幼儿园办园行为的总体情况和主要措施，本区经审批的民办幼儿园、无级无类公办幼儿园在规范办园行为方面存在的突出问题，以及进一步提高幼儿园规范办园水平的建议。本区非经登记注册的幼儿园情况按原有动态监管工作方案上报情况。同时，一并上报本区经审批的民办幼儿园、无级无类公办幼儿园的园所名单等情况（见附件 3）。

三、结合实际，准确把握工作重点

根据本次督导评估目的和要求，结合本市幼儿园整体情况，督导评估工作需准确把握以下重点和要求：

（一）督导评估内容

以《幼儿园工作规程》为基本依据，重点为办园条件、安全卫生、保育教育、教职工队伍、内部管理等五个方面32个评估要点。

（二）督导评估方式

主要是现场观察、问卷调查、座谈访谈、查看资料和数据统计等。鼓励运用信息化手段开展督导评估工作。

（三）督导评估范围

涵盖区域内每一所为3～6岁儿童提供保育教育服务的幼儿园（班、点），以薄弱幼儿园为重点。考虑到本市学前教育整体发展情况，各区要重点关注经审批的民办幼儿园、无级无类公办幼儿园的规范办园情况，以及未经登记注册幼儿园的监管和分类治理情况。

四、总结整改，不断提升办园质量

本次督导评估既要发现问题，又要督促整改，通过评估既为政府决策提供依据，又为幼儿园办园提供指导和帮助。市、区、园都要及时总结问题，认真做好整改工作，不断提升办园质量。

（一）幼儿园及时总结，认真整改。幼儿园根据区督导部门的督导意见，结合自评发现的问题，采取整改措施，切实加强整改落实，并按要求将整改情况报区教育督导部门。

（二）区政府教育督导部门加强监督和指导。区政府教育督导部门根据督导评估工作情况，及时与区教委共同研究整改方案和意见，并向区政府报告相关工作，及时研究解决本区幼儿园办园存在的困难和问题，加强对辖区内幼儿园的监管和分类治理。对于发现问题的幼儿园，要及时督促整改，指导幼儿园提升办园质量。

（三）市政府教育督导部门统筹加强督促整改落实。市政府教育督导部门将根据全市幼儿园办园行为督导评估情况，与市教委共同研究加强幼儿园办园行为整改落实，进一步规范办园行为的工作意见，切实加强对全市幼儿园办园行为督导工作的整体设计和把控，督促各区整改落实工作有效开展，推动解决幼儿园办园存在的困难，不断提升全市幼儿园办园质量。汇总全市幼儿园督导评估工作情况，形成全市幼儿园办园行为督导评估报告，并报国务院教育督导委员会办公室。

市政府教育督导室将认真总结本次办园行为督导评估工作，与市教委共同研究建立我市幼儿园督导评估工作的长效机制，形成我市一体化幼儿园督导评估体系，不断提升我市幼儿园办园质量和发展水平。

附件：1. 教育部关于印发《幼儿园办园行为督导评估办法》的通知（教督〔2017〕7号）

2. 国务院教育督导委员会办公室关于开展幼儿园办园行为督导评估工作的通知（国教督办函〔2017〕59号）

3. 幼儿园情况统计表（略）

2017年9月25日

附件1

教育部

关于印发《幼儿园办园行为督导评估办法》的通知

教督〔2017〕7号

各省、自治区、直辖市教育厅（教委）、教育督导机构，新疆生产建设兵团教育局、教育督导机构：

为完善幼儿园督导评估制度，推动各地加强和改进对幼儿园的监管，促进幼儿园规范办园行为，保障幼儿身心健康、快乐成长，根据《教育督导条例》《幼儿园工作规程》等，经国务院教育督导委员会同意，制定了《幼儿园办园行为督导评估办法》，现印发给你们，请结合实际贯彻执行。

2017 年 4 月 18 日

幼儿园办园行为督导评估办法

第一章　总则

第一条　为建立和完善幼儿园督导评估制度，推动各地加强和改进对幼儿园的管理，促进幼儿园规范办园行为，保障幼儿身心健康、快乐成长，依据《教育督导条例》，制定本办法。

第二条　开展幼儿园督导评估应遵循以下原则：

（一）以评促建。推动各地加强对薄弱幼儿园的指导和监督管理，引导幼儿园遵循幼儿身心发展特点和规律，加强自身建设，提高保育与教育质量。

（二）客观公正。以幼儿园实际情况为依据，督导评估程序透明，结果公开，接受社会监督。

（三）注重实效。强化督导评估结果运用，为幼儿园提供指导和帮助，为决策提供依据和建议。

第三条　本办法适用于教育督导机构对面向 3～6 岁儿童提供保育教育服务的幼儿园（班、点）实施的督导评估。督导评估应以薄弱幼儿园为重点。

第四条　督导评估周期为 3～5 年。在一个周期内，县级教育督导机构按属地原则对辖区内幼儿园（班、点）至少进行一次督导评估。

第二章 督导评估内容与方式

第五条 督导评估以《幼儿园工作规程》为基本依据，内容重点包括办园条件、安全卫生、保育教育、教职工队伍、内部管理等五个方面。

（一）办园条件：主要考察幼儿园办园资质、办园经费、规模与班额、园舍与场地、设备设施、玩教具材料和图书等情况。

（二）安全卫生：主要考察幼儿园安全和卫生制度、膳食营养、卫生消毒、健康检查、疾病防控、安全教育、安全风险管控、校车及使用情况等。

（三）保育教育：主要考察幼儿园教育理念与目标、教育内容与形式、教育计划与方案、活动组织实施、师幼关系等情况。

（四）教职工队伍：主要考察幼儿园园长、教师、保育员、卫生保健人员、炊事员和其他工作人员的数量及资格资质，教职工专业成长，师德师风建设和权益保障等情况。

（五）内部管理：主要考察幼儿园组织机构、管理机制、经费管理与使用、招生、家长参与幼儿园管理等情况。

第六条 督导评估的方式主要是现场观察、问卷调查、座谈访谈、资料查阅和数据统计等。

第三章 督导评估组织实施

第七条 督导评估工作由教育督导机构组织实施。

第八条 县级教育督导机构按照评估周期制定本县（市、区、旗）幼儿园办园行为督导评估工作计划，指导幼儿园进行自评，并对幼儿园办园行为实施督导评估，具体程序如下：

（一）印发督导评估通知。教育督导机构向幼儿园发出书面督导评估通知，并向社会公示。

（二）幼儿园自评。幼儿园在接到督导评估通知后，按要求开展自评，并将自评报告报教育督导机构。

（三）实地督导。教育督导机构成立督导组，对幼儿园自评报告进行审核，并对幼儿园办园行为进行实地督导评估。

（四）结果反馈。督导评估结束时，督导组向幼儿园口头反馈督导评估意见，并听取幼儿园的说明和申辩。教育督导机构根据督导组报告、幼儿园自评报告和社会公众意见，形成督导意见书，发送幼儿园。

（五）幼儿园整改。幼儿园根据督导意见书，采取措施进行整改，并按要求将整改情况报教育督导机构。

（六）复查。教育督导机构督促指导幼儿园进行整改，必要时进行复查。

县级教育督导机构根据幼儿园督导评估情况，形成督导评估报告，并上报市级教育督导机构。

第九条 市级教育督导机构对所辖县（市、区、旗）幼儿园办园行为督导评估工作情况进行监督和指导，督促县级政府及有关部门及时研究解决幼儿园办园存在的困难和问题。督促县级有关部门加强对无证幼儿园的监管和分类治理，经整改后达到相应标准的颁发许可证，整改后仍未达到保障幼儿安全、健康等基本要求的予以取缔。汇总全市（地、州、盟）幼儿园办园行为督导评估工作情况，形成市级幼儿园办园行为督导评估报告，并报省级教育督导机构。

第十条 省级教育督导机构根据本办法制定本省（区、市）《幼儿园办园行为督导评估实施方案》，对全省（区、市）幼儿园督导评估工作进行抽查，督促市、县两级教育督导机构按要求开展督导评估工作。汇总全省（区、市）幼儿园督导评估工作情况，形成省级幼儿园办园行为督导评估报告，并报国务院教育督导委员会办公室。

第十一条 国务院教育督导委员会办公室组织国家督学和专家，采用随机抽取督查对象、随机选派督查人员的“双随机”方式对部分省（区、市）幼儿园办园行为督导评估工作情况进行专项督导。

国务院教育督导委员会办公室根据专项督导情况、省级幼儿园办园行为督导评估报告和相关数据信息形成国家督导评估报告。

第十二条 各地可以引入有资质的第三方机构参与评估。

第四章 督导评估结果运用

第十三条 各级教育督导机构将幼儿园办园行为督导评估报告向社会发布，接受社会监督。

第十四条 地方各级教育督导机构要将督导评估报告报送本级人民政府，作为制定学前教育政策、加强幼儿园管理的依据。

第十五条 各地依据本办法，对督导评估为办园行为规范的幼儿园，特别是薄弱幼儿园给予更多的政策优惠和扶持，并及时总结、推广幼儿园规范办园的先进经验和典型案例。

第十六条 督导评估结果应作为幼儿园年检、确定级类和园长评优评先的重要依据。

第五章 附则

第十七条 本办法自发布之日起实施。

附件：幼儿园办园行为督导评估指标与要点

附件

幼儿园办园行为督导评估指标与要点

指标	要　点
一、办园条件	1. 取得办园许可，证照齐全。 2. 幼儿园设置在安全区域，无危房，周边没有安全隐患。 3. 幼儿园规模、班额符合相关规定。 4. 园舍、户外场地等符合相关规定，区角设置合理。 5. 教学、生活、安全、卫生等设备设施齐全。 6. 玩教具、游戏材料和幼儿图画书数量充足，种类丰富，并符合国家相关安全质量标准和环保要求。 7. 有必要的办园资金和稳定的经费来源。
二、安全卫生	1. 建立安全防护、检查和卫生保健制度，落实到岗到人。 2. 提供安全卫生的饮用水，确保幼儿按需饮用温开水。 3. 膳食安全卫生，营养均衡。严格执行食品留样制度。儿童伙食要与成人伙食分开。 4. 建立卫生消毒制度，按规定对幼儿餐具、用具、玩具等进行消毒。 5. 按要求对教职工进行健康检查，取得健康证明。 6. 按规定开展幼儿健康检查，建立幼儿健康档案。 7. 有传染病防控制度和应对措施，发病率低。 8. 定期开展安全教育，对突发事故有预案和防控措施。 9. 校车及使用符合相关规定要求。
三、保育教育	1. 遵循幼儿身心发展特点和规律，注重幼儿良好品质和习惯的养成，促进幼儿全面发展。因人施教，为在园有特殊需要的幼儿提供更多的帮助和指导。 2. 教师和保育员对幼儿态度亲切、温和，师生关系和谐。教职工无虐待、歧视、体罚和变相体罚、侮辱幼儿人格的行为。引导幼儿形成良好的同伴关系。幼儿情绪积极稳定，快乐活泼。 3. 幼儿一日生活安排合理，活动形式多样，动静交替，室内室外活动兼顾。正常情况下，每天户外活动时间不低于两小时。 4. 坚持以游戏为基本活动，充分保证幼儿游戏活动时间，鼓励幼儿自主选择游戏。 5. 教育活动注重引导幼儿直接感知、动手操作和亲身体验。 6. 教育活动涉及健康、语言、社会、科学、艺术各领域，内容适宜，不提前教授小学教育内容。 7. 教育活动计划明确，活动方案可操作。活动组织形式灵活恰当。

续表

指标	要 点
四、教职工队伍	1. 教职工数量符合相关标准，资质符合相关要求。 2. 注重师德师风建设，遵守教师职业道德规范。 3. 教师教研和教职工培训内容适宜、形式多样，培训学时符合相关规定。 4. 按规定与教职工签订聘用或劳动合同，教师工资按时足额发放，并按规定缴纳相关社会保险，教师队伍稳定。
五、内部管理	1. 实行园长负责制，组织机构、管理机制健全。 2. 实行收费公示制度。无乱收费现象。 3. 执行财务制度。有独立账目、账目清楚；无挤占挪用经费、抽逃资金情况；儿童伙食费专款专用，无克扣现象。 4. 规范招生，无入园考试或测查。 5. 家长参与幼儿园膳食、安全、保育教育等方面的管理。

附件 2

国务院教育督导委员会办公室

关于开展幼儿园办园行为督导评估工作的通知

国教督办函〔2017〕59 号

各省、自治区、直辖市教育厅（教委）、教育督导机构，新疆生产建设兵团教育局、教育督导机构：

为贯彻落实《教育部关于印发〈幼儿园办园行为督导评估办法〉的通知》（教督〔2017〕7 号）精神，做好幼儿园办园行为督导评估工作，促进幼儿园规范办园行为，提高保教质量，现将有关事宜通知如下：

一、制定实施方案，全面部署工作。

各地要高度重视幼儿园办园行为督导评估工作，根据《幼儿园办园行为督导评估办法》的要求，制定本省实施督导评估工作的时间表、路线图，形成切实可行的《幼儿园办园行为督导评估实施方案》，确定各县（市区）督导评估周期，细化督导评估内容，明确督导评估方式，建立完善督导评估机制，全面部署幼儿园办园行为督导评估工作。请各地于 2017 年 10 月 15 日前将本省的《实施方案》以函件形式报送我办，并提交电子版。

二、加强督导检查，保证工作落实。

各省要加强各县（市区）幼儿园办园行为督导（市区）评估工作的指导，督促各县（市区）制定工作计划，并对各县幼儿园办园行为督导评估工作进行督导检查，督导检查报告于 2017 年 11 月 20 日前以函件形式报我办，并提交电子版。我办将于年底前组织国家督学对各省开展幼儿园办园行为督导评估工作情况进行督查。

三、建立监测机制，及时了解动态。

各省要建立幼儿园办园行为监测机制，及时了解各县（市区）幼儿园办园行为督导评估工作推进情况和幼儿园办园基本情况，每年按要求将县（市区）幼儿园办园行为督导评估数据信息报送我办。我办将委托中国教育科学研究院建立幼儿园办园行为监测评估指标体系和工作平台，对各省开展幼儿园办园行为督导评估情况和幼儿园办园情况进行动态监测，及时向各省反馈，并形成监测报告向社会发布。

2017 年 9 月 6 日

文件字拼音索引

说明：本索引依据文件字第一个拼音字母，按汉语拼音字母顺序排列（相同文件字以编号为序）。文件字后用“/”隔开标明该文件所在的页码。

G

J

后　记

《北京市教育委员会文件选编》为各级各类教育机构从事教育教学活动及行政管理提供政策指导，也为北京教育系统史志部门存史修志工作提供重要资料信息。

该书出版工作由北京市教育委员会主持，市教委办公室负责文件的搜集、筛选和终审；北京教育志编纂委员会办公室负责编辑、出版和发行工作。参加 2017 卷文件选编组稿、编审、编校、索引等工作的有周彤、钱进军、许鸿弘、王永刚、张晓兰及北京教育志编纂委员会办公室的有关同志。

该书入选文件范围广、数量多，在文件核对过程中难免有疏漏和错误的地方，敬请使用单位和读者原谅，并提出宝贵意见。

《北京市教育委员会文件选编》编写组

2018 年 6 月

声　明

本书如有印刷、装订等质量问题，请与《北京市教育委员会文件选编》编写组联系调换。

编写组地址：北京市东城区夕照寺街

东玖大厦B座802室

邮政编码：100061

电　　话：87194371

传　　真：87194370

图书在版编目（CIP）数据

北京市教育委员会文件选编．2017／北京市教育委员会办公室编．—北京：方志出版社，2018.7

ISBN 978-7-5144-3170-4

Ⅰ．①北… Ⅱ．①北… Ⅲ．①教育工作—文件—汇编—北京—2017 Ⅳ．①G527.1

中国版本图书馆 CIP 数据核字（2018）第 179287 号

北京市教育委员会文件选编（2017）

编　　者：北京市教育委员会办公室
责任编辑：齐　笑

出 版 人：冀祥德
出 版 者：方志出版社
地址　北京市朝阳区潘家园东里 9 号（国家方志馆 4 层）
邮编　100021
网址　http：//www.fzph.org
发　　行：方志出版社图书经销中心
电话（010）67110500
经　　销：各地新华书店
印　　刷：廊坊市晶艺印务有限公司

开　　本：850×1168　1/32
印　　张：40.5
字　　数：1122 千字
版　　次：2018 年 7 月第 1 版　2018 年 7 月第 1 次印刷
印　　数：0001～2500 册

ISBN 978-7-5144-3170-4　　定价：150.00 元